History of Peoples of Central Asia

中亚民族史

魏良弢　刘正寅 著

生活·讀書·新知 三联书店

Copyright © 2024 by SDX Joint Publishing Company.
All Rights Reserved.
本作品中文版权由生活·读书·新知三联书店所有。
未经许可,不得翻印。

图书在版编目(CIP)数据

中亚民族史/魏良弢,刘正寅著. —北京:生活·
读书·新知三联书店,2024.8
(通识文库)
ISBN 978-7-108-07632-8

Ⅰ.①中… Ⅱ.①魏…②刘… Ⅲ.①民族历史－研
究－中亚 Ⅳ.①K360.8

中国国家版本馆CIP数据核字(2023)第065062号

策划编辑	曾　诚
责任编辑	杨柳青
封面设计	黄　越
责任印制	洪江龙
出版发行	生活·讀書·新知 三联书店
	(北京市东城区美术馆东街22号)
邮　编	100010
印　刷	江苏苏中印刷有限公司
版　次	2024年8月第1版
	2024年8月第1次印刷
开　本	650毫米×900毫米 1/16 印张 39.25
字　数	510千字
定　价	168.00元

目 录

写在前面 ... 001
绪论 ... 001

第一编　土著部族及其基质文化之时期

第一章　雅利安人、中亚土著部族 ... 003
　　一　雅利安人 ... 003
　　二　花剌子模人、粟特人、马尔吉安人、帕提亚人、
　　　　巴克特里亚人、塞人 ... 006

第二章　阿契明王朝时期 ... 009
　　一　阿契明王朝 ... 009
　　二　拜火教 ... 016

第二编　游牧部族迁徙、外来文化影响与萨珊王朝整合之时期

第三章　亚历山大东征与希腊化　021
　一　马其顿亚历山大东征与中亚各部族人民的反抗　021
　二　希腊化　026

第四章　游牧民族迁徙与佛教的传入　031
　一　匈奴　031
　二　游牧部族大迁徙　033
　三　贵霜王朝　035
　四　佛教及其对中亚的影响　038
　五　乌孙、康居、奄蔡、大宛　041
　六　嚈哒　045

第五章　萨珊王朝时期　049
　一　萨珊王朝　049
　二　摩尼教　053
　三　马兹达克教运动　057
　四　文化　060

第三编　突厥、阿拉伯先后进入，中亚突厥化、伊斯兰化开始之时期

第六章　突厥汗国与中亚突厥化的开始　067
　一　突厥汗国　067

二	西突厥汗国	079
三	突厥文化	090
四	中亚突厥化的开始	100

第七章　唐朝时期　103
  一　唐朝进入中亚　103
  二　羁縻府州的建立　106
  三　唐朝对中亚的影响　108
  四　中亚各部族　110

第八章　阿拉伯进入中亚与伊斯兰化的开始　140
  一　伊斯兰教的创立与阿拉伯的兴起　140
  二　阿拉伯进入中亚　147
  三　中亚各部族反抗伍麦叶王朝统治与伊斯兰化开始　154
  四　阿拔斯王朝　160

第九章　萨曼王朝时期　179
  一　塔希尔王朝　181
  二　萨法尔王朝　184
  三　萨曼王朝　188
  四　文化发展　200

第十章　喀喇汗王朝时期　206
  一　王朝的建立　206
  二　东西两汗国的形成及其后状况　211
  三　东西两汗国的衰亡　216
  四　社会经济的发展　224
  五　伊斯兰-突厥文化的形成　232

第十一章　西辽王朝时期　　　　　　　　　247
一　王朝的兴起　　　　　　　　　247
二　王朝的政策与措施　　　　　　258
三　王朝的中后期　　　　　　　　261
四　汉文化对中亚的影响　　　　　268

第十二章　伽色尼王朝、古尔王朝、塞尔柱王朝、花剌子模王朝　　　　　　　　273
一　伽色尼王朝　　　　　　　　　273
二　古尔王朝　　　　　　　　　　284
三　塞尔柱王朝　　　　　　　　　287
四　花剌子模王朝　　　　　　　　297

第四编　蒙古进入中亚，突厥化、伊斯兰化完成，中亚近代民族形成之时期

第十三章　蒙古进入中亚　　　　　　　　313
一　蒙古的兴起　　　　　　　　　313
二　蒙古征服中亚　　　　　　　　320
三　成吉思汗的分封与蒙古对中亚的统治　329
四　钦察汗国、伊利汗国　　　　　334
五　窝阔台汗国、察合台汗国　　　345
六　内讧与混战及其祸害　　　　　355
七　中亚蒙古部族的突厥化与伊斯兰化、察合台汗国的分裂　　　　　　359

第十四章　帖木儿王朝时期中亚的复兴　　375
一　帖木儿的崛起与帝国建成　　　375

二　帖木儿王朝与明朝的关系　393
　　三　帖木儿治下的中亚社会　400
　　四　帖木儿帝国的瓦解与沙哈鲁时期的中亚　403
　　五　兀鲁伯治下中亚经济文化的复兴　405
　　六　卜撒因及其后裔统治下的中亚　407
　　七　社会经济　409
　　八　文化　420

第十五章　哈萨克汗国　434
　　一　哈萨克的兴起　434
　　二　哈萨克汗国的建立与发展　437
　　三　17—18世纪的哈萨克汗国及其与准噶尔的关系　448
　　四　哈萨克各部与清朝、俄罗斯的关系　457
　　五　经济、社会、政治、文化　465

第十六章　卫拉特蒙古在中亚的活动及其影响　471
　　一　蒙元时期的斡亦剌部　472
　　二　明代瓦剌的兴起与发展　480
　　三　瓦剌在中亚的活动　485
　　四　明清之际卫拉特蒙古的发展与迁徙　494
　　五　准噶尔汗国的强盛及其对中亚的影响　504
　　六　准噶尔汗国的败亡与清朝统一西域　512

第十七章　昔班尼王朝、布哈拉汗国、布哈拉艾米尔国、希瓦汗国、浩罕汗国　519
　　一　昔班尼王朝　519
　　二　布哈拉汗国　524
　　三　布哈拉艾米尔国　535
　　四　希瓦汗国　538

五　浩罕汗国　　　　　　　　　　　　　544

第十八章　中亚各民族的形成　　　　　　　549
　　　一　塔吉克　　　　　　　　　　　　　551
　　　二　乌兹别克　　　　　　　　　　　　555
　　　三　土库曼　　　　　　　　　　　　　562
　　　四　哈萨克　　　　　　　　　　　　　565
　　　五　吉尔吉斯　　　　　　　　　　　　575

史料与文献目录　　　　　　　　　　　　　　581
索引　　　　　　　　　　　　　　　　　　　600

写在前面

一、本书为国家社会科学基金基础研究的重点项目（批准号02AMZ003），在广泛吸收前人研究成果、深入发掘和分析史料的基础上完成，于2007年批准结项（证书号20070097），其后作者又进一步听取专家学者的意见，并吸取海内外研究的新成果，进行修订补充，最后定稿。华涛、王希隆、孟楠、李琪、郑振东同志协助本项目的申报和完成；秦卫星同志不断为本项目提供国外新研究成果的书刊。在此一并致谢。

二、本书凡征引史料，引用前人研究成果，均一一注明出处。

三、为行文方便，本书引用之著作或文章，在第一次引用时，于注释中详细标明其出处；其后，一般只标出作者、书名、卷数、页码或文章的题目。其版本或期刊的名称和期次及出版年代，详于本书之"史料与文献目录"。外文著作和文章，为排印方便，在正文和注释中一般译为汉文，其原文书名或文章题目见本书之"史料与文献目录"。

四、本书引用图书，凡古籍或近代著作而线装者，其卷数用汉字表示并作简化，如第一百一卷作"卷一〇一"；近代图书装帧者，用阿拉伯数字表示其卷、页，如"第2卷，第264页"。

五、本书公元年月日，用阿拉伯数字表示，一般不再标明"公元"，如"1141年9月9日"。公元的世纪、年代，用阿拉伯数字表示，一般也不再标明"公元"，如"12世纪40年代"。但公元前之年月日或世纪、年代，则一律标明"公元前"。

六、中国王朝的帝王年号纪年，本书用汉文数字表示，为便于读者了解帝王年号纪年或干支纪年的相对时间，用括号夹注公元年代，如"保大二年（1122年）""辛未（1211年）秋"。古代汉文史籍多用夏历，每年的开始比公历大致晚一个月左右，为避免烦琐，其月日一般不夹注公历月日，如"保大二年（1122年）五月二十八日"。

七、伊斯兰教历纪年（Hegira、Hijra或Hijrah纪年，或称"回历"纪年），本书用阿拉伯数字表示，并标明伊斯兰教历，以与公历区别，如"伊斯兰教历610年"。伊斯兰教历为纯太阴历，每年的开始与公历每年的开始没有相对固定的参比。因此，在伊斯兰教历纪年之后，一般夹注公元年代，如"伊斯兰教历610年（1213—1214年）"。这里的"1213—1214年"表示伊斯兰教历610年在公元1213年和1214年期间。有时为考证某一事件，也明确表示为"伊斯兰教历610年（1213年5月23日至1214年5月12日）"。伊斯兰教历的月名用音译，如Safar译为"萨法尔月"，不意译为"2月"。有时夹注伊斯兰教历月份相当的公历月份，如"伊斯兰教历537年拉贾勃月（1143年1—2月）"。某些重大事件夹注公元年月日，如"伊斯兰教历536年萨法尔月5日（1141年9月9日）"。

八、古地名，一般在正文中用括号夹注现今地名或方位，对其地望尚有争议者则另出注释；其现今地名，均依据新近公开出版的地图标注。

九、中亚部族名、人名、地名及其他国家地名、人名、部族名，一律用通行的规范译名，有不同的汉语音译者，一般用括号夹注说明。常见的音译术语仅用括号夹注其意思，但对一些生疏的音译术语则另做注解。有的术语，或因时间地点的不同其含义有所演变，汉语音译有所不同，如 sultan、amir，或因其汉语音译容易误解，如 khutbah，则出注说明。

绪论

对于"中亚"的界定，国内外学者已有多种，苏联学者施普林青的《中亚和中央亚细亚在各种语言中的表示》[1]，马大正、冯锡时先生主编的《中亚五国史纲·序言》[2]，孟楠博士的学位论文《俄国统治中亚政策研究·导言》[3] 论述详悉。本书所说的"中亚"，是当代通行的政治用语，指独联体（Содружество независимых государств，简称为 СНГ）的中亚五国，即哈萨克斯坦共和国、吉尔吉斯共和国（简称吉尔吉斯斯坦）、乌兹别克斯坦共和国、土库曼斯坦共和国、塔吉克斯坦共和国。由于历史的原因，本书的叙述经常超出其范围。

中亚是内陆，有史以来，当其作为一个或多个独立的国家构

---

1 А. 施普林青：《中亚和中央亚细亚在各种语言中的表示》，载《东方民族和国家》第18卷，莫斯科，科学出版社，1976年；秦卫星汉译，魏良弢校，载《新疆大学学报》1984年第4期。
2 马大正、冯锡时主编：《中亚五国史纲》，新疆人民出版社，2000年。
3 孟楠：《俄国统治中亚政策研究》，新疆大学出版社，2000年。

成体存在时，在政治地图上与海洋是隔绝的；然而在近代航海兴起之前，它却是亚欧非三大洲经济文化交流和民族流动的通道。但是，正因为中亚是内陆，气候干旱，沙漠阻断，高山横亘，在前工业时代难以形成更难以维持大一统的局面。这种独特的地理条件一直制约着中亚各民族历史文化的发展。

中亚民族历史的发展受着地理条件、自然生态环境的制约：它们是中亚两种文化——游牧文化和农业文化的最根本的物质基础，把中亚居民划分为游牧部族-民族和农业部族-民族；而这两种部族-民族的关系经常是影响中亚历史进程的重要因素。游牧部族-民族不断地向定居农业部族-民族转化，这一过程与中亚的前工业时代相始终。

由于独特的地理条件，在古代、中世纪中亚是世界主要文明——两河文明、地中海文明、印度文明、中国文明、阿拉伯文明冲撞、交汇之地；在近代、现代、当代它又是世界列强争夺的战略要地。这种外部冲撞、挑战对中亚各民族历史发展有着重大的影响。

中亚作为民族流动的通道和战略要地，造成居民民族成分异常复杂。从历史上看，其主体部族-民族和统治部族-民族也几经更代：一些曾经很有影响的部族-民族消失了，而一些新的部族-民族兴起了，经过历史的筛选，一些部族-民族发展成近代民族，成为今天中亚主权国家的主体民族。

"民族是人们在历史上形成的一个有共同语言、共同地域、共同经济生活以及表现在共同文化上的共同心理素质的稳定的共同体。"[1] 斯大林的这一定义，尽管人们的理解有所不同，或持有某些保留，但普遍认为这是一个科学的定义，是完整而严密的，不仅适用于现代民族，而且也适用于古代民族，这四个特征

---

1 《斯大林选集》上卷，人民出版社，1979年，第64页。

只存在发展程度的不同，不存在有无的差别[1]。

　　本书作者力求以马克思主义民族理论为指导，运用可信的史料，通过具体的史实，阐明生存于独特地理条件、自然生态环境中，在强大的外来文明影响甚至控制下，中亚各民族历史发展的轨迹。民族是历史过程的产物，其形成和消失都是多种因素造成的，是不以人们的意志为转移的，而违反这一规律定要受到历史的惩罚，古代马其顿亚历山大领导者的作为就是例证。

　　本书的主要内容是阐述中亚民族的演化史：在人种上由欧罗巴人种发展到蒙古人种与欧罗巴人种的混合型，具体到各个民族，其混合比例又各不相同；在语言上由印欧语系印度-伊朗语族到阿尔泰语系突厥语族的语言占优势，除塔吉克族外，其他各族均讲突厥语族的语言；在宗教信仰上由当地的拜火教，转信佛教、摩尼教、景教，最后基本上都皈依伊斯兰教；在文化上中亚文化先受希腊文化的影响，又受印度文化的影响，再受汉文化的影响，最后又受阿拉伯文化的影响，包括风俗习惯以至书写文字。进入近代之后，中亚各民族又受到俄罗斯强有力的影响。本书力求阐明这多种因素相互影响的具体过程，正是这种相互影响造成了中亚各民族文化的绚丽多彩而又各具特色。

　　在论述中亚各民族文化的丰富内涵及各自特色时，不仅要阐明其同，也要阐明其异，即说明现今中亚及其周边国家民族问题极其复杂的深层原因和历史背景。例如，阿富汗问题，原来其北方（历史上称为"吐火罗"和"呼罗珊"）在近代之前，从雅利安时代到帖木儿王朝，以至昔班尼王朝，都是与河中地区连在一起，居住着相同的部族-民族，密不可分，属于中亚文化圈；而其南方则与印度、巴基斯坦处于同一历史文化圈。英、俄进入中亚，划分势力范围，这些民族遂成为跨境民族。这就形成阿富汗

1　详见牙含章为《中国大百科全书》撰写的"民族"词条之论述（《中国大百科全书·民族卷》，中国大百科全书出版社，1986年）。

北方（塔吉克人和乌兹别克人）和南方（普什图族）对立的历史文化和民族背景。

本书是一部中亚民族史，着重阐述中亚各民族历史发展进程，大致有四个阶段：土著部族及其基质文化；马其顿亚历山大东征与希腊化，游牧民族大迁徙，佛教传入；突厥和阿拉伯先后进入，突厥化和伊斯兰化的进程开始；蒙古进入之后到俄国归并之前，中亚突厥化和伊斯兰化完成，近代诸民族形成。

中亚民族的族源繁杂，发展曲折，头绪多，史料散，涉及语言种类多，被学术界视为难题之一。为之理出一个清晰的图系，阐明其发展规律，在学术上和理论上都有价值，对学科的建设与发展将有促进作用。同时它也将为决策部门、涉外人员以及广大读者提供一部了解中亚民族演变史的读物，知晓中亚各民族的来龙去脉和他们创造的灿烂文化及其各自的特色，特别是中亚各族人民对世界文明发展所做出的贡献，从而加深对中亚各民族的认识、理解和尊重，有利于我国西部大开发，有利于世界的和平与发展。本此，作者努力做到以下五点：

（一）信实。这是史学著作的生命力所在，因此要充分发掘史料，将各种语言的史料相互印证，把史著建立在翔实的史料基础上；不隐瞒，不曲笔，真实地反映中亚各民族的历史，使这部中亚民族史能够立得住，经得起时间的检验。

（二）公正。中亚是一个多民族杂居的地区，历史上主体部族-民族和统治部族-民族几经更代。要对他们的历史人物、历史事件做出历史唯物主义的公正评价，发挥历史的鉴戒作用。

（三）简明。即揭示中亚各民族发展的轨迹，线索清晰——原因可寻，结果明确。尽力避免头绪繁杂，夹缠不清，造成"不读只是不清楚，读后就糊涂了"的现象。

（四）先进。这是一部通史，是学科的基本建设，努力反映本课题研究的当前世界的先进水平；这是写的中亚各民族的历史，因此也必须得到他们的认同。

（五）可读。一部史著要充分发挥其社会效益，必须有可读性。为此，这部史书的正文论述力求简明、有情感，引起读者共鸣；把史实考证、观点辩论、史料出处尽量放在注释中，争取做到雅俗共赏。

本书在编写过程中，作者参照国内外专家的论著，吸取了其研究成果，在此深表感谢；同时作者也尽可能地考虑和尊重中亚各国学者对其历史的见解。错误与不尽之处，殷望读者教正。

第一编

土著部族及其基质文化之时期

第一章 雅利安人、中亚土著部族

一 雅利安人

中亚何时出现人类，现在尚难断定，但考古发现有旧石器早期的遗物，至少在20万—30万年前已有人类活动于这一地区[1]。中石器遗存，今日中亚五国境内均有发现，新石器遗址则更为普遍。进入青铜时代，明显地出现了两个文化圈——与欧亚草原连

---

[1] 见奥克拉德尼科夫（А. П. Окладников）：《中亚旧石器和中石器时代》，莫斯科-列宁格勒，1966年，第18页；加富罗夫（В. Г. Гафров）：《塔吉克》，莫斯科，1972年，第11页；哈萨克斯坦国家科学院历史与民族研究所、考古研究所主编：《哈萨克斯坦史》，第1卷，阿拉木图，1996年，第74—79页；联合国教科文组织主持，丹尼（A. H. Dani）、马松（V. M. Masson）主编：《中亚文明史》第1卷，拉诺夫（V. Ranov）撰写的第2章有关部分，联合国教科文组织刊布，1992年，芮传明译为汉语，余太山审订，中国对外翻译出版公司，2002年。拉诺夫说，在库尔布拉克遗址，发现了一种类型还不太明确的阿舍利文化（Acheulean culture），"最初估算距今70万—50万年"（《中亚文明史》，汉译本，第1卷，第23页）。

在一起的中亚北部的游牧文化圈，与伊朗、阿富汗、巴基斯坦、印度连成片的南土库曼的农业文化圈。考古资料表明，前一文化圈不断扩大，南下，进入了后一文化圈。

根据现有资料，中亚最早留下自己名称的部族是雅利安（Aryans）。"雅利安（Aryan）"是各种印度-伊朗部落的共同自称，后来的通用含义为"高尚""自由"；现代"伊朗（Iran）"一词就来源于波斯古经《阿维斯陀》（*Avesta*）中的古伊朗语 Aryanam（雅利安人的［国家］）。雅利安人在有的学术著作中被称为"原始印度-伊朗人（Proto-Indo-Iranians）"，或简称"印度-伊朗人"，指称操印度-卡菲尔-伊朗语（Indo-Kafiri-Iranian）或操原始印度-伊朗语（Proto-Indo-Iranian）的古代部落群。学者普遍认为，雅利安人是上述草原游牧青铜文化的代表，而埃兰（Elam）人则是农业青铜文化的代表。公元前第二千年中期，生活在中亚北部的一部分雅利安人开始向西、向南移动，逐渐进入今天的乌兹别克斯坦、土库曼斯坦、塔吉克斯坦、吉尔吉斯斯坦、伊朗、阿富汗、巴基斯坦、北印度等地区，融合并取代原有居民——埃兰人、达罗毗荼人（Dravidians），成为主体部族，形成一个生活在西起两河（幼发拉底河和底格里斯河）、东至恒河的广阔地域上的庞大的雅利安人部落群，史称"雅利安时代"，其时段长约千年。

根据考古资料以及《阿维斯陀》和《梨俱吠陀》（*Rigveda*，婆罗门教经典《吠陀》之一种）有关记载，雅利安人以畜牧业为主，但农业也已成为固定的经济部门，有着较为发达的冶金业，用青铜制造劳动工具和武器。人们过着定居或半定居方式的生活。雅利安人除畜牧绵羊、山羊、牛和骆驼外，还畜牧马。马是由雅利安人带进中亚地区的，科佩特山脉以北地区和河中地区，直至公元前第二千年初"尚未知晓驯养这种纯粹的草原动物"[1]。

---

[1] 马松（V. M. Masson）为《中亚文明史》第 1 卷撰写的第 14 章；汉译本，第 1 卷，第 256 页。

马的驯养最初开始于乌克兰南部,逐渐东传,直至蒙古高原。马的驯养成为畜牧业的主要部门后,草原游牧部族的社会生活发生了巨大的变化:四轮马车,其后是两轮马车的发明和使用,为雅利安人进行大规模迁徙提供了物质手段。骑马技术的出现,随之骑兵的组成,游牧部族在武力上胜于农业民族,使其进入农业地区成为可能,但是并"无证据表明是否有好战的草原居民对古代城市进行了暴力入侵"[1]。根据考古资料,雅利安人进入中亚后,一些新的居民点建立起来并不断扩大,耕地增加,他们继承原有的农业技术,主要种植小麦和大麦。

雅利安人在父系制的基础上组成家庭和氏族。社会基础组织是按照父系血缘、共同祖先联结起来的"团"(gautra),它包括若干家庭,几个这样的"团"结成更大的社会单位——氏族,几个氏族结成部落。在"团"的内部,成员有相同的权利和义务,包括财产继承、参加祭祀、取得成年的称号等。雅利安时代,中亚社会已跨进阶级社会的门槛,出现了没有任何权利的依附居民。享有全部权利的自由民分为三个集团:祭司、军事贵族、自由的公社社员——牧民和农民。在雅利安的观念中,这些集团都是同宇宙的一界相联结的:祭司同天界联结,属于大神的范围;军事贵族同天地之间的空间联结,属于战神的范围;社员同地界联结,属于丰收和繁殖之神的范围。这些集团又与一定的颜色相联结,如祭司同白色,军事贵族同红色联结。所以这些集团叫作 pushtra,原义为"颜色"。印度的 varna(汉译为"种姓"),原义也是"颜色",其渊源于雅利安时代。出身军事贵族的领袖(或"国王")领导着雅利安人的各部族,但真正意义上的国家还未形成。

据学者研究[2],在"雅利安时代",雅利安语言基本定型。在

---

1 马松(V. M. Masson)为《中亚文明史》第 1 卷撰写的第 14 章;汉译本,第 1 卷,第 264 页。
2 见哈尔马塔(J. Harmatta)为《中亚文明史》第 1 卷撰写的第 15 章;汉译本,第 1 卷,第 266—267 页。

今天的世界语言中，印欧语系（Indo-European family）的印度-伊朗语族（Indo-Iranian group）的一系列方言与上古雅利安语言都有着渊源关系：如在印度、巴基斯坦、尼泊尔和孟加拉的印地语、乌尔都语、孟加拉语、旁遮普语、马拉提语、尼泊尔语、古吉拉特语、奥里亚语、比哈尔语、拉贾斯坦语地区，操上述方言的人口都在千万以上；又如在伊朗、阿富汗和独联体各国的波斯语、塔吉克语、沃舍梯语、舒格南语等。今天操印度-伊朗语族语言的各民族，其族源是雅利安人和融入雅利安人中的其他部族。由此可见，"雅利安时代"对世界民族发展与人类文明发展的重要历史意义。

二 花剌子模人、粟特人、马尔吉安人、帕提亚人、巴克特里亚人、塞人

由于独特的地理条件（沙漠阻隔、高山横亘）和生产力的制约（青铜器），中亚的雅利安人诸部落没有发展成为统一的部族。在进入铁器时代后，随着生产力的发展，人们交往频繁，前7—前6世纪中亚的雅利安人形成一些大的部族，出现了国家构成体。在波斯阿契明王朝大流士一世（前522—前486年在位）的贝希斯敦（Behistun）纪功碑中提到，他的属地有花剌子模（Uvarazmi、Khwarezm或Khorezm）粟特（Sugda、Sogdiana）、马尔吉安（Mardu、Margiana）、帕提亚（Parthava、Parthia）、巴克特里亚（Bakhtri、Bactria）。据希腊史学家记载，这些地区为波斯强国的创建者居鲁士二世（前558—前530年在位）所征服。但是在他死后，帕提亚、马尔吉安和中亚北部游牧部族塞人举行起义，宣布独立。大流士一世取得政权后，对起义者进行讨伐、镇压，恢复了波斯帝国的统治。根据极其有限的、得以传世的波斯史料和希腊史料以及现有的考古发掘资料，可以推定：在被阿契明王朝征服之前，即前6世纪中叶之前，中亚的一些大的绿洲上已分别形成雅利安人的大部落联盟或国家构成体，如花剌子模

(今乌兹别克斯坦乌尔根奇为中心的周边地区)、粟特(今乌兹别克斯坦撒马尔罕和布哈拉为中心的周边地区)、马尔吉安(今土库曼斯坦马雷为中心的地区)、帕提亚(今土库曼斯坦阿什哈巴德为中心的周边地区)、巴克特里亚(今阿富汗马扎里沙里夫和乌兹别克斯坦铁尔梅兹为中心的周边地区)。这些地区的居民,也分别称为花剌子模人、粟特人、马尔吉安人、帕提亚人、巴克特里亚人,再不笼统地称为雅利安人。这些地区的居民,主要从事农业,但畜牧业在经济生活中仍占有重要地位,特别是养马业,这正是雅利安人的传统。

在锡尔河流域及其以北的广大草原上,游牧着雅利安人的另一大支——塞人。塞人,《汉书·西域传》称为"塞种"("塞",古汉语读音 sek),大流士一世贝希斯敦纪功碑称为 Saka,古希腊史籍称之为 Scyt(现代英语为 Scythian,汉语音译为斯基泰或西徐亚)。塞人是雅利安人的一支,生活在欧亚草原辽阔地域,主要从事游牧业,但农业也有相当发展,手工业尤其是青铜制造和车辆制造的工艺都相当发达。社会开始分化,国家构成体出现,塞人中构成了几个大的集团——部落联盟或国家构成体。关于塞人部族的分布是一个极其复杂的问题,资料缺乏而又相互矛盾,因而研究者的结论多种多样。根据大流士一世的纳克希·鲁斯塔姆铭文(Naqsh-i Rustam inscription)记载,有三支塞人:饮豪麻汁的塞人(Saka Haumavarga),住在费尔干地区,已开始向定居生活方式转变;戴尖顶头盔的塞人(Saka Tigraxauda),住在锡尔河对岸和七河地区;海那边的塞人(Saka tayaiy paradraya),或称欧洲塞人(斯基泰人)[1]。我国学者余太山在

---

[1] 联合国教科文组织主持、雅诺什·哈尔马塔(Janos Harmatta)主编、普里(B. N. Puri)、埃特马迪(G. F. Etemadi)副主编:《中亚文明史》第2卷,阿贝特科夫(A. Abetekov)、优素波夫(H. Yusupov)撰写的第1章有关部分;汉译本徐文堪、芮传明翻译,余太山审订,第2卷,第5页,中国对外翻译出版公司,2002年。

《塞种史研究》的"绪说"中指出,"《汉书·西域传》所见塞人,应即阿喀美尼朝波斯大流士一世贝希斯登铭文所见 Saka 人,主要包括 Asii、Gasiani、Tochari 和 Sacarauli 四个部落或部族"。他认为,这四个部族的名称"似即先秦典籍所见允姓之戎、禺知(禺氏)、大夏和莎车"[1]。希罗多德多次述及的 Massagetae(或 Massagetai,汉语音译为玛撒该塔伊人,又作马萨格泰人或马萨革特人),学者普遍认为就是塞人或塞人的一支。有的学者说,Massagetae 这一名称很可能意指"大 Saka 部落"[2]。从前第一千年中期以后,塞人各支陆续西进南下,对中亚各部族的发展产生了重要影响。

---

[1] 余太山:《塞种史研究》,中国社会科学出版社,1992年,第1—2页。
[2] W. W. Tarn, *The Greeks in Bactria and India*, Cambridge, 1951, pp. 80-81;转引自余太山:《塞种史研究》,第7页。

第二章 阿契明王朝时期

一 阿契明王朝

前第二千年中叶开始西迁的雅利安人进入西伊朗后,继续向西发展,并在前第一千年期间先后建立了两个国家——米底(Media)王国(前624—前550年)和波斯(Persia)帝国(前550—前330年)。

前第一千年中叶,居住在今天伊朗南部的波斯人发展成部落联盟;首领冈比西斯一世(Gambyses I)统治时期(前600—前559年),臣属米底王国。其子居鲁士二世(Cyrus II;Cyrus为希腊语的拉丁化拼写,波斯语为Cyr)于前558年继位,这是一位雄才大略的军事家和政治家。前553年他起兵进攻米底国王阿斯提阿格斯(Astyages),经过三年战争,于前550年取而代之,用其正式称号:"大王,王中之王,大地之王。"从此居鲁士二世全力向外扩展,西伐东征,前539年灭新巴比伦王国,采用当地的称号:"世界之王,大王,正统的王,巴比伦王,苏美尔与阿卡德王,四方之王。"在他统治期间,基本上奠定了波斯帝国的版图。居鲁士二世出身于波斯的阿契明家族,所以他建立的政权史称阿契明王朝,他建立的国家也称为阿契明帝国[1]。

居鲁士二世在灭吕底亚,将疆域扩展到小亚细亚,西濒地中海之后,于前545年开始东征。他很快征服了阿姆河南北的广大地区,包括帕提亚、马尔吉安、花剌子模、粟特、巴克特里亚等。居鲁士二世回师西进,于前539年灭新巴比伦王国。他本想乘胜进军埃及,但是在中亚的北部边境并不稳定,于是再度东征,亲率大军,进剿塞人。

居鲁士二世率军出征中亚的游牧部族——塞人,许多古代作家都记述了这次历史上著名的战争,但说法各有不同。特罗格-尤斯廷的记述是:"征服亚细亚并使整个东方臣服之后,居鲁士发动了对斯基泰人的战争。这时斯基泰是女王托米丽司(Tomyris,汉语又音译为托密丽丝、托米丽斯等)统治着。她对敌人的入侵并不恐惧,可能是这位女王预料中的事。托米丽司虽然可以扰乱敌人渡乌浒水(Oxus,今阿姆河。——引者注),但是她给了敌人渡河的机会;因为她认为,在自己的国境内作战将容易些,而敌人溃退逃命时要渡过切断他们道路的河则比较困难。居鲁士渡河后便率领军队进入斯基泰地区安营扎寨。第二天他佯装害怕,抛弃了营垒,好像是仓皇逃跑,在营垒里留下了足够的酒和举行宴会用的一切东西。女王得到消息后派自己的儿子

---

[1] 阿契明王朝的英文名词为Achaemenid,前人汉译有"阿黑门尼德王朝""阿契美尼德王朝""阿契美尼王朝""阿契明王朝""阿喀美尼朝"等。这里需要说明的是,英文的Achaemenid系波斯文的转写,而波斯文之词尾-id,意为王朝、家族,所以英语译文不再于Achaemenid一词之前或之后加上dynasty,否则就是叠床架屋了。因此,前人译为"阿契明王朝"是正确的。这从其形容词为Achaemenian也可证明,它由词素Achaemen-i-an组成。因而原文Achaemenian Empire,就应译为阿契明帝国,而不能译为"阿黑门尼德帝国"。

（还是一个少年）率领她三分之一的军队追击敌人。进入居鲁士的阵营之后，缺乏军事经验的少年好像是前来赴宴，而不是打仗，忘记了敌人，允许不习惯饮酒的野蛮人豪饮，于是酒醉比武器更早地战胜了斯基泰人。居鲁士得悉后便连夜赶回，袭击软弱无力的〔敌人〕，屠杀了〔住在营垒中的〕斯基泰人，连同女王的儿子。丧失了这支军队，对她更为残酷的是丧失了唯一的儿子。但托米丽司眼中没有流露出自己的悲伤，而是在报复敌人的诡计中寻求安慰，她也用同样的诡计回敬了隆重庆祝胜利不久的敌人。她装成好像在遭受打击之后再不相信自己的力量，仓皇逃遁，引诱居鲁士进入山中预先设伏的峡谷；在这里她歼灭了20万波斯人，连同皇帝本人。这一胜利是如此非同一般，连一个把这可怕的惨败报告给波斯的报信人也没有剩下。女王下令砍下居鲁士的头颅放在满装人血的皮酒囊中，她这样地谴责他的残虐：'现在喝个够吧！——她说，——你一直嗜血成性，从来也没喝够过。'"（I，8，1—13）[1]

希罗多德的记叙[2]更为详细，并略有不同：游牧在中亚的这支塞人，叫作玛撒该塔伊人，统治者是女王托米丽司。"居鲁士派遣使节到她那里去，指示他们假装表示向她求婚，就是说想娶她为妻。但是托米丽司知道他所要的不是她本人，而是玛撒该塔伊人的王国"，拒绝接见其任何使节。居鲁士二世便决定架浮桥渡河作战（I，205）。这时托米丽司的使臣到达，对居鲁士二世说："美地亚人的国王啊，不要忙着干你打算干的这件事吧，因为你不能知道你干的这件事会不会对你真有好处。请满足于和平

---

[1] 前3世纪或前2世纪学者尤斯廷摘录的波姆佩·特罗格文集，苏联学者译为俄文，连载于《古代史报道》1954年第2—4期和1955年第1期（Юстин, *Эпитома сочинения Помпея Трога*, Пер. А. А. Деконского и М. Н. Рижсгого, *Вестник дресней истории*, Москва.）。

[2] 《希罗多德历史》，王以铸译，商务印书馆，1997年。本书引文均依据此汉译本。

地治理你自己的王国并容忍我们治理我们所统治的人们吧。可是我知道,你必不肯听从这个忠告,因为你是最不喜欢安静无事地待着的。那么,如果你非常想与玛撒该塔伊人兵戎相见的话,你现在就不要再费事去架桥了。请允许我们从阿拉克赛斯河(乌浒水。——引者注)向后退三天的路程,然后你再率领军队渡河到我们国家里来;否则,如果你愿意在你的河岸那边与我们作战的话,那你们也请退同样日程的道路吧。"(I,206)居鲁士二世召集御前会议,听取臣下意见,决定渡河作战(I,207—208)。托米丽司的儿子斯帕尔伽披赛斯(Spargapises),率军袭营,中计被俘。托米丽司得知后,派出一名使臣对居鲁士二世说:"嗜血无厌的居鲁士啊,不要因为你做了这样一件事而得意起来吧。葡萄做的酒这种东西你们喝了就会失去理智,这种酒到了你们的肚子里面去,又会使恶言恶语涌出你们的口;而你们正是用这种毒物陷害了他,而不是在公开的堂堂正正的战争中打败他。这样看来,这对你并不是什么光彩的事情。所以现在听我的忠告并相信这对你乃是良言,把我的儿子送还给我,并且可以不受惩罚地离开这块国土。你已经蹂躏了玛撒该塔伊人的军队的三分之一,这也差不多了。如果你不这样做的话,那我凭着玛撒该塔伊人的主人太阳起誓,不管你多么嗜血如渴,我也会叫你把血喝饱了的。"(I,211—212)居鲁士二世当然不会把这忠告放在心上。斯帕尔伽披赛斯酒醒之后,发现自己被俘,便请求松绑。"但是在斯帕尔伽披赛斯的双手刚刚得到自由的时候,他便自戕而死了。"(I,213)

关于这场战争中波斯军队的死亡人数,特罗格-尤斯廷说是20万,后人认为"这当然是一个被大大夸张了的说法"[1]。居鲁士二世的被杀,也有多种传说。希罗多德认为最可信的是:"这

---

[1] 丹达马耶夫(M. A. Dandamayev)为《中亚文明史》第2卷撰写的第2章有关部分,汉译本第2卷,第20页。

一场战争，根据我的判断，在夷人（即非希腊人——译者）所曾进行的一切战争当中，确实可以说是最激烈的一次了。而且，实际上我也听到了战争当时的情况。原来，据说在一开头的时候，他们双方在对峙的情况下相互射箭，很快地在他们的箭全都射完的时候，他们便相互猛冲上来用枪、剑之类的武器进行了殊死的厮杀。据说，他们便这样地厮杀了很长的一个时候，哪一方也不想退却。结果玛撒该塔伊人取得了胜利。波斯的军队大部分都死在那里，而居鲁士本人也在统治了29年之后，在这一场战争中战死了。"（I，214）

这次战争的战场，一般学者认为，是在阿姆河以北的草原地区，未过锡尔河。战争的时间是前530年的7月底至8月初，这是中亚历史上第一个精确的年代[1]。被西方称为"史学之父"的古代希腊史学家希罗多德认为，玛撒该塔伊人是一个"勇武善战的强大的民族"（I，201）。他们为保卫自己的自由和独立，打败了不可一世的居鲁士二世；其后虽曾一度为阿契明王朝所征服，然而也只限于锡尔河以南地域，而且在大流士一世之后又摆脱了阿契明王朝的统治，成为独立的国家构成体，对中亚及其邻近地区的历史进程产生了重大影响。

居鲁士二世的长子冈比西斯二世（CambysesⅡ）得知父亲战死后，在波斯即位，把进攻战略转向西方，前525年归并埃及，使其变为波斯帝国的一个省。前522年3月他死去后发生了王位争战，结果出身阿契明王族旁支的大流士一世（DariusⅠ；Darius为希腊语的拉丁化拼写，波斯语为Dar）取得胜利。在他统治的初期，出现了全国性的反抗：埃及、巴比伦、波斯、米底、帕提亚、马尔吉安和中亚的塞人；但是到前520年就被镇压下去了。为纪念胜利，他命令在贝希斯敦的峭壁上，用古波斯、埃兰、巴比伦三种文字勒石纪功——"十九战，俘九王"的图文。

---

[1] 见加富罗夫：《塔吉克》，第71页及注释12。

贝希斯敦碑文记载:"大流士皇帝说,马尔吉安国家叛乱了。他们把一个名叫弗拉达的马尔吉安人奉为首领。在这以后我派人对驻巴克特里亚的省长、我的臣仆、名叫达达尔希什的波斯人这样说:'去击溃那不用我的名义的军队。'然后达达尔希什率领军队出发了,于是和马尔吉安人交战。阿胡拉·马兹达[1]给了我帮助。阿胡拉·马兹达的恩典,我的军队击溃了叛军。于阿西亚迪月23日交战。"大流士一世说:"这个国家成了我的。"(III,10—12行;III,19—20行)据记载,阿契明王朝的军队逢人便杀,把起义淹没于血泊之中,杀死55 000人,俘虏6 500或7 000人。帕提亚人也遭到同样残酷的镇压。

阿契明王朝把波斯帝国分为若干军事征税区——省(satrapua),由皇帝派任总督——省长(satrap)治理。省长几乎都是波斯人,其主要职责是征收本省的税款和抚军;他们还有权同未归顺的邻国交往,并在皇帝的同意下出兵讨伐邻国。省长常常是世袭的,所以对中央往往有分离倾向,并影响中央政局及皇位继承,这以巴克特里亚最为典型。据希罗多德的记载,按照大流士一世的税制改革,每个省要用货币向中央缴纳基本年税,此外还要缴纳实物贡赋,即手工产品、矿产品、农产品和畜产品。中亚地区分为三个省:巴克特里亚为第12省,每年交纳税款360巴比伦银塔兰特[2];塞人为第15省,每年交纳税款250巴比伦银塔兰特;花剌子模、粟特、帕提亚组成第16省,每年交纳税款300巴比伦银塔兰特(III,89—94)。这在当时是巨大的数额。此外居民为灌溉,还要交纳巨额的水费。希罗多德说:"这条大河分成五个支流,在先前它们分别穿过五道峡谷而灌溉了上面所说的那些民族的土地;然而自从波斯的统治开始以来,这些人就倒

---

1 Ahura-Mazda,拜火教的善神。
2 talant,重量单位,汉译《希罗多德历史》附录《本书中主要度量衡币制单位折算表》,为26公斤;加富罗夫:《塔吉克》,第74页,注释为"1塔兰特约30千克白银"。

霉了。国王封锁了山中的峡谷并用一个闸门把每一个山路都给封闭起来,这样水即不能流出来,山中的平原就变成了一个湖,因为水流到平原上来而没有泄出去的地方。结果以前使用这个河的河水的人们不能再用了,因而处于十分困难的地位。因为在冬天,他们和其他的人一样有雨降下来,但是夏天他们却需要水灌溉他们播种的小米和胡麻。因此只要没有水给他们,他们就和他们的妇女到波斯去,在国王的宫殿门前高声哭号。国王终于下令把通到他们中间最需要水的人那里去的闸门放开,而当这块地方把水吸收足了的时候,闸门就关上了,于是国王下令再为其他那些最需要水的人开放另一个闸门,而据我所听到和知道的,在他开放闸门的时候,他在租税之外,还要征收大量的金钱。"(III, 117)

阿契明王朝对中亚的征服,对当地社会、经济、文化的发展产生了重要影响:一方面促进了奴隶制的发展、商业的发展、对外的文化交流;但是奴隶劳动并没有成为经济的基础,在很大程度上还保存着氏族制的残余,农村公社在社会、经济生活中仍起着主要作用。总体上讲,居住在中亚南部的操东伊朗语的各部族,过着以农业生产为主体的自给自足的生活,尽管手工业已有相当的发展,其产品,尤其是金银器皿也相当精致。同时也出现了城市,但它们主要还是作为统治中心的城堡,对商业的作用不会太大。在阿契明王朝统治时期,中亚出现了当地冲制的钱币;中亚人民从阿契明王朝公文式的阿拉米文字产生出自己的文字:帕提亚文、粟特文、花剌子模文。这些文字体系在中亚保留了许多世纪,并且影响到突厥语各部族,直到其伊斯兰化。另一方面,阿契明王朝的统治又使中亚经济衰竭,以贡赋和供应材料的形式榨走巨量财富,优秀的工匠被输往波斯帝国的本部,长期为宫廷服务,建筑宫殿,制造用品。中亚各部族在阿契明王朝统治下,除承担沉重的税赋和劳役外,还要出兵打仗。据记载[1],在

---

[1] 见《中亚文明史》,汉译本,第2卷,第22页。

波斯军队中有巴克特里亚的 3 万骑兵、大量的塞人的骑马弓箭手,在对外扩张中,特别是在希波战争中发挥过重要作用。用强弩(复合弓)装备起来的、人马皆穿铁甲的中亚骑兵,是当时世界上最有威力的军队。中亚各部族优秀成员的大量外流和死亡,造成中亚地区人力资源的巨大损耗、优秀基因的损失,其后果是严重的。

中亚各部族在阿契明王朝统治下的处境是很艰难的,政治上遭到沉重的压迫,经济上受着残酷的剥削。酷爱自由的各部族经常举行反抗阿契明王朝压迫的起义。前 4 世纪的下半叶,花剌子模人建立了独立于阿契明王朝的国家。塞人臣服的时间很短,在此前就已不是阿契明王朝的臣民。

二 拜火教

拜火教脱胎于中亚的本土文化,是中亚雅利安诸部族的宗教。拜火教因其崇拜火而得名,在中国又称为祆教。它在西方文献中称为 Zoroastrianism(汉语译为琐罗亚斯德教),由其创造人 Zoroaster(汉语译为琐罗亚斯德)而得名。关于琐罗亚斯德生活的年代说法不一,大致在前 1 000—前 600 年之间,无论如何,他的出生要早于阿契明王朝开始年代[1]。关于他的出生地也有几种说法,但均在伊朗东部,而其早期活动的区域在中亚。他在 42 岁时受到巴克特里亚国王维斯塔巴的接待,大臣耶马斯帕娶其女为妻。由于巴克特里亚的国王、大臣带头信奉拜火教,该教迅速传播,并进入邻近地区。琐罗亚斯德在巴克特里亚与多伦尼亚部族的激战中被杀[2]。

拜火教的经典是《阿维斯陀》。Avesta 一词来自中古波斯语

---

1 据拜火教传统的说法,琐罗亚斯德生活的年代是约前 628—前 551 年。
2 见《中国大百科全书·宗教卷》,黄心川撰写的"琐罗亚斯德"词条,中国大百科全书出版社,1988 年。

Apastak，意为"原理""宗旨""规定""赞美"等。这是一部各个时代著作的汇集，其中最早的部分在《伽泰》（Gat，意为《神歌》）中，学者认为它们不迟于前7—前6世纪产生于中亚地区，在前6世纪被米底东部地区接受。这部经典在阿契明王朝接受拜火教后，曾经汇编过，据说是用不发音的阿拉米文字写出，但在马其顿亚历山大东征后佚失；以后在1世纪时又汇集过，也未留传下来；4世纪萨珊王朝沙普尔二世再次汇编《阿维斯陀》；最后是6世纪霍斯洛夫（汉语音译又作忽思老）一世时的汇集。这次编纂的《阿维斯陀》由21册（maska，又译为"卷"）组成；而现在传世的是9世纪用中古波斯语写成的，大约只有1/4是最后一次《阿维斯陀》汇集本的原文。现行的《阿维斯陀》由下列各册组成：《耶斯那》（Yasna，意为"祭献""祈祷"），基本仪式的条文汇编；《耶什特》（Yasht，意为"崇敬""赞美"），颂扬拜火教诸神的赞歌；《维德呋达特》（Vedevdat，意为"抗魔之法"），为保持宗教仪式纯洁性的一系列规定，以及一些古代神话和史诗的片段；《维斯普拉特》（Vesprat，意为"众神""全体统治者"），是对诸神的祈祷和赞歌的汇编；此外，还有一些内容少、意义不大的篇章。《阿维斯陀》像其他宗教的经典一样，在没有以文字形式出现之前是口头流传、背诵的。

拜火教的教义，在神学上是一神论，在哲学上是二元论的。其经典《阿维斯陀》称，在原始的时候，存在着善和恶两种神灵，都具有创造力，并各自组织了阵营。善神阿胡拉·马兹达（意为智慧之主）是光明、生命、创造、善行、美德的代表，体现了天则、秩序、真理；恶神安格拉·曼纽则是黑暗、死亡、破坏、谎言、恶行的化身。善神和恶神各有自己的神僚、眷属，他们进行了长期反复的斗争，善神终于战胜了恶神，即善战胜了恶，光明代替了黑暗。教义指出，在这场善与恶的长期斗争中，人有选择自己命运的自由，个人是自己命运的决定者。善有善报，恶有恶报，人死后有灵魂，善人上天堂，恶人下地狱，但人人都要接受末日审判,经过最后的审判,恶人的灵魂可以涤清罪恶,与善人的灵魂一起复活,共同进入光明之国。

拜火教的教仪繁多,但主要是对火的崇拜,所以人称其为拜火教。教义认为,火是善神阿胡拉·马兹达的儿子,在神的造物中品位最高、最有力量。火的清净、光辉、活力、锐敏、洁白、生产力等象征神的绝对与至善,把火称为"正义之眼"。对火的礼赞是教徒的首要义务,在拜火教庙宇中圣火长燃。儿童长到7岁或10岁时要举行入门仪式,由祭司授予圣衫和圣带,要终身穿佩。教徒要遵守清净仪礼,分为小净(洗衣服未遮部分:脸、手等)、大净(新生、结婚、分娩都在祭司主持下全身沐浴)、特净(从事神职工作或搬运死尸者要在祭司主持下用水、沙、牛尿进行沐浴,历时需9天,以去秽除恶)。关于葬礼,拜火教视火、水、土为神圣,因此反对火葬、水葬和土葬,而实行天葬(或称鸟葬)。教徒死后,其尸体要送往在山丘上的石塔——"寂没之塔"的顶上,让飞禽食其肉,剩下的骸骨收藏于塔内的井中。

拜火教西传后,阿契明王朝接受了该教。大流士一世为加强中央集权,特别推崇阿胡拉·马兹达,促进了拜火教在整个帝国传播。萨珊王朝(226—651年)把拜火教定为国教。7世纪以后,中亚地区开始伊斯兰化,拜火教被排挤出中亚地区,但在其他地区,特别是印度仍在流行,至今还有10万多人信奉。拜火教在隋唐时期传入中国内地,曾一度很流行,南宋后再未出现于史籍。拜火教的教义善恶二元论对基督教、摩尼教与希腊哲学的一些流派都有影响,这是中亚古代部族对世界文明发展做出的贡献。同时,拜火教也吸收了其他文明的先进文化。如以拜火教诸神命名月份的所谓"小阿维斯陀历",就是参照了埃及的历法,将一年分为12个月,每月30日,外加5天,共365日。

第二编

游牧部族迁徙、外来文化影响与萨珊王朝整合之时期

第三章　亚历山大东征与希腊化

一　马其顿亚历山大东征与中亚各部族人民的反抗

正当阿契明王朝在统治集团内讧和人民反抗中国力下衰的时候，它的宿敌——希腊却被马其顿国王腓力二世（Philip II，前359—前336年在位）统一起来。他遇刺身亡后，年方20岁的儿子亚历山大三世（Alexander III the Greet，前336—前323年在位）继位，他以"马其顿亚历山大"的名字载入世界史册。亚历山大在巩固住王位后，为摆脱希腊的困境，决定东征。对其目的，雄辩家伊索克拉底（Isocrates，前436—前338年）直言不讳地说："让我们把战争带给亚洲，而把亚洲的财富带回希腊！"[1]

---

[1] 转引自周一良、吴于廑主编：《世界通史》上古部分，人民出版社，1962年，第240页。

亚历山大在东征之前，先对北部边境上"叛乱的迹象"进行讨伐，他认为："当他离开本国进行远征时，把他们留在背后很不妥当，只有先把他们彻底降服才行。"[1] 于是亚历山大亲率军队进入色雷斯，一直打过伊斯特河（Ister，今多瑙河），回师又镇压了底比斯的叛乱。他在奥林匹斯山祭祀主神宙斯、在马其顿故都埃盖举行奥林匹亚运动会之后，于前334年初春出师东征。据古代希腊史学家阿里安（Arrian）记载，亚历山大的东征军初渡赫勒斯滂海峡（Hellespont，今达达尼尔海峡）时由3万步兵、5000骑兵、160只战舰组成（Ⅰ，11）。后来虽不断增员，但总的看来亚历山大的兵力并不充足，然而运用他改进过的"方阵"[2]战术的马其顿军队，却是当时世界上最强的战斗力之一。同时亚历山大英勇善战，指挥得当；而其对手大流士三世昏庸无能，军队腐败不堪，波斯帝国的各省不满其统治，想借机独立，希望希腊军队入侵。两军首次相遇，波斯军队便大败溃逃。前333年秋，亚历山大三世与大流士三世都亲自指挥在伊苏斯[3]的会战，阿里安在《亚历山大远征记》中做了详细的描述（Ⅱ，6—14）。"史家估计，大流士的作战兵力大约有六十万人。"但是大流士把他们都布置在一块狭长的谷地，难以展开兵力；而亚历山大的军队却列阵于开阔的平地上，士气高昂，杀声震天。当马其顿方阵迅速压来之时，波斯的前军夺气，阵脚移动，大流士"驱车逃跑，走在溃兵的最前头"，引起整个军队的大溃退，昔日曾经辉煌过的波斯重骑兵在溃退时因装备太重而疲惫不堪，挤在狭路之

---

1 [古希腊]阿里安：《亚历山大远征记》，Ⅰ，1；李活据 E. 伊利夫·罗布逊英译本汉译，商务印书馆，1979年；本书引文依据此汉译本。
2 著名的马其顿方阵，是一支用长矛和盾牌武装起来的步兵阵列，像一只有刺的乌龟，攻击力和抵抗力都很强，但灵活性差。亚历山大对方阵做了改进，阵列可以根据需要随时改变，以增强其灵活性。他同时加强机动灵活性强的轻武装步兵和轻骑兵的建设，提高了马其顿军队的整体战斗力。
3 Issus，又汉译为伊萨斯，位于品那苏斯河（Pinasus，今土耳其之杰汉河）南，靠近地中海。

中胡冲乱闯，波斯军队"被自己的人马踩死的和被敌军踩死的几乎一般多"。这次会战，波斯军队死亡约10万人，大流士三世仅以身免，其母亲、妻子、女儿被俘。亚历山大率军南下，在占领腓尼基、叙利亚和阿拉伯大部分地区之后，于公元前332年秋接受波斯驻埃及总督的投降。他到达尼罗河，乘船顺流而下，在入海口处登岸，修建了以他的名字命名的第一座城镇——至今犹在的历史名城亚历山大（见阿里安，Ⅲ，1）。

前331年初春，亚历山大离开埃及，率军向美索不达米亚进发。大流士又征集了一支庞大的军队，据说总数是："骑兵四万，步兵一百万，车轮上安装大刀的战车二百辆，还有一些大象，来自印度河这边的印度部队有大象约十五头。"（阿里安，Ⅲ，8）他接受伊苏斯会战的教训，在幼发拉底河与其支流利欧斯河之间的高伽米拉（Gaugamela）的宽阔平地上列阵以待。前331年10月1日两军会战。亚历山大只有步兵4万、骑兵7000，但是士气高昂，以轻骑兵的突击和步兵方阵的冲击，打垮了波斯军队。据史家估计，波斯军队战死的达30万，被俘的不少于此数（见阿里安，Ⅲ，15）。大流士逃出战场后，进入西北部山地，在埃克巴塔那（Ecbatana，今伊朗哈马丹）企图再征集军队，但在亚历山大的快速进军下，他又流亡中亚，前330年被巴克特里亚省长柏萨斯（希腊史籍作 Bessus，波斯语拼写为 bess）发动兵变处死，波斯帝国灭亡。高伽米拉会战之后，亚历山大挥军南下，进入波斯帝国的中心地区，连下巴比伦、苏萨、波斯城（Persepolis），纵兵抢掠烧杀，掠回金银12万塔兰特，使波斯古都的辉煌建筑被付之一炬[1]。

前330年亚历山大率军向中亚推进，遇到了已宣布自己为阿契明王朝皇帝的柏萨斯组织的抵抗。在亚历山大的军队越过兴都库什山进入巴克特里亚后，柏萨斯便率军渡过阿姆河开进粟特，

---

[1] 见周一良、吴于廑主编：《世界通史》上古部分，第241页。

亚历山大也率军随其后进入粟特。在希腊大军紧逼的形势下，柏萨斯组织的抵抗军内讧，柏萨斯被其战友斯皮塔米尼斯（Spitamenes，这是希腊语的拉丁化拼写，波斯语拼写为Spitamana）推翻，送给亚历山大。于是亚历山大返回巴克特里亚，召开希腊将领和波斯投降将领会议，宣布柏萨斯有杀害"合法"皇帝、篡夺皇位之罪，下令割去他的耳鼻，押回波斯本土，按照米太人和波斯人的意见处死；亚历山大借以收买人心，并警诫部下。

亚历山大再次回到粟特，向其首府撒马尔罕（Samarkand，希腊语转写为Maracad或Marcada）推进，但遇到当地居民的顽强抵抗。亚历山大在城里留下了驻防军，抢掠、烧毁附近的村庄。然后他向东北进军，在乌斯特鲁珊[1]山区遇到更激烈、更顽强的抵抗，粟特人民宁愿自杀而不愿落到敌人手中。据记载，在亚历山大对乌斯特鲁珊的"讨伐"中，粟特人死亡22000人，希腊军队也遭到巨大的损失，亚历山大本人也受重伤。

亚历山大在血腥镇压粟特人的抵抗后，向锡尔河进军。锡尔河以北是游牧的西徐亚人（塞人），河南岸则分布着一些大大小小的城镇和村庄。亚历山大在河边停了下来，派兵占据这些城镇，当地人民举行起义。据阿里安记载，亚历山大下令："把敌人斩尽杀绝。把妇女、儿童和全部缴获都带走。"（IV，2）反侵略、反压迫的中亚人民起义被亚历山大淹没在血泊之中。阿里安从一个这场战役的参加者那里知道，七个城镇的居民没有剩下一个——全都被屠杀或被卖作奴隶（IV，3）。

正当亚历山大困于锡尔河南岸人民反抗之中时，斯皮塔米尼斯组织起一支相当数量的军队，一举占领了撒马尔罕城。大部分希腊驻防军被杀死，剩下的士兵逃入内堡，等待援军。亚历山大

---

[1] Ustrushna，又作Sutrishna，隋唐时代汉语音译作苏对沙那、窣堵利瑟那等，位于今安集延以南乌兹别克斯坦与塔吉克斯坦的山地。

在镇压药杀水（Yaxartes，今锡尔河）南岸人民起义后，派出一支军队救援撒马尔罕；自己则在河边亲自督工，修筑一座大城。据记载其城墙长达60斯塔第（约10—11公里），被称为"亚历山大边城"（Alexandria Eskhat，位于今天乌兹别克斯坦的忽毡附近）。亚历山大的军事行动及其修筑边防城，引起位于对岸的塞人的不安。其国王认为，这座城"是他脖子上的套索"（昆图斯《亚历山大史》，Ⅶ，7，1）[1]。塞人从河对岸向希腊人射箭，希腊人则用石弩还击，并渡过河进攻他们，逼近草原。但是亚历山大想粉碎塞人的企图，并未实现。希腊军队伤亡惨重，不断遭到袭击，连亚历山大也因累而病，便只好撤出草原。

亚历山大向撒马尔罕派出的救援军，被斯皮塔米尼斯诱进泽拉夫珊河中的一个小岛上而粉碎。亚历山大得悉后亲率大军支援撒马尔罕被困，但斯皮塔米尼斯没有与之交战，而是带领自己的军队进入草原。亚历山大接受与塞人战斗的教训，再不追赶，而是残虐地报复平民，"他下令烧毁村庄和杀光所有成年人"（昆图斯，Ⅶ，9，22）。希腊历史学家记载，被判定为死刑的30名粟特显贵表现出令人吃惊的镇定，他们唱着歌走上刑场（昆图斯，Ⅶ，10，4）。粟特各地人民不断起义，逼使亚历山大不得不改变策略，由原来的全面镇压改为笼络粟特贵族和宗教人士。前327年春天，亚历山大攻克本地贵族的一些山寨，他不仅宽恕了他们，并且保护他们的财产。他还把起义者的财产赏赐给未起义的粟族贵族和平民。同时亚历山大同粟特的上层人物结成姻亲，娶奥克西尔特的女儿为妻，以使其家族亲近自己。这样，一些粟特贵族便投到亚历山大的麾下，成为他的走卒，帮助希腊军队镇压自己的同胞。对于中亚各部族英勇抗击亚历山大的入侵，塔吉克历史学家加富罗夫说："中亚塔吉克和其他民族的祖先在三年的时间里保卫了祖国的独立，同已经建立起庞大的世界帝国的征服

---

[1] Curitius Quintus，转引自加富罗夫：《塔吉克》，第96页。

者进行了斗争。尽管他们被战胜了,但是他们英勇的抵抗给亚历山大以沉重的打击,使他们军队的战斗力大大削弱。""这场斗争是中亚各民族古代历史上光辉的一页。"[1]

在亚历山大征服中亚时期,只有花剌子模还能保持住自己的独立,其他地区均成为他的属地。然后亚历山大南下征服印度的西北部,但由于兵士厌战,他不得不停止扩张,于前324年回到帝国的首都巴比伦,次年染病去世。亚历山大在10年时间里用武力摧毁波斯阿契明王朝的腐败统治,对外进一步扩张,建立起一个横跨欧、亚、非三洲的庞大帝国,其领土大致包括巴尔干半岛、埃及、西亚、中亚和印度西北部。但是这个用武力拼凑起来的庞大帝国缺乏经济、政治、民族和历史的基础,在亚历山大死后即陷于军阀混战之中,分崩离析。

对于亚历山大征服中亚,孙毓棠先生做如下评价:"亚历山大对中亚地区的征服战争,给该地区造成生产力的破坏,社会财富被劫夺,人口也被大量杀戮。但是亚历山大给中亚带来殖民统治的同时,也给中亚带来希腊文化,促进了东西文化的交流和融合。亚历山大的征服造成的中亚的统一局面,也有利于东西贸易的开展,他在各地兴建的城市,后来也都成为中亚著名的商业中心。"[2]

二　希腊化

日本学者羽田亨指出:"亚历山大的理想是实现所谓希腊主义(Hellenism),在希腊文化上建立世界帝国。他的侵略不单单是一股飓风。为了使征服之地永远置于希腊势力之下,使其同化于希腊文化,他自己娶了阿赫买尼德朝(即阿契明王朝。——引者注)王族之女,并劝部下将士也像他那样与伊兰(即伊

---

[1] 加富罗夫:《塔吉克》,第98、94页。
[2] 孙毓棠为《中国大百科全书·外国历史卷》撰写的"亚历山大征服中亚"词条,大百科全书出版社,1998年。

朗。——引者注）人结婚，以便于其理想的顺利实现。亚历山大在所有事情上都极力发扬希腊势力的影响。其后继者也沿袭同一方针。从大夏（即巴克特里亚。——引者注）开始，其属下地方的统治者都任命希腊人。流通的货币也全为希腊式。政治上、商业上也使用希腊语。从而伊兰（即伊朗。——引者注）民族之生存除接受希腊文化外别无他法。"[1]

亚历山大死后，政权落到掌有实权的领将手中，称为 diadoh（继承者）或 enigon（继承者之继承者）。他们之间展开了争夺最高统治权的长期斗争，结果帝国一分为三：以马其顿为中心的安提柯王朝（前276—前168年）、以埃及为中心的托勒密王朝（前305—前30年）、以叙利亚为中心的塞琉古王朝（前312—前64年）。它们都建立了独立的国家，史称其为希腊化时代的国家。

塞琉古一世（Seleucus I，前312—前280年在位）是亚历山大的将领。在亚历山大死后，于前321年任巴比伦总督，前312年据巴比伦自立，前305年称王，史称其建立的政权为塞琉古王朝（Seleucid）或塞琉古王国，又称叙利亚王国，中国史书称为条支（《汉书·西域传》）。塞琉古王朝鼎盛时其领域西起小亚细亚、叙利亚、两河地区，经伊朗、中亚，东达印度北部，是希腊化国家中版图最大者。塞琉古一世于前293年委派其子安条克（Antiochus）为副王，统治东部领域。安条克是塞琉古一世与斯皮塔米尼斯的女儿阿帕玛（Apama，又译爱帕玛）所生，为希腊人和中亚当地人的混血儿。这一任命目的是安抚中亚各部族，加快希腊化的进程。根据一些史料推断，前3世纪初期，中亚人民曾起义反抗，破坏了许多城堡，包括亚历山大修建的马尔吉安亚历山大城、药杀水南岸亚历山大边城。同时游牧的塞人也进入塞琉古王朝的领域骚扰。在镇压这些起义之后，塞琉古王朝又修复

---

[1] 羽田亨：《西域文化史》，耿世民汉译，新疆人民出版社，1981年，第41—42页。

了这些亚历山大城,作为希腊殖民地的支撑点,并在马尔吉安绿洲上修建了一道 250 公里的长城。

但是塞琉古王朝在东部的统治并不巩固,还在塞琉古一世时期就把兴都库什山以南地区割让给孔雀王朝(Mauryas)的创建者旃陀罗笈多(Gandragupta),作为回报的礼物,旃陀罗笈多给了塞琉古一世 500 头大象。这些大象在前 301 年伊普苏斯(Ipsus,又译伊普索斯)会战中发挥了重要作用,塞琉古王朝获得决定性的胜利,巩固了其在西亚的地位。根据考古资料,孔雀王朝在新获得的地区实行了有效的统治。以后阿育王将佛教传入这一地区,"对后来的历史产生了深远的影响"[1]。

前 3 世纪中叶,巴克特里亚和帕提亚分别宣布独立。特罗格尤斯廷说:"于是巴克特里亚千城之主狄奥多图斯(Diodotus,又译狄奥多塔斯)也分离出来,并下令称自己为国王。整个东方各民族仿效他的样子,都脱离了马其顿人的统治。这时候阿尔萨息斯还活着,他虽然不是名门出身,但充满了忘我精神。平时他以拦路抢劫为生。当他听到塞琉古(二世。——引者注)在亚细亚遭受失败的消息后,再也不怕国王,便带着一群强盗攻击帕提亚人,战胜了他们的统治者安德拉戈拉斯。在杀死他之后,阿尔萨息斯便夺取了统治人民的政权。"(XLI,1,4—7)加富罗夫认为,这是古代史学家关于这一事件"最完全的记述",但是"年代顺序,有许多不清楚之处"。他根据前人的研究,说:"完全可能,关于狄奥多图斯的事件是发生在前 256 年之前不久,而关于阿尔萨息斯的事件是大约发生在前 250 年。"[2]

马其顿亚历山大在征服巴克特里亚后,即以该地为帝国在东方的统治中心,在此殖民、筑城、驻扎军队。塞琉古王朝继续实行这一政策,巴克特里亚是副王的驻地,更将大量希腊人移入这

---

1 加文·汉布里主编:《中亚史纲要》,吴玉贵汉译,商务印书馆,1994 年,第 42 页。
2 加富罗夫:《塔吉克》,第 103—104 页。

一地区。前3世纪中期，塞琉古王朝的巴克特里亚总督狄奥多图斯乘帕提亚反抗塞琉古王朝之机，宣布独立，史称其国家为"希腊-巴克特里亚王国"。王国初期除巴克特里亚外，还有三个省粟特、马尔吉安、雅利安（以今赫拉特为中心的阿富汗西北部），委派总督管理。前3世纪晚期粟特总督欧克拉提德斯（Eucratides I，又汉译为欧克拉提德）夺取王位，打败了塞琉古王朝的进攻，并逼使其承认巴克特里亚独立国家的地位。其后继者乘印度孔雀王朝的衰败，向印度扩展，到前2世纪70年代，其版图东起恒河中游，西达呼罗珊，北到锡尔河，南抵孟买湾。前140年左右受到大月氏逼迫的塞人越过锡尔河，经由粟特进入巴克特里亚，灭其国而据其地。这些塞人中有一支是Tochari，汉语音译为大夏，汉朝通西域后，称其所据地巴克特里亚为"大夏"[1]。

前3世纪前期，游牧的帕尔尼部进入帕提亚地区，与当地居民融合。前250年左右，阿尔萨息斯（Arsaces）率众起事，杀死塞琉古王朝的帕提亚省总督，自立为王，史称为阿尔萨克王朝（Arsacid）。汉朝称其为"安息"，我国学者认为，"安息"即阿尔萨克王朝古代汉语之音译[2]。阿尔萨息斯建都于尼萨（今土库曼斯坦之首都阿什哈巴德），但随着向西扩展，首都屡迁：赫卡通皮洛斯、埃克巴坦那、泰西封。帕提亚帝国西起幼发拉底河，东与康居、巴克特里亚（后为贵霜王朝）为邻。帕提亚是当时东方强大的国家，长期与罗马帝国争雄；224年亡于国内新兴起的萨珊王朝。帕提亚帝国地处东西交通要冲，是丝绸贸易必经之路，同中国保持着良好的关系。史籍记载："武帝始遣使至安息，王令将将二万骑迎于东界。……因发使随汉使者来观汉地，以大

---

1 详见余太山：《塞种史研究》之"大夏"篇。
2 参见冯承钧著、陆峻岭增订：《西域地名》之Partava和Arsaces条，中华书局，1980年。

鸟卵及犁靬眩人献于汉,天子大说。"[1] 87年帕提亚王遣使至中国献狮子、符拔（独角兽）；101年又遣使献狮子、条支大鸟（当时称为安息雀）[2]。世传安息国太子安世清（字世高）于148年到中国传布佛教,译经多种,为文化交流做出了贡献[3]。

过去西方学者过分强调希腊化对中亚的影响；而苏联一些学者则走上另一个极端,无视希腊和希腊化的影响,甚至否认中亚有希腊人的大移民区。加富罗夫公正地指出:"希腊人作为征服者来到中亚,但他们居留在这里的绝不只是军人。在中亚、阿富汗和北印度的希腊居民中包括有工匠和商人、艺人和雕塑家、医生和乐师。由于同希腊化世界的密切接触,奴隶占有制的发展获得了新的推动因素。城市不能不受到在中亚及其邻近地区建立的希腊移民区的城市结构的影响。对当地文化的——精神的和物质的——影响更为显著。我们仅举一例：希腊文字在马其顿亚历山大东征后的千年期间一直是巴克特里亚的主要文字。在石料建筑学中、在雕塑艺术中、在首饰艺术中等等——在所有这一切中都可以察觉到希腊化文化和当地文化的相互影响；这种综合的成果在以后的几个世纪里继续进化。但是同许多西方研究者的论点相反,在这种综合中中亚文化是与其他文化平等的,甚至是主要的成分。在当地居民中生活的希腊移民的语言逐渐地同本地土著居民的语言相混合。他们的文化具有混合性质。国际范围的商品交换,在贸易、战争和迁徙过程中的居民集团移动,使中亚精神文化和物质文化的优秀成果广泛地渗入西方。因此,所谓希腊化时代的文化是许多民族——希腊人、中近东国家的居民以及中亚和印度的各民族——的天才创作。"[4]

---

1 《汉书》卷九六《西域传上》。
2 《后汉书》卷八八《西域传》。
3 参见张维华主编：《中国古代对外关系史》,高等教育出版社,1993年,第18页。
4 加富罗夫：《塔吉克》,第127页。

第四章 游牧民族迁徙与佛教的传入

一 匈奴

生活在蒙古高原上的匈奴人（huns），很早就见于汉文典籍，被称为"荤粥""猃狁""混夷""鬼方"等，这些都是匈奴自称的古代汉语的音译[1]。根据考古发掘资料，"前400至前300年，铁器已广泛地使用于蒙古高原和整个内陆亚细亚地区，从而宣告了另一个发展时代的到来"[2]。畜牧业的蓬勃发展，铁制武器锐利空前，马嚼的使用大大增强了骑兵的战斗力。于是前3世纪末匈奴帝国登上了历史舞台。

---

1 详见王国维：《鬼方、昆夷、猃狁考》，《观堂集林》卷一三，《王国维遗书》第2册，上海古籍书店，1983年。
2 《中亚文明史》第2卷，伊什詹茨（N. Ishjamts）撰写的第六章有关部分；汉译本，第2卷，第112页。

匈奴首领头曼,号称"单于"[1]。《史记》载:"单于有太子名冒顿(Mo-du)。后有所爱阏氏[2],生少子,而单于欲废冒顿而立少子,乃使冒顿质于月氏。冒顿既质于月氏,而头曼急击月氏。月氏欲杀冒顿,冒顿盗其善马,骑之亡归。头曼以为壮,令将万骑。冒顿乃作为鸣镝,习勒其骑射,令曰:'鸣镝所射而不悉射者,斩之。'行猎鸟兽,有不射鸣镝所射者,辄斩之。已而冒顿以鸣镝自射其善马,左右或不敢射者,冒顿立斩不射善马者。居顷之,复以鸣镝射其爱妻,左右或颇恐,不敢射,冒顿又复斩之。居顷之,冒顿出猎,以鸣镝射单于善马,左右皆射之。于是冒顿知其左右皆可用。"前209年,冒顿"从其父单于头曼猎,以鸣镝射头曼,其左右亦皆随鸣镝而射杀单于头曼,遂尽诛其后母与弟及大臣不听从者。冒顿自立为单于"[3]。

冒顿单于是匈奴历史上杰出的政治家和军事家。他即位之后即受到东胡的挑衅:索要千里马,又索要阏氏。冒顿皆予之。东胡王愈益骄,西侵,对匈奴提出领土要求。群臣或有言:"此弃地,予之亦可,勿予亦可。"于是冒顿大怒曰:"地者,国之本也,奈何予之!"诸言予之者,皆斩之。"冒顿上马,令国中有后者斩,遂东袭击东胡。东胡初轻冒顿,不为备。及冒顿以兵至,击,大破灭东胡王,而虏其民人及畜产。既归,西击走月氏,南并楼烦、白羊河南王。悉复收秦所使蒙恬所夺地者与汉关故河南塞,至朝那、肤施,遂侵燕、代。"冒顿单于同时进行了国家体制的建设,"置左右贤王、左右谷蠡王(《集解》服虔曰:'谷音鹿。蠡音离。'《索隐》服虔音鹿离。蠡,又音黎。)、左右大将、左右大都尉、左右大当户、左右骨都侯"。自左右贤王至当户,

---

[1] chan-yu,《汉书音义》曰:"单于者,广大之貌,言其象天单于然也。"(《史记》卷一一〇《匈奴列传》集解)《玄晏春秋》云:"此胡所谓天子。"(《史记》卷一一〇《匈奴列传》索隐)

[2] yan-zhi,《史记》卷一一〇《匈奴列传》索隐注:"匈奴皇后号也。"

[3] 《史记》卷一一〇《匈奴列传》。

"大者万骑,小者数千,凡二十四长,立号曰'万骑'。诸大臣皆世官。……诸左方王将居东方,直上谷以往者,东接秽貊、朝鲜;右方王将居西方,直上郡以西,接月氏、氐、羌;而单于之庭直代、云中;各有分地,逐水草移徙。而左右贤王、左右谷蠡王最为大,左右骨都侯辅政。诸二十四长亦各自置千长、百长、什长、裨小王、相、封(《集解》徐广曰:一作'将'。)都尉、当户、且渠之属"[1]。这样,在欧亚大草原上出现了人类历史上第一个游牧帝国——匈奴帝国。它创建的体制,如国分二部、兵牧合一、十进法编制、官爵世袭等,基本上为以后的游牧国家所继承。

匈奴帝国兴起后,极力向南扩展。汉朝新建,对之忍让:嫁公主以"和亲",输"絮缯酒米食物"为"岁奉"。及武帝即位,汉朝经过"休养生息""文景之治",国力空前强大。武帝雄才大略,一改过去对匈政策,积极展开外交、军事攻势。于是张骞出使西域,欲"断匈奴右臂"[2]。前133年,王恢设"马邑之谋"败露,揭开主动出击匈奴的序幕。经过卫青、霍去病率领大军的几次征剿,匈奴国势大衰;以后略有恢复,与东汉王朝争夺西域的控制权。东汉和帝于89年命窦宪率军北击匈奴,单于战败遁走。91年汉将耿夔大破匈奴于金微山(今阿尔泰山),单于率余众"遁走乌孙"[3]。立基于蒙古高原的匈奴帝国,经三百年疾风骤雨的历程,至此结束。

二 游牧部族大迁徙

匈奴帝国的建立及其结束,激起游牧部族的大迁徙,深刻地影响了人类历史的进程。

月氏本来游牧在河西走廊至河套一带,受到匈奴的攻击,于

---

1 《史记》卷一一〇《匈奴列传》。
2 《史记》卷一二三《大宛列传》。
3 《后汉书》卷四五《袁安传》。

前177—前176年间放弃故地，迁至伊犁河、楚河流域。史称西迁的月氏为"大月氏"，还留原地的为"小月氏"。前133—前130年间，大月氏又被得到匈奴支持的乌孙所逐，"乃远去，过宛，西击大夏而臣之，遂都妫水（今阿姆河。——引者）北，为王庭"[1]。

月氏的西迁，激起在中亚北部游牧的塞人南迁，经粟特入巴克特里亚，灭掉希腊人建立希腊化王国。这部分塞人，史称为Tochari，汉代及其前的汉文史籍译为"大夏"，隋唐以后通译为"吐火罗"。当大月氏进入巴克特里亚地区时，这里已是大夏人的地方，故《史记》称"西击大夏而臣之"。根据现有史料推断，大月氏人和大夏人都是欧罗巴人种，语言为印欧语系；所以大月氏征服大夏后，很快就融入大夏人中，故"月氏"一名未见于西方史籍。我国学者余太山说："大月氏人占领大夏后，直接统治Bactra及其周围地区，而通过所置'五翕侯'控制东部山区。'五翕侯'均系原大夏国人，是大月氏人扶植的傀儡。后来推翻大月氏，开创贵霜王朝的原贵霜翕侯丘就却，应为入侵Bactria的塞人诸部之一Gasiani之后裔。《后汉书·西域传》所传贵霜国可以说也是塞人所建。"[2] 历来关于贵霜王朝的起源有两说：大月氏说和大夏说。经学者反复考释，"似以后说合理"[3]。

匈奴帝国结束，一部分匈奴人南附汉朝，一部分随单于西迁。据我国学者林幹研究，西迁的路线大致如下：第一站，是乌孙的游牧区（阿尔泰山以西地区）；第二站，为康居（今锡尔河中下游及其以北地区）；第三站，阿兰聊（今里海以北、顿河以

---

[1] 《史记》卷一二三《大宛列传》。关于月氏西迁的年代和乌孙逐走大月氏的年代前人有多种说法，此据我国学者余太山之考证，详见《塞种史研究》，第56—59页。

[2] 余太山：《塞种史研究》之"绪说"。

[3] 见《中国大百科全书·外国历史卷》，黄靖撰"贵霜帝国"词条，大百科全书出版社，1998年。

东地区),约3世纪末到达,4世纪中叶灭阿兰聊国,震动西方,进入西方史学家的视野。此后,匈奴人越过顿河,374年攻入东哥特人境内,迫使东哥特人退至德涅斯特河以西,进入西哥特人领域,匈奴人跟随而至。哥特人抵抗失败后,渡过多瑙河进入罗马帝国境内。"这样,匈奴人便开始扮演着推动欧洲民族大迁徙的主要角色,同时也揭开了入侵欧洲的序幕。"[1] 经过近一个世纪的争战,匈奴首领阿提拉(Attila)建成匈奴王国(通称为"阿提拉王国"),改变了整个欧洲的政治版图。

三 贵霜王朝

贵霜帝国存在的准确年代,因史料贫乏,虽开过几次国际会议加以讨论,但仍诸说纷纭[2]。这主要是因为贵霜王朝先后有几个纪元,学者依据碑铭、钱币考证,有塞克纪元、早期贵霜纪元、大贵霜纪元、晚期贵霜纪元(晚期贵霜又有第2个纪元),而根据现有资料,这些纪元又连贯不起来,更难确定每个纪元开始于公元何年。经过长期的探讨、争论,大致说来,还是依据汉文史籍的记载,结合考古资料加以推断。比较主流的说法是,贵霜帝国的建立,即丘就却"攻灭四翕侯,自立为王,国号贵霜"的年代是在1世纪的前期,即大月氏灭大夏"后百余岁"(见《后汉书·西域传》);贵霜帝国的灭亡,是在嚈哒进入中亚后,时为5世纪。联合国教科文组织主持编写的《中亚文明史》第2卷(雅诺什·哈尔马塔主编)第11章(B. N. 普里撰写)根据考古资料,列出一个贵霜国王在位次序的简表,可供参考,兹转引如下:

---

1 见林幹:《匈奴通史》第7章第7节"北匈奴的西迁",人民出版社,1986年。
2 仅就贵霜名王迦腻色迦在位年代,1913年和1960年十伦敦就开过两次国际学术讨论会;1968年在杜尚别召开的贵霜时代的中亚历史、考古、文化国际学术讨论会,贵霜年代问题也是议题之一。虽经详尽而深入的讨论,但未达成一致看法。

诸王年序概况[1]

君主	纪元年份			
	希腊-巴克特里亚	阿泽斯	迦腻色迦	晚期贵霜
塞克（Sakas）				
吉霍尼卡总督 (Jihonika the satrap)		191		
早期贵霜（Early kushans）				
丘就却（Kujula Kadphises）		103		
无名王（Nameless king）		122 及 136		
阎膏珍（Vima Kadphises）	279①	184（7）		
大贵霜（Great Kushans）				
迦腻色迦（Kanishka）			1—23	
胡韦色迦（Huvishka）			28—60	
瓦苏提婆（Vasudeva）			67—99	
晚期贵霜（Later Kushans）				
迦腻色迦二世（Kanishka Ⅱ）				14
瓦湿色迦（Vasishka）				20、22、24、28
迦腻色迦三世（Kanishka Ⅲ）				31、41

① 关于这一年份，马林（Marien）辨读成 285，哈尔马塔（Harmatta）辨读成 299。

贵霜帝国的疆域，在鼎盛时期东起葱岭，西至咸海，南包印度河和恒河流域，北有康居。其势力曾一度扩展到塔里木盆地。然而贵霜帝国的统治并不稳固，"许多被它征服的地方小王国仍保有某些独立性，仅称臣纳贡而已，有时贵霜统治者也用王族联姻的方式保持对地方小王国的控制"[2]。

---

1 依据《中亚文明史》，汉译本，第 2 卷，第 194 页。表中拉丁转写为转引者所加。
2 北京大学编：《简明世界史》，古代部分，人民出版社，1974 年，第 84 页。

在贵霜史上最著名的人物是迦腻色迦，他把帝国推向了鼎盛，其在位年代有十多种说法。迦腻色迦纪元起始的年份，从前58年至278年，一般说来，应在2世纪。他除去对外扩张领土之外，还注意发展生产，特别是灌溉农业，同时促进国内外贸易，其制造的钱币境内外均有考古发现。使迦腻色迦获得盛名的主要原因还是他对大乘佛教的崇信和推广，这是传统的说法。但是根据一些学者的研究，大力弘扬佛法的并不是这位大贵霜的国王迦腻色迦，即迦腻色迦一世，而是晚期贵霜的国王迦腻色迦二世，他是大贵霜的国王迦腻色迦之孙、瓦湿色迦之子[1]。一些高僧成为他的座上客，如对佛教发展有重大影响的龙树、马鸣、僧伽罗刹等。据说，在2世纪初他召开佛教经典的第四次"结集"大会，重新审订了佛经和戒规，从而使大乘教派在佛教中取得优势地位，并在中亚迅速传播。

贵霜王朝崇信印度的宗教，但对其他宗教采取宽容政策，中亚的大部分居民仍信奉拜火教。2—3世纪基督教渗入中亚。摩尼教因在萨珊王朝受到迫害也进入中亚，并传入中国。各种宗教竞相发展，带动了艺术特别是造型艺术和建筑艺术的发展。

贵霜时代的显著特点是中亚各民族的精神文化有了真正的发展。这是一个多重矛盾现象合成、交织着各种趋向和影响的时代。它以犍陀罗艺术为典型代表。犍陀罗是贵霜王朝的统治中心地区，其范围相当于今巴基斯坦之白沙瓦及其毗连的阿富汗东部地区。大约从1世纪开始，艺术家打破过去艺术作品不能直接表现佛陀的禁规，仿照希腊神像创作出大量具有希腊艺术特色的佛像作品，后世以其地命名为犍陀罗艺术。实际上，它是一种在当地民族艺术传统的基础上，汲取希腊、罗马的表现手法，创造的一种新的艺术形式。其主要特点是："身着希腊式披袍，衣褶厚

---

1 详见《中亚文明史》，汉译本，第2卷，哈尔马塔撰写的第14章《贵霜帝国的宗教》。

重,富于毛料质感;人物表情沉静;面部结构带有明显的西方特征,鼻直而高,薄唇,额部丰满,头发自然波卷;装饰朴素,庄重稳健。雕刻材料采用当地出产的青灰色云母片岩,间有泥塑。以佛塔为主的建筑,基座多方形,列柱常采用希腊柱式,座侧浮雕佛传故事。绘画遗品很少,有的学者把阿富汗巴米扬石窟内的壁画作为它的代表。"[1] 随着佛教的传播,犍陀罗艺术对中亚和我国的造型艺术产生了重大影响。

考古资料证明,中亚的南部地区从事农业,花剌子模、粟特、柘支、费尔干都有灌溉农业,有完整的水渠体系,不仅利用河水,而且也利用泉水。但农业技术还是粗放的,畜牧业还占有重要的地位。山地农业则普遍为非灌溉的,靠雨水,耕作技术也很原始。贵霜王朝的疆域处东西贸易之枢纽,城市和商业都较前有很大的发展;有发达的钱币体系:各种面额,冲制的数量很多,除金币外铜币很多,说明货币交换已深入人民的日常生活中。

学者一般认为贵霜帝国是奴隶制社会,但农业村社在经济中仍占重要地位,贫富分化很大,这从考古发掘的居房的巨大差异和窖藏的富赡都可证明,所以贵霜时期社会矛盾尖锐,严重地削弱了国家的实力。在外族入侵的情况下,帝国很快瓦解。

四 佛教及其对中亚的影响

佛教(Buddhism)创立之前,在印度占统治地位的宗教是婆罗门教(Brahmanism)。婆罗门教是雅利安人信仰与土著居民达罗毗荼人信仰相融合的产物,形成于前 10 世纪。其教义主要为吠陀天启、祭祀万能、婆罗门至上。它在政治上维护种姓制

---

1 《中国大百科全书·外国历史卷》,吴焯撰"犍陀罗艺术"词条。

度[1]。随着经济的发展，封建领主制出现，社会矛盾加剧，反映在意识形态上是沙门（Sramana）思潮，它与婆罗门教相对立。前6—前5世纪印度的思想活跃，斗争激烈。沙门思潮的主要派别及其代表人物是佛教的释迦牟尼、耆那教的大雄符驮摩那、生活派的末伽梨·俱舍罗、顺时派的阿耆多·翅舍钦婆罗等。他们主张虽异，但在否定吠陀权威和婆罗门特权的大方向上却是一致的。

释迦牟尼（Sakyamuni），意为释伽族的圣人，其成道后的尊称。姓乔答摩（Gautama，又音译为瞿昙），名悉达多（Siddhartha），释伽族人，为释伽罗卫国（今尼泊尔南部）太子，后出家修道，创立佛教。关于释迦牟尼的出生年代，史籍失载，由其享年逆推说法多达六十余种。通常认为释迦牟尼生于前624年，卒于前544年[2]。释迦牟尼及其直传弟子创立和传播的佛教，称为根本佛教，基本教义是"四谛"[3] 和"八正道"，阐述人在现实世界的苦难和解脱苦难的道路。"四谛"：一、苦谛，生死轮回之苦（有"三苦"——苦苦、坏苦、行苦与"八苦"——生苦、老苦、病苦、死苦、求不得苦、怨憎会苦、爱别离苦、五阴盛苦之阐释）。二、集谛，又称习谛，由自己的行为造成的苦果。三、灭谛，又称尽谛，只有到达寂灭，即涅槃的境界，才能解脱人生之苦。四、道谛，达到涅槃的道路，即修炼的方法——"八正道"。"八正道"：一、正见，坚持"四谛"。二、正志，依据"四谛"思维，辨别是非。三、正语，说话符合教义，不妄

---

1 印度的社会等级制度，古梵语作 Varna，印地语作 Jati，指职业世袭、内部通婚、不准外人参与的社会等级（身份）集团。初为两个种姓；前2世纪至2世纪陆续编成的《摩奴法典》有四个种姓：婆罗门（僧侣）、刹帝利（武士）、吠舍（村社社员）、首陀罗（无前三种身份的无产者，服务婆罗门和刹帝利）；种姓之外还有"旃荼罗"（"不可接触者"，贱民）。（参照《中国大百科全书》和《辞海》有关词条）

2 详见边部为《中国大百科全书·宗教卷》撰写的"释迦牟尼"词条。

3 谛（satya），意为真理或实在。

语、绮语（淫荡秽语）、恶口、两舌。四、正业，依据教义行为，不杀生、偷盗、邪淫。五、正命，依据教义过正当的生活。六、正精进，努力修炼，到达涅槃境界。七、正念，念念不忘四谛。八、正定，修习禅定，进入清净无漏境界。

释迦牟尼及其弟子均口头传教，释迦牟尼去世后才结集[1]。由于对佛经的理解和阐释不同，佛教分裂成各种宗派，并向俗世极力传播。孔雀王朝时，佛教在印度已占据统治地位，特别是阿育王（Ashoka，又称无忧王）统治时（前265—前238年或前273—前232年在位），他崇奉佛教，弘扬佛法，加大加快了佛教的南传和北传。

还在希腊-巴克特里亚诸王统治时期，印度的宗教已在中亚传播，主要是婆罗门教。前3世纪佛教也传入巴克特里亚，阿育王岩谕希腊文版和阿拉米文版证实了这一论点。但是考古资料证明，早期贵霜的国王丘就却、阎膏珍，甚至直到大贵霜的国王胡韦色迦，还信奉湿婆（Sarva），声称他的王国是湿婆与旃陀毗拉（Gandavira）授予的[2]。这说明至少当时的贵霜帝国统治集团是信奉婆罗门教的。佛教在贵霜帝国的广泛深入的持续传播，影响到社会生活的各个方面，引起迦腻色迦二世的注意。他以佛教的虔诚信奉者和伟大庇护者出现，修建寺庙，供养僧人，结集佛典。迦腻色迦二世在佛教发展史上的重要贡献是用佛教混合梵文

---

1 结集（Sangiti），佛教术语，意为合诵（或会诵）、编纂佛教经典。关于佛教结集，说法不一。任继愈主编《宗教辞典》"结集"条说先后有四次：第一次，佛灭的当年，在王舍城外七叶窟举行，由摩诃伽叶召集、主持，阿难等五百比丘参加，诵出经、律二藏。第二次，佛灭百年后，由于戒律太严引起争论，长老耶舍召集大比丘七百人，于舍离城审订律藏，宣布"十事"非法。从此佛教分裂为上座部与大众部两派。第三次，即阿育王时期的华氏城举行，由目犍连子帝须主持，有千比丘参加，主题是批驳外道邪说，使古佛经定型。第四次结集有两说：（1）北传佛教记载，贵霜王朝迦腻色迦王时，由胁尊者比丘发起，有五百僧人在克什米尔举行结集；（2）南传佛教记载，前1世纪在斯里兰卡阿卢寺举行，有五百比丘参加，首次将巴利文三藏记录于贝叶上。
2 参照《中亚文明史》，第2卷，第14章和第16章。

重写佛典。从此佛教混合梵文成为佛教的书面语言,促进了佛教的发展和传播,成为世界性的宗教。

佛教在贵霜帝国成为占统治地位的宗教后,继续向两个方面发展:一是在中亚向土著宗教渗透,加深社会影响。佛教对摩尼教的产生和发展发生过重要的影响,摩尼教的教义包含了"佛教的许多最重要的成分"[1]。而摩尼教是继拜火教之后对中亚社会生活影响最大的宗教。二是以中亚为基地,向西和向东传播,特别是向中国传播。佛教在中亚的重要影响是促进了佛教文化艺术的发展,以巴米扬石窟为代表的犍陀罗风格随着佛教的东传对中国乃至整个东亚的造型艺术的发展都产生了重大影响,克孜尔石窟、敦煌石窟、云冈石窟、龙门石窟等至今犹是世界级艺术宝藏。

五 乌孙、康居、奄蔡、大宛

(一) 乌孙

乌孙原游牧于河西走廊西部,前161—前160年左右,乌孙在匈奴支持下进攻已西迁于伊犁河地区的大月氏,逼其西走,而据其地。乌孙国都城为赤谷城(一般认为应在伊塞克湖东南、纳伦河上游)。《汉书·西域传》载,乌孙"户十二万,口六十三万,胜兵十八万八千八百人"。这在当时的中亚,是一个相当强大的国家。其民"不田作种树,随畜逐水草,与匈奴同俗。国多马,富人至四五千匹"。考古发掘的乌孙墓葬显示出其贫富差别很大。依据史籍记载及考古资料推断,两汉时期的乌孙社会,"是一个宗法性很强的、建立在游牧经济基础之上的奴隶制社会"[2]。

乌孙同汉朝保持着友好的关系,汉朝先后以宗室女细君公

---

[1] 加富罗夫:《塔吉克》,第172页。
[2] 王明哲、王炳华:《乌孙研究》,新疆人民出版社,1983年,第23页。

主、解忧公主嫁乌孙王,在文化上对乌孙有一定影响。汉朝与乌孙结成联盟,于前71年大破匈奴。乌孙后属汉朝西域都护统辖,汉朝于赤谷城驻兵屯田,采用牛耕铧犁,推动当地农业技术的发展。

公元前后,乌孙大昆弥与小昆弥之间斗争激烈,国势日衰,但仍然是中亚大国。班超经营西域时上书东汉章帝说:"乌孙大国,控弦十万。故武帝妻以公主,至孝宣皇帝,卒得其用。今可遣使招慰,与其合力。"汉朝接受了这一建议,"拜超为将兵长史,假鼓吹幢麾。以徐幹为军司马,别遣卫侯李邑护送乌孙使者,赐大小昆弥以下锦帛"(《后汉书·班超传》)。恢复了汉朝与乌孙的友好关系。柔然兴起后,向西扩展,乌孙"数为蠕蠕所侵,西徙葱岭山中,无城郭,随畜牧,逐水草。太延三年(437年),(北魏)遣使者董琬等使其国,后每使朝贡"(《北史·西域传》)。在《辽史》中仍有乌孙的信息,938年"来贡"(《太宗本纪》会同元年八月);"北面属国官"有"乌孙国王府"(《百官志二》)。以后史籍失载,但根据民族志资料,乌孙是今天哈萨克族的主要先民部族之一。

关于乌孙的人种和语言问题,长期聚讼未决:有蒙古人种、突厥语说,欧洲人种、印欧语说,欧洲人种、突厥语说。现在多数学者主欧洲人种、印欧语说[1]。

(二) 康居

前2世纪前期的月氏西迁,激起中亚西北部塞人的移动,其中一支南下,灭希腊-巴克特里亚王国;另有两支西进,在锡尔河中下游和咸海以北以西地区分别"立国",在汉文史籍中称为"康居"与"奄蔡"。

《汉书·西域传》记载,康居国是一个相当大的中亚国家,"户十二万,口六十万,胜兵十二万人"。首都卑阗城,其地大概

---

[1] 详见余太山:《塞种史研究》之"乌孙"篇。

在锡尔河中游的北部;冬治乐越匿地,有的学者考定在塔什干绿洲。人民过着游牧生活,"与大月氏同俗"。康居国有五小王:苏薤王、附墨王、窳匿王、罽王、奥鞬王。因此,哈萨克斯坦学者认为这个国家还是一个部落联盟[1]。

康居同汉朝很早就有了往来,张骞出使西域时,曾派副使至其国。以后李广利伐大宛,康居出兵救援大宛;也曾支持匈奴抵抗汉朝军队;班超攻疏勒时,康居也曾出兵相救。康居虽曾受过匈奴、月氏的支配,但是其势力强大后成为中亚强国,将粟特并入版图,并役属奄蔡,侵扰周边诸国,抗衡中国。3 世纪后康居国势下衰,史籍记载减少,4 世纪后史籍失载。

(三)奄蔡

奄蔡,学者认为是西方史籍 Aorsi 的汉语音译。《汉书·西域传》对其记载甚简:"其康居西北可二千里,有奄蔡国。控弦者十余万人。与康居同俗。临大泽,无崖,盖北海云。"后人考证,这里的"北海"应是咸海或者里海。《后汉书·西域传》说:"奄蔡国改名阿兰聊国,居地城,属康居。土气温和,多桢松、白草。民俗衣服与康居同。""阿兰聊"一词,应是西方史籍中 Alanorsi 的汉语音译。一般学者认为它与《元史》中的阿速有关系:奄蔡人是今天生活于高加索地区的沃舍梯人(Osset)。

(四)大宛

大宛,最早见于中国史籍,司马迁在《史记》中为之专门立传。中外学者普遍把大宛定位于费尔干(Farghana,又汉译为费尔干纳)。《史记》之所以称其为"大宛",这与当时的主要居民吐火罗(Taxwar)有关系[2],以部族名其国家。所以,吐火罗人南迁之后,中国史籍自《魏书》始均以地名称之:破洛那、沛汗、锐汗、判汗、拔汗那、跛汗那,皆 Farghana 之汉语不同音译。

---

[1] 哈萨克斯坦共和国科学院历史与民族学研究所、考古研究所:《哈萨克斯坦史》,第 1 卷,阿拉木图,1996 年,第 27 页。
[2] 见加富罗夫:《塔吉克》,第 137 页。

前2世纪，大宛境域东接乌孙，西、北与康居为邻，南与大月氏接。国都贵山城（Kasan，今乌兹别克斯坦境内）有"别邑七十余城"，"户六万，口三十万，胜兵六万人"。盛产葡萄，酿以为酒，"富人藏酒至万余石，久者至数十岁不败"。畜牧业发达，有营养丰富豆科植物苜蓿作饲料，故"多善马"[1]，尤以"汗血马"著名，"号曰天马子"。大宛地处东西交通要冲，商业发展，史称其人"善贾市，争分铢"[2]。诚如加富罗夫所说，在当时的西域，大宛确是一个辽阔、富饶、人口稠密的国家[3]。《汉书·西域传》记载，大宛"土地风气物类民俗与大月氏、安息同"。"自宛以西至安息国，虽颇异言，然大同，自相晓知也。"结合考古资料，学者一般认为，至少在5世纪以前，大宛的主体居民是塞人的不同部族。

在历史上，马其顿亚历山大曾征服过这一地区，留下了一些遗址。张骞通西域，派副使至大宛。汉武帝闻奏，"遣使者持千金及金马，以请宛善马。宛王以汉绝远，大兵不能至，爱其宝马不肯与。汉使妄言（颜师古注：'谓詈辱宛王。'），宛遂攻杀汉使，取其财物"[4]。前104年，汉武帝任命"（李）广利为贰师将军，发属国六千骑及郡国恶少年数万人以往，期至贰师城取善马，故号'贰师将军'"[5]。但是进入西域后，"当道小国各坚城守，不肯给食，攻之不能下。下者得食，不下者数日则去"。及至到达郁成（今塔吉克斯坦之奥希）城下，李广利的军队只剩下了几千人，皆饥饿疲惫不堪。攻城不下，死伤甚众。"贰师将军与左右计：'至郁成尚不能举，况至其王都乎？'引而还。往来二岁，至敦煌，士不过什一二。"汉武帝闻之，大怒，使使遮玉门

---

1 《汉书》卷九六《西域传上》。
2 《汉书》卷九六《西域传上》，颜师古转引孟康注。
3 见加富罗夫：《塔吉克》，第136页。
4 《汉书》卷九六《西域传上》。
5 《汉书》卷六一《李广利传》。

关,曰:"军有敢入,斩之。"[1] 汉武帝再次征集大军,征伐大宛。"李广利将兵前后十余万人伐宛,连四年。宛人斩其王毋寡首,献马三千匹,汉军乃还。"[2] 班师前李广利"立贵人素遇汉善者名昧蔡为宛王。后岁余,宛贵人以为昧蔡谄,使我国遇屠,相与共杀昧蔡,立毋寡弟蝉封为王,遣子入侍,质于汉。汉因使使赂赐镇抚之;又发使十余辈,抵宛西诸国求奇物,因风谕以伐宛之威"。从此,汉朝势力扩展到葱岭以西,加强文化交流,"天子以天马多,又外国使来众,益种蒲陶、目宿离宫馆旁,极望焉"[3]。

六 嚈哒

嚈哒部族起源于蒙古草原,4世纪70年代初越过阿尔泰山,进入中亚地区。嚈哒,汉文史书又作嚈哒、悒怛、揖怛、挹阗、厌达等音译。西方史书称 Ephthalitai、Hephthalitai、Nephthalitai 等。中亚史书称之为 Heptal、Hetal 等。嚈哒曾自称"匈奴",故史书也称其为"匈奴"或"白匈奴"。关于嚈哒的族源,众说纷纭:有高车说、大月氏说、车师说、康居说、蒙古说、悦般说、柔然说、西藏说、伊朗说、鲜卑乙弗(乙弗敌、乞伏)说。最后一说为余太山先生提出,其论证较其前各说更为有力:在名称对音上、在史实记载上、在时间排列上,东西方史料可以相互印证[4]。

嚈哒进入中亚后,很快占领了粟特。5世纪20年代嚈哒越过阿姆河进攻萨珊王朝,但被巴赫兰五世(Bahram V,420—438年在位)击退。

5世纪30年代末,嚈哒再次越过阿姆河,南下吐火罗打败

---

[1] 《汉书》卷六一《李广利传》。
[2] 《汉书》卷九六《西域传上》。
[3] 《汉书》卷九六《西域传上》。
[4] 详见余太山:《嚈哒史研究》之"族名、族源和族属"篇,齐鲁书社,1986年。

寄多罗贵霜，占据该地区。不久，嚈哒又再次向波斯进攻，经过长期的战争，于453年大败萨珊王朝伊嗣俟二世（Yazdgird Ⅱ，438—457年在位），占领了波斯东部地区；其后时战时和，波斯被迫一度向其纳贡称臣。

5世纪70年代末，嚈哒消灭了在犍陀罗的寄多罗贵霜（Kidara Kushanas）的残余势力，把领域扩大到兴都库什山以南地区。

5世纪80年代中，嚈哒东向塔里木盆地扩展，征服了盆地边缘的一些绿洲国家。5—6世纪之交，嚈哒进攻吐鲁番盆地的高车国，杀其王穷奇，俘王子弥俄突。506年或其稍前，嚈哒利用高车国的内乱，再次发动进攻，并把弥俄突送回，"国人杀跋利延，迎弥俄突而立之"[1]。516年柔然攻破高车，杀弥俄突；而其部众"悉入嚈哒"。但是嚈哒不久就失去了对高车的控制；高车被柔然再次攻破，540年高车归附北魏。

6世纪初，嚈哒南下进攻印度。经过长期的战争，头罗曼（Toramana）率军攻下华氏城（Pataliputra）。"至此，嚈哒势力臻于极盛，领土超过了昔日贵霜帝国的最大版图。"[2]

6世纪初期是嚈哒的鼎盛时期，北魏派宋云等一行前往印度取经，神龟二年（519年）途经其地，其《行记》[3]记载下了当地社会、经济、政治、文化的情况："十月之初，至嚈哒国。土田庶衍，山泽弥望。居无城郭，游军而治。以毡为屋，随逐水草，夏则随凉，冬则就温。乡土不识文字，礼教俱阙。阴阳运

---

[1] 《魏书》卷一〇三《高车传》。
[2] 余太山：《嚈哒史研究》，第3页。
[3] 现今通称的《宋云行记》，原书已佚。今本来自北魏杨衒之的《洛阳伽蓝记》卷五"闻义里"条的引录，其跋云："衒之按惠生《行纪》事多不尽录，今依《道荣传》《宋云家纪》，故并载之，以备缺文。"此三书均已佚，难以分析出各自的原文。所以范祥雍先生说："各家引书都径称《宋云行纪》，实觉不妥，不如直书《伽蓝记》为宜。"（范祥雍：《洛阳伽蓝记校注》，上海古籍出版社，1978年，第349页）

转,莫知其度。年无盈闰,月无大小,用十二月为一岁。受诸国贡献,南至牒罗,北尽敕勒,东被于阗,西及波斯,四十余国皆来朝贺。王张大毡帐,方四十步,周回以氍毹为壁。王着锦衣,坐金床,以四金凤凰为床脚。见大魏使人,再拜跪受诏书。至于设会,一人唱,则客前;后唱则罢会。惟有此法,不见音乐。嚈哒国王妃亦着锦衣,垂地三尺,使人擎之。头带一角,长八尺,奇长三尺,以玫瑰五色装饰其上。王妃出则舆之,入坐金床,以六牙白象四狮子为床。自余大臣妻皆随伞,头亦似有角,团圆垂下,状似宝盖。观其贵贱,亦有服章。四夷之中,最为强大。不信佛法,多事外神,煞生血食,器用七宝。诸国奉献,甚饶珍异。"

但是就在这鼎盛时期,517 年罽宾进入犍陀罗向嚈哒提出挑战。531 年前后嚈哒兵败印度,失去了印度河以东地区。特别是 6 世纪中期突厥汗国的兴起及其进入中亚地区,与波斯萨珊王朝结盟,夹击嚈哒,使其国破土分,以阿姆河为界,北属突厥,南归波斯。学者推定嚈哒亡国时间在 562—567 年间[1]。不久,突厥继续南下,占领嚈哒原有全部领土。嚈哒亡国后,部族分徙中亚各地及其邻近地区,逐渐融入当地民族。

嚈哒部族自己没有留下文字史料。后人推测,嚈哒进入中亚时还没有文字,上引宋云一行的《行记》也证明了这点。进入吐火罗后可能借用当地文字。嚈哒人的原始信仰不详;进入中亚后,受当地居民影响,可能接受了拜火教;以后进入南亚,可能转向印度教。余太山先生指出,根据现有史料,嚈哒人不信佛教,但对佛教并不打击迫害,所谓"嚈哒兴起乃中亚佛教一劫"之说,不足为信[2]。

嚈哒在蒙古草原上是典型的游牧部族,进入中亚后在很长的

---

1 详见余太山:《嚈哒史研究》,第 103 页及其所引史料及文献。
2 见余太山为《中国大百科全书·外国历史卷》撰写的"嚈哒人"词条。

一段时间里仍保持着游牧生活方式,这保证了其军事活力,威震中亚各农业部族,后来可能一部分嚈哒人转入农业经济。

嚈哒在中亚的领域,正处东西交通枢纽,有着发达的过境贸易。嚈哒人也积极从事贸易活动,增加国家财政收入及个人收入,致力于保证商路的畅通,与波斯帝国为争夺商业控制权而长期斗争。

6世纪突厥汗国在漠北兴起,并进入中亚地区,与波斯萨珊王朝夹击嚈哒而灭之,突厥汗国最后占据了嚈哒的原有领土。从此,突厥部族登上中亚的历史舞台,开始了一个新的时代——突厥化时代。

第五章　萨珊王朝时期

一　萨珊王朝

帕提亚王国长期同罗马帝国交战，疲惫不堪，激起连年不断的内乱，加速了奴隶制的解体，整个社会基础动荡。帕提亚的末代国王阿尔达班五世（Artaban Ⅴ，又汉译为阿达范），尽管付出努力，但这只破船还是终于沉没了。一种新的社会经济形态——封建制，随着新王朝——萨珊王朝的建立和巩固而确立。

萨珊王朝的名称是由创建者阿达希尔一世祖父的名字萨珊（Sasan）而来。萨珊是阿娜希塔女神庙的祭司。3世纪初，其子帕佩克在地方贵族和拜火教祭司的支持下取得在法尔斯的统治，自立为王。帕佩克之子阿达希尔一世向安息王朝展开猛烈进攻，224年在霍尔米兹达干（Hormizdagan，又汉译为奥尔米兹达干，今伊朗伊斯法罕之西北）将阿尔达班五世击毙，帕提亚王国灭亡。226年阿达希尔一世在泰西封（Ctesiphon，今伊拉克巴格达附近，底格里斯河东岸）宣布为"王中之王"（Shahanshah），以拜火教为国教；建立中央集权的封建帝国，取消了地方统治者的世袭权，总督由中央任命。其后，萨珊王朝有几代统治者，如沙普尔一世（242—272年在位）、沙普尔二世（309—379年在位）、忽思老一世（531—579年在位）皆雄才大略，励精图治，扩展和巩固帝国疆域，改革和完善规章制度。恩格斯称赞萨珊王朝的"秩序井然"[1]。

萨珊王朝的创建者阿达希尔一世积极向东扩展，进攻贵霜帝国，3世纪30年代初期占领马尔吉安、花剌子模、粟特、巴克特里亚，迫使贵霜国王称降。其后不久，萨珊王朝再次兴兵，进入贵霜帝国中部。从阿达希尔一世封其子沙普尔一世为贵霜王始，以后几代萨珊王朝的统治者均封其子弟为贵霜王，统治贵霜帝国的大部分领土，直至360年前后，史称为"萨珊王朝统治下的贵霜"[2]或"贵霜-萨珊王国"（the Kushano-Sasanian kingdom）[3]。

4世纪70年代嚈哒进入中亚之后，很快占领了粟特。5世纪20年代嚈哒越过阿姆河进攻萨珊王朝，但被巴赫兰五世（420—438年在位）击退。5世纪30年代末，嚈哒再次越过阿姆河，南下吐火罗斯坦，打败寄多罗贵霜（Kidara Kushanas），占据该地区。不久，嚈哒又向波斯进攻，经过长期的战争，于453年大败萨珊王朝伊嗣俟二世（438—457年在位），占领了波斯东部地区；其后时战时和，波斯被迫一度纳贡称臣。5世纪70年代末，嚈哒消灭了在犍陀罗的寄多罗贵霜的残余势力，把领域扩大到兴都库什山以南地区。但是517年罽宾进入犍陀罗，与嚈哒抗争，

---

1 《马克思恩格斯全集》第28卷，人民出版社，1973年，第263页。
2 参照《中国大百科全书·外国历史卷》马雍撰写的该词条。
3 见联合国教科文组织主持、李特文斯基（B. A. Litvinsky）主编、张广达与沙巴尼·萨姆哈巴迪（R. Shabani Samghabadi）副主编：《中亚文明史》第3卷，丹尼（A. H. Dani）和李特文斯基（B. A. Litvensky）撰写的第4章，中国对外翻译出版公司，2003年。

嚈哒走上下坡路,失去对中亚的控制。其实,嚈哒对中亚的控制,同贵霜一样,也是松弛的,对其社会经济生活,甚至政治生活都影响不大,地方势力握有实权。一旦中央失控,地方势力便成为独立的政权。

萨珊王朝(Sasanids)存在四百余年(3—7世纪),虽然对中亚的直接统治并不是全时段,但其对中亚各民族的发展产生了重要而深远的影响:社会经济制度向封建制过渡,促进了经济的发展;拜火教及其后的摩尼教得到广泛传播,特别是伊朗文化的传播,深入人民生活的各个层面。这就是通常所说的伊朗文化成分。

萨珊王朝的时段长,国王多,且多重名,世系复杂,是伊朗史研究的难点之一。学者莫奇里(M. I. Mochiri)根据新近研究成果,制成萨珊王朝国王在位年代与世系表,提供给联合国教科文组织主持编写的《中亚文明史》第3卷,极大地方便了学者——提供了一个新的研究平台,也送给广大读者一把读史的钥匙。兹转引如下:

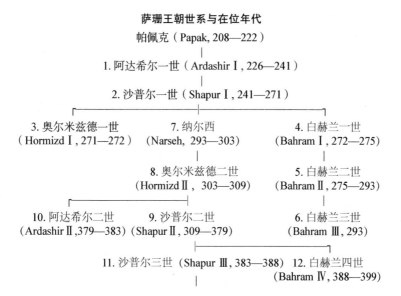

萨珊王朝世系与在位年代
帕佩克(Papak, 208—222)
|
1. 阿达希尔一世(Ardashir Ⅰ, 226—241)
|
2. 沙普尔一世(Shapur Ⅰ, 241—271)

3. 奥尔米兹德一世	7. 纳尔西	4. 白赫兰一世
(HormizdⅠ, 271—272)	(Narseh, 293—303)	(BahramⅠ, 272—275)
	8. 奥尔米兹德二世	5. 白赫兰二世
	(HormizdⅡ, 303—309)	(BahramⅡ, 275—293)
10. 阿达希尔二世	9. 沙普尔二世	6. 白赫兰三世
(ArdashirⅡ, 379—383)	(ShapurⅡ, 309—379)	(BahramⅢ, 293)

11. 沙普尔三世(ShapurⅢ, 383—388)   12. 白赫兰四世
                                    (BahramⅣ, 388—399)

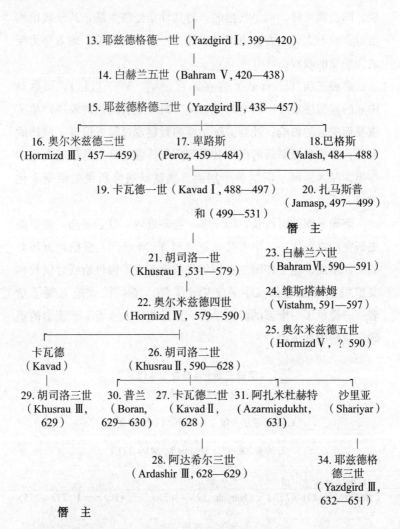

僭 主

32. 奥尔米兹德六世（Hormizd Ⅵ, 631—632）

33. 胡司洛四世（Khusrau Ⅳ, 632）

转引者注：1. 本表汉译名均依照《中亚文明史》第3卷汉译本；另夹注拉丁转写。有的人名前人已有汉语音译，当代学者也继续使用，如 Yazdgird 译为伊嗣俟，Khusrau 译为忽思老。2. 本表中有的年代和世系，学术界尚有不同说法，如沙普尔一世在位结束的年代为272年。

二 摩尼教

萨珊王朝的创建者依靠拜火教祭司的支持取得政权后，定拜火教为国教。"王位是祭坛的支柱，而祭坛也是王位的支柱。"据说，这是阿达希尔一世的格言[1]。拜火教的势力在政权的支持下猛烈发展。阿达希尔一世的继位者沙普尔一世加强统治，对外扩展，又扶植摩尼创立的宗教，支持其传播。

摩尼（Mani）生于216年，逝世的年代有几说：274年、276年或277年[2]，均在沙普尔一世去世（272年）后不久。摩尼的出生地是泰西封附近的玛第奴（Mardinu）。母亲出身于安息王朝的宗室；父亲信奉一个浸礼和禁欲的教派——犹太派基督徒派别厄勒克塞派[3]，摩尼自幼受其影响。据说，他12岁时曾受到天启，24岁时又受天启，便创立教义，开始在亲属中传教。他的宗教，因其名称为摩尼教（Manichaeism）[4]。他离开家乡到萨珊帝国的政治中心泰西封传教，以后又到帝国的东部地区，直到印度河流域，两年后回到两河流域，参加了沙普尔一世的加冕典礼。他向国王献上《沙普尔之书》（Shabuhragan），得到沙普尔一世的欣赏。这是因为他的教义明确地提出摩尼教是世界性宗教，与沙普尔一世的世界帝国的追求相一致。在政权的支持下，摩尼教迅猛向全国乃至境外传播。但是，由于摩尼教义本身含有追求光明、反对黑暗的宗旨，"传播到美索不达米亚、伊朗、罗马帝国和中亚，逐渐演变成一种'抗议派'，成为反对尘世罪恶的意识

---

1 转引加富罗夫：《塔吉克》，第194页。
2 有的学者推定出摩尼的生卒确切时间：生于216年4月14日，卒于277年2月26日。详见林悟殊：《摩尼教及其东渐》，中华书局，1987年，第20、22页及注释27。
3 见《中国大百科全书·宗教卷》，黄心川撰"摩尼"词条。
4 摩尼创立的宗教，过去汉语译名有多种：明教、明尊教、二尊教、末尼教、牟尼教等，现在通译为摩尼教。

形态武器"[1]。摩尼教的迅猛传播,使得作为国教的拜火教受到威胁从而进行反扑。沙普尔一世去世后,摩尼失势,回到家乡,摩尼教遭到迫害。巴赫兰一世(Bahram Ⅰ)[2] 召见摩尼,将其囚禁。二十几天后,巴赫兰一世下令将摩尼钉死在十字架上,并剥皮楦草,悬于甘第沙普(Gundisapur)城门[3]。

摩尼教是一个早已消失的宗教,其教义、教规以至基本经典,都是靠近代学者长期研究而复原,兹概述如下[4]:

一般学者认为,"摩尼教是一种混合的宗教,在其教义中包括了来源于琐罗亚斯德教(拜火教——引者)、佛教、基督教等各种宗教的成分"[5]。或者说,"摩尼熟悉许多宗教,特别是琐罗亚斯德教(拜火教——引者)、基督教、曼达派(Mandaeism)和佛教,宣称建立了一种世界宗教以取代当时存在的一切宗教。他从它们的信条和实践借用了许多内容,因此,摩尼教从其所有特点来说,是一种融合各种不同信仰而成的宗教"[6]。正因如此,拜火教、基督教和佛教的信徒对摩尼教的一部分教义、教规很熟悉;而这些宗教的先知们又被摩尼教所接受,作为自己的先驱。"这促进了摩尼教的传播,使它成为一种普世宗教,很容易在其他信仰的信徒中进行宣传。"[7]

---

1 联合国教科文组织主持、李特文斯基(B. A. Litvinsky)主编、张广达副主编:《中亚文明史》第3卷第3章,汉译本,第75页。
2 关于巴赫兰一世在位的年代,说法不一(272—275说、274—277说等);而摩尼被他处死,则无异说。因而摩尼的卒年随之也有不同说法。
3 见林悟殊:《摩尼教及其东渐》,第22页。
4 主要参照林悟殊著《摩尼教及其东渐》,李特文斯基为《中亚文明史》第3卷第17章撰写的"摩尼教"节,黄心川、李斌城为《中国大百科全书·宗教卷》撰写的"摩尼教"词条。
5 加文·汉布里主编:《中亚史纲要》,汉译本,第86页。
6 李特文斯基为《中亚文明史》第3卷第17章撰写的"摩尼教"节,汉译本,第3卷,第350页。
7 李特文斯基为《中亚文明史》第3卷第17章撰写的"摩尼教"节,汉译本,第3卷,第351页。

摩尼教的基本教义是"二宗三际论"[1]。所谓"二宗",就是两种本体:光明和黑暗,即善和恶。"三际"是初际、中际和后际,即过去、现在和未来。二宗自始至终贯穿于三际之中;或者说,三际乃是二宗的过去、现在和未来。摩尼以光明和黑暗二宗为世界的本源,是两个对立的王国,自始就存在,非由谁所创造。初际时期,光明王国在北、东、西三方,黑暗王国在南方。光明王国里充满光明、善美、平和、秩序、洁净,不存在任何痛苦、疾病、欺凌、忧愁等,最高统治者(主神)称为"察宛"(Zawan,中古波斯语,意为永恒;汉文摩尼教经文译为"明父"或"大明尊"),这里住着诸神及其眷属。而黑暗王国则是一个充满烟火、飓风、污泥、毒水和闷气的地方,最高统治者是黑暗魔王,这里住着"五类魔"。各类魔均有雄雌,终日沉溺在淫欲和争吵之中,到处是残暴、愚痴、混乱。这两个王国,起初互不侵犯。但到了初际之末,黑暗王国侵袭光明王国。从此双方开始了长期的残酷斗争,于是进入中际时期。大明尊召唤善母(生命之母神),善母召唤初人(或汉译为原人)为子,原人又召唤五明子(气、风、明、水、火)为子,与黑暗诸魔决战,初人战败昏倒,五明子被诸魔吞噬,从此光明分子与黑暗分子相互混合。大明尊第二次召唤,派出三位明使:明友(光明之友)、大班(大营造师)、净风(救活之神),援助初人。经过激烈的战斗,光明王国虽然制止住了黑暗王国的入侵,但是光明分子仍留在黑暗诸魔的体内。因此,光明诸神从诸魔体内提取出被消化的光明分子,造成日月星辰;以诸魔的身体、粪便造成"十天""八地"和山川。此后,大明尊第三次召唤,派出使者用诸魔创造动物、

---

[1] 我国最早阐释摩尼教基本教义的学术文章是许地山的《摩尼之二宗三际论》,发表于《燕京学报》1928年第3期。黄心川、李斌城为《中国大百科全书·宗教卷》撰写的"摩尼教"词条,有概括的阐述。最详细论述摩尼教基本教义的是林悟殊的专著《摩尼教及其东渐》,中华书局,1987年。本节多用他们的研究成果。

植物。黑暗魔王怕诸魔体内的光明分子全被排除掉,怂恿一对恶魔交配,按明使的形象,生下一对肉身。这就是人类的始祖亚当和夏娃。他们的身体虽是黑暗物质构成,但却藏有许多光明分子;光明分子组成他们的灵魂。"如是毒恶贪欲肉身,虽复微小,一一皆放天地世界。"[1] 人类虽是恶魔的子孙,但灵魂却由光明分子所组成,因此大明尊必须拯救人类的灵魂。然而,黑暗魔王总是与大明尊作对,使其拯救光明分子艰难费时。大明尊派出了一系列大明使到人间做拯救灵魂的工作,摩尼是继释迦牟尼、耶稣、琐罗亚斯德之后的一位使者。摩尼的使命是"转大法轮,说经戒律定慧等法,乃至三际及二宗门"。"上从明界,下及幽途,所有众生,皆由此度。"[2]

总之,摩尼教义就是通过宣传"二宗三际论"指导人们"劳身救性"。因此,摩尼教有严格的戒律。遵守教义教规者,灵魂得救,经过月宫,升入日宫,进入"新乐园"。堕落不悔的灵魂则在世界末日,与黑暗物质一起埋葬入地狱。于是,"真妄归根,明既归于大明,暗亦归于积暗,二宗各复,两者交归"。这就是后际。

摩尼教的戒律主要是"三封"和"十诫"。"三封"为口封:不食酒肉,不说谎言。手封:暗地不做坏事。胸封(也称为阴部封):戒淫欲。"十诫"为不拜偶像,不妄语,不贪欲,不杀生,不奸淫,不偷盗,不欺诈(或不行邪道巫术),不二心(或不疑念),不怠惰,每日四时(或七时)祈祷。每个信徒都要忏悔入教前的十种不正当行为:虚伪,妄誓,为恶人作证,迫害善人,搬弄是非,行邪术,杀生,欺诈,不能信托,做使日月不喜欢的事情。僧侣("选民",汉译为"纯善人")的主要使命是祈祷和传教,不准结婚、肉食,不准私敛资财,靠俗世信徒供食,每人

---

[1] 《摩尼教残经一》,转引自林悟殊:《摩尼教及其东渐》,第17页。
[2] 《摩尼光佛教法仪略》,转引自林悟殊:《摩尼教及其东渐》,第18页。

一食,每年一衣,过着清贫乐道的生活。俗世信徒("听者",汉译为"净信听者")的主要使命是行善,而最大的善行是为僧侣供斋,为他们服务。信徒要吃果蔬(特别是西瓜、黄瓜)和馕(西亚、中亚的大烤饼),因为这些植物中有许多光明分子,通过信徒身体的消化,将光明分子释放出来,沿着"光耀柱"(汉译为"湛然大相柱"或"庄严柱"等)上升于天[1]。因此,摩尼教东传中国后,史书称其"食菜事魔"[2]。

摩尼死后,他所创立的宗教受到萨珊王朝的残酷镇压,非但没有消失,还向纵深发展,并且在萨珊帝国境外成为强大的宗教势力:在东方,首先是在马尔吉安和粟特获得很大的发展,然后东传入中国,在漠北回鹘汗国立为国教;在西方,远达今天的北非和西班牙。摩尼教经历了1500年的风风雨雨,终于在17世纪消失于人间。不仅是因为摩尼教不断地遭受统治者的迫害、镇压,而且更主要的是摩尼教教义未能依据时势而发展,满足广大群众的需要,其教僧侣又日渐腐败[3],被人民所遗弃,为历史所淘汰遂成为必然。

三 马兹达克教运动

随着封建制的建立和加强,农村公社日趋破坏和消失,广大农民身受压迫和剥削越来越重。"5—6世纪之交,卡瓦德统治的时期(488—497、499—531年),在伊朗发生了一次人民群众反对已经形成的封建关系的大行动。一个称为马兹达克的人领导了

---

[1] 参照李特文斯基为《中亚文明史》第3卷第17章撰写的"摩尼教"节及汉译本第3卷第352—353页,马小鹤的译者注。
[2] 详见林悟殊在《摩尼教及其东渐》一书中的专篇论述《食菜事魔与摩尼教》。
[3] 根据在中国发现的摩尼教寺院文书,摩尼教东传中亚和中国后,该教寺院一般都拥有土地和财产,经营商业和放高利贷,对依附农户进行严重盘剥,僧侣养尊处优,已改变了该教早期的安贫生活。见黄心川、李斌城为《中国大百科全书·宗教卷》撰写的"摩尼教"词条。

这次运动。像当时所有的人民运动一样，农民-社员对奴役的抗议都是以宗教的形式。"[1]

这一宗教因马兹达克的领导史称马兹达克教（Mazdakism）。该教的创始人是扎尔杜什特（Zardusht），他生活于5世纪下半叶[2]。马兹达克是他的学生、继承人。关于马兹达克的出生地，诸说不一：有花剌子模说，有尼萨或呼罗珊的某城说，还有美索不达米亚的底格里斯河左岸说。加富罗夫认为最后一说有可能。还有一种说法：马兹达克不是人名，是该教首领的尊号[3]。据说，马兹达克被忽思老一世（531—579年在位）处死[4]。总之，史籍对马兹达克教两位首领生平的记载是缺乏的。

马兹达克教的教义和教规，也是学者们从马兹达克教同时代人和后人的零散记载中辑录、归纳出来的。其要点如下：神创造了大地上的一切财富，让人们平均分享。因此富人无权占有剩余的土地、金钱、妻妾和其他财产，必须予以剥夺，分给穷人，实现人人平等。杀生（包括杀人、杀牲畜）是最大的罪恶，但是为了反对恶、确保善，流血成为必要的手段时，杀人则是无罪的。从现有的资料中还透露出，马兹达克教还保留着母系氏族社会的残余（如共妻），所以被主张父权制的拜火教视为异端。

马兹达克教的基本教义主张公平分配财产和消灭贫富不均，得到了广大穷人特别是失去土地的农民-社员的拥护，使该教迅速传播。塔巴里说："朴实的人民利用这种方便的时机，归附马兹达克和他的同伙，并团结在他们的周围。"比鲁尼说："无数的

---

[1] 加富罗夫：《塔吉克》，第212页。本节主要依据加富罗夫的研究。
[2] 此为加富罗夫的意见；也有的学者认为他生活于3世纪末至4世纪初。详见《塔吉克》，第212页。
[3] 见《塔吉克》，第212页注102。
[4] 见《中亚文明史》，第3卷，第17章，吉纽（Ph. Ginoux）撰写的"琐罗亚斯德教"节中有关马兹达克教的阐述，汉译本第347页。但加富罗夫说，马兹达克是被卡瓦德一世处死的（《塔吉克》，第214页），详见下文。

人追随他。"[1] 马兹达克教在首都引导饥饿群众抢富人的粮仓，均贫富的运动很快席卷全国，一些大土地占有者被打死，有的则外逃。卡瓦德一世为加强自己的统治，削弱大贵族和地方势力，宣称自己拥护马兹达克教义，从而进一步加快了运动的发展。

卡瓦德一世的行为遭到贵族们的强烈反对，497年被废黜，投进监狱，其弟扎马斯普被拥上王位。卡瓦德一世越狱潜逃至嚈哒。嚈哒国王的妻子是卡瓦德一世的妹妹，卡瓦德一世到嚈哒后又娶嚈哒国王的女儿为妻。在古代，尤其是在具有游牧传统的部族中，这种婚姻关系被视作政治结盟。叶舒·斯提里特在《叙利亚编年史》第24节记载："他（卡瓦德）打起精神，同国王结成亲戚之后，每天在他（国王）面前啼哭，请求他出兵帮助他（卡瓦德）去消灭贵族，在自己的国家确立统治。于是他的岳父依他的请求给了他一支不小的军队。当他到达波斯边界的时候，他的弟弟听到消息后，便逃跑了。卡瓦德实现了自己的愿望，并处死贵族们。"[2]

卡瓦德一世复辟之后，逐渐转变对马兹达克教的政策，先是隐蔽地后是公开地镇压马兹达克教。他背信弃义，杀死马兹达克，于528—529年间又杀死马兹达克教运动的其他首领，在全国展开对马兹达克教信徒的大屠杀，把一场轰轰烈烈的农民运动扼杀在血泊中。

马兹达克教运动失败的根本原因，加富罗夫指出，"马兹达克教派反对的封建关系是当时历史发展的必然阶段；然而恢复社会平等的口号在这种条件下意味着回到已经瓦解的和根已断绝的公社-氏族制形态"[3]。但是马兹达克教运动仍有着历史意义，在中亚历史上第一次提出均贫富的口号，唤醒人们起来反压迫、反剥削。马兹达克教运动严厉地教训了新兴的封建地主阶级，卡瓦

---

[1] 施密特（А. Э. Шмидт）：《中亚与伊朗历史资料》，第451、490页；转引自加富罗夫：《塔吉克》，第213页。
[2] 转引自加富罗夫：《塔吉克》，第213—214页。
[3] 加富罗夫：《塔吉克》，第214页。

德一世的继位者忽思老一世（531—579年在位）采取了一系列改革措施，调适阶级关系，把封建制巩固下来。

四 文化

萨珊王朝是伊朗前伊斯兰时期的最后一个王朝，在其统治时期，波斯文化空前发展，走向繁荣昌盛，是伊朗文化发展史上的一个重要时期。

语言文字 萨珊王朝时期古波斯语已演变成为中古波斯语——巴列维语（Pahlavi），并产生了表达这种语言的字母——巴列维文。但是，随着阿拉伯语进入中亚和伊斯兰教的传播，特别是随着法尔西方言演变成通行的波斯语，巴列维语言和文字在8世纪之后退出了历史舞台。今天我们所见到的巴列维文主要保存在3世纪以来萨珊王朝国王和显贵们的碑铭、钱币和印章中以及用巴列维文书写的拜火教和摩尼教著作的断片中。根据学者们的研究[1]，巴列维文的字母有两种主要形式：碑铭体和手写体，均源于阿拉米文。碑铭体有19个字母，手写体13个，行文自右往左，元音通常省略。巴列维文字母难学，文句易生歧义。所以，当阿拉伯字母传入后，巴列维文字母被替代——波斯文用阿拉伯字母拼写。

在萨珊帝国境内，除统治民族的巴列维文外，还有在安息王朝时期就已形成的帕提亚文，根据考古资料，萨珊王朝时期它在呼罗珊及其周边地区曾被继续使用一个时期，后来成为死语文；粟特语和花剌子模语依然是本地居民的通用语言，但因信奉的宗教不同其书写文字也不同：拜火教徒用巴列维文，摩尼教徒用摩尼文。摩尼文是拼音文字，采用闪族文字中的22个字母加上1

---

1 塔法佐里（A. Tafazzoli）和赫罗默夫（A. L. Khromow）为《中亚文明史》撰写的第3卷第3章，概括地阐述了学者们对萨珊王朝文化的最新研究成果。本节多所参照该章。

个新演化出来的字母组成,大约在 13 世纪被废弃。

记录、翻译 巴列维文虽然作为一种活语言文字存在的时间不长,但是对伊朗文化的发展、对世界文化的发展,特别是对阿拉伯-伊斯兰文化和西欧文化的发展,做出了无可替代的历史贡献,这是因为巴列维文把当时伊朗人所接触的世界文化成果翻译、记录下来,传给了后人。所以,在我们今天看来,萨珊波斯文化的最重要特色,就是大量记录、翻译作品问世。这是由于(一)伊朗民族重新兴起,建立自己的王朝,需要发扬光大自己的民族历史文化传统。用当时的语言文字把历史文化记录下来,既是民族的要求,也是政治的需要。(二)统治民族的主体意识增强,把希腊化时代的希腊文著述译为本民族的当代语言文字——巴列维文。(三)帝国境域辽阔,统治民族为了解周边民族,加强和巩固统治,将其著述译为自己的语文。(四)帝国境内外的优秀著作,引起伊朗知识界的注意,通过翻译为当代通行语文,引入波斯文化。在萨珊王朝时期记录、翻译的著作主要有以下几种:

拜火教经典《阿维斯陀》。一直口头传承[1],在萨珊王朝忽思老一世时期(531—579 年)[2] 才被记录下来,编为 21 卷。为了准确地记录《阿维斯陀》,以巴列维文为基础创造出一种 46 个字母组成的新文字,从而保存了词语的原有读音。但是拜火教徒仍重视传统的口头传承,故最初的《阿维斯陀》抄本很少,终归失传;现存于世最古老的抄本于 1258 年或 1278 年写成。《阿维斯陀》不仅是拜火教的经典,更是研究雅利安人上古社会最重要的史料。

长期口头传承的英雄史诗、用巴列维文记录编纂的《列王

---

[1] 有的学者认为,在安息王朝(前 247—224 年)的后半期《阿维斯陀》已有文本,至少是它的一部分。见加富罗夫:《塔吉克》,第 47 页。

[2] 另说为沙普尔二世时期(309—379 年)。见黄心川为《中国大百科全书·宗教卷》撰写的"琐罗亚斯德教"词条。

纪》(Khwaday-namag)[1]。这部书在巴列维文成为死文字后便失传了,但是它的一些基本内容被其他语文所移译。现在已知,该书内有《扎雷尔家族实录》(Ayadgar-i Zareran),这是记述伊朗国王扎雷尔兄弟与土兰人的故事,10世纪时菲尔多西通过达吉吉(Daqiqi)的著述,把它引进自己的史诗《列王纪》(Shah-name),流传至今。学者们还指出,《列王纪》中的一些单篇被译成阿拉伯文[2]。

伊朗故事集《一千故事》(Hazar afsan)。在萨珊王朝后期搜集、编辑,用巴列维文记录下来。此书后来被译为阿拉伯文,广为流传;现存的译本是14世纪的,除伊朗故事外,还有巴格达和埃及的故事。学者普遍认为,《一千故事》是编纂《一千零一夜》的基本素材[3]。据记载,在萨珊王朝后期还搜集、编辑,用巴列维文记录过一部名为《一千传奇》(Hazar Dastan)的书,但已失传[4]。

巴列维文的爱情故事《维斯与拉明》(Vis u Ramin)。译自帕提亚文,后来由巴列维文译为波斯文(这两个文本已失传),11世纪初古尔冈尼据以写成波斯文诗作,保存下了有关帕提亚人的生活习俗的资料。

印度故事翻译成巴列维文的,有《卡里来和笛木乃》(Kalilag u Dimnag)、《辛巴德之书》(Sindbad-namag)、《比劳哈尔与佛陀萨弗》(Bilauhar u Budasaf)等。它们都译为阿拉伯文,并且有几种译本;以后又由阿拉伯文译为波斯文。它们也都有希腊文和拉丁文译本,在11世纪就流传于欧洲。

从希腊文译成巴列维文的,最著名的是《瓦米克与阿德拉》(Vamiq u Adhra)和《亚历山大的故事》(Iskandar-name)。它

---

1 Khwaday-namag,英译为 Book of Lords,汉译名又作《列王纪》。
2 详见《中亚文明史》,汉译本,第3卷,第58页。
3 参见伊宏为《中国大百科全书·外国文学卷》撰写的"一千零一夜"词条。
4 见《中亚文明史》,汉译本,第3卷,第59页。

们之后从巴列维文翻译成阿拉伯文，又从阿拉伯文翻译成波斯文。巴列维文的名为 *Varz-namag* 的农业书和名为 *Ain-namag* 的规章制度（包括军事方面）著作，也是从希腊文翻译或编译的。

学术研究 其实，萨珊王朝时期的翻译工作主要还是致力于当时的学术，如数学、医学、占星学、哲学等，以借鉴、吸收境外研究成果为我所用，这使得印度、希腊学术得到保存、交流和传播。

萨珊王朝的官方意识形态是拜火教，它对学术研究有着巨大的影响。占星术是当时最为人们重视的学问，人们认为它可预测未来，兆示凶吉。在萨珊王朝时期，伊朗的占星术引进了希腊的资料，用印度的理论加以修正，并采用印度的变数和天文学计算方法，成为当时世界上最完整的占星学。后来阿拉伯学者利用萨珊王朝的资料编纂成《沙赫里亚尔占星学表》（*Zig al-Shahriyar*），对世界天文学的发展产生了一定影响。

医学也是人们最为重视的学问，它直接关系到人的生老病死。据说，忽思老一世（531—579 年在位）的宫廷有上百名医生，其中有几人来自印度。忽思老二世（590—628 年在位）的宫廷里最著名的医学专家来自喀什噶尔的阿瓦（Ava of Kashgar），他通晓希腊文、叙利亚文、希伯来文，并且还是天文学专家[1]。萨珊王朝时期的伊朗医学积极吸取希腊和印度的医学知识，对伊斯兰时代的中亚学术发展有着深远的影响。萨珊伊朗的医学受拜火教的影响，医生注重医德，根据病人经济情况合理收费，拒绝为病人诊疗是罪恶；同时符咒治病流行，并为人们所重视。

哲学受到萨珊王朝统治者的重视，希腊和印度的思想资料被移译和阐释，从而促进了帝国境内的哲学发展。波斯人包罗（Paul of Pesia）写成《哲学与逻辑导论》（*Prolegomena to Philosophy and Logic*）以及对亚里士多德的《解释篇》（*De*

---

[1] 见《中亚文明史》，汉译本，第 3 卷，第 71 页。

interpretatione）和《前分析篇》（*Analytica priore*）的评传，为其后的伊斯兰时代中亚的学术繁荣开了先河。

历史编纂 伊朗人早在古代就有编纂王室历史的传统，萨珊王朝恢复了这一传统：一方面，用巴列维文翻译、记录口头流传的古代伊朗王室的历史，如前面已提到的《列王纪》（*Khwaday-namag*）；另一方面，编纂本朝王室的历史，如《阿达希尔功业记》（*Karnamag-i Adashir-i Pabagan*）、《阿努希尔万功业记》（*Karnamag-i Anoshirvan*）、《阿达希尔遗书》（*Testament of Adashir Pabakan*）等。萨珊王朝时期历史著作的特点，赫罗默夫（A. L. Khromow）概括如下："这种编年史的要旨是根据国王的愿望解释历史。编年史的内容限于国王认为对他本人、他的家族和国家重要的事件。编年史在国王的监督下编纂，目的是只供国王本人及其继承者使用。萨珊时代的历史著作不太注重当代事件，而比较侧重过去和对未来的预言。它们的目的是记叙和颂扬萨珊精英们宣扬的宗教和民族理想。"因此，在萨珊时代的历史著作中，一方面是事实，另一方面是神话和传奇，两者之间并没有明确的界限；夸张和隐喻是其风格的基本要素；历史人物被赋予当代人物的特点。关于历史著作的作用，赫罗默夫指出，"这些编年史对于所有伊朗人来说是道德指引的源泉，其中包括贤明的反思和劝诫，以及君主及其朝臣做出英明决定的例子"[1]。萨珊王朝的这些史学特点为以后的中亚历史编纂学所继承，成为穆斯林史著的重要特色。

---

[1] 《中亚文明史》，汉译本，第3卷，第72页。

第三编

突厥、阿拉伯先后进入，中亚突厥化、伊斯兰化开始之时期

第六章　突厥汗国与中亚突厥化的开始

一　突厥汗国

突厥作为一个游牧部族，于公元6世纪中叶兴起于阿尔泰山地区，其后势力扩展至蒙古草原和中亚地区，建立汗国，曾长期左右中亚乃至东亚形势，至8世纪中叶衰微。突厥汗国对整个人类的历史进程产生了重大而深远的影响[1]。因此，突厥学成为人们学术研究的重要学科。

---

[1] 俄国学者古米列夫（Л. Н. Гумилев）指出："既然突厥汗国的疆域，在6世纪末西与拜占庭、南与波斯以至印度、东与中国相接，那么在我们所探讨的时段这些国家的历史变故同突厥汗国的命运相关联是很自然的。突厥汗国的形成在某种程度上成为人类历史的转折点，因为此前地中海文化和远东文化是分离的，尽管它们相互知道对方的存在。尤垠的草原和山脉阻碍了东西方的交往。只是在后来发明了金属马镫和驮具，替代大车，才使商队有可能比较容易地穿过荒漠、翻越山隘。"（《古代突厥》[ДPевние тюрки]，莫斯科，1993年，第5页。）

汉语"突厥"之名始见于《周书》卷二七《宇文测传》："〔大统〕八年（542年），〔宇文测〕加金紫光禄大夫，转行绥州事。每岁河冰合后，突厥即来寇掠……测因请置戍兵以备之。""突厥"一词突厥碑文作 Türk，为该部族的自称。汉文音译为"突厥"，是 Türk 之复数形式 Türküt 之对音[1]。法国汉学家伯希和的这一解释，为多数学者所接受。在西方文籍中始见于东罗马人阿伽提亚斯（Agathias，卒于582年）的著作中提到 Kök-Türkler（突厥语意为"蓝突厥"——或汉译为"天突厥"的复数形式）[2]。关于"突厥"的词义，汉文史书的传统说法是突厥之先，居金山之阳。"金山形似兜鍪，其俗谓兜鍪为'突厥'，遂因以为号焉。"[3] 但今人对这一说法提出质疑[4]。另一种说法是《突厥语大词典》的解释："突厥"之意为"最成熟最旺盛之时"[5]。还有几种释义：突厥意为"联合"，意为"强有力、盛大、气力、刚毅"，意为"存在、形成、发展"等说[6]。

关于突厥的族源，汉文史书大致有三说：（一）《周书》卷五〇《突厥传》："突厥者，盖匈奴之别种，姓阿史那氏。"（二）《隋书》卷八四《突厥传》："突厥之先，平凉杂胡也，姓阿史那氏。"（三）《周书》卷五〇《突厥传》："或云突厥之先出于索国，在匈奴之北。"其后史籍或源于《周书》，或源于《隋书》，或拼

---

1 详见伯希和（P. Pelliot）著、冯承钧译：《汉译突厥名称之起源》，载冯承钧《西域南海史地考证译丛续编》，商务印书馆，1934年。
2 伊卜拉因·哈菲兹奥赫鲁（Ibrahin Kafeisoghlu）著、陈庆隆汉译：《历史上的突厥名称》，载《大陆杂志》第39卷第9期，台北，1969年。
3 《周书》卷五〇《突厥传》；《隋书》卷八四《突厥传》大致相同。
4 见薛宗正：《突厥史》，中国社会科学出版社，1992年，第77—78页。
5 见张广达为《中国大百科全书·民族卷》撰写的"突厥"词条。《突厥语大词典》（汉译本，民族出版社，2002年），"突厥"条释义：一、"受真主的恩遇者挪亚之子的名字。真主也以这个名字称呼挪亚之子'突厥'的后裔"。二、"表示时间、时节的词。含有'适逢其时'的意思。如"葡萄成熟的时节""时值正午""正是成熟的青年"。
6 详见林恩显：《突厥名称及其先世考》篇第四节"突厥名称之意义"，收入其论文集《突厥研究》，台湾商务印书馆，1988年。

缀两书之说,如《通典》卷一九七《突厥》:"突厥之先,平凉杂胡也,盖匈奴之别种,姓阿史那氏。"

近代突厥学兴起,中外学界对于突厥族源的探讨亦展开,诸说纷纭,林恩显先生在1974年发表的《突厥名称及其先世考》一文中归纳为五种:(一)匈奴之别种。(二)平凉杂胡。(三)匈奴之后裔。(四)鲜卑之后裔。(五)源于丁零、高车、铁勒。[1] 随着研究的深入,近年关于突厥族源大致有三说:(一)匈奴说,曾风行于西方与土耳其,被政治势力所利用,成为"泛突厥主义"的历史凭据。(二)丁零说,日本学者松田寿男和我国学者马长寿主此说[2];林恩显先生认为"源于丁零、高车、铁勒较为可靠",林幹先生亦持此说[3],但是把高车与敕勒等同则不妥[4]。(三)杂胡说,薛宗正先生提出了新资料和论证[5]。各说均有一定根据,相对比较,笔者认为丁零说更为平实有力。

《周书》卷五○《突厥传》记载,突厥在兴起之前,"居金山之阳",即今天阿尔泰山以南地区。他们"为茹茹铁工",茹茹可汗阿那瓌曾骂辱突厥主土门"尔是我锻奴",一些学者释为突厥是柔然的部族奴隶。土门[6]为首领时,"部落稍盛,始至塞上市缯絮,愿通中国"。西魏大统十一年(545年)文帝遣使至其部,"其国皆相庆曰:'今大国使至,我国将兴也。'"次年,土门遣

---

1 详见林恩显:《突厥研究》,第37—43页。
2 见松田寿男:《古代天山历史地理学研究》,陈俊谋译,中央民族学院出版社,1987年。马长寿:《突厥人和突厥汗国》,上海人民出版社,1957年。
3 见林幹:《突厥史》第2章《突厥的族源》,内蒙古人民出版社,1988年。
4 高车只是铁勒部落联盟的成员之一,详见魏良弢:《高车和高车国》,载《西北史地》1987年第1期。
5 见薛宗正:《突厥史》第2章《突厥先世》。
6 土门,突厥语为 Tuman,意为"万""万人之长"。"土门",有的学者说在突厥碑文中作 Bamin(见林恩显:《突厥研究》,第1页),或作 Bumin,汉语音译为"布民"(见薛宗正:《突厥史》,第86页)。西诺(D. Sinor)为《中亚文明史》撰写的第3卷第14章第一部分直接作 Bumin,汉译本作"布民"(见 UNESCO, *History of Civilizations of Central Asia*, V. III, PP. 327,332;马小鹤汉译、余太山审订:《中亚文明史》第3卷,第276、280页)。

使回谢西魏,"献方物"。从此突厥部族走上历史舞台。

突厥的兴起很是迅速。546年或稍后,"铁勒将伐茹茹,土门率所部邀击,破之,尽降其众五万余落"。这就是说突厥部落统一了铁勒各部。土门"恃其强盛,乃求婚于茹茹"。但遭辱骂,拒绝;"土门亦怒,杀其使者,遂与之绝"。土门转向西魏求婚,西魏权臣宇文泰许之,551年"以魏长乐公主妻之":突厥与西魏建立政治-婚姻联盟。552年,土门发兵击柔然,大破之,可汗阿那环自杀。"土门遂自号伊利可汗",突厥汗国创建[1]。

土门称汗后不久就去世,子科罗继位,称乙息记可汗。科罗旋即去世,其弟俟斤继位,称木杆可汗。在木杆可汗统治时期(553—572年),突厥汗国疆域急剧扩大:在东方,扫荡了柔然的残余势力,统一了漠北;在西方,不仅进入天山地区,而且进兵中亚,与萨珊王朝联合灭掉嚈哒,把中亚并入版图,以阿姆河与波斯萨珊王朝为界。史称突厥汗国"其地东自辽海以西,西至西海万里,南自沙漠以北,北至北海五六千里,皆属焉"[2]。木杆可汗将汗庭迁至于都斤山[3],娑棱水(今色楞格河)的上游及其支流额根河(今鄂尔浑河)、独洛水(今土拉河)流域的辽阔草原成为帝国的中心。

突厥汗国虽然没有进占中原地区,但是也对华北乃至东亚的形势产生了严重影响。木杆可汗利用华北地区的北周和北齐两个王朝之间的争战,564年率领十万骑兵与北周会合,围攻北齐之晋阳(今山西省太原市),"不克,俟斤遂纵兵大掠而还"。其后,木杆可汗一方面嫁女给北周武帝宇文邕为皇后,建立政治-婚姻

---

1 本段引文均出自《周书》卷五〇《突厥传》。
2 《周书》卷五〇《突厥传》。
3 Ötükän yish,汉语音译又作"乌德鞬山""郁督军山",亦称"天山",今蒙古人民共和国杭爱山。详见岑仲勉:《外蒙于都斤山考》,载《中央研究院历史语言所集刊》第8本,1939年。又谭其骧主编:《中国历史地图集》,第8册,中国地图出版社,1982年。

联盟;另一方面又与北齐有政治关系(即所谓"复贰于齐")。史称:"自俟斤以来,其国富强,有凌轹中夏志。〔北周〕朝廷既与和亲,岁给缯絮锦彩十万段。突厥在京师(长安)者,又待以优礼,衣锦肉食者,常以千数。齐人惧其寇掠,亦倾府藏以给之。"木杆可汗的继位者"弥复骄傲",佗钵可汗对其部下扬言:"但使我在南两个儿孝顺,何忧无物邪?"[1] 隋文帝禅代北周后的一道诏书对以前的情况做了概括:"往者魏道衰敝,祸难相寻,周、齐抗衡,分割诸夏。突厥之虏,俱通二国。周人东虑,恐齐好之深,齐氏西虞,惧周交之厚。谓虏意轻重,国逐安危,非徒并有大敌之忧,思减一边之防。竭生民之力,供其来往,倾府库之财,弃于沙漠,华夏之地,实为劳扰。犹复劫剥烽戍,杀害吏民,无岁月而不有也。"[2]

突厥汗国的国家体制是由游牧氏族社会演进而来,基本上采用匈奴帝国的体制。关于游牧帝国体制的特点,俄国学者巴托尔德指出:"氏族制的概念从私法领域转移到国家法律领域。国家被认为是整个汗族的财产,因而把它分成许多封地;有时强大的附庸完全不承认帝国首领的统治权。"[3] 巴托尔德这一观点为学界普遍接受,或称之"家产游牧国家"[4]。汗族为阿史那[5]氏族。汗国划分为大小不等的封地(牧场和部民);汗族成员依据身份的尊贵等级分享这些封地,并且世袭。可汗是整个汗国的首领和

---

[1] 以上引文均见《周书》卷五〇《突厥传》。
[2] 《隋书》卷八四《突厥传》。
[3] 巴托尔德(Б. Б. Бартольд):《蒙古入侵时期的突厥斯坦》(*Туркестан в монгольского нашествия*),《文集》(*Сочинения*),第 1 卷,莫斯科,1963 年,第 330 页。
[4] 林恩显:《突厥社会政治制度》,收入其论文集《突厥研究》,第 78 页。
[5] Ashina,传统的释义为"狼",见普里查克(O. Pritsak)《喀喇汗王朝》(*Die Karachaniden*),载《伊斯兰》(*Dir Islam*)第 31 卷第 1 期,柏林,1953 年;但还有多种不同释义,或意为"翻越山岭",或意为"跳跃",或意为"有价值的、名门的、高贵的",或云为"乌孙(Ashn Ashän)的同音异译",见林恩显:《突厥研究》,第 69—70 页。

最高统治者。汗位多由可汗的子弟中有实力者继承，但是更有实力的相对远支的汗族成员也可成为汗位的继承者。正是这种汗位继承的非制度化，导致了中央政权的不稳，经常发生汗位争夺，武力相向。汗国，除大可汗的直辖领地外，分为东西两面，封与小可汗；汗族其他成员分别封为叶护、设、特勤等，拥有不同等级的封地。这种分封制，在汗国对外扩张时期曾发挥过积极作用，但是当汗国再无力对外扩张，其负面作用就显示出来——转向内争：领主是封地的所有者和统治者，并且世袭，领主对政治权力和生活享受的贪婪，必然导致相互兼并，觊觎汗国最高权力，内乱不息，人口减少，经济凋敝，汗国分裂，直至灭亡。

突厥汗国的官制，前人已有深入研究和丰硕成果。1940年韩儒林先生在《突厥官号考释》[1]一文中对其前的国内外学者的研究成果进行了疏理、论断，得出了一系列信实的结论，构筑了新的研究平台。其后，学者们继续深入探讨，20世纪80年代末，林恩显先生对前人的研究成果做了简要的归结，兹引述如下[2]：

1. 可汗（Qaghan）——5世纪初以后支配蒙古高原的游牧国家，其君长为可汗，其妻为可贺敦。为突厥国家最高主权者、君主，犹如匈奴之单于也。由阿史那氏一族独占担任，除大可汗外，常封小可汗以分管东西二部（或其他方位）。而管辖东部者常称"突利"号，且往往较西部小可汗为重要，唯小可汗仍受大可汗节制。

2. 可敦（Koh-tun、Qatun；可贺敦）——突厥可汗之妻的官称，犹如匈奴之阏氏。

3. 叶护（Yabghu、Zhabghu）——东突厥时代地位与设略

---

1 韩儒林：《突厥官号考释》，载华西大学《中国文化研究所集刊》第1卷第1期，1940年。收入韩儒林：《穹庐集》，上海人民出版社，1982年。
2 林恩显：《突厥研究》之《突厥政治社会制度》，台湾商务印书馆，1988年，第87—88页。

同。为突厥高官，常以可汗子弟及宗族为之。在西突厥是突厥专制一方的诸侯，但有谓系突厥中央政府仅次于大小可汗之高级官员。

4. 设（Shad，一作杀，或察、煞、失等）——在突厥领土内，大可汗直领领土领民以外，拥有封建领土、领民的诸侯之官称。以可汗子弟及宗族为之。因突厥辖境辽阔，常将领土分为三部分：中国部分为汗庭所在，是政权的首脑部政治中心；其他地区分为东西二部，每部置设一，领兵驻扎统治……设是地方长官、地方诸侯，专制一方，可在辖区内征税，其地位在叶护之下。

5. 特勤（Tigin，一作特勒）——突厥高官，原则上以可汗子弟及宗族为之。类似"亲王"爵位，与其他官称似有差别。

6. 俟利发（Iltäbär、Eltäbir，或作颉利发、颉利吐发、颉利调发、俟利弗）——比较有力的别部族（非可汗之族）首长官称，在西突厥经常可以参加政权首脑部的决策和政务处理，地位高于俟斤。

7. 俟斤（Irkin、Eekin）——比较弱小的别部族（非可汗之族）首长官称。地位仅低于俟利发，在西突厥统领五弩失毕。

8. 阎洪达——大概经常参与政权首脑部的决策和政务处理。

9. 吐屯（发）（Tudun?）——突厥可汗派到被统治部族来监视其族长，并征收税收之官称。

10. 达干（Tarkan、Tarqan，一作达官）——突厥高官，意为"司令"。（突厥之）世官、散官、命令者。

11. 移涅（Inäl）——高官衔名，有"诚实"之意。

12. 梅录（Bujuluq、Buiruq）——官称，官僚们。

13. 啜（Chur）——官称。突厥官名，意为"首领"。在西突厥统领五咄陆部落之首长称啜。

14. 此外还有裴罗（Bögü、Boila、Buila）、失毕（Shadaput）、

将军（Sängün）、都督（Tutuq）等官称。[1]

　　木杆可汗的统治把突厥汗国推向鼎盛。572年，木杆可汗逝世，其弟继位，称佗钵可汗。580年，北周以赵王女为千金公主嫁于佗钵可汗。次年佗钵可汗卒，遗命以木杆可汗之子大逻便继位。这时，突厥汗国已过巅峰时期，对外扩张停止下来，"家产游牧国家"体制的负面作用便显示出来。东面小可汗摄图（伊利可汗土门之子）反对大逻便继位可汗，拥立木杆可汗之子菴罗为可汗；但大逻便不服，菴罗让大汗位于摄图，称为"第二可汗"。一时群雄竞起，581年在突厥汗国的阿勒泰山以东地区就有四个可汗并立：（一）摄图，称伊利俱卢设莫何始波罗可汗，又号沙钵略可汗，治于都斤山；（二）菴罗，称第二可汗，驻牧独洛水；（三）大逻便，称阿波可汗，驻牧蒙古高原西部，近阿尔泰山；（四）图摄之弟处罗侯，称叶护可汗，驻牧蒙古高原东部。在突厥汗国东部的可汗混战中，西面的达头可汗也参与进来，导致了突厥汗国东西二部的分裂[2]。隋朝皇帝的离间措施使突厥汗国的汗位之争更加复杂、激烈。沙钵略可汗同分离势力经过艰苦的斗争，名义上维持了大可汗的地位，并得到隋朝的承认，但是国力大衰，向隋文帝上书"称臣"[3]。

　　587年沙钵略可汗卒，遗命其弟处罗侯继位，号叶护可汗，又称莫何可汗。处罗侯，"勇而有谋，以隋所赐旗鼓西征阿波（大逻便的可汗称号——引者）。敌人以为得隋兵所助，多来降附，遂生擒阿波"。"其后处罗侯有西征，中流矢而卒。"他在位前后仅二

1　为统一行文，引文将突厥语的拉丁转写做了一些更动：Č、Š、Ž改用Ch、Sh、Zh拼写。为便于阅读和避免烦琐，引文省略了原文的注释和个别原文，将个别错字、标点直接修改，如"丧制一方"改为"专制一方"。此外，将"虏"改为"突厥"。

2　参见陆峻岭、林幹编：《中国历代各族纪年表》，内蒙古人民出版社，1980年，第380—381页。

3　见《隋书》卷八四《突厥传》。

年。"其众奉雍虞闾（沙钵略可汗之子——引者）为主，是为颉伽施多那都蓝可汗。"雍虞闾即位后继续同隋朝保持着良好的关系，派出使臣，得到丰厚的回报，"赐物三千段"，从此"每岁遣使朝贡"，并与隋朝发展经贸关系："突厥部落大人相率遣使贡马万匹，羊二万口，驼、牛各五百头。"都蓝可汗又"遣使请缘边置市，与中国贸易，诏许之"。隋朝不愿突厥汗国再度强盛，597年以宗室女为安义公主，嫁于突利可汗染干（处罗侯之子），"故特厚其礼"，挑起都蓝可汗对染干的不满。598年，都蓝可汗与达头可汗联合，举兵攻染干，"尽杀其兄弟子侄"。染干仅以五骑逃亡隋朝。隋朝直接出兵大败突厥军，"拜染干为意利珍豆启民可汗"，"于朔州（今山西省朔州市——引者）筑大利城以居之"。这时安义公主已死，隋文帝又以宗室女为义成公主嫁于染干。由于隋朝的大力扶植，启民可汗染干的势力迅速壮大，"部落归者甚众"。都蓝可汗向启民可汗发动进攻，并侵掠隋朝边境。隋朝集结军队，"师未出塞，而都蓝为其麾下所杀[1]，达头自立为步迦可汗，其国大乱"[2]。启民可汗靠隋朝的多次出兵和大量经济支援[3]，才艰难地维持下来。609年启民可汗病死，子咄吉世继位，称始毕可汗。

始毕可汗在位期间（609—619年），正值隋末朝政混乱，农民起义，中原震荡，群雄割据。北方的梁师都、刘武周、李轨、窦建德、刘黑闼等"为了争取援助，都极力与突厥统治者勾结，有的甚至向突厥可汗称臣"[4]。后来做了大唐开国皇帝的李渊也

---

[1] 《隋书》卷二《高祖纪下》载：开皇十九年，"十二月乙未，突厥都蓝可汗为部下所杀"。依据陈垣《二十史朔闰表》，开皇十九年十二月乙未日，为西历599年12月26日。

[2] 本段引文均出自《隋书》卷八四《突厥传》。

[3] 仅大业三年（607年）隋炀帝巡行至榆林（郡治在今内蒙古自治区呼和浩特市托克托县的黄河以南地区），启民可汗与义城公主来朝拜，赐物一万二千段；炀帝在千人大帐，"享启民及其部落酋长三千五百人，赐物二十万段，其下各有差"。以后又至"启民所居……赐启民及主金瓮各有一，及衣服被褥锦彩，特勤以下各有差"（见《隋书》卷八四《突厥传》）。

[4] 林幹：《突厥史》，第75—76页。

不例外：他在"起义太原"时，就派出最为得力的谋士刘文静去拜见突厥可汗，"引以为援"[1]；请求突厥出兵，"且与之约曰：'若入长安，民众土地入唐公，金玉缯帛归突厥。'"[2] 突厥可汗于是派出二千骑兵，与唐军一起进占长安。"及高祖即位，前后赏赐，不可胜纪。"[3] 但是，突厥可汗并不只是支持李渊，而是对所有与其勾结的地方割据势力都给予支持，这在李渊建立唐朝后削平山头、统一全国的过程中成为很大的阻力。

619年始毕可汗卒，弟俟利弗设继位，称处罗可汗，在位一年卒；弟咄苾继位，号颉利可汗。颉利可汗不仅继续支持华北地方割据势力，并且直接率兵南下攻掠：622年"攻围并州（今山西省太原市——引者），又分兵入汾、潞等州（其州治分别为今山西省汾阳市、长治市潞城区——引者），掠男女五千余口"；624年"举国入寇，道自原州（州治今宁夏回族自治区固原市——引者），连营南上"；625年"集兵十余万，大掠朔州（州治今山西省朔州市——引者），又袭将军张瑾于太原，瑾全军并没"，只身逃脱；626年"颉利自率十余万骑进寇武功，京师戒严"，直抵渭水，唐军统帅李世民"驰六骑"，冒险至渭水，"与颉利隔津而语"，才稳住突厥的进攻。就在这年的八月李世民登基，备尝蹂躏之苦的唐朝，积极准备对突厥汗国的战争。627年，突厥汗国境内的薛延陀、回纥、拔也古等部族相继起事；颉利可汗派突利可汗什钵苾（始毕可汗之子）率兵镇压，结果大败而归，突利可汗受到惩处，"由是怨望，内欲背之"。两可汗之间的矛盾日趋扩大，628年突利可汗向唐朝"遣使奏言与颉利有隙，奏请击之"。629年薛延陀自称可汗，向唐朝派出使臣"贡方物"。天灾与人祸并行，突厥汗国境内，"频年大雪，六畜多死，国中大馁，颉利用度不给，复重敛诸部，由是下不堪命，内外多叛之"。在这

---

1 《旧唐书》卷一九四上《突厥传上》。
2 《资治通鉴》卷一八四，隋恭帝义宁元年（617年）七月。
3 《旧唐书》卷一九四上《突厥传上》；本节以下引文凡未注出处者，皆同此。

种局势下，颉利可汗才向唐朝皇帝"始称臣"，"请修婿礼"。但是唐太宗李世民全不顾其"请和"，于贞观三年（629年）八月十九日下诏征讨突厥，立即震动突厥汗国；九月就有"突厥俟斤九人帅三千骑来降"；"拔野古、仆骨、同罗、奚酋长并帅众来降"[1]。十一月十三日唐朝皇帝下令，从东到西分五路出兵，皆受李靖节度。贞观四年（630年）二月，李靖大破颉利可汗于阴山。三月，颉利可汗被擒俘，突厥汗国亡。唐朝"斥地自阴山北至大漠"，"四夷君长诣阙请上为天可汗"[2]。

伊利可汗土门创建的突厥汗国，史称"突厥第一汗国"或"突厥前汗国"。突厥汗国统治者世系复杂，列表如下：

突厥汗国可汗世系与在位年代

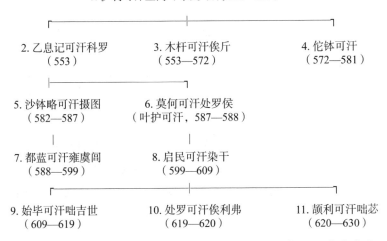

1. 伊利可汗土门（布民可汗，552—553）
2. 乙息记可汗科罗（553）
3. 木杆可汗俟斤（553—572）
4. 佗钵可汗（572—581）
5. 沙钵略可汗摄图（582—587）
6. 莫何可汗处罗侯（叶护可汗，587—588）
7. 都蓝可汗雍虞闾（588—599）
8. 启民可汗染干（599—609）
9. 始毕可汗咄吉世（609—619）
10. 处罗可汗俟利弗（619—620）
11. 颉利可汗咄苾（620—630）

唐朝将蒙古高原纳入版图后，建置燕然都护府（后改为安北都护府、瀚海都护府），下辖突厥（驻牧漠南）和铁勒（驻牧漠北）各部羁縻府州。7世纪下半叶，吐蕃兴起，进入河西走廊及其以西地区，唐朝把主要兵力用于西北。当时驻牧于阴山一带的

---

[1] 《资治通鉴》卷一九三，唐太宗贞观三年（629年）八月、九月。
[2] 《资治通鉴》卷一九三，唐太宗贞观四年（630年）二月、三月。

阿史那骨咄禄利用时机，积极聚集力量，于682年脱离唐朝，自称可汗，得到暾欲谷的辅佐，经过十年的斗争，统一了漠北，史称"突厥第二汗国"或"突厥后汗国"[1]。根据突厥文暾欲谷碑铭[2]，突厥军队曾进入阿尔泰山以西地区，袭击突骑施，"俘其可汗，将其叶护和设在那里杀死。……听到那消息后，十箭诸官员和人民全都来了，臣服了"。"我让十箭的军队出兵。我们也出兵！……我们一直到达铁门〔关〕。从那里，我们回师。大食人、吐火罗人以及〔住在〕这边的以 asuq 为首的粟特人民全都来臣服小可汗。"（第41—46行）阙特勤碑铭也有类似记载，并载有其后的情况：（突厥军队）"我们杀死了他们（突骑施——引者）的可汗，取得了他们的国家"；"为了整顿粟特人民，我们渡过珍珠河，一直出征到铁门〔关〕"（东面第38—39行）。但是这些胜利并不稳固，很快突骑施叛离，阙特勤（685—731年）再次进击；他31岁时"征服了葛逻禄"，次年，又先后征伐了阿热（az）、思结（izgil）、九姓乌古斯，都取得了一定的胜利（南面第2—9行）。突厥第二汗国的西征开始于708年，大军于711年出击突骑施，712年进入粟特[3]。"但是，突厥军队在撒马尔罕附近与阿拉伯人的战斗中被切断后勤，受到相当大的损失；他们历尽艰险于713—714年回到阿尔泰山区。"[4] 虽然汗国的统治者仍以整个突厥正统的最高统治者自居，但是其政治影响大不及前汗国，特别对中亚更不像碑铭所说的那样。这时西亚强国阿拉伯帝

---

1 见《中国大百科全书·民族卷》，张广达撰"突厥"词条。
2 本书所引突厥碑文均为耿世民先生汉译文，见林幹《突厥史》附录耿世民汉译《突厥文碑铭译文》。
3 此据我国学者芮传明的考证，见《古突厥碑铭研究》第三章《后突厥政权"西征"的日期》，上海古籍出版社，1998年。
4 联合国教科文组织主持、李特文斯基（B. A. Litvinsky）主编、张广达与沙巴尼·萨姆哈巴迪（R. Shabani Samghabadi）副主编：《中亚文明史》第3卷，克利亚什托尔内（S. G. Klyashtorny）撰写的第14章《突厥帝国》第二部分，汉译本，马小鹤翻译、余太山审订，中国对外翻译出版公司，2003年，第286页。

国已兴起，灭亡萨珊王朝后，其势力已进入中亚，并产生巨大影响。而且由于汗族内部的争斗频仍和铁勒各部的反抗不断，汗国存在不到50年便摇摇欲坠，再无力顾及中亚了。744年回纥首领骨力裴罗自立为可汗，建立漠北回纥汗国，次年杀死突厥汗国的白眉可汗，突厥第二汗国彻底结束。

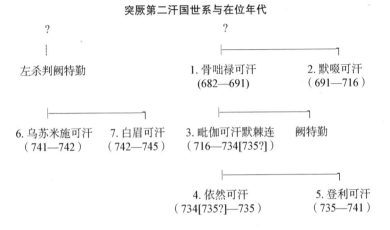

突厥第二汗国世系与在位年代

说明　1. 突厥第二汗国可汗世系复杂，史料缺乏而常有抵牾，故学者列出的世系表各不相同。本表在吸收前人研究成果的基础上编成，力求平实。
　　　2. 突厥第二汗国的汗位争夺激烈而频繁，有的可汗在位不逾月即遭杀，如默啜可汗卒，子匐俱继位，当月即被阙特勤击杀，另立骨咄禄之子默棘连，号毗伽可汗；又如登利可汗被杀后，两子先后继立，被骨咄叶护杀死，骨咄自立为可汗，次月即遭杀。为简明实用计，这类可汗未列入本世系表，而阙特勤虽未称汗，但在突厥汗国中起过重大作用，张广达先生（《中国大百科全书·民族卷》"突厥"词条）和林恩显先生（《突厥研究》，第14页）的突厥汗国世系表都将他列入，笔者遵从前贤，亦将阙特勤列入，以明其世系。

二　西突厥汗国

西突厥汗国的出现，是突厥汗国体制——"家产游牧国家"体制的必然产物。西突厥汗国何时从突厥汗国独立出来，学者说法不一[1]。林幹先生说："西突厥之成为一个独立的政治势力，

---

[1] 有552年说，即以室点密为开国君主之年（巴托尔德）；582年说，以达头可汗脱离沙钵略可汗，归附隋朝之年（沙畹）；583年说，以阿波可汗与（转下页）

从室点密时便已逐渐形成。故室点密在位期间,并不请示突厥的最高可汗,即单独向波斯帝国及东罗马帝国派遣外交使团及接见外交使节,并与东罗马签订条约,单独对外国进行战争。公元576年室点密死后,其子玷厥也不请示最高可汗,便自行继位为可汗,号达头可汗。达头可汗在位期间,他甚至联合阿波可汗(木杆可汗之子大逻便)及地勤察(沙钵略可汗从弟)等势力,共同反对最高可汗沙钵略,在西部宣布独立,使突厥正式分裂为东西二部(583年)。"[1] 林先生的论点基本是正确的,西突厥从突厥汗国独立出来是一个过程;前人提出的、林先生重申并加以论证的以583年作为标志性年代,也是学界主流见解[2]。但在此应指出,所谓达头可汗"在西部宣布独立",是没有史料根据的,所以学者才对西突厥汗国独立的年代说法不一。其实,不管西突厥汗国的可汗,还是后突厥汗国的可汗,更不用说突厥第一汗国的可汗,只要其实力或地位到达一定程度,都是以整个突厥汗国的正统的可汗自居,这从汉文史籍和突厥碑文中可以得到充分的证明。东西两部的可汗及小可汗在内争失利时或势力膨胀时常越过阿尔泰山进入对面地区并实施统治,所以有的学者认为西突厥是由室点密系和阿波系[3]交叉统治的。

西突厥统治者的世系,比突厥汗国的世系更为复杂,由于史料欠缺、记载相互矛盾,兹根据汉文史籍与前人研究成果,列表如下:

(接上页)沙钵略可汗决裂,达头可汗举兵相助之年(松田寿丰);还有588年说(苏联科学院主编《世界通史》)、593年说(薛宗正)、611—612年说(岑仲勉)等。详见薛宗正:《突厥史》,第266—269、275—277页。

1 林幹:《突厥史》,第105页。
2 见《中国大百科全书·民族卷》,张广达撰"突厥"词条。林恩显:《突厥研究》,第3页。《中亚文明史》第3卷,西诺撰写的第14章《突厥汗国》第一部分,汉译本,第277页。
3 木杆可汗之子大逻便,在佗钵可汗(572—581年在位)去世后的可汗之位内争中失败,驻牧于蒙古高原的西部,自称阿波可汗;以后其势力越过阿尔泰山,进入西部突厥地区,并积极干预东部突厥的内争。587年处罗侯可汗西征,生擒阿波可汗。

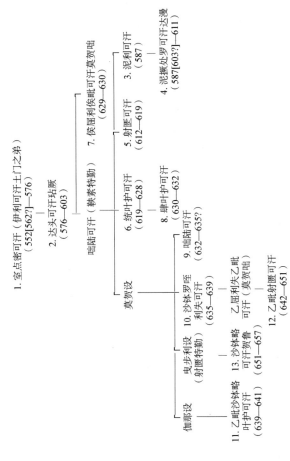

第六章 突厥汗国与中亚突厥化的开始

1 本表主要参考《中国大百科全书》民族卷张广达撰"突厥"词条的西突厥世系表,林恩显《突厥研究》第14页的突厥可汗世系表,林幹《突厥史》附录的西突厥可汗世系表,陆峻岭、林幹《中国历代各族纪年表》。但是这些表的世系和年代不尽相同,为制成一个统一的表,笔者只能根据自己对史料的理解加以舍取。

突厥汗国创建之后，分封宗室，伊利可汗土门之弟室点密受封为西面可汗。木杆可汗东迁汗庭至于都斤山后，室点密建牙鹰娑川（或三弥山，一为水名，一为山名，均在现今天山中部开都河上游巴音布鲁克一带），统辖汗国西部，即"乌孙故地"。木杆可汗向中亚扩张时，他的叔父室点密"从单于统领十大首领，有兵十万众，往平西域诸胡国"[1]，兵力直达"西海"。突厥碑文载，当时汗国的领域"西方直到铁门〔关〕的地方"（阙特勤碑东面第2行）。铁门，是中世纪由粟特到吐火罗斯坦的拜松山上一个山口的名称。突厥军队向着波斯边界挺进，直达黑海，建立了一个由高丽到黑海幅员辽阔的游牧民族大帝国。在突厥"超级强国"面前，当时西方最大的世界强国——波斯和拜占庭也战战兢兢。室点密在突厥汗国发展史上起过重大作用，占有重要地位，所以在建于732年的阙特勤碑突厥铭文中将他与土门相提并论："当上面蓝天、下面褐色大地造成时，在二者之间〔也〕创造了人类之子。在人类之子上面，坐有我祖先布民可汗和室点密可汗。他们即位后，创建了突厥人民的国家和法制。"（东面第1行）

早在6世纪50年代突厥和嚈哒就在中亚北部发生了冲突。嚈哒统治者显然没有料到，他会遇到如此强大的敌人，意欲主动进攻。但是顾问卡图尔夫阻止住了他，说在自己领域内嚈哒人将比在别国的土地上更有力量。正处于上升时期的突厥汗国展开了对嚈哒长时间的征战。

波斯萨珊王朝忽思老一世（Khusrau Ⅰ，531—579年在位）与突厥可汗互派使臣，以求结成同盟，共同对付嚈哒。突厥可汗使臣必须通过粟特，但该地为嚈哒所占据。嚈哒不许突厥可汗和波斯皇帝之间结成友好同盟，下令杀死使臣。他们之中有一人逃脱，突厥可汗得悉后，征集了一支大军，越过锡尔河向南推进。

---

1 《旧唐书》卷一九四下《突厥传下》。

嚈哒也集结军队迎战，于是一场决战在布哈拉附近展开。会战八天，嚈哒人战败，南逃；突厥人乘胜追赶。嚈哒国内因战败而发生政变，忽思老一世乘机率军进入嚈哒境内，新国王表示臣服。突厥可汗就瓜分嚈哒同波斯国王进行谈判。塔巴里在《先知与国王之史》中做了简要的叙述："辛吉布（Sinjibu）可汗是突厥人中最强有力的、勇敢的、有势力的人；他有一支非常庞大的军队；他和嚈哒国王开始战斗，一点也不害怕嚈哒的人多势强，杀死了他们的国王和他的全军，夺取了他们的财富和统治了他们的国家，除去早被忽思老一世侵占去的那部分。"然而，突厥可汗并不甘心他用战争得来的胜利让波斯人坐享其成，不久便征集军队向阿姆河以南的原嚈哒人的领地进军。沙畹认为，突厥粉碎嚈哒应在563年至567年之间的某一时期；曼德尔施坦认为，近于这一期间之初，可能是563年；莫拉费奇克认为，定为"约560年"比较好。[1] 在波斯和阿拉伯史籍中的这位"突厥可汗"或"辛吉布可汗"，学者一般认为应是汉文史籍和突厥碑文中的室点密[2]。

　　萨珊王朝的统治者曾多次出兵中亚地区。5世纪中期他们失去对中亚地区的监督权后，这些地区便落在游牧部落的统治下；后来呼罗珊的东部（今南土库曼地区）又再归附萨珊王朝。在嚈哒国家粉碎之后，在过去的两个盟国——突厥汗国和波斯萨珊王朝之间便直接发生了冲突。这种冲突的日趋加强，并不只是由于敌对双方的政治骄慢，更主要的是由于经济上的利害关系。突厥人在灭亡嚈哒之后，要求波斯把它曾向嚈哒交纳的贡赋交纳给他们，而波斯人则出兵河中地区。

---

[1] 详见加富罗夫：《塔吉克》，第217页。
[2] 有的学者将Sinjibu与拜占庭史籍中的Silziboulos勘同（见加富罗夫：《塔吉克》，第217页，注释6），笔者认为是可接受的。但是也有学者认为，Silziboulos是"突厥帝国最西部的小统治者"（见《中亚文明史》汉译本第3卷，第281页）。

早在公元之前联系着中国和罗马的商道——"丝绸之路"就经过中亚，给沿途各国带来巨大的经济-政治利益。以后中亚有了自己的养蚕业和丝绸业，但在西方国家还没有丝绸的生产，因此拜占庭帝国也像罗马帝国一样，依靠从中国和中亚进口丝绸，波斯起着商业中介作用，获取巨额利润，极力阻止拜占庭同丝绸供应者直接发生联系，并且时常抬高物价。拜占庭政府虽规定了丝绸价格，但并未奏效。6 世纪中期，拜占庭引进了蚕种，但是真正发展起来自己的养蚕业和丝织业，在封建社会还需一个很长的过程。粟特人尽管已开始生产丝绸，但是他们更大的兴趣还是在丝绸贸易上：钱来得更多更容易。最适宜的一条商道是通过波斯的丝路。因此，波斯商人和粟特商人的利益常发生冲突。

突厥在同波斯关系还正常时，根据粟特人的建议，决定派出使团去波斯商谈丝绸过境到拜占庭的问题，或者卖给波斯人也可。突厥使团由粟特人马尼阿赫率领，突厥可汗允许粟特人同时"派出自己的使团"。加富罗夫认为，这证明突厥不是把粟特作为一个国家来消灭，而只是使它归服自己。事实上突厥贵族对展开国际贸易，特别是丝绸贸易将会带给他们的好处的理解已经"成熟"。正因如此，粟特人的倡议才得到突厥可汗的赏识、采纳[1]。但是马尼阿赫的出使完全失败：经过长期的拖延之后，忽思老一世以突厥人不愿意亲自来波斯为借口，拒绝了使臣的要求。嚈哒人卡图尔夫在突厥打败嚈哒后跑到波斯来，又做起波斯国王的顾问，他竭力反对达成协议。根据他的建议，国王购买了粟特人运来的丝绸，然后当着使臣的面把它烧毁，以示波斯并不需要他们的丝绸。突厥可汗得悉后，决定再派出一个使团，这次以自己的名义，而且整个使团中全是突厥人。其目的是要弄清萨珊王朝到底是想同他们和平友好，还是要准备打仗。萨珊王朝的回答是很明显的：这个突厥使团只回来几个人，其余在波斯被害；尽管波

---

1 见加富罗夫：《塔吉克》，第 219 页。

斯人宣称与己无关，但是很清楚，他们是被毒死的。这使两国的关系更加紧张。

突厥汗国谋求同拜占庭建立政治关系，以共同对付波斯，同时这也可能解决丝绸的销路问题。568年，突厥可汗又派粟特人马尼阿赫率领使团去拜占庭。使团带着可汗的信件和许多"珍贵的丝绸"礼品，沿里海北岸，经过高加索，到达拜占庭，拜见东罗马帝国皇帝查士丁尼二世（Justin Ⅱ），顺利地签订了针对波斯的条约。当年使团返回。拜占庭也派出以蔡马库斯为首的使团随同他们回访，一起到达突厥可汗牙帐的所在地白山（Ektag）[1]，受到可汗隆重而热情的接待。突厥和拜占庭的军事-政治同盟建立之后，突厥汗国的国际地位进一步加强，积极准备对萨珊王朝的战争。

588年，沙贝（Sabe，或作shaba）率领突厥军队入侵萨珊，遇到波斯军队抵抗。突厥军队强渡阿姆河后，占领了整个吐火罗斯坦，直到哈烈（Herat，今阿富汗之赫拉特）。

616—617年，波斯对吐火罗斯坦进行过两次征伐。这里是嚈哒人的居地，属于巴里黑统治者，并在突厥最高权力的治下。波斯虽然取得胜利并缴获了大量的战利品，但是突厥很快就把萨珊王朝的军队从这里赶出去了。

西突厥在室点密之子达头可汗统治期间（576—603年）除在中亚进行扩张外，还积极参与整个汗国的内争。583年达头可汗出兵支持阿波可汗，进攻汗国可汗沙钵略。达头可汗很快控制了整个漠北；沙钵略可汗585年向隋朝告急，请求退入漠南。隋文帝准其请求，并派晋王杨广率兵支援，打败阿波可汗。588年，沙钵略可汗的继位者莫何可汗生擒阿波可汗，西突厥达头可汗暂时退

---

[1] 作者采用薛宗正先生的汉译名（《突厥史》，第107页），应为汉文史籍之称三弥山。但是，突厥文暾欲谷碑铭中也有山名为äk-tagh者（第44行），位于珍珠河（今锡尔河上游）之南，应与ak-tau（意为白山，汉语音译为阿克陶）勘同，当为今吉尔吉斯斯坦境内天山山脉的某一山。

出汗国东部。597年,突厥汗国内乱又起,达头可汗率军进入汗国东部,隋朝也派出大军直接干预。"师未出塞,而都蓝〔可汗〕为其麾下所杀,达头〔可汗〕自立为步迦可汗,其国大乱。"[1] 600年,隋朝军队由史万岁和杨广分别率领由朔州(今山西省北部)和灵州(今宁夏回族自治区北部)出击,达头可汗"不战而遁"。但是达头可汗仍停留在东部,侵扰隋朝北部边境。601年隋朝以杨素为元帅统领隋军和突厥启民可汗的军队北征,激起铁勒诸部不断叛离达头可汗。603年,"突厥步迦可汗所部大乱,铁勒仆骨等十余部,皆叛步迦降于启民〔可汗〕。步迦众溃,西奔吐谷浑;〔隋朝大臣〕长孙晟送启民置碛口[2],启民于是尽有步迦之众"[3]。达头可汗从此消失于历史舞台。西突厥也从此陷入长期内争,612年达头可汗之孙射匮可汗统一各部,"东至金山,西至海,自玉门已西诸国皆役属之"[4]。他去世后,弟统叶护继位可汗。

统叶护可汗统治时期(619—628年)西突厥汗国达到鼎盛。《旧唐书》卷一九四下《突厥传》载:

> 统叶护可汗,勇而有谋,善攻战。遂北并铁勒,西拒波斯,南接罽宾,悉归之,控弦数十万,霸有西域,据旧乌孙之地。又移庭于石国北之千泉。其西域诸国王悉授颉利发,并遣吐屯一人监统之,督其征赋。西戎之盛,未之有也。

对于这段史料,学者们做了详尽的研究、阐释和补充,兹分述如下:

---

1 《隋书》卷八四《突厥传》。这个"步迦可汗"当然是整个突厥汗国的最高统治者,即大可汗,而"达头可汗"乃是方面的可汗,即小可汗。这条史料证明:不管是西突厥汗国的可汗,还是后突厥汗国的可汗,更不用说突厥第一汗国的可汗,只要其实力或地位到达一定程度,都是以整个突厥汗国的正统的可汗自居。
2 在今内蒙古自治区乌兰察布盟四子王旗的北部。
3 《资治通鉴》卷一七九,隋文帝仁寿三年(603年),是岁条。
4 《旧唐书》卷一九四下《突厥传下》。

西突厥的汗庭。西突厥可汗的牙帐起初设在领地东部的鹰娑川，其近为三弥山。统叶护可汗时国力强盛，为了加强对西部的有效管理，将汗庭西迁千泉。薛宗正先生指出，"千泉并非具体城名"[1]，这是正确的。然而，千泉却是一个具体的地名，其地在"石国之北"[2]。《大唐西域记》卷一"千泉"条的记载更为具体："素叶城西行四百余里至千泉。千泉者，地方二百余里，南面雪山，三陲平陆。水土沃润，林树扶疏，暮春之月，杂花若绮，泉池千所，故以名焉。突厥可汗每来避暑。"[3] 千泉同鹰娑川一样，也是依山傍水、地高气爽、水草丰美的辽阔牧场，正是游牧国家建牙"固本"的首选之地。其地当在今天的西部天山之北、从楚河西支上游的诸多河流至塔拉斯河上游的众多河流一带[4]。同时，素叶城[5]在政治上处于重要地位，西突厥可汗就是在这里

---

1 薛宗正：《突厥史》，第284页。
2 《通典》卷一九九《突厥下》作"又移庭于石国北之千里"。此"千里"应为"千泉"之误；而石国都城（今乌兹别克斯坦首都塔什干）之北千里，为大沙漠，今名莫因库姆（哈萨克斯坦南部）。
3 《新唐书》卷二二一上《西域·龟兹传》附《跋禄迦传》，有大致相同的记载，应引自《大唐西域记》，但剪裁过多，易使人误解。
4 冯承钧原编、陆峻岭增订《西域地名》的 Bing-yul 条："《西域记》、新旧《唐书》千泉，《慈恩寺传》屏聿，为突厥语千泉之音译也，在素叶城（Tokmak）与呾逻私（Talas）之间。儒莲（Julien）以为在喀拉湖（Karakul）以南明布拉克（Mingbulak）地方，明布拉克意义亦为千泉。"张广达先生对于"千泉"注释道："9 世纪阿拉伯地理学家伊本·忽而达兹比赫撰《道里与诸国志》，记载白水城与呾逻私之间阿巴尔扎只（Abarjaj）之地有丘冈，环丘冒出水泉千眼，汇为东流之河。人们在此地猎取黑雉。参看德·胡耶刊《阿拉伯舆地丛刊》第6卷，页28。"（季羡林等校注：《大唐西域记校注》，中华书局，1985年，第77页）谭其骧主编《中国历史地图集》第5册第63—64图，将千泉标于今吉尔吉斯山（即西部天山）以北、楚河西支的上游。笔者查检 1:1 000 000 地图（苏联大地测量与制图总局，1966—1967），仅仅汇入楚河的最西支 Kyparara 河、源出西部天山北麓的河流就有 25 条之多，可知"千泉"乃这一地带的真实写照。然而也有学者认为千泉并非西突厥的汗庭，只是可汗的"避暑胜地"，史料根据是《大唐西域记》和《大慈恩寺三藏法师传》"明白地表示素叶城（Sui-ab）为统叶护可汗的王庭，而千泉（Ming bulaq 涌泉）为避暑地"（见林恩显：《突厥研究》，第300—302页）。
5 即碎叶城。

接见了去西天取经的唐玄奘。鹰娑川仍是西突厥汗国的重心,以控制东部各部族。为加强对汗国南部的统治,统叶护可汗在缚喝国都城[1]附近建立牙帐,史称"南牙"[2]。

西突厥的领域。突厥第一汗国木杆可汗时期(553—572年)汗国的西部领域与波斯萨珊王朝的东部领域,大致以阿姆河为界。以后西突厥国力下衰,已不能控制整个河中地区。射匮可汗中兴,恢复疆域,并进兵阿姆河以南。统叶护可汗继位后继续向外扩展,西突厥汗国版图东至阿尔泰山,与突厥第一汗国相接;北至巴尔喀什湖一线,其再北,严酷的自然条件和当时人们征服自然的能力,已极少有人居住;西至"西海",一般应是今天的里海[3];南界西段,越过阿姆河,以兴都库什山脉为界,有时也越过兴都库什山,控制山南广大区域——今天南阿富汗和北巴基斯坦;南界东段,以喀喇昆仑山脉为界,包括于阗及其以北地区,东与隋唐的且末郡为邻;东南以库鲁克塔格山脉和东部天山与隋唐的鄯善郡、伊吾郡为界。

汗国的结构与治理。突厥汗国初建,其部属主要为游牧部族,除阿史那汗族外,还有"没有君长的蓝突厥"(突厥文阙特勤碑铭东面第3行)、铁勒诸部等。西面可汗统领的也主要是游牧部族,"其人杂有都陆及弩失毕、歌逻禄、处月、处密、伊吾等诸种。风俗大抵与突厥同,唯言语微差"。室点密曾"从单于统领十大首领",平西域,"号十姓部落,世统其众"。游牧部族是西突厥汗国的根本,即使在征服河中地区与呼罗珊、犍陀罗之

---

1 缚喝为Balkh的唐代汉语音译,元代译为巴里黑。古代为巴克特里亚的都城,称Bactr,梵文作Bahlika。今阿富汗巴尔赫省之巴尔赫(位于省城马扎里沙里夫以西)。

2 见《续高僧传》卷四《玄奘传》;并参照林幹《突厥史》,第108页。

3 《新唐书》卷二一五下《突厥传下》载"西雷翥海",林幹先生夹注:"今咸海。"(见《突厥史》,第103页)谭其骧主编《中国历史地图集》第5册,第30—31图"西突厥",其西界已越过咸海,因受图幅限制,止于东经56度,未能标出西部边界。

后，天山山脉及其以北牧地仍是汗国的重心、本部。其建制："国分为十部，每部令一人统之，号为十设。每设赐以一箭，故称十箭焉。又分十箭为左右厢，一厢各置五箭。其左厢号五咄六[1]部落，置五大啜，一啜管一箭；其右厢号为五弩失毕，置五大俟斤，一俟斤管一箭，都号为十箭。其后或称一箭为一部落，大箭头为大首领。五咄六部落居于碎叶已东，五弩失毕部落居于碎叶已西，自是都号为十姓部落。"[2] 将"十箭"，即十姓部落，视为西突厥的本部臣民，直至突厥第二汗国时期也是如此[3]。西诺先生认为"西突厥一直是一些不同程度独立活动的部落组成的联盟"，所以容易"迅速分裂"[4]。

西突厥汗国的另一构成部分是天山山脉以南的"城郭诸国"[5]。所谓"城郭诸国"，不同于游牧部族的"行国"，是在被沙漠、高山、大河隔开的各个绿洲上形成的国家构成体，居民主要从事定居农业或家庭畜养业，其统治者住于城郭之中，该城是本绿洲的政治、经济、文化中心，其国名与城名多为同一。西域"城郭诸国"在突厥的对外扩张中，或被武力征服，或"自愿"臣服。因归属的方式不同或其他原因，突厥政权对其统治的方式也不同。根据吴玉贵先生的研究[6]，突厥政权统治方式至少有三种：（一）保留原有王朝，其国王接受突厥封号——颉利发，派出吐屯监国，督征赋税。（二）派出突厥人任国王，直接统治。如忽露摩国和愉漫国（均位于阿姆河支流 Кафирниган 的上游，

---

1 "咄六"《新唐书》作"咄陆"，为后人通用。
2 本段以上引文见《旧唐书》卷一九四下《突厥传下》。
3 突厥文阙特勤碑铭南面第 12 行："愿十箭（on oq）的子孙和外族臣民（tat）看到这个都知道。"
4 见《中亚文明史》第 3 卷，西诺撰写的第 14 章《突厥汗国》第一部分，汉译本第 282 页。
5 "城郭诸国"这一术语始见于《汉书》，用以称西域绿洲各国。
6 余太山主编：《西域通史》第二版，吴玉贵撰第四编第二章《西突厥汗国的建立和突厥政权对西域的统治》，中州古籍出版社，2003 年，第 128—129 页。

今塔吉克斯坦杜尚别周围地区)、弗栗恃萨傥那国(今阿富汗北部)、活国[1]等。《大唐西域记》卷十二称,活国,"其王突厥也,管铁门已南诸小国"。(三)派员"摄领",如对石国,因为它"曾贰于突厥,射匮可汗兴兵灭之,令特勤甸职摄其国事"。挹怛(嚈哒的汉语异译)国,"先时国乱,突厥遣通设字诘强领其国"[2]。总之,西突厥对其臣属国家的统治比较宽松,多采用第一种方式;而第三种方式是一种过渡形式,视情况或恢复原有王朝,派吐屯监国,或任命突厥人为国王,直接统治。正因为西突厥汗国是以第一种统治方式为基本方式,其国家机构松散:一旦局势动荡,所谓"帝国"很容易解体。

628年,西突厥汗国汗族内争加剧,统叶护可汗被杀,从此内战不息,至汗国亡不到30年间可汗就换了七个,境内的游牧部族和绿洲城国纷纷独立。657年,唐朝军队俘沙钵略可汗贺鲁,西突厥汗国灭亡。

三 突厥文化

突厥文化是构建在草原游牧经济的基础之上的,这种经济的特点是"种类资给,惟藉水草"[3],"随水草迁徙,以畜牧射猎为

---

[1] 活国,张广达先生考释如下:"玉尔考定其为 Warwaliz(马迦特《伊兰考》,页231;《乌浒水与那密水考》,页44)。波斯佚名作者《世界疆域志》及比鲁尼撰《Canon》均作 Valvalij。比鲁尼称:'Valvalij,吐火罗之都城,昔为嚈哒/挹咀之地。'《慈恩传》卷二称:统叶护(Ton-yabghu)可汗长子呾度设(Tardu shad)设治于此。由此可见,活国先后为吐火罗、嚈哒、突厥统治之地。按 Warwaliz/Valvalij,《旧唐书·地理志》作遏换城,《新唐书》作阿缓城。其地在 Doshi 河与 Talaqan 河汇合处,今昆都士(Qunduz)附近(米诺尔斯基《世界疆域志》译注,页209、340)。"(季羡林等校注:《大唐西域记校注》,第963—964页)
[2] 《隋书》卷八三《石国传》《挹怛传》。
[3] 《隋书》卷八四《突厥传》载文帝诏。

务","虽移徙无常,而各有地分"[1];在民风上,"正以随逐水草,居处无常,射猎为业,又皆习武。强则进兵抄掠,弱则窜伏山林"[2]。突厥文化属于根植大草原上的游牧文明[3]。突厥汗国发展壮大之后,在对外扩张和交往中受到农业文明的影响,手工业种类增多,农业出现,均有一定的发展。

(一) 生活习俗

突厥人的生活习俗,大致与其前的匈奴人、其后的蒙古人相同。

饮食。突厥人饮食,主要吃牧养的牲畜肉,多为羊、马,还有牛、骆驼等,毗伽可汗碑铭说:"突厥人处于饥饿之中,我取牲畜养育(他们)。"(东面第38行)[4] 辅助食品是狩猎来的野生动物,特别是在处境困难时,暾欲谷碑铭说:"我们吃野山羊和兔子度日,人民的肚子(直译:喉咙)是饱的。"(第8行)突厥人主要喝牲畜的奶,多为掺水的奶;其中马奶比较贵重,称为马酪或马湩,用以酿酒,通称马奶酒。《隋书·突厥传》说:"饮马酪酒取醉,歌呼相对。"故前人将草原游牧部族的饮食方式概括为"食肉饮酪"[5]。突厥人也时或吃一些果蔬和谷物制品。

服饰。突厥人的服饰,汉文史籍都说是"被发左衽"[6],这就是说其装束与汉人不同:汉人束发于顶,而突厥人披发;汉人的衣袍前襟向右开,而突厥人向左开。其实欧亚大草原上游牧部

---

[1] 《周书》卷五〇《突厥传》。
[2] 《旧唐书》卷一九四上《突厥传上》。
[3] 参照汤因比(Arnold Toynbee)著《历史研究》(修订、插图本),纽约,1979,第72页;刘北成、郭小凌汉译本,上海人民出版社,2000年,第52—53页。
[4] 此用芮传明《古突厥碑铭研究》附录《古突厥碑铭译注》的汉译文,上海古籍出版社,1998年,第265页。按:古突厥语 yılqıgh 意为牲畜、马匹,此处译为牲畜,面更广些,似更为妥帖。
[5] 见《汉书》卷四九《晁错传》、《三国志》卷三〇《乌丸传》、《北史》卷九九《突厥传》、《隋书》卷八四《突厥传》。
[6] 见《周书》卷五〇《突厥传》、《隋书》卷八四《突厥传》。

族的"被发左衽"由来已久,至少在"春秋"时代(前770—前476年)已是如此[1]。披发,就是散发向下,但也可做成辫子,所以南北朝时(420—589年)南朝因北魏辫发诋为"索虏";唐太宗之子李承乾"好突厥言及所服,选貌类胡者,被以羊裘,辫发"[2]。突厥人衣服的材料,主要是畜产品皮、毛,用其制成毡、褐、裘等。在突厥强大之后,北周"岁给缯絮锦彩十万段",北齐"倾府藏以给之"[3]。隋唐时期继续以"赏赐"形式或"交易"形式将大批丝织品输入突厥。这些隋朝丝织品,除一部分转销西方外,其余被当地消费,当然主要是为达官贵人们穿戴。"突厥叶护可汗,方事畋游,戎马甚盛。可汗身着绿绫袍,露发,以一丈许帛练裹额后垂。达官二百余人皆锦袍编发,围绕左右。自余军众皆裘毼毳毛,槊纛端弓,驼马之骑,极目不知其表。"这是唐玄奘在碎叶城附近的猎场亲眼所见[4]。

居行。突厥人的居处为"穹庐毡帐",即毡做的圆顶帐篷。上至可汗下到牧民,均住帐篷,但大小质地不同。《周书》卷五〇《突厥传》说:"可汗恒处于都斤山,牙帐东开,盖敬日之所出也。"拜占庭使臣蔡马库斯报聘西突厥时见到可汗的大帐,饰以金银丝织品,极其华丽[5]。《大慈恩寺三藏法师传》卷二说:"可汗居一大帐,帐以金华装之,烂眩人目。诸达官于前列长筵两行侍坐,皆锦服赫然,余仗卫立于后。观之,虽穹庐之君亦为尊美矣。"有的突厥统治者也曾打算筑城池修宫殿,但当时的畜牧业水平还不适应,也难以发挥地缘政治的优势,遭到反对而止[6]。

---

1 见《论语》篇十四《宪问》,子曰:"微管仲,吾其被发左衽矣。"
2 《新唐书》卷八〇《太宗诸子传》。
3 《周书》卷五〇《突厥传》。
4 《大慈恩寺三藏法师传》卷二,中华书局点校本,2022年,第27页。
5 见张星烺《中西交通史料汇编》,第1册,第37节,辅仁大学,1930年。
6 《旧唐书》卷一九四上《突厥传》载"暾欲谷曰:'不可。突厥人户寡少,不敌唐家百分之一,所以常能抗拒者,正以随逐水草,居处无常,射猎为业,又皆习武。强则进兵抄掠,弱则窜伏山林,唐兵虽多,无所施用。(转下页)

突厥汗国的生活方式是"随逐水草"的游牧生活，经常迁徙，称为"行国"，其载运工具是马、骆驼和牲畜（主要是牛）牵引的车辆[1]。这些载运工具不仅是生活的必需，也是突厥军队的重要装备，受到举国上下的重视，成为人们富有、荣耀的标志。

婚丧。突厥人如同当时的汉人一样，将婚丧作为大事，故《周书》记载特详："死者，停尸于帐，子孙及诸亲属男女，各杀羊马，陈于帐前，祭之。绕帐走马七匝，一诣帐门，以刀剺面，且哭，血泪俱流，如此者七度，乃止。择日，取亡者所乘马及经服用之物，并尸俱焚之，收其余灰，待时而葬。春夏死者，候草木黄落，秋冬死者，候华叶荣茂，然始坎而瘗之。葬之日，亲属设祭，及走马剺面，如初死之仪。葬讫，于墓所立石建标。其石多少，依平生所杀人数。又以祭之羊马头，尽悬挂于标上。是日也，男女咸盛服饰，会于葬所。男有悦爱于女者，归即遣人聘问，其父母多不违也。父（兄）伯叔死者，子弟及侄等妻其后母、世叔母及嫂，唯尊者不得下淫。"[2] 随着突厥的壮大及外部文化的影响，可汗和达官的埋葬规格提高，除立"杀人石"外，还立碑镌文，建立享殿。阙特勤碑铭说："我从中国皇帝那里请来了画工……我令他们建造了宏伟的建筑物，我让他们在〔建筑物〕内外都画上动人的画。我令他们打造了石碑，让他们刻写了我心中〔要说〕的话。……我就让人在这来往行人多的地方建造了永久的石碑。"（南面第11—13行）突厥统治者同世界上所有

（接上页）若筑城而居，改变旧俗，一朝失利，必将为唐所并。……'小杀等深然其策"。

[1] 游牧部族迁徙，需要车辆载运帐篷和什物，军队行动需要车辆载运辎重，甚至也是战斗武器，所以欧亚大草原上很早就出现了车辆。《隋书》卷八四《室韦传》提到"突厥毡车"；拜占庭使臣蔡马库斯见到西突厥可汗大帐之前"布列无数车辆"，而且"车内银制之盘碟鸟兽，堆集无数"，更使他惊叹的是，这些器物的"雕镂功夫，不亚于吾国也"（张星烺：《中西交通史料汇编》，第1册，第37节）。

[2] 《周书》卷五〇《突厥传》。

统治者一样，为流芳百世，使用大量人力物力建造石碑，同时也给后人留下珍贵的历史文化资料。突厥人的婚嫁习俗与其游牧生活相适应，游牧部族居住分散，多以氏族为单位放牧，平时很少往来，在实行氏族外婚配的情况下，男女相识只有在节庆、婚丧仪式的群众聚会上。收继婚的习俗在草原游牧部族中由来已久：匈奴人，"父死，妻其后母；兄弟死，皆取其妻妻之"[1]。乌孙人亦同，汉细君公主先嫁昆莫猎骄靡，"从其国俗"，改嫁其孙军须靡。解忧公主先嫁军须靡；军须靡死，嫁其堂弟翁归靡；翁归靡死，再嫁军须靡之子泥靡[2]。突厥人也是这种习俗，《隋书》卷八四《突厥传》也说，"父兄死，子弟妻其群母及嫂"。北周千金公主（隋朝改封为大义公主）先后嫁给佗钵可汗、沙钵略可汗、都蓝可汗；隋义成公主也先后嫁给启民可汗、始毕可汗、处罗可汗、颉利可汗[3]。突厥人允许一夫多妻，收继婚制的盛行，使一夫多妻现象普遍。收继婚制之所以在草原游牧部族中长盛不衰，除传统的作用外，主要与其当时的经济基础相适应。林幹先生指出：收继婚制，"一是原始群婚的遗风；二是氏族外婚制观念的反映，即父死或兄弟死后，为了把寡母或寡嫂约束在本氏族之内，故用收继婚的习俗（制度），使她们不能脱离本氏族而改嫁至外氏族去，以便保持本氏族的人口和力量。后来社会生产力发展了，私有制发达了，个体家庭在社会中所起的经济作用愈来愈超过了氏族的作用，这时约束寡母寡嫂的目的，也由原先出于古代遗风和保持氏族人口而转变为具有保留一家一族的个体家庭的劳动人手和增强家庭或家族的生产力量的经济意义"[4]。当然，

---

1 《汉书》卷九四上《匈奴传上》。

2 《汉书》卷九六下《西域传下》。

3 见《周书》卷五〇《突厥传》，《隋书》卷八四《突厥传》、六七《裴矩传》，《旧唐书》卷一九四上《突厥传上》。林恩显先生说，周千金（后改封为隋大义公主）公主也下嫁过莫何可汗（见《突厥研究》，第124页），未注史料依据。

4 林幹：《突厥史》，第170页。

在阶级社会里，收继婚对统治阶级来说，还有政治意义以至外交和军事意义，所谓"和亲"，即婚姻-政治军事结盟，所以千金（大义）公主和义成公主一再为新继位的可汗收继。

（二）习规与信仰

突厥人由氏族社会跨入阶级社会不久，还保留着大量昔日的习规。这不只表现在国家体制和政治制度方面，更大量地表现在社会生活方面。《周书》卷五〇《突厥传》记载，突厥人"贱老贵壮"。这是社会生产力低下所决定的，不能以当时汉人社会习规来评判为"寡廉耻，无礼义"。《隋书》卷八四《突厥传》记载：突厥人"重兵死而耻病终"，正是反映了当时突厥社会的价值观。其实突厥社会生活还是有规可循的，《周书·突厥传》载，"其刑法：反叛、杀人及奸人之妇、盗马绊者，皆死；奸人女者，重责财物，即以其女妻之；斗伤人者，随轻重输物；盗马及杂物者，各十余倍征之"。《隋书·突厥传》也有大致相同的记载："谋反叛杀人者皆死，淫者割势而腰斩之。斗伤人目者偿之以女，无女则输妇财，折支体者输马，盗者则偿赃十倍。"突厥社会重男轻女，林恩显先生指出，"视女如财"[1]。

突厥人的信仰，基本是敬物敬祖的原始信仰。《周书·突厥传》记载："可汗恒处于都斤山，牙帐东开，盖敬日之所出也。每岁率诸贵人，祭其先窟。又以五月中旬，集他人水，拜祭天神。于都斤四五百里，有高山迥出，上无草树，谓其为勃登凝黎，夏言地神也。"《新唐书》卷二一五《突厥传上》记载，处罗可汗谋取并州，占卜；阿史那思摩"性开敏，善占对"。拜占庭使臣蔡马库斯途经粟特，突厥人来言，"能驱逐魔鬼，预阻不祥"，于是作法："围绕蔡马库斯及从人，取其行李置众人之中，摇铃击鼓于其上。又有手持香者，火势熊熊，来往绕走，状似疯狂，指天画地，几若魔鬼诚被驱逐者。咒既读毕，乃请蔡马库斯

---

[1] 林恩显：《突厥研究》，第123页。

经过两火间,其人亦自皆陆续走过两火间。谓如是,则妖魔悉可洗净也。"[1] 看来,这就是后人称之的萨满教。突厥人敬天、敬地、敬太阳、敬大自然万物的威力、敬祖先,祈祷免灾降福,保佑平安;而巫觋是人与神鬼交往的中介。所以,《隋书·突厥传》概括突厥人的信仰为"敬鬼神,信巫觋"。

随着历史的前进、社会的发展,佛教、拜火教、摩尼教、基督教也传入突厥汗国,为部分人接受。佛教由印度直接传入突厥汗国,或经过中原地区。《续高僧传》卷三记载:中天竺人波罗颇迦罗蜜多罗,以弘法为己任,"乃与道俗十人展转北行,达西面可汗叶护衙所。以法训勖,曾未浃旬,特为戎主深所信伏,日给二十人料,旦夕祗奉。同侣道俗,咸被珍遇,生福增敬,日倍于前"。唐玄奘、慧超、悟空等其后去印度取经,途经西突厥汗国时见到或听到可汗及一些附属国的突厥王信奉佛教[2]。杜环849年在碎叶城见到"昔交河公主所居止之处建大云寺犹存"[3]。《隋书·突厥传》记载,"齐有沙门惠琳,被掠入突厥中,因谓佗钵〔可汗〕曰:'齐国富强者,为有佛法耳。'遂说以因缘果报之事。佗钵闻而信之,建一伽蓝,遣使聘于齐氏,求《净名》《涅槃》《华严》等经,并《十诵律》。佗钵亦躬自斋戒,绕塔行道……"《旧唐书·突厥传上》载,毗伽可汗欲"造立寺观";暾欲谷认为"不可",因为"寺观之法,教人仁弱,本非用武争强之道,不可置也";可汗等"深然其策"。由此可见,佛教直至突厥第二汗国时期(682—745年)仍未成为汗国的主流宗教。上引高僧的行记,出于对本教的崇敬和弘扬,难免有言过其实之处。中亚地区是拜火教、摩尼教的故乡,在突厥人进入中亚之前当地居民多信奉拜火教或摩尼教,突厥人进入中亚之后当受其影

---

[1] 张星烺:《中西交通史料汇编》第1册,第37节。
[2] 见《大唐西域记》卷一、慧超《往五天竺国传》、圆照《悟空行记》。
[3] 《杜环经行记》,《王国维遗书》第13册《古行记校录》,上海古籍书店,1983年。

响,但是留存下来的史料极少。《大慈恩寺三藏法师传》载玄奘在碎叶城附近可汗大帐中所见:"突厥事火不施床,以木含火,故敬而不居,但地敷重茵而已。"《酉阳杂俎》前集卷四《境异》篇记载:"突厥事祆神,无祠庙,刻毡为形,盛于皮袋。行动之处,以脂酥涂之,或系之竿上,四时祭之。"[1] 在此需要说明,这些记载同拜火教正统的教义和仪礼并不一致。至于摩尼教和基督教传入突厥,则没有留存下直接的史料,是根据间接史料推断的[2]。林恩显先生指出:"突厥族人,由于位居欧亚交通孔道,故从南北朝至隋唐时代,几乎成为各种宗教流传必经之地。因此突厥帝国对各种宗教均采取自由、平等,甚至于协助的态度。结果突厥人信仰自由,虽在时间上或许有前后之不同,然无论萨满巫(Shaman Wu)、祆教(Magdeism)、摩尼教(Manicheism)、景教(Nestorian Christianity)、佛教(Buddhism)、伊斯兰教(Islamism)等都有人信奉。特别是西突厥对火祆、景、摩尼、佛四大宗教的发展有相当的贡献。"[3]

(三)突厥文

《周书》卷五〇《突厥传》说,"其书字类胡"。可是后人不清楚突厥字到底是什么样子,人们又用它写下了些什么,直至近代突厥碑铭的发现。西诺说:"他们不仅是第一个留下本身历史文献的阿尔泰系民族,而且是第一个留下用阿尔泰语,即突厥语书写的文献的阿尔泰系民族——这是阿尔泰语的最早的文献证据。与这两点相联系的是,突厥是第一个所用语言可以绝对确定的、以今天的蒙古为中心建立游牧大帝国的民族。"[4]

1692年荷兰人魏津(N. Widzen)所著的《北部和东部鞑靼

---

1 〔唐〕段成式:《酉阳杂俎》,方南生点校,中华书局,1981年。
2 见林恩显:《突厥研究》,第121页。
3 林恩显:《突厥研究》,第122页。
4 见《中亚文明史》,第3卷,西诺撰写的第14章《突厥汗国》第一部分,汉译本,第276页。

利亚》出版，首次披露了在西伯利亚有一种古文字的碑铭。1696—1697 年俄人列梅佐夫（Semem Remezov）的《西伯利亚图册》出版，提到七河地区也有这种古文字的碑铭。1730 年瑞典人斯特拉林别尔格（F. J. Stralenberg）出版的《欧洲和亚洲的北部和东部》刊布了一批这种古文字碑铭的图片。其后关于这种古文字的报道和探讨增多，1822 年法国东方学家雷缪札（A. Remusat）著文指出对这种古文字研究的意义："如能解读这些碑文，这将对解决〔该地区的〕重要历史文化问题起巨大作用。"1884 年芬兰人阿斯培林（J. R. Aspelin）在研究了这种古文字碑铭的所有符号后，"虽正确地提出这种文字大约由 39—40 个符号组成，文字的书写是从右到左，但仍无法确定符号的音值"[1]。1889 年俄国考古学会东西伯利亚分会组织的以雅德林采夫（N. N. Yadrintsev）为首的蒙古考古队，在鄂尔浑河流域的和硕柴达木湖畔发现了阙特勤碑和毗伽可汗碑，为释读这种古文字提供了钥匙。1890 年芬兰也派出了海开勒（H. Heikel）率领的考古队到蒙古考察。1891 年俄国科学院又组织以拉德洛夫（W. W. Radloff）为首的考古队到蒙古考察。同年雅德林采夫在翁金河畔发现了碑铭，因碑主的断定意见分歧，故称为"翁金碑"。1892 年芬兰和俄国分别出版了其考古队碑铭图录，这为这种古文字的解读和研究提供了可靠的丰富资料。

1893 年 12 月 15 日，丹麦学者汤姆森（V. Thomsen）在自己国家的科学院报告了自己对这种古文字的解读结果，题为《鄂尔浑和叶尼塞碑文的解读——初步成果》，1894 年在哥本哈根出版。汤姆森揭示了这种古文字既不属于匈奴人，更不属于所谓古代芬兰人，而是属于建立了强大汗国的突厥人，并为之命名"突

---

[1] 耿世民：《古代突厥文主要碑铭及其解读研究情况》，载《图书评介》，1980 年第 4 期，收入耿世民《新疆文史论集》，中央民族大学出版社，2001 年。本书关于突厥碑铭的发现、解读和研究的简介主要根据耿世民先生的文章写成，请详见其文本。

厥卢尼文"[1]。他基本上解决了文字的解读,确定碑铭为古代突厥语。其后俄国学者拉德洛夫、马洛夫(С.Е. Малов)等对突厥文碑铭的解读和研究都做出了重要贡献。我国对突厥文碑铭的研究,始于20世纪30年代韩儒林先生对德译和英译突厥文碑铭的汉译和注释,其后岑仲勉先生也展开英译突厥文碑铭的汉译和注释。耿世民先生是最早直接将突厥文碑铭译为汉文的学者,1977年中央民族学院少数民族语文系编写的《古代突厥文献选读》刊布了他的突厥文碑铭汉译文和注释。

鲁尼突厥文,现通称为突厥文。关于这种文字的起源有多种说法,耿世民先生认为"汤姆森的理论为有力",即38个字母中有23个来自阿拉米文(后期塞姆文),通过中亚伊朗系部族传入突厥,并使之适应突厥语的特点。除这23个字母外,应有一些字母是来自突厥部族使用的 tamgha 符号[2](表示氏族或部落的标志)[3]。突厥语言属于阿尔泰语系的突厥语族,其基本的特征牛汝极先生归结为"语音部分:(1)语音和谐律;(2)单音节词首词末无复辅音。词法部分:(1)黏着是基本的形态方式和构词方式;(2)有后置词而无前置词;(3)缺乏前缀。句法方面:限定语始终位于被限定语之前"。突厥文在7—10世纪为突厥语族的各部族普遍使用,突厥人、黠戛斯人、回鹘人,以至东在贝加尔湖的古利干人、西在东欧草原上的可萨人都留下了文物——碑墓铭文、文书、器物铭文、崖壁刻文等[4]。突厥文本身有一定的

---

[1] 这种古文字在外形上近似古代日尔曼人使用的卢尼文,故称为鄂尔浑卢尼文。这一术语首由俄国学者梅塞施米他(1685—1747)提出,被广泛采用。这种古文字的碑铭又因发现的地点称为鄂尔浑-叶尼塞文。详见林幹:《突厥史》,第159页。Runic一词,汉文有多种音译,除卢尼文外,还有鲁尼文、儒尼文等。

[2] 突厥语 tamgha,汉语通译为"印记"。它通常火印在马身上,所以有的学者汉译为"马印"(见薛宗正:《突厥史》,第711页)。

[3] 见耿世民:《新疆文史论集》,第32页。

[4] 详见牛汝极:《阿尔泰文明与人文西域》第4章《突厥语今昔》,新疆大学出版社,2003年。

缺陷：不完全是拼音文字，字母有多种形态，不易书面笔写；所以当一种更先进的文字传入时很容易被替代。但是，突厥文在突厥语族各民族的发展史上做出了重要贡献：推动了社会经济文化的发展和传播，保存了文明进步的成果。

四　中亚突厥化的开始

随着突厥进入中亚，土著居民开始了突厥化，但这是一个漫长的过程。所谓突厥化，主要是土著居民语言的突厥语化，以及某些生活习俗的突厥化，起始是官方的文件和语言使用突厥文，社会上层采用某些突厥礼仪，后逐渐进入民间，经过长期的浸透过程，最后突厥语化，与"突厥"生活习俗相近，并且与"突厥"民族认同。其实这一过程是突厥文化与土著文化相互吸收、融合的过程。所以加富罗夫将这一过程称为"中亚-突厥综合"（Среднеазиатско-тюркий синтез）[1]。

对中亚地区的突厥化，薛宗正先生做了详细的阐述[2]，指出："这些藩国不仅必须称奴纳贡，而且必须接受西突厥汗庭派来的吐屯监国，派遣军队进驻，而吐屯多乃世袭，逐渐取代了原来国王的地位。随着各国王统的变易，突厥语、突厥风俗先在各国王庭流行，后来更进一步向民间扩散。"这种例证举其要者，有锡尔河中游的石国（今塔什干及其周围地区）、上游的拔汗那（今费尔干纳盆地）、粟特地区的康国（今撒马尔罕及其周围地区）和安国（今布哈拉及其周围地区）、吐火罗（今阿姆河以南兴都库什山以北，以巴尔赫为中心的广大地区），以至范延（今阿富汗之巴米扬及其周围地区）、迦毕试（今阿富汗之卡皮萨省及其周围地区）、犍陀罗（今喀布尔河下游领域、旁遮普以北，

1　见加富罗夫：《塔吉克》，第222页。
2　见薛宗正：《突厥史》，第322—341页。

以白沙瓦为中心的广大地区）等突厥藩属国。在西突厥汗国瓦解的过程中和崩溃后，一批突厥人深入绿洲。他们一部分定居下来，从事农业，或住在城里；另一部分在绿洲四周从事畜牧业。在西突厥汗国亡后，突厥族系的或者混合族系的王朝继续统治着这些领地，普通突厥人也继续生活在这里。对此726—727年经历中亚的慧超有明确记载："建驮罗，此王及兵马总是突厥。"罽宾，"王及兵马突厥"。"康国已东即跋贺那国，又两王。……河南一王属大食，河北一王属突厥所管"，"又跋贺那国东有一国，名骨咄国，此王元是突厥种族（当时已皈依佛教——引者），当土百姓，半胡半突厥"[1]。

突厥人在进入中亚之前已有发达的手工业。其冶金业，特别是首饰、武器和装饰品，质量很高，并独具特色。突厥人带来的武器和战术推动了中亚的军事力量的发展。突厥人在文化方面影响也很大，在当时的艺术作品中经常会表现突厥人；突厥人的诗歌和史诗同中亚土著部族的史诗和文字互相影响。突厥人积极参与宗教生活和创造文化财富，他们同土著居民一起创造文化财富，这份文化财富是中亚各民族的共同财产。在这一时期，中亚的伊朗语言各部族和突厥语言各部族的习俗、信仰、礼仪、文化的综合在激烈地进行着。

在充分肯定突厥汗国和突厥文化的历史贡献的同时，对"突厥"一词也需要有一个客观的全面的认知。古米列夫在其1993年出版的《古代突厥》一书的《导论》中指出，随着安史之乱的结束，突厥作为"一个部族（народ）和一个时代，已经真正结束了。但是'突厥'这一名称却并未消失，而且扩展到半个亚洲。阿拉伯人开始把粟特以北的所有尚武的游牧人都称为突厥，后者也接受了这一名称，因为这一名称的原本体现者从地球上消失之后，已成为草原居民英勇豪迈的榜样。在很久以后这一名词

---

[1] 《慧超往五天竺国传笺释》，藤田丰八笺释，排印本。

又发生了一次变化，成为语族的名称。这样，一些从未加入6—7世纪大汗国的部族也变成了'突厥'，其中有一些部族甚至不是蒙古人种，例如土库曼人、奥斯曼人、阿塞拜疆人。另一些部族则是汗国最凶恶的敌人：古利干——雅库特人的先祖、黠戛斯——哈卡斯人的先祖。还有一些部族的形成则比突厥还早，例如巴尔卡尔人[1]和楚瓦什人。然而，甚至现今赋予'突厥'一词扩展的语言学阐释，也有其明确的根据：古代突厥最鲜明地把草原文化的元素变为现实，这些元素还在匈奴时代已逐渐成长，而在3—5世纪天灾人祸之时处于蛰伏状态"[2]。

---

1 балкарцы，今俄罗斯联邦之少数民族，《俄汉大词典》（商务印书馆，1985年）汉语音译为"巴尔卡尔人"；其由古之 болгары（булгары）音转，通译为"不里阿耳"（见格列科夫、雅库博夫斯基：《金帐汗国兴衰史》，余大钧汉译，商务印书馆，1985年）。
2 古米列夫：《古代突厥》，第6页。

第七章　唐朝时期

一　唐朝进入中亚

公元617年李渊起兵太原后，即进军关中，经过苦战，占据长安。次年灭西秦（自天水至兰州及其以西的地方割据政权，薛举、薛仁杲父子先后统治）后，唐朝同割据河西地区的"大凉"政权的关系由盟友变成了敌人：其统治者李轨不仅不接受大唐皇帝李渊的册封，在占领西平（治湟水，今青海乐都）、枹罕（治枹罕，今甘肃临夏）两郡后，还有继续东进的趋势。当时北方形势严峻，唐朝不可能对河西大规模用兵，当时在长安的河西豪族粟特人安兴贵上表，愿只身前往招降李轨。安兴贵的劝降，遭到李轨的拒绝。"于是退与修仁（安兴贵之弟，李轨政权中的实力派。——引者）阴结诸胡起兵击轨，轨出战而败，婴城自守。兴贵徇曰：'大唐遣我来诛李轨，敢助之者夷三族！'城中人争出就兴贵。轨计穷，与妻子登玉女台，置酒为别。庚辰¹，兴贵执之以闻，河西悉平。"² 唐朝打通了与西域的交通线。李世民即位后，利用突厥的内乱，于630年灭突厥第一汗国。同年九月，"伊吾（今新疆哈密）城主入朝。隋末，伊吾内属，置伊吾郡；隋乱，臣于突厥。颉利既灭，举其属七城来降，因以其地置西伊州（后改名伊州——引者）"³。这样，唐朝便开启了西域的大门，但是在河西走廊之南的吐谷浑政权却有碍于唐朝放手对西域的经略，况且吐谷浑力求东进，曾不断与唐朝发生摩擦和局部战争。如今北方局势安定，唐朝已把武力转向西北，吐谷浑政权当然首当其冲。还在629年，从属吐谷浑的党项各部在唐朝的策动下就陆续归附唐朝，成为羁縻州，至632年人口已达30万，这大大削弱了吐谷浑的势力。吐谷浑改变战略，攻掠兰州等地。634年，唐朝以李靖为西海道大总管，统领包括突厥、契苾的各路兵马，征伐吐谷浑。在唐军的强大攻势下，吐谷浑军队崩溃，可汗慕容伏允被部下所杀，吐谷浑平。636年，唐朝封吐谷浑慕容诺曷钵为河源郡王、乌地也拔勤豆可汗，吐谷浑成为唐朝的藩属。于是唐朝进入西域的道路畅通。

唐朝灭突厥第一汗国后，西突厥汗国依然存在，并控制着西域诸国，但内争不断，实力衰弱。632年，唐朝一改对西突厥内争的中立政策，通过册封咄陆可汗泥孰，加剧了西突厥汗国的分离。从属咄陆可汗的焉耆也倾向唐朝，并同使纳贡。而原与唐朝关系良好的高昌却因其从属突厥势力不同而与唐朝关系恶化，当然，更主要的原因是唐朝与西域贸易的垄断权为焉耆所替代⁴。640年初⁵，唐朝命吏部尚书侯君集为交河行军大总管，率大军

1　"庚辰"，唐武德三年五月十三日，公元620年6月29日。
2　《资治通鉴》卷一八七，唐高祖武德二年（619年）五月。
3　《资治通鉴》卷一九三，唐太宗贞观四年（630年）九月。
4　详见吴玉贵《突厥汗国与隋唐关系史研究》第九章第三节《乙毗咄陆东进与唐朝出兵高昌关系考论》，中国社会科学出版社，1998年。
5　《资治通鉴》卷一九五载：贞观十三年十二月壬申，公元为640年1月2日。

征伐高昌。高昌王麴文泰认为，唐朝的军队难以到达高昌，即使能到达，"若顿兵于吾城下，二十日食必尽，自然鱼溃，乃接而虏之，何足忧也"。然而，很快就大军压境，"而文泰卒，其子智盛继位"。唐朝军队攻城，高昌危在旦夕。"初，文泰与西突厥欲谷设约，有兵至，共为表里。及闻君集至，欲谷设惧而西走千余里，智盛失援，计无所出，遂开门出降。君集分兵略地，遂平其国。"[1] 这年九月，唐朝"以其地为西州，以可汗浮图城为庭州，各置属县。乙卯，置安西都护府于交河城，留兵镇之"[2]。646年，西突厥汗国乙毗射匮可汗向唐朝求婚，唐朝提出割龟兹、于阗、疏勒、朱俱波、葱岭五国为聘礼，西突厥汗国不同意，关系交恶。648年初[3]，唐朝以阿史那社尔为昆丘道行军大总管，契苾何力为副大总管，安西都护郭孝恪等率军征龟兹，命铁勒、突厥、吐蕃、吐谷浑联兵进讨。唐朝第二次大规模用兵震动了西突厥，叶护阿史那贺鲁率其部数千帐归附唐朝，愿为伐龟兹的向导。唐军先破西突厥汗国的处月、处密部，南下入焉耆，经过连续攻战，649年初占据龟兹，"立其王之弟叶护为王，龟兹人大喜。西域震惊，西突厥、于阗、安国争馈驼马军粮，社尔勒石纪功而还"。唐朝"以阿史那贺鲁为泥伏沙钵罗叶护，赐以鼓纛，使招讨西突厥之未服者"[4]。两个月后，唐朝又设置瑶池都督府，隶属安西都护，以阿史那贺鲁为瑶池都督。唐朝为了加强对西域的控制，设置龟兹、于阗、疏勒、焉耆四镇[5]，驻扎军队。

阿史那贺鲁在唐朝的支持下统一了西突厥汗国。649年，唐太宗一去世，阿史那贺鲁即谋取西、庭二州，自号沙钵罗可汗。

---

1 《旧唐书》卷六九《侯君集传》。
2 《资治通鉴》卷一九五，唐太宗贞观十四年（640年）九月。
3 《资治通鉴》卷一九八载：贞观二十一年十二月戊寅，公元为648年2月4日。
4 《资治通鉴》卷一九九，唐太宗贞观二十二年（648年）闰十二月。
5 关于安西四镇，史书记载不一，后人解说多种。笔者认为，初置的四镇应是龟兹、于阗、疏勒、焉耆，以后唐朝在西域势力进一步加强和扩大，才置碎叶镇，省焉耆镇。

651年，进寇庭州，唐朝撤守西州，安西四镇均陷。唐朝出兵征讨阿史那贺鲁，以梁建方为弓月道行军总管，但未与阿史那贺鲁直接交战，652年破处月部后撤军。653年，唐朝再次出兵讨伐阿史那贺鲁，以程知节为葱山道行军大总管，虽打败了一些西突厥汗国的属部，但并未伤及突厥主力，"贺鲁遂即远遁。军还，坐免官"[1]。657年，唐朝第三次出兵征讨阿史那贺鲁，任苏定方为伊丽道行军大总管，并发归附的回纥兵、突厥兵参战；任命突厥首领阿史那弥射和阿史那步真为安抚大使，"自南道招集旧众"。唐军越过金山（今阿尔泰山）收抚处木昆部，"发其千骑"从征。沙钵罗可汗阿史那贺鲁"帅十姓兵且十万"，在曳咥河（今额尔齐斯河）迎战，大败；在唐军连续追杀下，贺鲁逃奔石国，被拘送唐军[2]。史称，唐军"乃悉散诸部兵，开道置驿，收露胔，问人疾苦，贺鲁所掠悉还之民，西域平"[3]。

二 羁縻府州的建立

唐朝灭西突厥汗国后，在其版图上普建羁縻府州。羁縻府州，是唐朝的创制，即在新归附的边远地区保存原有政权，但在名义上是中央政府的统一政权下的"府""州"，实质上是部族的或地方自治。

史载："贺鲁已灭，裂其地为州县，以处诸部。木昆部为匐延都督府，突骑施索葛莫贺部为嗢鹿都督府，突骑施阿利施部为絜山都督府，胡禄屋阙部为盐泊都督府，摄舍提暾部为双河都督府，鼠尼施处半部为鹰娑都督府，又置昆陵、濛池二都护府以统之。其所役属诸国皆置州，西尽波斯，并隶安西都护府。以阿史那弥射为兴昔亡可汗，兼骠骑大将军、昆陵都护，领五咄陆部，

---

[1]《旧唐书》卷六八《程知节传》。
[2] 见《资治通鉴》卷二〇〇，唐高宗显庆二年（657年）。
[3]《新唐书》卷二一五下《突厥传下》。

阿史那步真为继往绝可汗，兼骠骑大将军、濛池都护，领五弩失毕部。"[1]

《新唐书·地理志》载，"西域府十六，州七十二"。月氏都督府，领州二十五，辖地在今阿富汗昆都士及其邻近地区；大汗都督府，领州十五，辖地在今阿富汗巴尔赫地区；条支都督府，领州九，辖地在今阿富汗加兹尼地区；天马都督府，领州二，辖地在今塔吉克斯坦首都杜尚别地区；高附都督府，领州二，辖地在今塔吉克斯坦库尔干秋别地区；修鲜都督府，领州十，辖地在今阿富汗卡皮萨省及其邻近地区；写凤都督府，领州四，辖地在今巴米扬及其邻近地区；悦般州都督府，辖地在今阿姆河北苏尔汗河地区[2]；奇沙州都督府，领州二，辖地在今马雷与巴尔赫之间的地区；姑墨州都督府，辖地在今铁尔梅兹地区；旅獒州都督府，辖地在今土库曼斯坦桑德卡奇地区；昆墟州都督府，辖地在今阿富汗塔洛甘地区；至拔州都督府，辖地在今塔吉克斯坦科姆索莫拉巴德一带；鸟飞州都督府，辖地在今阿富汗东北境的瓦罕地区；王庭州都督府，辖地在今卡菲尔纳甘河下游的卡巴迪安地区；波斯都督府，辖地在今伊朗扎博勒地区。见于《新唐书·西域传》的还有大宛都督府，辖地在今塔什干及其以东地区；康居都督府，辖地在以撒马尔罕为中心的泽拉夫珊河流域及其邻近地区[3]。

---

1 《新唐书》卷二一五下《突厥传下》。
2 见张广达先生的考证（季羡林等：《大唐西域记校注》，中华书局，1985年，第106页）。此说有力，因为《大唐西域记》对吐火罗斯坦诸国的记述是很有次序的，先缚刍河（今锡尔河）北，次河南。该书卷一："顺缚刍河北，下流至呾蜜国。"然后，"东至赤鄂衍那国"。赤鄂衍那，马迦特比定为《新唐书》的石汗那，相当于波斯-阿拉伯语之 chaghaniyan/Saghaniyan。
3 羁縻府州的现今地理位置，主要依据前人的研究成果（余太山主编《西域通史》，第五编第二章《唐朝在西域设立的羁縻府州》，中州古籍出版社，1995年，第165—166页；并参照《西域通史》第二版，中州古籍出版社，2002年，第165—167页）；并参照谭其骧主编《中国历史地图集》，第五册，中国地图出版社，1982年。

三 唐朝对中亚的影响

唐朝对中亚南部诸国的政策是极其宽松的，仅要其承认臣属地位，对其内政外交概不过问，更不驻扎军队。所以，当阿拉伯进入中亚的初期，一些国家曾向唐朝求救，但唐朝未予置理，故与阿拉伯未发生冲突。8世纪初屈底波出任呼罗珊总督后，开始向锡尔河流域进犯，唐朝忙于同吐蕃争夺塔里木地区的控制，委突厥语诸游牧部族抵抗，遏止了阿拉伯的扩张。8世纪40年代后期，正值唐天宝之衰，皇帝自大，朝政紊乱，社会腐败，边将贪暴，对属国处理失当，引发751年的"怛逻斯战役"。

750年唐朝安西节度使高仙芝以石国王"蕃礼有亏"，请发兵讨伐，朝廷同意。"仙芝给石国王约为和好，乃将兵袭破之，杀其老弱，虏其丁壮，取金宝、瑟瑟、驼马等，国人号哭，因掠石国王东献之于阙下。其子逃难奔走，告于诸胡国。群胡忿之，与大食连谋，将欲攻四镇。仙芝惧，领兵二万深入胡地，与大食战，仙芝大败。"[1] 详考这次战役，实由高仙芝的贪婪所引起，因为当时阿拉伯正在王朝更代，阿拔斯王朝750年才灭掉伍麦叶王朝，正忙于巩固在西部的统治，无意在东方再与唐朝开战。高仙芝看上了石国的财富，史称其"为人贪，破石，获瑟瑟十余斛、黄金五六橐驼、良马宝玉甚众，家赀累巨万"。他借口"蕃礼有亏"，激起了昏庸的皇帝的好胜心，结果兵败地失。然而他不仅未受处罚，反而升任右羽林大将军，755年"安史之乱"爆发，他又进封密云郡公，募兵以讨伐叛军，被监军诬陷，玄宗令"即军中斩之"[2]。唐朝统治集团已如此昏庸腐败，失去对中亚的控制，也是历史必然。然而，唐朝把中亚纳入版图的百年间却对

---

[1]《旧唐书》卷一〇九《李嗣业传》。
[2]《新唐书》卷一三五《高仙芝传》。

中亚的社会发展产生了重大影响:

（一）经济方面。唐朝统一中亚后，丝绸之路畅通无阻，促进了中亚商业的发展，从而带动了当地农业、手工业和畜牧业的发展，城市生活的活跃，激起了粟特人的新的移民高潮，流回了大量资金，使中亚社会富庶繁荣，生动活泼。历来征服中亚的国家，都要收取赋税，但唐朝不仅不收取赋税，而且还对"进贡"者以"回赐"方式给予巨大的经济实惠，收笼民心。这在客观上减轻了中亚民众的负担，有利于社会经济的发展。

（二）艺术方面。中亚对中国绘画、音乐、舞蹈以及杂技的影响，人们早已注意到了，但却忽视了中国对中亚艺术方面的影响。这在阿夫拉西阿卜的壁画中有充分反映，现今在撒马尔罕国家历史博物馆展出的北墙第三画，其人物装束——幞头、圆领长袍，甚至使用的武器长矛也是中国传统的。西墙第三画，人物褒衣玉带，也是中国传统服饰。这些作品的画风也是中国的传统，很像六朝至唐代的。如果不是出于汉地艺术家之手，那就是粟特人接受了汉文化的影响。当时唐朝是世界上的"超级大国"，经济发达，文化先进，其服饰艺术必然影响到中亚，何况中亚来长安的人多而频繁，不可能不带回本土，就如同中国对日本、朝鲜的影响一样，另外也特别应考虑到中亚各部族对吸收外来文化的积极态度。张广达先生指出："公元后六至八世纪为飒秣建国势鼎盛、文化繁荣时期。值得注意的是，其内城之东门名叫中国门。"[1] 由此可见，中国对飒秣建（撒马尔罕）影响之大。但是很遗憾，中国文化在中亚的传播和影响至今尚未被深入研究。

（三）技术方面。特别引人注意的是，在唐代造纸术传入中亚。唐代书写材料已普遍用纸，这引起西方的注意，但未得其制造方法。751年"怛逻斯战役"，在被俘的唐朝军人中有造纸工匠，他们在撒马尔罕开始造纸，中亚长期垄断了这一技术，人称

---

[1] 季羡林等：《大唐西域记校注》，中华书局，1985年，第88页。

"撒马尔罕纸",以后传入西方,对世界文化的发展做出了重要贡献。中国的造币技术,对中亚也发生了影响,在这一时期出现了汉制方孔圆圜但铭文为粟特字的铜钱,不仅大量流行于农业地区,而且也流行于广大游牧地区,有的学者称之为"突骑施钱"。这类钱币在粟特地区大量出土,数以千计[1]。至于丝织业的工艺,在这一时期的发展是巨大的,明显地接受了汉人的工艺技术。

四 中亚各部族

本节用较长篇幅所阐述的,是在阿拉伯控制中亚之前当地各部族的情况,即其突厥化刚开始而尚未伊斯兰化这一特定时期的情况,它们展现了中亚文化的基质——中亚各部族文化发展的丰厚底蕴。

(一)粟特地域

"粟特"(Sart),这一名称长期以来在各种语言的史料中都能见到。托马舍克提出一种假说,认为"粟特"一词,来自伊朗语的词根,它的意思是"闪耀""照耀""燃烧"(塔吉克语 сухтан——"燃烧",即由此词根而来)。然而,在塔吉克-波斯语词汇中另有解释——"水聚集的低地"。塔吉克人现在把低下的、卑湿的地方或者活水丰富的耕地称为 суеуд,但是这种解释看来不是原初的词义[2]。

唐朝高僧玄奘在7世纪20—30年代之交的四年间亲履中亚诸国,在他的概念中,粟特[3]是在东北起于楚河和西南止于铁门的地名和居民的称谓。加富罗夫说,在10—13世纪的阿拉伯和塔吉克语的史料中,保存下来一些更古些时候的遗迹。从这些史

---

1 详见张广达:《西域史地丛稿初编》,上海古籍出版社,1995年,第285页。
2 见加富罗夫(Б. Г. Гафуров):《塔吉克》(*Таджики*),莫斯科,1972年,第247页。
3 粟特,《大唐西域记》作窣利。

料中得知，粟特这一专用名词有广义和狭义之分。广义的粟特是整个泽拉夫珊河谷地（有时不包括它的最上游）和卡什卡河谷地。狭义的粟特主要是指撒马尔罕地区。中世纪作家经常说"撒马尔罕粟特"，也说"布哈拉粟特"。亚库特记载："据说，有两个粟特，撒马尔罕粟特和布哈拉粟特。"卡什卡河谷地被看作粟特的一部分，亚库特称渴石为粟特的首都[1]。张广达先生认为："粟特或窣利通常用以指阿姆河和锡尔河之间的昭武九姓国而言，大概始自穆斯林时期。例如伊斯塔赫里（al-Istakhri）即认为布哈拉以东直至撒马尔罕地区为粟特。（德·胡耶〔De Goeje〕刊《阿拉伯舆地丛刊》第1卷，页316）然《西域记》谓'自素叶水城至羯霜那国，地名窣利，人亦谓焉'，反映了如下一个事实：穆斯林时期的窣利之范围远比古代的狭窄。"[2]

玄奘在《大唐西域记》卷一中对窣利（粟特）地区做了总述：

> 自素叶水城至羯霜那国，地名窣利，人亦谓焉。文字语言，即随称矣。字源简略，本二十余言，转而相生，其流浸广。粗有书记，竖读其文，递相传授，师资无替。服毡褐，衣皮毹，裳服褊急，齐发露顶，或总剪剃，缯彩络额。形容伟大，志性恇怯。风俗浇讹，多行诡诈，大抵贪求，父子计利，财多为贵，良贱无差。虽富巨万，服食粗弊，力田逐利者杂半矣。

在粟特诸国中，飒秣建（撒马尔罕）[3]为最大国，玄奘说："飒秣建国，周千六七百里，东西长，南北狭。国大都城周二十

1　见加富罗夫：《塔吉克》，第247页。
2　季羡林等：《大唐西域记校注》，第74页。
3　Samarkand，《魏书》作悉万斤，《隋书》作康国，《新唐书》作康国及萨末鞬。故城在今乌兹别克斯坦撒马尔罕北郊之阿夫拉西亚卜（Afrasiab）遗址。

余里,极险固,多居人。异方宝货,多聚此国。土地沃壤,稼穑备植,林树蓊郁,花果滋茂。多出善马。机巧之技,特工诸国。气序和畅,风俗猛烈。凡诸胡国,此为其中,进止威仪,近远取则。其王豪勇,邻国承命,兵马强盛,多诸赭羯。赭羯之人[1],其性勇烈,视死如归,战无前敌。"[2] 这位高僧以诗一般的语言记述了飒秣建国的总体情况:国土广阔,居民很多。气候温和,土地肥沃,农业发展,树木蓊郁,花果很多。畜牧业出产很好的马匹。手工业精巧,为诸国之最。商业发达,外国商品在此集聚交易。都城坚固,地势险要;国王英武,居民强悍而勇敢,战士视死如归,战无不胜;邻国都听其命令。因此该国成为粟特诸国中心,诸国在道德行为和礼仪方面都以飒秣建为榜样。

玄奘提到的粟特诸国有弭秣贺(Maymurgh;《隋书》作米国)、劫布呾那(Gubdan, Gubdan, Kebud;《新唐书》作西曹)、屈霜你迦(Kashanika, Kusanik,或汉译为贵霜匿;《隋书》作何国)、喝捍(Kharghankath;《新唐书》作喝汗,又名东安国)、捕喝(Bukhara,布哈拉;安国)、伐地国(Betik, Bitik;《新唐书》戊地,西安国)、羯霜那(Kasanna,渴石,Kash,史国)等国,其"土宜风俗,同飒秣建国";货利习弥伽国(Horismika;花剌子模,Kwarism),"土宜风俗同",而"语言少异"。

726—727年,慧超从印度返回途经中亚,他对粟特地区做了总的记述[3]:

从大食已东,并是胡国,即是安国、曹国、史国、石骡

---

1 张广达先生注释"赭羯之人《新唐书》卷二二一下《西域下》安国条:'募勇健者为柘羯。柘羯,犹中国言战士也。'《册府元龟》卷九六四唐玄宗开元二十八年(740年)三月条提及柘羯王斯谨鞬。按柘羯、赭羯为cākir、cākar之对音,意为卫士、战士"(《大唐西域记校注》,第89页)。
2 《大唐西域记》卷一《飒秣建国》。
3 《慧超往五天竺国传笺释》,藤田丰八撰,排印本。

国、米国、康国，中虽务有王，并属大食所管。为国狭小，兵马不多，而能自护。土地出驼、骡、羊、马、叠布之类。衣著叠衫裤带及皮裘。音言不同诸国。又此六国总事火袄，不识佛法；唯康国有一寺，有一僧，又不解敬也。此中胡国，并剪须发，爱著白叠帽子。极恶风俗：婚姻交杂，纳母及姊妹为妻。波斯国亦纳母为妻，其吐火罗国乃至罽宾国、犯引国、谢飓国中，兄弟十人五人三人两人共娶一妻，不许各娶一妇，恐破家计。

《唐书》对康国的记载[1]比较系统："其王姓温，月氏人。先居张掖祁连山北昭武城。"后来西迁，据有葱岭以西地区。"枝庶分王，曰安，曰曹，曰石，曰米，曰何，曰火寻（花剌子模——引者），曰戊地，曰史，世谓'九姓'，皆氏昭武。"这就是史家所说的"昭武九姓"。经济与国力："土沃宜禾，出善马，兵强诸国。"风俗："其人皆深目高鼻，多须髯。丈夫剪发或辫发。其王冠毡帽，饰以金宝。妇人盘髻，蒙以皂巾，饰以金花。人多嗜酒，好歌舞于道路。生子必以石蜜纳口中，明胶置掌内，欲其成长口常甘言，掌持钱如胶之黏物。俗习胡书。善商贾，争分铢之利。男子年二十，即远之旁国，来适中夏，利之所在，无所不到。以十二月为岁首。有婆罗门为之占星候气，以定吉凶。""尚浮图法，祠袄神，出机巧技。十一月鼓舞乞寒，以水交泼为乐。"政治："隋时，其王屈木支娶西突厥女，遂臣突厥。"627年向唐朝"遣使"；631年"遂请臣"，唐太宗"恶取虚名"，"却不受"，但"命秘书监虞世南作赋"赞扬。从此康国岁岁进贡，撒马尔罕的金桃、银桃都栽种进皇家苑中。所谓"进贡"，对康国来说，实际上是高额利润的出口贸易。唐朝灭西突厥汗国后，"以其地为康居都督府，即授其王拂呼缦为都督"。开元（713—741年）

---

[1] 见《旧唐书》卷一九八《西戎传》、《新唐书》卷二二一下《西域传下》。

初,"其王乌勒伽与大食亟战不胜,来乞师,天子不许"。其结果,《新唐书·西域传》未载,但上引慧超行记明确地说:626—627年康国与其他"胡国",已"并属大食所管"。然而康王乌勒伽继续与唐朝保持着臣属关系,"请封其子咄曷为曹王,默啜为米王,诏许。乌勒伽死,遣使立咄曷,封钦化王,以其母可敦为郡夫人"。唐朝在政治上退出中亚是751年"怛逻斯战役"之后。

石国是中亚的重要城郭之国,地处锡尔河中游,都城柘支(Chaj,或汉译为柘折、赭时、瞰羯;今乌兹别克斯坦首都塔什干,Tashkend),是离康国最远的"昭武九姓"之国。《新唐书·西域传》做了较详细的记述:其政治地理是"东北距西突厥,西北波腊,南二百里所抵俱战提,西南五百里康也"。自然地理:领地"圆千余里,右涯素叶河","西南有药杀水","东南有大山"。国力:"俗善战,多良马。"政治情况:"隋大业(605—618年)初,西突厥杀其王,以特勒匐职统其国。"与唐朝有往来,"数献方物"。唐朝灭西突厥汗国后,658年"以瞰羯城为大宛都督府,授其王瞰土屯摄舍提于屈昭穆都督"。开元(713—741年)初,其君莫贺咄吐屯"有功",封为"石国王";740年,"又册顺义王"。次年,石国王伊捺吐屯屈勒上书唐朝说:"今突厥已属天可汗,惟大食为诸国患,请讨之。"唐玄宗不许。天宝(742—756年)初,唐朝封石国"王子那俱车鼻施为怀化王,赐铁券"。由此可见唐朝对石国的重视。但是,安西节度使高仙芝贪婪误国,弹劾石国王"无蕃臣礼",请举兵讨伐,得到玄宗的准许。石国闻讯,"王约降,仙芝遣使者护送至开远门,俘以献,斩阙下,于是西域皆怨"。751年"王子走大食乞兵,攻怛逻斯城,败仙芝军,自是臣大食"。但是此后石国与唐朝仍有往来,唐肃宗宝应年间(762—763年),石国"遣使朝贡"。

玄奘把窣堵利瑟那国、怖捍国也归于窣利地区,分述如下:

窣堵利瑟那国(Sutrushana;汉文史籍或作苏对沙那、苏都沙那等,《新唐书》称为东曹),位于今费尔干纳盆地以西、泽拉夫珊河上游地区，苦盏与撒马尔罕之间，其中心是乌拉秋别-沙赫里斯坦盆地。"周千四五百里。""土宜风俗，同赭时国（石国——引者）。""自有王，附突厥。"

怖捍国（Farghana；汉文史籍早期作大宛国，后作破洛那、钹汗、拔汗那等，今费尔干纳盆地），"周四千余里，山周四境"。"土地膏腴，稼穑滋盛。多花果，宜羊马。""气序风寒，人性刚勇，语异诸国，形貌丑弊。""自数十年无大君长，酋豪力竞，不相宾伏，依川据险，画野分都。"

考古工作者在苏对沙那境内进行了大规模的考古发掘，发现两座古城。内有富丽的壁画，上面有一群戎装的骑士在各种颜色的马上疾驰，手中擎着旗牌；还有三头四臂的神、三只眼睛的恶魔和一些动物的残片。大雕塑和木浮雕丰富多样。在其中发现了一些完整的人和鸟的雕塑和各种构图。特别有趣的是独一无二的山墙尖三角形大木雕，上面有大小不同的各种人物，所有都雕刻得特别精致。在出土的大量文物中，发现有基督教神话的影响。苏对沙那的语言是粟特语方言之一。在奇尔胡吉拉发现了一些在木简上用墨汁写的文书。对其中保存完整的一简，利弗什茨进行了解读。这是一个收条。其内容是"我奇伊乌斯请求用驴子31天，从瓦尕尼奇月（粟特历每年的第八月）瓦特日（粟特历每月的第22日）开始。洁尔纳尔奇把它们从阿列帕兹马克（村）赶给我，其中没有任何一头差的"。在背面是"古什纳斯皮奇根据洁尔纳尔奇的命令书写"。文字的性质很接近穆格山文书[1]。在苏对沙那有职业司书，他们的名字带有拜火教的性质。

在720年左右，费尔干纳由最强有力的国王统治，他在阿拉伯史料中被称为"阿鲁塔尔"。费尔干纳的统治者们带有当地的称号"伊赫希德"或"伊赫沙德"。再往后，在726年费尔干纳已有两个王：河南领地的王臣属于阿拉伯人；河北领地的王依附

---

[1] 转引自加富罗夫：《塔吉克》，第292页。

于突厥。在739年或者再晚些时候，突厥人统治了费尔干纳。当时费尔干纳首府的名称是渴塞城（Kasan；名见《新唐书》，《汉书·大宛传》作贵山城），而根据另一些史料则为阿赫西克特城（Ahsiket）[1]。根据阿拉伯征服时期的记述推断，费尔干纳是一强大的领地，在中亚政治生活中起着重要的作用。这是由其军事实力所决定的，这种实力建立在农业经济的基础上。渴塞城由在卡桑-萨伊河岸上的城市和城堡两部分组成。城墙的每个角上设有塔楼。在城的西北部是一座内堡。离开基本城墙15米、掩蔽堡垒入口的辅助城墙加强了防卫能力。城堡居高临下，建在陡峭的平台（90×70米）上，具有很强的防卫力量。费尔干纳中世纪早期的另一个城市中心是库瓦。乌兹别克斯坦的考古学家对它进行了发掘。在阿什特地区当时也有山区城堡与平原设防居民点。在南费尔干纳的和卓-巴克尔干河谷地有一座富有的封建庄园，它由很大的房屋总体构成，其中有司务房屋（例如有放着16个盛粮食用的陶罐的储蓄室）和住宅。在家庭礼拜堂里，装饰着壁画，有一些平台。在一个平台上放着石膏雕塑偶像——用独特手法塑造的一些人像。在这里还发现了三个香炉。这里可能是对家庭-氏族先人礼拜的地方。

除定居人口外，在费尔干纳谷地还有相当数量的半游牧民和游牧民。库拉明山脉的卡拉麻扎山的墓葬遗址同这些半游牧民和游牧民有关系。在里面放着一个或几个骷髅和随葬品——器皿、武器、装饰品等。在一个这种建筑物中还埋葬着一匹马。还发现了马镫，它在5—6世纪传入中亚。一些墓葬，其中包括穆格霍纳，可能与突厥人有关系，在从穆格霍纳中发现的镶嵌宝石青铜戒指上有四个古突厥文的字母组成的铭文（物主的名字）。在费尔干纳，目前中古突厥文字文献的发现已不少。它们的数量正在

---

[1] 关于中世纪早期费尔干纳首府的史料分析见《巴托尔德文集》（В. В. Бартольд, *Сочинении*），第3卷，莫斯科，1965年，第529页。

增加。古文字文献、突厥墓葬和文字史料共同证明，突厥人不仅在中世纪早期费尔干纳的政治史上，而且在民族史上都起着巨大的作用。

根据穆格山出土文书和古钱币提供的信息，潘奇（Panch；今塔吉克斯坦之彭吉肯特，Penjkent，汉语音译为品治肯特、品吉肯特）也是一个重要的城郭之国。其领域在泽拉夫珊河上游地区，离康国较远，又不处于东西交通线上，史籍失载。在穆格山城堡遗址发现的粟特文书中提到潘奇国的众多庄镇和村落，如马季安（Magian）、帕尔尕尔（Pargar；今法尔尕尔，Falgar）、克什图特（Kashtut；今名同）、马尔图什卡特（Martushkat；今马特恰，Matcha）、马德姆（Madm；今名同）、库姆（Kum；今名同）、泽罗瓦德克（Zerovadk；今扎罗瓦特，Zarovat）、艾斯柯塔尔（Eskotar；今伊斯柯达尔，Iskodar）等。加富罗夫指出，对古钱币资料的研究证明潘奇由一个自己的王朝统治着。8世纪前期对粟特来说是一个艰难的时期；潘奇最初还没有受到阿拉伯人破坏性的侵袭，所以其影响反倒有进一步的增长。品治肯特统治者德瓦什提奇（Devashtich），不是出身于粟特王族，但觊觎撒马尔罕的王位和"粟特王撒马尔罕国王"的称号，"某个时候他好像登上过撒马尔罕的王位"[1]。

6—8世纪，粟特地区的社会、经济、文化有普遍的发展[2]，分述如下。

水利、农业、牧业和加工业。在粟特的中心地区，有三条干渠灌溉着撒马尔罕以南的广大耕地。巴托尔德指出，从描述阿拉伯征服的事件可以得出结论，这一水利体系在阿拉伯征服之前，即在6—7世纪就已发挥作用[3]。

在羯霜那有纳尔帕伊大渠。在布哈拉绿洲、泽拉夫珊河下

---

1 详见加富罗夫：《塔吉克》，第250—251页。
2 本节主要根据加富罗夫的研究成果（《塔吉克》第3编第2章）编写。
3 《巴托尔德文集》，第3卷，第186—188页。

游,有名为沙普尔卡姆(以后叫沙弗尔卡姆)的水渠[1],这条水渠灌溉着布哈拉绿洲的北部;还有几条大渠灌溉着其他地区。在卡什卡河绿洲也有发达的水利体系。

撒马尔罕地区有如此好的水利和耕种条件,这里物产丰富,瓜果飘香,致使最初阿拉伯总督称它为"正教信徒艾米尔的果园",即哈里发的果园[2]。

穆格山考古资料提供了关于农作物种类很详细的内容。在这里发现了各种谷物和果核以及棉花残迹。从穆格山文书中我们得知,泽拉夫珊河上游地区的主要作物是小麦和葡萄,还种植大麦、黍、稷和豌豆。谷物在磨坊里粉碎。

穆格山文书提到三个"带有全部水渠、建筑和磨盘"的磨坊。又发现了一些很大的磨盘,例如在阿夫拉西阿卜遗址。除水磨之外,在市民的日常生活中仍然使用中小型的手磨。

葡萄种植业是农业的主要部门之一。在品治肯特发现了葡萄榨汁设备。它是一个窖,在窖底有专门的凹槽。和窖并排的是一个不深的池。它们之间由一细沟连起来。窖和池的壁都仔细地抹有石膏泥。可以设想,池上盖着有缝隙的木板,葡萄放在上面。在加压的情况下汁先流入池内,然后流进窖内。在澄清之后,再从窖里输入陶罐中。现代塔吉克斯坦民间的榨酒设备就是这样建造的。

史书记载,在贵族家中储存着大量的陈年葡萄酒。考古材料和穆格山文书证明,这并不是夸大。在一份文书中说:"即付〔某某〕女仆喝的香酒,不许迟误。而其剩余应即加封保管。"另外还有"总司酒官"的职务。

除葡萄园外,还有许多果园。在穆格山文书中提到"园林长官"。果实品质优良,例如从撒马尔罕粟特输出的、使外国人感

---

1 《巴托尔德文集》,第3卷,第198—199页。
2 《巴托尔德文集》,第3卷,第196页。

到惊奇的桃子，大如鹅卵，其色如黄金，故谓之"金桃"。白色和黄色的樱桃是输出品。所有这一切都证明玄奘对粟特农业的论述是正确的。

粟特有发达的畜牧业。据汉文史籍记载，624、724、726、727、744、750等年康国、安国、羯霜那国曾向唐朝"进贡"良马。撒马尔罕的大尾羊——著名的库尔久奇绵羊——引起了国外作家的注意。在穆格山文书中提到牛、羊和乘骑牲畜：马、骡、驴等。在一些平原地区也使用骆驼。

在粟特有发达的棉花种植业和养蚕业，为白叠布、丝绸的织造提供了本土的原料。

手工业和商业。粟特周围的山上各种矿产丰富。其中一些矿产的开采从文字史料中已知道，有黄金、硇砂（氯化铵）、色盐的开采和输出。

矿产的大量开采首先由国内需求所决定，输出只是部分地起了促进作用。在品治肯特的考古发掘中得到许多关于金属生产的资料。金属作坊中一个不高的平台上埋着的一个口向下的陶罐是熔铁炉。还有一些生产设备，如两个双槽沟的喷嘴：为了达到很高的炉温，粟特工匠采用两个鼓风箱，以保证不断送风。在另一个冶金作坊（有两个房间）的主要房屋的工作场地中可清楚地看出，熔炉有出口和喷嘴。熔炉里面有大量的炉渣，在作坊的地上有许多铁块和炉渣。还发现了一些炉铲以及铁砧、铁锤、大截铁器等锻造工具。

金属产品多式多样：生产工具有铁锹、斧头、镰刀等；与木工相关的产品有钉子、橡钉、扣环、蚂蟥钉等；生活用品有各种类型的铁刀、铁或青铜的扣环、装饰品、铁剪刀、门上的钥匙、青铜和铁的复合灯盏等。

兵器制造，有专业化的兵器制造工匠；而一般金属工匠往往也是兵器制造匠。出土兵器最多，其种类也多。粟特人的进攻武器有远战和近战两种，他们有复合弓和简单弓、长剑、匕首、矛、圆锤、斧等。防御装备由盾牌、锁子甲、铁叶铠甲和头盔组成。在穆格山城堡和其他遗址发现的武器,以及丰富的图像学资料、文字史料的记载都证明,兵器的生产是手工业主要部门之一。大量的兵器只有专门的军匠才能制造出来,要求具有很高的技能并占用大量的时间。贵族的武器,特别是长剑和匕首,应视为高级艺术品。粟特兵器不仅制造完善,而且实际效能很强,闻名境外。718 年,粟特人把他们的锁子甲作为礼品送给中国[1]。

撒马尔罕粟特出产精美的手工艺品。其中有一些我们是从文字史料中得知的,如宝香炉、眼药瓶子等作为贡品送往外国宫廷[2]。在壁画上画着许多珠宝制品——盘、碗和高脚杯。在中亚境外发现的某些物品,也属于粟特珠宝手工业作品之列,例如在库拉格什发现的、现藏于艾尔米塔日国家博物馆的带决斗场面的银碗。在发掘中出土了不少各种珠宝制品——用红尖晶石做成椭圆框、装饰上绿松石和珍珠的华美的金耳环,青铜的、黄金的或白银的镶嵌着宝石或半宝石的戒指,出色的整挂串珠——闪光的、映着彩虹,好像早晨阳光下的露珠一样。

粟特的纺织手工业也比较发达。穆格山出土的织物显示出棉织品在逐渐采用丝织品的方法和技术,利用不同颜色的线织成花布:花纹为菱形,其中心是各种颜色和花结;还有齿状的花结,其中心是豆粒状或心状;四片的棕榈树叶花结;模拟花状的植物新芽;复杂的图案——在花状新芽的组合的中心配有花结等等。毛织品断片是带有浅蓝色细条纹的红色织品。

在西欧的博物馆收藏的丝绸样品中有狮、公绵羊、花结等图案。现在它们是浅棕色、暗黄色、深蓝色的;原初色彩应该鲜艳得多,但是如今除蓝色外,都褪了色。其中有些织品曾经是鲜绿色、蓝灰色、淡粉红色、橙黄色和白色的。这些织品中有一些整

---

1 谢弗:《唐代的外来文明》,吴玉贵汉译,中国社会科学出版社,1995 年,第 572 页。
2 谢弗:《唐代的外来文明》,吴玉贵汉译,第 568 页。

匹完整地保存下来，其宽长为1.16×2.41米，这使得我们可以推断织机的宽度。据研究者们说，整个图案由一些相同的用花边围成的圆环所组成。

皮革的加工技术粟特人已掌握得很好，把白而薄的皮革作为书写材料用。如著名的阿拉伯语文书（穆格山出土）就写在这种皮革上。淡黄色的薄皮紧包在木盾牌上；金黄色花纹的黑皮革裹在小箱子的残片上；矩形的盒盖用有色的皮革很精致地包着。出土的一只皮靴，式样非常像现代塔吉克山区居民穿的皮靴。皮革匠也生产其他物品，如马具、皮条、刀鞘等。

骨雕业、木工业、制陶业等也都有相当程度的发展。

大规模的工业生产，特别是城市的手工业生产，促进了内外商业的广泛发展。关于粟特的"商贾"，汉文史籍有记载[1]：儿童从五岁开始学习，大人教他们认字，以后他们到一定年龄开始学商。青年到20岁时，便出国做生意。多数居民是"好利"的。

国外贸易是多方面的，同东西方各国以及北部草原居民，特别是同拜占庭的商业往来规模很大。它们部分通过波斯，但基本上通过北高加索。拜占庭的丝绸被运到粟特。某些粟特丝绸根据它们的样型织造，并向西方输出。这种仿照拜占庭样型织造而且又有明显的本地特点的粟特丝绸残片，在北高加索的大巴尔卡墓有发现。沿北高加索"丝绸之路"运转的不只是丝绸，而且有各种各样的商品。许多粟特商品——从宝石及其制品到药物和织品——也输往中国。

境内贸易也有发展。钱币的大量发行，特别是青铜钱币的发行，证明了这一点。从5世纪起中亚开始发行银币——仿造萨珊王朝卑路斯（Peroz，459—484年在位）的钱币。在泽拉夫珊谷地发现了一些大窖藏，每窖都有几百枚钱币，均为卑路斯钱币的

---

[1] 见上引《旧唐书》卷一九八《西戎传》、《新唐书》卷二二一下《西域传》关于康国的记载。

仿制品。同时也有对萨珊王朝白赫兰五世（Bahram V，420—438年在位）钱币的仿制。以后它们成为布哈拉粟特钱币流通的基础。它们通常被称为"布哈拉胡达特-德拉赫姆"。

撒马尔罕粟特等地有些地方流通青铜钱币，这种钱币有粟特钱文，其正面有两个肖像。但是在发行额上占主导的并不是它们，而是在7世纪20—50年代开始发行的正中有方孔的青铜钱，即仿照中国式样制造的铜钱。在品治肯特发掘中发现有几千枚这类钱币，说明货币流通量之大。在这种钱币的正面有两个符号，即组成统治者的"徽号"；而在背面有统治者的名字和称号。根据在不同时期更换的重量和大小推断，发行过几种币额的钱币。

根据文字史料推断，金币实际上没有进入流通，虽然在粟特铭文中"第纳尔"这一表示金币的专门名词，只是被用来估价这些或那些物品。

在穆格山文书中经常出现银币——德拉赫姆（迪尔赫姆），只出现过一次铜币。这与在品治肯特发现的钱币内容——青铜钱币占绝大多数——完全相反。看来，在日常市场贸易中主要使用青铜钱币，这证明了货币流通的发达。比较大的商业交易中和登记文书中通常是用银币——德拉赫姆（迪尔赫姆）表示价格。粟特伊赫希德钱币在其境外遥远的地方被发现，这是粟特经济实力强大的标志。

殖民活动。粟特人的殖民活动，是最引起史学家关注的课题。在这一时期殖民活动一方面与其商业经济生活有关系，另一方面与粟特社会内部总的经济政治进程有关系。

粟特殖民活动的方向之一是七河地区。纳尔沙希关于阿布鲁伊起义的叙述反映了同粟特殖民有关的某些现象。11世纪马赫穆德·喀什噶里的《突厥语大词典》收录了关于七河地区的珍贵材料。他称住在这里的居民为"索格达克"，并写道，这是"定居在巴拉沙衮的人民，他们来自布哈拉和撒马尔罕之间的粟特，只是接受了突厥人的服装和风俗"。在10—11世纪七河地区的地名中有许多粟特成分[1]。别林施坦认为，粟特对七河地区的殖民有两次浪潮，第一次是3—5（或6）世纪；第二次是从7世纪开始，而又是多阶段的。其中第二阶段同阿拉伯的征服和萨曼王朝的征伐有关系。他对粟特移民文化同游牧民族文化的融合给予很大的注意[2]。考古发掘证明，5—6世纪在楚河谷地出现了发达的定居生活的遗址，这毫无疑问地说明了粟特人的作用，他们在这些城市从事手工业、商业，显然还有农业。同时，过渡到定居生活的游牧民也迁进了城市。

粟特也在中亚以外殖民。普莱布兰克说："不只有出色的商人，而且有艺术家、手工业者和新宗教的代表者——所有这些粟特人不仅沿着中央亚细亚的商道，而且在中国内部地区和草原上的游牧民族中游历和定居下来。许多事是人所共知的，例如粟特人对突厥人产生的重大文明影响。"[3] 他指出，粟特人对回鹘也起了同样的作用。在突厥人征服中亚后，他们同粟特人早已存在的关系变得更为密切。在这方面不仅仅是同西突厥的联系巩固了，而且大量的粟特人生活在东突厥汗国（第一突厥汗国）的宫廷里。此外，在隋朝灭亡后，粟特人取得了哈密地区的控制权。他们在归服突厥汗国的条件下，在这里保持统治到很晚的时候。7世纪20—50年代，在著名的撒马尔罕康延田领导下，粟特人聚居在罗布淖尔地区，住满了一座荒城之后，在这里又建设了三个村镇。这些村镇之一叫"葡萄城"——在它的中心有葡萄园。根据8世纪中期户口登记的结果推断，在敦煌地区的粟特移民主要是来自撒马尔罕的人，依次是来自布哈拉、塔什干、曹国（有两

---

1 参看《巴托尔德文集》第2卷第2册，第466页。
2 见别林施坦（A. H. Бернштан）：《粟特在七河地区的殖民》（*Согдийская колонизация Семиречья*），载《苏联科学院物质文化史研究所简报》（*КСИИМК*）第6辑，1940年。
3 普莱布兰克（E. G. Pulleyblank）：《粟特在内蒙古的殖民》（*A Sogdian Colony in Inner Mongolia*），载《通报》（*T'oung Pao*）第41卷，伦敦1952年。

个曹国,其一相当于卡布丹,另一个相当于乌斯特拉珊)、吐火罗斯坦、羯霜那、马伊穆尔格和渴石的人[1]。

粟特人中的商人、手工业者、传教士、战士、将领、学者等在中央亚细亚——从西藏和拉达克到蒙古草原——起了很大的作用。粟特因素对这一地区文化艺术有特别巨大的影响。

城市建筑。撒马尔罕是粟特的首府,名为阿夫拉西阿卜[2]。古城的面积为219公顷。这一时期是撒马尔罕昌盛的时代。在城北部有一座内堡,其南是沙赫里斯坦,在南部围上二道城墙圈(沙赫里斯坦城墙的周长约2公里),在北部以西亚布河的陡岸为界。城墙在很大程度上是两层并列的,距离为8—10米,内墙更为牢实,塔楼像国际象棋盘黑白格那样地排列。它把前一时期,即4—5世纪的郊区包括到城防区以内。但是6—7世纪,在二道城墙建成之后,城区又扩展到城防线以外很远的地方,城市沿着水利干渠向南发展。6—8世纪的撒马尔罕城防非常坚固。二道城墙的南门建于两道城墙距离最大的地方。在这一地段把两道半圆围墙连接起来,使通过外城门的敌人落进由四面发出的射击中(即中国城建工程之"瓮城")。防卫更为坚固的是东门:这里设有两个塔楼,在里面有隐蔽进口的城墙。

布哈拉粟特的中心是瓦拉赫沙(Varahsha)古城。古城的主要部分是一个近似三角形的丘陵。其面积约有9公顷,高约10米。一座大内堡又高出9.5米(原初它比周围地面就高出30米)。这是一座用黏土块和土坯砌成的有柱台基的巨型建筑物(每边长31米)。内堡以西是布哈拉-胡达特的宫殿。这座宫殿由一系列各种式样的房屋组成。这些房屋开阔的王座大厅与西部隔

---

1 见加富罗夫:《塔吉克》,第271页。
2 利弗什茨认为,阿夫拉西阿卜(Afrasiab)原初的粟特语名称为Parshavap,直译为"在黑色河上",后来它的塔吉克语读音为Parsiab,而在以后几个世纪里音转为Afrasiab。(《阿夫拉西阿卜壁画题记》,收入《亚洲国家绘画史会议学术报告提纲》,1965年,第5页)

开。礼仪房屋排成一列，其中有的很大。宫中的许多墙壁装饰着华丽的雕刻图案和故事壁画。在宫殿对面，显然矗立着一些寺庙建筑物。瓦拉赫沙的北、东、西三部分是市民的建筑物。

布哈拉绿洲的城镇还有帕伊肯德，其面积达20公顷。它有坚固的城防，其中包括塔楼。撒马尔罕地区的古城遗址还有卡费尔-卡拉和塔尔-伊·巴尔祖。

在泽拉夫珊河的上游谷地，有朵尔顿-伊·希索古城，离穆格山城堡12公里，坐落在山顶上，是宫殿型的巨大建筑物，有十多间不同类型的房屋，其中包括大礼堂、宫内至圣所等。在这里发现了各种美丽的木雕。在马尔吉安谷地考察到很多遗址。整个泽拉夫珊河上游地区已发现有50多处中世纪早期的遗址。在南粟特——卡什卡河流域——有许多中世纪早期的大城市居民点。

建筑业。粟特像整个中亚地区一样，筑墙的基本材料是黏土块和大砖坯（通常是长50—52厘米，宽25—26厘米，厚10—12厘米）。砖使用得很少，主要是用于铺地等。方木立柱和圆木立柱作为支承结构使用。木材还广泛用于平屋顶。

房基很牢，瓦拉赫沙的王座大厅的圆柱之下是用砖和砖坯砌成的很深的基础，几乎有2米深。墙壁很厚，砖坯墙壁的厚度为1—1.6米。建筑物的墙壁，发现有四种类型：泥块、砖坯、泥块和砖坯结合、砖坯和泥块混合。屋地最常见的是用胶泥土坯铺成的，抹一层很结实的涂抹材料。有的屋地用砖坯，甚至砖铺成。山区建筑的屋地使用石头铺成。

房屋有过道相互连接着。这些过道通常是用拱覆盖着的，拱是用砖坯砌成的。门口有木门，有时为两扇。狭小的、跨度为3米的房屋，屋顶是用砖坯砌成的拱顶。这些拱顶已用"倾斜砍料"技术砌成。小的平方房屋是圆顶的。例如，在阿夫拉西阿卜发掘了一间4.3×4.3米的圆顶房屋。更大的房屋的立柱或圆柱支撑着木屋顶。例如，品治肯特成套住宅的方形大厅的中心立着四根圆柱。它们接连着横梁，横梁的另一头在墙壁上。屋顶中央天窗采光。根据余烬推断，在房屋中大概有宽敞的木坐榻。

绘画。在品治肯特、布哈拉、撒马尔罕都发现了粟特绘画的遗迹。

在品治肯特60间房屋里发现有壁画。这样大的数量表明，在粟特人的日常生活中艺术的广泛流行。许多礼堂有100平方米或者更多的墙壁上面画着几层绘画。它们的主题是多样化的，经常画的是某些史诗故事。在一组画中，主要人物是一个跨枣红马的骑士。在第一个事件中我们看见他率领着一些穿盔甲的骑士，显然是出征。在第二个事件中他向敌人——也是骑士——疾驰着抛出套索。第三个事件是表现主人公同巨龙激战。第四个事件是骑士又率领战士前进，他与之战斗过的巨怪已被打倒，躺在他同伴的马蹄旁。第五个事件是描绘主人公同敌人——也是骑士——战斗，同时他的同伴们与一大群恶魔战斗。最后一个事件是表现我们的主人公和另一个骑士战斗。有的学者认为，这画的是《列王纪》关于鲁斯塔姆的故事。许多绘画同祭祀及其仪式有关。另有许多壁画反映民间口头创作和动物寓言叙事诗的各种题材。

瓦拉赫沙的壁画也是有趣和重要的。在瓦拉赫沙宫殿的红色大厅的平台上面有绘画的护墙板。它是一幅统一的构图：在相等的画面上画着一些坐着人的大象。巨怪（黄色的雄狮）或白翼狮身鹰首兽从不同的方向攻击大象。东大厅的壁画是一群骑马的战士。有一幅构图的中心是坐在宝座上的巨大的国王，他的两条腿上画着有翼的骆驼作为装饰。其左右画着许多人物及祭坛。

在阿夫拉西阿卜发现了有华丽绘画的建筑物。在一座大厅的墙壁上画着一条拱环，在上面坐着一些男女人物。一个礼堂（11×11米）东墙上画着一幅有关水的自然现象（蓝色的波涛和在其中游泳的人、鸟、鱼等）的图画。在南墙上画着向城堡方向移动的一些人，由骑在象上、骆驼上和马上的骑士组成。在前面是一头白象，在象身上的轿子里坐着某个重要的人物：公主或者王后。轿的后面坐着她的女仆。在象的后面跟着三个骑马的妇女。边上的一个的手上有一简短的粟特字铭文:"女主人的亲近人。"在她们的后面是两个骑骆驼的武装男子,手中拿着权杖;四只白鸟(鹅)跟随着这两个男子,它们的嘴被捆着。最后是一位硕大的骑士,他比其余的人大一倍。这是一幅结构宏伟的艺术作品。

粟特的绘画对亚洲特别是对中国产生了重大的影响,这在新疆和甘肃的千佛洞壁画上明显地反映出来。

雕塑、音乐和舞蹈艺术。在粟特艺术中除绘画外,雕塑占有重要的地位。雕塑材料是黏土、石膏和木头。

在品治肯特发现了内容丰富的泥雕塑。第二座寺庙有泥雕,沿着墙壁是约八米长的护墙板。这是一幅河景画:在波纹平面的浮雕背景上有高高凸起的动物、鱼、人形的动物。在另一个墙壁的中间有一人形的动物从水中出来。鱼和奇异的动物都向着它游去。在又一墙壁的护墙板中间有一人形动物,它的躯干是两个卷曲着的尾巴。这些浮雕与在其上塑造的生物表现了水的自然现象,具体地说就是泽拉夫珊河。

在品治肯特还有华美的木雕。这是舞蹈艺人的原型的四分之三。裸露到腰部的雕像表现出复杂的曲线。左手扶着胯骨,右腿屈膝搭在直伸出的左腿上。项圈、有铃的线带、下半截身体的复杂服饰,构成被唐朝人称为"胡旋女子"的女巫师舞蹈的形象。

撒马尔罕的女舞蹈艺术家是很著名的。她们穿着有锦缎长袖的紫红衣服、绿色花纹裤子和红鹿皮鞋,在快速舞蹈或者有时站在转动的大球上时,显得特别轻盈优雅。当舞蹈达到高潮时,上衫脱掉,于是观众看到女舞蹈家半裸露的身体。舞蹈的节奏是如此之快,以致使诗人觉得女舞蹈家刹那间像彩云起飞,到达太阳。自然,在品治肯特雕塑中的女舞蹈家造型正是舞蹈最高潮时刻的形象。

粟特及其邻近领地的居民不仅以舞蹈著称,而且也以音乐著名。已知有几十种布哈拉乐器的名称。歌曲和舞曲有独具特色的旋律。舞蹈和歌曲有单独表演的，也有集体表演的。傀儡戏在7世纪从中亚传入中国。

品治肯特的木刻浮雕很发达。几何和植物图案花边装饰着建筑物的墙壁，圆柱和屋顶方梁上覆盖着雕花。许多木浮雕的断片上有复杂的造型，包括在菱形和拱环里的复杂造型，例如在王座上坐着的人像或者在车上的人像等。在这些作品中有起源于贵霜艺术的很多传统。

瓦拉赫沙宫殿的墙壁表面上覆着一层石膏，约1.5—20厘米，雕刻满图案：杉针形花纹、三角或方形等，它们用不同的方式相互连接起来。带内接花结方形、星形花纹、植物和几何的综合花纹，所有这些构图又都包括在一些更大型的图案里。构图中常见到植物花纹，特别是葡萄藤花纹。在明显带有风景画性质的构图中包括两三米高的树，粗大的树干及树枝和树叶，造型准确而细致，甚至连树干上的疤节也表现出来了。在这些风景画构图中有游鱼的水池。在风景画的背景中有动物和人物或者动物和鸟出现，如羱羊、野猪、黄羊、骑士等，几乎与原型一样大，有的马有翼。有许多神话中的存在物，特别有趣的是鸟形妇女像。

粟特文字和文学。粟特文字起源于阿拉米文字。在这一时期粟特文字是斜体字，完整的字母表有23个字母，在实际中使用18—19个字母，某些词汇是用会意文字表达的。在中亚的不同地区粟特文字略有不同：布哈拉和撒马尔罕的粟特文字就有区别。

粟特文书最早是在吐鲁番被发现的。它们用叙利亚文字、摩尼教文字和粟特文字写成。所有这些文书都是使用一种语言写成的。其中一些文书的历法名词，与比鲁尼在《前辈遗迹》一书中提到的粟特历史名词相吻合。从穆格山文书中可以看出，它们是由水平很高的专业司书写成。许多文书是用出色的斜体字笔法写成。在文书的结尾经常注明："某某根据某某的指示写成。"

粟特人有文学作品，是用粟特文字写成的。留传下来的译成粟特文的《维桑塔拉本生》是最重要的作品。本生系列是印度佛教文献中重要的一部分。关于勇士鲁斯塔姆及其战马拉赫什的史诗，只留下了两个片段。寓言《卡里来和笛木乃》有粟特语改编本。还有一些其他的粟特文学作品。

宗教信仰。关于粟特居民宗教的情报保存在不同的史料中：粟特语、汉语、阿拉伯语、塔吉克-波斯语的史料中。但是这些史料很难比拟，因此到目前在文献中对粟特人的宗教体系没有全面的阐述。一般认为，王及百姓不信佛法，信奉拜火教。

11世纪中亚学者比鲁尼的《前辈遗迹》一书有《论粟特人月份中之节日》一篇。第一月的第28天是"布哈拉祭司节，叫作拉穆什-阿尕姆（Ramush-Agam），当时人们聚集在拉穆什村的拜火庙中。阿尕姆是人们最崇敬的节日，在每个村都要庆祝，并且在每个城镇的头领那里聚集，吃着，喝着。这在他们当中依次举行"[1]。这是新年节日，同自然界死亡和复活的概念有关。在粟特人的一个月份中有以下禁忌：他们拒绝火所触及的一切食物和饮料，只允许吃水果和蔬菜。在另一个月的第一天粟特人聚集在拜火庙里吃某种宗教仪式上的食品，它们用黍面、油和糖做成。此外，粟特人还有一种风俗，每年祭一次祖先，剺面痛苦，并为死者留下食品和饮料。在花剌子模人和波斯人中也有类似的风俗。对人的死去和葬礼也是很严肃和敬重的，各地都发掘出瓦棺。

在《阿维斯陀》和晚期拜火教文书中讲到，拜火教徒的尸体要送到被称为"达赫马"的地方，那里"总是有吃尸体的狗和鸟"，然后，收集骨殖，并把它们放入专门保管骨殖的设施中——这种设施叫作"阿斯托丹"。在品治肯特的纳乌斯，通常

---

[1] *The Chronology of Ancient Nations*, *An English Version of the Arabic Text of the Athar-ul-Bakiya of Albiruni or "Vestiges of the Past"*, Collected and Reduced to Written by the Author in A. H. 390-1, A. D. 1000, Translated and Edited, with Notes and Index, by C. E. Sachau, London, 1879, p. 221.

一个墓穴中平均埋藏 10 个死人。除盛骨殖的瓦棺外，还放一些陶器、铜钱、个人的装饰品。看来同拜火教的教规相矛盾，教规直接禁止悲悼死人。然而，民间的信仰比这种禁忌更为有力。

在史料中提到有"拜火庙"和"神庙"。羯霜那有寺庙，在它的墙壁上画着邻近各民族的古代国王。当地统治者每天在这庙中顶礼膜拜。纳尔沙希提到拉米坦和布哈拉的"火房"。撒马尔罕在被阿拉伯征服的时候有"偶像和火的房屋"。

除当地的、现在所称的马兹达克教外，另外一些宗教在粟特也得到传播。在这一时期佛教不占有重要的地位，它被其他宗教排挤。它的信徒数量不是很多。但佛教和其他印度宗教在粟特人生活中的作用仍然是可以感觉到的。根据一些资料推断，基督教得到了较快传播。6 世纪初在撒马尔罕已有基督教（聂斯脱利派）的主教，在 8 世纪已有大主教。摩尼教在粟特人中传播并扎根。大约公元 600 年时，摩尼教徒中发生了分裂：迪纳瓦里派在中亚定居下来，其中心是撒马尔罕。

（二）吐火罗地域

吐火罗斯坦[1]作为地名，包括今天塔吉克斯坦的南部、乌兹别克斯坦苏尔汗河省的南部和中部、阿富汗的北部，即阿姆河中游和两岸的广大地区。中世纪早期的吐火罗斯坦，在很大程度上相当于古代的巴克特里亚，故玄奘称之"睹货逻国故地"[2]。

---

1 Tokharistan 作为地名，始见于公元 4 世纪（见 F. W. K. Wüller, *Toxri and Kuišan [Küšän]*, SPAW, *Philosophisch-historische Klass*, ⅩⅩⅤⅢ, Berlin, 1918）。《希腊古地志》作 Tochori，汉文史籍《魏书》作吐呼罗，《隋书》《北史》《旧唐书》作吐火罗，其他史书或作土豁罗、睹货逻等（见冯承钧原编、陆峻岭增订《西域地名》）。

2 张广达先生指出："睹货逻或吐火罗不仅为国名，而且被人们用为地名。玄奘称……分为二十七国。然据《西域记》本文分述诸国情况来看……凡二十九国。看来在所谓睹货逻国故地之境内……林立的小国实不止二十七之数。玄奘所见之睹货逻国，当指臣服于西突厥阿史那氏叶护可汗的吐火罗国，非吐火罗人当年独自立国的吐火罗。是以玄奘名之为睹货逻国故地，自不足异。"（季羡林等：《大唐西域记校注》，第 102 页）

6—7世纪，哒衰败、突厥的进入及其随后的统治、萨珊王朝军队的入侵、内部骚乱和战争，所有这一切使吐火罗斯坦的历史特别复杂。由于文字史料贫乏，虽有一些考古资料，也只能知个大概。唐朝高僧玄奘对吐火罗斯坦做了如下概述：

> 出铁门至睹货逻国旧日吐火罗国，讹也。故地，南北千余里，东西三千余里，东厄葱岭，西接波剌斯，南大雪山，北据铁门，缚刍大河（今阿姆河——引者）中境西流。自数百年王族绝嗣，酋豪力竞，各擅君长，依川据险，分为二十七国。虽画野区分，总役属突厥。气序既温，疾疫亦众。冬末春初，霖雨相继，故此境已南，滥波已北，其风土并多温疾。而诸僧徒以十二月十六日入安居，三月十五日解安居，斯乃据其多雨，亦是设教随时也。其俗则志性恇怯，容貌鄙陋。粗知信义，不甚欺诈。语言去就，稍异诸国；字源二十五言，转而相生，用之备物。书以横读，自左向右，文记渐多，逾广窣利。多衣氎，少服褐。货用金银等钱，模样异于诸国。[1]

玄奘记述了整个吐火罗斯坦的诸国[2]：

呾蜜国（Tirmigh；《新唐书》作怛没，今作 Termiz，汉语音译为铁尔梅兹），位于苏尔汗河入阿姆河的三角洲。"国大都城周二十余里。"故城毁于成吉思汗西征时期，考古发掘公元前2世纪已有城堡。"伽蓝十余所，僧徒千余人。"

赤鄂衍那国（chaghaniyan, Saghaniyan；《新唐书》作石汗那），位于苏尔汗河上游地区，"国大都城周十余里。伽蓝五所，僧徒鲜少"。

---

1 《大唐西域记》卷一"睹货逻国故地"条。
2 以下引文均见《大唐西域记》卷一。

忽露摩国（Kharun），位于卡菲尔尼汗河中、上游地区，"国大都城周十余里。""其王奚素突厥也。""伽蓝二所，僧徒百余人。"

愉漫国（Shuman；《新唐书》作数瞒），位于卡菲尔尼汗河上游地区，"国大都城周十六七里。""其王奚素突厥也。""伽蓝二所，僧徒寡少。"

鞠和衍那（Quwadhiyan 或 Qabadhiyan；《酉阳杂俎》作俱德建），位于卡菲尔尼汗河入阿姆河的三角洲。"国大都城周十余里。"故城 Qobadian 出土大量阿契明王朝时代的珍贵器物，世称"阿姆河之宝藏"。

镬沙国（Wakhsh；《新唐书》作沃沙），位于今库尔干-丘别一带。"国大都城周十六七里。"

珂咄罗国（Khuttalan；《新唐书》作骨咄），位于苏尔哈布河以东，今库利亚布一带。"国大都城周二十余里。"

拘谜陁国（Komidai, Kumiji, Kumedh；《新唐书》作俱密，《悟空行记》作拘密支），"东西二千余里，南北二百余里，据大葱岭中。""国大都城周二十余里。"

缚伽浪国（Baghlan），位于今阿富汗北部之巴格兰省。"国大都城周十余里。"

纥露悉泯健国（Hrum 与 Simingan 两地构成一国），位于缚伽浪国之南，"周千余里。""国大都城周十四五里。"

忽懔国（Khulim），位于今阿富汗萨曼甘省北部的塔什库尔甘一带。"国大都城周五六里。""伽蓝十余所，僧徒五百余人。"

缚喝国（Bactra, Baktra；古巴克特里亚国〔Baktria〕，即汉文史籍大夏之都城），今阿富汗之巴尔赫省北部。"东西八百余里，南北四百余里，北临缚刍河。""国大都城周二十余里。"缚喝一直是吐火罗斯坦的中心，西突厥汗国将其作为南部诸国的重镇。唐朝灭西突厥汗国后在此置大汗都督府，领州十五。玄奘说："土地所产，物类尤多，水陆诸花，难以备举。"佛教兴盛，"伽蓝百有余所，僧徒三千余人，并皆习学小乘法教"。缚喝城，

"人皆谓之小王舍城也"。

锐秣陁国（Zumathan），位于缚喝国西南"雪山阿"。"国大都城周十余里。"

胡寔健国（Guzganan, Juzjan），位于今阿富汗巴尔赫与土库曼斯坦马雷之间，"东西五百余里，南北千余里"。"多山川，出善马。""国大都城周二十余里。"

呾剌健（Talaqan；《新唐书》作多勒建），位于胡寔健国之西北，"西接波剌斯国界"。"国大都城周十余里。"

揭职国（Gachi, Gaz），位于缚喝国之南百余里的山区。"土地硗确，陵阜连属。少花果，多菽麦。气序寒烈，风俗刚猛。伽蓝十余所，僧徒三百余人，并学小乘教说一切有部。""国大都城周四五里。"

梵衍那国（Bamiyan；汉文史籍或作范阳、帆引、望衍等），位于今阿富汗之巴米扬省及其邻区，"东西二千余里，南北三百余里，在雪山之中"。"人依山谷，逐势邑居。""有宿麦，少花果。宜畜牧，多羊马。气序寒烈，风俗刚犷。多衣皮褐，亦其所宜。文字风教，货币之用，同睹货逻国，语言少异，仪貌大同。"其民"淳信之心，特甚邻国，上自三宝，下至百神，莫不输诚竭心宗敬"。"伽蓝数十所，僧徒数千人，宗学小乘说出世部。"玄奘特别提到，"王城东北山阿，有立佛石像，高百四五十尺，金色晃曜，宝饰焕烂"[1]。"国大都城据崖跨谷，长六七里，北背高岩。"

迦毕试国（Kapisi, Kapish, Capissa；《新唐书》作罽宾[2]），位于今阿富汗之卡皮萨省及其邻区，"周四千余里，北背雪山，

---

[1] 此即巴米扬大佛，高53米，是举世公认的人类奇迹、文化瑰宝，玄奘称之"此国先土之所建"。
[2] 《新唐书》以Kapish汉译为"罽宾"，汉魏时以Kasmira汉译为"罽宾"。两者所在地区不同：Kapish在今阿富汗之卡皮萨省及其邻区，而Kasmira则在今之克什米尔。

三陲黑岭"。"宜谷麦,多果木。出善马、郁金香。异方奇货,多聚此国。""货用金钱、银钱及小铜钱,规矩模样,异于诸国。""气序风寒,人性暴犷,言辞鄙亵,婚姻杂乱。""服用毛氎,衣兼皮褐。""文字大同睹货逻国,习俗、语言、风教颇异。""王,窣利种也,有智略,性勇烈,威慑邻境,统十余国。爱育百姓,敬崇三宝。""伽蓝百余所,僧徒六千余人,并多习学大乘法教。""国大都城周十余里。"

玄奘还提到睹货逻国故地上的另一些国家[1]:

安呾罗缚国(Andarab),位于今阿富汗东北部,"周三千余里"。"山阜连属,川田隘狭。气序寒烈,风雷凄劲。""丰稼穑,宜花果。""国大都城周十四五里。""无大君长,役属突厥。""人性犷暴,俗无纲纪,不知罪福,不尚习学,唯修神祠,少信佛法。"

阔悉多国(Khost),位于安呾罗缚国之西北,"周减千里"。情况大致同于安呾罗缚国。

活国(Warwaliz,Valvalij),位于今阿富汗之昆都士省,"周二千余里"。"土地平坦,谷稼时播,草木荣茂,花果具繁。""气序和畅,风俗淳质,人性躁烈,衣服毡褐。""多信三宝,少事诸神。伽蓝十余所,僧徒数百人,大小二乘兼功综习。""国大都城周二十余里。"《旧唐书》《新唐书》分别称之遏换城、阿缓城。"其王突厥也,管铁门已南诸小国,迁徙鸟居,不常其邑。"[2]

瞢健国(Mundzan,Munjan),位于活国之东,"周四百余里"。"国大都城周十五六里。"情况大致同于活国。

阿利尼国(Arhan),位于瞢健国之北,"带缚刍河两岸,周三百余里"。"国大都城周十四五里。"情况大致同于活国。

---

[1] 以下引文均见《大唐西域记》卷一二。
[2] 《大慈恩寺三藏法师传》卷二载:"……活国,即叶护可汗长子呾度设(设者官名)所居之地。"张广达先生指出,此可汗是统叶护(Ton-yabghu)可汗。见季羡林等:《大唐西域记校注》,第963页。

曷逻胡国（Rahula），位于阿利尼国之东，"北临缚刍河，周二百余里"。"国大都城周十四五里。"情况大致同于活国。

讫栗瑟摩国（Kishm），位于曷逻胡国之东，"东西千余里，南北三百余里"。"国大都城周十五六里。""土宜风俗，大同瞢健国，但其人性暴，愚恶有异。"

钵利曷国（Parghar），位于讫栗瑟摩国之北，"东西百余里，南北三百余里"。"国大都城周二十余里。"情况大致同于讫栗瑟摩国。

呬摩呾罗国（Himatala），位于讫栗瑟摩国之东，"周三千余里"。"山川逦迤，土地沃壤，宜谷稼，多宿麦。百卉滋茂，众果具繁。气序寒烈，人性暴急，不识罪福。形貌鄙陋，举措威仪，衣毡皮褐，颇同突厥。""其先强国，王，释种也，葱岭之西，多见臣伏。境邻突厥，遂染其俗，又为侵掠，自守其境。故此国人流离异域，数十坚城，各别立主。穹庐毳帐，迁徙往来。"

钵铎创那国（Badakhshan），位于今阿富汗之巴达赫尚省，"周二千余里"。"山川逦迤，沙石弥漫。土宜菽麦，多蒲陶、胡桃、梨、柰等果。气序寒烈，人性刚猛，俗无礼法，不知学艺。其貌鄙陋，多衣毡褐。伽蓝三四所，僧徒寡少。""国大都城据山崖上，周六七里。"

淫薄健国（Yamgan, Hamakan），位于钵铎创那国之南的山地，"山岭连属，川田隘狭"。情况同钵铎创那国，"但言语少异"。

屈浪拿国（Kuran），位于淫薄健国之东南山地，"周二千余里"。情况同于淫薄健国，但"山岩中多出金精，琢析其石，然后得之。伽蓝既少，僧徒亦寡。其王淳质，敬崇三宝"。

达摩悉铁帝国（Dharmasthiti；汉文史籍或作休密、胡密、护密等），位于今瓦罕走廊，"在两山间"，"东西千五六百余里，南北广四五里，狭则不逾一里。临缚刍河，盘纡曲折，堆阜高下，沙石流漫，寒风凄烈。唯植麦豆，少树林，乏花果。多出善马,马形虽小而耐驰涉。俗无礼义,人性犷暴,形貌鄙陋,衣服毡褐。眼多碧绿,异于诸国。伽蓝十余所,僧徒寡少"。

尸弃尼国(Shughnan;《新唐书》作识匿、瑟匿,今汉语音译为舒格楠),位于瓦罕走廊以北的山地,"周二千余里"。"山川连属,沙石遍野。多宿麦,少谷稼。林树稀疏,花果寡少。气序寒烈,风俗犷勇,忍于杀戮,务于盗窃,不知礼义,不识善恶,迷于未来祸福,惧现世灾殃""皮褐为服。文字同睹货逻国,语言有异。""国大都城周五六里。"

以上是玄奘关于睹货逻国故地32国的记述,是研究8世纪前期这一地区最珍贵的也是最基本的史料。

吐火罗斯坦在这一时期已有发达水利,利用自然河道引水灌溉田地,种植作物主要为小麦、黍和豆类,还有葡萄、桃、杏、李、樱桃以及核桃、巴旦杏[1]、阿月浑子[2]等,园艺种植甜瓜和西瓜。

吐火罗斯坦的开矿业以红宝石著名,还有矿盐。冶金业也有一定发展水平,金属加工除日常用品外,主要是武器制造:弓箭、锤、剑和著名的"巴里黑锁子甲"。

玻璃制造达到了很高的水平。在巴拉雷克-台佩发现了一个艺术玻璃的最好标本。这是用绿色玻璃铸成的一个颈饰。在它的上面画着一个坐着喂婴儿的女人像。颈饰有银框镶边。经常发现一些玻璃器皿,通常是体形不大的细颈瓶或者小瓶。他们的瓶体上有时装饰着用另一种颜色玻璃加上的波浪线(或者扁条)。也生产玻璃串珠。

织造业很发达。文字史料记载了毛织品和棉织品,即式样复杂的贵族衣着。从骨咄输出很好的多色丝绸。考古学和绘画的资料表明,那里也生产带条纹(黄条纹和红条纹)的毛织品和带花

---

[1] 即扁桃。——编者
[2] 即开心果。——编者

纹（在黄衣上有蓝色装饰图案）的毛织品。

丝织品，早些时候由中国输入。最新的考古发现表明，这一时期整个中亚范围内已经掌握养蚕技术，也应掌握丝织技术。

（三）社会经济制度

文字史料关于中亚中世纪早期社会经济制度的记述极其缺乏，只是在穆格山文书和其他粟特语文书以及部分花剌子模语文书出土之后，才可述以大概[1]。

在一件穆格山文书中讲到，人民是由三个阶层组成的：贵族、商人和"工作者"（即农民和手工业者）。另外，有几种类型的奴隶：单纯的奴隶、债务奴隶、战俘奴隶，此外还有"委身受庇护者"。家长可以出卖自己的家庭成员为奴隶。然而，并不是奴隶，而是各类城乡工作者组成了基本的生产力。在文书中把派出完成自己工作的农民称为"人们"，可能意味着"强迫劳动者"。还有一种为还债而劳动的工作者。农村公社发挥着很大的作用。

迪杭[2]属于统治阶级（"阿扎特"，azat，意为"自由的""高贵的""贵族"）。在中世纪早期，迪杭是大土地所有者，占有整个地区（例如布哈拉或者赭石）或者很大的地方，他们在史料中相应地被称为"伟大的迪杭"或只称迪杭。这类迪杭之所以拥有很大的权力，首先是因为他们拥有很大的卫队，队员称为扎基尔（chakir；沙基尔，shakir）。玄奘讲到撒马尔罕时说："兵马强盛，多是赭羯（扎基尔）。赭羯之人，其性勇烈。视死如归，战无前敌。"[3] 另一种汉文史料在描写安国（布哈拉）时说，"募勇健者为柘羯"[4]。在阿拉伯-波斯史料中提到扎基尔的地方相当多。总括所有这些资料，可以推断：统治者和迪杭有数量庞大的卫队，

---

1 以下资料转引自加富罗夫：《塔吉克》，第3编第2章。
2 Dihkan，该词经过了长时期的演化，在现在的塔吉克语和突厥语族的各种语言中是农民——庄稼人。
3 《大唐西域记》卷一"飒秣建国"条。
4 《新唐书》卷二二一下《西域传下》。

队员是从自由民中招募的,称为扎基尔。扎基尔是职业军人,为组成军队的核心力量。大统治者的扎基尔人数多到几千人。

从穆格山文书和阿拉伯史籍中可看出:在统治阶级内部存在着复杂的品级制度和分封制度。伊赫希德在这种品级制度中是最高的一级。这一称号4世纪初已出现。在穆格山文书中"伊赫希德"这一专门名词用会意文字MLK("王")表示。阿拉伯-波斯语的中世纪作家不无根据地把这一专门名词的含义解为"王中之王";它的真正的含义在中世纪早期的中亚相当于"最高统治者"。

由于穆格山文书的发现,对粟特的行政体系可做出大致推断。在中亚大领地的中央行政机关最高官员有吐屯(Tudun)和达干(Tarkhan)[1]。还有"近臣""助理""办公厅主任""宫廷经济事务主任"(管理农业和手工业产品以及军备的收进和支付,下达支付某种物品的命令,登记账簿和编造决算报表,他掌有实权,下属人员几乎把他当作统治者颂扬,像对待"主人、国君"一样)、"总司酒官"、"总医师"、"御马长官"、"御园长官"、"军事长官"等。另外有一些实务人员,如刽子手(履行着某种警察职能)、收税的官吏。地方行政机关则由村庄的统治者(他们通常称为"主公")组成。

这一整套行政体系的基本作用在于从劳动人民那里榨取税赋和力役。中世纪早期粟特的"暴力机关"有效地工作着。所有值钱的物资的进出和转移都详细地登记,编造计算表、目录和清册,所有文书都要誊缮(通常是一式两份)、签署和盖印。

被压迫阶级的贫困和贵族的富贵豪华形成鲜明的对照。纳尔沙希关于布哈拉-胡达特的记述是典型的例证:这位布哈拉-胡达特在阿布鲁伊起义后回到祖国,在他手中集中了不可胜数的财富。一件穆格山文书记载:一个叫马希安的粟特人向德瓦什提奇

---

[1] Tudun 与 Tarkhan,应是来自突厥语的官名"吐屯"(Tudun)与"达干"(Tarqan)详见本书第5章第1节之引述的突厥官名部分。此亦中亚地区突厥化之一例。

租借了"三座带全部水渠、设施和磨盘的磨坊"。租借人每年必须付出460卡弗奇,即3.5吨多的面粉作为租金。

考古资料清楚地证明,中亚存在着深刻的社会和财产分化。在城里既有一些美观的宽敞的贵族住宅、统治者富丽堂皇的宫殿,更有一系列的普通市民的简陋小房。贵族的生活方式及其无度的奢侈,明显地反映在绘画中。无忧无虑地宴饮着的贵族,只有去跟同样的敌人进行骑士式的决斗时,才离开柔软的坐床,而其背景是一些顺从的没有乐趣的仆役。

设防的庄园,可以中世纪早期别尔库特卡林绿洲农村居民点作为典型。在庄园里有一些很大的房屋和很牢固的城堡。庄园的规模有相当大的差别,其中只有三分之一是大的,其余的小得多。这与耕地面积的大小有关。庄园集中的过程在绿洲中心部分进行得最剧烈。7—8世纪出现了一些新的城堡,在其周围有庄园;而一些旧的中心则衰落了。

学者认为,别尔库特卡林绿洲的人文景观反映出封建关系的形成。这种概念在不断的考古发掘中得到证实和具体化。看来,在绿洲上有几个大的农村公社,其总人数为七八千口。在庄园里住着大小不同的父系亲属集团——大家庭(它占有共同财产,无论在生产中还是在社会生活中它都作为一个统一的集体出现)和孤立的小家庭(大概起的作用不太重要)。根据一些个案观察推断,中亚其他地区也是这种情况。城堡——迪杭的府邸——极其有规律地修建在灌溉体系的渠首,从而使这些城堡的领主有可能控制水,这在中亚的自然条件下等于有处置居民生死存亡的大权。封建社会的出现是一种重要的进步现象。封建制在中亚的出现,只有由于生产力大发展,奴隶占有制形态的框架已不能适应它,才成为可能。封建主义形态的出现,使在中亚社会生活中表现出许多实质性的变化。尽管农村继续占主要地位,但是还在中亚封建主义的早期封建城市——历史进步的重要发源地——已在发展着。所有这些发展都加速了中亚各民族的形成过程。

第八章 阿拉伯进入中亚与伊斯兰化的开始

一 伊斯兰教的创立与阿拉伯的兴起

(一) 伊斯兰教的社会背景

南阿拉伯部落早在古代就建立了强大的国家,创造了高度发展的并独具风格的文化。恩格斯指出:"在西南部定居的阿拉伯人,看来曾经是像埃及人、亚述人等一样的文明民族;他们的建筑物就证明了这一点。"[1] 20世纪的考古学和碑铭学资料更加证实了恩格斯的这一论断。但是阿拉伯各区域的社会经济发展水平很不一致,主要是自然条件和地理位置的差异所造成的。也门地区和另外一些地区在5世纪下半叶已有发达的农业和城市生活,但辽阔的沙漠和草原区域则是贝都因人的游牧地,其主要财富是骆驼。虽然阿拉伯人的氏族部落组织仍然存在,但是封建关系已

---

[1]《马克思恩格斯全集》第28卷,人民出版社,1973年,第250页。

经萌芽,历史发展的进程使分散的部落和部落联盟形成了统一的国家。在7世纪初产生了新的宗教体系——伊斯兰教。

伊斯兰教产生和阿拉伯迅速征服广大地域的历史原因,主要是阿拉伯阶级社会的形成。在阿拉伯西南部,6世纪已是奴隶占有制社会;而6世纪末至7世纪初在阿拉伯西部的麦加和麦地那奴隶占有制也已形成。在住着贝都因畜牧游牧民的阿拉伯内部地区,父系公社制度开始瓦解,虽然这一过程进行得很慢。在贝都因人中间出现了富人——大群牲畜有时还是土地、颇大数量的战俘奴隶的拥有者,并经常从事商队贸易;穷人——一无所有的自由民。前伊斯兰的阿拉伯诗人珊法拉这样写道:"白天在一个宿营地度过,晚上在另一个宿营地度过,他总是一个人,骑在危险的背上。"1 这些穷人毕竟暂时还保持着自由。

在阿拉伯中部奴隶占有制没有发展成为占统治地位的社会形态。向阶级社会过渡所引起的社会危机和动乱,为穆罕默德创立伊斯兰教提供了社会基础。加富罗夫认为:伊斯兰教关于圣战的教义为人们普遍接受,穆罕默德的继承者们在征服战争中寻找摆脱社会危机的出路,阿拉伯群众——"穆斯林战士"涌进急速封建化的或者封建制已形成的地域。但是在这些国家里奴隶占有制并没有消除,在阿拉伯人统治时期不仅保存下来,而且由于大量的战俘而得到发展。阿拉伯哈里发国家在7世纪末以前的大规模征服之后封建关系已经形成,但奴隶制作为一种制度也还保存了很长的时间。阿拉伯对中亚的征服是由保存着游牧民族习惯成分的军事封建贵族所领导的,把这类社会特有的关系加在当地定居民族封建化的社会关系之上,从而改变并加快了中亚封建化的进程2。

---

1 转引自加富罗夫:《塔吉克》,第219页。
2 详见加富罗夫:《塔吉克》,第304—305页。

(二) 伊斯兰教

穆罕默德（约570—632年[1]）在40岁时受到"天启"，开始传教。他所传的宗教名为伊斯兰（al-Islam），意为"顺从"，即顺从真主（Allah，或音译"安拉"）的意志。有学者认为，穆罕默德在创立伊斯兰教的过程中曾受到其他宗教的影响。"关于天启和先知的概念、宇宙一神和个人获救的教义，以及《圣经》中的许多传说等等，显然是他受到过犹太教和基督教影响的证据。"[2]

经典。伊斯兰教的根本经典是《古兰经》（Quran）。根据《古兰经》记载，《古兰经》是真主通过大天使下降给穆罕默德的启示和直接给予穆罕默德的启示，它是真主的语言。经文的"下降"前后经过23年完成。穆罕默德在世时《古兰经》并未集结，艾卜·伯克尔为哈里发时（632—634年）始收集、整理、汇编，奥斯曼为哈里发时（644—656年）再次组织人员收集、整理、编排，作为定本，并抄写副本若干，分送阿拉伯帝国的通都大邑、军事重镇。现今通行的《古兰经》就是这个版本，故称"奥斯曼本"或"伊玛目本"。全经共30卷，114章，6 200余节[3]。《古兰经》内容极其丰富，既是宗教经典，又是百科全书——汇集了古代阿拉伯世界的全部知识。它是伊斯兰文化的原典，是一切真诚信奉伊斯兰教者或者真正想理解伊斯兰文明者必须研读的经典。

"圣训"（al-Hadith）也是伊斯兰教的经典，是穆罕默德言行及他所默认的门弟子言行之记录。但穆罕默德生前并未集结，是在他去世80多年后才收集、整理的。因此出现了不同版本的"圣训"，经过一个多世纪的淘汰、选择，在9世纪下半叶形成了

---

1 关于穆罕默德诞生的年代有多种说法，此据《中国大百科全书·宗教卷》。
2 金宜久主编：《伊斯兰教》，宗教文化出版社，1997年，第19页。
3 译为汉文，其排版印刷字数为294千，此据中国社会科学出版社1981出版的马坚汉译《古兰经》之版权页。

逊尼派的"六大圣训集",它们分别以收集、汇编者冠名。什叶派有"四大圣训集"。"圣训"是对《古兰经》的阐释,也是穆斯林应遵循的经典,同时也是研究伊斯兰教及当时阿拉伯社会的重要史料。

伊斯兰教的经典,不仅是宗教的基石和教徒的生活准则,而且是哈里发国家及后来以伊斯兰教作为国教的国家立法和行政的依据,伊斯兰教法就是在《古兰经》的基础上逐步形成的。

信仰。伊斯兰教的信仰为六条:一、信真主(安拉)。真主是独一无二的,是宇宙万物的创造者、恩养者、主宰者和受拜者,清算日的裁判者。真主无拟像、无如何、无比无样,而又无所不在。因此,伊斯兰教严禁崇拜任何偶像。二、信天使。天使是真主用光创造的妙体,人眼不能看见。天使只执行真主的命令。天使众多,各司其职。三、信经典。《古兰经》是真主的言语,是通过穆罕默德降示的最后一部经典。四、信先知。真主曾向人间先后派遣过多名使者,穆罕默德是真主的最后一位使者,是最伟大的先知。五、信后世。人有今世和来世。世界末日来临时,所有的人都要复活,接受真主的审判:行善者进天堂,作恶者下火狱。六、信前定。认为安拉创造万有并预定一切事物的发生、发展和消亡;一切自然现象和社会现象均在安拉的前定之中。但同时承认人类有意志和行为的自由,善行有赏,恶行有罚。

功课。伊斯兰教的功课有五种,简称"五功",是每个穆斯林的义务。一、证言。每个穆斯林诵念:"我作证,万物非主,唯有真主;穆罕默德是主的使者。"通过诵念证言,公开表示自己身份,所以在中国又称为"清真言"。通过每日多次诵念证言,不断深化着教徒的宗教意识,简单易行,所以列为"五功"之首。二、礼拜。每日五次向麦加方向礼拜,每周星期五(主麻日)到清真寺礼拜,每年的古尔邦节和开斋节会拜。礼拜之前要按规定小净或大净。礼拜有严格的仪式:抬手并口诵"真主至大",端立,诵经,鞠躬,叩头,跪坐,称为"六仪",拜的次数在不同场合有所不同，不同的教派其仪则又有不同。三、斋戒。伊斯兰教历每年的莱麦丹月（九月）全月封斋（中国有些地方也称之为"把斋"），从破晓至日落不饮食，不准任何外物进口；斋月禁房事和一切非礼行为。除莱麦丹月的"主命斋"外，还有非硬性规定的"圣行斋""自愿斋"。通过斋戒，忏悔过失，磨炼意志，敬畏真主。四、天课。穆罕默德创教初始，天课是教徒的自愿施舍，用以济贫，是"善功"，对缓和社会矛盾、团结教徒起到积极作用。后来成为规定，凡教徒每年正常开支外的其余财产（包括所有动产和不动产）都要按照不同的份额缴纳天课。哈里发国家建立后，政教合一，"天课"成为国税。五、朝觐。凡穆斯林在一生至少要朝拜一次伊斯兰教圣地——麦加的天房（Ka'ba，克尔白）。如果条件实在不允许，也可请人代行。朝觐，是履行"天命"，完成朝觐者称为哈吉（Hajj，又汉译为哈只）。

正统的伊斯兰教，是政教合一的，教主即国家领导人，因而国家机构即宗教机构。希提说："在麦地那，在伯德尔战役后，伊斯兰已提高了一步，不仅是一种国教——伊斯兰教本身，已变成国家了。""真主是最高政权的象征。先知活着的时候，是真主的合法的代理人，是大地上的最高统治者。由此可见，除精神的职权外，穆罕默德还执行国家元首所能执行的一切世俗的职权。"[1] 先知穆罕默德去世后，四大哈里发时期（632—661年）、伍麦叶王朝（Umayyad，661—750年）、阿拔斯王朝（'Abbasid，750—1258年）都继续采用教政合一的政治体制。这正是伊斯兰文化在制度层面上的基本特点。

四大哈里发在位年表
1. 艾卜·伯克尔（632—634）
2. 欧麦尔（634—644）
3. 奥斯曼（644—656）
4. 阿里（656—661）

---

[1] 希提（Philip K. Hitti）：《阿拉伯通史》（*History of the Arabs*），马坚汉译本，商务印书馆，1979年，上册，第135、140页。

伍麦叶王朝世系与在位年代 [1]

伍麦叶

- 艾卜·阿绥 — 哈卜
  - 艾卜勒·哈克木
  - 艾卜·素福彦
    - 1. 穆阿威叶一世（661—680）
      - 4. 麦尔旺一世（680—685）
        - 5. 阿卜杜勒·麦立克（685—705）
          - 6. 韦立德一世（705—715）
          - 7. 苏莱曼（715—717）
          - 9. 叶齐德二世（720—724）
          - 10. 希沙木（724—743）
          - 11. 韦立德二世（743—744）
          - 12. 叶齐德三世（744）
          - 13. 易卜拉欣（744）
        - 阿卜杜勒·阿齐兹 — 8. 欧麦尔二世（717—720）
      - 穆罕默德 — 14. 麦尔旺二世（744—750）
    - 2. 叶齐德一世（680—683）
      - 3. 穆阿威叶二世（683—684）

第八章 阿拉伯进入中亚与伊斯兰化的开始

145

---

1 此表依据希提《阿拉伯通史》，马坚汉译本，上册，第 222、325 页之附表。

（三）萨珊王朝的灭亡

穆罕默德作为最高的和唯一的神——真主的"使者"、人民的"先知"出现，在麦加没有得到普遍承认和成功，便带着自己的信徒于622年迁居麦地那。穆斯林纪元——"希吉拉"（Hijra，意为迁徙）历就是从这一年开始的。穆罕默德先使麦地那诸部落服属自己，以后连续把麦加和阿拉伯的一些其他部落降服。他们承认了真主在大地上的使者穆罕默德。伊斯兰教在阿拉伯确立后，穆罕默德于632年逝世。艾卜·伯克尔被宣布为哈里发（Khalifah，意为继任者、继承者），两年后去世。在其后的哈里发是欧麦尔（634—644年在位），他完成了对阿拉伯所有部落的征服，他们都皈依了伊斯兰教。一个高度集中的神权国家建立起来，组成了一支庞大的、战斗力很强的军队。阿拉伯贵族想进行更大的征服，掠夺更多的财富。阿拉伯社会的下层人民对自己的境况也不满，想通过对外征服摆脱困境，在"圣战"中也可获得部分战利品。于是一场大规模的"圣战"首先向萨珊王朝展开。

萨珊王朝经过四百多年的统治已腐败不堪，它最后的一个王中之王是伊嗣俟三世（Yazdgird Ⅲ）。在僭主连续被推翻的混乱局势中，公元632年，他16岁时被一批贵族拥上王位，这年正是艾卜·伯克尔出任哈里发的同年。633年春阿拉伯名将"真主的宝剑"哈立德·伊本·韦立德率军进入伊拉克，他击溃了萨珊王朝的边防军，打开了进入伊朗的通道。以后的十年间，阿拉伯在继续进攻伊朗的同时，征服了巴勒斯坦、埃及、叙利亚和伊拉克，并给拜占庭帝国以沉重的打击。

伊嗣俟三世在阿拉伯的攻击下不断退却，奔波于帝国的各个省区，力图发动人民起来反抗阿拉伯征服者，但是他的努力没有成功。萨珊国家的基本人民群众——农民和手工业者在遭受着萨珊王朝、封建主和拜火教僧侣的残酷剥削的同时，还遭受着种姓制度的束缚和压迫。萨珊王朝对嚈哒、突厥和拜占庭的长期战争，更使劳动人民的贫困情况恶化到无以复加。所有这一切引起人民群众的极度不满,他们对萨珊王朝深恶痛绝,不支持它同阿拉伯的斗争,而把改善自己的悲惨处境同"所有穆斯林都是平等的"信仰联系起来。某些省区的统治者与萨珊王朝离心离德,在阿拉伯入侵时期也不支持中央政府。651年,伊嗣俟三世带着亲属、朝臣和奴仆几千人及一支小卫队来到呼罗珊,驻木鹿(Merv,唐代著作又作末禄,今土库曼斯坦之马雷)的总督马贺(Mahoe)与他发生矛盾。伊嗣俟三世只身走出,躲到穆尔加布河上的一个磨坊主家中,但他穿戴依旧,很快被发现,遭杀害[1]。在历史上发生过重大影响的萨珊帝国陨落了。

二 阿拉伯进入中亚

阿拉伯从入侵伊朗时起就把征服阿姆河外的中亚地区[2]作为自己的目标。河中地区在这时正处于政治割据状态,每个地区都认为自己是完全独立的,并且有自己的特殊的爵号,河中地区统治者的不团结,使中亚各民族难于联合起来抵抗阿拉伯人。

根据阿拉伯传说,644年之前,阿拉伯人已同吐火罗斯坦的突厥人发生接触。但是在实际上对中亚的征服是50年代开始的。651年,在萨珊王朝伊嗣俟三世遭杀害后不久,阿拉伯的追击军队也到达木鹿。从此呼罗珊进入阿拉伯哈里发国家的版图,以后又以木鹿为首府建立了呼罗珊总督区。

654年,阿拉伯对河中地区进行第一次侵袭;667年,对石汗那进行侵袭,给嚈哒人以打击。阿拉伯积极准备对中亚进行大规模的军事行动,从巴士拉和库法迁移五万户阿拉伯人到呼罗珊,

---

[1] 关于伊嗣俟三世最后逃亡呼罗珊和他遭杀害的具体过程以及马贺的下场,史书记载不一。详见《中亚文明史》第3卷第19章第1部分的阿拉伯"征服呼罗珊"节,汉译本,第389—390页。
[2] Mawara'l-nahr (Maverannahr),阿拉伯语,意为"河的对面"。后来西辽在这一地区设置"河中府",故汉文著作称之为"河中地区"。

作为驻防军,分居于五个据点。

673年,呼罗珊总督奥拜都拉·本·齐亚德('Ubaidallah b. Ziyad)率军越过阿姆河,直抵布哈拉城下。布哈拉国王(Bukhar Khudat)年幼,其母图黑沙达可敦(Tughshada Khatun)在迎战取得小胜之后,与奥拜都拉缔结和约。阿拉伯军队取得赎金,并掠走两千名当地居民——熟练的弓箭手做奴隶(他把他们组成自己的私人卫队),返回木鹿。

676年,呼罗珊新任总督萨亦德·本·奥斯曼(Sa'id b. 'Uthman)又进军布哈拉,图黑沙达可敦再次与阿拉伯军队缔约,缴纳赎金30万迪尔赫姆[1],萨亦德也带走一些贵族青年作为人质。萨亦德率军继续向撒马尔罕进发。粟特人英勇抵抗,战争进行了一个多月。最后萨亦德被迫签订和约,带着50名战俘和不多的战利品撤退,在返回的途中他攻占了呾蜜[2]。

纳尔沙希和贝拉祖里记述了粟特人质的英勇行为。"他们说:'这个人还有什么凌辱没有加到我们身上呢?他拿我们做奴隶,给我们沉重的活干。如果我们在凌辱中死掉,那至少要做些有益的事情再死。'他们进入萨亦德的府邸,关上大门,杀死萨亦德,然后自杀。"[3]

塔巴里转载了河中地区山地居民对阿拉伯人态度的有趣情节。珂咄罗[4]国王萨巴勒(Sabal)的侄子来到住在渴石的阿拉伯总督营中,向阿拉伯人建议征伐珂咄罗。总督派自己的儿子叶齐德·伊本·穆哈拉布出征。塔巴里写道:"在靠近珂咄罗边界的

---

1 dirhem, dirham, 汉语音译又作"迪尔汗",中亚银币,每枚重约3.2—3.5克。另说每枚重量为2.97克或其以下,因冲制的国家和时间而不同(见《马斯乌德史》[История Мас'уда], 阿林兹[А. К. Арендс]俄译本增订版,莫斯科,1969年,第958页)。
2 Tirmigh,《新唐书》作呾没,《元史》作忒耳迷。Termiz, 今汉语音译为铁尔梅兹。
3 转引自加富罗夫:《塔吉克》,第308页。
4 Khuttalan,《新唐书》作骨咄。

地方,他扎下一个单独的兵营,而珂咄罗王萨巴勒的侄子也扎下自己的兵营。萨巴勒对侄子的营地夜袭……抓住了自己的侄子,带回城堡后处死……在处死侄子后,侄子的母亲派人对萨巴勒的母亲说:'在萨巴勒杀死自己的侄儿后,你多么希望保住萨巴勒的性命!要知道被杀死者还有七个弟兄,他们所有人都感到受了奇耻大辱。而你是只有一个儿子的母亲。'萨巴勒的母亲派人回答说:'母狮的孩子少,而母猪的孩子多。'"[1]

680年,阿拉伯军队在新任呼罗珊总督萨勒姆·本·齐亚德(Salm b. Ziyad)指挥下入侵花剌子模、撒马尔罕;一直打到和毡(Khojend,今塔吉克斯坦之苦盏),但是在那里被击退。撒马尔罕和布哈拉遭受失败,被迫向阿拉伯军队交付赎金。

689年,呼罗珊总督的儿子穆萨·伊本·阿布达拉赫叛乱,占领呾蜜,宣布独立,不断抄掠周边地区,直到704年阿拉伯中央政府的军队在粟特军队和突厥军队的积极配合下才消灭了这支割据势力。但其后果是帮助阿拉伯军队在阿姆河以北建立了桥头堡。

683年,在阿拉伯帝国内部争夺政权的混战中,伍麦叶王朝的哈里发之位转到麦尔旺手中,开始了麦尔旺支系的统治。哈里发阿布杜·马立克·本·麦尔旺(Abd al-Malik b. Marwan,685—705年在位)结束了国内叛乱和被征服国家起义之后,阿拉伯贵族决心占领河中地区,此前在河中地区的军事行动,其目的只是为了掠夺财富。705年屈底波·本·穆斯林(Qutaiba b. Muslim)出任呼罗珊总督(705—715年),正值哈里发韦立德一世(al-Walid I,705—715年在位)统治时期,这是伍麦叶王朝的鼎盛时期[2]。屈底波就任的当年便利用了中亚城国之间的矛盾,先征服了吐火罗地区最大的城国缚喝。石汗那的统治者主动

---

1 塔巴里:《先知与国王之史》,转引自加富罗夫《塔吉克》,第308页。
2 见希提《阿拉伯通史》第19章《伍麦叶王朝势力的顶点》,第237—259页。

请求阿拉伯人帮他对付其邻国数瞒（Shuman）和忽论（Akharun）等，于是这些城国也都归附阿拉伯。

706年，屈底波率大军向布哈拉绿洲推进，靠近阿姆河的沛肯（Paikent）首当其冲。沛肯是当时河中地区繁荣的城市之一，被称为"商人之城"，有很牢固的内堡，所以又称为"铜甲城"。阿拉伯军队在这里第一次遇到居民顽强的抵抗。不只沛肯人，其他粟特人也都参加了保卫城市的战斗，阿拉伯军队遭到重创，长期被围困，交通被切断。伊拉克和伊朗的清真寺都在为它祈祷。但是真正拯救屈底波的不是祈祷，而是当地统治者的不团结。一些人逐渐撤走了自己的部队，保卫沛肯城的队伍日见减少。屈底波利用局势，占领并洗劫了这座城市，随即向布哈拉进军。围攻沛肯城的时间很长，据一种记载是50天，另一种记载是10个月。但是屈底波离开沛肯不到5法尔萨赫（大约30公里），这个城市的居民就起义了，杀光了阿拉伯的驻防军。屈底波又第二次攻占沛肯，彻底把这座城市毁坏，杀光所有男人，把妇女和儿童变为奴隶。侵略者在这里掠夺到空前之多的战利品。战利品最重要的部分是大量的武器和盔甲。这些军器的质量特别好，从那时起，在阿拉伯的诗作中"粟特"一词作为形容特别不可比拟的技巧的修饰语使用。根据史书记载，屈底波的军队在侵占沛肯前只有350套盔甲。因此他坚决主张，在沛肯缴获的军备不属于分享的战利品，应用以武装自己的战士，从而加强阿拉伯军队的战斗力。

粟特诸国的一些统治者向突厥人求援，布哈拉附近的拉米坦（Ramitan）集结着抵抗阿拉伯的联军。经过激战，阿拉伯军队被围困。屈底波秘密派人去挑拨粟特国王反对突厥人，又挑拨突厥人反对粟特国王，结果联军分裂。与此同时，屈底波的增援部队也到达了，他才突破重围。但阿拉伯军队遭到巨大的损失，迫使屈底波暂时放弃了征服河中地区的计划，返回木鹿。

708年，屈底波率领生力军再次进入河中地区。尽管粟特居民顽强抵抗,他还是到达了布哈拉地区,攻下拉米坦;但攻夺布哈拉没有成功。屈底波遭受惨败后,秋天又被迫回到呼罗珊。

709年,屈底波率领一支庞大的军队又渡过阿姆河抵达布哈拉郊区。布哈拉居民像从前一样,向粟特人和突厥人求援。一场非常残酷的会战展开了。屈底波宣布,谁交一个敌人的头颅来就赏给100迪尔赫姆。在阿拉伯军队的大本营里矗立着一座用河中地区战士的人头垒成的"金字塔"[1]。但是这并不能摧毁布哈拉保卫者的抵抗意志,他们给阿拉伯军队以有力的打击。屈底波担心失败,又采取其惯用的计策。他向撒马尔罕粟特国王塔尔洪(Tarkhun)秘密派去自己的代表,他对国王说,阿拉伯人过些时候就离开,那时突厥人就会攻击塔尔洪,因为粟特是如此富饶和美丽,以致他们想侵占它。昏庸的粟特国王塔尔洪通知突厥人撤军,联军解体。于是阿拉伯军队占领了布哈拉。屈底波同塔尔洪签订和约,从国王最亲近的成员中带走人质,并确定了贡赋总额。

710年,粟特国王塔尔洪依照条约交纳贡赋,这引起撒马尔罕一些贵族的不满,塔尔洪被废黜,他在绝望中自杀。古列克(Gurak)成为粟特的新国王。

此时花剌子模境内爆发了人民起义。屈底波借口支援花剌子模,带领军队进入花剌子模。712年,花剌子模同屈底波签订和约,为了报答他血腥镇压起义者而贡献一万头牲畜。从此花剌子模承认了阿拉伯的统治。

屈底波在征服花剌子模之后,便率军向撒马尔罕进军。花剌子模和布哈拉国王的军队也加入阿拉伯的进军。而撒马尔罕新国王古列克的地位尚未巩固,塔尔洪虽死,但在粟特地区留下了一个亲阿拉伯的强有力的贵族集团。他们的代表人物之一可能是品治肯特大公德瓦什提奇(Dewashtich)。塔尔洪自杀后,他庇护

---

[1] 见加富罗夫:《塔吉克》,第311页。

塔尔洪的幼年的儿子们,自己采用了"粟特国王、撒马尔罕之主"的称号(从穆格山粟特文书中得知)[1]。屈底波宣称,他来到这里是为塔尔洪的死报仇。这使被推翻国王的拥护者积极起来,同公开的亲阿拉伯分子联合起来。古列克及其领导的撒马尔罕保卫者面临的情况更加复杂和困难。

城市保卫者以顽强的战斗给阿拉伯人造成很大的损失,同时也向石国王、突厥可汗、费尔干纳伊赫希德求援。他们决定支持粟特,派出了由王子和勇敢的青年战士组成的骑兵部队,可汗之子任统帅。但是屈底波得知了联军的行动,派出最精锐的军队埋伏等待。联军落入埋伏圈,粟特军队赶往解救,均被粉碎。阿拉伯人砍下被杀死者的头颅,在耳朵上写上他们的名字,带在腰上,返回自己的营盘。一个参加战役的阿拉伯人说:"我们没有一个人在腰上不挂着有名望的敌人的头……我也拿着最好的武器、贵重的织品、黄金腰带和华美的马匹,于是屈底波把这一切都奖给了我们。粟特人因此而气馁,屈底波把石弩对准他们开始射击,他经常不断地同他们战斗。已站到他的方面的布哈拉人和花剌子模人,激烈地〔跟粟特人〕战斗,为他们(阿拉伯人——引者注)做出榜样。"[2] 阿拉伯军队处于优势,逼使粟特军队撤到撒马尔罕城内。阿拉伯的破城机日夜攻凿城墙。粟特人英勇地防守了一个月,城市终于陷落。古列克被迫签订极其残酷的条约,必须一次交付200万迪尔赫姆和3000个成年奴隶,交出拜火庙的宝藏,以后每年交纳20万迪尔赫姆。此外,根据先决条件,撒马尔罕人必须在自己的城内为穆斯林修建清真寺,并且不准驻有粟特人军队。屈底波批准古列克为"撒马尔罕、渴石、那色波之主",从而古列克成为他的附庸。屈底波惧怕粟特人民起义,在城里驻扎下自己的部队。但在他离开之后不久,撒马尔罕

---

1 见加富罗夫:《塔吉克》,第312页。
2 塔巴里:《先知与国王之史》,转引自加富罗夫《塔吉克》,第313页。

人即举行起义；突厥可汗也向阿拉伯军队进攻。次年，即713年屈底波率领阿拉伯主力部队到达，才把驻防军从覆灭中解救出来，撒马尔罕人的起义被残酷地镇压下去。

712—713年间，反阿拉伯联盟形成。它由突厥汗国和三个大的、当时还未归属阿拉伯的国家——粟特、柘支（石国）和费尔干纳组成。德瓦什提奇在古列克投降并得到阿拉伯承认为粟特国王后，认为加入反阿拉伯斗争对自己有利。他向柘支和邻近区域派出名叫法图法伦的使者。在穆格山文书中保存有这位从柘支返回的使者的报告。它生动地直接描述了这一时期复杂而紧张的形势。法图法伦呈报给德瓦什提奇并称他为"君主"[1]，写道："君主，我从这里到达柘支国主那里。君主，我于是向吐屯（柘支统治者）递上书信，并且完整地、一点也没有遗漏和歪曲地向吐屯和'辅臣'讲了必须要口头表达的话。君主，给可汗的书信和给费尔干纳国王的书信我已通过费尔干纳'图图克'（官号）转交费尔干纳国王。君主，我之所以不能前往，君主，是因为听说，完全不能见到可汗。君主，我从吐屯和'辅臣'那里得到书信和答复……而苏对沙那地区全部放弃了。君主，我单独一人，没有伴侣，君主，我因此不敢前去。君主，因此我又回到柘支。君主，因此我诚惶诚恐。君主，吐屯按照同阿拉伯人的停战协定后退了。君主，按照停战协定扎姆拉瓦兹和波斯统帅退走了——据传闻，为得到赎金和使军队避开阿拉伯人……君主，吐屯同塔尔班德签订协议，君主，他得到了全部土地。君主，据传闻，'停战'使'辅臣'很忧愁，同时他也害怕你，因为他从未到过你这里。"在结尾部分说到报告是通过哪条路线转送给德瓦什提奇的——经过坎德（现今卡尼暇达姆），然后大概是经过伊斯法腊（位于马特恰）；再往后沿着泽拉夫珊河谷到达德瓦什提奇府

---

[1] господин，俄文多义：主人、老爷；君主、国王、统治者；主宰者；绅士；先生、君。结合德瓦什提奇给自己的称号，汉译为国王。此据利弗希茨（Б. А. Лившиц）的俄译文，转引自加富罗夫《塔吉克》，第315页。

邸。这位吐屯,在《新唐书》中称为石国王莫贺咄吐屯。

尽管粟特,特别是其山区和撒马尔罕,还没有完全降服,但是屈底波决定对反阿联盟的成员国——费尔干纳、柘支进行打击。713 年,他集结了大量的军队,分作两路。一路向柘支进军。另一路向和毡和费尔干纳进军。北路军占领了柘支,烧毁了它的大部分居民点。南路军占领了和毡,并到达渴塞。在这里两路军队汇合。屈底波虽然取得胜利,但是费尔干纳和柘支的抵抗力量并没有被摧毁。

第二年,即 714 年,屈底波又一次猛击柘支。他把它变成自己的大本营,向具有重要战略意义的白水城(Isfijab,现今哈萨克斯坦之希姆肯特附近)进军。屈底波占领白水城后,切断了突厥军队南下的通道。715 年初,屈底波再次进攻费尔干纳。

但就在这时,苏来曼继位伍麦叶王朝哈里发(715—717 年),屈底波深知新任哈里发对自己怀有敌意,便举家迁往费尔干纳,脱离哈里发的统治。但是经过十年血战吃够苦头的阿拉伯军队不愿再为他送命,便杀死了他及其家人。阿拉伯大规模对中亚征服性的扩张基本结束。

三 中亚各部族反抗伍麦叶王朝统治与伊斯兰化开始

阿拉伯伍麦叶王朝在中亚所有的城镇都布置了自己的驻防军,用以控制当地居民的徭役和征收捐税。屈底波在征服撒马尔罕后,当他离开该城时对统率阿拉伯驻防军的亲兄弟下了这样一道命令:"任何一个多神教徒在进入撒马尔罕的某一城门时,要先交到他手中一颗泥印,否则不许进城,如果在他出城之前泥巴已干了——杀死他;如果在他身上发现有铁刀——杀死他;如果关城门后夜间在城里发现有什么人——杀死他。"[1] 阿拉伯军队

---

[1] 塔巴里:《先知与国王之史》,转引自加富罗夫《塔吉克》,第 317 页。

使被征服国家的居民接受新的信仰，改变被他们征服的各民族的文化风俗。他们必须供应奴隶、女奴、牲畜、粮食、织造品和各种商品，保证阿拉伯驻防军的一切需要。阿拉伯贵族侵占了最好的耕地、水利设施，并征收城市的贡赋。一部分阿拉伯战士定居在从当地居民那里夺来的水浇田地上。

阿拉伯征服者在掠夺战利品之后，又向当地居民征收土地税（kharaj，哈拉吉），高达收获量的一半；人头税（jizyah，吉兹亚），最初只是向不皈依伊斯兰教的人征收；此外还向农民和手工业者征收其他捐税。居民还服强制性的劳役：修建官员的府邸、驻军的防御工事等。

在木鹿、撒马尔罕、布哈拉等城市，阿拉伯驻防军和行政机关住进民房，名义上是监督居民履行伊斯兰教规，实际上征服者往往变成住宅的主人，经常役使原来的房主。

阿拉伯哈里发推行伊斯兰教，以巩固在中亚的统治。在阿拉伯开始深入之前，中亚没有统一的宗教，除广泛流行的拜火教之外，还有基督教、佛教、摩尼教。哈里发宣布所有这些宗教为邪教，予以取缔。为使其他宗教的影响化为乌有，哈里发的历任总督削弱中亚各民族的宗教文化，特别是拜火教的文化。结果河中地区各民族的文化不只是宗教的，而且连世俗的，其中包括粟特文字的作品，也被销毁了。皈依伊斯兰教的当地居民，起初享有特殊优待，甚至付给履行伊斯兰教规的人钱币。而拒绝信奉伊斯兰教的人每年要交纳人头税。这些措施促进了伊斯兰教在中亚的传播，但是很多人表面上接受了伊斯兰教，而在很长的时间里还秘密信奉自己原先的宗教。

哈里发欧麦尔二世（717—720年在位）宣布进行改革：新皈依的穆斯林同阿拉伯人穆斯林一样，既不要交纳土地税，也不要交纳人头税；禁止阿拉伯人继续侵占土地。这减少了当局的财政收入。呼罗珊总督下令：只有接受割礼和熟悉《古兰经》的新皈依的穆斯林才能免交人头税。然而，这时中亚的贵族也宣布自己是穆斯林，拒绝交纳捐税，于是同地方当局发生冲突。人民群众站在中亚贵族方面。一个流言在广泛传播：阿拉伯的强盛结束于伊斯兰教历 100 年，即 718—719 年。这促进了人们反占领者的行动。于是古列克再次起来反对阿拉伯人。从前相互为敌的粟特贵族们联合起来反对阿拉伯征服者，呼吁突厥给予支援。

粟特人于 720 年初起义，突厥可汗派出军队支援。联军大败阿拉伯军队。起义的烈火几乎燃遍整个粟特地区，只在边远地方还有阿拉伯驻防军，但是他们也不得不向起义者交纳战败赔款和人质。721 年，阿拉伯伍麦叶王朝任命萨亦德·哈拉希（Sa'id b. 'Amir al-Harashi）为呼罗珊的新总督，他在此前以镇压伊拉克的人民起义而出名。新总督开始同起义者谈判，一部分贵族背叛起义。这些叛徒中也有粟特国王古列克，他不仅转到了阿拉伯方面，而且还承担了同阿拉伯人一起反对自己臣民的义务。然而大部分起义者决定不投降，而逃到当时阿拉伯统治范围之外的区域去。

费尔干纳就是这种区域。国王阿鲁塔尔（Alutar）允许粟特人避难，并答应给予保护。但是当起义队伍向费尔干纳进发的时候，阿鲁塔尔背信弃义地同阿拉伯人谈判，出卖了起义者。他通知粟特人说，他对他们承担的义务是在他们躲进伊斯法腊的一条峡谷之后的 20 天或 40 天后才开始生效。当粟特人和阿鲁塔尔进行交涉时，阿拉伯军队到达了粟特人临时驻扎的和毡跟前。

粟特人坚守和毡城。起初阿拉伯军队攻城失败，但当阿拉伯主力部队到达后，架起破城机，城破在旦夕。粟特起义者接受了阿拉伯的条件：返回粟特、交纳土地税和释放阿拉伯战俘。粟特人被解除武器后，阿拉伯军队便开始了屠杀。粟特战士用木棒抵抗，结果全部被屠杀。活下的只有 400 名粟特商人，他们交出了大量的商品作赎金。和毡的百姓也遭受灾难，阿拉伯军队首领下令，在和毡庄稼人的脖子上打上铅封——铅印；不驯服者即被杀死[1]。

722年，德瓦什提奇带领着这些起义者从品治肯特沿着泽拉夫珊河往上走。阿拉伯军队（包括中亚地方领主的军队）追逐起义军。德瓦什提奇的军队被包围于阿巴尔加尔（Abargar）城堡[2]中，不久粮食缺乏，德瓦什提奇提出谈判，结果一百家被围困者，其中包括德瓦什提奇本人的生命得到阿拉伯军队的保证。但是征服者在这里再次食言，德瓦什提奇很快被处死——钉在十字架上，而把砍下的头颅送给伍麦叶王朝统治者。

这次反抗阿拉伯的起义就这样被镇压下去。许多当地统治者和迪杭也被杀死，他们的领地被阿拉伯军事长官侵占，并被伊斯兰化。

中亚一些城国的统治者在720—722年大规模反抗阿拉伯的起义失败后也没有放下武器，其中甚至有以前曾向侵略者低过头的人。723年，费尔干纳国王阿鲁塔尔起兵反对阿拉伯人。费尔干纳军队同突厥人和柘支人一起打得侵略者大败，从和毡一直追击到撒马尔罕。以后在粟特又爆发了起义。斗争时而平息，时而激烈，互有胜负。

阿拉伯伍麦叶王朝于725年决定开始对珂咄罗（Khuttalan）进行军事行动。呼罗珊总督阿萨德·伊本·阿布达拉赫（Asad ibn Abdallah）在收复巴里黑之后，开始向珂咄罗进军。阿拉伯军队遭到珂咄罗国王和突厥可汗联军的迎击，阿拉伯军逃遁，阿萨德狼狈地回到巴里黑。该城居民编唱小曲，嘲笑他：

从珂咄罗你回来，

---

1 见加富罗夫：《塔吉克》，第320页。
2 阿巴尔加尔城堡，今称穆格山城堡（the castle on Mount Mug）。这座城堡在阿拉伯征服后被废弃，其遗址在今塔吉克斯坦彭吉肯特之东南。1933年在城堡废墟中发现80多件文书及其他文物；1947年开始遗址的发掘，至今尚在进行。这座城堡中发现的文书，通称"穆格山文书"，有极高的史料价值。

名誉扫地你到来,
遭到惨败你归来,
衰竭惊恐你到来。[1]

惨败教训了阿拉伯征服者,有十多年不敢再进入呵咄罗。阿萨德·伊本·阿布达拉赫在充分准备后,于737年才率军进入呵咄罗。开始他取得一些优势,但当突厥可汗知道阿拉伯入侵的消息后便率领大军来支援呵咄罗。阿萨德·伊本·阿布达拉赫撤退,渡过喷赤河,阿拉伯军队丧失了全部辎重。突厥和呵咄罗联军渡过河,但没有乘胜追击阿拉伯的主力部队,直取巴里黑,而是占领一些城镇,把兵力分散于吐火罗斯坦各地,给敌人喘息和集结兵力的机会。联军在这种情况下同阿拉伯军队发生战斗,结果失败。呵咄罗的首领巴忒儿达干(Badr-Tarkhan)陷于重围,不得不进行谈判。阿拉伯允诺不伤害巴忒儿达干,但这是欺骗:同德瓦什提奇的遭遇一样,誓约被撕毁,于是巴忒儿达干被处死。随后阿拉伯军队占领了呵咄罗。

呵咄罗统治者的一位后裔被迫进入费尔干纳。在阿拉伯人的追捕下,他又从这里逃到苏对沙那。他和他的伴侣带着许多偶像,把它们安置在苏对沙那。苏对沙那统治者依靠小领主——迪杭的支持,特别是依靠爱好自由的庄稼人——社员的同情和积极斗争,一直到8世纪末都没让阿拉伯军队进入自己的领地。

728年和736—737年,吐火罗斯坦和粟特居民在突厥可汗的军队支持下,前后两次起来反对阿拉伯征服者。733—734年中亚地区的大旱引起大饥荒,加强了人民群众反抗征服者的情绪和行动。在哈里发希沙木时代(724—743年),粟特的多数居民皈依了伊斯兰教,因为不交纳人头税。哈里发国家的国库这时非常拮据,为了增加收入,哈里发于是下令:所有皈依伊斯兰教者要

---

[1] 塔巴里:《先知与国王之史》,转引自加富罗夫《塔吉克》,第321页。

交纳补充税，愤怒的居民把书信送到哈里发国家的首都，指出补充税是非法的，因为它与教徒免交人头税的允诺是矛盾的，要求希沙木收回成命，但是遭到拒绝。于是粟特人宣布与伊斯兰教脱离关系，又回到自己古老的信仰。他们向突厥求援，并起义反对哈里发国家的统治。起义规模很大，整个河中地区除撒马尔罕和达布西亚（Dabusia）外，都回到起义者的手中。

呼罗珊和河中地区情况的复杂性逼使哈里发在短时间内在这里更换了几个总督。最后，在738年，纳赛尔·伊本·塞亚尔（Nasr ibn Sayar）出任呼罗珊和河中地区的总督。他曾长期在呼罗珊从政，参加过屈底波的征服战争。738—739年，新总督三次出兵河中地区镇压当地居民的起义。纳赛尔·伊本·塞亚尔深知只靠武力不能征服当地居民，必须通过和平方式才能建立正常秩序。他一方面建立了征收税赋的固定程序，另一方面力求同当地贵族建立亲密的关系，以便在他们协助下使这一地区服从统治。他娶了布哈拉-胡达特的女儿，并鼓励部属也这样做，同河中地区的显贵人物结为姻亲，通过这种政治姻亲关系，使当地贵族站到自己方面，从而影响广大人民群众。

阿拉伯进入中亚，其影响是巨大的。从此中亚地区成为伊斯兰世界的一部分，开始了伊斯兰化的进程。

哈里发国家境内的民族形成、语言和文化的进程是很复杂和矛盾的。在近东和北非，较多的民族实体在阿拉伯化。在其他被征服的地区，居民虽保持着母语，但也发生了伊斯兰化，同时阿拉伯语也在传播，它被认为是神圣的：只有知道这种语言的人，才能读《古兰经》和神学文献。就像中世纪西欧的拉丁语一样，阿拉伯语在哈里发国家境内成为几乎包罗万象的科学语言。

9—12世纪哈里发国家各民族的文化与同时代欧洲的文化相比更昌盛。哈里发国家各民族伟大的历史贡献，是对世界各民族传播了古代希腊罗马的学术，特别是经过哈里发国家学者创造性加工的自然科学和哲学方面的学术。他们的著作和活动促进了欧洲人对东方各民族文化成果的了解。这样的一些中亚学者,如法拉比、比鲁尼、伊本·西那以及其他人的著作,不仅对哈里发国家的文化和科学,而且对全人类的文化和科学都是极大的贡献。医学著作和数学论文、天文图表和各种语言的阿拉伯译文都传播到欧洲,并且在若干世纪里它们是最权威的指导书。在西欧文学的发展中东方的作用也很大。甚至有这样一种假说:韵脚是从阿拉伯语的诗作移植到罗曼语的诗作中的。

加富罗夫在总结中亚归并于阿拉伯哈里发国家的后果时说:"总之,从历史发展的眼光看问题,中亚并入哈里发国家归根结底是促进了封建制的加速发展、中亚各民族的团结、割据势力的削弱和中央集权国家的建立。在它的基础上并根据它的类型后来形成了一些中亚地方国家。此外,它一方面最初带给地方经济和文化颇大的损失,一方面又有利于今后不同民族之间往来最广泛的发展,在这种基础上产生了9—11世纪的中亚和整个近东的辉煌的文化综合体。"[1] 加富罗夫在20世纪70年代初做出的这一结论,经过30多年来一系列重大事件的检验,证明是正确的、公允的,人们能够普遍接受的。

四 阿拔斯王朝

(一) 阿拔斯王朝的兴起

对伍麦叶王朝政策和措施的不满情绪,不仅笼罩着被征服各民族,而且也笼罩着哈里发国家的阿拉伯居民。这与当时在阿拉伯部落中已进行着的阶级分化、氏族关系的瓦解、财产不均等的加剧发展有密切关系。首先在政治上,对伍麦叶家族执政的合法性提出质疑的,主要有两派:一派是哈瓦利吉派,是由对阿拉伯贵族不满阶层的代表人物组成。他们反对哈里发政权的继承原

---

[1] 加富罗夫:《塔吉克》,第324页。

则,并提出如下公式:"与安拉的意志和人民的意志不同的,不是哈里发。"他们认为,教团选举的哈里发,如果他不称职,教团也可以将其免职;在穆斯林教团的内部应该完全平等。后来,它把广大皈依伊斯兰教的非阿拉伯居民特别是农民的同情吸引到哈瓦利吉派方面来。在7—9世纪哈瓦利吉派依靠人民群众,表达了激烈的社会政治观点。另一派是什叶派(阿里派),它最初代表一些古老的麦加-麦地那氏族上层分子的利益。他们承认哈里发政权的继承原则,但是认为阿里——先知穆罕默德的堂兄弟和女婿(穆罕默德的女儿法蒂玛的丈夫)——的后裔是先知的合法继承者。阿里和他的小儿子侯赛因在内讧中被杀死,成为殉教圣徒,是反对伍麦叶王朝的旗帜。后来,什叶派的主张及其对阿里的崇拜成为伊斯兰教内许多反对派和宗派的主义。特别是什叶派从产生之日起,即利用被哈里发政权征服的各民族上层对它的好感——他们把什叶派看作削弱外来压迫的手段之一。

大约从718年开始,阿拔斯(先知的叔父)的后裔展开了反对伍麦叶王朝统治的秘密宣传。阿拔斯家族断言,哈里发王位的权利属于哈希姆氏族,即先知所属的氏族。但是他们通常不具体宣布这个氏族中谁应该是哈里发,因而能够同什叶派联合,而什叶派也认为阿拔斯家族的行动对他们有利。

在8世纪40年代麦尔旺二世统治时代(744—750年),对伍麦叶王朝政策普遍的不满特别严重,由增加土地税以及在进行大建筑工程中普遍强制使用地方居民劳力所引起。哈里发麦尔旺二世采取一系列的措施巩固伍麦叶王朝的统治:伍麦叶王族全体成员从大马士革迁居到哈兰城(哈里发国家的新首都);下令毁掉除防御拜占庭的中心安提奥希亚外的一切堡垒,拆除所有城墙。对伍麦叶王朝的普遍不满超出了可能的范围,于是在哈里发国家历史上第一次出现了哈里发宫廷近卫军的哗变。

阿拔斯家族有影响的人物之一——伊玛目伊卜拉欣掌握了反伍麦叶王朝宣传的领导权,向哈里发国家各地分派出许多传教士,他特别注重东方各省。阿拔斯家族宣布,从伊斯兰教出现之日的一百年来穆斯林所遭受的灾难,都是由伍麦叶王朝的哈里发所造成的。他们答应人民,如果推翻伍麦叶王朝的统治,将减少土地税和其他捐税,停止强迫农民参加建筑工程,给予地方居民以政治权利和允许他们在哈里发国家参政。

河中地区和呼罗珊反对伍麦叶王朝的斗争在很大程度上依靠地方贵族,他们希望在阿拔斯家族改革成功的情况下能够参与对本地区的统治。阿拔斯家族的特使在哈里发希沙木统治时期(724—743年)已出现于呼罗珊。阿萨德·伊本·阿布达拉赫任呼罗珊总督时期(735—738年)将阿拔斯家族的几个特派员砍去了手脚。其后呼罗珊总督纳赛尔·伊本·塞亚尔(738—748年在位)也坚决迫害什叶派。

在8世纪40年代后半期,艾卜·穆斯林(Abu Muslim)掌握了同伍麦叶王朝斗争的领导权。他是阿拔斯改革的首创人,其后获得了极大的名声。艾卜·穆斯林出身农民,他在青年时代曾是奴隶。在呼罗珊的中心城市木鹿附近,艾卜·穆斯林展开对什叶派和其他不满人士的秘密招募,他以"先知家族代理人"的身份进行活动。这一称号是阿拔斯家族给他的,他为他们的利益进行宣传。当基础打好之后,747年7月9日艾卜·穆斯林号召人民进行公开的斗争,举起黑色的旗帜——阿拔斯家族选定的颜色。艾卜·穆斯林的号召,无论在阿拉伯人中,还是在哈里发国家统治下各民族中都获得很大的成功。东方各地的人们向着艾卜·穆斯林奔来。他们都把自己的衣服染成黑色。他们甚至把木棒槌也染黑了小半截。这些人骑着马、驴而来,或者步行,赶着驴子,喊它们:"哈罗——麦尔旺!"他们嘲笑伍麦叶王朝哈里发麦尔旺二世,把驴子叫作麦尔旺。他们的人数有十万。也门阿拉伯人的部队也在黑色的旗帜下急行军,他们的起义在此不久前被镇压过。希望改善自己境况的奴隶也加入艾卜·穆斯林的军队。

哈里发把与艾卜·穆斯林斗争的任务交给呼罗珊总督纳赛

尔·伊本·赛亚尔。后者妄想联合阿拉伯人反对前者。阿拉伯的部落贵族长期以来处于不断争夺权力的斗争中，而此时正值特别激烈之时。由于阿拉伯部落内部的阶级分化也正在激烈地进行中，阿拉伯的下层人民群众失去生活保障，他们也走到了艾卜·穆斯林的旗帜下。

748年初，纳塞尔·伊本·塞亚尔被迫把呼罗珊的首府木鹿城让给起义者，奔向内沙布尔（Nishapur）。艾卜·穆斯林的一位将军，奉命追击纳塞尔，把他打得惨败。这次战斗决定了伍麦叶王朝的命运。尽管哈里发麦尔旺二世动员他的全部兵力，击溃了起义者，公开处死伊玛目伊卜拉欣·阿拔斯——但是所有这一切并不能挽救伍麦叶王朝。起义者在伊拉克给予王朝的军队几次毁灭性的打击，并占领了伍麦叶王朝最大的中心大马士革。

艾卜·穆斯林的军队基本上是在东方各省募集的，有当地居民，也有对伍麦叶王朝政策不满的阿拉伯人。750年，他击溃了伍麦叶王朝最后的军事力量，阿拔斯家族取得了政权，建立起新王朝。因其尚黑，汉文史书称之为"黑衣大食"。

阿拔斯王朝存在时间很长，从公元750年至1258年。但是在这漫长的历史中，哈里发并不都是掌握实权者，特别是在穆台瓦基勒（847—861年在位）被近卫军杀害之后，哈里发的废立多由近卫军将军决定，大多数哈里发只是名义上的统治者，国势日衰，阿拉伯哈里发帝国解体，在各地出现了一些独立的穆斯林王朝。从10世纪40年代起阿拔斯王朝哈里发先后在布韦希王朝、塞尔柱王朝、花剌子模王朝等势力的控制下生存，直至被旭烈兀率领的蒙古西征军消灭。然而，阿拔斯王朝的后裔还不断为各种政治势力扶植起来，用以号召伊斯兰世界，特别是马穆鲁克王朝苏丹拜伯尔斯在开罗扶植的哈里发，其世系从公元1261年延续到1517年，被奥斯曼帝国所结束。但是史家一般不将其视为阿拔斯王朝。阿拔斯王朝的世系复杂，根据前人研究成果，列表如下：

中华民族史

阿拔斯王朝世系与在位年代[1]

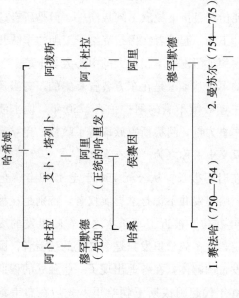

1. 赛法哈（750—754） 2. 曼苏尔（754—775）

---

[1] 本表主要依据希提《阿拉伯通史》所列各世表编成，见马坚汉译本，第335,345,557,561,565,574,581页；并参照博斯沃思（C. E. Bosworth）《伊斯兰王朝》(The Islamic Dynasties)，爱丁堡大学出版社，1980年修订版，第7—10页；纳忠《阿拉伯通史》，商务印书馆，1997年，上卷第597—598页，下卷第641页。伊朗学者阿宝斯·艾克巴尔·奥希扬尼《伊朗通史》叶奕良汉译（经济日报出版社，1997年），上册第113—114页的列表略有不同；赛法哈在位截止与曼苏尔在位开始年代为753年，曼苏尔在位截止与麦赫迪在位开始年代为774年……相差一年者诸多，这与伊斯兰纪年换算公元年代有关；又将仅在位一天的阿木杜劳·一天的阿木杜芬·穆勒喀朝列为第19任哈里发。

164

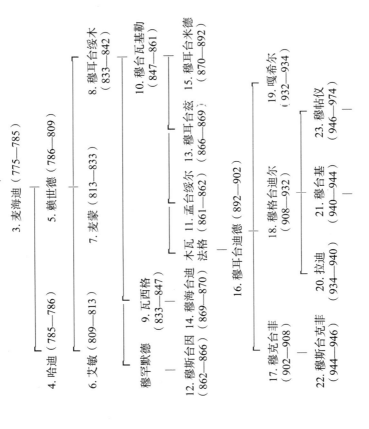

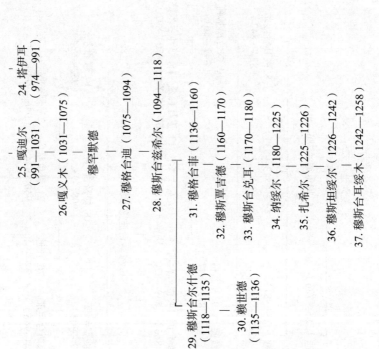

(二) 中亚各部族反抗阿拔斯王朝的斗争

阿拔斯家族取得政权后,对帝国臣民的统治和剥削并未减轻。这个王朝的第一位哈里发自称赛法哈(Al-saffah,意为屠夫)[1],"新王朝比旧王朝更加依靠武力。刽子手杀人时当毯子用的皮革,在伊斯兰史上初次铺在哈里发的宝座旁边,成为宝座不可或缺的附属物"[2]。阿拔斯王朝哈里发并不履行对人民的诺言。被这个王朝委任为呼罗珊总督的艾卜·穆斯林也不履行自己的诺言。于是粟特人民也用武力抗议统治者的失信。

沙里克·本·谢赫(Sharik b. Shaikh)领导了这次起义,队伍迅速扩大。艾卜·穆斯林派去军队镇压,在布哈拉-胡达特的支援下,起义被镇压下去。撒马尔罕的起义也遭到镇压。其后艾卜·穆斯林又利用唐朝驻西域将领的过错而引起当地统治者的不满,派部将率军于751年在怛逻斯打败唐朝军队,把阿拔斯王朝在中亚的统治扩大到锡尔河流域。尽管艾卜·穆斯林为阿拔斯王朝竭诚效力,功勋卓著,但是哈里发并不相信他,深恐他觊觎最高统治权。755年哈里发曼苏尔召见艾卜·穆斯林,在宫中杀害了他。希提对曼苏尔的评价是"他是阿拔斯王朝最伟大的哈里发,也是最不讲道义的哈里发"[3]。

在阿拔斯王朝哈里发统治时代,广大人民群众的境况比伍麦叶王朝时代更加艰难。地租主要是实物形式。旱田交租为收获量的一半,水浇田为四分之一至三分之一。有时利用穆斯林太阴历

---

1 此为多数学者的说法。纳忠先生不同意此说,其专著《阿拉伯通史》专门有"正名"一节,指出:"阿拉伯史书中首称艾布·阿拔斯为'赛法哈'者,为10世纪历史家马斯欧迪(《黄金草原》卷二)……况且自称'我是屠夫',也并非常情。"他又说:"'赛法哈'一词,另含'仁慈者''慷慨者'之意。"其依据是艾卜·阿拔斯在一次演说中自称"我是赛法哈"。原文这样:"库法人啊!你们爱戴我,我将对你们每人增加100个迪尔汗的奖赏,我是赛法哈。"(详见上卷,商务印书馆,2005年,第427页)

2 希提:《阿拉伯通史》,马坚汉译,第335页。

3 希提:《阿拉伯通史》,马坚汉译,第337页;其举例见本页及338页。

和农业太阳历的不一致,一年收两次税,收税时还要额外勒索[1]。由于封建生产关系发展进程的加快,名义上是哈里发所有而实际上颇大部分已被贵族所占有的土地被分成小块,依据分成制地租办法交给小农使用。从前自由的公社社员丧失了自己的独立性,变成分成制的农民;此外还有分成制的奴隶,即被解放的奴隶或者从事农业的奴隶。

阿拔斯王朝哈里发继承了萨珊王朝的传统及其宫廷的豪华生活。上行下效,地方贵族也不落于后。许多建筑物——宫殿、堡垒等被修建起来。同这些建筑有关的全部重担都落在农民肩上。城市手工业者遭受着半封建的剥削,大量的捐税和官吏的专横暴虐使他们破产。实物税的沉重负担也加到游牧部族的身上。

所有这一切使人民难以忍受,不断反抗,终于形成了大规模的起义——苏木巴德[2]领导的起义。苏木巴德是艾卜·穆斯林亲近的信徒。755年在"我们要为艾卜·穆斯林流血复仇"的口号下起义,他成功地把各阶层的大量拥护者吸引到自己方面来。一些拜火教徒和马兹达克教派(胡拉玛派[3])的信徒也加入到他的队伍里。起义席卷了包括呼罗珊和塔巴里斯坦[4]在内的广大地区。阿拔斯王朝用很大气力才把这次起义镇压下去。苏木巴德失败,本人被处死,妻子和孩子被卖做奴隶。在起义失败后苏木巴德的信徒们继续进行着秘密活动,宣传艾卜·穆斯林将要回来"公正地治理世界"。

劳动人民日益增长的愤怒,在8世纪70年代再次形成反对阿拔斯王朝的大规模起义。木鹿的手工业者穆坎纳[5]领导了起

---

1 见加富罗夫:《塔吉克》,第327—328页。
2 Sumbad,《中亚文明史》第3卷汉译本作新巴德,见第396页。
3 这一名称起源于马兹达克的妻子的名字胡拉玛。据传说,她在马兹达克教派被粉碎时得救,以后继续宣传马兹达克教派的思想。见加富罗夫:《塔吉克》,第328页,注释62。
4 Tabaristan,今伊朗德黑兰以北沿里海地区。
5 穆坎纳(muqanna'),阿拉伯语意为"用布遮盖着的"。他有这一称号,是因为他在脸上遮着一块绿布。他的名字是哈希姆·本·阿其木(Hashim b. Hakim)。

义。他是艾卜·穆斯林的军事长官之一,参加过反对伍麦叶王朝的运动。他是一位很有教养的人,马兹达克教派对他有很大的影响。总督得知穆坎纳传教的情报后便逮捕了他,作为国事犯解送巴格达进行审判。但是穆坎纳从巴格达监狱中逃出来,历尽艰险回到木鹿。在这里他募集信徒,于776年分派他们到中亚各地区号召起来反抗外来压迫。地方官吏加紧追捕穆坎纳,在阿姆河岸上布置了大量的骑兵部队,日夜巡逻放哨,不让穆坎纳从木鹿进入粟特,这里他的拥护者的人数日益增多。统治者深恐穆坎纳进入河中地区,情况将会更为严重。然而,穆坎纳成功地带着几十名拥护者渡过阿姆河,秘密进入粟特。粟特的多数村庄转到穆坎纳的信仰方面,于是布哈拉的村庄中许多人成为"异教徒","异教"公开出现。群众承认穆坎纳教义的基本原因在于,它要求消灭财产上的不平等和反对阿拉伯人的统治。穆坎纳运动很快发展成为公开的起义,在短时间内席卷了整个河中地区。

起义者的大本营设在布哈拉附近的纳尔沙村。布哈拉统治者集结了阿拉伯人组成的兵力,同布哈拉贵族的部队联合,向起义军推进。776年4月阿拉伯部队与起义军在纳尔沙展开了激烈的战斗。结果穆坎纳失败,阵亡了700人。但是阿拉伯的这次胜利并不能根本上改变河中地区的形势。起义军很快又占领了布哈拉的四郊。

哈里发麦海迪看到起义在扩大,急忙从巴格达来到内沙布尔,采取加强对穆坎纳运动斗争的措施,命令呼罗珊长官立即向布哈拉统治者派出援兵。呼罗珊派出阿拉伯人组成的援兵,前往长期不能围困住的纳尔沙。起义军用不断的袭击使阿拉伯军队困惫不堪,不增加兵援就不能再进行军事行动,阿拔斯王朝从巴里黑又调了七千军队,但是军事长官慑于起义军的威力,不想同他们交战。最后呼罗珊长官派出预备队,使哈里发派到河中地区的部队人数几乎扩大了一倍。但是阿拉伯军队还在途中就被起义军击溃。巴里黑和木鹿之间的交通线被切断。阿拉伯军队指挥者向纳尔沙集结了所有一切军队和军事器械。但是阿拉伯军队四个月还未能围困住纳尔沙。被不断的武装冲突弄得精疲力尽的双方开始和平谈判。在签订和约的时候,阿拉伯军事长官背信弃义地杀害了起义军领导人,乘机粉碎了纳尔沙的起义军。

然而,起义又在中亚的其他地区爆发,斗争的第二阶段开始了。穆坎纳起义在第一阶段曾得到某些粟特贵族的支持,但是在第二阶段被起义所吓坏的贵族则完全转到阿拔斯王朝方面;而粟特农民则仍然大量地参加起义。"白衣人"(穆坎纳的拥护者穿着白衣,以示与尚黑的阿拔斯王朝对抗)成为河中地区的主人,而称为"正统信徒统治者的果园"的呼罗珊与河中地区变成独立于哈里发国家之外的地方。

哈里发麦海迪把呼罗珊总督撤职,任命穆阿兹·本·穆斯林(Mu'az b. Muslim)为新总督。777年,穆阿兹在布哈拉和木鹿之间的地区募集了一支庞大的军队,去支援受挫在撒马尔罕城下的阿拉伯部队,撒马尔罕已被起义者占领。起义军在沛肯附近的平原上迎战穆阿兹的军队,并给予一系列的毁灭性的打击。结果穆阿兹不能继续向撒马尔罕进军,便转向布哈拉方面。直到第二年阿拉伯军队才占据了撒马尔罕。

778年,斗争的第三阶段开始。当时起义军的基本力量集中在渴石附近的萨纳梅山堡垒。穆阿兹的军队围困了这座堡垒,强攻不下而撤围。哈里发麦海迪因此免除穆阿兹呼罗珊总督职务,而任命穆赛亚布·本·祖海尔(Musayyab b. Zuhayr)为新总督。新总督经过多年的血战,只是依靠在军队数量上和装备上的优势,才摧毁了穆坎纳领导的人民群众的抵抗。783年,阿拉伯军队占领了起义军的堡垒。堡垒的全体保卫者都被处死。穆坎纳本人不愿投降而自杀。但是在他死后的许多年间,中亚各地仍有一些"白衣人"不断起义。

在河中地区居民进行起义的年代里,阿拉伯哈里发国家是当时世界上最强大的国家之一。人民起义在20多年间前仆后继,充分展示中亚各民族英勇顽强和爱好自由的品格及其卓越的军事和政治天才。

在伍麦叶王朝时期的起义,基本上是反对外来征服者的统治,因此通常是由当地贵族领导。而在阿拔斯王朝时代的起义,不仅反对统治王朝而且也反对支持王朝的当地贵族,起义队伍主要由劳动人民组成,首先是农民,其矛头指向日益繁重的封建奴役。以穆坎纳起义为代表的河中地区人民起义在中亚各民族历史上具有巨大的意义。起义虽然失败了,但是促进了劳动人民的阶级自觉,培养了人民群众激愤和爱好自由的精神,并且教训了封建主,逼使他们完善封建制度,调整剥削量度,缓和阶级关系,从而促进了整个社会经济文化的发展。

(三)阿拔斯王朝的灿烂文化及其对中亚的影响

阿拔斯家族主要是依靠呼罗珊人推翻了伍麦叶王朝,建立起新的王朝。因此,呼罗珊人在阿拔斯王朝中占据重要地位,并把哈里发国家推向鼎盛。但是呼罗珊贵族在朝中的势力日趋膨胀,直接威胁着最高统治者的权位。阿拔斯王朝第八代哈里发穆耳台绥木(833—842年在位)继位不久,即从中亚地区募购回大批突厥奴隶,给予优厚待遇,充当禁卫军,人数多达一万八千[1]。这支军队在京都巩固哈里发权位和外出征战中都发挥了重要作用。穆耳台绥木募购的突厥奴隶军越来越多,横行霸道,扰乱社会治安,引起巴格达居民的不满与对抗,逼使穆耳台绥木决定迁都萨马腊[2]。它作为首都的56年(836—892年),正是突厥奴隶出身的将军们专制的时代。阿拔斯王朝第十代哈里发穆台瓦基勒(847—861年在位)遭其杀害,他是这个王朝衰亡时期的头一个哈里发。当时的情况是"国家大权掌握在突厥人手中,突厥人成

---

1 此为比较普遍的说法,另一说为8000人。见〔埃及〕艾哈迈德·爱敏:《阿拉伯-伊斯兰文化史》,史希同汉译、纳忠审校,第5册,商务印书馆,2001年,第3页。
2 萨马腊(Samarra),位于巴格达西北124公里处。

了动乱的根源。他们不喜欢波斯人和阿拉伯人,但突厥人自己并不团结,他们之间派别林立,各霸一方;阴谋诡计,层出不穷;他们对钱财更是贪得无厌"[1]。穆耳台迪德继位第 16 代哈里发(892—902 年在位)后将首都迁回巴格达,但是实权仍然控制在军人手中。第 19 代、第 21 代哈里发都遭废黜,挖掉双眼,靠公众施舍度日;第 20 代哈里发则被杀害。在突厥奴隶军人专制的后期,布韦希家族兴起。布韦希是里海南岸一个强悍好战的部落首领,祖上曾为萨珊王朝服务过,自称是萨珊王朝的后裔,乘国家动乱之机兼并高地各部落,形成一支强大的军事力量。阿拔斯王朝第 22 代哈里发穆斯台克菲(944—946 年在位)利用这支军事力量击溃了已腐败不堪的突厥奴隶军人,但是胜利者艾哈迈德·伊本·布韦希(Ahmad ibn Buwayh)对哈里发更为严厉,不仅挖掉双眼,予以废黜,另立哈里发,而且建立了自己的王朝——布韦希王朝(Buwayhids),建都于设拉子。从此以后的一个多世纪里,阿拔斯王朝的哈里发在布韦希王朝的专制之下,过着屈辱的傀儡生活,对"阿拉伯哈里发国家"的政务已很少发生直接的影响。

从阿拔斯王朝哈里发穆台瓦基勒(847—861 年在位)时代至公元 11 世纪初,这个王朝本身已走过它的"黄金时代",在政治上步入日趋分裂、衰退的阶段,但是在学术上却是全面发展的鼎盛时期,埃及学者艾哈迈德·爱敏称之为阿拉伯-伊斯兰文化的"正午时期"[2]。英国学者博斯沃思说:"阿拔斯王朝的头三个世纪(公元 8—11 世纪)显示了中世纪伊斯兰文化全盛。"[3] 其实,这两种说法并不矛盾,只是着眼点不同。艾哈迈德·爱敏从阿拉伯-伊斯兰文化的角度观察,非伊斯兰化的翻译作品不能算作自己的文化,故阿拔斯王朝的第一个世纪(公元 8 世纪中期至

---

1 艾哈迈德·爱敏:《阿拉伯-伊斯兰文化史》,汉译本,第 5 册,第 10 页。
2 见艾哈迈德·爱敏的多卷本《阿拉伯-伊斯兰文化史》,他把阿拉伯-伊斯兰文化史分为"黎明时期""近午时期""正午时期"等若干历史时期。
3 博斯沃思:《伊斯兰王朝》修订版,第 10 页。

9世纪中期)的"翻译运动"不是阿拉伯-伊斯兰文化的繁荣;而博斯沃思则从西方文化的角度观察,翻译作品的大量问世,正是阿拔斯王朝第一个世纪文化繁荣的特点。客观地说,阿拔斯王朝第二、第三个世纪的文明全盛之出现,正是第一个世纪大量翻译希腊、印度、波斯等著作激起了阿拉伯的智力活跃,从而积极吸收各种文化加以融合的结果。

纳忠先生说,从阿拔斯王朝初期开始的"百年翻译运动",实际上延续了二百年,可分为三个时期:第一个时期的译书,多为波斯文和印度文的古籍。第二个时期,从哈里发麦蒙(813—833年在位)到嘎希尔(932—934年在位)时期,主要翻译希腊古籍。第三个时期,自10世纪初至11世纪初[1]。

阿拔斯王朝主要依靠东呼罗珊、河中地区和吐火罗的操伊朗语各部族创立,为了巩固王朝的统治,更加重用这些操伊朗语的人,积极吸收波斯文化,大量的波斯著作被译为阿拉伯文,翻译家众多,在伊本·奈丁的《目录》中就列出15人[2]。其中成就最突出者为波斯人阿卜杜拉·本·穆加发,他的阿拉伯译文《波斯诸王史》,成为以后塔巴里编写《先知与国王之史》的主要依据之一;他的另一部重要翻译作品是波斯风尚与法律之书《阿因纳迈》,对阿拉伯人,特别是上层社会发生了巨大影响;他还翻译了印度作品《卡里莱和笛木乃》(又名《印度寓言》)、马兹达克教的宗教著作《王冠》等。翻译家们翻译了许多波斯文学作品,特别值得注意的是民间故事《希扎尔·埃夫萨乃》(意为一千个神话故事),是以后问世的《一千零一夜》的原型。总之,这一时期阿拉伯文化全面地受到波斯文化影响,所以有的学者称之为"阿拉伯-波斯文化"。同时,也有一些希腊古籍的波斯文本转译为阿拉伯文,阿拉伯人最初接触希腊文化是通过这些译本,

---

1 详见纳忠:《阿拉伯通史》,上卷,第567页。
2 见艾哈迈德·爱敏:《阿拉伯-伊斯兰文化史》,朱凯、史希同汉译,纳忠审校,第2册,商务印书馆,1990年,第163页。

从而激起以后大量直接从希腊原文的翻译。

阿拉伯还在伊斯兰教兴起之前，就同印度有往来。正统哈里发奥斯曼（644—656年在位）曾向印度派出人员调查可否征服。伍麦叶王朝韦立德一世（705—715年在位）将印度西北部并入帝国版图，阿拉伯与印度关系加强。但是，印度文化对阿拉伯文化真正发生影响是在阿拔斯王朝建立之后，主要是通过印度著作之译为阿拉伯文。除哲学、宗教和文学的翻译外，对阿拉伯文化发展，特别是对整个世界文化发展最有意义的还是数学和天文学的翻译。现今世界通用的"阿拉伯数字"，就是阿拉伯从印度引进的，当时阿拔斯王朝的人们称之为"印度数字"。论述星体运行规律的印度著作被译为阿拉伯文，激起阿拔斯王朝学者对星象学的兴趣，促进了阿拉伯天文学的发展。

在阿拔斯王朝的"翻译运动"中最为辉煌的业绩是古希腊学术著作的翻译。这个王朝的第七代哈里发麦蒙在巴格达设立翻译馆，聘请各地专家，有计划地翻译希腊古籍，包括哲学、医学、天文学、地理学以及文学。翻译馆还大力收集古籍，进行不同版本的校勘和翻译作品的注释。阿拔斯王朝翻译成阿拉伯文的著作主要有柏拉图的《理想国》《对话集》《书信集》等8种、亚里士多德的《政治学》《伦理学》《辩证学》《形而上学》《诗学》《修辞学》等19种、戴奥斯丘林的《药物学》、希波格拉底的医学著作10种、盖伦的医学著作32种。阿拔斯王朝通过希伯来文、拉丁文、科普特文、奈伯特文转译的古代希腊著作近千种[1]。

"翻译运动"的显著成果是激发了阿拉伯的智力觉醒，为阿拔斯王朝的文化昌盛准备了充分的条件。同时，它的另一个成果也是重要的——保存和传播了世界优秀文化遗产，为欧洲的"文艺复兴"提供了思想资源。

---

[1] 以上统计数字，据乔治·才丹《伊斯兰文明史》，第3卷，第171—175页，转引自纳忠《阿拉伯通史》，上卷，第568页。

在翻译的高潮（750—850年）之后，接着就出现了文化创造的高潮。此时阿拔斯王朝的人们已吸收了外来文化，并使之适合自己的需要和思维方法。希提认为，他们在炼金术、天文学、数学和地理学方面，都有辉煌的成就，"在医学和哲学方面的独立工作，稍有逊色"[1]。

炼金术是阿拉伯文化的强项，这与阿拉伯人勤于观察和实验的思维方式有关，而希腊文化的思辨和推理思维方式的引入，使其观察和实验更上一层楼，促进了化学的发展。生活于8世纪中期的查比尔·哈彦（欧洲人称之Geber），在库法有相当规模的实验室，留下了22种有关化学的著作。他总结的化学操纵方法——烧煅和还原以及蒸馏、升华、熔化、结晶一直被广泛使用。他修正和发展的亚里士多德关于金属成分的理论，一直流行到18世纪近代化学的出现。在中世纪化学界拉齐的声望更高，但他活动的领域主要在医学界。

在中世纪天文学与数学是密不可分的，所以天文学家同时也是数学家。阿拔斯王朝的统治者，同其前其后的王朝统治者一样，他们重视的是星象学，但在客观上促进了天文学和数学的发展。哈里发麦蒙（813—833年在位）在巴格达创建智慧馆，修建天文台，以后又在大马士革修建了天文台，集中帝国的学者进行科学研究。阿拔斯王朝的天文学家根据自己精密的观测，校正了古代希腊学者托勒密《天文大集》中的基本要素：黄道斜角、春分点和秋分点的岁差和岁实等。麦蒙时代的天文学家们进行了子午线的长度的实地测量，推算出地球的圆周和直径，达到很高的准确度。阿拔斯王朝最杰出数学家和天文学家是穆罕默德·伊本·穆萨·花拉子密（780—约850年），从他的名字上就可看出他是花剌子模人。他编写了历史上最早的天文表和算数、代数的书籍。其代表作是《积分和方程计算法》，全书有例题800多个，

---

[1] 希提：《阿拉伯通史》，马坚汉译，上册，第425页。

包括了新巴比伦人已提出的。此书12世纪被译成拉丁文,到16世纪一直作为欧洲各大学的数学教科书。印度数字就是通过他的著作传入欧洲的,所以欧洲人称之为阿拉伯数字,现在全世界几乎都接受了这一名称。希提称花拉子密是"伊斯兰教最伟大的科学家之一,对于数学思想影响之大,是中世纪时代任何著作家所不能及的"[1]。

医学也得到以正统自居的阿拔斯王朝统治者的特别关注,因为先知说过,学问只有两类:教义学和医学。所以阿拔斯王朝的许多学者除自己的专业外还从事医学研究,或者首先是个医学家,同时也从事其他科学的研究。阿拔斯王朝在医学上的成就,首先是在药疗应用方面突出的进步。一批制药厂创办了起来,第一部药方集被编写出来。开业医生和药剂师都要经过考试。医疗事业对群众开放,政府组织巡回医疗队,在全国各地建立了34所医院,在开罗的一所存在到15世纪。在医学方面最著名的学者是艾卜·伯克尔·穆罕默德·伊本·宰克里雅·拉齐(865—925年)。他是巴格达大医院的院长,是外科串线法的发明者。拉齐的著作甚为丰富,据《目录》记载,他有较大的著作130种,较小的著作28种,其中包括炼金术的著作12种。他的《天花和麻疹》在1565年被译为拉丁文在威尼斯出版后,引起普遍注意,又被译成几种近代欧洲语言,被认为是这个医学领域的最早专著。拉齐是"伊斯兰医学家中最伟大、最富于独创性,而且著作最多的人物"[2]。

穆斯林一向重视地理学,这与伊斯兰教规定信徒朝觐天房和礼拜面向天房有关。因此阿拉伯的地理书籍最初是以道里志的形式出现的。星象学则明确了礼拜的方向。托勒密《地理学》多次被译为阿拉伯文,推动了阿拉伯地理学的发展,花拉子密据以编

---

[1] 希提:《阿拉伯通史》,马坚汉译,上册,第446—447页。
[2] 希提:《阿拉伯通史》,马坚汉译,上册,第428—429页。

成《地形》一书，附有一张地图。这张地图是伊斯兰世界的第一张地图，由他与69位学者共同制成。具有系统性的地理著作是伊斯塔赫里在950年完成的《省道志》(Masalik al-Mamalik)、伊本·郝盖勒于10世纪中期完成的《省道和省区》(al-Masalik w-al-Mamalik)和麦格迪西在985—986年编成的《各地知识的最佳分类》。阿拔斯王朝最杰出的地理学家是雅古特（1179—1229年），他父母是希腊人，被掳掠卖到巴格达为奴。雅古特出生于王朝末期，在花剌子模曾遭遇蒙古军队，仅以身免。他的代表作《地名词典》的初稿1224年在摩苏尔完成，1228年在阿勒颇纂定，次年去世。《地名词典》不仅集当时地理学之大成，而且含有历史学、人种志和自然科学方面许多宝贵的材料，是一部名副其实的百科全书。

阿拉伯哲学接受了希腊哲学以及东方哲学，使之适合伊斯兰教义。阿拉伯学者特别推崇亚里士多德，认为他的著作集希腊哲学之大成。阿拔斯王朝早期最著名的哲学家是艾卜·优素福·叶尔孤卜·伊本·易司哈格·艾勒·肯迪（约801—约873年）。传说，他的著作有361种，但大多已散佚。他研究的领域很宽，在星象学、炼金术、光学、音乐理论方面都有成就。对阿拉伯哲学发展做出杰出贡献的是穆罕默德·伊本·穆罕默德·伊本-达尔汗·艾卜-奈斯尔·艾勒-法拉比。他是出生于锡尔河地区的突厥人，950年逝世于大马士革，享年约80岁。他最著名的著作是《哲理的宝石》《优越城居民意见书》和《政治经济学》等。他的优越城的理想是君主贤明、百姓幸福；社会的目的就是造福人民。法拉比也是一位多才多艺的哲学家，是很好的医生、数学家、器乐演奏者，被认为是阿拉伯音乐史上最伟大的理论家。

中亚当时作为阿拉伯哈里发帝国的组成部分，不仅深受其文化的影响，而且积极参与阿拔斯王朝文化的创造和发展，并做出了突出贡献。花拉子密、比鲁尼就是杰出的代表。随着阿拔斯王朝国势的日加衰败，在中亚出现独立的王朝，但是从这个王朝开始的阿拉伯-伊斯兰文化发展在中亚却走向顶峰,伊本·西那和法拉比就是最优秀的代表。

历史一再证明,一种文化、一种宗教、一个民族、一个国家,当其对外开放,积极吸取世界先进文化成果,顺应潮流,与时俱进,就会繁荣昌盛,创造辉煌;相反,则会从历史舞台上消逝,不管它过去曾多么辉煌。一部中亚民族史也反复证明了这一真理。

第九章　萨曼王朝时期

　　中亚各民族反对阿拉伯哈里发统治连续不断的起义，在穆坎纳运动被镇压后并没有终止。806年又爆发了在拉费·伊本·莱斯领导下的大起义。哈里发的总督在撒马尔罕被杀死，起义军占据了该城。费尔干纳、和阗、布哈拉、苏对沙那、花剌子模、石汗那和珂咄罗的居民立即响应，举行起义。突厥游牧民也积极支援起义军。反阿拉伯统治的人民起义，席卷河中地区。但是在810年，正当斗争紧要的关头，拉费·伊本·莱斯叛变投敌，大起义被镇压下去。然而，人民起义并未熄灭，时而在粟特，时而在苏对沙那，时而在费尔干纳爆发。长期以来的事实告诉阿拉伯统治者，只用武装力量已不能控制中亚地区，必须改变策略，更大规模地吸收当地贵族参加管理，既可麻痹当地贵族独立的欲望，又可依靠他们反对人民起义。其实，早在哈里发曼苏尔统治（754—775年）时期，阿拔斯王朝就意识到这一点，并进行统治策略的调整，在其继承者哈里发麦海迪（775—785年在位）、赖世德（786—809年在位）时代更加大了力度：河中地区的各个区域基本上是由出身于当地封建贵族，主要是出身伯尔麦克家族[1]和萨珊家族的宰相[2]治理。但是这不仅未能使哈里发国家在中亚的统治加强，相反推动了有利于使中亚摆脱阿拉伯统治的条件之发展。

阿拔斯王朝推翻伍麦叶王朝主要是依靠操伊朗语的中亚各部族的支持，新王朝建立后他们在政府中占据了重要位置。在阿拉伯文化与伊朗文化的涵化过程中，当地贵族越来越意识到伊朗文化的重要性，极力强调自己的文化优越于阿拉伯的文化。在伊朗和中亚出现舒乌布教派，其宗旨反阿拉伯、崇伊朗。舒乌布教派在当地居民中传播。在当地贵族中一种努力夺取政权并脱离哈里发政权独立的愿望一天天在增长着。哈里发赖世德鉴于以伯尔麦克家族为代表的非阿拉伯贵族势力越来越强大，下令处死出身于这个家族的所有官员；同时强化穆斯林宗教界的作用，给予其大量土地，以求得到他们的支持。

然而，阿拉伯哈里发帝国的建立是武力征服的结果，缺乏社会经济文化基础，早在阿拔斯王朝建立之初，在非洲就有三个政权宣布独立：在安达鲁斯的伍麦叶王朝哈里发政权、柏柏尔人在阿尔及利亚的政权、在突尼斯的鲁斯塔姆王朝政权[3]。至于中亚，从阿拉伯军队进入这一地区起，人民反抗、争取独立的斗争就没有终止过。为了维持在中亚的统治，阿拔斯王朝没有改变也不可能改变治理东方的政策，依然在当地贵族的协助下进行治理，从821年起，在中亚出现了第一个独立政权——塔希尔王朝。

---

1 barmak，原意为佛教的大和尚。首任 vezir 为哈立德，其父原为巴里黑寺院的 barmak，故名为哈立德·伊本·伯尔麦克。
2 阿拔斯王朝哈里发曼苏尔设立 vezirite（vezir），意为"宰相"或"首相""大臣"。
3 见阿宝斯·艾克巴尔·奥希梯扬尼：《伊朗通史》，叶奕良汉译，上册，第103—104页。

一　塔希尔王朝

塔希尔家族，据传说是中亚名著《列王纪》中勇士鲁斯塔姆的后裔。阿拉伯进入中亚后塔希尔的先人为阿拉伯胡扎阿部收养，故自称胡扎阿氏[1]，统治着赫拉特区域的布申吉城。塔希尔王朝（Tahirids，821—873年）的奠基人是布申吉领主塔希尔·伊本·侯赛因。在麦蒙任呼罗珊总督时，塔希尔是他得力的部下。811年，赖世德的两个儿子——爱敏和麦蒙为争夺哈里发之位兵戎相见。塔希尔统帅麦蒙的军队于813年攻下巴格达，杀死爱敏。麦蒙登上哈里发的宝座，塔希尔被任命为王朝的最高军事长官。821年塔希尔被任命为呼罗珊的总督，表面上看，似是哈里发对其功绩的回报，实际上是怕他干预自己的事务，更主要的是他曾杀死前哈里发爱敏，为舆论所不允，正如伊朗学者阿宝斯·艾克巴尔·奥希梯扬尼所指出的，"实为放逐"[2]。塔希尔是明白人，立即接受任命，回到呼罗珊，便作为独立的统治者统治着呼罗珊及其附近一些区域。822年，他下令在星期五的集体礼拜——呼土拜[3]时不提哈里发的名字，这就是说塔希尔政权公开不承认阿拔斯王朝哈里发的最高统治。此后不久塔希尔去世，据说是被哈里发的奸细毒死的。

塔希尔之子台勒海（Talha，822—828年在位）继位后，哈里发麦蒙不管塔希尔的独立行为，仍任命台勒海为呼罗珊总督。但是台勒海之弟阿不杜拉继位（830—844年在位）后，认为自己是完全独立自主的呼罗珊地统治者，同时与哈里发又保持着良

---

[1] 见马雍为《中国大百科全书·外国历史卷》撰写的"塔希尔王朝"词条。
[2] 阿宝斯·艾克巴尔·奥希梯扬尼：《伊朗通史》，叶奕良汉译，上册，第118页。
[3] khutbah, hutba, 汉语或音译为"呼图白""虎图拜"。

好的关系。他将塔希尔王朝的首府迁往内沙布尔[1]。阿不杜拉是一位很有作为的统治者,发展生产,奖励文化,实行开明专制。哈里发穆台绥木(833—842年在位)虽恨阿不杜拉,但又无力制服他,曾企图毒死他,但未能做到。阿不杜拉的继位者是其子塔希尔二世(844—862年在位),一位承平之主,比较安定地统治了18年。塔希尔王朝的末代统治者是塔希尔二世之子穆罕默德(862—872年在位)。"他粗心大意,优柔寡断,贪图享乐。"[2] 结果众叛亲离,自己成为阶下囚,葬送存在了53年的塔希尔王朝。

　　塔希尔王朝对农业生产采取了有效的措施,改进用水的办法并修建新的水渠。根据阿不杜拉的指示,法学家们制定了灌溉用水法则,成为其后二百年间决断用水争讼的依据。这个王朝的创建者塔希尔·伊本·侯赛因深知对劳动人民不能竭泽而渔,他在给儿子阿不杜拉的一封信中说:"要记住,如果财富在国库里增多和积累,它不能带来好处,相反地,如果为臣民需要,为付给他们应得的报酬,为把他们从忧虑中解救出来花费钱财,那么财富就会增长和加大。这样,人民群众就能获得幸福生活,这是为统治者增光,这样就能实现繁荣昌盛的时代,这样就能获得光荣和威力……同时,由于这样,你将获得收取更多的应缴的土地赋税的机会……你征收的土地税将增多,你的财富将增加,从而你获得力量使军队对你依恋不舍和使人民群众感到满意——因为你赐给他们恩惠。"他正是从自己的阶级利益出发,号召"有理智的"剥削。阿不杜拉在一定程度上遵循了父亲的训谕。阿不杜拉力图尽可能地限制大土地占有者和国家官吏的专横。他发布了对农民状况多少有些调整的命令。他在命令中说:"真主用他们的双手养活我们,用他们的嘴向我们致敬并禁止欺负他们。"[3] 他

---

[1] Nishapur,元代汉语音译为乃沙不耳,位于今伊朗东北部。

[2] 阿宝斯·艾克巴尔·奥希梯扬尼:《伊朗通史》,叶奕良汉译,上册,第121页。

[3] 转引自加富罗夫:《塔吉克》,第334页。

要求统治阶级"不欺负"农民,否则不仅国库不可能有正常的赋税收入,而且社会也会动乱,危及他们的统治。

居民的情况,特别是农民的情况在塔希尔王朝时代仍然很艰难。农民一方面遭到大土地占有者沉重的剥削,同时又必须向国家交纳大量的赋税。这根据844年赋税总额极其巨大的数字——8400万迪尔赫姆——就可推断出来。在锡斯坦(Seistan)农民起义几乎没有停止过[1]。

塔希尔王朝大力扶植伊斯兰教,力求在穆斯林宗教界找到自己集权政治的支持。在台勒海时代伊斯兰教才在苏对沙那扎下根,拜火教在这里保持得最久。

国家需要大量识字的官吏,因此阿不杜拉关心教育,使教育比从前更广泛地对人民开放。他是一位诗人。他的侄子曼苏尔,以自己的哲学著作闻名。阿不杜拉之子塔希尔二世竭力在一切方面模仿父亲。总的说,他们的统治时期是当地文化开始复兴的时代。但是这一过程是复杂的和矛盾的,塔希尔王朝的统治者本身,特别是阿不杜拉坚定地强调自己忠于和拥护阿拉伯文化。然而实际上,在9—10世纪初,拜火教团体兴盛起来,《本达希申》和《登卡尔特》等重要的拜火教著作,以及许多非宗教的作品被编写成。所有这一切都不能忽视塔希尔王朝的作用。在政治方面,阿拔斯王朝的哈里发是塔希尔王朝的主要敌人,塔希尔王朝所依靠的地区其居民多数是操伊朗语的部族,正因如此,塔希尔王朝允许诗人,特别是有"舒乌布"[2]情绪的诗人颂扬塔希尔王朝统治者,把他们比作前穆斯林时期伊朗的皇帝和英雄。在塔希尔王朝的宫廷里,除阿拉伯语外,还通行波斯语。木鹿有一座藏有中古波斯语书籍的图书馆。

---

1 见加富罗夫:《塔吉克》,第334页。
2 Shuubit,在穆斯林中崇伊朗文化、反阿拉伯文化的派流。

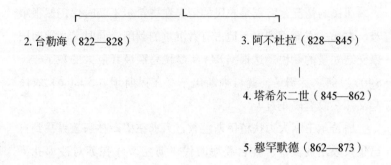

塔希尔王朝世系与在位年代[1]

1. 塔希尔（821—822）
2. 台勒海（822—828）
3. 阿不杜拉（828—845）
4. 塔希尔二世（845—862）
5. 穆罕默德（862—873）

二　萨法尔王朝

8—10世纪，中亚农业绿洲城郭政权的任务之一是组织力量防卫游牧部族的侵袭。为此在这一时期建立了专门的志愿武装部队，称为"为信仰而斗争的战士"，他们多为农民和手工业者。这些选定以战争为职业的人们被派到同"异教徒"有冲突的地方。地方统治者用这支部队巩固农业绿洲同游牧草原的边界；同时他们又是不安定因素：一方面抵抗游牧民族的侵袭和保护农业绿洲免遭敌人的侵犯，另一方面又经常是反对当地贵族的人民运动的积极参加者。在9世纪末这种武装部队在中亚和伊朗边界上成为人民运动的核心。亚古博·伊本·莱斯（Ya'qub ibn Layth）和阿穆尔·伊本·莱斯（Amr ibn Layth）兄弟利用了这一运动。

---

1 此表依据博斯沃思（C. E. Bosworth）《伊斯兰王朝》（*The Islamic Dynasties*）第99页列表（1980年修订版，爱丁堡大学出版社）。阿宝斯·艾克巴尔·奥希梯扬尼：《伊朗通史》，叶奕良汉译，上册，第122页之列表略有不同：阿不杜拉在位结束年代与塔希尔二世在位开始年代为844年，穆罕默德在位结束年代为872年。此大概为伊斯兰教历换算公历的差误。

据说，亚古博是铜匠，阿穆尔是木匠[1]，阿拉伯语铜匠为 saffar，所以把他们以后建立起的政权称为 Saffarid——萨法尔王朝。他们起初建立了一个强盗组织，它很快加入了锡斯坦的"为信仰而斗争的战士"部队。亚古博以自己的勇敢和作战本领获得群众支持，掌握了部队的指挥权。部队积极干预地方政治，利用农业绿洲的人民起义，在861年赶跑塔希尔王朝的统治者，占领了锡斯坦的中心——扎兰季城[2]。

亚古博成了这一区域的统治者，自称埃米尔[3]。十年间他占领了塔希尔王朝的全部国土。873年，亚古博粉碎塔希尔王朝的军队，占领了呼罗珊的首府内沙布尔，推翻塔希尔王朝在中亚和现今伊朗东部地区的统治。阿拔斯王朝对亚古博的成功感到特别不安，采取了一些措施制止其进一步扩张，但是并没有收到任何效果。847年，哈里发承认了既成的事实，委任亚古博治理整个呼罗珊。

亚古博在生前一直是一个简朴的战士，穿着棉布做的普通服装，反对使用地毯，坐到土地上，睡在旧马褥上，头枕着盾牌和卷起来的旗帜。他的军队纪律非常严明。他对士兵和指挥员有严格的要求，同时本人也表现出惊人的大无畏精神。在一次战斗中，军刀对他面部的创伤是如此严重，致使他有20天只能通过放进口中的导管吃饭。伤好后，他仍然像从前一样勇猛地参加战斗。

"志愿兵"是他的部队的重要组成部分之一，被人们轻蔑地

---

1 见加富罗夫：《塔吉克》，第336页。另一种说法是亚古博及其三兄弟均为锌铜匠，一起继承父业（见阿宝斯·艾克巴尔·奥希梯扬尼：《伊朗通史》，叶奕良汉译，上册，第209页）。
2 Zarang，今阿富汗西南部的尼姆鲁兹省首府，靠近伊朗的边境。
3 Amir，或汉语音译为"艾米尔"，明代译为"异密"；阿拉伯语，意为首领、统治者、国王。叶尔羌汗国时意为军事长官、将军，游牧部族军事贵族亦用此称号。

称为"艾亚尔"(ayar,意为"骗子""土匪")。这是"为信仰而斗争的战士"中一个单独的等级,无地和流浪的农民不断补充进来。艾亚尔在政治生活中起着重要作用,特别是在锡斯坦,他们在这里反对侵略者特别积极。艾亚尔中那些在战斗中表现得特别勇敢的人,升调到地位较高的"萨尔汗格"等级中。除艾亚尔外,在军队中还有由迪杭和土地所有者的子弟组成的"阿扎达干"(azadaghan,"自由者")以及奴隶组成的队伍。起初萨法尔王朝只有二三千人的军队,但是 875 年在一次战役中已经将一万五千名骑兵投入战斗。萨法尔王朝的军队拥有军事机械和战象。在战斗行军时特别注意派出武装警戒和侦察员活动。战士每三个月发一次薪饷。定期进行军队检阅。每个战士,从埃米尔本身起都要向专门的官吏交验自己的马匹和武器等,然后领到钱币。

亚古博·伊本·莱斯的成功并没有改善普通劳动者的艰难境况。亚古博主要是依靠中小封建土地占有者。在他占领的区域,他没有任何改变地保存着从前的制度,也没有减少赋税——庄稼人肩上的沉重负担。

876 年,亚古博以觐见哈里发穆耳台米德(870—892 年在位)的名义向巴格达进军,哈里发请他率领军队去征伐异教徒,但是亚古博继续向巴格达推进。哈里发派遣军队抵抗,并亲临前线。在离巴格达约 100 公里处的达伊鲁·奥古尔两军对垒,哈里发阵前喊话使得一批对方军士转到自己方面,萨法尔王朝军队士气败落,被击溃。加富罗夫认为,亚古博·伊本·莱斯失败的重要原因是他拒绝了阿里·伊本·穆罕默德·布尔卡伊向他提供的援助。阿里是伊拉克黑奴起义的领袖。起义时间长达 14 年(869—883 年)。亚古博·伊本·莱斯认为不可能同奴隶建立联盟,因为他主张保存奴隶占有制[1]。阿宝斯·艾克巴尔·奥希梯

---

1 见加富罗夫:《塔吉克》,第 337 页。

扬尼也指出，阿里·伊本·穆罕默德领导的在两河流域的黑奴起义被阿拔斯王朝视为心腹大患。尽管阿里·伊本·穆罕默德一再向亚古博建议联合起来打垮哈里发，但亚古博一直置之不理。"这就使哈里发有机会去逐个击溃这两个敌人。"[1] 在征伐巴格达失败后三年，萨法尔王朝的奠基者亚古博·伊本·莱斯去世。军队把他的兄弟阿穆尔·伊本·莱斯拥上王位。

阿穆尔·伊本·莱斯（879—900 年在位）继位后，其弟阿里不服，与之对抗。阿穆尔急忙向哈里发表示俯首听命，因此被委任为呼罗珊和伊朗部分东部区域的总督，从而在国内巩固了地位，实际上阿穆尔仍然独立于哈里发政权之外。阿穆尔是一位很好的行政领导，并具有军事才能。898 年，他开始向河中地区与吐火罗扩张；900 年，在巴里黑附近被萨曼王朝击败，他本人被俘，解往巴格达，哈里发将他打进监牢；902 年，被宰相杀害。阿穆尔被俘后，由其孙子继位，但很快就为埃米尔之位发生内争。其后有两位埃米尔先后在锡斯坦统治，911 年被萨曼王朝归并，从此萨法尔王朝沦为附庸，一直延续到 1002 年，被伽色尼王朝灭亡[2]。

萨法尔王朝在很大程度上利用了什叶派运动，在农民和手工业者中获得成功。人们甚至把这样一个声明归之于亚古博："我们将用崇拜太阳代替天房。"[3] 亚古博和阿穆尔奖励人们用伊朗语写作，促进了伊朗文化的复兴。

---

1 阿宝斯·艾克巴尔·奥希梯扬尼：《伊朗通史》，叶奕良汉译，上册，第 219 页。

2 详见阿宝斯·艾克巴尔·奥希梯扬尼：《伊朗通史》，叶奕良汉译，上册，第 235—240 页。博斯沃思：《伊斯兰王朝》，第 103—104 页列表 "萨法尔王朝" 在锡斯坦作为附庸则一直延续到蒙古征服之后，最后的一位是 Shams-ad-Din Muhammad (1480—?)。

3 见加富罗夫：《塔吉克》，第 337 页。

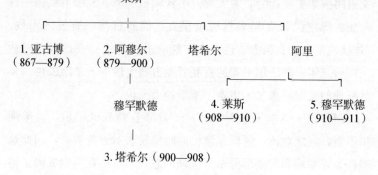

萨法尔王朝世系与在位年代[1]

三 萨曼王朝

（一）兴起

萨曼王朝创始者萨曼·胡达（Saman-Khuda），其出生地有三说：一说巴里黑人，他是这一地区的一位迪杭[2]；另一说撒马尔罕郊区之萨曼村区人，Saman-Khuda 意为萨曼村的头人[3]；再一说忒耳迷人[4]。萨曼·胡达出生地的多种说法与他曾经闯荡江湖有关系。据说，他崇拜亚古博，也纠集起一伙人，拦路抢劫，势力不断扩大，占领了费尔干纳的一座城堡，成为当地的酋长。他皈依伊斯兰教，得到呼罗珊总督阿萨德的庇护，他给自己取名阿萨德，以示感恩。阿萨德的生平，历史缺乏记载，只知道麦蒙

---

1 此表主要依据阿宝斯·艾克巴尔·奥希梯扬尼《伊朗通史》，叶奕良汉译，上册，第240页；并参照博斯沃思《伊斯兰王朝》，第103—104页列表"萨法尔王朝"。

2 博斯沃思：《伊斯兰王朝》，第101页。dihqan，拥有世系宗法势力的地主；后来演化为庄稼人的称谓，近代称农民为 dihqan。

3 见阿宝斯·艾克巴尔·奥希梯扬尼：《伊朗通史》，叶奕良汉译，上册，第242页。

4 见加富罗夫：《塔吉克》，第337页。

当初在木鹿时，他带着四个儿子努赫、阿黑麻、叶海亚、伊尔亚斯投奔这位未来的哈里发。麦蒙登位（813—833 年）后赏赐了他的儿子。呼罗珊总督根据哈里发的命令委任他们为四个区域的统治者：努赫（Nuh）得到撒马尔罕，阿黑麻（Ahmad）到得费尔干纳，叶海亚（Yahya）得到柘支和苏对沙那，伊莱亚斯（Ilyas）得到赫拉特。形式上四弟兄都从属于呼罗珊总督，但事实上是独立的。

努赫在四弟兄中最长，处于特殊的地位，在对外交往中他以家长的身份出现。加富罗夫说：从古钱中得到的资料也表明，还在早期，兄弟就不认为自己是单独的领主，而是以努赫为首的王朝。萨曼王朝最早的铜币以他的名义冲制并不是偶然的。其中一枚特别重要：它在宾克特（Binket，叶海亚的领地）冲制，但上面的名字不是叶海亚的，而是努赫的。因此这样一种结论看来是可信的：在萨曼的孙子们的头脑里从最初就有一种成熟的思想——团结统一是变家族为强大王朝的条件之一，这样的王朝才有能力使中亚脱离阿拉伯哈里发国家和塔希尔王朝而独立[1]。

在努赫去世后，其弟阿黑麻成为这个还没有完全形成的王朝的首领。阿黑麻以毅力和才能确立了自己在王朝的优先权，他成功地把撒马尔罕转交给了自己的儿子纳赛尔。纳赛尔在父亲死后于 864 年成为王朝的首领。875 年哈里发予以承认，并颁发给他统治国家的"证书"。但萨曼王朝的王室成员们图谋独立，甚至形式上也不承认纳赛尔是王朝的首领。纳赛尔与其兄弟伊斯梅尔的关系特别复杂。伊斯梅尔在 874 年才得到大领地——布哈拉。此前布哈拉不属于萨曼王朝。当该城居民起义反对布哈拉总督的舞弊行为并赶走他时，城里的贵族们向纳赛尔发出呼吁，于是他任命伊斯梅尔为布哈拉总督，布哈拉是作

---

[1] 加富罗夫：《塔吉克》，第 338 页。

为供职而赏赐的领地。伊斯梅尔从布哈拉区域得到的大部分收入上缴纳赛尔的国库（约 70 万迪尔赫姆-季特里弗[1]），只有少部分留作总督的俸禄（50 万迪尔赫姆-季特里弗）。伊斯梅尔在该城的统治巩固后，不再顾忌纳赛尔，便攫取了这一富饶区域的全部收入。

王朝内部的长期斗争是经济利益所导致的。伊斯梅尔谋求在布哈拉的全权统治，不愿将本地的财政收入上缴一部分给国库，引起了两次军事冲突。一次（886 年）以临时免除伊斯梅尔布哈拉的总督职务为结束，另一次（888 年）则以伊斯梅尔的胜利而告终。但是伊斯梅尔没有夺取纳赛尔的宝座，他只要求布哈拉的经济和政治独立，变成自己的封地，在 888 年达到了这一目的。在 892 年，即纳赛尔去世后，他才成为国家的首领，而布哈拉——他的封地——成为新的首府。

伊斯梅尔统治时期（892—907 年）平定了内乱，社会安定，经济文化发展，萨曼王朝达到鼎盛。萨曼国家的强大引起了哈里发国家中心的不安，邻近地区游牧部族也不断侵袭，对付来自外部的挑战，消耗了国家的实力。哈里发在同伊斯梅尔的斗争中，利用了呼罗珊统治者萨法尔王朝的阿穆尔·伊本·莱斯。898 年，哈里发把从中亚来到巴格达的觐见者请进自己的宫里，在他们面前宣读了诏书：废除伊斯梅尔，并任命阿穆尔为河中地区总督。以后，哈里发把这道诏书同一些珍贵的礼品送给阿穆尔。哈里发挑起阿穆尔反对伊斯梅尔，他希望两败俱伤，以恢复哈里发国家在中亚的统治。阿穆尔接到诏书后，对伊斯梅尔发起进攻。伊斯梅尔武装起手工业者和平民，率领大军去巴里黑迎战阿穆尔。900 年，伊斯梅尔战胜了阿穆尔，从而在呼罗珊建立起自己的统治。

伊斯梅尔反对游牧部族的战争也获得了胜利，使游牧部族长

---

[1] dirhem gitrifi，布哈拉冲制的青铜迪尔赫姆。见加富罗夫：《塔吉克》，362 页。

时间不敢侵袭河中地区的农业绿洲。为了使布哈拉绿洲免遭游牧民族的入侵,在农业绿洲和游牧草原之间早在伊斯梅尔之前就修建了一条长达几十公里的高墙。每年修补这座墙的任务落在居民身上,这是很沉重的徭役。在伊斯梅尔粉碎游牧部族后,他把布哈拉及其周围的居民从这种徭役中解放出来。他说:"当我还活着,我就是布哈拉的城墙。"

伊斯梅尔利用了人民群众争取独立的斗争,在阿拉伯征服后第一次把由于内讧而分裂的国家统一起来,建立了强有力的独立国家。伊斯梅尔在消灭萨法尔王朝政权之后,不仅在河中地区和呼罗珊确立了自己的统治,而且也成为伊朗东部和北部一些区域的统治者,从而保证了他建立的国家实际上独立于阿拉伯哈里发国家之外。

作为封建国王,伊斯梅尔关注当地封建贵族和商人们的利益,竭力巩固国家的外部安全和整顿内政。这些措施首先是把呼罗珊和河中地区统一到一个中心周围,保证国家实际上的独立,调整同游牧部落的关系,为河中地区和呼罗珊的农业、手工业和商业的发展创造了必要的前提。

据历史传说,伊斯梅尔禁欲静心,公正无私,温厚善意;善于韬略,深得军心,军纪严明,从不掳掠;执法公正,除暴安民。正是由于他的这些善举,同时代的人称他是"公正的埃米尔",民众亦称他为"善理万机的埃米尔"[1]。

(二)官制与体制

萨曼国家奠基人伊斯梅尔清楚地知道,只有建立坚强的中央集权的统治,才能保证河中地区独立于哈里发国家之外。为此目的,他采取了一系列措施。其中之一是建立严整的国家管理机构。萨曼王朝的国家机关由"达尔噶"(darghah,意为宫廷)和

---

[1] 见阿宝斯·艾克巴尔·奥希梯扬尼:《伊朗通史》,叶奕良汉译,上册,第246—247页。

一些"迪万"（diwan，意为办公处，中央军事、民政管理机关）组成。但在封建主义的现实条件下，这种分工并不很严格：有势力的宫廷人物经常干预迪万范围内的事务。

在纳赛尔二世时期（914—943年），在布哈拉大广场有十座大建筑物，是十个迪万，其职司如下：

"维孜尔迪万"（Diwan vezir，即宰相迪万），是最重要的迪万，它控制国家全部行政、政治、经济机关。所有其他迪万的领导人都属于它。其首长的职位，即宰相的职位，通常是任命三个家族——杰伊哈尼、巴拉米和乌特比——代表中的一人担任。

"穆斯塔乌费迪万"（Diwan mustaufi），是国家金库。

"阿米德-穆尔克迪万"（Diwan amid al-mulk），办理全部国家重要公文以及同其他国家的外交事务。

"萨希德-舒拉特迪万"（Diwan sahid ai-shurat），管理萨曼王朝的近卫军，监督给军队发放粮饷和赏赐。

"萨希德-达里德迪万"（Diwan sahid al-darid），管理国家信件的传递。此迪万的地方工作人员不仅做邮政工作，而且还要向中央秘密报告当地统治者和国家官吏的情况，履行"秘密检察处"官吏的职责。邮政迪万不同于其他迪万：其地方机构不属地区统治者管辖，直属其中央管理局。其邮政只为国家需要服务，不传递民间信件。

"穆赫塔西卜迪万"（Diwan mukhtasib），监督市场交易、度量衡的准确、农业和手工业的商品出售。它可以中止出售假的和质量不好的商品，禁止高价出售产品。这一迪万逐渐地也监督居民的道德、去清真寺礼拜、饮酒等。

"穆什里夫迪万"（Diwan mushrif），监督国家政务，特别是国库的收入和支出。

除这些迪万外，还有"国家土地迪万"、总哈孜（大法官）领导的"法官迪万"、"瓦各夫迪万"（寺院不动产管理局）、军事迪万。上面列举的全部迪万的地方机构，除邮政迪万外，都是双层领导：一方面属区域行政长官领导，另一方面属相应的中央迪万领导。

区域行政长官通常是从王朝成员和有势力的封建贵族（包括过去的当地领主）中任命。除这些行政长官外，在每一城市都有行政长官——"拉伊斯"（rais）。这一职务从当地城市贵族中任命。

在萨曼王朝的时代，在河中地区的伊斯兰教基本上是哈乃斐派流行。宗教界首领叫"乌斯塔德"（ustad），后来叫谢赫·伊斯兰（shaikh al-Islam），在萨曼国家里起着巨大的作用。

但是严整的国家管理体制绝对不能证明，萨曼国家是严格的中央集权国家。

在萨曼王朝整个统治期间，中央政权和某些有离心倾向的封建领主的斗争没有停止过。无论是伊斯梅尔还是他的继承人，虽然进行了巩固中央集权的激烈斗争，但是都不能把中央的权力扩展到中亚的边区和许多地方。花剌子模、石汗那、珂咄罗等只是名义上进入萨曼国家的版图，而实际上这些区域的统治者独立地统治着本区域。例如，珂咄罗几乎有二百年（9—10世纪）是由当地的巴尼朱尔家族统治着，并且这一富饶地区的全部收入都归其所有，他们只是向萨曼王朝致送礼品。萨曼王朝竭力遏止地方封建主的反抗，用任命他们担任地方行政长官的办法把他们吸引到自己方面来，但是在多数情况下归于失败。

封建土地赏赐制度，在萨曼王朝时代非常盛行，真正地从内部"炸毁了"国家，甚至相当程度地肢解了它的基本领土。王室成员和高官们根据赏赐占有区域和城市，力求完全的独立，而且经常完全独立于中央政权之外。

萨曼王朝任命宫廷近卫军的著名长官为区域行政长官的办法，最初是为了镇压地方贵族和人民起义，同样也带来了预料之外的后果。这些突厥出身的军事长官利用地方贵族的不满和国内的阶级斗争，有时起兵反对中央政权，并宣布自己的区域独立。[1]

(三) 内讧、衰微、灭亡

伊斯梅尔去世（907年）后，在其子阿黑麻统治（907—914年）初期，一些区域爆发了叛乱。撒马尔罕、列伊、锡斯坦的地方长官起兵。在镇压下这些叛乱后，不久在锡斯坦又爆发了人民起义，这是增加赋税和农民生活状况严重恶化的结果。

阿黑麻·伊本·伊斯梅尔引起了近卫军对自己的仇视，因此在一次狩猎中被自己的奴隶杀死。在其子纳赛尔二世时代（914—943年），宰相阿布·阿布达拉赫·穆罕默德·伊本·阿黑麻·杰伊哈尼掌握了国家管理大权。

杰伊哈尼是当时最有学问的人物之一。他在任宰相期间，整顿了国家管理机关。但是内讧继续不断。在914年底至915年初，王室成员伊斯哈克·伊本·阿黑麻在撒马尔罕举兵。过了一些时候，先在赫拉特，后在内沙布尔开始了大军事长官侯赛因·伊本·阿里·梅尔维兹领导的所谓卡尔玛派（伊斯玛仪派的分支之一）运动。大土地占有者阿黑麻·伊本·萨赫尔粉碎侯赛因·梅尔维兹的军事力量并俘虏了他之后，自己便很快举兵反对萨曼王朝，一年后这次叛变才被镇压下去。

在侯赛因·梅尔维兹死后，在河中地区的卡尔玛派运动的领导权转到穆罕默德·伊本·阿黑麻·纳赫沙比手中。纳赫沙比成功劝说萨曼王朝许多高官大员皈依了卡尔玛派，其中包括主要的哈吉甫（宫廷高级侍从）、萨曼王朝埃米尔的私人秘书、穆斯塔乌费迪万的长官和伊腊克的行政长官。通过这些人的中介，纳赫沙比深入到纳赛尔二世（914—943年在位）宫廷。

在纳赛尔二世统治末期，卡尔玛派运动有较大的发展。纳赛尔二世本人也接受了卡尔玛派的教义，并根据纳赫沙比的请求，

---

1 本节主要根据加富罗夫的研究成果编写，见《塔吉克》，第341—343页。

付给埃及哈里发 119 000 第纳尔[1]作为杀死自由人的罚金,因为法蒂玛王朝的密使侯赛因·伊本·阿里·梅尔维兹死在布哈拉狱中。

所有这一切引起了穆斯林宗教界的严重不满。宗教界同宫廷突厥近卫军的代表一起策划了反对纳赛尔二世的密谋:打算举行一次欢送萨曼王朝埃米尔讨伐游牧部落的军官夜宴,并在宴会上杀死纳赛尔二世和所有卡尔玛派的信徒。

但是纳赛尔二世的儿子努赫知道了这一酝酿成熟的谋杀计划。根据他的要求,纳赛尔二世用蒙骗的手段把阴谋的头目强邀到宫中处死,然后和努赫一起来到军官已准备好的宴会上。在宴会达到高潮时,纳赛尔二世宣布他已知道阴谋,下令把已死的罪魁的头抛到参加宴会的军官的脚下。他同时宣布自己让位于儿子努赫,因为任何人也不能责难努赫,说他对卡尔玛派抱有好感。

努赫·伊本·纳赛尔在正式登基之后,把纳赫沙比请来,并命令他同穆斯林神学家们进行学术辩论,公开证明自己信仰的正确性。当然,穆斯林神学家们被宣布为辩论的胜利者。纳赫沙比被指控,他好像从为侯赛因·梅尔维兹致死而付给法蒂玛王朝的赎金中攫取了四万第纳尔,于是根据努赫的命令他在布哈拉广场被绞死。在这以后紧跟着开始了对卡尔玛派的普遍大屠杀和没收财产。从此卡尔玛派运动在河中地区只是作为一个秘密教派继续存在。但是这一宗派的秘密组织在布哈拉的活动仍相当积极,并持续了很长的时间。1045 年,已是喀喇汗王朝时代,即上述事件一百年之后,在布哈拉还曾逮捕和处死过卡尔玛派的传教者。

---

1 dinar,流通于中世纪东方穆斯林国家的金币。最初每枚重量相当于 4.25 克,后来因冲制地点、时间不同其重量有所波动〔见《马斯乌德史》(*История Мас'уда*),阿林德(А. К. Арендс)俄译本增订版,莫斯科,1969 年,第 958 页〕。西辽王朝时期,每枚重量相当于约 7—8 克。

在努赫·伊本·纳赛尔统治时期（943—954年）萨曼王朝统治衰落的征候已经令人察觉到。在努赫统治的初年就发生了严重的财政困难。有史料记载，早在942年已向居民加倍征收赋税。财政困难已达到这种程度：长时间不给军队甚至埃米尔的近卫军发放薪饷，在军队中引起严重不满。为了暂时缓和不满情绪，努赫·伊本·纳赛尔把全部财政困难的责任归咎于自己的宰相，并下令把他处死。当然，这种"措施"不能使国内财政情况好转。

努赫的叔父伊卜拉欣·伊本·阿黑麻利用努赫的困难情况，于947年1月在石汗那大封建主阿布·阿里帮助下夺取了政权。努赫的宫廷近卫军支持伊卜拉欣。努赫被迫逃往撒马尔罕。但是，当阿布·阿里回石汗那后，努赫又重新登上王位，把参加叛乱的叔父和两个兄弟处死。

在努赫·伊本·纳赛尔统治的最后几年，他主要是忙于同起兵反对他的阿布·阿里斗争。努赫在企图用军事力量消灭抵抗势力失败后，被迫委任阿布·阿里为石汗那的行政长官，后于952年委任他为呼罗珊的行政长官。

努赫的长子阿不杜·马立克一世统治时期（954—961年），突厥近卫军军官的政治作用加强，几乎全部国家管理机关都转到他们手中。突厥近卫军长官和大封建主阿尔普·特勤，作为"大哈吉甫"权势显赫：没有他的同意，阿不杜·马立克一世不能任命任何人为宰相。从954年到959年更换了四次宰相，直至阿尔普·特勤的密友阿布·阿里·巴拉米出任这一职务，宰相才稳定下来。阿尔普·特勤和阿布·阿里约好互为副职，因此阿布·阿里·巴拉米没有阿尔普·特勤的同意便不能做任何事情。

阿不杜·马立克的去世成为布哈拉风潮的导火线。首都起义人民洗劫了埃米尔的宫殿，并纵火焚烧。根据阿尔普·特勤的坚决主张，阿不杜·马立克的幼年儿子被宣布为埃米尔，但是他在位总共只有一天，因为其他军官和大封建主不支持阿尔普·特勤企图巩固自己权力的打算，因此把曼苏尔·伊本·努赫·萨曼伊德拥上了宝座（961—976年）。

阿尔普·特勤在同萨曼王朝的统帅在木鹿和巴里黑地区发生了军事接触之后，便向伽色尼（今加兹尼）进军，于962年夺取了这里的政权。在阿尔普·特勤去世（963年）后，曼苏尔·伊本·努赫才恢复了萨曼王朝在伽色尼的统治。

在曼苏尔去世后，他的儿子努赫二世时期（976—997年），宫廷内争与地方封建主和行政长官的叛乱更为严重，萨曼国家的某些区域，其中包括呼罗珊的许多地方，已转到他们的手中。

国家已是如此衰弱，它再不能抵抗外来侵犯。正是在这种情况下，萨曼国家在992年第一次遭到喀喇汗王朝侵犯。努赫二世动员全国军事力量的所有试验都没有奏效：在宗教战争的口号下发动居民反击突厥人入侵是不可能的，因为喀喇汗王朝信奉伊斯兰教。大军官们不支持努赫二世。呼罗珊总督阿布·阿里·西姆米里同喀喇汗王朝的博格拉汗缔结了秘密协定，因此不派呼罗珊的部队去保卫河中地区。派去抵抗博格拉汗的军队，由于军队长官法伊克的叛变而失败，加入了博格拉汗的军队，向布哈拉进军。由于其叛变，喀喇汗王朝的军队没遇上抵抗，毫不费力地占领了萨曼国家的首都布哈拉。努赫二世被逼逃往阿穆尔。博格拉汗的突然死去改变了局势。喀喇汗王朝的军队在掠夺到大量的战利品后返回。阿布·阿里·西姆米里在呼罗珊起兵反对努赫二世，法伊克也起兵反对努赫二世。

努赫二世回到布哈拉后，不再信赖自己的力量，便向伽色尼统治者塞布克·特勤求援。塞布克·特勤是一位杰出的统帅，出身于萨曼王朝宫廷突厥近卫军。他与阿尔普·特勤结成了姻亲，在阿尔普·特勤死后，他在伽色尼开始了自己的统治，并把一系列区域归并入自己的领域。塞布克·特勤高兴地接受了努赫二世的邀请，并立即向河中地区进军，他率领二万军队渡过阿姆河，首先进入渴石（沙赫里西亚布兹），然后进入纳赫舍布卡尔希，从这里同努赫一起向阿布·阿里和法伊克进军。经过几次战役，阿布·阿里和法伊克的军队被粉碎，他们两人逃到了古尔干。为这一功勋，努赫二世奖赐给塞布克·特勤"宗教和国家保卫者"的称号。塞布克·特勤的儿子马赫穆德也以在平叛战斗中功绩显著，被任命为呼罗珊总督，以代替阿布·阿里·西姆米里。

在995—996年，萨曼王朝的一些地方行政长官又起兵反抗王朝，而喀喇汗王朝又企图侵占萨曼国家的领土。努赫二世在塞布克·特勤的支援下镇压了国内的反抗，并且及时防止了喀喇汗王朝向布哈拉的进犯，但是他不得不放弃萨曼国家在现今锡尔河流域的东北区域。从这以后，塞布克·特勤创立的伽色尼王朝在河中地区的作用已大到这种程度——努赫二世在事实上已不是独立的统治者。

997年，努赫二世和塞布克·特勤去世。曼苏尔·伊本·努赫（努赫二世之子）继位埃米尔，他处于伽色尼王朝马赫穆德的有力影响下。内沙布尔的统治者贝格图逊和法伊克同喀喇汗王朝有勾结。他们怕曼苏尔·伊本·努赫同马赫穆德进一步接近，便弄瞎了曼苏尔。曼苏尔不久便死去（999年）。根据贝格图逊和法伊克的坚决主张，曼苏尔的兄弟阿不杜·马立克二世·伊本·努赫继位。

在为曼苏尔报仇的借口下，伽色尼王朝马赫穆德带领军队进攻萨曼王朝，并逼使萨曼王朝埃米尔放弃了现今阿富汗的北部。稍后伽色尼王朝便占据了整个呼罗珊。在阿不杜·马立克二世·伊本·努赫时代属于萨曼王朝的只剩下河中地区。

999年，喀喇汗王朝再次向萨曼王朝进攻。在没有受到抵挡的情况下，喀喇汗王朝纳赛尔·伊利克率领大军开进了萨曼王朝的首都布哈拉，阿不杜·马立克和王族的其他成员被关进监狱，萨曼王朝在全国人民的淡漠中结束了自己的历史。

萨曼王朝世系与在位年代[1]

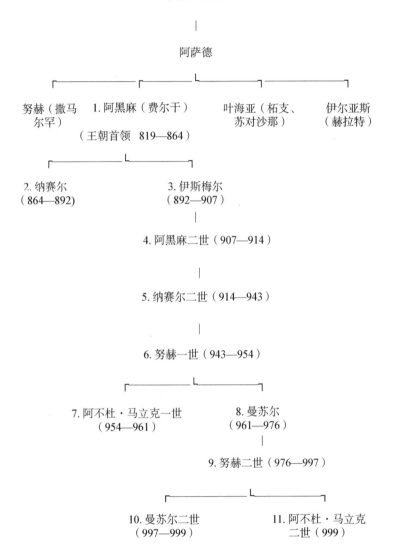

---

[1] 此表主要依据博斯沃思《伊斯兰王朝》，第 101—102 页列表"萨曼王朝"。并参照阿宝斯·艾克巴尔·奥希梯扬尼：《伊朗通史》，叶奕良汉译，上册，第 276 页。

四 文化发展

萨曼王朝的建立,消灭了中亚各个绿洲的城郭政权,形成了统一的国家。共同的地域以及人们经济往来的加强,促进了文化的发展。

萨曼王朝时期,出现了塔吉克语的文字作品,最早的散文是阿布·曼苏尔·穆罕默德为《列王纪》写的前言。塔巴里的《历史》被译为塔吉克语(达里语)。《世界境域志》用塔吉克语写成,这部重要著作的作者没有留下自己的名字。用塔吉克语写的文学作品大量出现,萨曼王朝被视为"古典塔吉克-波斯文学的时代",准确地说,这是"官方承认和文字上完成的时代,即繁荣的时代"[1]。此前,人们都是用阿拉伯语文创作。阿布·阿布达拉·贾帕尔·鲁达基(Abu Abudallah Jafar Rudaki)是公认的古典塔吉克-波斯文学的杰出代表。他于9世纪后半叶出生于彭吉·鲁德村(今塔吉克斯坦彭吉肯特附近)的一个农家。鲁达基具有一副美妙的歌喉和诗人的天才,并擅长器乐的演奏,青年时代便已出名,进入上层社会,受到萨曼王朝的庇护;但是晚年失宠,这与纳赛尔二世(914—943年在位)对卡尔玛派运动的态度转变——由支持变为镇压有关联。据后人研究,鲁达基曾参加卡尔玛派,而且他与被撤职的宰相巴拉米关系密切,因而被弄瞎。他回到家乡,于941年在孤独寂寞中死去,另一说为952年逝世[2]。鲁达基的创作流传下来的不多,不超过2 000行。仅从这些诗行中就可反映出作者运用体裁之广泛、艺术手法之高超,特别是观念之先进。鲁达基以自己的创作奠定了塔吉克-波斯诗歌的基础,10—15世纪塔吉克和波斯的优秀诗人都把他奉为先

---

1 加富罗夫:《塔吉克》,第578页。
2 后人研究鲁达基的著作较多,见穆尔佐耶夫(А. М. Мурзоев)《鲁达基的生平与创作》(Рудаки. Жизнь и творечество)的文献目录,莫斯科,1968年。

师,1958年苏联文艺界和学术界为纪念其诞生1 100周年,发表大量研究文章。鲁达基在颂诗、抒情诗、醒世诗、讽刺诗和挽词上都留下了作品,而且成为后人写作的范式。这些诗作表达了他对智慧、学问和光明正大的赞扬,对勤劳勇敢、战胜困难、慈善仁爱的歌颂,渗透着哲理。下面关于"老"的诗,可见其思想之一斑:

> 世界被如此造就,其命运就是旋动和转圈,
> 时光不舍昼夜前进,像淙淙流水,像汩汩清泉。
> 今日以妙药出名,明朝将会成为毒品,
> 那又怎样? 病人依然会把毒品当成妙药。
> 请看,时光会把我们觉得年轻的一切变老,
> 然而,时光也会使往昔的事业再度青春得光芒闪烁。
> 是的,缤纷的花园变成了寂无人烟的荒原,
> 但是,荒原也会鲜花盛开,如繁锦簇拥的花坛。[1]

与鲁达基同时代或稍后的著名塔吉克诗人还有阿布·哈桑·沙希德·巴里黑、阿布·沙库尔·巴里黑和女诗人拉比叶等,他们都为古典塔吉克文学的形成和发展做出了贡献。

萨曼王朝对古代英雄神话传说的收集、整理和汇编极为注重,于是出现了阿布·曼苏尔的散文体《列王纪》(*Shahname*)。努赫二世(976—997年在位)委托鲁达基把它改写成诗体,但是他尚未完成任务就遭到杀害。加富罗夫认为,这很可能是穆斯林正统派所为,因为"他们敌视其恢复英雄传说的活动"[2]。将《列王纪》改写成长诗的作者,是塔吉克最伟大的诗人阿布·哈斯木·菲尔多西(Abu-l-Qasim Firdousi)。他在

---

[1] 《鲁达基文集》(*Абу Абудулло Рудлки*),列维克(В. Левик)与李普金(С. Липкин)由塔吉克-法尔斯语译为俄文,斯大林阿巴德,1958年。

[2] 加富罗夫:《塔吉克》,第381页。

934—941年间出生于萨曼王朝境内的途思[1]乡下的一个贵族家庭,接受过很好的教育。菲尔多西除母语达里语(塔吉克语)外,还通晓巴列维语(中古波斯语)、阿拉伯语,这为他更广泛地收集英雄神话传说提供了优越的语言条件。他在35岁时完成了在首都布哈拉等地的资料收集工作,着手《列王纪》的诗歌体的写作,用尽毕生的精力,于994年完成了长达100 000行的诗体《列王纪》。这时他已:

> 我六十六岁已衰弱得如同喝醉,
> 我手中的拐杖替代了往日的马缰。
> 我脸庞胜似郁金香而如今苍白得像月亮,
> 我乌黑的头发也变得似雪白的樟脑一样。
> 我身躯笔直矫健因衰老而佝偻蹒跚,
> 我水仙花般的双目现在也减弱了四射的光芒。

当菲尔多西的诗体《列王纪》完成的时候,萨曼王朝已日薄西山,马赫穆德(Mahmud,汉语音译又作马合木)叛离,在阿姆河以南建立了伽色尼王朝。菲尔多西根据一位朋友的建议,把诗体《列王纪》献给了马赫穆德;但是马赫穆德不但拒绝了诗人的献礼,据说还下令要用大象踩死诗人,因为他犯了渎神罪——歌颂前伊斯兰的英雄。其实,"新的突厥王朝的代表人物伽色尼王朝马赫穆德,自然把歌颂塔吉克人的祖先反对土兰人(在马赫穆德的时代他们被领悟成突厥人的祖先)的长诗看作一种政治上的危险"[2]。马赫穆德这样做,也是为了博取阿拉伯哈里发政权与穆斯林宗教界对自己新政权的支持。

菲尔多西的诗体《列王纪》分为三个时期:神话时期、英雄

---

1 Tus,位于今伊朗之东北边境,内沙布尔东北。
2 加富罗夫:《塔吉克》,第383页。

时期、历史时期。长诗的开始是许多神话，有一些与《阿维斯塔》的内容相同。长诗的主要内容是塞-粟特人关于勇士鲁斯塔姆的系列故事，占整个长诗三分之一的篇幅；粟特-花剌子模人关于希亚乌什的传说；巴克特里亚关于伊斯凡迪亚尔的传说。长诗还描述亚历山大东征到阿拉伯征服的历史以及萨珊王朝和萨曼王朝的片段。长诗通过传说故事的阐述，突出了善恶斗争的主题，歌颂了人民反抗暴政、争取自由独立的英雄品格。整个长诗渗透着对劳动人民不幸遭遇的同情，颂扬了他们的光明正大、慷慨好施和勤劳勇敢。菲尔多西的长诗是人类文化的瑰宝，受到历代学者的尊崇，苏维埃时期出版了九卷本的塔吉克文《列王纪》的校勘本（1960—1971年），同时出版了三卷本全文俄译《列王纪》（1958—1965年），伊朗在1971年也出版了《列王纪》的原文校勘本。

菲尔多西同他敬慕的前辈鲁达基一样，晚年在穷困、孤独、寂寞中度过，于1020年（另一说为1025年）在故乡途思逝世。这位伟大的诗人被宗教界视为异端，不许葬入穆斯林公墓（mazar，麻扎），但是他用心血写成诗体《列王纪》建造了一座永不磨灭的丰碑。

在萨曼王朝统治时期，封建制已确立，经济向前发展，政治制度有所完善和加强，文化空前繁荣昌盛，优秀人物涌现，其最杰出的代表伊本·西那登上中世纪人类文化发展的顶峰。

伊本·西那的全名为阿布·阿里·侯赛因·伊本·阿不杜拉·伊本·西那（Abu Ali al-Husayn Ibn 'Abd allah ibn Sina），拉丁文译写为 Avicenna，汉语音译为阿维森纳。他约于980年出生于布哈拉地区阿弗珊村（Afshan）的一个萨曼王朝迪万官员之家，接受了全面的良好教育。伊本·西那17岁时为埃米尔努赫二世（976—997年在位）治好了病，获得进入宫廷图书馆的特许，饱览了王室的丰富藏书，于21岁开始了写作生涯。他所处的时代正是萨曼王朝衰败的伽色尼王朝与喀喇汗王朝时代，被迫到处流浪。据后人考据，他离开布哈拉后，先后到过花剌子模、阿比维尔德（Абиверд）、古尔干（Гурган）、列伊（Рей）、哈马丹、伊斯法罕，最后又回到哈马丹，于1037年死后葬在这里[1]。在颠沛流离中，他始终坚持研究和写作。据记载，他一生完成的著作较大的有21部、较小的有24部，另一说为共99部。这些著作的内容包括哲学、医学、几何学、天文学、教义学、语音学、艺术和诗歌。最重要的著作有两部：一部是《医典》（*al-Qunun fi al-Tibb*），12世纪被译为拉丁文，名为*Canon*，直至17世纪中叶，都是整个欧洲医学的指导书和大学的教科书，仅在15世纪末叶的30年拉丁文译本就再版了30次。这部书对多种病症提出了诊断和治疗的方法，研究了760多种药物的性能。另一部是《治疗论》（*Kitab al-shifa*），是一部百科全书，涉及哲学、逻辑学、数学、天文学及其他自然科学。伊本·西那的著作基本是用当时伊斯兰世界流行的学术语言——阿拉伯语写成，但是他也用自己的母语——法尔斯-达里语写作，如《知识之书》（*Danish-name*）。伊本·西那以自己渊博的知识、丰硕的著作，在生前就获得很高的声望，被尊称为al-shaykh al-ra'is（意为"领导长老"），阿拉伯人称他为"第二教师"，他们称亚里士多德为"第一教师"。希提说："阿拉伯科学到了这位医生兼哲学家、语音学家和诗人的手里，已经登峰造极，甚至可以说他就是阿拉伯科学的化身。"[2] 加富罗夫对伊本·西那这位"学者之王"（同代人对他的称呼）的评价更为全面，他说："在吸收古代希腊哲学家，特别是亚里士多德的遗产时，伊本·西那并不是简单地继承，而是努力创造性地发展他们的思想。尽管伊本·西那试图或者被迫使自己纯理性的见解在某种程度上符合于伊斯兰教的教条，从而产生不彻底性和双重性，但是他的哲学体系的基本核心

---

[1] 见加富罗夫：《塔吉克》，第385页。希提：《阿拉伯通史》，汉译本，上册，第431页。

[2] 希提：《阿拉伯通史》，汉译本，上册，第431页。

是东方逍遥派哲学的最先进话语。他发展了同宗教教条注定相对立的自然界有因果规律的学说。同时,伊本·西那也是一个二元论者,他认为存在的本质是两个实体——物质的和精神的,因此他作为唯心论者,证实真主的存在,并尊重当时的偏见和数字象征等。但是这种不可避免的历史局限性并不能缩小伊本·西那在塔吉克的和世界的科学史的意义。"[1]

---

[1] 加富罗夫:《塔吉克》,第 385—386 页。

第十章 喀喇汗王朝时期

一 王朝的建立

744年回纥首领骨力裴罗自称骨咄禄毗伽阙可汗,建牙于都斤山(Otukan, Ütükän, Ötükän,汉语音译又作乌德鞬山、郁督军山等,今蒙古人民共和国杭爱山),创立漠北回纥(788年改称回鹘)汗国,曾一度左右东亚及中亚形势。但从9世纪30年代起,回鹘汗族内讧,可汗迭更,政局动荡,加上"连年饥疫,羊马死者被地,又大雪为灾"[1],国势衰微。840年,回鹘将军句录莫贺勾结黠戛斯,合骑十万,掩袭回鹘城。回鹘可汗被杀,诸部溃散,大致分为四支从漠北外迁。

一支为近可汗牙帐的十三姓,奉乌介特勤为可汗,南走依附唐朝。其余三支西迁。一支西奔葛逻禄,建立了喀喇汗王朝。一

---

1 《唐会要》卷九八《回纥》。

支投奔"安西",以后建立了高昌回鹘王国。还有一支投奔"吐蕃",成为以后"甘州回鹘"和"沙州回鹘"的主体[1]。

840年,黠戛斯的突袭,只是"破回鹘城","焚其牙","杀可汗","回鹘散奔诸蕃"[2]。但是,国都被破,国王被杀,并不等于国家的灭亡,也不等于汗统的断绝。对于游牧部族,即所谓"行国",更是如此,乌孙、大月氏的历史就是这种典型。所以840年的事件,也应作如是观。西奔的庞特勤"当仁不让",自称可汗,以汗统的合法继承者的身份出现。他不仅拥有人数众多的十五部臣民,而且还有前朝宰相馺职的拥护,成为大漠(今蒙古大戈壁)以西回鹘诸部的共主。857年,庞特勤作为回鹘可汗的地位也得到唐朝的承认,宣宗遣使册封其为怀建可汗。西迁回鹘各部在一个相当长的时间内形式上还是一个统一的汗国,奉庞特勤及其后裔为共主。但是随着时间的推移,西迁的三支回鹘独立性越来越强,最后各自完全独立。

840年,庞特勤率回鹘十五部进入七河地区,降服葛逻禄,建立新的政权,史称喀喇汗王朝(Qarakhanids,840—1212年)[3]。据穆斯林史籍记载,喀喇汗王朝的创建者是毗伽阙·卡迪尔汗。这与汉文史籍中的庞特勤"自称可汗"可相互印证。毗伽阙·卡迪尔汗建牙楚河上游的巴拉沙衮,号称虎思斡耳朵。喀喇汗王朝的领土,最初是七河地区,以后又归并了伊犁河谷、费

---

1 详见魏良弢:《八四〇年回鹘西迁辨析》,收入《中国民族史研究》,中国社会科学出版社,1987年。
2 《旧唐书》卷一九五《回纥传》。
3 关于这一王朝的名称,还有多种叫法和汉译:喀拉汗(王)朝、哈拉汗(王)朝、哈剌汗(王)朝、黑汗(王)朝、黑韩(王)朝、伊利克-汗王朝、可汗王朝、汗王朝、阿弗拉西亚勃王朝等。关于喀喇汗王朝的起源,也是诸说不一,除回鹘说外,还有土库曼说、样磨说、葛逻禄说、葛逻禄-样磨说、样磨-处月说、突厥-回鹘说、葛逻禄-样磨-九姓乌古斯说等。详见魏良弢:《喀喇汗王朝史稿》第二章,新疆人民出版社,1986年;《关于喀喇汗王朝起源的几个问题》,载《民族研究》2000年第4期;《中国历史·喀喇汗王朝史 西辽史》,人民出版社,2010年,第27—50页。

尔干纳和喀什噶尔地区。

毗伽阙·卡迪尔汗死后，由其二子继位。长子巴兹尔为大汗，治巴拉沙衮；次子奥古尔恰克为卡迪尔汗，治怛逻斯（今哈萨克斯坦塔拉斯）。喀喇汗王朝的政治体制，据普里查克的研究，是"双王制"。整个汗国分为两大部分，由汗族的长幼两支分治这两部分。长支为大可汗，称阿尔斯兰[1]汗，意为狮子汗，他在理论上是整个汗国的首领，首都是巴拉沙衮。幼支为副可汗，称博格拉汗（Bughra khan），意为公驼汗，首府在怛逻斯。低于汗的称号，依次是伊利克（Ilik，王）、特勤（Tegin）、于伽（Ügä）、俟斤（Irkän）、将军（Saghun）、伊难珠匐（Ïnanch Bäg）等。在这些称号上往往加禽兽名称表示更细微的差别。通用的禽兽名称有阿尔斯兰（Arslan，狮子）、贝里（Böri，狼）、亚干（Yaghan，象）、托黑鲁尔（Toghrul，鹫）等。以上称号都属于汗族成员，它们组成了一个特别的等级体系，如有缺位，依次上升。但事实上，喀喇汗王朝并不遵守这一制度，经常因争夺汗位而秩序大乱，到后来愈演愈烈。实质上这是一种分封制度，巴托尔德说："在喀喇汗国家像所有的游牧帝国一样，氏族制的观念从私法领域移到国家法律领域。国家被认为是整个汗族的财产，因而把它分成许多封地；有时强大的附庸完全不承认帝国首领的统治权。"[2]

关于长支巴兹尔的情况，史籍未留下记载。幼支奥古尔恰克曾同河中地区的萨曼王朝发生战争，893年萨曼王朝军队攻下怛逻斯，奥古尔恰克的一万名战士牺牲，他的妻子和一万五千人被俘。奥古尔恰克迁都喀什噶尔，继续同萨曼王朝斗争，袭掠其边境。奥古尔恰克利用萨曼王朝的内争，庇护从河中地区逃来的一个王子，让他住在喀什噶尔以北的阿图什。在9—10世纪之交，喀喇汗王朝统治集团的一些成员开始接触到伊斯兰教。巴兹尔之

---

[1] Arslan，汉语音译又作"阿厮兰"（《宋史》卷四九〇《高昌传》）、"阿萨兰"（《辽史》各帝《本纪》、《兵卫志》、《百官志》）等。
[2] 《巴托尔德文集》第1卷，第330页。

次子、奥古尔恰克之侄萨图克首先皈依伊斯兰教。他在河中地区伊斯兰教圣战者的支持下打败奥古尔恰克，占领喀什噶尔，自称博格拉汗。以后他又从萨曼王朝手中夺回怛逻斯。伊斯兰教历330年（942—943年）萨图克博格拉汗在圣战者支持下，经过激烈的战斗，占领巴拉沙衮，成为全国的大汗。他死于伊斯兰教历344年（955—956年），葬在阿图什，其陵墓现在当地称为"苏丹麻扎"，深受穆斯林崇敬。

萨图克博格拉汗死后，长子巴依塔什继位，其教名为木萨·本·阿不都克里木。木萨驻喀什噶尔，称阿尔斯兰汗。他在苏非派的帮助下实现汗国的伊斯兰化，到960年有20万帐操突厥语的游牧人接受伊斯兰教，木萨汗宣布伊斯兰教为国教，在人类历史上出现了第一个突厥语民族信奉伊斯兰教的国家。

木萨汗统治时期，开始了征服和田的"圣战"，但他很快在971年去世。其子阿里继位，继续对和田进行"圣战"，于998年在英吉沙尔的一次战斗中死去。和田的最后征服，是在11世纪初由玉素甫·卡迪尔汗完成。这场"圣战"前后历时近四十年。

在喀喇汗王朝的喀什噶尔统治者征服和田的同时，巴拉沙衮统治者也开始了对萨曼王朝的征服。990年，博格拉汗哈桑利用萨曼王朝的内乱和人民不满，出兵白水城（今哈萨克斯坦奇姆肯特附近），当地贵族出城迎接博格拉汗进城。两年后，即992年，博格拉汗哈桑又向河中地区进军。萨曼国王努赫二世想动员全国力量进行抵抗，但是人民不支持，将领叛变，他只好逃出首都布哈拉。博格拉汗哈桑在萨曼王朝将军法伊克的欢迎下进驻布哈拉王宫。不久，博格拉汗身染重病，锡尔河下游的土库曼人也向喀喇汗王朝的军队进攻，于是他决定撤军，死于返回巴拉沙衮的途中。

喀喇汗王朝的乌兹干统治者阿尔斯兰伊利克（狮子王）纳赛尔（阿尔斯兰汗阿里之子）继续博格拉汗哈桑征服河中地区的事

业。999年,纳赛尔进军布哈拉,萨曼国王马立克二世请求宗教界支持,但遭到拒绝。宗教首领对穆斯林们说:"如果喀喇汗王朝和萨曼王朝是因为宗教争执,那就必须同他们战斗。如果是为这个世界上的财富而斗争,那就不允许穆斯林们自相残杀。喀喇汗王朝的生活方式非常好,并且他们的信仰是无可责难的。因此最好是放弃任何干预。"[1] 穆斯林们放下武器,萨曼王朝的将领跑到纳赛尔的大营投诚,喀喇汗王朝军队在没有任何抵抗的情况下开进布哈拉。纳赛尔接管了萨曼王朝的国库,把末代国王阿不杜·马立克二世及其王族其他成员俘送乌兹干。纳赛尔在布哈拉留置总督后,也返回自己封地的首府乌兹干。

巴托尔德对这一重要事件做了启人深思的评论:"这个著名的王朝在普遍的淡漠中陨落了。当时谁也未必理解到这一永远终结了土著的雅利安人统治的历史事件的意义。"[2] 今天在我们看来,河中地区并入喀喇汗王朝领土的意义至少有三点:第一,从此中亚地区的统治权一直控制在突厥语各民族或突厥化的代表人物手中,这无疑加速了中亚地区的突厥化。第二,突厥语各民族的统治集团首先接受伊斯兰教,推行国家伊斯兰化,伊斯兰文化得到广泛传播,并同突厥文化相融合,形成一种新的文化——伊斯兰-突厥文化。第三,喀喇汗王朝征服河中,同它以前的马其顿·亚历山大和阿拉伯人、同其后的成吉思汗和帖木儿都有一个显著的不同之点,即它的征服并未伴随着大规模的屠杀、抢劫和烧毁——使中亚社会经济文化的发展中断,而基本上是和平归并,当地未遭到严重的破坏,不久就恢复,并且继续向前发展。伊斯兰世界中世纪大史学家伊本·阿西尔公正地指出:"喀喇汗国在秩序和法制方面是最好的国家之一。"[3]

---

1 转引自加富罗夫:《塔吉克》,第346—347页。
2 《巴托尔德文集》第1卷,第329页。
3 伊本·阿西尔:《全史》第9卷,多伦堡本,第169页;转引自《吉尔吉斯人和吉尔吉斯地区历史资料》,第1辑,第58页。

11世纪初喀喇汗王朝镇压了萨曼王族阿卜·伊卜拉欣·伊斯梅尔领导的反抗运动，又两次越过阿姆河，进攻伽色尼王朝，但以失败告终。双方以阿姆河为界，平分了萨曼王朝原有的疆域。至此，喀喇汗王朝对外扩张基本停止下来，整个汗国的疆域东南至今天的若羌，与西夏为邻；正东至今天阿克苏与拜城之间，以荒山、戈壁与高昌回鹘王国为界；东北至阿尔泰山，与辽朝为邻；正北至巴尔喀什湖一线；正西至咸海，包括花剌子模在内，1017年伽色尼王朝占领花剌子模，喀喇汗王朝才失去这一地区；西南以阿姆河与伽色尼王朝为界；正南包括瓦罕走廊，以兴都库什山为界；帕米尔以东以喀喇昆仑山、昆仑山、阿尔金山为界。

二 东西两汗国的形成及其后状况

阿尔斯兰伊利克纳赛尔征服河中地区之后，在卡迪尔汗玉素甫为汗国大汗时，哈桑的幼子、玉素甫的兄弟阿里特勤成为河中地区的统治者，自称桃花石·喀喇汗。他死后，儿子玉素甫继位。1038年，征服河中地区的纳赛尔的儿子伊卜拉欣从玉素甫的囚禁中逃脱，募集军队，同玉素甫争夺河中地区。经过两年多的战争，伊卜拉欣攻下布哈拉，控制了整个河中地区。

经过一百多年的政治演变，喀喇汗王朝汗族的两大系已完全形成，即长支阿里系和幼支哈桑系。其初，汗国的统治权控制在阿里系手中。但玉素甫·卡迪尔汗占领喀什噶尔后，汗国的统治权转到哈桑系手中。1041年，伊卜拉欣用武力夺取布哈拉后，阿里系控制了河中地区，而哈桑系只控制汗国东部。伊卜拉欣自称桃花石·博格拉·喀喇汗，完全独立自主，不承认东部喀喇汗为宗主。于是完全平行的两个独立汗国——东部喀喇汗王朝和西部喀喇汗王朝形成，其疆界大致以锡尔河划分，但其上游地区归属东部汗国。

东部喀喇汗王朝的第一代大汗是哈桑系的苏来曼。他早在1032年已继位为阿尔斯兰汗，名义上是整个汗国的最高首领，但是1041年伊卜拉欣在河中地区独立后，他便只是东部汗国的首领。阿里系在河中地区取得成功，迫使哈桑系也团结起来。伊斯兰教历435年（1043—1044年），哈桑系召开家族会议，重新划分领地。苏来曼阿尔斯兰汗直接统治巴拉沙衮和喀什噶尔地区，其余地区分给自己的亲族去统治。在苏来曼统治时期又有一万帐游牧的突厥人皈依伊斯兰教，但大批从"吐蕃"来的突厥人则"有礼貌地拒绝伊斯兰教"，也没受到虐待。苏来曼是一位比较开明的君主，伊本·阿西尔称他为"科学和宗教的朋友"。伊斯兰教历448年（1056—1057年），他与弟弟博格拉汗穆罕默德发生战争，战败被俘，后者成为东部王朝的大汗。

穆罕默德在位仅15个月，便于1058年让位于长子侯赛因。但是穆罕默德的一个妃子毒死了穆罕默德及其家族中许多人，扶自己年幼的儿子伊卜拉欣登上汗位。

伊卜拉欣统治时间也很短，而且实权在母亲手中。因为汗位来得不"合法"，东部汗国的各地领主反对他，西部喀喇汗王朝桃花石汗伊卜拉欣趁机夺取费尔干纳地区。1062年，伊卜拉欣奉母命去攻打巴尔斯罕城，被该城领主打败，被俘后处死。

伊卜拉欣还在位时，他的叔父马赫穆德已宣布为王朝的大汗，自称托黑鲁尔·喀喇汗。在他统治时期，阿尔斯兰特勤率领4万穆斯林打败了70万异教徒的进攻，并渡过伊犁河与额敏河作战。托黑鲁尔汗马赫穆德的另一武功是收复了费尔干纳地区，与西部喀喇汗王朝的边界划于忽章河（锡尔河中游的名称）。

马赫穆德死于伊斯兰教历472年（1079—1080年），由儿子奥玛尔继位。他只统治了两个月就被喀什噶尔统治者博格拉汗哈桑取代。

哈桑是东部喀喇汗王朝第一代大汗苏来曼的儿子。他是喀喇汗王朝史上著名的可汗，有"正义和宗教的保卫者""宗教的荣誉""东方之王"等伊斯兰封号。在他统治时期，喀什噶尔的文化空前繁荣，玉素甫·哈斯·哈吉甫的长诗《福乐智慧》就是献给他的。阿卜都·伽费尔的《喀什噶尔史》也是在这一时期写成的。但这部史书已失传，只有一些片段保存在杰马尔·卡尔希的《苏拉赫词典补编》中，我们今天所知道的喀喇汗王朝早期历史的一些情况，主要就是靠保存下来的这些片段。

哈桑死于伊斯兰教历496年（1102—1103年），独生子阿赫马德继位，称阿尔斯兰汗。在他统治的晚年，契丹皇族耶律大石开始西征，阿赫马德汗在喀什噶尔以东几天路程的地方打败耶律大石的军队，并俘虏了其指挥官，这一事件发生于1132年左右。不久阿赫马德死去，儿子伊卜拉欣继位。

伊卜拉欣是一个懦弱的君主，缺乏才能。葛逻禄人和康里人不服从他，经常欺凌他，袭掠他的部属和牲畜。他听说耶律大石率领大军就驻在边境上，便派出使臣求援，请求耶律大石到他的都城巴拉沙衮来，愿把整个汗国置于西辽王朝统治之下。1134年耶律大石接到请求后，率领大军进入巴拉沙衮，"登上那不费他分文的宝座"[1]。耶律大石把七河地区作为西辽王朝的直辖领地，巴拉沙衮作为首都，降封伊卜拉欣为"伊利克-伊·土库曼"（土库曼王），保存了东部喀喇汗王朝对喀什噶尔、费尔干纳与和田地区的统治。从此，东部喀喇汗王朝作为西辽王朝的附庸继续存在。

西部喀喇汗王朝的第一代君主是伊卜拉欣·本·纳赛尔。他在中亚历史上是一位赫赫有名的国王，他的全部称号是"国家的支柱、教团的桂冠、真主的宝剑、桃花石·博格拉·喀喇汗"，并拥有"东方与中国之王"的伊斯兰封号。史载，桃花石汗伊卜拉欣关心自己臣民的安全、和平与需要，他特别关注经济的发展

---

[1] 志费尼：《世界征服者史》，上册，何高济据英文版汉译，翁独健校订，内蒙古人民出版社，1980年，第418页。

和物价的稳定。他进行货币改革，统一了汗国的币制和含银成色；进行城市建设，在首都撒马尔罕修建了富丽堂皇的宫殿。伊卜拉欣是一位虔诚的穆斯林，对宗教界非常尊重。但是河中地区宗教势力非常强大，严重地威胁着汗权，一位宗教人士对他说："你不配做国王。"他便把自己锁在宫中，准备让位。但是这位君主得到人民支持，处死了一位著名的谢赫（Shaikh，意为导师、长老），稳定了统治。这种汗权与教权的斗争在西部喀喇汗国并未因此结束，而是愈演愈烈。

1068年，桃花石汗伊卜拉欣中风，传位于长子纳赛尔。他与父亲一样，在中亚历史上享有盛名，被称为"公正的国王"。纳赛尔过着游牧生活，只是冬天带着部队到布哈拉郊外越冬，严格约束战士留在营地，不许外出骚扰百姓。这位君主非常关心城市的建设和商路的安全，他"用高大美观的建筑物把城市装饰起来，沿着交通大道建立了许多堡垒"。在他统治时期，宗教势力活动又加强，迫使他听从指示，并用戒律限制他。1069年，纳赛尔下令处死布哈拉的伊玛目（Imam，意为教长）阿卜·伊卜拉欣·伊斯梅尔。

这时西部喀喇汗王朝的主要威胁来自塞尔柱王朝。早在桃花石汗伊卜拉欣统治时期，塞尔柱王朝已开始侵袭河中地区。1072年，塞尔柱苏丹阿勒普·阿尔斯兰率领20万大军进犯河中地区，这位苏丹的遇刺中止了这场战争。1074年，塞尔柱苏丹马立克沙又向撒马尔罕进军，西部喀喇汗王朝请求塞尔柱王朝宰相尼扎姆·穆尔克调解，苏丹同意和平，返回阿姆河以南地区。

1080年，纳赛尔汗去世，弟希兹尔继位。他以庇护诗人而留名于世。继希兹尔统治的是其子阿赫马德。这时汗权与教权的斗争更加激烈，他处死了宰相阿卜·纳赛尔。这位宰相在希兹尔汗统治时期是大哈孜（Qazi, Qadi，伊斯兰教法官）。伊斯兰教团的哈孜阿卜·塔希尔立即以受迫害者的名义呼吁塞尔柱王朝出兵干预。1089年，苏丹马立克沙出兵占领布哈拉，围攻撒马尔罕，城破，阿赫马德汗被俘。塞尔柱军队东进至乌兹干。苏丹马立克沙召东部喀喇汗王朝桃花石·博格拉汗哈桑来会，哈桑到达表示归顺。

苏丹马立克沙占领河中地区后，留下自己的总督，返回呼罗珊。但河中地区很快发生骚乱，赶走塞尔柱王朝的总督，把东部喀喇汗王朝博格拉汗哈桑的弟弟亚古柏迎来立为大汗。塞尔柱苏丹马立克沙再次率军进入河中地区，亚古柏逃回七河地区。塞尔柱王朝鉴于河中地区的不稳定和喀喇汗王朝在当地居民中的威望，于是放回阿赫马德，并恢复了他的汗位。从此西部喀喇汗王朝成为塞尔柱王朝的附庸，直至西辽王朝征服河中地区。

阿赫马德汗复辟后，汗权与教权的斗争又激烈起来。军官们在教团的唆使下叛乱，逮捕了阿赫马德汗，在首都举行宗教审判，阿赫马德汗被处死。这一事件发生在1095年。叛乱分子把阿赫马德的堂弟马斯乌德扶上汗位，其统治时间不长，于1097年根据塞尔柱苏丹的命令由其堂兄弟苏来曼·本·达吾提代替。此后又接连换了两个汗：马赫穆德和东部喀喇汗王朝奥玛尔之子哈龙。

从1102年穆罕默德·本·苏来曼开始统治，直至1130年，政局较稳。他有"阿尔斯兰汗"的称号，但也是塞尔柱苏丹的附庸。他在中亚历史上以建筑著名，重修了布哈拉的外城和内堡，还修了一座大礼拜寺。他在撒马尔罕连修两座宫殿和一座大礼拜寺，极为富丽宏伟，尽管阿尔斯兰汗穆罕默德虔信伊斯兰教，大事修建宗教性建筑物，对异教徒进行"圣战"。但是他同宗教界的矛盾并未消除，教团杀死了他的长子副可汗纳赛尔。穆罕默德一面向塞尔柱苏丹求救，一面从外地召回次子阿赫马德。年轻的阿赫马德果断地处死了叛乱的宗教首领，很快恢复了秩序，再不需塞尔柱苏丹的援兵。但是苏丹桑贾尔率兵继续前进，深入河中腹地。这样双方便发生了矛盾，苏丹桑贾尔围困撒马尔罕；阿尔斯兰汗穆罕默德投降，被送往呼罗珊。

塞尔柱苏丹桑贾尔占领撒马尔罕后，先宣布穆罕默德汗的弟弟伊卜拉欣为桃花石·博格拉汗，不久又宣布东部喀喇汗王朝哈桑系的阿里特勤的后裔哈桑为克雷奇·桃花石汗，最后是宣布穆罕默德汗的三子马赫穆德为可汗。

马赫穆德汗统治时期，西辽王朝积极准备西进，1137年西辽军队在和毡粉碎了马赫穆德汗的军队。马赫穆德汗仓皇逃回撒马尔罕，向塞尔柱苏丹派出使臣求援，但是西辽军队并未向撒马尔罕推进，而是驻扎在和毡等待时机。1141年，在河中地区又爆发了喀喇汗与作为王朝军事力量主要组成部分的葛逻禄人之间的冲突。马赫穆德汗向塞尔柱苏丹桑贾尔求援，葛逻禄人则向西辽皇帝耶律大石求援。桑贾尔集中10万骑兵，渡过阿姆河，耶律大石也率军进入河中地区，双方在撒马尔罕以北的卡特万相遇，于9月9日会战。结果塞尔柱军队大败，桑贾尔逃脱，其妻子及一些高级官员被俘，死亡达3万人。桑贾尔带着马赫穆德汗，渡过阿姆河进入呼罗珊，从此塞尔柱王朝的势力退出河中地区。耶律大石释放了战俘，领兵进入撒马尔罕。西辽王朝也没有消灭西部喀喇汗王朝，同对待东部喀剌汗王朝一样，把它降为附庸，让它继续统治这一地区，耶律大石封马赫穆德汗的弟弟伊卜拉欣为桃花石汗，并留一名沙黑纳（Shahna，监督官）监督其统治。

三 东西两汗国的衰亡

东西两喀喇汗王朝先后沦为西辽王朝的附庸后，西辽王朝对它们的内政和宗教生活很少干预，"满足于征收一小笔年贡和把一名沙黑纳派驻在那里"[1]。由于西辽王朝的保护，它们受到来

---

1 《世界征服者史》，汉译本，下册，第466页。

自境外的干预和侵掠比前一时期减少，国内秩序比较安定。这些都有利于社会经济文化的发展。但同时喀喇汗王朝本身经过三百年的发展，封建剥削也日益加重，这又阻碍着社会经济文化的发展。特别是"伊克塔"[1]制度的发展，使中央与地方领主之间、领主与领主之间经常发生冲突，大大削弱了喀喇汗王朝中央政权的实力，它只有完全依附宗主方能维持自己的统治。

东部喀喇汗王朝成为西辽王朝的附庸之后，王朝的首领伊卜拉欣于1158年被西辽王朝派往河中地区帮助西部喀喇汗王朝镇压叛乱的葛逻禄人。这以后史籍很少提及东部喀喇汗王朝的情况。根据钱币材料，东部喀喇汗王朝的首领又恢复了汗的称号。继伊卜拉欣统治的是其儿子穆罕默德，再后是孙子玉素甫。据杰马尔·卡尔希记载，玉素甫在1205年死于喀什噶尔，其子穆罕默德继位。在穆罕默德统治时期，宗主西辽王朝政局已很不稳，附庸国或独立，或转投成吉思汗，穆罕默德汗被西辽王朝囚禁于巴拉沙衮。1211年，乃蛮王子屈出律取代西辽末帝直鲁古统治，放穆罕默德汗回喀什噶尔。但是喀什噶尔贵族们并不欢迎这位汗，当他入城时被刺死于城门洞中，东部喀喇汗王朝灭亡。

西辽王朝并河中地区后，封伊卜拉欣为桃花石汗，作为自己的附庸。在他统治时期，西部喀喇汗王朝与葛逻禄军事首领之间继续斗争。1156年，桃花石汗伊卜拉欣与葛逻禄军事首领艾亚尔伯克在饥饿草原会战，汗战败被俘遭杀，暴尸于草原。继之登上汗位的是阿里，称恰格雷汗。从此西部喀喇汗王朝的统治权又转回哈桑系手中，阿里是东部喀喇汗王朝的乌兹干领主。

恰格雷汗阿里于1158年杀死葛逻禄大首领比古汗，他的儿子们逃往花剌子模。花剌子模沙（Khorazm Shah，意为花剌子模国王或花剌子模皇帝）鼓动并支持流亡的葛逻禄人进犯河中地

---

[1] Iqta'，阿拉伯语，意为封地。这一制度出现于8—9世纪哈里发帝国对外扩张时期，后为中亚的王朝所采用。详见魏良弢：《西辽史纲》，人民出版社，1991年，第107—112页。

区。恰格雷汗阿里向西辽王朝求援，西辽王朝派东部喀喇汗王朝的"土库曼王"伊卜拉欣率领一万骑兵支援。双方军队隔粟特河对垒，经宗教界人士调解，订立和约。根据和约，阿里汗恢复了葛逻禄首领的军事职务。阿里汗死于伊斯兰历558年（1162—1163年），由其家族的穆罕默德继位,伊斯兰历561年汗位回到阿里的儿子马斯乌德手中，称克雷奇·桃花石汗。

西辽王朝发现携带武器的葛逻禄人始终是河中地区不安定的因素，决心予以彻底解决。1164年，承天太后普速完命令西部喀喇汗王朝把布哈拉和撒马尔罕地区的葛逻禄人迁往喀什噶尔地区，他们到那里后不准再携带武器，要从事农业或其他劳动。西部喀喇汗王朝坚决执行命令，逼迫葛逻禄人迁徙，结果引起葛逻禄人暴动。他们联合起来，向布哈拉进军。布哈拉地方长官用谈判稳住葛逻禄人，使他们失去警惕。喀喇汗王朝的大部队突然到达，葛逻禄人措手不及，遭到毁灭性的打击。从此，葛逻禄人在河中的势力衰落，再没有同喀喇汗王朝发生大的冲突。

克雷奇·桃花石汗马斯乌德死于伊斯兰教历566年（1170—1171年），其堂兄弟阿卜都·哈利克继位，称骨咄禄·毗伽汗，旋即又为先汗马斯乌德之子穆罕默德取代。根据钱币材料，1175—1179年为阿克达什·桃花石汗穆罕默德统治，这位穆罕默德的世系不详。其后是伊卜拉欣·本·侯赛因·本·哈桑统治，从伊斯兰教历599年（1202—1203年）起是伊卜拉欣之子奥斯曼统治。

从这一时期汗位继承上可以看出汗族内部斗争之激烈、中央汗权之衰弱。12世纪中期，河中地区的宗教势力进一步发展，在布哈拉出现了一个政治实体。其统治集团是一个世袭的宗教家族，戴有"萨德尔·贾罕"（"世界的支柱"）称号的宗教代表人物担任它的首领，史籍称之为"布尔罕王朝"。它在政治上是西部喀喇汗王朝的附庸。西辽征服这一地区后，"布尔罕王朝"仍然保存下来。萨德尔·贾罕拥有大量的瓦各夫（宗教寺院、学校的财产），从手工业和商业中获取巨额收入，并代表西辽王朝向居民收税，从中自肥。由于萨德尔·贾罕贪婪而卑鄙，被人民称为"萨德尔·贾罕纳姆"（"地狱的支柱"）。布尔罕王朝的压迫和剥削及其荒淫无耻，引起群众的普遍不满和愤怒。1206年，爆发了布哈拉人民起义，领导是手工业者桑贾尔，史称"桑贾尔起义"。起义者占据城市，没收了萨德尔和贵族的财产。萨德尔被赶出城外，他曾向西辽王朝求救，但西辽王朝没有派兵来，布尔罕王朝在人民起义的风暴中灭亡。

花剌子模沙摩诃末（Muhammad）早已对河中地区虎视眈眈，一直在寻找时机。他认为桑贾尔起义是征服这一地区的最好时机，于是率领大军直取布哈拉。起义者没有采取保卫城市的应有措施，也没有同郊区农民联合起来，摩诃末沙很快攻下了布哈拉，把桑贾尔投入河中淹死，残酷地镇压了这次人民起义。

摩诃末沙为使整个河中地区"和平"归属自己，想利用西部喀喇汗王朝，便暂时与它结盟。这立即引起西辽王朝出兵，打败花剌子模沙与西部喀喇汗王朝的联军，摩诃末沙逃回花剌子模，西部喀喇汗王朝首领奥斯曼又转向西辽王朝，并向皇帝直鲁古的女儿求婚，但遭到拒绝。奥斯曼受辱后又转到花剌子模方面，并承认摩诃末为自己的宗主。这引起西辽王朝再次出兵，攻占撒马尔罕。但是这时西辽的东部发生了比这更为严重的叛乱——乃蛮王子屈出律起兵骚扰各地，皇帝直鲁古不得不从撒马尔罕撤兵，返回东部。

花剌子模沙摩诃末利用这一时机，再次率军进入河中地区，在奥斯曼的欢迎下进驻撒马尔罕。摩诃末和奥斯曼组成联军东征，1210年在怛逻斯附近打败西辽军队，俘虏其主将塔阳古。花剌子模沙摩诃末很容易地征服了河中地区，这是由于当地人民希望在赶走"多神教"的西辽，成为自己同教的花剌子模的属国后，将会改善自己的处境。然而河中地区居民很快就体验到"正统宗教信徒"花剌子模沙的残虐，对新的征服者极为不满。在怛逻斯战役后奥斯曼娶了摩诃末的女儿。按花剌子模的习惯，他婚后要在沙的皇宫住整整一年。这时河中人民既不满花剌子模的统治，又担心自己国王奥斯曼的安全，群情汹汹。摩诃末沙为安定河中地区的局势，派一支卫队护送奥斯曼返回撒马尔罕。

奥斯曼作为西辽皇帝的附庸时，生活自由，见皇帝时总受到荣誉的接待。现在他却落在花剌子模驻撒马尔罕总督的有力控制之下，完全失去了自由，他不满于这种处境，于是对花剌子模公主进行羞辱，以发泄自己的愤恨。1212年，撒马尔罕爆发了反对新压迫者的起义，奥斯曼支持这一行动。摩诃末沙得到消息后立即出兵，围攻撒马尔罕。奥斯曼没有很好地组织人民进行抵抗，而是向已篡夺西辽政权的屈出律求救。摩诃末沙发起强攻，奥斯曼无力抵抗，只得打开城门，手捧一把刀和一件寿衣恭候这位沙入城，听受处分。摩诃末下令屠城，杀死一万多名穆斯林。根据公主的请求，处决了奥斯曼。摩诃末把河中地区变成花剌子模的直属领地，西部喀喇汗王朝灭亡。

喀喇汗王朝的统治者自称"桃花石汗"，戴有"东方与中国之王"或"东方与中国之苏丹"的封号。他们自认是中国的国王，与唐朝宋朝的皇帝是甥舅关系[1]。西亚国家和哈里发也承认他们是中国之王。喀喇汗王朝与中国领土上的其他几个王朝——宋、辽、西夏都保持着政治和经济关系。喀喇汗王朝在发展中西贸易、传播中西文化中起了重要作用。

---

1 《宋史》卷四九〇《于阗传》载，元丰四年（1081年）黑汗王上表称："于阗国偻儸有福力量知文法黑汗王，书与东方日出处大世界田地主汉家阿舅大官家。"《宋史》同卷《回鹘传》指出：这种称谓是由于"唐朝继以公主下嫁，故回鹘世称中朝为舅，中朝每赐答诏亦曰外甥。五代之后皆因之"。在宋人笔记中也有这种称谓的记载，如《铁围山丛谈》和《游宦纪闻》记述的大观年间（1107—1110年）黑汗王上表称宋徽宗为"阿舅大官家"。详见黄时鉴《东西交流史论稿》之《"條贯主"考》篇（上海古籍出版社，1998年）、魏良弢《关于喀喇汗王朝起源的几个问题》（《民族研究》2000年第4期）。

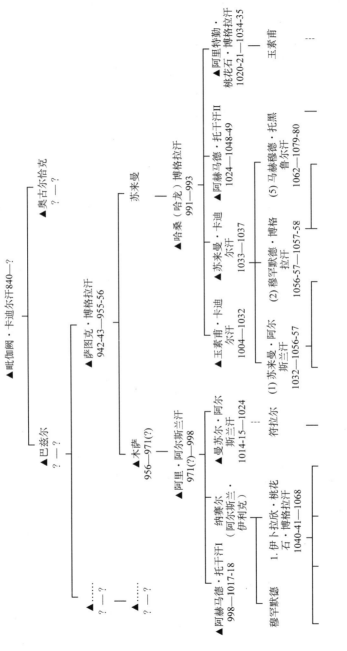

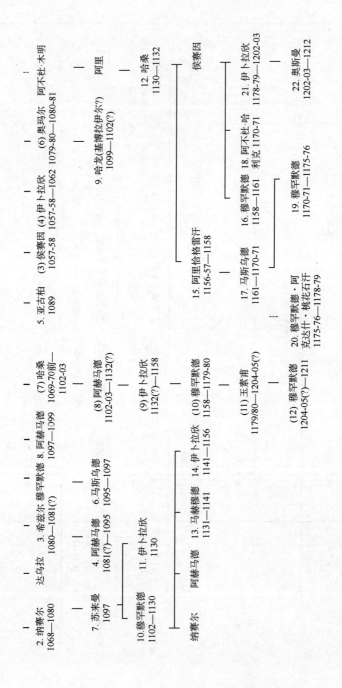

喀喇汗王朝的世系和年表，由于书面史料贫乏，主要是依据古钱资料编制而成。同时，过去所编制的世系和年表也日趋准确和完善。随着钱币的不断发现、公布和研究，这个王朝的喀喇汗王朝的世系和年表《喀喇汗王朝》，第31卷第1期，柏林）。以后E.达维道维奇用新的古钱资料做了许多订正。笔者根据他们二人的研究成果编制了一个世系和年表，刊于《新疆社会科学》（维文版）1982年第3期，后收入《喀喇汗王朝史稿》（新疆人民出版社，1986年）。但是20世纪70年代以后的一个时期苏联学术界对喀喇汗王朝的研究在前推进了一步。O.普里查克又公布了一系列新的论文，把喀喇汗王朝的研究在这方面取得的新进展。这样，笔者编的那个世系和年表也过时了。大量的古钱资料也证明，普里查克的新资料集《东方民俗、文学和历史》，塔什干，1984年）。在会上B.柯奇涅夫在全苏联学术界对喀喇汗王朝的研究空前活跃。发现并公布了一批新的钱币。在喀喇汗经常是几个汗并立，各自在其控制的领地上拥有主权，也难说存在什么"格普汗""等称号。事实上并没有什么荣誉权和权力上的差别，编制出一个接一个的大汗继统年表。兹在普里查克原表的基础上，根据苏联学术界已刊布的新资料，再编制一个简要的喀喇汗王朝世系和年表，以反映学术界对喀喇汗王朝研究的当前水平，并订正拙前表。此表曾作为译文（Б.Д.科奇涅夫《中国历史·西辽史·喀喇汗王朝史·喀喇汗王朝的资料》的"附录"，刊出于《中亚研究》1988年1—2合期；其后笔者又做了一些修正。刊出于《新疆大学学报》2007年第6期；现再做一些订正，列表如下。

本表首次刊出王魏良弢《中国历史·西辽史·喀喇汗王朝史》，人民出版社，2010年，第184页。

四 社会经济的发展

喀喇汗王朝是一个统治地域辽阔、存在时间很长的朝代,所以社会经济情况比较复杂。从民族成分上讲,在境内既有操突厥语的各部族,又有讲伊朗语的各部族,还有阿拉伯人等。而这些部族由于历史原因,所处的社会地位又各不相同。从经济部门上讲,既有游动的畜牧业,又有定居的农业,而同为畜牧业和农业,各地区的发展水平也极不一致。从社会发展形态上讲,有的地区已是发达的封建社会,有的则刚刚跨进阶级社会的门槛,还保留着许多宗法-氏族制的残余。这样喀喇汗王朝的社会经济情况不仅比较复杂,而且必然具有自己的一些特点。

农业。穆斯林作家没有留下关于河中地区农业情况的记载,但在喀喇汗王朝灭亡后不久蒙古国大臣耶律楚材和长春真人丘处机到过这一地区,留下了珍贵记载。这里有(一)发达的水利灌溉设施。(二)发达的粮食种植业。单位面积产量相当高,"率二亩收钟许"。(三)发达的园林业。撒马尔罕"环郭数十里,皆园林也","郭西,园林相接百余里"。(四)发达的园艺业。瓜果、菜蔬很丰富,"瓜大如马首","味极甘香"。

七河地区农业也相当发达,这里"平地颇多,以农桑为务"。"惟经夏秋无雨,皆疏河灌溉,百谷用成。"[1] 这里有较发达的葡萄种植业,"酿葡萄为酒"。

考古资料证明,喀什噶尔与和田地区的农业也相当发达。这里有棉花种植业、养蚕业,粮食作物有小麦、稷、蚕豆,还有甜瓜和苹果等。

畜牧业和渔猎业。在喀喇汗王朝境内畜牧业仍占着很重要的

---

[1] 耶律楚材:《西游录》,向达校注,中华书局,1981年,第3页;《长春真人西游记》卷上,王国维校注,《王国维遗书》第13册。

地位。养马业在畜牧业中地位突出,伊犁地区有良好的牧场,10月底依然"水草盈丰,天气似春"。从《福乐智慧》中可看出畜牧业在统治阶级心目中所占的地位:

> 除此之外,还有牧民,
> 他们是牲畜的主人。
>
> 他们是心地诚实的人,
> 肩上担负着重任。
>
> 吃穿、乘骑和战马,
> 还有驼畜全靠他们供给。
>
> 还有马奶酒、毛、油和酸奶疙瘩,
> 还有使你住房舒适的地毯和地毡。
>
> 他们是一种有用之人,
> 要亲切地对待他们,
>
> 要和他们交往,招待他们,
> 要使他们安居乐业。[1]

狩猎在山地和森林地区的经济生活中起着重要作用。捕猎的主要对象是野驴、羚羊、鹿、野猪、狼、狐、松鼠、熊等,喀喇汗王朝对外聘问馈赠用的常是动物的皮毛。在伊犁河、楚河、怛逻斯河及锡尔河中游地带渔业在经济生活中占有一定地位。

手工业。玻璃生产在中亚地区一向占有重要的地位,在喀喇

---

[1] 《福乐智慧》,耿世民、魏萃一汉译本,新疆人民出版社,1979年,第201页。

汗王朝时期又得到普遍发展，在各地都有大量的玻璃制品出土。器皿类有碗、盘、高脚杯，日常用品有瓶、罐、墨水瓶、文具盒、香料小瓶，装饰品有串珠、颈饰等。平板玻璃已用于窗户，这是极大的进步，使住房条件大大改善。当然当时只有富人才能享用这种技术进步带来的好处。

陶器生产在喀喇汗王朝时期大放异彩，制作已普遍使用陶轮，釉下彩陶已为居民普遍使用，在一些深山僻壤也可以发现喀喇汗王朝时代很好的釉陶。"卡申"釉陶出现，即在很薄的陶坯上镂上一些小圆孔、方孔或三角孔，在孔里注满釉，形成一种独特的透明图案，晶莹玲珑。未着釉的陶器，此时还在生产，是很好的薄壳陶器。食案"礼器"占很重要的地位，这也是喀喇汗王朝时代陶器生产的一个特点。

金属制作有很大的发展，主要是生产武器、铠甲和驭具饰件。它们制作精美，除用于实战外，还是喀喇汗王朝对外聘问馈赠的礼品。民用产品主要是生产工具和炊具，以及小刀、灯盏、文具盒等。

织造业各地都有，生产量大，织造品品种繁多，质地良好。河中地区的维达尔棉布远销国外，东部喀喇汗王朝的"白叠布""花蕊布"名著宋朝。在巴楚县托库兹撒莱出土的棉织品，花纹美观，蓝白相间，是用垂直织机织成的，技术相当先进。各地也都生产麻、丝、毛等织品，质量相当优良。

造纸业，自8世纪中期中国造纸术西传后，在河中地区迅速发展起来。撒马尔罕长期以来是整个伊斯兰世界的纸张供应地，由此按中国方法制作的纸得名为"撒马尔罕纸"。在喀喇汗王朝时期，撒马尔罕的造纸业仍然很发达，在巴楚县托库兹撒莱遗址中发现了具有自己特色的纸张。

采矿业和冶铁业，根据考古资料看，其技术已很先进。依据地形不同，建有竖井、斜井，也有露天矿。井下有坑道，有开采的掌子面。矿井深度有的达150—160米，在坑道里发现了"弹性"支架。一般利用自然通风，也有的采用挡风板，把空气从下面反推上来。井下排水，利用了坎儿井的经验，用地下水渠把水引走。矿石用皮囊或筐子装运，用绞车提上地面。在地面上将矿石粉碎、洗矿，然后再进行冶炼或其他加工。矿产品主要有铁、锡、银、金、硇砂、汞、玉石、绿松石、红宝石、天青石等。

工匠们的冶金知识和工艺技术都达到了相当高的水平。根据文字记载和炉渣分析，像熔炼硫化铜矿、用烤钵冶炼法提取白银等这样一些复杂的工艺，他们已经掌握。

喀喇汗王朝时期手工业获得巨大发展，除手工业者的勤劳聪明这一根本原因外，王朝统治者的政策也有一定促进作用。《福乐智慧》说：

> 还有一种人是工匠，
> 他们靠手艺谋生。
>
> 他们也是你所需要的人，
> 你接近他们会从中受益。
>
> 他们中有铁匠、靴匠还有木匠，
> 还有油漆工、画师和弓箭匠。
>
> 各种工匠种类很多，
> 这里不必一一历数。
>
> 世界的装饰靠他们，
> 人间的奇迹由他们创造。
>
> 你也要和他们交往，
> 取得他们的爱戴你会生活得愉快。

他们为你做工要及时付给报酬,
还要以丰盛的饭食款待他们。

不要让他们在人民中坏了你的声誉,
不要因他们使你的声名狼藉。

还是智者说得好,
对待人民要慈善和蔼。[1]

  从这段诗中可以看出,喀喇汗王朝时期的工匠身份绝不是奴隶,社会地位也不像后来蒙古时代那样普遍低人一等。这就为提高工匠的劳动兴趣和进行劳动提供了一个相对有利的社会环境。

  商业和货币流通。农业、畜牧业和手工业的发展,特别是七河地区、喀什噶尔地区、和田地区与河中地区统一在一个政权之下,为商业的发展提供了有利的条件。喀喇汗国地处中西交通的枢纽,无论是同东方的宋朝、辽朝,还是同南方、西方的印度、伊朗及其他西亚国家、北非和东欧都有发达的贸易关系。文字史料和考古资料,特别是钱币资料都有力地证明了这一点。

  自喀喇汗王朝并和田后,由于王朝对商业的重视,"自瓜、沙抵于阗,道路清谧,行旅如流"[2]。喀喇汗王朝的商队到宋朝,多以朝贡名义,"远不逾一二岁,近则岁至"[3]。有时几个商队同时到达。他们运进宋朝境内的商品,主要是珠、玉、珊瑚、翡翠、象牙、乳香、木香、琥珀、硇砂、龙盐、花蕊布、西锦、腽肭脐、金星石、安息鸡舌香、玉秋辔、马匹等。上述商品中有一些是从印度或西亚、北非转运而来的,如珠、珊瑚、象牙等。他们从宋朝运回的商品,主要是丝织品、衣服、工艺珍品、茶叶

---

1 《福乐智慧》,耿世民、魏萃一汉译本,第 204—205 页。
2 《宋史》卷四九〇《于阗传》。
3 《宋史》卷四九〇《于阗传》。

等。《福乐智慧》说:"要是中国商队砍倒自己的旗子,千万种珍宝从何而来?"[1] 正是反映了这种情况。

喀喇汗王朝与辽朝也有经常的贸易往来。宋朝每年向辽朝交纳的巨额"岁币"——丝织品和白银,除去辽朝统治阶级消费掉一部分外,其余部分则转输西方,这可从喀喇汗王朝对辽朝的频繁"朝贡"以及两方对保持友好关系的重视反映出来。这在《福乐智慧》中也有证明:"大地裹上了绿绒,契丹商队运来了中国商品。"[2]

喀喇汗王朝时期从事商业活动的主要是三种人:一是商品直接生产者,如织工和其他手工业者把自己的产品拿到市集上去卖,或在自己的作坊前设立铺店出售自己的产品;二是中小商人、商贩,他们在市区设立铺店经营日常用品或在集市摆摊出售;三是大商人,他们多数本身就是封建领主,或者与统治集团有密切关系,出境经商,常以"使臣"的身份出现,他们的商队从而也变成了"使团",所以同时肩负宣扬国威,使统治者"名传四方"的使命。喀喇汗王朝对商业物价很重视,把商业税视为国库的主要收入。《福乐智慧》说:

> 财务官还要长于商业,
> 也要经常了解市上的行情。
>
> 商业带给国家利益很大,
> 这样才能保证国库免于匮乏。[3]

生产力的提高、手工业和农业的分离、商品生产的发展、游牧地区与农业地区联系的加强以及对外贸易的发展,促进了货币

---

[1]《福乐智慧》,耿世民、魏萃一汉译本,第200页。
[2]《福乐智慧》,耿世民、魏萃一汉译本,第18页。
[3]《福乐智慧》,耿世民、魏萃一汉译本,第134—135页。

流通。在我国的新疆、中亚各国都有大量的喀喇汗王朝钱币出土，同时在这些地区也出土了许多宋朝、伽色尼王朝和塞尔柱王朝的钱币，这有力地证明了喀喇汗王朝货币经济的发展。

这一时期的货币有两个特点：（一）金币投入流通，这说明由于国际贸易的发展，大宗商品需要价值更大的货币作为购买手段。（二）铜币或含银很少的钱币代替纯银币或含银很高的钱币，这是由于商品货币经济的迅猛发展，需要大量的钱币作为流通手段；如果冲制高成色的钱币，则不能给市场提供这么多的钱币。

城市的发展。喀喇汗王朝时期最显著的特点之一是城市规模的扩大和城市数量的增加。这正是社会经济普遍高涨的结果，也是社会经济普遍高涨的证明。

城市规模的扩大，主要是工商业区的扩大。城市经济生活的中心由内城转移到关厢，一些新的建筑物在这里兴建起来。河中地区的撒马尔罕城扩大到 630 公顷，布哈拉城也达到 600 公顷。七河地区出现了一系列新的城镇。考古资料证明，伊犁河谷地区兴起了 56 座城镇。楚河谷地过去的一些居民点也发展为城市。在一些远离商路的地方出现了新的居民点，这些都与游牧民族转入定居及手工业、商业的发展有关系。

随着城市的发展，建筑业也获得巨大的发展，喀喇汗王朝时期的大量建筑物至今还有一部分完好存在，在中亚旅行随时可见。它们以砖的普遍使用、新的平面配置和装饰手法而有别于萨曼王朝时代。

社会经济关系。喀喇汗王朝时期中亚地区的封建制得到进一步发展。土地大致归下列人（包括法人）所有：（一）属于国家所有的"迪万土地"，其来源主要是"依法"没收归公的土地，包括在征服战争中被推翻的王朝、王族及官员的土地。（二）"瓦各夫土地"，即伊斯兰教寺院和宗教学校的土地，其来源是王朝的赏赐、官员和封建主的捐献。瓦各夫不仅包括耕地，而且还包括水磨、作坊、铺店以及城市的地面、房产等。瓦各夫一般享有免税特权。(三)"封建主米尔克",即属于封建主的私有土地。(四)"农民米尔克",即自耕农的小块土地。(五)"农村公社土地",即历史上遗留下来的公社制残余。

农村的生产关系主要是分成制的租佃关系。瓦各夫土地、封建主米尔克、迪万土地都是用分成制方式租给农民耕种。佃农要把收获的一半以上,一般为三分之二,交给土地所有者。喀喇汗王朝实行伊斯兰教法,向土地所有者征收"哈拉吉"(土地税),实际税额为收获量的三分之一,主要是交纳实物,有时也交货币。此外,果园和葡萄园也要交税捐,要交纳水利费。牧民要缴纳"萨达克"(牲畜税)。

城市,首先是国家的或地区的政治、宗教中心,但它的经济意义却大大加强。它的居民除去统治阶级(汗族、文武官员、宗教上层人士、富商)和直接为其服务的人员(军队、吏役、奴仆及一般宗教人士)外,从事直接生产的手工业者人数大大增加,一般中小商人和商贩的人数也有增加。这一时期城市劳动者也开始分化,这反映在萨纳伊的诗作中:

> 一个建筑匠人两个月攒下的钱,
> 一个帮工一年也挣不到那么多;
> 然而一个帮工痛快地吃掉的东西,
> 一个短工一生也挣不到那么多。[1]

从这里可以明显地看出,工匠、帮工、短工的收入悬殊,从而也可以推断出他们在生产关系中所处的地位不同。这些短工是流入城市的农村无地或少地的农民,他们处于城市社会的下层,受着工匠的剥削。

---

[1] 《塔吉克民族史》,第2卷,第1册,第262页。

五 伊斯兰-突厥文化的形成

作为喀喇汗王朝统治民族的回鹘人，西迁之前在其自身发展的基础上，深受汉文化的影响，已达到相当的文明程度。在喀喇汗王朝时期，由于土著民族的突厥化和突厥语各民族的伊斯兰化之加强，以及内部、外部联系的加强，加上统治阶级的重视，文化也获得巨大的发展，出现了一些杰出的作家，他们的著作是我国的优秀文化遗产，丰富了世界文化宝库。

玉素甫·哈斯·哈吉甫和《福乐智慧》。玉素甫（Yusuf）在1012—1017年之间出生于巴拉沙衮的一个名门世家，年轻时受过很好的教育，成为一位见多识广、品行端正、笃信伊斯兰教的学者。为了完成长诗《福乐智慧》的创作，他离开故乡，来到喀喇汗王朝的文化中心喀什噶尔。他于伊斯兰历462年（1069—1070年）完成了这部长诗，并在宫中朗读给桃花石·博格拉汗哈桑听，得到这位汗的赞赏，封他为"哈斯·哈吉甫"[1]。这时他的年龄在60岁左右，其后情况不详，现今喀什市内有他的陵墓。

《福乐智慧》是用回鹘语（古代维吾尔语）写成，书名作 *Qutadghu Bilik*，意为"给人们带来幸福的知识"[2]。现今已发现留存在世的只有三个抄本：伊斯兰教历843年（1439年）抄写于赫拉特的回鹘文本（现藏维也纳国家图书馆，称"维也纳本"）；发现于纳曼干的公元12世纪末或13世纪上半叶的阿拉伯字母（纳斯赫体）转写本（现藏乌兹别克斯坦科学院东方研究所，称"纳曼干本"或"费尔干纳本"；公元14世纪上半叶的

---

[1] has hajib，意为"可靠的侍臣""御前侍臣"。
[2] 其实，译为《福乐知识》才符合该书的理念：智慧与知识是两个不同的范畴，只有真主才能赐人智慧，而其他人（包括该书作者玉素甫本人）都只能授人知识。

阿拉伯字母（苏鲁斯体）转写本（现藏开罗迪温图书馆，称"开罗本"）。《福乐智慧》三个抄本的先后发现，引起了学者的注意，自1815年德蒂斯（Detis）节译为德文，现已译成多种语言出版。新疆人民出版社1979年出版了我国学者耿世民、魏萃一的《福乐智慧》汉语节译本；民族出版社1986年出版了郝关中、张宏超、刘宾的汉语全译本；此前还于1984年出版了新疆社会科学院编的维吾尔文本。

《福乐智慧》是一部劝诫性的长诗，宣扬伊斯兰教的哲学伦理思想。经过学者对三个抄本的整理，全诗正文有6 520节双行诗，附录为125节双行诗，共计6 645节，13 290行。全诗共85章，前11章为引子，包括对真主、先知、圣徒和博格拉汁的赞颂，对天文、知识、语言和道德的论述，以及对写作目的的说明。从第12章起转入故事的叙述和人物的对话。出场四个人物：国王、宰相、宰相之子、宰相的族人，他们分别叫日出、月圆、贤明、觉醒，并体现四种"珍贵的东西"：公正、幸福、智慧、知足。故事的梗概是国王日出求贤，月圆觐见，得到国王的赏识任为宰相。不久月圆染病去世，死前给儿子贤明留下遗训，并向国王推荐贤明。国王任命贤明为宰相。贤明励精图治，国泰民安。国王又求贤，听说宰相的族人觉醒贤能，派宰相三顾，觉醒才一见国王，但终不肯出仕。以后贤明因年老而无作为，也想隐遁，觉醒劝他应知恩报恩，效忠国王，造福人民。觉醒染病去世，留下两件遗物：一是手杖，给国王；一是钵，给贤明。长诗的最后部分是作者哀叹青春逝去，世风日下。

这部长诗阐述了道德标准、人们的行为准则、人们相互间以及人们对社会、国家的义务等。玉素甫·哈斯·哈吉甫的伦理思想渊源于回鹘古老的文化传统，并吸收伊斯兰文化、佛教文化和儒家文化的伦理思想，形成了一种具有鲜明民族特点的伦理体系。

《福乐智慧》的作者通过人物的对话和活动，表达了自己的伦理思想。他认为作为"人",尤其是统治者,最重要的品德是"公正",他往往又把"诚实"跟"公正"并提。怎样才能"公正"和"诚实",他的回答是

> 无论是我的儿子与我多么亲近,
> 无论是过往旅客留宿的行人。
>
> 我将二者在法制上视为等同,
> 裁决上无亲疏一律平等。
>
> 你看,王位的基础是诚实公正,
> 有诚实公正则君王得生。[1]

作者认为国君与臣民的关系应该是

> 你对属民有三项责任,
> 完成这些责任免得人民对你怨恨。
>
> 一要在国中保持银子的质量,
> 时刻注意它的成色。
>
> 二对人民要有公正的法律,
> 并要切实执行。
>
> 三要保护商道的安全,
> 肃清一切盗贼。

---

[1]《福乐智慧》,耿世民、魏萃一汉译本,第75页。

待你尽到对属民的责任，
以后才能要求你的权利。

关于属民对你的三项义务，
你听，我来告诉你。

一是尊重你的命令，
无论如何要迅速执行。

二是不得拒绝交纳租税，
都得按时完成。

三是把你的敌人仇恨，
爱你喜欢的人。[1]

作者明确指出国君应该治理好国家，使人民富裕，"民为君本"：

国家治理得好人民富裕，
人民富裕是统治者的目的。[2]

人心是国君之本，
没有它国君不能生存。[3]

作者一再强调法制对治理国家的重要性和执法要公正：

---

[1]《福乐智慧》，耿世民、魏萃一汉译本，第239—240页。
[2]《福乐智慧》，耿世民、魏萃一汉译本，第34页。
[3]《福乐智慧》，耿世民、魏萃一汉译本，第122页。

刀剑能征服敌人，
法律才能治理国家。[1]

法制公正，则根兴旺，
法制败坏，则根枯竭。

如果行法制之君不存，
真主将砸碎大地七层。[2]

您若愿王位坚如磐石，
您应以公正实行法制。[3]

《福乐智慧》的作者告诉读者，要做到恪守道德规范、尽好职责，就需要"知识"和"智慧"。他认为"人类的尊贵在于知识和智慧"：

智慧和知识可以洞悉一切，
有知识智慧者可以达到目的。[4]

睿智的统治者看重知识，
他把有知识的人集在自己的身边。

处理国务要慎重，
这里知识起着头等作用。[5]

---

1 《福乐智慧》，耿世民、魏萃一汉译本，第35页。
2 《福乐智慧》，耿世民、魏萃一汉译本，第160页。
3 《福乐智慧》，耿世民、魏萃一汉译本，第236页。
4 《福乐智慧》，耿世民、魏萃一汉译本，第27页。
5 《福乐智慧》，耿世民、魏萃一汉译本，第34页。

玉素甫·哈斯·哈吉甫认为只有通过知识的传授和学习，才能成为真正的人。

> 人具有这两种精神：
> 一种是学习，一种是教育。
>
> 这两种精神聚于全身，
> 你想取哪种可以随心所欲。[1]
>
> 请看智者传授知识，
> 再看诚实者是真正的人。[2]

玉素甫·哈斯·哈吉甫的这些思想——在当时伊斯兰教盛行的时代提倡知识，在封建宗法制度的社会宣传民为君本，强调法制和执法公正，尽社会义务，造福人民——是难能可贵的。这些思想不仅在当时是进步的，即使在今天仍然闪烁着光辉。同时也应看到，由于时代和阶级的局限性，他有许多观点是含混的、矛盾的，甚至是错误的。他对知识和智慧的来源，一方面强调教育和学习，但另一方面又说："真主创造了人类，赋予他品德、知识和智慧。"[3] 他一方面承认"天命"，一方面又强调"事在人为"，说："一切事均来自天命，而善与恶之行却全在自己。"[4]他生活于那个宗教繁荣的时代，作为一个虔诚的穆斯林也只能如此说。在"出世"和"入世"问题上他也做了协调。作者通过隐者觉醒和宰相贤明的对话和活动表明："遁世奉神"是为了来世，

---

[1]《福乐智慧》，耿世民、魏萃一汉译本，第147页。
[2]《福乐智慧》，耿世民、魏萃一汉译本，第117页。
[3]《福乐智慧》，耿世民、魏萃一汉译本，第26页。
[4]《福乐智慧》，耿世民、魏萃一汉译本，第104页。

"造福人民"是为了今世,都是真主所喜欢的,都可以获得"幸福",即"抓住了两个世界"。这种思想,在当时苏非派遁世无为思想流行的时代,是值得肯定的。它虽肯定遁世,但也提倡造福当世、积极有为,两者都是贯穿《福乐智慧》全书的主导思想。

《福乐智慧》虽是一部伦理学著作,但也是一部优秀的长诗。它用清新、形象、生动的语言表达了难懂、抽象、枯燥的哲学概念。它通过故事情节的展开和人物的对话,让读者在文学欣赏中受到熏陶,接受教益,避免了板起面孔的说教和教条式的劝诫。现在让我们来领略一下《福乐智慧》作者笔下喀什噶尔的春日风光:

> 东方吹来了和煦的春风,
> 为装点世界,打开了天国之门。
>
> 龙脑香消失了,大地铺满了麝香,[1]
> 世界将把自己打扮得五彩缤纷。
>
> 习习春风赶走了恼人的冬天,
> 明丽的春天又拉开了幸福之弓。
>
> 太阳回归,走回原来的位置,
> 从双鱼之尾,走进白羊头顶。[2]
>
> 光秃秃的树木穿上了绿衣,
> 红黄蓝紫,枝头五彩纷呈。

---

1 "龙脑香"喻白雪;"麝香"喻褐色土壤。
2 "双鱼""白羊",星座名。太阳进入白羊宫为伊斯兰教历一岁之首,时当春分。

褐色大地披上了绿色丝绸,
契丹商队又将桃花石[1]锦缎铺陈。

平原、山峦铺满了锦绣,
谷地、丘陵一片柳绿花红。

五彩缤纷的花朵绽开了笑脸,
大地上弥漫着兰麝的芳馨。

习习晨风送来了丁香花的清香,
茫茫大地散发出麝香的清芬。

天鹅、野鸭、白鹄、沙鸡布满天空,
嘎嘎嘎地叫着,上下飞腾。

你瞧,有的飞起了,有的落下,
有的在喝水,有的在游泳。

灰色的[2]大雁在碧空里长鸣,
好似驼队,晃晃悠悠地行进。

雪鸡声声鸣叫,在呼唤伴侣,
好似娴静的少女,在召唤情人。

锦鸡飞来了,发出咯咯的笑声,
瞧它的眉毛漆黑,喙如血红。

---

1 "桃花石"(Tanghach),是穆斯林史书对中国的称呼。
2 "灰色的",原文为Køkix,也是一种鸟名,原译作"鸪鸪什",联系上下文并参照耿世民、魏萃一译文,改为"灰色的"。

黑色椋鸟启动长长的嘴巴,
叫声好比妙龄少女的声音。

花坛里,夜莺在高诵《诗篇》,
日夜歌唱不已,千啭百鸣。

羚羊成双,在花丛中嬉戏,
鹿儿成对,在欢跳乱蹦。

天公皱起眉头,洒下了泪水,
百花舒展开面孔,含笑盈盈。

此时此刻,世界环顾自己,
看着自己的华服,无比欢欣。[1]

《福乐智慧》的历史意义在于应时代之要求,对伊斯兰文化和突厥文化进行整合,奠定了新的文化——伊斯兰-突厥文化的基础。它在制度文化层面上肯定喀喇汗王朝的政教分立,为其后历代政权沿用不替,避免了政教合一的高度专制所造成的整个社会生活窒滞。在精神文化层面上继承和发扬突厥文化传统,积极吸收伊斯兰文化成分,加以整合,形成自己的精神文化特色[2]。在此基础发展起来的维吾尔文化,久经历史的磨炼和丰富,不仅不同于伊斯兰-阿拉伯文化和伊斯兰-伊朗文化,而且也有别于突厥语其他民族文化。世界文化的多元性,决定了"泛伊斯兰主

---

1 《福乐智慧》,郝关中、张宏超、刘宾汉译本,民族出版社,1986年,第12—14页。
2 详见魏良弢:《〈福乐智慧〉与喀喇汗王朝的文化整合》,载《西域研究》2000年第3期。

义""泛突厥主义"的狭隘性与局限性。今天我们这个古老的统一的多民族的国家正处于又一次社会转型时期，维吾尔文化同整个中华文化一样，也面临着文化整合这一重大课题，重温历史会给人们以借鉴和启迪。

马合木·喀什噶里和《突厥语大词典》。《突厥语大词典》（*Diwan Lughat al-Turk*）的作者马合木·本·侯赛因·本·穆罕默德·喀什噶里（Mahmud ibn Husein ibn Mahammad al-Qashighari）的生平没留下任何记载，人们只是根据他的全名和籍贯以及他自称"出身于操汗族语言的一个古老部落"来推测他的身世与经历：马合木是东部博格拉汗穆罕默德（1037—1057或1058年在位）之孙、巴尔斯罕领主侯赛因之子，在1057年的宫廷流血事件中幸免于难，流浪各地，后逃出东部喀喇汗王朝国境，到了布哈拉，然后又经过内沙布尔到达巴格达。在宫廷流血事件之前，马合木在喀什噶尔受过很好的教育，之后在七河地区流浪时做了考察，这是他以后编写词典的准备条件。他大概生于11世纪20年代，于1074年用阿拉伯语写成《突厥语大词典》，献给当时阿拔斯王朝的统治者阿卜·哈希姆·阿卜都拉·伊本·穆罕默德·穆格台迪（1075—1094年在位）。以后他返回东部喀喇汗国，大概死于11世纪70—80年代之交。现在新疆疏附县乌帕尔镇有马合木·喀什噶里的陵墓。

《突厥语大词典》不仅是一部优秀的语言学著作，而且是一部关于11世纪中亚社会的百科全书。它全面地记载了突厥语各部族的族名，地名，氏族-部落的划分，各种职官的称号和爵号，物质文化，生活习惯，亲族和姻亲的术语，饮食名称，家禽和家畜，野禽和野兽，民间历法、月份和周日的名称，畜牧业术语，植物和谷物，天文术语，地理术语，疾病和药名，解剖学术语，金属和矿物，军事、体育、政治术语，历史人物和神话人物，宗教知识，儿童游戏和娱乐，等等。它是研究中亚中世纪历史的珍贵资料，如在"引言"中用专门一节阐述突厥诸部落及其分布情况：

> 突厥人原为二十个部落。追根溯源，他们的祖先是真主器重的先知挪亚之孙、雅派司之子突厥。正如罗马人是真主所器重的先知易卜拉欣的重孙、易司哈格之孙、耶稣之子洛摩罗斯的后裔一样。每一个突厥部落都有很多的氏族，他们的数目只有伟大的真主知道。我只收录了根系部落，而略去了他们的氏族支系。鉴于人们需要了解乌古斯土库曼人，所以我列举了他们的氏族及其牲畜印记。不论其信奉伊斯兰教与否，我从东罗马附近开始，向日出的方向依次指出东方的突厥诸部落居住的地区。居住地最靠近东罗马的部落是"pəqənək 派切乃克"，其次是"kïfqaκ 奇普恰克""oghuz 乌古斯""yəmək 耶麦克""baxghïrt 巴什基尔""basmïl 拔悉密""κay 喀伊""yabaku 亚巴库""tartar 鞑靼""κïrκïz 黠戛斯"等部落。黠戛斯人居住在秦附近。这些部落分布在由东罗马附近迤逦向东的地区。然后是"qigil 奇吉尔""tohsï 托赫锡""yaghma 样磨""oghrak 奥格拉克""qaruk 恰鲁克""qomul 处密""uyghur 回鹘""tangut 党项""hïtay 契丹"等部落。契丹即秦。最后为"tavghaq 桃花石"亦即马秦。

这些部落生活在上述地域的南北之间。兹将他们分布的地区一一列入下面的圆形图中。[1]

这是一幅圆形地图，张广达先生做了详细的研究，指出："这幅地图描绘出作者当时所了解的世界，也是流传到今天的最早而又最完整的中亚舆图。"[2]

---

1 《突厥语大词典》，何锐、丁一、校仲彝、刘静嘉汉译本，第 1 卷，民族出版社，2002 年，第 30—31 页。
2 张广达：《关于马合木·喀什噶里的〈突厥语词汇〉与见于此书的圆形地图（上）》，载《中央民族学院学报》1978 年第 2 期。

《突厥语大词典》在文学史上也占有重要地位，它的一些词条中引用了维吾尔族和其他突厥语部族的许多古老的诗歌、格言和谚语，有二百多首，是珍贵的文学遗产。它们反映出在 11 世纪之前维吾尔族文学已有相当高的水平。它们有的是对劳动人民生产斗争的讴歌：

> 让猎鹰停踩在臂膊，
> 纵狼犬去搜寻猎物。
> 用石块将狐狸、野猪击倒，
> 有这等本领我们引以为豪。
> 让青年前去劳作，
> 采集来新鲜野果。
> 猎获了野马、黄羊，
> 节日般欢聚一堂。

有的是对战斗的描绘：

> 英雄们阵前呼叫，
> 抖威风斜着眼瞟。
> 兵器搏击杀声高，
> 血污刀剑难入鞘。

有的是鼓励人们去克服困难：

> 任凭难关重重阻，
> 耐心克服可轻度。
> 注视潮流多变幻，
> 应付裕如靠计端。

有的是优美动人的恋歌：

> 她那媚人的眸子已把我缚，
> 绯红的脸蛋嵌着黑痣一颗。
> 香腮渗出迷人的娇艳快活，
> 她已把我俘虏自己却又逃躲。[1]

这些诗歌是马合木·喀什噶里为解释词汇所引用，未注明作者，或许它们就是民歌，作者名早已佚。这些诗歌的共同特点是乐观、刚健、清新、充满了生活气息。

《突厥语大词典》现在传世的唯一抄本，第一次世界大战期间发现于土耳其藏书家阿里·埃米里的书库中。1915—1917年该抄本在伊斯坦布尔影印出版，引起各国学者的普遍注意，先后被翻译为多种语言出版。1982年哈佛大学出版社出版的丹科夫（R. Dankoff）英译本，被公认是当前最好的版本。我国新疆人民出版社1981—1984年出版了"《突厥语大词典》译审小组"译审的维吾尔文本；民族出版社2002年又出版了校仲彝、刘静嘉、何锐、丁一翻译，米尔苏里唐·奥斯满、陈华、郝关中、李经纬审阅的汉译本。

阿赫马德·玉克乃克和《真理的入门》。阿赫马德·本·马赫穆德是玉克乃克人，受教育于巴格达，是一位盲诗人。他于12世纪末或13世纪初写成《真理的入门》，献给当时喀喇汗王朝的马赫穆德伯克。

《真理的入门》（Atebetu'l Hakayik），有的抄本题名为《真理的献礼》（Hey betu'l Hakayik），是一部劝诫性长诗，用当时喀什噶尔的语言写成，作者说："每一个懂得喀什噶尔话的人，

---

[1] 以上所引《突厥语大词典》的诗歌，均转引自乌铁库尔：《漫谈古代维吾尔文学》，校仲彝汉译，载《新疆史学》1980年第1期。

当能理解作者言语的真情。"全诗共 14 章、480 行，外加后人的跋诗 28 行。开头部分是对真主、先知、圣徒、异密（埃米尔）的赞颂和对写此书的目的的说明，然后转入论述知识、缄口、世界的变幻、慷慨和吝啬、谦虚和骄傲、贪婪、宽恕、忍耐等，以及感慨世风日下，最后是作者自述。

由于作者生活在喀喇汗王朝衰落时期，长诗反映了社会的凋敝：

那许多闹市当年是熙熙攘攘，
而如今人烟稀少空空荡荡。
曾有多少哲人多少学者啊，
如今在哪里？可有千分之一幸存无恙？

揭露了社会道德的败坏：

谁若是伪君子，他就成人上人。
谁若想成人上人，他必须先当伪善者。
谁若讲道理，他会走投无路。
谁若蛮横无理，他竟前程宽阔。

控诉了社会的不平：

手艺人在世界上何罪之有？
为什么他要不断地痛苦忧愁？
抬举那贪婪人而打击善良人，
难道这不幸的世界昏庸老朽？[1]

---

1 上引《真理的入门》的诗句，均依据魏萃一汉译本。

《真理的入门》作为一部劝诫性的长诗,特别强调了知识的重要,鼓励人们勤奋好学,为人正直忠诚。这些都是《真理的入门》的精华部分,但它到底是一部宣扬宗教的劝诫性长诗,作者把社会的邪恶、人类的痛苦都归之于世界的变幻和个人的命运。

《真理的入门》,也是维吾尔族的古典文学名著之一。作者驾驭语言的技能很高,虽阐述哲理,但读者并不感觉枯燥无味。全诗结构谨严,采用阿鲁孜格律,前五章为双行诗,从第六章后半部起采用四行诗格式。

《真理的入门》有三个抄本传世:甲本为1444年抄写的回鹘文本,现藏伊斯坦布尔的阿亚索非亚图书馆;乙本为1480年抄写的回鹘文和阿拉伯字母拼写的维吾尔语合璧本,也藏于阿亚索非亚图书馆;丙本为阿拉伯字母拼写的维吾尔语本,抄写年代不详,藏于伊斯坦布尔的托布卡甫图书馆。《真理的入门》已由我国学者魏萃一译为汉语,新疆人民出版社于1981年出版。

在喀喇汗王朝时期,大批突厥语的游牧民转入定居,加快了中亚土著民族的突厥化进程;同时由于喀喇汗王朝定伊斯兰教为国教,广大游牧民也在宗教上伊斯兰化。在社会经济发展的基础上,在这种民族异化和融合的过程中,科学文化也获得了巨大发展,一种新的文化——伊斯兰-突厥文化形成了。这种文化的核心是作为王朝统治民族的、具有古老文化传统的回鹘文化。在这一时期出现了一些优秀的作家和名著,为今天绚丽多彩的维吾尔族及突厥语各民族的文化奠定了坚实的基础。伊斯兰-突厥文化的形成对中亚操突厥语的各部族的历史发展有着重要意义,这些部族都积极吸取伊斯兰-突厥文化,发展具有自己特色的本部族文化,为民族的形成准备着文化基础。

第十一章 西辽王朝时期

一 王朝的兴起

10世纪初,契丹族兴起,在中国北部建立了一个强大的王朝——辽。这个王朝存在二百多年,称霸于亚洲东部,影响远及欧洲。辽朝疆域广阔:东濒太平洋;西包额尔齐斯河上游地区,与喀喇汗王朝、高昌回鹘王国为邻;北至外兴安岭和贝加尔湖一线;南逾鸭绿江、长城和大戈壁,同高丽、北宋、西夏接壤。这些王朝或向辽朝缴纳巨额"岁币",换取名义上的独立,或干脆称藩受封,作为附庸。所以在穆斯林文献中常把北中国称为契丹(Khita,Khata),而在俄语、希腊语和中古英语中则把整个中国称为契丹(读音分别为Kitay,Kitaia,Cathay)。但是这个赫赫王朝从11世纪中期开始衰落,统治集团内部因皇位继承问题党争不已,进入12世纪后,人民起义连续不断。1114年,女真首领阿骨打起兵反辽,在短短11年内彻底推翻辽朝,建立起金朝。

在辽朝覆亡前夕，皇族耶律大石进入漠北建立起政权，后又率部西征，先后降服高昌回鹘王国、东西两部喀喇汗王朝、花剌子模国，建立起强大的西辽帝国，穆斯林和西方史籍称之为哈剌契丹（Qara Khitay）。西辽王朝虽统治时间只有88年（1124—1211年），但在中亚历史上是一个重要的朝代。

西辽帝国的创建者耶律大石，字重德，辽太祖阿保机八代孙，生于1087年，他幼年时受过很好的契丹族的传统骑射训练和文化教育，又接受过汉族的文化教育。史称大石"通辽、汉字，善骑射"，1115年考中进士，"擢翰林应奉"。[1] 这说明耶律大石的汉文化修养很高。不久，他又迁升翰林承旨，契丹语把翰林称为林牙，所以人们称他为大石林牙或林牙大石。

耶律大石一踏上仕途，正是大辽帝国开始覆没的时候，作为皇族，他为挽救这艘正在下沉的船，尽到了自己的职责。1116年，金军占领辽东京，耶律大石出任泰州刺史，后又调任祥州刺史。1120年，辽失上京，中京危急，北宋也想趁机占领燕云，耶律大石调任辽兴军节度使，守卫南京道。1122年，金军大举进攻，取中京，下泽州。天祚帝从南京撤退，受到金军的掩袭，仓皇逃奔，"乘轻骑入夹山"[2]，与外界消息隔绝。当天祚帝出走南京时，诏留宰相张琳、李处温与秦晋国王耶律淳守南京。至是，数日命令不至，李处温便与南京都统萧干、辽兴军节度使耶律大石等立耶律淳为帝，据有燕、云、平及上京、中京、辽西六路，史称这一短命政权为"北辽"。

1122年，耶律大石打败了南线宋军的两次进攻，但是北线的金军又逼近长城。这时耶律淳已忧惧而死，其妻萧德妃称制，料难以抵挡金军，便逃离南京，同耶律大石去投奔天祚帝，他们次年春到达。天祚帝杀萧德妃，责问大石："我在，汝何敢立

---

1 《辽史》卷三〇《天祚皇帝本纪四》。
2 《辽史》卷二九《天祚皇帝本纪三》。

淳?"耶律大石义正辞严地回答:"陛下以全国之势,不能拒一敌,弃国远遁,使黎民涂炭,即立十淳,皆太祖子孙,岂不胜乞命于他人耶?"天祚帝无话可答,赐予酒食,赦免参与其事的全部人员,任耶律大石为都统。1123 年,耶律大石率军袭击金军,战败被俘。次年耶律大石逃归,并带回一支军队。天祚帝得到这支军队,又得到阴山室韦谟葛失的支持,自谓天助,再谋出兵,收复燕云。大石认为不可,说:"向以全师不谋战备,使举国汉地皆为金有。国势至此,而方求战,非计也。当养兵待时而动。不可轻举。"[1] 但是天祚帝不能采纳,坚持出兵。

耶律大石知天祚帝不可能恢复大业,便杀掉幸臣萧乙薛和坡里括,率铁骑二百,夜间离开大营。他走后,天祚帝出兵,先取得了一些小胜利,但很快被金军打败,他在逃亡党项的途中被金军俘虏,辽亡。时为 1125 年春,上距耶律大石出走只有半年。

耶律大石出走时,自立为王,设置北、南面官属。他们一行二百人从夹山(今呼和浩特市西北的吴公坝以北地区)出发,北行三日过黑水(今爱毕哈河,或译为艾卜盖河),遇到白达达首领床古儿。床古儿献马四百匹、骆驼二十头、羊若干。耶律大石一行穿越沙漠,到达辽朝北疆重镇——西北路招讨司驻地可敦城。他立即召开七州、十八部的长官、首领和部众开会。他说:"我祖宗艰难创业,历世九主,历年二百,金以臣属,逼我国家,残我黎庶,屠翦我州邑,使我天祚皇帝蒙尘于外,日夜痛心疾首。我今仗义而西,欲借力诸番,翦我仇敌,复我疆宇。惟尔众亦有轸我国家,忧我社稷,思共救君父,济生民于难者乎?"这是一篇极好的演说词,全文只有 92 字,先述辽朝历史,次讲目前局势,然后说明自己此来目的,最后发出号召,真是言简意赅。激烈慷慨,伤国忧民,以天下为己任之情洋溢于纸上,八百

---

[1] 《辽史》卷二九《天祚皇帝本纪四》。

年后之今日读之犹受其感染,可想见当日听众感动之状。史载,"遂得精兵万余,置官吏,立排甲,具器仗","松漠以北旧马,皆为大石林牙所有",于是国家规模初具。[1]

耶律大石在可敦城掌握实权后,并未像他在演说中所说的那样,出兵去"救君父,济生民",而是贯彻他的既定方针,"养兵待时而动"。这里的地理条件对他们是有利的,有水草丰茂的牧场,广有牛羊,给人们提供了主要食品;同时又有一定的粮食作物,补给人们一些淀粉食品。这为耶律大石政权提供了相当的经济基础。其南部有宽阔的沙漠地带,穿越困难,成为自然防线,便于耶律大石政权休养生聚。在这期间,耶律大石积极展开外交活动,争取同北宋、西夏都有联系。

耶律大石政权经过五年的休养生聚,实力已经相当强大,决定向外发展。为此耶律大石对周围做了调查研究,并进行军事侦察。"翦我仇敌,复我疆宇",重建大辽帝国,固然是他和臣下最向往的,也是最为神圣的事业,但是严酷的事实告诉他们此路不通:新兴的大金帝国处于全面上升时期,其实力大大超过他们。当时西域的情况则相反,高昌回鹘王国、喀喇汗王朝经过几个世纪的发展,已进入衰落时期,忙于内争,无力对外。于是耶律大石政权决定先向西发展,扩大领域,建立更为雄厚的物质基础,然后再来消灭金朝,光复旧地。

庚戌年(1130年)二月二十二日,耶律大石按照契丹族传统,杀青牛白马祭告天地、祖宗,整旅西行。他率军队进入叶尼塞河上游的吉利吉思地区,向这里的部族发动进攻,这些部族反过来也袭扰耶律大石的军队。耶律大石率军离开这里,向西征进,进入翼只水(今额尔齐斯河)和叶密立河(今额敏河)地区。

耶律大石西征军在叶密立(今新疆维吾尔自治区额敏县)修

---

[1]《辽史》卷三〇《天祚皇帝本纪四》。

筑城池，建立根据地，招抚当地突厥语各部族。这里水草丰美，气候凉爽，宜于放牧，但是处于高山、沙漠包围之中，地面狭小，不可能长期供养一支强大的军队，形成一个统摄中亚的国家。于是耶律大石决定通过高昌回鹘王国，向西扩展。他率军出发之前给回鹘王毕勒哥送去一信，说辽朝"与尔国非一日之好"，"今我将西至大食，假道尔国，其勿致疑"[1]。回鹘王收到这封信后，耶律大石的军队已兵临城下，即使"致疑"，也毫无办法，便大开城门，把耶律大石迎进宫中，大宴三日，在耶律大石临行时又献上马六百匹、骆驼一百头、羊三千只，并表示愿送质子孙，作为附庸。他一直把耶律大石及其军队送到境外。

耶律大石率领军队翻过天山后，向西推进。东部喀喇汗王朝阿赫马德汗集合军队进行抵抗。耶律大石的军队被击败，通过高昌回鹘王国撤退。但这次回鹘王毕勒哥却再不"迎接""大宴"，而是掩杀、追袭，俘虏了耶律大石的将领撒八、迪里、突迭等。耶律大石带领败兵回到叶密立后，接受了这次出征的教训，再回头执行过去行之有效的政策："养兵待时而动。"

耶律大石率领主力部队西征后，金朝西北前线很快得到情报。第二年，即1131年，金军元帅粘罕发燕云汉军和女真军一万人令右都监耶律余睹率领，北攻可敦城；又发燕云、河东夫运粮随行。金军的这次进攻以失败告终，《大金国志》说："曷董城（可敦城之异译）自云中由猫儿庄、银瓮口北去地约三千余里，尽沙漠无人之境。是行也，三路之夫死不胜计，车牛十无一二得还。"[2]

耶律大石政权在东线击败了金军的进攻，取得了巨大的胜利，西征喀喇汗王朝虽遭惨败，但及时调整了方针，与民休息，得到了当地突厥语各部族的拥护，户数达到四万。疆域空前扩

---

1 《辽史》卷三〇《天祚皇帝本纪四》。
2 《大金国志》卷七《太宗本纪五》。

大，东起土兀剌河（今土拉河），西至叶密立河，连成一片。于是他在文武百官的拥戴下，壬子年（1132年）二月五日在新修成的叶密立城登基称帝。根据当地人民的习惯，号菊儿汗（或译为葛儿汗），意为"大汗"或"汗中之汗"。群臣又上汉尊号"天祐皇帝"，建元"延庆"。然后大封功臣，萧斡里剌等49人的祖父均封爵。至此，西辽王朝创立。

耶律大石在叶密立称帝建元，不是西辽王朝向外扩展的结束，而是它大规模向外扩展的开始。其后十年间，耶律大石利用有利的国际环境，东征西讨，先后兼并了高昌回鹘王国、东部喀喇汗王朝、西部喀喇汗王朝和花剌子模国，以及康里部，建成一个疆域辽阔的帝国。

1132年，当耶律大石在叶密立巩固住地位之后，开始扩大领域。他首先率领军队南下，再次进入高昌回鹘王国。大概国王同上次一样，没有组织抵抗，便归顺了西辽，成为附庸。耶律大石把高昌回鹘王国并入西辽版图，但并没有消灭其王朝，仍让它继续统治这一地区。

1130年，耶律大石进攻东部喀喇汗王朝的喀什噶尔地区失败之后，把进攻目标转向七河地区。早在耶律大石西征之前，在喀喇汗王朝的边境上已住着一万六千帐从辽朝来的突厥-契丹人，东部喀喇汗王朝委派他们守卫边疆，赐给他们份地和奖赏。之后东部喀喇汗王朝与这些突厥-契丹人发生矛盾，强迫他们与妻子隔离，想使他们不再繁衍。他们起来造反，向巴拉沙衮进军，但遭到喀喇汗王朝的袭击，以后又多次向他们发动"圣战"。当耶律大石的军队出现在喀喇汗王朝边境上时，他们便投入他的军队，使西辽军队的人数增加了一倍。但耶律大石并没有率领军队向巴拉沙衮挺进，而是驻扎在边境上等待时机。

东部喀喇汗王朝阿赫马德汗死后，儿子伊卜拉欣继位。据《世界征服者史》记载，他是一个无能的人。葛逻禄人和康里人不再服从他，而且经常欺凌他，袭击他的部属和牲畜，进行抄掠。但他不能阻止他们或赶跑他们。他听说菊儿汗耶律大石率领大军就驻扎在边境上,便向他派出使臣,"把自己的软弱、康里人和哈剌鲁(葛逻禄之异译——引者)人的强大和奸诈告诉他,并请求他到他的都城(巴拉沙衮——引者)去,以此他可以把他的整个版图置于他的治下,从而使他自己摆脱这尘世的烦恼"[1]。耶律大石接到请求后,便率领大军浩浩荡荡地开进了巴拉沙衮。这事件当发生在1134年初。

耶律大石把伊卜拉欣汗降封为王,保存了东部喀喇汗王朝对喀什噶尔与和田地区的统治,作为附庸国。同时也派出军队对这些地区巡行。巴拉沙衮地区,是可耕可牧的"善地"。于是耶律大石决定建都巴拉沙衮(即虎思斡耳朵),改延庆三年为康国元年。他把沙黑纳(Shahna,意为监督官)派往各地,康里人也服从了他的统治。

前面讲过,光复旧地,重建大辽帝国是耶律大石与其臣下最为向往的光荣事业。于是在兵不血刃而兼并东部喀喇汗王朝的当年(1134年)三月,耶律大石以六院司大王萧斡里剌为兵马都元帅,敌剌部前同知枢密院事萧查剌阿不为副元帅,茶赤剌部秃鲁耶律燕山为都部署,护卫耶律铁哥为都监,率领七万骑兵东征大金国。出征部队举行誓师大会,以青牛白马祭天,树立旗帜。耶律大石对战士说:"我大辽自太祖、太宗艰难而成帝业,其后嗣君耽乐无厌,不恤国政,盗贼蜂起,天下土崩。朕率尔众,远至朔漠,期复大业,以光中兴。此非朕与尔世居之地!"他对元帅萧斡里剌说:"今汝其往,信赏必罚,与士卒同甘苦,择善水草立营,量敌而进,毋自取祸败也!"这些领军作战的原则是很重要的,是耶律大石军事经验的总结。但是东征部队行程万里,无所得,牛马多死,勒兵而还。耶律大石说:"皇天弗顺,

---

[1] 《世界征服者史》,汉译本,上册,第417—418页。

数也!"[1]

西辽的这次东征,虽然半途勒兵而还,但已引起金朝的注意。金熙宗继位后,命粘罕征伐西辽。金军进入沙漠后,被西辽潜伏在沙漠的部队反复交攻,共三昼夜,胜负未分。但是金军粮草断绝,人马冻死很多。副将外家得本契丹人,得知父兄妻子都在西辽军中,率部下数千骑起事。金军内乱,在西辽军队的夹击下,粘罕大败而归。这一事件当在1135年或1136年。

西辽王朝在西方的扩展取得了巨大的胜利,在东方也击退了金军的进犯,王朝的疆域进一步扩大巩固。在经济上,根据穆斯林史籍的记载,西辽王朝对其归并地域的城乡居民的所有权没有做任何改变,特别是耕地,仍归居民耕种,也就是说没有发生过历史上游牧民族征服者惯用的"毁耕为牧"的"圈地"。居民交很轻的税,每户纳一个第纳尔[2]。不久,百姓兴旺,牲畜肥壮。在政治上,西辽王朝对归属他的国王让他们继续统治本土,发给他们一块银牌作为归顺的标志。西辽政府满足于征收一小笔年贡和把一名沙黑纳派驻在那里。这些附庸国王一般都受到菊儿汗的礼遇。因此西辽王朝的整个社会安定,"军势日盛,锐气日倍"[3]。

1137年,西辽王朝又开始了第二阶段的向外扩展。它首先进入费尔干纳谷地,在这里大概没有遇上什么抵抗,继续向西推进,到达忽毡。在这里遇上西部喀喇汗王朝马赫穆德汗的抵抗。两军交战,喀喇汗王朝军队被击溃,马赫穆德汗逃回首都撒马尔罕。"事件严重地震惊了它的居民,恐慌和沮丧加重,单等着早

---

[1] 《辽史》卷三〇《天祚皇帝本纪四》。
[2] dinar,中亚地区金币名称,流通于中世纪东方穆斯林国家的金币,重约7—8克。最初每枚重量相当4.25克,后来因冲制地点、时间不同其重量有所波动(见《马斯乌德史》(*История Масʿуда*),阿林德(A. K. Арендс)俄译本增订版,莫斯科,1969年,第958页)。
[3] 《辽史》卷三〇《天祚皇帝本纪四》。

上或晚上灾难［的降临］。布哈拉和河中其他城的居民也是这样。"[1] 然而西辽军队却没有乘胜前进，而是停下来巩固他们新占领的阵地，等待更好的战机。

1141年，在河中地区又爆发了喀喇汗王朝与作为王朝军事力量的主要组成部分的葛逻禄人之间的经常性冲突。喀喇汗王朝马赫穆德汗向自己的宗主塞尔柱苏丹桑贾尔求援。在此之前，马赫穆德汗被西辽军队打败逃回撒马尔罕后，便向苏丹桑贾尔派出使臣求援，说穆斯林遇上了灾难，鼓动他保卫穆斯林。呼罗珊、西吉斯坦、伽色尼、马赞兰德和古尔王国们都带兵加入了苏丹的部队。桑贾尔集中了十万多骑兵，仅军事检阅就用了六个月的时间，于1141年7月渡过阿姆河。当他听到马赫穆德汗关于葛逻禄人的诉说后，便向葛逻禄人进攻。

葛逻禄人也派人向菊儿汗耶律大石求援。耶律大石给桑贾尔写信，为葛逻禄人说情，请他原谅他们。不可一世的桑贾尔不但没有接受说情，反而要耶律大石接受伊斯兰教，否则就要武力解决。耶律大石下令进军，他率领由突厥人、汉人和契丹人组成的军队在撒马尔罕以北的卡特万与敌相遇。耶律大石察看了地形，叫军队靠达尔加姆峡谷立营。他告诉将士们说："彼军虽多而无谋，攻之，则首尾不救，我师必胜。"耶律大石派六院司大王萧斡里剌、招讨副使耶律松山等领兵二千五百攻桑贾尔军队的右翼，枢密副使萧查剌阿不、招讨使耶律术薛等领兵二千五百攻其左翼，自率其余部队攻其中军。桑贾尔军队的右翼是异密库马吉，左翼是西吉斯坦国王，中军由自己亲率，有经验的老兵殿后。

1141年9月9日会战，西吉斯坦国王最为勇敢，但西辽军队越战越猛，葛逻禄人发挥了重要作用，逼使桑贾尔军队逃跑。西辽军队追杀，桑贾尔走脱，但是他的妻子、两翼指挥官及著名伊

---

[1] 《吉尔吉斯人和吉尔吉斯地区历史资料》，第1辑，第66页。

斯兰法学家胡萨德·奥玛尔被俘。桑贾尔军队伤亡惨重,仅达尔加姆峡谷就装下了一万名死伤者,"僵尸数十里",死亡总数达三万人。穆斯林史学家伊本·阿西尔说:"在伊斯兰教中没有比这更大的会战,在呼罗珊也没有比这更多的死亡。"[1]

塞尔柱王朝苏丹桑贾尔带着喀喇汗王朝马赫穆德汗,仓皇逃奔忒耳迷(今乌兹别克斯坦之泰尔梅兹),渡过阿姆河,进入呼罗珊,从此塞尔柱王朝的势力退出河中地区。

耶律大石释放了战俘,领兵进入撒马尔罕。它是河中地区最大的城,"回纥国最佳处"[2],"西辽名是城曰河中府"[3]。耶律大石也没有消灭西部喀喇汗王朝,同对待东部喀喇汗王朝一样,让它继续统治河中地区。菊儿汗耶律大石封逃入呼罗珊的马赫穆德汗的弟弟伊卜拉欣为桃花石汗,并留下一名沙黑纳,监督其统治。

耶律大石把西部喀喇汗王朝变为自己的附庸之后,便派大将额儿布思进军花剌子模国。额儿布思进入花剌子模后,大肆屠杀平民,洗劫村落,迫使花剌子模沙阿即思投降。阿即思向他表示愿效忠菊儿汗和交纳年贡三万金第纳尔,其后每年以牲畜和物品付同样数额的贡金[4]。缔结条约后,额儿布思从花剌子模撒军。

1141年卡特万会战后,西部喀喇汗王朝和花剌子模国进入西辽王朝的版图,西辽帝国的疆域至此基本稳定下来。帝国的疆域,分为王朝的直辖领地和附庸国、部的地面两部分。直辖领地为以巴拉沙衮为中心的锡尔河上游、伊塞克湖周围地区,其附庸国有高昌回鹘王国、东部喀喇汗王朝、西部喀喇汗王朝、花剌子模国。附庸部族主要有粘拔恩(乃蛮之异译——引者)部、康里

---

1 《吉尔吉斯人和吉尔吉斯地区历史资料》,第1辑,第67页。
2 《长春真人西游记》卷上。
3 耶律楚材:《西游录》,第3页。
4 志费尼《世界征服者史》的这条材料,各家的译文不一。详见魏良弢《中国历史·喀喇汗王朝史 西辽史》第278页之考释。

部、葛逻禄部。

西辽王朝为辽朝的继续,所以西辽的官制基本上是沿用辽朝的官制。辽朝的官制是两部制:"官分南、北,以国制治契丹,以汉制待汉人。""北面治宫帐、部族、属国之政;南面治汉人州县、租赋、军马之事。"《辽史》作者评论这种制度说:"国制简朴,汉制则沿名之风固存也","因俗而治,得其宜矣!"[1] 实际上,这是辽朝统治者根据游牧民族和农业民族的不同特点,分别设置国家机构进行统治,即定居之农业民族按地区管理,设置州县,中央设南面朝官总理军政事务;游牧的畜牧民族,仍以其部族为行政单位,设官统治,中央设北面朝官总理部族军政事务。这种国家机构的两部制对于一切立国于游牧而征服了农业地区的政权都有普遍的使用价值,所以耶律大石沿用不废。

辽朝的官制相当复杂。它首先分为"北面"和"南面"两大体系。

"北面"官,主治游牧部族。其下分为"朝官"(中央政府机关)、"御帐官"、"皇族帐官"、"诸帐官"、"宫官"、"部族官"、"坊场局冶牧廐等官"、"军官"、"边防官"、"行军官"、"属国官";"南面"官主治农业居民,分官设职基本依据唐制,根据国情略有变通,有"朝官""宫官""五京官""方州官""军官""边防官"[2]。

辽朝的国家组织机构有三个明显的特点:(一)辽朝从初建时期即受到汉文化的影响,日后更加强烈。因此其官制不仅"南面"体系基本照搬唐朝的官制,"北面"体系也受到唐朝官制的影响,分工细密,许多官司虽用契丹名称,但其职能与唐朝的相同,有的则干脆用汉语名称。为适应游牧社会的实际情况和传统习惯,又保留了许多氏族社会末期和阶级社会初期的官司,所以

---

1 《辽史》卷四五《百官志一》。
2 辽朝的官司职名繁多,详见《辽史·百官志》。

辽朝的官制异常复杂而机构异常庞大。（二）"北面"体系中特别突出军事机构的职能，而"南面"体系中则着重于财政、治安的职司。这清楚地表明了辽朝的国家机器的本质：以契丹和其他游牧部族组成军事机器，对外掠夺，镇压属国、属部；以农业居民作为剥削的主要对象——税赋的主要来源，并注意安定其社会秩序，以保证财赋来源的稳定。（三）有很大的一批官司是直接为皇室服务的，供皇帝私人和皇室成员支配和享用。这正是游牧民族"把国家认为是整个汗族的财产"[1] 的传统观念的反映。

西辽王朝在其直接领地上基本沿用辽朝的官制，而对附庸国则保存了其原有的国家机器，让它们继续发挥作用。

二 王朝的政策与措施

耶律大石为巩固西辽王朝的统治制定并推行了一套具有特色的政策与措施：

行政方面。耶律大石在王朝的直辖领地，不再分封，实行中央集权。穆斯林史籍记载，"他劝导自己的亲信们要居安思危，战战兢兢；不让异密（Amir，埃米尔的异译，此处意为首领、将军——引者）们拥有封地，但自己赏赐他们，并说：'如得到封地，就要肆虐。'"[2] 中亚地区自萨曼王朝以来实行分封制度（伊克塔制），喀喇汗王朝尤为盛行。这是导致喀喇汗王朝分裂为东西两大部以及内部纷争不已的重要原因。辽朝的"宫卫"制和"头下军州"制，实质上也是一种分封制度，其弊病耶律大石在辽朝崩溃过程中亲眼看到。唐、宋的政治制度可资借鉴，他毅然决然取消了分封制，这是塞尔柱王朝大政治家、宰相尼扎姆·穆尔克极力主张但未能行得通的。取消分封，这在中亚史上是一个

---

[1] 《巴托尔德文集》第1卷，第330页。
[2] 《吉尔吉斯人和吉尔吉斯地区历史资料》，第1辑，第67页。

重大进步，它不仅限制了领主的肆虐，而且有效地保证了中央集权。所以终西辽一代，从史籍中未见有地方政权独立、封建领主混战的记载，这有利于社会的安定和生产的发展。

军事方面。伊本·阿西尔说："[耶律大石] 不委任异密为百骑以上的军官，使其不能叛乱。"[1] 西辽王朝的军队由皇帝直接控制，如征战，临时派若干兵给某位将军指挥，而不是派遣某位将军率"所部"去执行任务。这正是宋太祖"杯酒释兵权"之后实行的制度。耶律大石目睹辽朝将领拥兵叛立对帝国覆亡所起的作用，一反祖宗旧章，同宋太祖一样，收回将军们的兵权，在物质上"赏赐他们"。这一措施在一定历史条件下为保证中央集权、巩固王朝统治发挥了作用。

经济方面。西辽政府为巩固其统治，对其臣民减轻赋税，以取得人民的普遍拥护。同时也维护原有制度，特别是所有制，以换取封建地主阶级的支持。西辽王朝的这些政策有力地促进了生产的发展和经济的繁荣。

宗教信仰方面。西辽时期有一显著特点，各种宗教都允许在帝国的境内存在和发展。契丹人本来信仰萨满教，西辽时期仍保持着自己的信仰。伊本·阿西尔说，耶律大石是一位摩尼教徒。有的学者对这一说持怀疑态度。不管他是不是真是摩尼教徒，但可以说明一点，伊斯兰教在中亚兴起后，摩尼教作为异教基本已被消灭或转入地下，而在西辽时期肯定又公开出现或活动，甚至受到耶律大石的尊重，不然公认为严肃的史学家伊本·阿西尔不会毫无根据地说他是摩尼教徒。佛教在辽朝时期已在契丹上层流行，在西辽时期也如此，西辽嫁给屈出律的一位公主就信奉佛教。佛教在附庸国高昌回鹘王国盛行。景教在巴拉沙衮地区流传，在喀什噶尔设有教区。犹太教也在撒马尔罕和玉里犍流行。至于当地人民信奉的主要宗教——伊斯兰教，更得到耶律大石的

---

[1] 《吉尔吉斯人和吉尔吉斯地区历史资料》，第 1 辑，第 67 页。

尊重。他用穆斯林方式给下属写信，叫他根据当地伊斯兰宗教首领的意见办事。所以朱兹贾尼说："一些人说，这位菊儿汗秘密地成为穆斯林。"但是他又谨慎地补充说："真主才知道这件事的真相。"[1] 由于西辽王朝执行比较宽容的宗教政策，各种宗教信仰的人都得到保护，这有利于社会的安定，促进了文化的交流和民族的融合。

开明的羁縻政策。西辽王朝对归顺的国家一律采取保存其原有王朝的政策，让其继续统治本土，享有相当的自治权，并拥有军队。西辽王朝在这些国家基本上不驻扎军队，有时派兵巡边，或应当地政府请求派兵镇压"反叛"。西辽王朝派出官员常驻或定期巡视属国。他们的任务是监察情况和收取贡赋。从穆斯林作家的记载中反映出附庸国王对西辽王朝的这种羁縻政策的满意情绪："当哈剌契丹的诸汗控制了河中时，算端（Sultan，苏丹之异译——引者）乌思蛮（又汉语音译为乌斯曼、奥斯曼——引者）也受菊儿汗的统治，服从他的敕旨和禁令。菊儿汗那方面让他继续拥有河中的国土，没有把他从那里撵走，满足于征收一小笔年贡和把一名沙黑纳派驻在他那里。算端乌思蛮过着安逸和快乐的生活，每当朝见菊儿汗时，总受到尊崇礼敬的接待。"[2] 西辽王朝的前期和中期与其他附庸国的关系也是良好的，绝不像塞尔柱王朝与其附庸国的关系，战争连绵不断。但是西辽王朝后期，这种政策遭到破坏。

西辽王朝采取上述政策，在主观上毫无疑问是为维护其封建统治，达到长治久安的目的，但在客观上对社会的安定、经济文化的发展起了一定的推动作用。在西辽王朝统治时期，中亚社会经济和文化艺术进一步向前发展，除去劳动人民和知识分子的创造性劳动之外，西辽王朝的上述政策也起了不可忽视

1　朱兹贾尼：《卫教者列传》，英译本，第2卷，第911页。
2　《世界征服者史》，汉译本，下册，第466页。

的作用。

耶律大石于康国十年（1143年）去世，在位20年，庙号德宗。耶律大石是一位杰出的政治家和军事家，起初为挽救辽朝覆亡，转战长城内外，尽心竭力，后来审时度势，率众西征。建立起另一个新的帝国。疆域东起土拉河，西尽咸海，左右中亚形势近百年。在戎马倥偬中，总结辽朝衰亡教训，吸收土著统治经验，创建和制定了一套体制和政策，对中亚社会经济和文化的发展起了积极作用。穆斯林史学家称赞耶律大石是"一位公正的君主，因为公正和才干而受到崇敬"[1]。在蒙古征服中亚时，随成吉思汗来到这里的耶律楚材说：耶律大石"颇尚文教，西域人至今思之"[2]。

三　王朝的中后期

耶律大石死时，其子夷列年幼，依据辽朝的传统，"遗命皇后权国"。皇后萧氏，名塔不烟。她比辽朝历史上一些皇太后更厉害，不仅"称制"，而且改元"咸清"，号称"感天皇后"。但她的这种做法，并未引起皇族和大臣的反对。看来她在耶律大石创建西辽帝国的过程中定有功劳，而且本人也有相当的统治能力，使臣下驯服，社会安定。

1144年，回鹘遣使向金朝"进贡"，说耶律大石已死。金朝加粘割韩奴武义将军衔，出使西辽。1146年，粘割韩奴经由高昌回鹘王国到达西辽直辖领地，正值感天后塔不烟到野外。她遇上韩奴，问他是什么人，怎敢不下马。粘割韩奴回答说："我上国使也，奉天子之命来招汝降，汝当下马听诏。"感天后说："汝单使来，欲事口舌耶！"叫人拉下马来，命他下跪。韩奴大骂："反

---

[1] 朱兹贾尼：《卫教者列传》，英译本，第2卷，第912页。
[2] 《湛然居士文集》卷一二《怀古一百韵寄张敏之》自注。

贼，天子不忍于尔加兵，遣招汝。尔纵不能面缚请罪阙下，亦当尽敬天子之使，乃敢反加辱乎?"感天后怒，杀粘割韩奴。[1] 感天后怒杀金朝使臣是不对的，但是这件史实却能告诉我们，西辽当时是国力相当强大的王朝，非南宋、西夏之可比，而金朝及其使臣仍以"上国"的态度对待它，那粘割韩奴碰壁以至遭杀也是咎由自取。

感天后"权国"七年，于 1150 年把政权交给儿子夷列。夷列即位后，改元"绍兴"。在他统治时期有两件大事见于史籍：（一）绍兴元年（1151 年）西辽王朝进行人口普查，"籍民十八岁以上，得八万四千五百户"[2]。这条史料措辞过简，后人有多种解释，极可能只是指帝国内畿（即巴拉沙衮地区）能提供成年男子服役的户数。（二）西辽王朝令东部喀喇汗王朝出兵支援西部喀喇汗王朝平定葛逻禄首领的叛乱，本书喀喇汗王朝一章已讲过。

夷列在位 13 年，于 1163 年去世，庙号仁宗，儿子都年幼，"遗诏以妹普速完权国"。这位公主以母亲感天后为榜样，也"称制，改元崇福，号承天太后"[3]。

西辽王朝发现随身携带武器的葛逻禄人始终是河中地区不安定的因素，决定给予彻底解决。1164 年，菊儿汗普速完命令西部喀喇汗王朝把布哈拉和撒马尔罕两地区的葛逻禄人迁往东部喀喇汗王朝领地喀什噶尔，他们到那里后不准再携带武器，应从事农业或其他劳动。西部喀喇汗王朝执行命令，逼迫葛逻禄人迁徙，结果引起暴动，但暴动很快被残酷地镇压下去。从此，葛逻禄人在河中地区的势力衰落。

1170 年，西辽王朝与西部喀喇汗王朝联合讨伐花剌子模。花剌子模战败，不久沙伊勒-阿尔斯兰死去，幼子苏丹沙继位，

---

1 《金史》卷一二一《粘割韩奴传》。
2 《辽史》卷三〇《天祚皇帝本纪四》。
3 《辽史》卷三〇《天祚皇帝本纪四》。

其兄特渴石投奔西辽。特渴石向西辽王朝保证每年进贡，菊儿汗普速完命驸马（普速完之丈夫）萧朵鲁不率大军护特渴石回国，苏丹沙及其母图尔罕逃走。特渴石于1172年登上花剌子模沙的宝座，西辽王朝因此加强了对花剌子模的控制。但是在普速完统治时期西辽王朝对东北部的控制减弱，1175年粘拔恩部和康里部有三万户归附金朝。

普速完与驸马之弟朴古只沙里通奸，出驸马为东平王，又罗织罪名把他处死。驸马的父亲萧斡里剌，是西辽王朝的元老，官拜六院司大王，是一位权势人物。当普速完处死驸马后，他发动政变，杀死普速完和萧朴古只沙里。仁宗次子直鲁古被立为皇帝，改元"天禧"，这年为1178年。

西辽王朝在感天后和仁宗统治时期，基本上贯彻执行耶律大石制定的国策，对外弭兵，对内生聚，到承天后统治时期国力已相当雄厚。直鲁古继位后，西辽王朝达到鼎盛时期。同任何封建王朝一样，它的鼎盛时期也是统治集团奢侈腐化、对外连年用兵、对内加重剥削的时期。

在卡特万会战之后，塞尔柱王朝的势力不仅完全退出河中地区，在呼罗珊地区也日趋衰落，代之而起的是古尔王朝。古尔王朝在12世纪末已是阿姆河以南的大国，极力对外扩展。它于伊斯兰教历594年（1197—1198年）占领了巴里黑。该城的统治者原来每年向西辽王朝送缴哈拉吉（土地税），古尔王朝占领巴里黑后，停止了该城向西辽王朝缴纳的贡赋。古尔王朝继续向外扩张，与花剌子模发生冲突，花剌子模沙特渴石向西辽王朝求援。使臣对菊儿汗直鲁古说，西辽王朝应该出兵报复，不然古尔王朝将像夺取巴里黑一样夺取花剌子模，然后进攻西辽王朝。

西辽王朝派塔阳古为统帅带领大军出征，1198年春渡过阿姆河，进入呼罗珊地区，同时花剌子模沙特渴石也率军到达图斯。西辽军队进入古尔国家后，占领了许多地方，军纪很坏，到处抢掠、杀戮，并赶走很多俘虏。西辽军队向古尔王朝的巴里黑城长官发出最后通牒：或是放弃巴里黑城，或是送缴像从前一样的贡赋。巴里黑城长官拒绝这一通牒，呼罗珊的一些城堡联合起来袭击西辽军队。西辽军队的大营被偷袭，仓皇逃走，死亡很多，天明才知道不是古尔王朝的主力部队，于是回头再战，但穆斯林志愿军和古尔王朝的预备队都投入战斗，结果西辽军队溃败，被追逐至阿姆河，许多士兵被赶进河中淹死。这次战役西辽王朝共死亡12000人。西辽军队惨败的消息传到巴拉沙衮，菊儿汗直鲁古大为震惊，向花剌子模沙派出使臣索取损失赔偿。特渴石拒绝，并出言不逊。菊儿汗派兵伐花剌子模，失败而还。花剌子模军追至布哈拉，并攻下该城，不久撤军回国。

伊斯兰教历600年（1203—1204年），古尔王朝与花剌子模又发生战争，并进军花剌子模。特渴石已死，他的继承人摩诃末沙向西辽王朝派出使臣求救。菊儿汗派塔阳古率领一万军队救援，西部喀喇汗王朝苏丹奥斯曼也率军参加。古尔王朝苏丹什哈布丁听到消息后仓皇撤兵，古尔军队在安都淮沙漠被西辽军队包围，双方展开激战。古尔军队有五万人死于战场，古尔苏丹和约百余人被围在中心，后用计得脱，进入城堡。西辽军队又把城堡团团围困，经奥斯曼说合，古尔苏丹交出了他所有的一切：大象、马匹、财宝作为赎金，西辽军队释放了古尔苏丹。西辽军队虽然获得胜利，但是付出了很大的代价，对王朝并没有带来实际好处，相反却为自己未来的敌人花剌子模沙在呼罗珊的发展扫清了道路。

随着花剌子模国力的增强，摩诃末沙越来越不甘心于自己的附庸地位，便停止了对西辽王朝的年贡。菊儿汗直鲁古派宰相马赫穆德巴依督责贡赋。当时摩诃末正准备对钦察发动战争，怕引起西辽的入侵，但自己又不愿以藩属的身份接待菊儿汗的使臣，便请母亲图儿罕可敦来处置。图儿罕可敦以尊崇的礼节接待西辽的使臣，缴纳了所欠的全部年贡，并派出几名贵族随马赫穆德巴依朝见菊儿汗，表示迟纳年贡的歉意，保证今后恪守藩属的义务。马赫穆德巴依告诉菊儿汗："苏丹（指摩诃末沙——引者）是不老实的，不会再纳贡了。"[1] 果然，摩诃末沙征钦察胜利返回后，不仅停止了对西辽王朝的贡赋，而且开始有计划地征服整个河中地区。

1206年，布哈拉爆发了桑贾尔领导的人民起义，摩诃末沙认为这是征服河中地区的大好时机，便率军进入河中地区，攻占布哈拉，镇压了人民起义。摩诃末同西部喀喇汗王朝统治者奥斯曼结成同盟，与西辽对抗，但被西辽军队打败。摩诃末沙退回花剌子模。奥斯曼转向西辽王朝，并向菊儿汗的女儿求婚，但遭到拒绝，于是再转向花剌子模。摩诃末沙于1210年再次出兵，进入河中地区，受到奥斯曼的热烈欢迎。但他们再不是平等的盟友，而是宗主与附庸的关系。摩诃末沙为动员广大穆斯林支持自己，煽起他们的宗教狂热，宣布对西辽王朝进行"圣战"。他在怛罗斯附近打败西辽军队，并俘虏了其主帅塔阳古。从此摩诃末沙威名大震，在官方文书中提到他的名字时开始加上"第二个亚历山大"的称号，表示他的武功同历史上的马其顿亚历山大一样显赫。这位自以为不可一世的摩诃末沙对臣下说："桑贾尔（塞尔柱王朝苏丹）的统治很长，倘若写这些称号是为了吉祥，那么让他们写作'苏丹桑贾尔'吧！"于是在他的名字上又加上"苏丹桑贾尔"的称号。

西辽王朝在对付帝国西部的花剌子模国和西部喀喇汗王朝的叛离失败的同时，帝国东部的高昌回鹘王国于1209年杀死西辽王朝的监督官，投靠蒙古国。1211年，葛逻禄部首领阿尔斯兰汗也投奔成吉思汗，归顺蒙古国。这样，西辽王朝只剩下东部喀喇汗王朝这一个附庸国。而这个附庸国也曾起兵造反，菊儿汗出兵镇压，并把喀喇汗王朝的穆罕默德俘虏，囚禁于巴拉沙衮，才暂

---

[1]《世界征服者史》，汉译本，下册，第420页。

时稳定住局势。但是这时西辽王朝的直辖领地，情况也非常不妙。

蒙古兴起后，乃蛮部被成吉思汗打垮，其王子屈出律及大量部民逃脱。他们奔往别失八里，从那里又越过天山到达库车。屈出律带领部下在库车山里"东游西荡，既无粮食又乏给养，而跟他的那些人已作鸟兽散"[1]。他只好去投奔西辽王朝的菊儿汗。据《圣武亲征录》记载，这件事发生在1208年的冬天。屈出律到巴拉沙衮后，有一段时间为菊儿汗供职。当花剌子模沙摩诃末起兵反对西辽时，东方的属国、属部也起来造反，西辽王朝处境困难。这时屈出律对菊儿汗说："我的人很多，他们遍布叶密立地区、海押立、别失八里；人人都在欺侮他们。如我获得允许，我可以把他们召集起来，靠这些人之力就能支援和加强菊儿汗。我决不能背离菊儿汗指定的方向，哪怕竭尽全力也要完成他的任何命令。"[2] 菊儿汗直鲁古接受了他的建议，并赏赐他许多财宝和封他为可汗。屈出律到叶密立和海押立一带收集自己的族人，又同其他部落结成联盟。他率领这支军队进入西辽直辖领地，大肆杀戮和抢劫。他向花剌子模沙派出使臣，约定夹攻菊儿汗，瓜分西辽土地。屈出律出兵击败西辽军队，遂劫掠乌兹干，又进攻巴拉沙衮，但被菊儿汗打败，士兵大半被俘。屈出律北走，重新集结兵力，等待时机。

1210年怛逻斯战役后，花剌子模和西辽各自退兵。西辽军队纪律败坏，沿途烧杀抢劫，人民惊恐。当他们抵达巴拉沙衮时，居民们紧闭城门，拒绝他们入城，以为花剌子模军队也会随之到达。西辽军队的将领们劝他们缔结和约，告诉他们花剌子模已退兵。但居民们不相信，坚持战斗了16天，最后被西辽军队用大象把城门攻毁。西辽军队入城后，屠杀三天三夜，据《世界

---

[1]《世界征服者史》，汉译本，上册，第71页。
[2]《世界征服者史》，汉译本，上册，第71页。

征服者史》记载,有大约四万七千人被杀。西辽军队同时大肆抢劫,得到大量财物。但是这时菊儿汗财政困难,国库空空如也。宰相马赫穆德巴依怕菊儿汗征收自己的财产,便建议把士兵抢劫的财物集中归国库。当将军们听到这一消息后,便各自带军队离开菊儿汗,煽动叛乱。

屈出律得知这一情况后,于1211年秋天带军队突袭菊儿汗。《辽史》记载,"乃蛮王屈出律以伏兵八千擒之,而据其位"[1]。这位末帝在位34年,在众叛亲离的情况下结束了耶律大石创建的西辽帝国。

屈出律攫取政权后,表面上对这位阶下囚很礼敬,"尊直鲁古为太上皇,皇后为皇太后,朝夕问起居",实际上是利用他来稳定自己的统治。屈出律为了取得契丹贵族的支持,娶了西辽王朝的一位公主,依这位公主劝告,他由基督教改信佛教,并且在全国大力推行佛教,打击伊斯兰教。直鲁古在抑郁悲恚中生活了两年,于1213年死去。

屈出律要穆斯林改奉佛教,至少要穿契丹人的服装,并强制推行,引起人民群众的普遍不满。这时蒙古军队已进入楚河地区,原来的西辽官员起兵响应,屈出律南窜,1218年在瓦罕走廊东部的达拉兹山谷被杀。从此中亚历史进入一个新的时期——蒙古统治时代。

关于西辽王朝的纪年,由于史料的贫乏、舛误和矛盾,诸说不一。兹将笔者根据前人的研究成果及自己的考证所制成的西辽纪年简表[2]列下:

---

[1] 《辽史》卷三〇《天祚皇帝本纪四》。
[2] 详见魏良弢《西辽史研究》第二章《纪年问题》,宁夏人民出版社,1987年。

西辽王朝纪年表

姓名	称号与庙号	年号	干支	公元	年数	说明
耶律大石	王		甲辰	1124	8	西辽政权创建。
	菊儿汗、天祐皇帝	延庆元年	壬子	1132	2	大石称帝建元。
		康国元年	甲寅	1134	10	
	（德宗）	康国十年	癸亥	1143		大石殁,妻权国。
塔不烟	感天皇后	咸清元年	甲子	1144	7	
		咸清七年	庚午	1150		子夷列即位。
夷列	菊儿汗	绍兴元年	辛未	1151	13	
	（仁宗）	绍兴十三年	癸未	1163		夷列殁,妹普速完权国。
普速完、甘氏	承天太后、菊儿汗	崇福元年	甲申	1164	14	
		崇福十五年	戊戌	1178		普速完被杀,夷列次子直鲁古立。
直鲁古	菊儿汗	天禧元年	戊戌	1178	34	即位当年改元。
		天禧三十四年	辛未	1211		秋出猎,被乃蛮王屈出律俘获,西辽亡。
		合计			88	

四 汉文化对中亚的影响

汉文化,是在黄河-长江流域形成的以汉族为代表的一种古老而又有着强大生命力的文化。在历史上,它对周邻民族产生过很大的影响,不断地扩大着文化圈。与此同时,汉民族也受到周邻民族文化的影响,从而不断地丰富着自己的文化。所以,当我们论述历史上汉文化的影响时,不仅要看到汉族人民在传播这种文化中所起的作用,而且还要看到深受汉文化影响或已汉化的周邻各族人民所起的作用,而后者的作用有时甚至更大。

契丹族在北中国建立的辽朝,是一个受汉文化影响较深的王朝，特别是从圣宗统治时（983—1031年在位）起，汉文化的影响越来越广泛。圣宗本人喜读《贞观政要》，研究汉族的封建统治经验，又善于吟诗作曲。后族萧合卓也擅长文学，与圣宗唱和，成为诗友，竟做了南面官的翰林。统治集团重视和接受汉文化，与契丹国家进入封建社会相适应。这里所说的汉文化，不仅包括语言文字、思想意识、典章制度，而且包括生产技术、社会习尚，即广义上的"文化"这一范畴。本来契丹建国初期，为便于统治处于不同社会发展阶段、不同生产类型的各族人民，创建了一套两部制的政府机构，官分南北两面，南面官统治汉族及其他部族的定居农业人民，北面官统治契丹及其他部族的游牧民。但是到兴宗重熙十二年（1043年），北院枢密使萧孝忠想改革这种体制，上奏说："一国二枢密，风俗所以不同。若并为一，天下幸甚。"[1] 事虽未行，但也说明这时辽朝境内各族政治、经济发展的不平衡状态已有所改变，所以这位枢密使才提出此项建议。随着契丹国家封建化的加强，契丹人民的汉化程度也在加强，特别是上层人士。这从宋人洪皓的《松漠纪闻》中可见一斑。大辽道宗朝（1055—1101年），有汉人讲《论语》，至"北辰居其所，而众星拱之"，道宗曰："吾闻北极之下为中国，此岂其地耶？"至"夷狄之有君"，疾读不敢讲。则又曰："上世獯鬻猃狁，荡无礼法，故谓之夷。吾修文物彬彬，不异中华，何嫌之有？"卒令讲之。道宗皇帝自己认为契丹已是"文物彬彬"，同汉人没有什么两样，再不是"荡无礼法"的夷狄。

西辽王朝的创建者耶律大石，更是一位汉文化修养很高的契丹贵族，考中进士，"擢翰林应奉"。根据辽朝的科举制度，殿试第一方授此职，也就是说，耶律大石曾得到"状元"的殊荣。大石生于辽朝末年，作为皇族，为匡扶大辽朝廷，尽了一切努力。在五京俱失、天祚皇帝一意孤行的情况下，他奋然北走可敦城，

---

[1]《辽史》卷八一《萧孝忠传》。

转战至巴拉沙衮,都是为"复大业,以光中兴",即在物力人力具备之后,打回老家去,重建大辽帝国。因此这个王朝以大辽的正统自居,典章制度除做必要变通和修改外,一仍先朝,保持着自己的传统,在各方面都强烈地表现出汉文化的特色。

西辽王朝的统治者为了把西域建成"光复旧地"的根据地,把当时最先进的汉文化推行到自己新建的国家。这时西域正处于封建社会发展的前期,汉文化的推行适应了这种总的发展趋势,促进了当地社会经济文化的发展。西辽帝国的建立,结束了西域各国内部纷争不已和各国之间相互侵袭的局面。大一统的出现,使社会秩序更为安定。西辽王朝统治者以儒家思想作为指导,对人民"轻徭薄赋";对属国属部,"柔远怀来","羁縻","安抚";对宗教信仰,"循俗","宽容"。因此,当地比较紧张的阶级关系、民族关系、宗教关系都有所缓和,形成了一种比较安宁、宽松的社会政治环境。这些本书在前一节关于西辽王朝的基本政策中已讲过,现在着重讲一下汉文化在其他方面对中亚的影响。

耶律大石西征的军队中有大批汉人,他们与契丹人一起在传播汉文化方面起了很大作用。《长春真人西游记》载,伊犁河谷地区"土人惟以瓶取水,戴而归。及见中原汲器,喜曰:'桃花石诸事皆巧。'桃花石,谓汉人也"。这里虽然只举出汉人把中原"汲器"(桔槔、辘轳或水车之类)传入西域这一事例,但是当地人民明确指出,汉人"诸事皆巧",足见传入的"巧"(先进)"事"(技术)很多。长春真人一行在撒马尔罕见到"汉人工匠杂处城中",在农村也有汉人,或为地主,或为农民。常德出使西域也见到许多汉人,与当地人民杂居。张星烺先生认为,"此辈汉人皆耶律大石所统汉军之后也"[1]。《西游记》记载,"又西濒大河有斑城者颇富盛。又西有扪城者亦壮丽。城中多漆器,皆长安题识"。斑城(巴里黑)和扪城(团八剌)均在阿姆河之南,

---

[1] 《中西交通史料汇编》第5册,中华书局,1978年,第162页,注11。

可见中原器物传播之远。但是不论汉文史籍，还是穆斯林史籍，它们的作者都是封建文人，受传统思想影响，把生产技术视为"雕虫小技"，只是偶尔对感兴趣的东西写上几笔。幸而近代考古工作者为我们发现了不少西辽时期的物质文化资料。

考古资料证明，在西辽王朝的直辖领地有很发达的冶炼和兵器制造业，箭镞、斧、刀、短剑、铠甲各地都有发现，工匠们使用了中原地区先进的锻造技术，生产钢制武器。

建筑和造型艺术方面，受汉人文化的影响尤为明显。当年苏联吉尔吉斯共和国科学院历史研究所编写的《吉尔吉斯地区史》做了如下描述：

> 除巴拉沙衮外，在斯莱坚卡镇附近、在列别季诺夫卡镇地区、在亚历山大古城也发现了哈剌契丹居民点的遗址。它们在建筑装饰方面，总的说来广泛地表现出汉艺术和汉文化的影响。它在这里已同中亚文化融合。无论汉族匠人，还是当地建筑工匠，都首先利用了汉人的建筑技术和材料——瓦、泥塑、炕式的取暖系统。
>
> 例如，在亚历山大古城发现了有代表性的远东建筑材料：方砖、灰色的半圆瓦（用织物模子做成）。在这里还发现了瓦当。在瓦当上有图案，看来中央坐着的是佛，四周是菩萨。
>
> 哈剌契丹修建的庙宇，用汉人风格的绘画作为装饰，有富丽堂皇的塑像，例如，在巴拉沙衮发现了石佛像的断块，其身躯比人略高。还发现一尊站在金台座上的佛像，其身后的石板上是光轮和菩萨。除去一些石像断块外，还有许多保存完好的泥塑像断块：带有衣服皱褶的躯干、在艺术处理上很有特色的头发。无论是神的外貌，还是其周围的陪衬物——保卫佛的神兽、蟾、莲花——的形状，都表明这些塑像不仅源于汉艺术的原型，而且也源于古印度古典艺术的优

秀模型。[1]

西辽王朝的官方语言文字，巴托尔德说，"看来是汉语"[2]。陈垣说："西辽五主，凡八十八年，皆有汉文年号，可知其在西域曾行使汉文。"[3] 根据西辽王朝的一些官司和官名，特别是在《辽史》中保存下来的一些文诰来看，这两位学者的意见是正确的。但是契丹语文也在使用。西辽末年的宰相李世昌就会契丹语文，耶律楚材跟他学习"辽文"，"期年颇习"，把寺公大师的《醉义歌》译为汉文[4]。李世昌为汉人，在西辽末年尚晓"辽字"，可见西辽王朝也使用契丹语文。但是西辽王朝也学习当地语言文字并使用它们。《元史·哈剌亦哈赤北鲁传》载，西辽菊儿汗召他到巴拉沙衮做汗的儿子们的教师。这位哈剌亦哈赤北鲁是高昌回鹘人。西辽王朝给河中地区的诏谕，早在耶律大石时已用波斯语言，并按照伊斯兰教款式行文。

西辽军队进入中亚后，在生活习惯方面还保持着原有传统，穆斯林史籍说，耶律大石除中国丝绸外，不穿别的。末代公主浑忽在出嫁时还坚持"按照汉女的习惯"梳妆[5]。常德出使西域见到，阿力麻里"回纥与汉氏杂居，其俗渐染，颇似中国"[6]。

西辽时期汉文化对西域的影响是多方面的、深刻的，是继汉、唐之后汉文化向西域传播的又一个新浪潮、新高峰。汉文化的传播有力地促进了中亚社会的向前发展。

---

1 《吉尔吉斯地区史》第 1 卷，伏龙芝，1956 年，第 141—142 页。
2 《巴托尔德文集》，第 5 卷，第 544 页。
3 陈垣：《元西域人华化考》，上海古籍出版社，2000 年，第 3 页。
4 《湛然居士文集》卷八，《醉义歌》序。
5 拉施特：《史集》，余大钧、周建奇汉译，商务印书馆，1983 年，第 1 卷，第 2 分册，第 270—271 页。
6 刘郁《西使记》。

第十二章 伽色尼王朝、古尔王朝、塞尔柱王朝、花剌子模王朝

在喀喇汗王朝和西辽王朝时期,中亚地区还存在一些政权,主要是伽色尼王朝、古尔王朝、塞尔柱王朝、花剌子模王朝,兹分述如下。

一 伽色尼王朝

伽色尼王朝(Ghaznavids,977[1]—1186年)由其首都伽色尼[2]而得名。王朝的创建者为塞布克特勤(Sebük tegin)[3],他是

---

1 伽色尼王朝始于何年,诸说不一。此用博斯沃思说,977年,即塞布克特勤取得伽色尼统治权之年,见《伊斯兰王朝》,第181页列表"伽色尼王朝"。
2 Ghazna,又作Ghazni,Ghaznin,《元史·西北地附录》汉译为哥疾宁,其他史籍或汉译为鹤悉那、伽色尼、加兹尼、伽兹纳等,从而王朝之名亦有所异。其城位于今阿富汗之加兹尼,地处喀布尔之西南,为加兹尼省首府。
3 或作Sebüktigin,汉语音译又作萨布克的斤、索卜克塔琴。

继承了岳父阿尔普特勤（Alp tegin）[1] 开创的事业而发展起来的。所以阐述伽色尼王朝一般从阿尔普特勤开始。

阿尔普特勤出生于操突厥语的游牧部族，被掳掠卖与萨曼王朝为奴隶[2]。他以自己的忠心才干得到阿不杜·马立克一世（954—961 年在位）的赏识，被任为军事长官，961 年晋升为萨曼王朝军队总司令兼任呼罗珊总督。在马立克一世死后，他与王朝的统治者曼苏尔（961—976 年在位）关系紧张，在巴里黑发生了战争。阿尔普特勤虽然取得了胜利，但是没有渡过阿姆河掠夺河中地区，以报答萨曼王朝恩遇和表示自己的忠心，阿尔普特勤事业的继承者直到萨曼王朝灭亡也都是以臣下名义——萨曼王朝的总督统治着自己的领地。阿尔普特勤指挥军队向南扩张，去征服异教徒。他于 962 年春打败伽色尼的统治者阿布·巴克尔·拉维克，占领了该城，并定为自己的首府。伊朗学者阿宝斯·艾克巴尔·奥希提扬尼说："因此人们应把 962 年视为加兹尼王朝建立的元年，虽然加兹尼王朝的真正独立是始自 997 年即苏尔坦[3]·马赫穆德登基的那年。"[4] 阿尔普特勤在占领伽色尼之后，继续向外扩展，占领了喀布尔，与印度河北部地区的统治者发生战争。但是他很快死去，对外扩张暂时停止下来。

963 年，阿尔普特勤去世后，其子阿布·伊斯哈克·伊卜拉欣（Abu Is'haq Ibrahin）继位。原伽色尼统治者阿布·巴克尔·拉维克乘机攻占伽色尼。伊卜拉欣逃到布哈拉，再次明确对萨曼王朝的臣属关系，在阿不杜·马立克一世的支持下恢复了在伽色

---

[1] 或作 Alptigin，汉语音译又作阿勒波的斤、阿立普塔琴。
[2] Ghulam，专指宫廷近侍奴隶和禁卫军奴隶。见张广达先生为《中国大百科全书·外国历史卷》撰写的"伽色尼王朝"词条。
[3] Sultan，阿拉伯语，意为权威、权力、君主，中亚地区在蒙古进入之后其表示的政治地位有所降低，在可汗、汗之下，为汗室子孙的称号，相当于突厥语的特勤。Sultan，有多种汉语音译：速檀、苏里唐、苏尔坦、苏丹等。
[4] 阿宝斯·艾克巴尔·奥希梯扬尼：《伊朗通史》，叶奕良汉译，上册，第 279 页。

尼的统治。他于966年去世，伽色尼的统治权先后落到阿尔普特勤的奴隶将领们手中，直至977年塞布克特勤取得统治权，伽色尼领地才停止了混乱的局面。

塞布克特勤也出生于操突厥语游牧部族，居住在伊塞克湖南的巴塞干（Barskhan，汉译又作巴儿思罕），博斯沃思说，大概是葛逻禄人的一个部落[1]。他年轻时被俘，在一个操突厥语的部落里放牧四年，然后被卖给了商人。阿尔普特勤从一个内沙布尔的商人手中买到他。塞布克特勤受到阿尔普特勤的重视和信用，被选为女婿。在阿尔普特勤去世后的复杂情况下，塞布克特勤稳健地发展自己的势力，终于在977年登上伽色尼统治者的宝座。此时萨曼王朝内争迭起，国力消耗，又遭喀喇汗王朝的沉重打击，已经摇摇欲坠。他统治的20年间，借助这一有利形势，极力发展自己，不仅削平境内政治势力的各个山头，而且大大扩张了伽色尼政权的领地，西起整个呼罗珊，东至印度河上游，北临阿姆河，南达锡斯坦、俾路支，都在其统治之下。因此，阿宝斯·艾克巴尔·奥希提扬尼也说："虽然阿立普塔琴给加兹尼政权打下了基础，但该朝代的真正创建者应是索卜克塔琴。"[2]

997年，塞布克特勤病逝，遗命少子伊斯梅尔继位。长子马赫穆德驻内沙布尔，掌管呼罗珊事务，拒不执行其父遗命，领兵向伽色尼进发，在城下一战，打败了伊斯梅尔，成为整个领地的统治者。999年10月23日，喀喇汗王朝的阿尔斯兰·伊利克·纳赛尔占领布哈拉，灭萨曼王朝。马赫穆德自然成为独立的统治者，当年的10月底便得到当时伊斯兰世界名义上的最高统治者——阿

---

[1] 见联合国教科文组织主持、阿西莫夫（M. S. Asimov）与博斯沃思（C. E. Bosworth）主编《中亚文明史》（*History of civilizations of Central Asia*）第4卷第1部分，博斯沃思撰写的第五章《哥疾宁王朝》，中国对外翻译出版公司，1998年，第97页。

[2] 阿宝斯·艾克巴尔·奥希梯扬尼：《伊朗通史》，叶奕良汉译，上册，第279页。

拔斯王朝哈里发嘎迪尔（991—1031年在位）的承认，赐予荣誉称号，任命他为哈里发帝国的呼罗珊总督，接替萨曼王朝。此后马赫穆德号称苏丹[1]，比萨曼王朝统治者的称号埃米尔更加辉煌。

马赫穆德同其外公、父亲一样，毕生致力于武力对外扩展。他以圣战的名义，从1001年至1025年对印度先后进行了多次征伐[2]，直达恒河流域。在西部，他于1029—1030年占领了伊朗高原的列伊、哈马丹、伊斯法罕。喀喇汗王朝不遵守以阿姆河为界的约定，进入河南，双方也多次交战，马赫穆德获胜，势力越过阿姆河，珂咄罗（Khuttalan）、石汗那（Chaghniyan）和花剌子模成为他的领地。在南方，马赫穆德消灭了被萨曼王朝作为附庸保留下来的萨法尔王朝最后一个王公哈拉夫，吞并了锡斯坦。这样，马赫穆德自己统治期间将伽色尼王朝建成"一个阿拔斯王朝以来版图最大的帝国"[3]。1030年，他在巡视列伊后病逝于伽色尼，享年六十（970—1030年）。

马赫穆德的国家建立在武力的基础上。他把全国居民分为两类：军人和非军人。他给军人以赏赐，军人要绝对执行他的命令；并用当时最精良的军事技术武装他们：战象、投掷机、架桥器件。他特别重视受过专门训练的军事奴隶，由其组成军队的核心战斗力。他对非军人则极为残酷，不仅要绝对服从他的命令，而且要缴纳税赋，服各种劳役。长期的对外战争和都城的宏伟建筑施工所造成的巨大资源消耗，是一个以农业为经济基础的社会承受不起的。结果是国内经济衰退，许多农业绿洲荒芜，水力灌

---

[1] 其实，伽色尼王朝统治者的正式称号同萨曼王朝一样，是埃米尔（Amir，或译作艾米尔）。

[2] 马赫穆德征伐印度的次数，诸说不一。张广达先生说，"不下17次"（为《中国大百科全书·外国历史卷》撰写的"伽色尼王朝"词条）。加富罗夫说，"进行了15次征伐"（《塔吉克》，第389页）。阿宝斯·艾克巴尔·奥希梯扬尼说，"多次向印度进行圣战和征伐，其中尤以12次战事最为重要"（《伊朗通史》，叶奕良汉译，上册，第286页）。

[3] 张广达为《中国大百科全书·外国历史卷》撰写的"伽色尼王朝"词条。

溉系统因失修而不能使用，灾荒随之而来。据记载，从1011年开始的呼罗珊灾荒，出现了人吃人的现象，仅内沙布尔及其周围就饿死了几千人。为了监视人们，马赫穆德建立了专门的机构，侦查的范围不只是人们的行为，还包括情绪；侦查的对象，人人都是，"对自己的亲生子女，其中包括王位继承人马斯乌德，也派出暗探。同样，马斯乌德在父亲的宫廷中也有自己的坐探"[1]。

然而马赫穆德对自己的形象却极为注意。他首先把自己塑造成一个强大国家的君主，建立起强大的军事机器，毕生从事对外战争，不断扩大疆域，积极干预邻国事务；同时在都城大事修建宫殿、清真寺、宗教学校，极其宏大壮丽，以显示国家的富有。他为使自己声名远播和流芳百世，以文化庇护者的形象出现，利用当时社会的动乱，招纳了一大批诗人和学者，为其歌功颂德。作为伊斯兰世界的一国君主，他极力树立其正统派的形象，对外扩张战争或用圣战的名义，或用讨伐异端的名义；对内则残酷镇压伊斯兰教的其他派别，特别是卡尔玛派以及什叶派，对持不同政见者也以异端的罪名惩处。

在苏丹马赫穆德的众多文人学者中最为杰出的是阿布·莱汗·穆罕默德·伊本·阿赫马德·比鲁尼（Abu Rayhan Muhammad ibn Ahmad al-Biruni, 973—1048年[2]）。比鲁尼出生于花剌子模首府的城郊比伦（Birun），勤奋用功，终生如一。据说，他一年只有两天——春节（Nauruz）和丰收节（Mehrgan）不做研究工作，用来准备生活的必需品。他不仅尊重书本知识，而且注重调查研究。他生活的年代正是中亚社会大动乱的时期，

---

1 见加富罗夫：《塔吉克》，第390—391页。
2 比鲁尼的逝世年代，各说不一，此据艾哈迈德·艾敏《阿拉伯-伊斯兰文化史》第五册（一），汉译本，第278页；联合国教科文组织主持、阿西莫夫与博斯沃思主编《中亚文明史》第4卷第1部分，涅格马托夫（N. N. Negmatov）撰写的第四章《萨曼王朝》，第90页。加富罗夫：《塔吉克》，第433—434页，作1051年。

需要更大毅力和努力才能做科学研究。伽色尼王朝占领花剌子模后，1017 年苏丹马赫穆德把比鲁尼带回首都。以后比鲁尼参加了伽色尼王朝对印度的征服，其目的是进行科学考察，吸收印度的文化知识，他的《理性所能接受或推翻的印度人学说之说明》，开拓了当时阿拉伯-伊斯兰文化的认知领域，至今仍是研究印度历史最为重要的史料之一。比鲁尼最重要的著作是《马斯乌德天文学与星象学原理》，这是他在逃脱死刑之后的著作。这部书是阿拉伯-伊斯兰世界在这方面的开山之作，长期作为绘制星象图的指导书。比鲁尼著作甚多，其后的一位学者在木鹿清真寺见到他的著作目录长达 60 页，但大部分都散佚，至 19 世纪有 23 部传世，以后还有发现[1]。比鲁尼是一位真正的学者，一生淡泊名利，追求学问，百折不挠。埃及学者艾哈迈德·艾敏对其评价说："正如伊本·西那是萨曼王朝王冠上的宝石一样，比鲁尼是伽兹尼王朝王冠的瑰宝。"[2]

伊朗学者阿宝斯·艾克巴尔·奥希梯扬尼用相当的篇幅对马赫穆德做了评价。他说："苏尔坦·马赫穆德是加兹尼王朝的第一位真正独立的国王，也是该王朝最伟大的君王。他在伊斯兰历史上素以英勇善战、大胆无畏、战绩辉煌和功绩出众而著称。他在印度进行的征伐及所获的战利品、众多投奔于他的宫内的文人墨客以及许多专为他著述或吟就的著作和诗篇，更使他闻名遐迩。但必须指出的是，这种名声的出现主要是他的近臣属下们谄谀奉承的结果。……事实上，马赫穆德是有很多缺点的，他的征伐对于伊朗[3]人民不但不是有用之举，反而给人们带来巨大的祸害。总的来说，苏尔坦·马赫穆德的统治对伊朗民族说来是一个残暴的时代。"[4]

---

1 见加富罗夫：《塔吉克》，第 434 页。
2 艾哈迈德·艾敏：《阿拉伯-伊斯兰文化史》，第五册，汉译本，第 276 页。
3 这位伊朗学者在这里所说的"伊朗"是广义的，指操伊朗语的各部族，包括居住在呼罗珊及其以东地区的操伊朗语方言的各部族，如塔吉克族。
4 《伊朗通史》，叶奕良汉译，上册，第 290—291 页。

这位伊朗学者进一步分析了"苏尔坦·马赫穆德实际上在伊朗历史上名声不佳"的原因：（一）他虽然在宫廷中聚集了400多名诗人和学者，但只是为了歌颂他自己。真正优秀的诗人、史诗《列王纪》的作者菲尔多西险遭他杀害，回到故乡，度过孤独穷困的晚年。中亚中世纪卓越的学者比鲁尼因揭示科学真理，被他判处死刑，经马赫穆德的贴身秘书的斡旋才免一死。另一位更著名的学者伊本·西那得知被召，他惧怕马赫穆德的偏执，流浪于伊朗高原各地。（二）迫害伊斯兰教的其他宗派，借异端之罪名没收高官和能人财产，归为己有。（三）贪婪的敛财者，以圣战的名义对外掠夺财富，对内征收捐税，集聚起巨量财富。（四）作风专横、权力独揽，宰相如同虚设，无法制可言，"未能为国家打下稳固的基础"[1]。

加富罗夫对马赫穆德的评价基本上也是否定的，并列举事实说明：（一）马赫穆德不仅掠夺财富、破坏城市、毁灭一切非伊斯兰教的文物，"而且对待居民表现出难以置信的残忍"。1019年他占领马霍万（Махован，或作 Мохабан）城堡后，屠杀了全部居民，仅仅是因为他到达之前该城堡统治者弃城逃跑。这年他从印度运回伽色尼大量的宝石和宝物、350头大象、57 000名奴隶。（二）马赫穆德是"一个最吝啬、最贪婪的人"。加富罗夫引用15世纪史学家米儿洪德（Мирхонд）的一段记载："人们说，苏丹在死之前的两天下令从宝库中取来装满银迪尔赫姆的口袋和装着金迪纳尔的钱袋、各种美丽的宝石和各式各样的珍奇宝物（这些东西都是他在位时搜刮来的），把所有这些东西放在一个很大的平台上，因此这个平台使看到它的人觉得像一朵各种颜色——红、绿、紫等——的花朵。苏丹遗憾地望着它们，于是号啕大哭起来，在长时间的大哭之后命令把它们所有送回宝库。他没有从所有这些宝物中取出一样东西，哪怕是价值很小的东西，给那些应该得到奖励的人……"加富罗夫的结论是"毫无疑问，他是自

---

1 见《伊朗通史》，叶奕良汉译，上册，第294页。

己时代的大统帅和刚毅坚强的统治者。马赫穆德注意自己国家外表的富丽堂皇,所以修建起豪华的建筑物庇护宫廷诗人和学者。但是他为发展农业生产却任何事情都没做。在他的时代农业衰退,国内各区域之间的经济联系削弱。在马赫穆德死后,他所建立的强国的不稳固性特别明显地暴露出来"[1]。

历史是无情的,尽管马赫穆德本人及其继承者为肯定其业绩和形象做了力所能及的一切,但是随着时间的推移,历史总会恢复本来的面貌。

马赫穆德遗命其少子穆罕默德继位,剥夺了长子[2]马斯乌德的继承权,因为后者对自己的作为不满。穆罕默德就位后,马斯乌德不服,从内沙布尔起兵,进攻伽色尼。穆罕默德的将领倒向马斯乌德。这位优柔寡断、耽于享乐的君主在位仅7个月(1030年4—10月),便由其兄长取代。马斯乌德掌握政权后便开始了政治清洗,将被叛变将领挖掉双目的穆罕默德囚禁,将过去曾叛变过自己的将领惩处,将叛变穆罕默德倒向自己的将领也加以惩处,或杀死或监禁。他想以此规导臣下对君主的忠贞不贰,以巩固其统治,但是结果相反。本来这个"强国"就缺乏经济、文化以及政治基础,完全是由武力征服拼凑起来的,一旦中央政权不稳,各地就会发生动乱。马斯乌德统治的11年(1030—1041年),同其父马赫穆德一样,是在征战中度过的,所不同的是,其父主要是对外扩张,而他却主要是对内灭火。首先是伽色尼王朝在印度各地和伊朗高原各地的总督叛离,继之是地方土著势力的兴起。以后连伽色尼王朝的根本呼罗珊与库希斯坦[3]也不安定起来,出现了塞尔柱与古尔两支强大的势力。伽色尼王朝的势力

---

1 《塔吉克》,第389—391页。
2 关于马斯乌德、穆罕默德兄弟谁为长的问题,说法不一,或者含糊,此用加富罗夫的明确说法——старший сын Масуд(意为长子马斯乌德)。见加富罗夫:《塔吉克》,第392页。
3 Kuhistan,今阿富汗坎大哈以西地区。

已退出阿姆河以北地区，并与喀喇汗王朝结盟，以免腹背受敌。1040年春，马斯乌德率领10万大军在木鹿附近与塞尔柱人会战，被塞尔柱人的16 000名骑兵打得惨败。他逃回伽色尼后，对塞尔柱人的战事安排其子马乌杜德（Mawdud）去处理，自己则去印度的夏宫，并带上盲弟穆罕默德。途中护卫军分裂，一支拥戴穆罕默德，打败了另一支，俘获马斯乌德。穆罕默德将马斯乌德投入监狱，不久处死。一般学者认为，这场军事政变发生在1041年[1]。

穆罕默德复辟不到半年，马乌杜德就从呼罗珊前线率军返回伽色尼，宣布继承父位，打败了穆罕默德的军队，处死穆罕默德及背叛其父者，清洗王朝的臣属。但是马乌杜德初登基即遭到其兄弟马其杜德的反对，后者代表其父在印度统治，马乌杜德派兵镇压。两军开战前的夜里马其杜德突然死去，暂免了一场内战。但事隔两年，1043年印度三名土著统治者趁马乌杜德在呼罗珊被塞尔柱人打败的时机起事。马乌杜德想夺回其父失去的疆土，恢复祖业，便联合西亚和中亚的一些王公共同与塞尔柱人作战，结果失败。他本人染病，从伊斯法罕返回伽色尼。马乌杜德回到首都后不久，于1049年去世。

马乌杜德去世后，王公们立其幼子马斯乌德二世为王。五天之后，又一有势力的王公立马斯乌德一世之子阿布·哈桑·阿里为王，于是两王共治。时间不到两个月，马赫穆德之子阿不杜·拉施德领兵攻下伽色尼，登上王位。但阿不杜·拉施德（Abd al-Rashid）也只统治了三年，而且一直受制于宫廷侍卫官托黑鲁尔，最后被杀害。托黑鲁尔大杀王室成员后，自己登上王位，号称埃米尔，然而只有40天，就被自己的仆从杀死。靠武力特别

---

1 见加富罗夫：《塔吉克》，第392页；博斯沃思《伊斯兰土朝》第181页列表"伽色尼王朝"及《中亚文明史》第4卷第1部分第5章《哥疾宁王朝》，第107页；《马斯乌德史》俄译本 История Мас'уда（1030—1041），А. К. 阿林兹译注与撰写导论。但阿宝斯·艾克巴尔·奥希梯扬尼作1040年（《伊朗通史》，叶奕良汉译，上册，第305页）。

是靠近侍奴隶和禁卫军奴隶起家、发展、壮大的伽色尼王朝，随着时间的推移，现在那些奴隶却变成自己的对立面，是自己生存的最大威胁，但已尾大不掉，奈何不得他们。

1053年[1]，王公们拥立马斯乌德一世之子法鲁赫札德（Farrukhzad）为埃米尔，在位七年，仅是维持而已。继位者是其弟伊卜拉欣，他在位40年，对外调整了与塞尔柱王朝的关系，结为政治姻亲，抽出兵力多次对印度进行"圣战"；对内提倡笃信宗教，借以调整各个方面的紧张关系，并身体力行。据说他每年斋戒三个月，亲自抄写《古兰经》一遍，送往麦加存入天房。他去世后，由其子马斯乌德三世继位，仍执行其父的内外政策。他的王后就是塞尔柱王朝马立克沙之女、桑贾尔之妹。他继续对印度进行"圣战"，再度控制了旁遮普。这两代国王统治时期（1059—1115年）可说是伽色尼王朝的"中兴"之世。继马斯乌德三世统治的是其子阿尔斯兰，采用了"沙"的称号，在位时间虽只有三年（1115—1118年），但国家发生了巨变。在王位争夺、宫廷倾轧使国力消耗、社会动荡的情况下，1118年2月塞尔柱王朝的桑贾尔率军迅速占领伽色尼，马斯乌德三世逃到印度。桑贾尔立其异母弟马斯乌德为国王，称巴赫兰沙（Bahram shah）。伽色尼王朝王统虽未断，但已沦为塞尔柱王朝的附庸：在伽色尼王朝境内呼土拜[2]时要提名塞尔柱王朝国王和桑贾尔，在伊斯兰世界呼土拜提名是主权的象征。伽色尼王朝每年向桑贾尔纳贡25万迪纳尔。这年4月，塞尔柱王朝苏丹穆罕默德逝世，桑贾尔继位。巴赫兰沙曾一度拒纳年贡，1135年桑贾尔再次出兵伽色尼，没收了他的财产，但仍保留他的地位。巴赫兰沙统治后期，古尔王朝兴起，积极向外扩张，曾攻破伽色尼。他在桑贾尔

---

1 此据博斯沃思《伊斯兰王朝》第181页列表"伽色尼王朝"。阿宝斯·艾克巴尔·奥希梯扬尼《伊朗通史》作1040年（叶奕良汉译，上册，第305页）。

2 Khutbah，阿拉伯语，意为讲道，指星期五在清真寺集体礼拜时教长的讲道。该词有不同的汉语音译：虎图拜、呼图拜、胡特巴等。

的保护下维持残局,1152年[1]去世。其子忽思老(Khusraw)继位。忽思老在位时期(1152—1160年),桑贾尔实力已下衰,无力保护附庸,乌古斯人占领了伽色尼,忽思老仅保拉合尔一隅。

忽思老病逝后,其子马立克(Malik)继位。古尔王朝从乌古斯人手中夺取伽色尼后继续向东进军,马立克于1186年向古尔王朝求和,被送往古尔囚禁,伽色尼王朝灭亡。

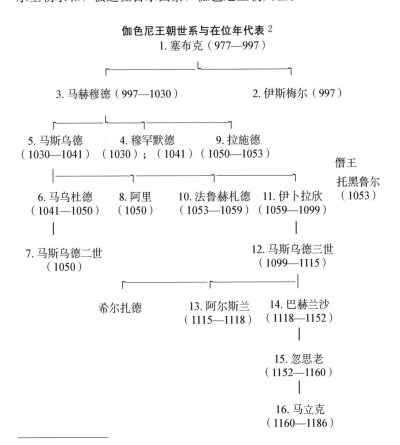

伽色尼王朝世系与在位年代表[2]

1. 塞布克(977—997)
2. 伊斯梅尔(997)
3. 马赫穆德(997—1030)
4. 穆罕默德(1030;1041)
5. 马斯乌德(1030—1041)
6. 马乌杜德(1041—1050)
7. 马斯乌德二世(1050)
8. 阿里(1050)
9. 拉施德(1050—1053)
10. 法鲁赫札德(1053—1059)
11. 伊卜拉欣(1059—1099)
12. 马斯乌德三世(1099—1115)
13. 阿尔斯兰(1115—1118)
14. 巴赫兰沙(1118—1152)
15. 忽思老(1152—1160)
16. 马立克(1160—1186)

僭王 托黑鲁尔(1053)

希尔扎德

---

1 此据博斯沃思《伊斯兰王朝》第181页列表"伽色尼王朝"。阿宝斯·艾克巴尔·奥希梯扬尼《伊朗通史》作1153年(叶奕良汉译,上册,第311页)。

2 此表主要依据博斯沃思《伊斯兰王朝》第181页列表"伽色尼王朝"与阿宝斯·艾克巴尔·奥希梯扬尼《伊朗通史》加兹尼王朝诸王在位年代表(叶奕良汉译,上册,第314—315页)编制。

二 古尔王朝

古尔（Ghur），是中世纪的地域名称，专指巴米扬、喀布尔、伽色尼以西，赫尔曼德河与阿里河发源的高山地区，其地域位于今天阿富汗中部，包括古尔省大部地区以及邻近巴米扬省、乌鲁兹甘省、瓦尔达克省、加兹尼省的部分地区。由于地理条件多为高山，海拔一般在3 000米以上，提姆兰山高达4 101米，历代征服者很难进入这一区域实行有效统治。所以博斯沃思说，这是一个进不去的区域。这一地区是早期穆斯林的地理学家说的 terra incognita（陌生的土地），只知道这里是奴隶的来源地，直至11世纪山民们仍然是异教徒[1]。其实，古尔的河谷地区气候条件还是好的，特别是水源丰富，宜于农业和畜牧业，采矿业和金属制造业也有相当的发展。居住在古尔的操伊朗语的各部落一直保持名义或者事实上的独立。同时，古尔各部落由于与外界交往的稀缺形成封闭，也造成了社会发展相对迟滞。9—10世纪时，古尔各个部落还处于敌对仇杀之中；10世纪末，出现了不大的部落联盟，有奴隶存在；至11世纪，社会形态仍是半父权-半封建关系；至11世纪末，封建关系形成。

在古尔的众多首领中第一位著名人物是穆罕默德·本·苏里（Muhammad b. Suri），他与伽色尼王朝的塞布克、马赫穆德父子为争夺布斯特[2]多次开战。1010年，马赫穆德亲率大军征讨，攻破城堡；穆罕默德被俘，不久死去；马赫穆德将古尔的统治权交给穆罕默德之子阿布·阿里，从此古尔归入伽色尼王朝的版图。苏里家族不断地兼并小领主，至12世纪上半叶其势力已扩张到整个古尔。随着塞尔柱王朝的强大，古尔的统治者伊札丁·

---

[1] 博斯沃思：《伊斯兰王朝》，第184页。
[2] Bust，位于古尔之南、赫尔曼德河中游的平原地区。

侯赛因('Izz al-Din Husayn)向其纳贡。他是古尔王朝(Ghurids)的第一位正式的君主[1],号称马立克(Malik,意为"王"),在当时是一个比较谦逊的称号。他有七个儿子在王朝中央或封地先后为王,故称"诸王之父"。侯赛因在位时间很长(1100—1146年),他去世后,由嫡出的赛伊夫丁·苏里继位。侯赛因弟兄中有位名穆罕默德的在菲鲁兹库赫(Feiruzkuh)为王,受到其他弟兄的排挤。他投奔岳父伽色尼王朝的巴赫兰沙,受到款待。穆罕默德以自己的品貌和慷慨很快赢得伽色尼人的好感,巴赫兰沙对其不放心,暗地施毒将他害死。古尔王朝马立克赛伊夫丁·苏里闻讯,兴师问罪,1148年10月攻占伽色尼城,巴赫兰沙逃往印度。次年,巴赫兰沙从印度返回伽色尼,在该城无守备的情况下俘获赛伊夫丁·苏里,游街示众后处死。

1149年,赛伊夫丁·苏里死后,由侯赛因的嫡长子巴海丁·萨木一世(Baha' al-din Cam Ⅰ)继位。他率军前往伽色尼为兄弟报仇,因染天花死于途中。其弟阿老丁·侯赛因('Ala' al-Din Husayn)继位,继续向伽色尼进军,经过三次激战,巴赫兰沙再次逃往印度。侯赛因占领伽色尼城,放火焚烧七昼夜,伽色尼王朝历代的建筑文物化为灰烬。返回途中经过布斯特,也把这里伽色尼王朝的建筑物付之一炬,因此他得到了"焚毁世界者"的称号。侯赛因极力向外扩张,并停止向塞尔柱王朝纳贡,结果引起战争,1152年被桑贾尔俘虏,沦为宫廷弄臣,博得桑贾尔的欢喜,放他回古尔为王。侯赛因仍然如故,对内专制,对外扩张,于1161年病死。其子穆罕默德继位,在位两年,在同乌古斯人的战争中被杀。王公们拥立其堂兄弟吉亚斯丁·穆罕默德(Chiyath al-Din Muhammad)为王。

吉亚斯丁·穆罕默德登基伊始便遭到其伯父马斯乌德的反

---

[1] 博斯沃思:《伊斯兰王朝》,第185页。阿宝斯·艾克巴尔·奥希梯扬尼以赛伊夫·丁·苏里为古尔王朝第一位君主,见《伊朗通史》,叶奕良汉译,上册,第320页。

对,后者虽在伊札丁·侯赛因的七子中最长,但因生母为奴婢,不能为中央王朝的马立克,只能做封地的马立克,统治着巴米扬领地。他现在是伊札丁·侯赛因的七子中唯一还在世的,开始觊觎中央王朝的王位,联合塞尔柱王朝的乌古斯人向王朝首都菲鲁兹库赫进军。吉亚斯丁·穆罕默德首先击溃了乌古斯人的进犯,然后围攻马斯乌德,将其擒拿,送回巴米扬领地。吉亚斯丁·穆罕默德在稳定国内局势后,开始大规模向外扩张。在他长达40年的统治期间(1163—1203年),古尔王朝达到鼎盛,1200年其疆域西有呼罗珊,包括内沙布尔;北临阿姆河;东至克什米尔;南到印度半岛中部,印度河流域和恒河流域尽入版图[1]。吉亚斯丁·穆罕默德拥有"苏丹"的称号,被认为是古尔王朝"最伟大的国王之一,是一位虔信宗教的公允者,为人豁达,且扶植培养了许多诗人"。最值得称赞的是,"虽然他本人是沙斐仪教派信徒,但是他并不干预民众的宗教信仰。他认为任何国王在宗教上抱有偏见都是可耻行为"[2]。

吉亚斯丁·穆罕默德在位时期,中亚政治局势发生了巨大变化:塞尔柱王朝日趋衰落;而花剌子模兴起,日益强大,从12世纪90年代起不断与古尔王朝发生争战。1203年初,吉亚斯丁·穆罕默德病逝,其弟兄穆厄札丁·穆罕默德(Mu'izz al-Din Muhammad)继位。他在位仅三年(1203—1205年),加强了对印度的征服;对花剌子模出征,遭到西辽的毁灭性打击,付出巨额赔款后才避免了被俘的命运。穆厄札丁·穆罕默德国库空虚,加大对地方的征敛,引起封地领主的叛乱,1205年被刺身亡。从此古尔王朝陷入王族内争、国家动乱之中。一些王公拥立吉亚斯丁·穆罕默德之子吉亚斯丁·马赫穆德(Chiyath al-Din

---

[1] 见联合国教科文组织主持、阿西莫夫与博斯沃思主编:《中亚文明史》,第4卷,第1部分,第432—433页,地图五。
[2] 阿宝斯·艾克巴尔·奥希梯扬尼:《伊朗通史》,叶奕良汉译,上册,第327页。

Mahmud)为王;而另一些王公则拥护巴米扬领主巴海丁·萨姆·本·马斯乌德。双方展开争战,一些封地领主也乘机独立,整个古尔国家分崩离析。1210 年,在中亚的混战中马赫穆德被杀,其子巴海丁·萨姆二世(Baha' al-Din Sam Ⅱ)被拥立为王,年仅 14 岁,当年即被花剌子模支持的另一位王族成员——侯赛因之子阿即思打败而取代。阿老丁·阿即思('Ala' al-Din Atsiz)在位三年,也是混战中被杀。古尔王朝的最后一位国王阿老丁·穆罕默德('Ala' al-Din Muhammad),他是"诸王之父"侯赛因之孙、阿里之子,完全沦为花剌子模的附庸,1215 年被废黜,古尔王朝灭亡。

三 塞尔柱王朝

塞尔柱(Seljuq),原本是乌古斯[1]人一个部落首领的名字,后来他的家族兴起,便成为部族的名称、王朝的名称、国家的名称。乌古斯是突厥汗国的部落联盟,称"九姓乌古斯",屡见于突厥碑文。在突厥汗国灭亡后,九姓乌古斯的一部分辗转西迁,进入中亚[2]。10 世纪中叶,塞尔柱率领乌古斯人居住在锡尔河下游,接受了伊斯兰教,并占领了中心城镇毡的(Djend)。塞尔柱去世后,其子米考伊尔继任部族首领。他在对异教徒的圣战中死去,毡的当地人趁机将塞尔柱人赶出城外。米考伊尔留下三子:托黑鲁尔、耶布古、贾格里。他们率领塞尔柱人南下,萨曼王朝感到塞尔柱人对自己安全的威胁,又将其驱走。塞尔柱人转向喀喇汗王朝,请求庇护。喀喇汗王朝意欲控制塞尔柱人,将其首领

---

[1] Oghuz,又习作 Ghuzz,是 Oghuz 的简称,汉译通常作古兹,也有学者译作郭兹。
[2] 详见《中国大百科全书·外国历史卷》,孙培良撰写的"塞尔柱帝国"词条;高文德主编《中国少数民族史大辞典》的"乌古斯"词条,吉林教育出版社,1995 年,第 332 页。

古尔王朝世系与在位年代 [1]

穆罕默德·本·苏里(？—1010)
|
阿布·阿里(1011—？)
|
什思(？—？)
|
阿拔斯(？—？)
|
穆罕默德(？—？)
|
忽特卜丁·哈桑
|
伊札丁·侯赛因(1100—1146)

---

[1] 此表主要依据阿晤斯·艾克巴尔·奥希梯扬尼《伊朗通史》古尔王朝诸王在位年代表(叶奕良汉译,上册,第335页;并参照博斯沃思《伊斯兰王朝》,第184页列表"古尔王朝"编制。

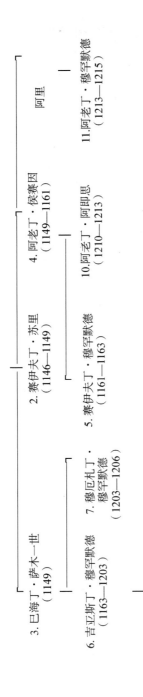

托黑鲁尔幽禁。耶布古救出兄长后，率领部族向布哈拉进发。此时，萨曼王朝正忙于对付喀喇汗王朝的进攻，便把塞尔柱人安置于城东北的努勒村一带。不久，萨曼王朝亡于喀喇汗王朝。塞尔柱人利用新旧王朝交替的时机，极力发展、壮大自己的势力。塞尔柱之子、米考伊尔之弟阿尔斯兰于1025年起事，震动了河中地区。伽色尼王朝马赫穆德出兵镇压了这次起事，大肆屠杀。塞尔柱人被迫离开河中地区，进入呼罗珊，并展开报复性的杀掠。伽色尼王朝虽多次征剿，但效果甚微。呼罗珊成为塞尔柱王朝兴起的根据地。

1038年7月，托黑鲁尔在内沙布尔自立为王，很快得到阿拔斯王朝哈里发的承认，史家将这一年作为塞尔柱王朝（Seljikids）的开始。托黑鲁尔积极向外扩张，向东进入河中地区，向西进入伊朗中部，并在木鹿集结军队，意欲向阿姆河以南的伽色尼王朝中心地区扩张。这引起马斯乌德的注意，也集结军队向木鹿挺进。1040年春，双方在木鹿附近的丹德纳坎（Dandenakan）决战，托黑鲁尔以少胜多，用16 000名骑兵彻底粉碎了马斯乌德的10万大军。这是中亚历史上最残酷、最重要的决战之一，塞尔柱王朝一跃成为中亚的霸主，而且影响远及西亚，本来拥有"伯克"称号的托黑鲁尔宣布自己为"苏丹"[1]。从此，他把主要力量投入对西部领土的拓展。托黑鲁尔在降服伊朗和伊拉克的一些地方统治者之后，于1055年进入巴格达。阿拔斯王朝哈里发承认了他的政治统治，他也保存了哈里发在伊斯兰世界宗教首领的地位，两方结为姻亲。但是托黑鲁尔建立起来的庞大帝国并不牢固，先是王族成员的反叛，继之是被征服王朝的复辟，他奔忙于镇压。1063年，这位塞尔柱王朝的开国者年已七十，劳累染疾，卒于列伊（Rayy）。

托黑鲁尔遗命，其弟贾格里之子苏来曼继位，但是苏来曼之

---

[1] 见加富罗夫：《塔吉克》，第396页。

兄阿尔普·阿尔斯兰坚决反对，后者是塞尔柱王朝领土的东部领主，拥有很大的实力。于是顾命大臣改立阿尔普·阿尔斯兰（Alp Arslan）为王。他即位后，首先平定了王族成员的叛离——列伊的堂叔郭特拉密希和赫拉特的亲叔耶布古，稳定住国内；然后开始大规模对外扩张。阿尔普·阿尔斯兰在位10年，作为建都木鹿的中亚国家，塞尔柱王朝把疆域扩大到空前：西至地中海，东到喜马拉雅山，北达高加索，南抵波斯湾。巴格达呼土拜提及他的名字。喀喇汗王朝与伽色尼王朝成为塞尔柱王朝的附庸，并分别嫁女于阿尔普·阿尔斯兰的两个儿子，结成政治姻亲。在对外扩张中最为重要的事件是与东罗马帝国（拜占庭帝国）争夺高加索和小亚细亚。1070年，东罗马皇帝罗曼努斯四世狄奥基尼斯集结了20万大军，驻扎于凡湖以北的马拉兹吉尔特城。阿尔普·阿尔斯兰率领15 000名骑兵迎战。鉴于敌我力量的悬殊，阿尔普·阿尔斯兰退出媾和，罗曼努斯四世拒绝，说待到达列伊城后再媾和。阿尔普·阿尔斯兰只好决一死战。1071年[1]，塞尔柱军队在"圣战"口号的激励下，打败东罗马的大军，俘虏了罗曼努斯四世。当这位皇帝被押送至阿尔普·阿尔斯兰座前时，后者命令鞭笞三下，以羞辱惩罚其拒绝媾和的傲慢。罗曼努斯四世在缴纳150万迪纳尔与签订为期50年的和约后被放归回国[2]。从此，罗马帝国失去了对高加索和小亚细亚的政治控制，而希腊-基督教文化也逐渐为突厥-伊斯兰文化替代，这对世界历史发展具有深远影响。西部喀喇汗王朝纳赛尔继伊卜拉欣为可汗后，不再承认塞尔柱王朝的宗主地位。1072年，阿尔普·阿尔斯兰兴师问罪，率军20万渡过阿姆河，但在交战之前，被属下刺杀身亡，塞尔柱王朝撤军。

---

1 此年代依据英国学者爱德华·吉本说，见《罗马帝国衰亡史》（节本），黄宜思、黄雨石汉译，商务印书馆，2002年，下册，第466页。
2 见阿宝斯·艾克巴尔·奥希梯扬尼：《伊朗通史》，叶奕良汉译，上册，第359页。

阿尔普·阿尔斯兰在世时已建储君,并分封诸子。于是储君马立克沙(Malik-Shah)继位。他同样遇到王族成员的反对,其叔父高瓦勒德在伊朗西部起事。马立克沙亲往征伐,将其擒获,当夜处死,但仍将这一领地交其后裔统治。马立克沙在其父扩张的基础上继续扩张,向西一直打到埃及,一度占领了法蒂玛王朝的京城开罗。由于占领军的暴虐,遭到人民的反抗,他被迫撤出。但是法蒂玛王朝的东部领域进入了塞尔柱王朝的版图。1089年,马立克沙率军进入河中地区,扶立傀儡,但他离开之后,新政权很快被推翻;他不得不承认原来可汗的合法地位,而西部喀喇汗王朝也再次沦为附庸。

马立克沙在位20年(1072—1092年),将国家推向极盛,成为中亚历史上最强大的国家。他统治时期塞尔柱王朝疆域最为辽阔,而且国内社会秩序也比较安定。宰相尼扎姆·穆尔克(1019—1092年)对塞尔柱王朝的文治武功起了极为重要的作用,是中亚历史上最杰出的政治家,并对后世产生了深远的影响。他本名阿布·阿里·哈桑·伊本·阿里·伊本·伊斯哈克(Abu 'Ali Hasan ibn 'Ali ibn Ishak),尼扎姆·穆尔克(Nizam al-Mulk)是封号,意为"国家的安排〔者〕"。他出生于呼罗珊的一个农家,勤苦好学,博闻强识,聪慧干练,服务于阿尔普·阿尔斯兰,成为重要幕僚。阿尔普·阿尔斯兰夺得王位后,任命他为宰相。尼扎姆·穆尔克任宰相30年,辅佐阿尔普·阿尔斯兰、马立克沙父子两代,得到朝野的拥戴。尼扎姆·穆尔克深得民心并为当代和后世文人津津乐道的业绩,就是大办教育。他作为虔诚的信徒,在各地修建了许多宏伟壮丽的经学院,同时也修建了一些世俗学校。但是晚年,国王已对他疏远、怀疑,而听信与其相对立的以塔居·马立克为首的另一派。伊朗学者阿宝斯·艾克巴尔·奥希梯扬尼认为,这是"这个政权的衰败溃亡的因素之一"[1]。史家普

---

[1] 阿宝斯·艾克巴尔·奥希梯扬尼:《伊朗通史》,叶奕良汉译,上册,第372页。

遍认为，尼扎姆·穆尔克和马立克沙的死，虽无明证，但定与两派的斗争有着密切的关系。

伊斯兰教历484年（1091—1092年）马立克沙下令，命高官、长老、贤哲据实言得失。尼扎姆·穆尔克的奏章上呈后，深得国王赏识，批示："这里所写的一切同我心里所想的一样；你应略加补充，我要把这部书作为自己的指导，我将根据它行动。"于是尼扎姆·穆尔克在原稿的39章上又补充了11章[1]。1092年，他去巴格达，行前将书稿交与苏丹书库的司书，请他誊清后上呈。这年10月，尼扎姆·穆尔克在途中遇害。一个月后，马立克沙也被人毒死。从此国家动乱，过了十三四年，司书才把这部书献给苏丹马赫穆德，这一名著得以问世。尼扎姆·穆尔克的书，是用波斯语写成的，传世的抄本一般题名为Siyasat-nama，意为《治国策》；也有的抄本题名是Siyar al-Muluk，意为《王德》或《王范》。他在书中检讨了塞尔柱国家的社会经济、政治制度的利弊，因此比较真实地保存了中亚中古时期这方面的信息，成为历史研究不可或缺的资料。同时他也提出如何改革的建议，反映出一个政治家的清醒和远见卓识：他认为，塞尔柱国家最根本的弊病——社会动乱、国家分裂的根源就是分封制，他建议削弱封地领主的权力，加强中央集权[2]。他虽然未能亲自辅佐国君实践他的政治主张，就赍志而亡，但是为后来的政治家指明了国家长治久安的道路。

马立克沙一死，诸子立即为王位的继承展开争战，封地领主纷纷脱离中央，国家分崩。马立克沙被毒身死，王后秘不发丧，意欲立不满四岁的儿子马赫穆德为王。她与宰相塔居·马立克达

---

[1] 德黑兰版本和俄罗斯科学院东方学研究所藏抄本为15章。
[2] 关于《治国策》基本内容及其价值详见魏良弢《中亚占义献介绍：〈治国策〉》（《西域史论丛》，第2辑，新疆人民出版社，1985年）。中国学者蓝琪、许序雅已将Hubert Darke的英译本《治国策》（第2版）转译为汉文，云南人民出版社于2002年出版。

成协议:马赫穆德登基后,塔居·马立克仍任宰相,其亲信乌纳勒任王朝军队的最高长官。于是他们宣布马赫穆德继位,下令将驻伊斯法罕的马立克之长子巴尔吉雅卢克(Barkiyaruq,或作Berk-yaruq)就地监禁。尼扎姆·穆尔克拥护者起事,救出巴尔吉雅卢克,投奔驻列伊的尼扎姆·穆尔克之婿。巴尔吉雅卢克攻占伊斯法罕,擒获塔居·马立克。在尼扎姆·穆尔克拥护者的威逼下,巴尔吉雅卢克将塔居·马立克处以磔刑。巴尔吉雅卢克在取得这些重大胜利之后,于1094年正式宣布为王,任命尼扎姆·穆尔克之子侯赛因为宰相。但是巴尔吉雅卢克的地位并未得到塞尔柱王族成员的普遍承认,略有实力封地的领主在其前或其后不断宣布为王,声称自己才是塞尔柱王朝正统的继承者。举其要者有叙利亚的图图什(Tutush)、克尔曼的土兰沙(Turan Shah)、小亚细亚的奇力赤·阿尔斯兰(Qilich Arslan),他们的塞尔柱王朝在中亚的塞尔柱王朝灭亡之后还长期存在,有的直至14世纪初。还有呼罗珊的桑贾尔,他后来成为名义上统一的大塞尔柱国家的国王。巴尔吉雅卢克实际统治的地域只有伊斯法罕和伊拉克。

1104年12月底,巴尔吉雅卢克病逝于去巴格达的途中,遗命才四岁八个月的儿子马立克沙二世(Malik-Shah Ⅱ)继位,任命王朝军队最高长官阿雅兹为宰相,辅保幼主。马立克沙的三子穆罕默德从摩苏尔前线率兵返回巴格达,收养马立克沙二世,自立为王,镇压了阿雅兹的反抗。穆罕默德得到了最有实力的呼罗珊领主乃弟桑贾尔的支持,在名义上是统一的塞尔柱王朝最高统治者,号称苏丹。他在位13年,其直接控制的地区是伊朗西部和伊拉克地区。这一时期,被巴尔吉雅卢克纵容、利用的伊斯玛仪派势力进一步发展,建立堡垒、山寨,直接影响到塞尔柱王朝政权的稳固。穆罕默德组织了多次围剿,虽取得一些重要战果,但并未真正解决问题。11世纪末,欧洲十字军占领了沿地中海的叙利亚和巴勒斯坦地区,穆罕默德于1115年出兵驱逐占领者,但由于穆斯林王公间的不和,结果失败。

穆罕默德于1117年4月去世，遗命立其子马赫穆德为王，并得到阿拔斯王朝哈里发的承认，但是叔父桑贾尔并不承认其地位。因此，史家通常将马赫穆德及其后裔政权称为伊拉克与西部波斯塞尔柱王朝，于1194年亡于花剌子模，而将桑贾尔作为大塞尔柱国家的最后一位君主。

桑贾尔（Mu'izz al-Din Sanjar）是中亚历史上著名的帝王。他是马立克沙之子，分封于呼罗珊。在巴尔吉雅卢克统治时，塞尔柱国家出现了分崩的局面，1097年桑贾尔也宣布独立，自称马立克（Malik，意为"王"）。他向东扩展，于1098占领了吐火罗斯坦。1100年，他与巴尔吉雅卢克发生战争，赢得了胜利。从此桑贾尔的影响进入巴尔吉雅卢克直接统治的区域，1101年他出巡巴格达。早在马立克沙时期已经臣服的河中地区，进入12世纪之后不断发生动乱，桑贾尔两次派出军队稳定喀喇汗王朝的局势。1118年，桑贾尔出兵占领伽色尼，伽色尼王朝成为塞尔柱王朝的附庸。此时桑贾尔的声望空前，正值其兄穆罕默德病逝，于是他宣布继位，号称苏丹。此前根据穆罕默德遗命已即位的马赫穆德，立即征集各路领主，组成大军，讨伐桑贾尔。桑贾尔也组成一支大军，主动出击。1119年决战，马赫穆德大败，逃回伊斯法罕。桑贾尔进入哈马丹。从此阿拔斯王朝哈里发在巴格达的呼土拜提名以桑贾尔替代了马赫穆德，表明伊斯兰教的最高领袖承认桑贾尔是"统一的"的塞尔柱王朝的最高统治者——苏丹。

正当桑贾尔的权力走上顶峰的时候，西辽王朝进入中亚，花剌子模也兴起了。1141年9月，桑贾尔与耶律大石在卡特万会战，遭到毁灭性打击。从此塞尔柱王朝的势力退出阿姆河以北地区，喀喇汗王朝和花剌子模王朝成为西辽王朝的附庸。花剌子模沙阿即思（Atsïz）乘桑贾尔惨败，于这年10月就出兵呼罗珊，一度占领了桑贾尔的首都木鹿，其目的是报复塞尔柱王朝对花剌子模的奴役，大肆杀掠后返回花剌子模。1142年4月，阿即思再次出兵呼罗珊，命令宗教界以其名字颂念呼土拜，三个月后返回花剌子模。桑贾尔对阿即思一再侵略自己的中心地区实难容忍，在元气稍有恢复后，于1143年率军进入花剌子模。阿即思提出媾和，桑贾尔鉴于自己的实力，遂予同意。但是阿即思不久就派出刺客暗杀桑贾尔，其事未成，双方关系日益交恶。1147年，桑贾尔再次出兵花剌子模，阿即思连吃败仗，1148年向桑贾尔表示臣服。1153年，此前从西辽境内迁入吐火罗斯坦的乌古斯人不堪塞尔柱王朝地方官的沉重税赋，举兵反抗，一直打到木鹿，俘虏了桑贾尔及王后。他们在呼罗珊掳掠烧杀之后，带着桑贾尔返回吐火罗斯坦，仍尊他为苏丹，严加守护，防其逃跑。三年之后，桑贾尔借一次外出狩猎的机会，渡过阿姆河，到达忒耳迷（Termiz），在一些王公的拥护下回到木鹿。在他遭难的时期，花剌子模沙阿即思并没有趁火打劫，占领呼罗珊，而是向北扩张，对游牧的异教徒进行"圣战"。当桑贾尔重新登上宝座后，阿即思特奉表祝贺，维持着臣属关系，不久去世。第二年，即1157年桑贾尔也去世，享年72岁。这位曾经声势显赫的帝王留下的却是一个彻底分裂的塞尔柱王朝，连名义的"统一"也不存在。他直接统治的呼罗珊——塞尔柱王朝兴起的根据地，屡遭兵燹，更是凋敝不堪，他连个男性后裔都未留下。所以，史家将桑贾尔的去世，不仅作为"大塞尔柱国"的结束，而且也作为塞尔柱王朝在中亚的结束。以后的局势是一些王公拥其外甥马赫穆德继位，另一些王公不服，群龙无首，连年混战。花剌子模沙伊勒·阿尔斯兰也出兵呼罗珊，于1163年围困内沙布尔，当地统治者与之媾和。随着花剌子模强大，整个呼罗珊进入了它的疆域。

塞尔柱王朝是一个重要的朝代，它对中亚历史发展产生了重要影响，特别是对土库曼民族的形成有着巨大意义。但是，塞尔柱王朝同伽色尼王朝、古尔王朝一样，王位继承一直是通过武力争夺而后确定，造成社会动乱，实力下衰，国家分崩，王朝灭亡。这是游牧民族发展过程中的一种通常的政治现象，充分表明其政治制度的严重缺失，已引起大政治家尼扎姆·穆尔克的高度关注。

塞尔柱王朝世系与在位年代[1]

```
                    塞尔柱
                      │
                    米考伊尔
        ┌─────────────┼─────────────┐
    1.托黑鲁尔        耶布古         贾格里
    (1038—1063)                      │
                            2.阿尔普·阿尔斯兰
                               (1063—1072)
                                     │
                            3.马立克沙
                               (1072—1092)
    ┌──────────────┬──────────────┬──────────────┐
5.巴尔吉雅卢克   7.穆罕默德    8.桑贾尔      4.马赫穆德
(1094—1104)    (1105—1118)  (1118—1157)   (1092—1094)
     │
6.马立克沙二世
   (1105)
```

四 花剌子模王朝

花剌子模地区早在上古时期就出现了国家构成体，10—13世纪先后存在过三个花剌子模[2]政权：951年[3]马蒙（Abu-'Ali Ma'mun）建立的花剌子模王朝，1017年亡于伽色尼王朝；1017年阿勒屯塔什（Altuntash）建立的花剌子模王朝，基本上是伽色尼王朝的附庸，1043年为塞尔柱王朝所灭亡；1097年忽都不·丁

---

1 此表为中亚塞尔柱王朝的世系与在位年代，即通常称谓的"大塞尔柱国"的世系与在位年代，主要依据阿宝斯·艾克巴尔·奥希梯扬尼《伊朗通史》塞尔柱王朝诸王在位年表（叶奕良汉译，上册，第415页）；并参照博斯沃思《伊斯兰王朝》，第115页列表"塞尔柱王朝"编制。

2 Khwarazm-Shah，由地名和称号组成。Khwarazm（Khwarism）位于阿姆河下游地区，汉语音译有多种：驪靬（《史记》）、呼似密（《魏书》）、火寻（《大唐西域记》）……（详见冯承钧原编、陆峻岭增订《西域地名》）以花剌子模（《元史·西北地附录》）译名最为常用。Shah，伊朗语，意为王、国王。

3 此据余大钧为《中国大百科全书·外国历史卷》撰写的"花剌子模三王朝"词条，博斯沃思《伊斯兰王朝》第107页列表"花剌子模"作992年。

建立的第三个花剌子模王朝,史称"大花剌子模王朝"。其中,大花剌子模王朝在中亚史上有着一定的影响。

大花剌子模王朝奠基者是阿努失特勤（Anushtigin）,1077年塞尔柱王朝苏丹马立克沙任命他为花剌子模总督。阿努失特勤原是一个忽兰[1],因聪明伶俐得到苏丹的赏识,成为宫廷要员,获得"捧面盆者"[2]的称号。他的儿子忽都不·丁·穆罕默德（Qutb al-Din Muhammad）统治花剌子模时,为了取得塞尔柱王朝苏丹的信任,他与儿子阿即思按年轮番入侍,这样忽都不·丁平安地统治了30年（1097—1127年）,并获得了花剌子模沙的称号。

阿即思（'Ala' al-Din Atsīz）继其父亲王位后,即开始想摆脱塞尔柱王朝的统治,谋求国家的独立。1136年,他告别苏丹桑贾尔返回花剌子模时,这种迹象已经很明显。所以桑贾尔对大臣们说,我们再见不到他了。双方关系恶化,1138年塞尔柱军队进入花剌子模,阿即思也调集了一支军队,但是没有交战他就逃走了。桑贾尔俘获了阿即思的儿子阿惕里黑,并下令处死。他把花剌子模的领土赐给自己的侄子苏来曼,然后返回呼罗珊。阿即思随即也返回花剌子模,赶跑苏来曼,恢复了自己的统治[3]。鉴于塞尔柱王朝的强大,阿即思仍然向桑贾尔称藩[4],实际上他仍是桑贾尔的反对者。前面讲过,阿即思的势力恢复后,他于伊斯兰教历534年（1139—1140年）曾一度攻入塞尔柱王朝的另一个附庸国西部喀喇汗国,占领其第二大城市布哈拉,俘虏并处死该城总督。据伊本·阿西尔记载,有一种说法,卡特万会战的原因

---

1 忽兰（qulam）,意为男孩、少年、贴身仆役,在中世纪该词还有"奴隶""侍卫"之意,通常用来表示主要以购买方式取得的用于服军役的突厥部族出身的奴隶（见《吉尔吉斯人和吉尔吉斯地区历史资料》,第1辑,第241页）。

2 捧面盆者（tasht-dar）,是负责在饭后或其他时候进奉脸盆的贴身侍役,与君主关系亲近（见《世界征服者史》,汉译本,上册,第329页和第364页注8）。

3 《世界征服者史》,汉译本,上册,第332页。

4 见巴托尔德:《蒙古入侵时期的突厥斯坦》,《巴托尔德文集》,第1卷,第389页。

是花剌子模沙向西辽派出使臣，并用河中地区引诱他们，唆使他们进攻苏丹桑贾尔[1]。虽然俄国东方学家巴托尔德怀疑这种说法，但至少在卡特万会战中花剌子模沙未出兵援助塞尔柱苏丹，这却是事实。它说明花剌子模沙阿即思已摆脱塞尔柱苏丹桑贾尔的实际控制，独立自主地处理对外关系。

1141年，耶律大石在卡特万会战打败塞尔柱为首的联军，占领河中地区，把西部喀喇汗王朝变为自己的附庸之后，便派大将额儿布思进军花剌子模国。额儿布思进入花剌子模后，大肆屠杀平民，洗劫村落，迫使花剌子模投降。阿即思向他表示愿效忠菊儿汗和交纳年贡3万金第纳尔，其后每年以牲畜和物品付同样数额的贡金。缔结条约后，额儿布思从花剌子模撤军。这应是《辽史》卷三〇记载的"回回国王来降，贡方物"[2]。

1141年花剌子模沙阿即思变成西辽王朝菊儿汗的藩臣之后，利用塞尔柱王朝战败的机会，积极发展自己的势力，出兵呼罗珊，洗劫木鹿，占领内沙布尔。从1142年5月29日起在这一地区用阿即思的名字提念呼土拜[3]，表明其对这一地区拥有主权，公开与塞尔柱王朝苏丹桑贾尔敌对。然而，桑贾尔对阿即思的叛离并不甘心，在势力稍有恢复后，便于伊斯兰教历538年（1143—1144年）出兵花剌子模，但是他这次讨伐没有达到预期的目的。1148年，桑贾尔再次出兵讨伐花剌子模，结果逼使阿即思表示愿

---

1 见《全史》，多伦堡本，第11卷，第53页；转引自《吉尔吉斯人和吉尔吉斯地区历史资料》，第1辑，第63—64页。
2 张星烺先生认为，这里回回国就是花剌子模国，其理由是"《元史·薛塔剌海传》称花剌子模国曰回回国"（《中西交通史料汇编》，第5册，第10页）。梁园东先生也持此说："此回回国王即花剌子模王，元代对花剌子模普通都称回回国。"（《西辽史》，第44页）但章巽先生不同意张、梁之说，认为"这里所称回回国，实指西部喀喇汗王朝而言。所称回回国王，当指西部喀喇汗王朝的某个汗族成员而言"（《桃花石和回纥国》，《中华文史论丛》1983年第2辑）。前一种说法似更合于史实。
3 见《巴托尔德文集》，第1卷，第390—391页。

意讲和，献上许多礼品和贡品[1]。这以后，阿即思又占领了锡尔河下游的毡的，派自己的儿子亦勒·阿儿斯兰统治这一地区。

1156年，阿即思病亡，亦勒·阿儿斯兰（Il-Arslan）继位。他统治时期继续执行对外扩张的政策，干预邻国事务。前面已讲过，伊斯兰教历553年（1158—1159年），花剌子模沙支持外逃到境内的葛逻禄军事首领，并帮助他们组织军队入侵河中地区，直接与西辽军队对抗。说明这时花剌子模在事实上并不服从西辽王朝的统治。因此，1170年，西辽王朝和西部喀喇汗王朝曾集结军队进攻花剌子模，双方在阿姆亚交战，花剌子模军队被击败，主将艾亚尔伯克被俘。1172年，亦勒·阿儿斯兰病死，发生了争夺王位的斗争。长子帖乞失（'Ala' al-Din Tekish）当时驻扎在毡的，投奔西辽王朝。他向他们"许下所有花剌子模的金银财宝"，并且保证"每年入贡"。这样，帖乞失在西辽王朝一支大军的护送下进入花剌子模，登上了"沙的宝座"[2]。

西辽王朝对附庸国内部事务干预越来越多，甚至经常派兵讨伐，派出的使臣也往往作威作福。在帖乞失统治初期，据朱外尼记载，"契丹的使者们往来不绝，而他们的征索和需求难以容忍，尤有甚者，他们不守礼节。但人类的傲劲必不容忍压制，不堪接受暴政。'自由人的本性中充满傲气。'他把一个出使的契丹贵人处死，因为他无礼；因此帖乞失和契丹人相互谩骂"[3]。

帖乞失的弟弟苏丹沙见其兄与西辽王朝发生矛盾，便跑到西辽，向菊儿汗普速完说，花剌子模的百姓和军队都拥护他。菊儿汗派驸马带一支大军护送他回花剌子模。当他们到达花剌子模境内时，帖乞失决堤放水，淹没了道路，西辽军队不能前进。驸马见当地百姓并不拥护苏丹沙，便决定撤军。苏丹沙要求驸马派一

---

[1] 见《世界征服者史》，汉译本，上册，第333—335页。
[2] 《世界征服者史》，汉译本，上册，第339—341页。
[3] 《世界征服者史》，汉译本，上册，第342页。

支军队护送他去呼罗珊，驸马答应了他的这一要求。苏丹沙攻下了木鹿，做了这一地区的君主。以后兄弟间经常发生冲突，一直到 1193 年 9 月帖乞失才兼并了苏丹沙的领地[1]。

花剌子模在帖乞失统治时期（1172—1200 年）发展成为中亚实力最雄厚的国家之一，积极向南、向西扩张。1187 年，花剌子模又一次占领呼罗珊的首府内沙布尔；1192 年，出征伊朗；1194 年，进攻伊拉克；1196 年，花剌子模军队大败巴格达军队，哈里发的地位受到严重威胁。花剌子模沙帖乞失在称霸于西方的同时，却始终在名义上还作为西辽王朝的附庸。

1196 年，花剌子模沙帖乞失在打败巴格达军队后，想占领整个哈里发国家，要哈里发在呼土拜中提到他的名字。哈里发向古尔王朝派出使臣，要他们出兵进攻花剌子模，以逼使帖乞失从伊拉克撤军。帖乞失赶回花剌子模抵挡古尔军队，并向西辽王朝派出使臣求救。西辽王朝派塔阳古率领军队于 1198 年 4—5 月渡过阿姆河，进入古尔国家。结果遭到惨败，死亡 12 000 人。菊儿汗向花剌子模派出使臣，说："杀死我的人是你，因此我为每个死者要一万第纳尔。"帖乞失回答说："你的军队只是力图夺取巴里黑，并不是来帮助我。我没有加入到他们当中，也没有命令他们渡河。既然是你这样做的，那我将你向我要的钱留给自己。但是你们之所以向我说这种话和表示这种要求，只是因为你们原来对古尔人无能为力。至于我，那我已同古尔人言归于好，并加入了他们的国籍，而再不是你们的国籍。"

使臣带回答复，菊儿汗立即装备了一支强大的军队，派往花剌子模，包围了它的首府玉里犍[2]。花剌子模沙每夜派兵袭击西辽军队，杀伤很多。西辽军队撤回河中，花剌子模沙跟踪追击，也进入河中地区，包围了布哈拉。该城的居民同契丹军队一起抵

1　见《世界征服者史》，汉译本，上册，第 342—351 页。
2　Urgenj (Gurganj)，元代又汉语音译为玉龙杰赤，今乌兹别克斯坦霍哲利附近的古城遗址。

抗花剌子模军队。最后，花剌子模军队攻下了布哈拉，住了些时间便撤回了花剌子模[1]。

尽管花剌子模沙帖乞失同西辽王朝多次发生冲突，但一直缴纳规定的贡赋，并极力用种种方式讨好菊儿汗。他临死时告诫儿子们不要跟菊儿汗打仗，也不要撕毁已达成的协议，因为"他是一道其后有可怕敌人的长城"[2]。

1200年，帖乞失之子摩诃末（'Ala' al-Din Muhammad）继位为花剌子模沙，继续向西辽王朝缴纳贡赋，保持着原来的附属关系。伊斯兰教历600年（1203—1204年）古尔军队进入花剌子模。摩诃末决堤淹没道路，阻止古尔军队前进，同时派出使臣向西辽王朝求救。西辽军队渡过阿姆河，1204年9—10月在俺都淮（Andkhud）大败古尔军队。从此花剌子模在呼罗珊成为统治势力，把古尔王朝排挤了出去。

但是，随着花剌子模实力的加强，摩诃末越来越不甘心于自己的附庸地位。他有两三年没给西辽王朝缴纳年贡了。菊儿汗派出宰相马合木·巴依[3]督责贡赋。当马合木·巴依到达花剌子模时，摩诃末正准备对钦察发动战争，怕给予无礼的回答，引起西辽的入侵。但自己又不愿以藩属的地位接待菊儿汗的使臣，于是请母亲图儿罕哈敦来处置这件事。图儿罕哈敦以尊崇的礼节接待西辽的使臣，缴纳了全部年贡，并派出几名贵族随马合木·巴依入朝菊儿汗，表示迟纳年贡的歉意，保证今后恪尽藩属的义务。

---

1 见《全史》，多伦堡本，第11卷，第90—91页；转引自《吉尔吉斯人和吉尔吉斯地区历史资料》，第1辑，第70—71页。
2 见《世界征服者史》，汉译本，上册，第418—419页。
3 巴托尔德《蒙古入侵时期的突厥斯坦》作 Махмуд-бай（《巴托尔德文集》，第1卷，第422页）；魏特夫与冯家昇先生《中国社会史——辽》作 Mahmud-bay（费城-纽约，1949年，第651页）。但波伊勒在英译本《世界征服者史》中作 Mahmud-Tay（第357、358页），何高济译为马合木·太（上册，第419、420页）。这应是波斯文抄本的阿拉伯字母上的音点所致。前面的一种译写比较合适。

马合木·巴依告诉菊儿汗:"苏丹是不老实的,不会再纳贡了。"[1]的确,摩诃末征钦察胜利返回后,不仅停止了对西辽王朝的年贡,而且开始有计划地兼并整个河中地区。

花剌子模沙摩诃末,早已想摆脱附庸地位。西辽王朝又派图什来收纳贡赋,图什按照习惯的做法,高踞于苏丹旁边的宝座上,对摩诃末很不礼貌,摩诃末下令把他碎尸万段,投进河中,公开宣布脱离西辽王朝,起兵造反。正在这时,布哈拉人民起义。逃出城外的贵族在西辽救兵不到的情况下,又向摩诃末求援。他认为这是征服河中地区的大好机会,于是率领大军进入布哈拉地区。

起义者没有采取保卫城市的应有措施,也没有同农民联合起来。花剌子模军队没有遇到任何抵抗便进入布哈拉。花剌子模沙摩诃末虽然占领了布哈拉,但是要吞并整个河中地区并不那么容易。因为西辽菊儿汗不会容忍自己"府库"落入他人之手。所以摩诃末在出兵布哈拉的同时,"遣密使到四方,用许诺来鼓动一切人,特别对算端乌思蛮(即西部喀喇汗王朝大汗奥斯曼)进行拉拢。这时河中地区,"所有的人都讨厌菊儿汗的长期统治,憎恨他的税吏和地方官"。因为"他们一反他们从前的作(做)法,已开始作威作福,无法无天"[2]。于是河中各地都接受了摩诃末的许诺,准备同花剌子模一起反对西辽王朝。

摩诃末率大军到达撒马尔罕时,受到奥斯曼的隆重欢迎,双方结成同盟,起兵反对西辽王朝。此时奥斯曼仍保持着独立,继续以自己的名义冲制有"伟大的苏丹之苏丹"称号的钱币。这一称号比摩诃末的称号更高级、更堂皇。

花剌子模与西部喀喇汗王朝结成同盟并起兵反抗西辽王朝的消息传到巴拉沙衮后,菊儿汗直鲁古不能容忍自己的附庸联兵反

---

[1] 《世界征服者史》,汉译本,上册,第420页。
[2] 《世界征服者史》,汉译本,上册,第420页。

对自己，更不愿失去自己的"府库"——河中地区，立即征集了一支3万人组成的军队，进行讨伐。西辽王朝的军队战败花剌子模和西部喀喇汗王朝的联军，占领了撒马尔罕。摩诃末被迫退回花剌子模。奥斯曼又转向西辽王朝，并请求菊儿汗把一位公主嫁给他，但遭到拒绝。于是奥斯曼再转到摩诃末方面，派出使臣，表示自己效忠于他。

1210年，摩诃末率领军队再次进入河中地区，受到奥斯曼的热烈欢迎。但是这次会见，他们再不是平权的盟友，奥斯曼"同意服从和遵守［花剌子模］皇室和帝国的诏旨敕令，以算端（苏丹的异译，即摩诃末——引者）之名诵读忽惕巴（呼土拜的异译——引者）和铸造钱币"[1]。摩诃末为动员广大穆斯林支持自己，煽起他们的宗教狂热，宣布对西辽王朝"圣战"。他下令加固撒马尔罕的城防，并任他母亲图儿罕哈敦家族的异密脱儿惕阿巴为撒马尔罕的总督，代表自己监护奥斯曼。这样，西部喀喇汗王朝的实权完全落到花剌子模的总督手中。摩诃末集结军队，亲赴前线，指挥"圣战"。

西辽王朝菊儿汗直鲁古得到消息后，命令驻屯在怛逻斯（今哈萨克斯坦塔拉斯）的大将塔阳古准备迎战。塔阳古是西辽王朝的名将，穆斯林作家称他为"［西辽］帝国衣袍上的绣花"。他接到命令后，调集了一支凶猛的大军，"如蛇和蚂蚁的军队"，"骄狂不可一世"，志在必胜。

朱外尼有声有色地描述了这次"圣战"：

> 在费纳克忒（在今锡尔河北岸，塔什干南110公里处）过河后，算端（摩诃末）命令把供军队通行而修建的桥梁毁掉，以此他们可以一心为荣誉，不给他们的事业出丑和丢脸。……他远抵亦剌迷失草原（今乌兹别克斯坦安集延以

---

[1] 《世界征服者史》，汉译本，上册，第402页。

北），同时塔阳古率一支劲旅，受到对自己兵力满心自负的欺哄，被自己大量人马和甲兵所刺激和鼓动，抵达药杀水（锡尔河）渡口……

现在碰巧在607年剌必阿Ⅰ月（1210年8—9月）的一个礼拜五，他们彼此碰面，相互对阵。算端命令他的人马松弛缓慢地行动，不前进一步，以待伊斯兰的牧师登上他们的祭坛，发出祈祷："主啊，协助穆斯林的军旅和部队吧！"然后他们就在四面八方发动总进攻。……最后，当战争的熔炉炽热时，

  铜鼓喧闹，战笛鸣响；

  大地像星空一样从它的位子上出现；

  将官们高举他们的战旗，

  骁勇武士捐弃他们的生命——

双方抛开弓矢，拔出刀剑。从算端的阵营听见塔克必儿的声扬，从那恶魔的一方听见号笛和哨子的尖鸣。尘土如云雾般飞扬，刀剑如闪电般出鞘。……在祈祷的时刻，全军发出一声呐喊，进攻那些歹人。……算端军中一人获胜，敌军千人溃败，一头狮子对千只羚羊，一只鹰对千只鹧鸪。那支覆灭的军旅大部分在刀下丧生，塔阳古本人在战斗中受伤，像契丹汗的臣属那样俯跌于地。一个女孩站在他身旁，有人要割他的头时，她喊道："这是塔阳古！"这个人立刻把他捆起来，把他送给算端。他随后又随捷书被送往花剌子模。由于这个胜利，他的军队变得强大，因为这个恩赐，他们拥有了财富。人人均如愿以偿，都把值得爱恋的女人置于他们的怀中。……酒色的爱好者开始拿月儿般面孔的美人取乐；利欲熏心者因获得财富、积攒马匹和骆驼而心满意足。[1]

朱外尼的这段记述，毫无掩饰地以赞美的口吻揭示了摩诃末

---

[1]《世界征服者史》，汉译本，上册，第403—405页

进行的"圣战"的实质：掳掠妇女，抢夺财富。由于这次胜利，摩诃末的威望空前提高，在官方文书中提到他的名字时开始戴上"第二个亚历山大"的称号，意思是说他的武功同历史上的马其顿·亚历山大一样显赫。这位自以为不可一世的沙在他的名字上又加上"苏丹桑贾尔"的称号。

摩诃末率军队返回途中，又派兵攻打讹答剌[1]，守将投降。摩诃末到撒马尔罕，接受奥斯曼的求婚，决定把自己的女儿嫁给他。奥斯曼随同他到花剌子模完婚。摩诃末回到花剌子模后，举行盛大的庆功宴会，当场把西辽大将塔阳古处死，扔进河中。他在印玺上又给自己加上一个称号："大地上真主的影子。"[2]

但是，摩诃末的这次胜利，实际上并不像穆斯林史学家渲染的那样辉煌、伟大，它没有给西辽王朝造成重大的创伤。菊儿汗直鲁古很快集结了一支军队，向河中地区进攻，一直打到撒马尔罕城门下。摩诃末得到消息后，立即征调全国各地驻军，出兵河中地区。西辽军队与撒马尔罕军队交战70次，屡遭失败，不能取得重大进展。这时又传来了两方面的消息：一方面，摩诃末率领援军即将到达；另一方面，乃蛮王子屈出律的军队进入西辽王朝的后院，在那里骚扰。于是西辽政府决定撤军，以免陷于绝境。但摩诃末率军越过撒马尔罕，紧追不舍，菊儿汗下令准备迎战。这时花剌子模营中两员大将脱儿惕阿巴（撒马尔罕总督）和亦思法合八式密谋反对摩诃末，向菊儿汗派出密使，说他们在交锋之时将率领军队后退，条件是菊儿汗胜利之后，把花剌子模交给脱儿惕阿巴，呼罗珊交给亦思法合八式。菊儿汗在复信中答应了他们的要求。两军会战开始，这两员大将率领的花剌子模军队的右翼退出战斗，整个阵形混乱。摩诃末和他的一些随从在混战中进入西辽军队中，由于他身穿西辽衣服，未被识破。他找准时

---

[1] Otrar，当时为锡尔河左岸上的军事重镇，今哈萨克斯坦突厥斯坦城南约50公里处。
[2] 《世界征服者史》，汉译本，上册，第408页。

机,策马离开西辽军营,飞奔向费纳克忒的河岸。当时花剌子模溃败的军队因国王失踪,人心惶惶,谣言四起,有的说摩诃末被俘,有的说他已遭杀。摩诃末的到来,安定了军心;他不敢再同西辽军队战斗,带领军队奔回花剌子模[1]。从此,花剌子模沙摩诃末再没有出兵进攻西辽。

花剌子模沙摩诃末很容易地征服了河中地区,变喀喇汗王朝为自己的附庸,这是由于当地居民希望在赶走"异教徒"西辽政府的官员后,在"正教徒"花剌子模沙的保护下能改善自己的处境。然而他们很快就体验到新政权的残虐,对新的征服者不满。这时喀喇汗奥斯曼还在花剌子模做新郎,按照当地的习惯,他在岳父家要住整整一年。河中地区人民为他的安全很担心。摩诃末了解这些情况,为安定河中地区的局势,派出一支卫队护送奥斯曼回撒马尔罕,留下其弟作为人质[2]。

1212年,撒马尔罕爆发了反对花剌子模占领者的起义,得到奥斯曼的支持。摩诃末得到消息后立即率领军队亲自前往镇压。奥斯曼开城投降,但是摩诃末并不接受,下令屠城,大抢三天,将近一万名穆斯林被杀死。奥斯曼也根据花剌子模公主的要求被处死。喀喇汗王朝汗族的其他成员也遭残杀。摩诃末把河中地区变为花剌子模的直辖领地,更换地方统治者和官吏。在河中地区统治二百多年的喀喇汗王朝至此灭亡[3]。

在此期间,西辽王朝也土崩瓦解,不仅失去西部的附庸花剌子模和西部喀喇汗王朝,东部的附庸高昌回鹘王国也投降兴起不久的大蒙古国成吉思汗。1211年秋,乃蛮王子屈出律擒获菊儿汗直鲁古,攫取西辽王朝政权。摩诃末曾与屈出律商讨分割西辽土

---

[1] 见《世界征服者史》,汉译本,上册,第412—414页。
[2] 见《世界征服者史》,汉译本,下册,第467—468页。
[3] 见《世界征服者史》,汉译本,下册,第467—468页;伊本·阿西尔:《全史》,多伦堡本,第12卷,第125页,转引自《吉尔吉斯共和国史》,第1卷,第52页;参看加富罗夫《塔吉克》,第411页。

地，但未达成协议，于是出兵进占，但遭到当地军民的有力抵抗。他纵兵焚掠后返回河中地区。

蒙古的兴起，引起摩诃末的注意，派出以巴哈·丁·剌只为首的使团探听虚实，于1215年到达中都（今河北省张北县城之西北），受到成吉思汗的接见[1]。就在这一年，摩诃末也在钦察草原初次与蒙古军队发生接触。1218年，成吉思汗派遣使团携带大量贵重礼品到达河中地区，向摩诃末表达了缔结和约、建立贸易关系的意愿。使臣的屈意奉承，更增强了摩诃末的狂妄自大。成吉思汗在派出使团的同时组织了一支庞大的商队，共有回回商人450人，骆驼500头满载金银、绸缎、皮毛，前往中亚进行贸易。商队于这年春天到达花剌子模的边城讹答剌，该城长官亦难出（Inalchuq）贪图财物，诬商队为间谍，加以扣押，报告摩诃末。摩诃末命令将商人全部杀掉，货物没收。仅有一名驼夫幸免，逃回蒙古[2]。成吉思汗得悉，即派出使臣交涉。摩诃末又杀死使臣，将其随从两人剃光胡须放归。于是成吉思汗决心西征。

当时的形势是成吉思汗的西征部队不过20万人，而摩诃末的军队约有40万人[3]。但是表面上强大的花剌子模，其政权是不稳固的：首先，其庞大的国家内部，被征服的各部族时时想恢复独立，劳动人民受征服者和本地统治者的双重剥削。为了军需，在一年内连征三次赋税。其次，统治集团内部矛盾严重：宗教上层与花剌子模沙争夺权力，特别是母后图儿罕哈敦与花剌子模沙争夺权力，各为一派。图儿罕哈敦是钦察人，得到为沙服务的钦察军人之拥护，相互勾结。因此摩诃末对军队很不放心，令其分散驻扎各地。这有利于成吉思汗集中优势兵力各个击破。

---

[1] 详见韩儒林主编：《元朝史》，上册，人民出版社，1986年，第140—141页。
[2] 关于这一事件，史籍记载不一，此据韩儒林主编《元朝史》上册，第142页，考证详见其注释1。
[3] 关于双方军队的人数，特别是成吉思汗西征部队的人数，史籍记载不一，此据韩儒林主编《元朝史》，上册，第143页，考证见其注释1。

1219年秋，成吉思汗亲率大军抵达讹答剌，分兵四路向花剌子模展开全面进攻：一路围攻讹答剌，两路攻占锡尔河两岸城镇，成吉思汗自率一路直取布哈拉。蒙古军队遭到这些城镇军民的英勇抵抗，强攻占城后立即展开屠杀，将城池夷平，活下来的人掳为奴隶。1220年初成吉思汗攻占布哈拉后，遂集中军队进攻撒马尔罕。摩诃末对新首都撒马尔罕的保卫战极为重视，集结了大量军队驻守（《史集》载11万；另一说为5—6万），并加固了城池。而他本人却躲在阿姆河上等待会战的结果。根据当时人的记载，该城可经受住多年的围攻。但是花剌子模军队偷袭蒙古军营失败后，宗教界上层和世俗贵族立即利用城市保卫者的士气低落，派出代表到成吉思汗大本营谈判投降条件。他们得到了身家性命的保证后，第二天拂晓便打开城门，放进蒙古军队。有1000名城市保卫者坚守大清真寺，蒙古军难以攻下，放火烧寺，他们无一人出降，全部壮烈牺牲。整个撒马尔罕的居民有半数以上被杀戮，3万名工匠归属成吉思汗及汗室成员，另外3万名工匠随军服役[1]。撒马尔罕遭到巨大破坏，《长春真人西游记》载："方算端氏之未败也，城中常十万余户，国破而来，存者四之一。"摩诃末得知撒马尔罕失守后，便逃往里海南部的一个小岛上隐藏起来，再未组织任何抵抗，大约在这年年底死去。

摩诃末死前已传位于其子札兰丁（Jalal al-Din），他葬父后返回花剌子模旧都玉里犍意欲组织抗击蒙古军。但钦察军人阴谋杀害札兰丁，他只带领300骑逃离开玉里犍，进入呼罗珊。蒙古军在玉里犍遇到了军民的顽强抵抗，围攻半年，统帅几换，损失严重；破城之日先是残暴屠杀，掳掠工匠和妇幼，最后是决开阿姆河堤，大水淹城，变为水泽。1221年，成吉思汗渡过阿姆河，指挥各路大军攻城略地，忒耳迷、巴里黑、木鹿、内沙布尔这些历史名城都遭到了毁灭性的破坏。札兰丁从呼罗珊退到伽色尼，

---

[1] 详见加富罗夫：《塔吉克》，第449—450页。

收集各部,并打败了成吉思汗的先头部队。正当札兰丁的各部因争夺战利品而发生矛盾时,成吉思汗的主力部队到达,没有遇到什么抵抗就占领了伽色尼。札兰丁向印度河撤退,成吉思汗尾追而至,11月24日下令猛攻,札兰丁泅水过河得脱,跟随者有4000余人。札兰丁不容于德里苏丹,后去伊朗西北部,不断遭到当地统治者的攻击,以后又遭到蒙古人的袭击,逃进丛山,1231年8月被库尔德人杀害。其实花剌子模王朝作为一个政权,于1221年已经结束,中亚一个新的时代——蒙古统治的时代已经开始。

大花剌子模王朝在短短的两年间就由一个不可一世的中亚强国突然败亡,真乃"其兴也勃焉,其亡也忽焉"。历史一再昭示:一个单靠武力征服勃然兴起的政权,如果继续穷兵黩武,不恤民力,竭泽而渔,一旦遇到强有力的冲击,它就会突然崩溃,彻底灭亡。

大花剌子模世系与在位年代

阿努失特勤
|
1. 忽都不丁·穆罕默德（1097—1127）
|
2. 阿即思（1127—1156）
|
3. 亦勒·阿儿斯兰（1156—1172）
|——————————|
4. 帖乞失（1172—1200）   苏丹沙
|
5. 摩诃末（1200—1220）
|
6. 札兰丁（1220－1221）

第四编

蒙古进入中亚,突厥化、伊斯兰化完成,中亚近代民族形成之时期

第十三章　蒙古进入中亚

一　蒙古的兴起

13世纪初,蒙古崛起于漠北。

蒙古属东胡系民族,其族源可以上溯至鲜卑。公元2世纪中叶,鲜卑乘匈奴衰败西迁之机,由今大兴安岭一带迁据蒙古高原匈奴故地,并进而向南发展。此时在鲜卑故地有室韦(又作"失韦")。室韦为鲜卑之后;或谓室韦与鲜卑为同名两译,皆为Särbi、Sirbi或Sirvi的音译[1]。室韦居于大兴安岭东西的广大地区,为蒙古的直系先民。唐后期汉文献中又以达怛之名称之,

---

[1] 伯希和:《吐火罗语与库车语》,见伯希和、烈维《吐火罗语考》,冯承钧译,中华书局,1957年,第79页。亦邻真进一步指出:"如果这种意见能成立,那么室韦族名写作'室韦'而不作'鲜卑',其原因就该是高度汉化的拓跋魏贵族不准呼伦贝尔一带的原始部落与自己使用同一个族名。"(亦邻真:《中国北方民族与蒙古族族源》,《内蒙古大学学报》1979年第3—4期)。

"似乎是从回鹘人那里传来的"[1]。室韦-达怛人逐渐向西迁移，8世纪初已进入蒙古高原。840年，漠北回鹘汗国为黠戛斯所灭，回鹘人或西迁或南奔，而黠戛斯主力又很快北退剑水（今叶尼塞河上游）故地，室韦-达怛诸部乘机迅速扩散于整个蒙古高原。蒙古原为室韦诸部中一个部落的名称，唐时以"蒙兀"之名见于汉文文献[2]。其居地原在望建河（今额尔古纳河上游）一带，后逐渐向西面的草原地带迁徙，约于10世纪初迁至斡难河（今鄂嫩河）、怯绿连河（今克鲁伦河）、土兀剌河（今土拉河）三河源头的不儿罕山（今肯特山）地区。

12世纪末13世纪初，蒙古诸部仍处于分散状态，或游牧，或渔猎，互不统属，战乱不已，总体处于金朝的统治之下。此时，蒙古高原上势力强盛的部落集团，主要有蒙古、塔塔儿、克烈、乃蛮和篾儿乞等部。在诸部争战中，蒙古乞颜氏贵族铁木真的势力逐渐壮大。他先依靠克烈部首领王罕的支持，打败篾儿乞部，又相继消灭了蒙古部内强大的主儿乞氏和泰赤乌氏贵族，击溃札答阑部首领札木合为首的各部联盟，并乘胜消灭塔塔儿，降服弘吉剌诸部。1203年，又攻灭王罕，尽取克烈部众。同时，漠南汪古部首领也遣使献降。1204年，铁木真又举兵攻灭乃蛮太阳汗部，并先后兼并了篾儿乞残部和乃蛮不欲鲁汗部，统一蒙古高原。

1206年，蒙古贵族大会于斡难河源，奉铁木真为大汗，上尊号"成吉思汗"，建国号"也客蒙古兀鲁思"（Yeke Mongghol Ulus），即"大蒙古国"。成吉思汗在统一蒙古诸部的进程中，吸收以前游牧政权的经验，将军队划编为千户、百户。即位后，在其征服的所有蒙古部落中普遍推行千户制，将全蒙古游牧民统一编组为95个千户[3]，任命那些共同建国的贵戚、功臣为千户那

---

1 韩儒林主编：《元朝史》，人民出版社，1986年，上册，第6页。
2 《旧唐书》卷一九九下《北狄传》。
3 《元朝秘史》，第202、203节。关于1206年大蒙古国千户数目的考订，见姚大力《蒙元制度与政治文化》，北京大学出版社，2011年，第10—22页。

颜（千户长），使其世袭管领本千户百姓，并划定牧地范围。各千户户数不一，下分若干百户，百户下又分为若干十户，设百户长、十户长管领。大多数千户是以不同部族的百姓混合组成的；只有少数千户由同族构成，如成吉思汗的姻亲和那些主动举部归降的部落首领，得"统其国族"[1]，由本部落结合成若干千户，自领千户长。成吉思汗又置左手万户、右手万户、中军万户，分统各千户军队。千户制度是大蒙古国统治体制中最重要的部分。千户既是军事组织单位，又是地方行政单位，取代了旧时的部落或氏族结构，全蒙古百姓都被纳入严密的组织中。在成吉思汗建国之前，分布于大漠南北的诸部族各有自己的名称，蒙古部只是其中之一。成吉思汗统一各部建立大蒙古国后，诸部以"千户"的组织形式，统一在大蒙古国的统治之下，采用"蒙古"作为其总名称。于是，以原蒙古部为核心，以辽、金时期活动于蒙古高原的室韦-达怛人为基本成员，并吸收、融合蒙古高原上其他部族，逐渐结合形成了一个新的民族共同体——蒙古族。

　　成吉思汗在统一蒙古各部后，即开始了大规模的对外扩张。大蒙古国建立后，蒙古各部作为成吉思汗黄金家族的私有财产，邻国就成为他们继续进行掠夺战争的目标。成吉思汗这样勉励他的儿子们说："天下土地广大，河水众多，你们尽可以各自去扩大营盘，征服邦国。"[2]

　　当时蒙古南与金朝、西夏相邻。两国政治昏暗，统治者腐败无能，内部矛盾重重，国势衰微，而西夏尤弱，成为蒙古首先掠夺、征服的对象。还在1205年，当蒙古灭乃蛮后，就曾侵入西夏。继又于1207年、1209年两次进攻西夏，迫其称臣纳贡。西夏既降，金朝就成为蒙古下一个进攻的目标。从1211年起，成吉思汗统兵全力攻打金朝。1214年，金献公主、金帛请和。1215

---

[1] 《元史》卷一一八《特薛禅传》。
[2] 《元朝秘史》，第255节。

年，蒙古攻占金中都（今北京），置达鲁花赤等官镇守。1217 年，成吉思汗封左手万户木华黎为太师国王，专征金朝，经略中原汉地。

蒙古在南攻西夏、金朝的同时，亦向西北扩张。成吉思汗建国后，即招服了居于大泽（今贝加尔湖）东西的八剌忽、豁里、秃马惕等部，以及西北谦河（今叶尼塞河上游）流域的乞儿吉思诸部，把北方森林地区的"林木中百姓"纳入大蒙古的统治之下。

此时统治西域的西辽王朝已经腐败，派往附庸国的监护官或使臣都作威作福，欺压当地统治者和掠夺人民财富。据志费尼记载，菊儿汗给高昌回鹘（元代译作畏兀儿或畏兀）派的一位少监，"对亦都护[1]和他的将官百般凌辱，撕毁他们的荣誉面纱，因此他成为贵族和平民共同憎恨的对象"[2]。当西辽王朝在河中地区失败，蒙古已灭掉乃蛮的情况下，畏兀儿亦都护巴而术阿而忒的斤及其臣僚们"见蒙古强盛，决定借助蒙古的声威乘机摆脱西辽统治，转而投靠蒙古"[3]。于是在 1209 年，亦都护下令把西辽王朝派来的少监围困在一所房屋中，把房子推倒，压在他头上，然后亦都护宣布脱离西辽王朝的统治，归顺成吉思汗[4]。在《高昌偰氏家传》中也记载着这一事件："［西辽］命太师僧少监来围（?）其国，恣睢用权，奢淫自奉。［回鹘］王患之，谋于仳俚伽曰：'计将安出？'仳俚伽对曰：'能杀少监，挈吾众归大蒙古国，彼且震骇矣！'遂率众围少监，少监避兵于楼，升楼斩之，掷首楼下。"[5] 以上穆斯林史料与汉文史料可以相互印证，只是

---

[1] 亦都护（Iduq-qut），突厥语，意为"神圣陛下"，高昌回鹘王的称号，借自拔悉密人的称号（见《世界征服者史》，英译本，第 1 册，第 45 页关于这一称号的注释，汉译本，上册，第 50—51 页）。
[2] 见《世界征服者史》，汉译本，上册，第 49 页。
[3] 韩儒林主编：《元朝史》，人民出版社，1986 年，上册，第 132 页。
[4] 见《世界征服者史》，汉译本，上册，第 49 页。
[5] 《圭斋文集》卷一一，四部丛刊本。

在少监死的具体情节上略有不同。关于畏兀儿归降蒙古的经过，《圣武亲征录》做了具体记载："己巳（1209 年）春，畏吾儿国王亦都护闻上威名，遂杀契丹所置监国少监，欲求议和，上（成吉思汗）先遣按力不也奴、答儿拜二人使其国。亦都护大喜，待我（大蒙古国）礼甚厚，即遣其官别吉思、阿邻帖木儿二人入奏，曰：'臣窃闻皇帝威名，故弃契丹旧好，方将遣使来通诚意，躬自效顺，岂料远辱天使降临下国，譬云开见日，冰泮得水，喜不胜矣！而今而后，当尽率部众为仆为子，竭犬马之劳也。'"[1]

1211 年，亦都护巴而术阿而忒遵照成吉思汗的命令，到怯绿连河（今蒙古国克鲁伦河）朝见这位新主。成吉思汗给他以很大的荣誉，"使尚公主也立安敦，且得序于诸子"，即排在尤赤、察合台、窝阔台、拖雷之后，成为"第五子"。以后在蒙古征服中亚的战争中，巴而术阿而忒"将部曲万人以先，纪律严明，所向克捷"；他又参加征西夏，"皆有大功"[2]。因此，高昌回鹘王国在大蒙古国里与其他被征服国家的政治待遇不同，仍作为一个附庸国保存下来，日本学者安部健夫称之为"第五汗国"[3]。巴而术阿而忒死后，他的子孙继续作为国王统治着畏兀儿；都哇叛乱后，带领一部分回鹘人迁居河西走廊的永昌一带，仍称高昌王，"治其部"，大概一直延续到天历（1328—1330 年）之后。原来的高昌回鹘故地，在平定都哇叛乱之后，元朝在此设官直接统治。

在畏兀儿亦都护巴而术阿而忒转向成吉思汗的同年，即 1211 年，葛逻禄（元代译为哈剌鲁）部首领阿儿斯兰汗也投奔

---

[1]《圣武亲征录校注》，《王国维遗书》第 13 册。关于高昌回鹘王国归附蒙古国的史料还见于《元史》卷一二四和《史集》，汉译本，第 1 卷，第 2 分册，第 211—213 页。

[2]《元史》卷一二二《巴而术阿而忒的斤传》。

[3] 安部健夫：《西回鹘国史的研究》，汉译本，新疆人民出版社，1985 年，第 24—25 页。

成吉思汗，归附蒙古。

葛逻禄是喀喇汗王朝军事力量的主要组成部分，但其军事首领经常与王朝发生冲突。耶律大石军队进入巴拉沙衮，就是应东部喀喇汗王朝大汗之请，帮助他对付葛逻禄人和康里人。耶律大石解决这一矛盾的办法是让葛逻禄人与喀喇汗王朝分离，成为单独的政治实体，作为西辽王朝的藩属，首府设于海押立（今巴尔喀什湖以南、塔尔迪-库尔干之东）。西辽王朝派出沙黑纳（监护官）协同治理该地区的政事。在西辽王朝势力衰微时，和田的统治者也起兵反对西辽，菊儿汗直鲁古率师讨伐，要葛逻禄阿儿斯兰汗也出兵援助。穆斯林史学家朱外尼说，他这样做，动机是要把阿儿斯兰汗置诸死地；或因此阿儿斯兰汗和其他君王一样造反，就可以干脆把他除掉；另外，若他表示服从，但对穆斯林温情脉脉，讨伐不力，那也可以此为借口同样把他干掉。当葛逻禄阿儿斯兰汗赶来见菊儿汗时，西辽王朝的一名将官把菊儿汗的图谋告诉了他，劝他服毒自尽，答应为他说情，让他的儿子继位。结果这位阿儿斯兰汗服毒自杀。菊儿汗把他的儿子送回海押立，继承他的汗位，并派去一名沙黑纳监护他。这位监护官对葛逻禄非常专横暴虐。在蒙古军队节节胜利的消息传到海押立后，葛逻禄的新阿儿斯兰汗便杀死了西辽的监护官，投奔成吉思汗。在汗廷他受到礼遇，并被派回海押立。这位阿儿斯兰汗也同一位蒙古皇女成亲。成吉思汗西征中亚时，他率领自己的部属参战，起了很大的作用。蒙哥汗因此把讹迹邗封给他的儿子作采邑，以褒奖其父对大蒙古国做出的贡献[1]。

在畏兀儿和葛逻禄部归服之后，蒙古势力逼近西辽本土。此时西辽政权已为乃蛮屈出律所攘取。乃蛮被成吉思汗打垮后，其王子屈出律率残部辗转逃入西辽国境。他骗取了西辽皇帝直古鲁的信任，并于1211年篡夺了西辽帝位。但是喀什噶尔地区并不

---

[1] 以上叙述详见《世界征服者史》，汉译本，上册，第86—89页。

归顺屈出律。因此,每逢收获季节,屈出律便派兵去毁坏他们的庄稼,用火把庄稼烧光。三四年间,百姓收不到庄稼,发生饥荒,只得归顺屈出律。他领兵进入喀什噶尔,每家派一名士兵居住,"共聚一堂,同住一屋,处处看得见奸淫烧杀"。屈出律从喀什噶尔出兵,进占了和田,强迫当地居民放弃伊斯兰教,要他们或者信奉基督教或佛教,或者穿上契丹人的袍子。当地穆斯林只好都穿上契丹人的袍子,伊斯兰教的礼拜被停止,宗教学校被封闭和毁坏。屈出律把当地伊斯兰教首领伊玛目阿老丁·穆罕默德严刑拷打后,钉死在伊斯兰寺院的大门上。屈出律的这些野蛮、残暴的做法,激起广大居民的普遍愤恨[1]。

当屈出律在喀什噶尔与和田地区镇压人民的时候,在伊犁河谷地区,葛逻禄人斡匝儿[2]举行起义,占领了阿力麻里(今新疆维吾尔自治区霍城西北13公里处)。屈出律屡次进攻,均遭失败。斡匝儿派合臣朝见成吉思汗,表示愿作臣仆。成吉思汗予以奖慰,并令尤赤与斡匝儿结为姻亲。以后斡匝儿亲自去蒙古觐见成吉思汗,受到礼遇和恩宠。他返回阿力麻里后,耽于游乐,经常出猎。一天,他在猎场上被屈出律的士兵俘获。屈出律的士兵把他带到阿力麻里城门前,命他叫开城门,但这时蒙古军队已逼近。屈出律只好解围撤退,在返回巴拉沙衮的途中把斡匝儿杀死[3]。这样,伊犁河谷地区便完全脱离了屈出律的统治。

1218年,成吉思汗遣哲别统军征屈出律。蒙古军抵阿力麻里,发现屈出律的军队已经退去,遂西进至费尔干纳盆地,收降西辽守官曷思麦里,并以其为先锋进讨屈出律。屈出律当时正在喀什噶尔,闻蒙古军来攻,仓皇逃向帕米尔,结果在瓦罕走廊东

---

1 见《世界征服者史》,汉译本,上册,第73—74页。
2 斡匝儿(Awzar),杰马尔·卡尔希《苏拉赫词典》作者布匝儿(Buzar)。见《世界征服者史》,英译本,第1册,第65页,译者注;汉译本,上册,第73页。
3 见《世界征服者史》,汉译本,上册,第87页。

部的达拉兹山谷被擒获,交蒙古军处死[1]。蒙古军进入西辽,只追袭屈出律,不侵害百姓,并恢复了人民的宗教信仰自由,受到了当地的欢迎[2]。哲别遣曷思麦里"持曲出律首往徇其地,若可失哈儿、押儿牵、斡端诸城,皆望风降附"[3],西辽全境遂并入大蒙古国。

至此,蒙古的西境已与花剌子模相接。

二 蒙古征服中亚

(一) 成吉思汗西征

当蒙古崛起之时,中亚的花剌子模国也正处于鼎盛时期。花剌子模沙摩诃末于 1210 年大败西辽守军,夺取讹答剌、讹迹邗,称雄中亚,自称算端,骄横不可一世,甚至计划进一步向东扩张,征服中国。当蒙古军攻入金国的消息传到中亚,摩诃末为窥探虚实,遂向东方派遣了一个使团。使团约于 1215 年底抵达金中都。成吉思汗于驻营地接见了使者,表示愿与花剌子模友好通商,并遣使回访,同时组织了一支四百多人的商队前往花剌子模贸易。1218 年,商队抵达花剌子模边城讹答剌。该城长官亦难出[4]贪图商队财物,竟诬为间谍,在摩诃末的默许或命令下,杀害了蒙古商队的成员,夺其货物[5]。成吉思汗闻讯后极为愤怒,决意兴兵复仇。他立即派遣了三名使者前往花剌子模问罪,并要求严惩犯罪官员、归还被没入的财物。摩诃末不但拒绝了这个要求,而且还将为首的使臣杀掉。摩诃末的这种挑衅行为加速了成

---

1 姚大力:《曲出律败亡地点考》,《元史及北方民族史研究集刊》第 5 期,1981 年。
2 《世界征服者史》,汉译本,上册,第 74 页。
3 《元史》卷一二〇《曷思麦里传》。
4 Inalchuq, 即《元史》卷一《太祖纪》中的哈只儿只兰秃。
5 穆斯林史籍关于此事的记载不一,分歧主要在于摩诃末是否应对这一惨案负责。参见韩儒林主编《元朝史》,人民出版社,1986 年,上册,第 142 页。

吉思汗西征的开始。

成吉思汗对即将发动的战争非常重视，研究了从中亚回回商人那里得来的有关花剌子模的兵力情况以及国内情况，做了认真、周密的准备。如前所述，此时西域的高昌回鹘和葛逻禄已主动归附蒙古。成吉思汗遂遣先锋哲别率军消灭了盘踞西辽的屈出律，西辽全境尽归蒙古，扫除了西征路上的障碍。

1219年夏，成吉思汗亲统近二十万大军西征花剌子模，诸子、诸那颜和大部分蒙古军都参加了西征，高昌回鹘、葛逻禄也奉命率军从征。大军西越阿勒台山[1]，在也儿的石河驻夏后，于秋季进入花剌子模国境，抵达其边城讹答剌。然后兵分四路：一路由察合台、窝阔台率领，围攻讹答剌；一路由尤赤率领，沿忽章河（今锡尔河）而下攻取毡的、养吉干等城；一路由阿剌黑那颜率领，攻取忽章河上游忽毡等城及费尔干纳地区；成吉思汗与拖雷统领主力，越过沙漠，兵锋直指中亚名城不花剌（布哈拉）。

此时花剌子模看似强大，拥有约四十万军队，经济财力也相当雄厚，但统治集团的矛盾和腐败极大地削弱了其抵御的实力。这个国家在很大程度上依赖于来自突厥、康里部族的军事-封建贵族，但摩诃末对他们并不信任。面对大敌压境，他们仍彼此猜忌，争权夺利。摩诃末对军事贵族心存疑虑，没有采纳将领集中军队击破入侵者的建议，担心军队集中于一个地方，一旦打败外敌，会转过来反对自己，于是将军队分成许多支小部队，分守各地城堡。军事力量的分散性使蒙古军队得以各个击破，更易于取得胜利。此外，花剌子模统治集团骄横贪暴，对人民任意欺压掠夺，以备战为名，在一年内连征三次赋税，引起居民的不满。

花剌子模沙摩诃末起初妄自尊大，但当蒙古大军压境时，又惊慌失措，怯懦无能，采取了消极防御的战略。成吉思汗偕拖雷统中军渡忽章河，攻克讹儿等诸城，于1220年2月下不花剌，

---

1 今阿尔泰山的元代译名。——编者

继于3月进围花剌子模首府撒麻耳干[1]。摩诃末原对保卫撒麻耳干特别重视，在这里集结了大量的军队，拟依托此城构筑防御，但一闻蒙古军渡过忽章河，即慌忙离开撒麻耳干，退到阿姆河以南。成吉思汗对撒麻耳干城展开围攻。察合台、窝阔台在攻陷讹答剌后也率军前来会合。由于城内宗教人士和贵族的叛降，蒙古军第五日攻下了这座城池。成吉思汗在围攻撒麻耳干时，获悉摩诃末已退守阿姆河南，即遣哲别、速不台等统兵三万渡河追击。摩诃末仓皇西逃，在蒙古军紧紧追逼下，最后逃入宽田吉思海（里海）南岸附近一个岛上，大约于当年年底病死在那里；死前传位于其子札兰丁。

成吉思汗攻下撒麻耳干后，自春末到秋初，先后在撒麻耳干和那黑沙不附近草原休养士马，做下一步进攻的准备。1220年秋后，成吉思汗命察合台、窝阔台率右路军会同尤赤往攻花剌子模旧都玉龙杰赤，自己与拖雷统率中路大军向阿姆河挺进。

察合台、窝阔台各统本部及右翼诸千户军，经不花剌北向，尤赤率本部从毡的南下，先后抵玉龙杰赤城下。因尤赤与察合台不和，号令不一，数月城攻不下，成吉思汗遂命窝阔台统一指挥，最终攻入城中。成吉思汗与拖雷统大军南下，命拖雷率领一支精锐部队先渡过阿姆河，攻取呼罗珊诸城，到1221年夏，木鹿（又译马鲁、梅尔夫、马雷）、你沙不儿（又译内沙布尔）、也里（又译赫拉特）等城被相继攻陷。成吉思汗自统大军攻取忒耳迷（又译铁尔梅兹）等阿姆河沿岸诸城后，于1221年初渡过阿姆河，取巴里黑，进围塔里寒寨，连攻七个月，拖雷率军来会，才攻克。此时，花剌子模沙札兰丁在伽色尼重新集结了约十万军队，破蒙古军。已被蒙古占领的呼罗珊一些城市纷纷起义响应，杀死蒙古戍将，一时声势大振。成吉思汗会合诸路军队，越过大雪山（兴都库什山），进攻札兰丁。而此时札兰丁因部下诸将争

---

1 即今撒马尔罕。

权夺利纷纷离散,势孤力衰,退到申河(印度河)。11月,成吉思汗在申河北岸击溃札兰丁军,札兰丁逃入印度。

1222年春夏,蒙古军继续攻略申河一带地区,并镇压呼罗珊诸城叛乱。秋末,成吉思汗回师撒麻耳干。闻西夏有变,遂决定东返蒙古,于是任命花剌子模人牙剌瓦赤及其子麻速忽治理西域,"置达鲁花赤于各地监治之"[1]。是年冬启程东还,1225年春回到蒙古。

速不台、哲别奉命追击摩诃末,约以三年为期,务在必得,然后经钦察草原东返蒙古会合。摩诃末逃入宽田吉思海后,蒙古军失去目标,继续抄掠波斯中西部诸城。1222年春,攻入谷儿只(今格鲁吉亚)、失儿湾等地,由打耳班越太和岭(今高加索山),进入阿速、钦察之境。阿速人属伊朗语族,信奉基督教,分布于太和岭山麓。钦察人属突厥语族,主要信奉伊斯兰教,分布在里海、黑海之北的辽阔草原上。蒙古军先后将阿速、钦察诸部各个击破,并于钦察之地驻冬。逃入斡罗思(俄罗斯)的部分钦察人向斡罗思求援,联合斡罗思诸王公抗击蒙古。1223年5月,蒙古军击破斡罗思、钦察联军于阿里吉河(位于今乌兰克日丹诺夫市北),抄掠斡罗思南部诸地,并侵入克里米亚半岛。当年底,哲别、速不台统军东进,经也的里河(今伏尔加河)流域,攻掠中游的不里阿耳国,然后沿河南下,经由里海、咸海之北,东返蒙古。

成吉思汗在西征过程中,遭到各地花剌子模守军的英勇抵抗。蒙古军每攻破一城,往往伴随有野蛮的屠杀。中亚历史名城不花剌,男子被杀达三万余人。蒙古军队进驻清真寺狂饮,《古兰经》等宗教经典被抛弃满地皆是,书柜被充作马槽,宗教人士被迫饲马。花剌子模新都撒麻耳干"城中常十万余户,国破而

---

[1] 《圣武亲征录》,王国维校注,《王国维遗书》,第13册,第78页。

来，存者四之一"[1]。马鲁城17万市民遭屠杀，幸存者仅400名工匠而已，中亚几百年积累的文明成果遭到灾难性破坏。

（二）长子西征

1221年，蒙古军攻破玉龙杰赤后，术赤即遵成吉思汗之命率部北进，略取钦察草原东部。后因术赤病故[2]，这一计划未得实行。成吉思汗留察合台镇守西域，也是为了对付降而复叛的钦察人。但察合台并未亲自前往征讨钦察，而是留在中亚，未达到应有的效果[3]。

1227年，成吉思汗病逝于征西夏军中。两年后即1229年，窝阔台即位，继续奉行对外扩张政策。窝阔台即位后，决定亲征金朝，并遣军征钦察、撒克辛（今伏尔加河下游）和不里阿耳。钦察、不里阿耳人虽被打败，但仍坚持抵抗。1235年，窝阔台召集诸王大会，决定征讨钦察、斡罗思等未服诸国，命各支宗室均以长子统率出征军，万户以下各级那颜也派长子率军从征。对此窝阔台解释说："长子出征呵，则人马众多，威势盛大，闻说那敌人好生刚硬。我兄察阿歹谨慎的上头，所以教长子出征，其缘故是这般。"[4] 故此次西征又称长子西征。

诸王以术赤子拔都为统帅，以成吉思汗西征时曾率偏师横扫南俄草原的老将速不台（此时哲别已死）为先锋，出征人数合约15万。拔都先于1234年已奉命西征钦察草原，1235年蒙哥亦受命前往。1236年春，蒙古诸王和速不台等亦率师出发，同年秋抵不里阿耳境。至此蒙古大军会合于不里阿耳。速不台统先锋军攻取不里阿耳城，杀掠之后将其焚毁。是年冬，蒙哥率军进逼也的

---

1 《长春真人西游记》卷上，王国维校注，《王国维遗书》，第13册。
2 据穆斯林文献，术赤死于成吉思汗死前六个月，即1227年初。参见韩儒林主编《元朝史》，上册，第156页。
3 刘迎胜：《西北民族史与察合台汗国史研究》，南京大学出版社，1994年，第81页。
4 《元朝秘史》，第270节。

里河下游的钦察部,部分钦察人归降。钦察八赤蛮部拒不降附,至次年春为蒙哥军所灭。灭八赤蛮后,蒙哥继续征讨附近地区的阿速部。1237年秋,拔都与诸王会商,决定共同进兵斡罗思。蒙古军于途中灭莫尔多瓦,至冬抵也烈赞(梁赞)境。也烈赞拒降,求援于弗拉基米尔大公,后者不肯出兵,也烈赞城遂为蒙古军攻破,被屠、焚。1238年初,蒙古军连破莫斯科、罗斯托夫等十余城;2月合兵攻克弗拉基米尔大公国首府弗拉基米尔城;3月破弗拉基米尔大公军营,大公战死。蒙古军继续南进,略取钦察草原西南部地,钦察部长忽滩败逃马札儿(匈牙利)。1239年,蒙古军灭太和岭(今高加索山)北麓之阿速国。是年,蒙古军复攻入斡罗思南境,进围斡罗思国都乞瓦(基辅),遣使入城谕降,结果被杀。1240年,拔都亲统大军至,蒙古军诸路云集,围攻乞瓦,四周架炮猛攻。城破后,乞瓦军民遭到残酷屠掠。陷乞瓦后,蒙古军继续西进,攻占伽里赤国,其王逃入马札儿。

1241年春,拔都分兵两路,一路由拜答儿、兀良合台等率领,攻孛烈儿(波兰);一路由拔都、速不台等率领攻入马札儿。当时孛烈儿处于封国割据的分裂状态。拜答儿一军横扫孛烈儿,并于里格尼茨大破孛烈儿、捏迷思(德国)联军。欧洲诸国震惊。蒙古军乘胜南下,攻入莫剌维亚,并由此向马札儿进军,与拔都军会合。当时马札儿国土虽广,然封国割据,不听号令。国王别剌四世与诸侯之间矛盾重重,而以忽滩汗为首的钦察残部的到来,更加剧了社会矛盾。拔都军分三路侵入马札儿,3月进逼马札儿首府佩斯城(《元史》作马茶城),大败马札儿军。马札儿人以钦察逃人招来外祸,遂将忽滩汗杀死,结果导致钦察人与马札儿人相互仇杀,国内大乱。4月,蒙古军大破马札儿六万大军,乘胜攻陷佩斯城。夏秋间,蒙古军驻营秃纳河(多瑙河)以东,分兵抄掠,曾于7月间进至维也纳城附近,遭遇奥地利公、波希米亚王联军而退。是年冬,拔都大军涉冰渡过秃纳河,攻陷格兰城。1242年初,拔都遣诸王合丹率军追击马札儿王别剌四世,至亚得里亚海而返。不久，窝阔台的死讯传来，拔都遂率军东还，1243年初，到达也里河下游的营地。

蒙古的这次西征，征服了欧亚草原广大地区，横扫东、中欧，大败波、德联军，前锋抵地中海岸，欧洲震惊。西征之后，拔都以也里河下游萨莱城为都城，建立起东自也儿的石河（额尔齐斯河）、西包斡罗思诸公国的地域辽阔的钦察汗国（金帐汗国）。

(三) 旭烈兀西征

成吉思汗东归后，札兰丁从印度返回伊朗地区，得到部分旧部的拥戴，据有伊朗大部，以亦思法杭（伊斯法罕）和桃里寺（大不里士）为都城，重建花剌子模帝国。1229年，窝阔台即位后，即遣绰儿马罕率领三万军队往征，1230年冬抵阿塞拜疆。札兰丁闻讯弃桃里寺，进入木干草原（今里海西南、阿拉斯河下游）。在蒙古军的追击下，札兰丁入西部山区，于1231年秋被当地库尔德族人杀死。灭札兰丁后，绰儿马罕率领西征军镇戍波斯西部，立营于木干草原，谷儿只、大阿美尼亚等先后为其征服。1241年，绰儿马罕死，拜住继任统帅，降服鲁迷、叙利亚、小亚美尼亚等诸国。

花剌子模算端札兰丁被消灭后，阿姆河以西至叙利亚边境大部分地区都归入蒙古统治之下，唯据有祃拶答而（今伊朗马赞德兰省）的亦思马因派[1]宗教国木剌夷国和报达（巴格达）的哈里发国（阿拔斯王朝）尚未被征服。亦思马因派是伊斯兰教什叶派中的一支，源于阿里裔、第六代教长长子亦思马因，其后世门徒逐渐发展成一个独立的宗教国。其地在祃拶答而，拥有山寨360余个。12世纪中期，教主哈散宣称伊斯兰之再兴日已临近，宣布解除禁令、戒条，在斋月中狂饮娱乐，被其他穆斯林视为异端，称之为木剌夷（mulahid，阿拉伯语，意为迷途者）。其教主培训了大批刺客，遣赴各地，专门从事暗杀活动。据《常德西使记》

---

[1] 即伊斯玛仪派。

记载,"其国兵皆刺客。俗见男子勇壮者,以利诱之,令手刃父兄,然后充兵。醉酒扶入窟室,娱以音乐美女,纵其欲。数日复置故处,既醒,问其所见,教之能为刺客,死则享福如此。因授以经咒日诵,盖使蛊其心志,死无悔也。令潜使未服之国,必刺其主而后已"[1]。

1251年,蒙哥即位后,决定遣其弟旭烈兀统军远征木剌夷国和报达国,命诸王各从本部军中每十人签调二人,由子弟率领从征,并从汉地签发炮手、火箭手随行;镇戍波斯等地的蒙古军亦归旭烈兀调遣。1252年7月,先锋怯的不花统军万余先行,开始征讨木剌夷国。次年10月,旭烈兀统主力西行,1256年初渡阿姆河,向亦思马因宗教国进军,与怯的不花合力攻木剌夷国。在蒙古军的强大攻势下,教主鲁克奴丁出降,被押往和林,途中蒙哥命令将其杀死。

灭木剌夷后,旭烈兀于1257年春移驻哈马丹,做进兵报达的准备。报答国即阿拔斯王朝,17世纪以来,国势衰落,哈里发仅保存伊斯兰教领袖和伊斯兰世界名义上宗主的地位,境内军阀割据,直接的辖区已很小。1257年9月,旭烈兀遣使至报达谕降,遭到哈里发谟斯塔辛的拒绝,使臣亦受辱被逐回。11月,旭烈兀进兵报达,命波斯镇戍军统帅拜住率其军为右翼,命怯的不花等统其军为左翼,旭烈兀自统中军。1258年1月,蒙古三路大军抵报达城下。面临大军压境,报达国内君臣、将相倾轧,民怨鼎沸。月底蒙古军完成合围,四面同时猛攻,报达东门先被炮石击毁,官民逃出城者尽被屠杀。二月初,哈里发遣使求和,旭烈兀拒绝,主动出投蒙古军的居民也遭屠戮。城破,蒙古军队肆行杀掠焚烧达17天之久,哈里发及其长子被处决。立国500年的阿拔斯王朝至此灭亡。

报达陷落,叙利亚算端纳昔儿遣使向旭烈兀请求臣服。旭烈

---

[1] 刘郁:《西使记》,《王国维遗书》第13册《古行记四种校录》。

兀决意征服叙利亚、埃及,不满足纳昔儿的臣服条件,令其纳土归降。1259 年 9 月,旭烈兀分兵三路攻入叙利亚。次年 1 月,叙利亚算端纳昔儿弃大马士革,打算逃亡密昔儿(埃及),后被蒙古军捕获。大马士革长官献城投降。此时传来蒙哥去世的消息,旭烈兀率军回波斯,留先锋怯的不花统率二万军队继续征进。次年 9 月,蒙古军与密昔儿军会战于阿音札鲁德,统帅怯的不花战死,蒙古军全军覆没。密昔儿军乘胜占领大马士革、阿勒颇和叙利亚全境。蒙古西征的势头被遏止。

旭烈兀在赶赴蒙古的途中听到忽必烈和阿里不哥争取大汗之位的消息,遂停止前进,作壁上观。1260 年,忽必烈即大汗位后,封旭烈兀于波斯。从成吉思汗西征以来,阿姆河以南一直是属于黄金家族的共有财产,由大汗遣员经营。旭烈兀西征本来是整个黄金家族共同的事业,旭烈兀不过是受命统领黄金家族各支人马完成蒙古对木剌夷、报达哈里发国等地的征伐。当旭烈兀统军西征时,蒙哥即曾对他说:"你完成这些大事后,就返回本土来吧。"[1] 蒙哥死后,由于忽必烈和阿里不哥的汗位相争,大汗权威下降,忽必烈被迫承认了旭烈兀在伊朗的既得权益,宣布把阿姆河以南全部交给旭烈兀。这片本来属于黄金家族共同财产的土地就成了旭烈兀家族的"梯己分子"。旭烈兀以蔑剌合(今伊朗的马拉盖)为都城(后移至桃里寺)建立伊利汗国,汗国疆域东起阿姆河,西到小亚细亚,北接钦察,南抵印度洋。

蒙古西征是人类历史上规模空前的一场大战,其所跨地域涉及欧亚两洲,历时近半个世纪,对人类历史产生了极其深远的影响。毋庸讳言,西征给各国人民带来了战争和灾难,中国北方各族人民是受害者,其他被征服地区的人民也是受害者。蒙古社会也同样遭受摧残:"家有男子,十五以上,七十以下,无众寡尽

---

[1]《史集》,汉译本,第 3 卷,第 31 页。

签为兵。"[1] 苏联科学院东方学研究所所长卡皮查通讯院士于1988年发表的《再论成吉思汗在历史上的作用》指出：成吉思汗作为世界历史上最伟大的统帅之一，是公认的；但是成吉思汗及其继承者进行的长期征服战争却造成了严重的后果，"对于蒙古利亚本身也是悲剧，使其发展停滞了许多世纪"。优秀分子的大批战死和流失他国，大伤民族元气，至今"蒙古利亚仍然是落后的畜牧国家"[2]。被征服地区，人民惨遭杀戮，城市村寨被毁，农田荒芜，人民失去家园。另外作为一个落后民族征服文明地区，它对人类文明成果的摧毁也是不言而喻的。当然蒙古西征客观上也带来了积极的社会影响，蒙古大军扫荡了欧亚大陆，为加强各地同元朝宗主国之间的联系，建立起了四通八达的驿站，从而促进了东西方文化交流、商业贸易的通道畅通。

三 成吉思汗的分封与蒙古对中亚的统治

按照游牧民族的传统，整个大蒙古兀鲁思都是成吉思汗"黄金家族"的共同家产。成吉思汗统一蒙古高原后，原来分别隶属各部贵族的所有"有毡帐的百姓"，都成了其"黄金家族"的臣民和产业。以后通过对外战争兼并了许多国土，"黄金家族"所占有的百姓和牧场进一步扩大。"太祖皇帝初起北方时节，哥哥弟兄每商量定，取天下了呵，各分地土，共享富贵。"[3] 根据游牧社会的传统，这份家产必须在亲族中进行分配。

成吉思汗建国后不久，就将蒙古百姓以千户为单位编组，按照蒙古社会家产分配的体例，给诸子、诸弟和母亲月伦太后各分配一"份子"（qubi，忽必）。后来随着对外扩张，又进行了多次

---

[1] 《元史》卷九八《兵志一》。
[2] 该文魏良弢译为汉语，刊于《民族译丛》1989年第6期。
[3] 《元典章》卷九《吏部三》。

分配[1]。受封的除诸王外，还有贵戚和勋臣，对他们采取的是"恩赐"（soyurqal，莎余儿合勒）的分封方式。诸王分封与贵戚、勋臣的封授性质不同。贵戚地位虽然略高于勋臣，但是两者都只是国家的地方军政长官，成吉思汗黄金家族才是真正的主子。各支宗王所得的分民（忽必亦儿竖）即为各自的家产，管领这些百姓的千户那颜也成为他们的家臣。拥有分民和封地的各支宗王，即建立了各自的"兀鲁思"——大蒙古国之内的"宗藩之国"。诸藩王（汗）奉大汗为宗主，其后王继立需得到大汗的认可，同时他们也拥有共同推举大汗、参与大兀鲁思重大事务的决议及享受共有财产一份子的权利。

成吉思汗给诸弟、诸子的封地划定了范围。诸弟封在蒙古东部，称为"东道诸王"。拙赤合撒儿的封地在也里古纳河（今额尔古纳河）、阔连海子（今呼伦湖）、海剌儿河（今海拉尔河）一带；铁木哥斡赤斤的封地与拙赤合撒儿封地相接，位于也里古纳河以东、海剌儿河以南到捕鱼儿海（今贝尔湖）、哈剌哈河流域一带，后扩展到大兴安岭以东；合赤温子按赤台的封地在铁木哥斡赤斤封地哈剌哈河以南，合兰真沙陀与兀鲁灰河（今东乌珠穆沁旗乌里勒吉河）地区；别里古台的封地在斡难河与怯绿连河中游一带，南与按赤台封地相接。

诸子尤赤、察合台、窝阔台三家封地都在蒙古高原以西，故称为"西道诸王"。尤赤于1218年领兵征服吉利吉思至亦必儿、失必儿等部，即以其地授之。后来复授以也儿的石河以西，包括花剌子模至不里阿耳，以及这个方向马蹄所至之地，而吉利吉思地区则授予拖雷家族。察合台封地为畏兀儿以西、伊犁河、楚河、塔剌思河流域，原哈剌鲁与西辽之地，以阿力麻里为其统治

---

[1] 《元朝秘史》和《史集》对蒙古的分封情况都有记载，但分配的数目不一致，这大概是因《秘史》记载的是最初的分配，而《史集》反映的是成吉思汗晚期的情况。

中心。窝阔台所封为阿勒台山原乃蛮之地及叶密立、霍博等处，以叶密立为其统治中心。拖雷遵循"幼子守产"的习俗，继承了从怯鲁连河至按台山的成吉思汗四大斡耳朵和蒙古本土。

成吉思汗西征后，蒙古在中亚建立了统治。由于诸宗王封地系游牧地区，当时中亚最为富庶的定居民族居住的绿洲农耕城郭之地则是成吉思汗黄金家族的公共财产，故这些地方所得的收益，按蒙古人古老的习惯，由黄金家族成员共同分享。志费尼说："虽然形式上权力和帝国归于一人，即归于被推举为汗的人，然而实际上所有儿子、孙子、叔伯，都分享权力和财富。"[1] 蒙古人采取的办法是，把这些地方的民户按一定比例分配给各支宗王亲贵。除了宗亲诸王，蒙古将领亦因战功在中亚受赐封邑，元朝大将伯颜之祖阿剌"平忽禅有功，得食其地"[2]。

蒙古大汗除了与其他贵族共享当地收益外，还负有管理这些地方的责任，向各城派驻大臣或达鲁花赤，但他们手下同时还有代表各支宗王贵戚利益的官员。当时镇守撒麻耳干的有契丹人耶律阿海父子，耶律楚材提到镇守不花剌的有女真人蒲察元帅父子等。此外还有镇守阿姆河以北地区的大臣哈扎儿不花，驻于那黑沙不城（今乌兹别克斯坦布哈拉东南之卡尔希）；丞相大夫和不花脱沙，是撒麻耳干和不花剌的长官。伊犁地区的城市，如阿力麻里等，也有达鲁花赤[3]。

当时中亚最著名的大臣是花剌子模人牙剌瓦赤及其子麻速忽。成吉思汗从中亚东返时，即委任牙剌瓦赤父子管理财赋，与蒙古达鲁花赤共同治理河中地区等中亚农耕区。《世界征服者史》说："按众人的愿望，这些州邑的政权，在大臣牙剌瓦赤及其忠

---

[1] 《世界征服者史》，汉译本，上册，第45页。
[2] 《元史》卷一二七《伯颜传》。忽禅即忽毡，为牙剌瓦赤驻地，今塔吉克斯坦共和国苦盏州首府苦盏市。
[3] 《元史》卷一五〇《耶律阿海传》；《湛然居士集》卷五《赠蒲察元帅七首》；《长春真人西游记》，王国维校注本，收入《王国维遗书》第13册。

顺的儿子麻速忽别乞的有才干的手掌握之下。"[1] 此二人很善于理财,深得蒙古统治者的信任。窝阔台时期,大汗命牙剌瓦赤分主西域财赋,制订了按丁征税的办法。《圣武亲征录》记载:"已丑(1229年)……河北先附汉民赋调命兀都撒罕(即耶律楚材)主之,西域赋调命牙鲁瓦赤主之。"[2] 后来因与镇守西域的察合台发生矛盾而被窝阔台调往中原,麻速忽承担起管理整个中亚诸城邑的责任。对此,《史集》记载说:"合罕曾将整个契丹之地置于麻哈没的·牙剌瓦赤管领之下,自别失八里和哈剌火州、忽炭、可失哈儿、阿力麻里、海押立、撒麻耳干和不花剌,直到阿姆河岸,都置于牙剌瓦赤之子麻速忽别乞的管领之下。"[3] 牙剌瓦赤之子麻速忽在成吉思汗西征结束后,便长期充任镇守中亚之地的大臣。《元朝秘史》对此记载道:"兀笼格赤城(即玉龙杰赤,花剌子模都城)处牙剌哇赤、马思忽惕(即《元史》中之麻速忽)名有的每,父子两个忽鲁木石姓有的回回来着,城的道理全体例太祖皇帝行说着,理行相似知被说着,儿子行他的马思忽惕忽鲁木石行,咱们的镇守的一同,不合儿(布哈拉)、薛迷思坚(撒马尔罕)、兀笼格赤(玉龙杰赤)、兀丹(斡端,今和田)、乞思合儿(喀什噶尔)、兀里羊(鸭儿看,今莎车)、古先答邻勒(曲先塔林,今库车一带)等城行教管委付着。"[4]

由于中亚城郭绿洲之地的统治权属于大汗,由朝廷委官治理,察合台虽贵为镇守其地的诸王,亦无权干预当地的政务。然而察合台是当地的镇边诸王,驻守阿姆河以北地区的军队均受其节制,调兵镇压叛乱是他的职权。中亚蒙古统治机构中的大汗的行政系统与察合台的军事镇戍系统二元并存的体制,必然引起利

---

[1]《世界征服者史》,汉译本,上册,第114页。
[2] 王国维:《圣武亲征录校注》,收入《王国维遗书》第13册。
[3] 拉施特:《史集》,余大钧、周建奇汉译,(以下简称《史集》,汉译本),第2卷,第111页。
[4]《元朝秘史》第263节。

益纠纷。西北诸王随着其实力的增长,影响越出其原有兀鲁思,逐渐突破大蒙古国旧制的限制,开始与朝廷争夺中亚之地的土地、人口。

随着蒙古的征服,中亚地区成了蒙古贵族榨取财富的主要对象,除此以外,当地人民还要负担沉重的军役和徭役。残暴的统治激起人民的反抗,1238年不花剌爆发了反抗蒙古统治者的塔剌比起义。起义的领导人是一位名叫马合木·塔剌比的制筛匠,他利用宗教活动作为掩护,短时间里就发动了大批群众,很快控制了不花剌。人民起而响应,杀死了许多投靠蒙古人的显贵,幸存的人慌忙出逃。起义人民把塔剌比尊为不花剌的算端。不久,蒙古军到来,起义军奋勇迎战,杀敌近万,击退了蒙古人,塔剌比战死沙场。人民推举塔剌比的兄弟继续领导起义。蒙古人战败后迅速集结力量,卷土重来,起义军终于被击败。蒙古军准备依例屠城。只是在牙剌瓦赤向窝阔台奏报之后,不花剌才得以保存下来[1]。

在窝阔台去世后不久,察合台也去世了。经过贵由汗的短暂统治,蒙古大汗之位转到了拖雷系。拖雷长子蒙哥在拔都的支持下夺取大汗位后,将朝廷管理西域的机构发展为阿姆河等处行尚书省和别失八里等处行尚书省。阿姆河等处行尚书省管理阿姆河以南波斯诸地,以阿儿浑为行政长官。别失八里等处行尚书省,以讷怀、塔剌海和麻速忽主之,所管辖的地区包括阿姆河以北地区、忽阐河以东草原、畏兀儿地、忽毡、可失哈耳、毡的、花剌子模、拔汗那等。由于拔都支持蒙哥夺取汗位,尤赤系诸王的势力因此在中亚得以大大增加,塔剌思河和吹河之间的草原成为朝廷和拔都的势力分界线。

1259年,蒙哥猝死于四川攻宋前线,忽必烈与阿里不哥之间爆发了争位战争。双方都意欲借助察合台汗国控制西域的土地

---

[1] 见《世界征服者史》,汉译本,上册,第128—133页。

人口。忽必烈在和林之战中获胜后，阿里不哥退居谦州，处境恶化，遂以大汗的身份派察合台后裔阿鲁忽回兀鲁思夺位，并为他征集军队、筹集军饷。阿鲁忽至察合台兀鲁思夺取汗位后，利用原别失八里等处行尚书省的官员在忽必烈与阿里不哥之间无所适从的机会，把他们收归己有，力量迅速壮大，使察合台汗国一跃而成为控制大蒙古国中部的一支强大势力。接着，阿鲁忽倒向忽必烈，后者遂把东自金山、西及阿姆河的广大中亚地区交给阿鲁忽防守。从此中亚基本上为察合台汗国所控制。察合台汗国逐渐脱离朝廷的控制，其新汗不再由大蒙古国大汗指定。

与察合台后王同称为"西道诸王"的朮赤后王、窝阔台后王、旭烈兀后王，虽然在名义上仍尊奉元朝皇帝为"大汗"，但由其封地形成的钦察汗国、窝阔台汗国、伊利汗国，与察合台汗国一样，构成了元朝的"宗藩之国"，实际上处于独立或半独立状态[1]。

四 钦察汗国、伊利汗国

（一）钦察汗国

钦察汗国[2]是由朮赤的封地发展而来。据志费尼记载，朮赤的封地是从海押立和花剌子模地区扩展至撒克辛和不里阿耳极远地方，以及鞑靼马蹄在这一方向所至之地[3]。拉施都丁对此有更为详细的记载："成吉思汗把也儿的石河和阿勒台山一带的一切地区和兀鲁思以及四周的冬、夏游牧地都赐给了朮赤汗管理，并颁降了一道务必遵命奉行的诏敕，命令［朮赤汗］将钦察草原诸地区以及那边的各国征服并入他的领地。他的禹儿惕在也儿的石河地区，那里为其京都所在地。"[4] 但至朮赤去世，钦察草原大

---

1 《元史》卷三五《文宗纪四》。
2 又称金帐汗国或朮赤兀鲁思。
3 见《世界征服者史》，汉译本，上册，第45页。
4 《史集》，汉译本，第2卷，第139—140页。

部分尚未被征服,其封地的西边还未超过扎牙黑水(今乌拉尔河),实际统治地域仅限于扎牙黑水以东的草原,以及阿姆河下游的花剌子模北部与忽章河(今锡尔河)下游汇入咸海处。

术赤去世后,次子拔都继立。1236年,蒙古诸王各支兵马会集钦察草原,开始了以拔都为统帅的大规模西征,即所谓"长子西征",降服了钦察、不里阿耳等部和斡罗思,并侵入东、中欧。1241年窝阔台去世后,拔都率军东还。根据成吉思汗生前的分封,钦察、不里阿耳、阿速等部被征服后,扎牙黑河以西、今黑海以北的南俄草原即并入术赤兀鲁思。于是拔都将大帐设于也的里河(今伏尔加河)下游,于此筑萨莱城(今阿斯特拉罕附近)作为都城。斡罗思诸城邑名义上是属于黄金家族的共有财产,应由大汗管辖。因而贵由汗、蒙哥汗曾派员检括斡罗思户口,蒙哥汗还曾派达鲁花赤镇守斡罗思。但由于这些地区距离大汗驻地太过遥远,实际上处于钦察汗国的统治之下。

斡罗思人称拔都大营为"金帐",故史称"金帐汗国"。穆斯林史家又因拔都家族立国于钦察草原而称其为"钦察汗国"。拔都是术赤兀鲁思的最高统治者,他的13个兄弟也都得到分封,封地分布于汗国各地,形成了隶属于钦察汗的半独立兀鲁思。其中拔都之兄斡儿答及其后裔据有今西西伯利亚和哈萨克斯坦,形成白帐汗国。

钦察汗国幅员辽阔,境内民族众多,经济形态多样,社会发展水平不一。西迁至此的蒙古人为数不多。据《史集》记载,成吉思汗分封时,术赤分得四名异密及四千军队户[1];而据《秘史》则为九千户[2]。后来虽还有蒙古人迁入,但与当地居民相比仍然是少数。广大草原地区生活的主要是钦察、康里、突厥蛮(土库曼)诸族,过着游牧生活。在花剌子模、也的里河流域、

---

[1] 《史集》,汉译本,第1卷第2分册,第376页。
[2] 《元朝秘史》,第242节。

克里米亚、太和岭以北等地区以及斡罗思诸公国，居有花剌子模人、不里阿耳人、莫尔多瓦人、阿速人、希腊人和斡罗思人，他们从事农业、工商业。蒙古人居住在草原上，向各地及斡罗思各公国派出八思哈（镇守者）监领并征收贡赋。他们逐渐被周围的操突厥语诸部同化。这种变化是一个渐进的过程。15世纪前半期的阿拉伯作家乌马儿（'Omari）这样描述蒙古人与突厥语民族钦察人相混合的过程："……钦察人变成了他们（即蒙古人）的臣民。后来，他们（鞑靼人）与他们（钦察人）接近了，混合了，由于蒙古人（及鞑靼人）移住到钦察人的土地上，与他们通婚并留在他们的土地上生活，于是土地就征服了他们（鞑靼人）的自然的和种族的性质，他们全都变成了钦察人，好像他们（与钦察人）是一个氏族一样。"[1]

尤赤在世时即表现出某种程度的离心倾向，甚至拒从成吉思汗的召唤，致使成吉思汗想要率军征讨他。尤赤死后，拔都继立。拔都受命西征后，将大帐西移至也里河（今伏尔加河）下游，离心力进一步增加。窝阔台死后，大汗之位虚悬五六年之久，诸王各自为政，大蒙古国中央权力开始削弱。尤赤系诸王与察合台、窝阔台两系诸王素有矛盾，尤赤生前即与察合台、窝阔台多次发生矛盾，拔都和贵由也积怨已久。窝阔台死后，拔都以诸王之长，反对贵由继为大汗，拒赴议立贵由的忽里台大会，表现出不受大汗控制的独立倾向。贵由即位后的第二年即任命大将野里知吉带为征西军统帅，前往尤赤封地的西南界今高加索一带，而贵由本人则以赴叶密立养病为由，率大军随后西行，企图以武力消灭拔都的势力。拖雷遗孀唆鲁禾帖尼认为贵由此行是别有用心，遂密遣人报告拔都，于是拔都整军迎战[2]。贵由于行军途中突然死去，一场宗亲大战才得以避免。贵由死后，以拔都为

---

[1] 转引自符拉基米尔佐夫：《蒙古社会制度史》，刘荣焌译，中国社会科学出版社，1980年，第197页。
[2] 见《史集》，汉译本，第2卷，第221页。

首的术赤系诸王与拖雷系诸王结成联盟,召集忽里台大会推举蒙哥为帝。拔都并遣其弟别儿哥率军赴漠北,拥立蒙哥。蒙哥即位后,为报答拔都拥立之功,承认拔都在西方的权力。双方以塔剌思河为界分治大蒙古国。从此,大汗势力退出钦察之地,汗廷基本上不再干涉钦察汗国事务。

1255 年,拔都去世后,其弟别儿哥取得了汗位(1257—1266 年在位)。别儿哥喜爱城市生活,他在也的里河下游另建一新萨莱城(史称别儿哥萨莱,以区别于拔都所建萨莱),该城很快发展成为钦察汗国的工商业中心和国际贸易城市。伊斯兰教在钦察汗国的蒙古上层中得到传播,别儿哥和他的两个兄弟还在拔都在世时即已皈依了伊斯兰教,以后许多蒙古贵族也跟着信奉了伊斯兰教。别儿哥时期,钦察汗国继续朝着地方化和独立化的方向发展,但在名义上仍然尊奉蒙古大汗为宗主。

1260 年,蒙哥去世后,爆发了忽必烈和阿里不哥的汗位之争。别儿哥表面上保持中立,向双方遣使劝和,但实际上是支持阿里不哥的[1]。窝阔台后王海都先是支持阿里不哥,阿里不哥败后,海都割据自雄,走上对抗汗廷的道路。察合台后王阿鲁忽乘忽必烈、阿里不哥相争之机夺取察合台兀鲁思汗位,并把原大蒙古国别失八里等处行尚书省辖地西部据为己有,同时排挤术赤家族的势力。这时别儿哥正忙于同旭烈兀争夺太和岭(今高加索)以南地区,无力东顾,只得听凭察合台汗国的扩张。钦察汗国和伊利汗国之间的武装冲突撕裂了术赤家族和拖雷家族近半个世纪的亲近关系。由于与蒙古本土联系被海都阻隔,钦察汗国除了对大蒙古兀鲁思名义上的承认外,完全不再受大汗的控制,走向了完全的独立。

1266 年,拔都之孙忙哥帖木儿即位(1266—1282 年),得到

---

[1] 见《史集》,汉译本,第 2 卷,第 296 页。

大汗忽必烈的正式册封[1]。忽必烈遣使要求钦察汗国配合朝廷，共同夹击窝阔台后王海都，忙哥帖木儿表示："祖宗有训，叛者人得诛之。如通好不从，举师以行天罚，我即外应掩袭，剿绝不难矣。"[2] 但不久为对付察合台汗国的扩张，忙哥帖木儿与海都由对立转为结盟。在忙哥帖木儿的帮助下，窝阔台汗国占领了一些本不属于窝阔台家族的地盘[3]。在海都与察合台后王八剌争夺今锡儿河中游地区的战争中，忙哥帖木儿派出军队与海都共同作战，取得了胜利。

1269年，在海都倡议下，尤赤、窝阔台与察合台三系诸王在塔剌思河畔（今哈萨克斯坦江布尔东）召开忽里台会议，达成了共同反对拖雷家族控制的元朝和伊利汗国的协议，并划分了各自在阿姆河以北地区的势力范围。1282年，忙哥帖木儿卒，其弟脱脱蒙哥即位（1282—1287年在位）。钦察汗国改变对元朝的政策，脱脱蒙哥表示服从朝廷，愿意东来参加朝会，不过后来并未来朝[4]。脱脱蒙哥及其后继者秃剌不花（1287—1291年在位）两汗在位时期，宗王那海操纵了汗国大权。脱脱汗（1291—1313年在位）即位后，致力于恢复汗权的斗争，于1300年彻底击败那海，汗权才得以恢复。

钦察汗国的东部是尤赤长子斡儿答家族白帐汗封地，与大汗的辖地相连。海都兴起后，派兵占领了与白帐汗封地相接的大汗辖地，从而隔断了大汗与尤赤家族领地的直接联系。此时白帐汗斡儿答后王伯颜与庶弟古亦鲁克内争，海都支持古亦鲁克，侵占了伯颜的部分地区。伯颜遂向钦察汗脱脱求援，并约请元廷和伊利汗国出兵从东西夹击海都。1302年，脱脱、伯颜出兵二万，与元成宗的军队联合进攻察合台汗都哇和窝阔台汗察八儿（此时海

---

1 见《史集》，汉译本，第2卷，第311页。
2 《元史》卷一三四《铁连传》。
3 见《史集》，汉译本，第2卷，第14页。
4 见《史集》，汉译本，第2卷，第317页。

都已死,子察八儿继立)。次年都哇、察八儿遣使向元廷请和,最后促成了包括钦察汗国在内的蒙古诸汗国间的约和。"拔都罕之裔,首已附顺,叛王察八儿举族来归,人民境土,悉为一家",延续了四十多年的蒙古贵族内部的战乱至此告一段落[1]。

元朝与钦察汗国的交往得到恢复,1308 年元武宗遣使出使钦察汗国,册封脱脱为"宁肃王"[2]。1313 年,脱脱死,月即别即位(1313—1341 年);次年,元仁宗遣使例行册封,予以承认。此后不久编成的《经世大典》称钦察汗国为"月祖伯[3]所封地"。1336 年,"月即别遣使来求分地岁赐,以赈给军站"。次年,元廷"置总管府,给正三品印",以掌管尤赤后王的平阳等处分地岁赐,每年按额发给[4]。元廷与钦察汗国使节往来频繁,关系密切。此时元朝与察合台汗国之间再度发生大规模边境冲突。为防止腹背受敌,察合台汗也先不花曾遣使月即别,企图拉拢钦察汗国与其共同反抗元廷,遭到月即别汗的拒绝。月即别是一位有作为的统治者,在他在位时期,钦察汗国的国势达到极盛。他重视城市生活,扩建和美化了别儿哥萨莱,并将汗国都城由拔都萨莱迁到了别儿哥萨莱,促进了该地经济与文化的发展。月即别信奉伊斯兰教,并在汗国内强制推行。在他统治时期,伊斯兰教在也的里河下游广泛传播。也正是在这一时期,穆斯林文献中开始出现了"月即别人""月即别国"的说法,用以指称月即别汗军队中的军士和月即别汗治下的钦察汗国[5]。

在月即别之子札尼别汗(1342—1357 年在位)时代,钦察汗国开始走向衰落。1357 年,札尼别被杀,汗国内乱时起,汗位更迭频仍。万户马迈利用这种混乱的局面掌握了朝政,但他并未

---

1 《元史》卷一一七《牙忽都传》。
2 《元史》卷二二《武宗纪》、卷一〇七《诸王表》。
3 月即别的另译。
4 《元史》卷一一七《尤赤传》。
5 参见《金帐汗国兴衰史》,汉译本,第 76 页。

能征服整个钦察汗国。汗国内异密割据，混战不断。内乱削弱了汗国的实力和权威。被征服的斡罗思各公国自1371年以后停止缴纳贡赋。1380年，马迈征讨斡罗思，结果大败。

与此同时，东方的白帐也开始干预钦察汗国的内乱。如前所述，白帐本是拔都长兄斡儿答的封地，是钦察汗国内部的一个半独立封国。进入14世纪以后，白帐逐渐强大，走向独立，但在名义上仍是金帐的藩属。月即别汗为了阻止白帐的独立，曾将自己的儿子迪尼别立为白帐汗，企图把金帐、白帐并入同一汗族即拔都家族。但月即别汗死后，迪尼别就被自己的兄弟札尼别汗作为竞争对手杀死了。札尼别汗又重立斡儿答后人沉台为汗。沉台死后，其子兀鲁思嗣立（1361—1380年在位），开始积极干预钦察汗国事务，率军西征，夺取了萨莱，力图将整个尤赤兀鲁思置于自己的统治之下。

正在这时，兀鲁思汗的侄子脱脱迷失崛起于白帐，在河中统治者异密帖木儿的支持下，击败兀鲁思汗（不久死去），夺取了白帐汗位。然后继续兀鲁思汗的未竟事业，致力于对整个尤赤兀鲁思的征服，马迈遂成了他的主要对手。1380年，马迈为斡罗思大败，脱脱迷失乘机发动进攻，彻底战胜马迈，使自己成为整个钦察汗国的汗。从此钦察汗国的汗位转入白帐汗家族。脱脱迷失在成为钦察汗后，又于1381年要求各斡罗思公国臣服，遭到了拒绝。脱脱迷失遂率军征讨，于1382年攻占莫斯科，强迫斡罗思诸公国重新纳贡。

此后脱脱迷失与帖木儿发生冲突，双方在1389年到1396年间进行了三次大战。帖木儿攻入伏尔加河流域和克里米亚诸地，于1395—1396年完全击败了脱脱迷失。帖木儿对钦察汗国的远征不仅沉重打击了脱脱迷失，使其一蹶不振，而且蹂躏了塔纳（Tana，今俄罗斯罗斯托夫南、顿河河口南岸）、萨莱、阿斯特拉罕等连接欧洲与中亚的重要商业城镇，国际商路为之阻绝，钦察汗国的经济遭到了严重破坏。

15世纪20年代后，从钦察汗国中陆续分裂出失必儿汗国（西伯利亚汗国）、喀山汗国、克里米亚汗国、阿斯特拉罕汗国等政权。钦察汗国仅剩下有限的疆土，被称为大帐汗国。1502年，大帐汗国灭亡。

钦察汗国虽远僻西北，但作为宗藩之国，一直与元朝大汗统治的地区保持着政治、经济和文化上的联系。窝阔台时期就设置了从首都哈喇和林到也的里河下游地区的驿路。忽必烈建立元朝后，这条驿路又从钦察汗国都城萨莱通到大都。当时的使臣只要持有元政府发给的金、银牌符就可以通行无阻。从钦察汗国的塔纳到元朝统治的甘州、杭州等地保持着通达的商路，手工业制品源源不断地从元代中国内地运往钦察之地。不少中原工匠被征发或随商队来到钦察汗国，从事劳作。同时，也有很多钦察人、阿速人被迁往蒙古高原或中原，经过长期定居，逐渐与当地的汉族、蒙古族融合在一起。

(二) 伊利汗国

伊利汗国为拖雷之子旭烈兀在波斯、阿拉伯地区建立的蒙古政权，是元朝西北诸藩之一。汗国强盛时领土东起阿姆河和印度河，西达地中海，北至太和岭（高加索）和花剌子模，南濒波斯湾和阿拉伯海。都城先后在蔑剌合（今伊朗马拉盖）、桃里寺（今伊朗大不里士）和算端城（今伊朗苏丹尼耶）。

蒙古对波斯、阿拉伯之地的征服始于13世纪20年代成吉思汗西征，蒙古军曾越过阿姆河，征服了波斯东部的呼罗珊地区和波斯北部的大部分地区。1229年，窝阔台即位后，又遣绰儿马罕率军往征波斯西部，讨伐在那里图谋复国的花剌子模算端札兰丁，于1231年将其消灭。此后绰儿马罕率领西征军镇戍波斯西部，立营于木干草原，阿姆河以西至叙利亚边境大部分地区都归入蒙古统治之下。这些地区属于蒙古黄金家族的共有财产，由大汗委派官员管理。先是以真帖木儿为呼罗珊等处长官，代表大汗管理这一地区，各系宗王派代表协理。真帖木儿死后，畏兀儿人阔里吉思继之。阔里吉思被杀后，改由乃蛮人阿儿浑代之。治所在途思城（今伊朗马什哈德附近）。1251年蒙哥即位后，立阿姆河等处行尚书省，仍以阿儿浑为长，管理波斯诸地。

1253年，蒙哥遣其弟旭烈兀西征尚未降服的木剌夷国（位于今里海南岸）和报达（今伊拉克巴格达）哈里发政权。旭烈兀在征服两地后，又兵入叙利亚，继续攻略西亚诸地。这时传来蒙哥去世的消息，旭烈兀将征服西亚的军事交付先锋怯的不花，自己从叙利亚东返，行至桃里寺，闻忽必烈和阿里不哥在争夺大汗之位，遂停止东行，欲乘机据有波斯诸地。为了争取旭烈兀的支持，忽必烈遣使旭烈兀，承认其对所占领地区有自主的统治权[1]。1262年，钦察汗别儿哥与旭烈兀为争夺太和岭地区的阿塞拜疆发生战争，旭烈兀就更无心插手东方忽必烈与阿里不哥之间的汗位之争。1264年，阿里不哥投降，忽必烈遣使征询有关处置阿里不哥等叛王的意见，同时正式"封旭烈兀汗为从阿姆河起以迄叙利亚、密昔儿遥远边境的君王"[2]。从成吉思汗西征以来，阿姆河以南的波斯诸地一直是属于黄金家族的共有财产，由大汗遣员经营。旭烈兀西征本来是整个黄金家族共同的事业，旭烈兀不过是受命统帅一方军政事务的宗王，其所统领的军队亦是由黄金家族各支人马中抽调组成。忽必烈被迫承认了旭烈兀在伊朗的既得权益，并进行了封授，这份黄金家族的共同财产就成了旭烈兀家族的私有领地。旭烈兀以蔑剌合（今伊朗马拉盖）为都城建立伊利汗国，汗国疆域东起阿姆河，西到小亚细亚，北接钦察，南抵印度洋。

旭烈兀及其后继者们称伊利汗（il-khan）[3]。伊利（il）为突厥语，"从属"之意，它表明波斯的这个蒙古汗国是一个宗藩政权。

---

1 见《史集》，汉译本，第2卷，第299页。
2 《史集》，汉译本，第3卷，第94页。
3 或汉译作"伊儿汗"，不妥。"其实元代从不用'儿''尔'等汉字来作-l的译音。按照当时译写非汉语词汇的体例，旭烈兀的王朝，应当译作伊利汗朝。"（姚大力：《千秋兴亡——元朝》，长春出版社，2000年，第103页）

伊利汗国与元朝一直保持着密切关系，在西北诸藩国中最尊重大汗的权威。各代伊利汗的袭封都以得到元朝皇帝的册封才为合法。1265年，旭烈兀死，诸王、大臣们奉其子阿八哈嗣位。阿八哈以未得大汗册命，不敢即位："忽必烈合罕是长房，怎能不经他的诏赐就登临（汗位）呢？"[1] 只权摄国政，直到1270年忽必烈"合罕的使臣们来到，他们带来了赐给阿八哈汗的诏旨、王冠、礼物，让他继承自己光荣的父亲成为伊朗地区的汗，沿着父祖的道路前进"，于是阿八哈"按照合罕圣旨，第二次登上汗位"，重新举行登基大典[2]。阿八哈即位后，迁都桃里寺，以蔑剌合为陪都。

在黄金家族内部，窝阔台、察合台两系宗王与拖雷家族存在着矛盾，蒙哥在尤赤系宗王支持下夺取大汗之位后，这种矛盾进一步尖锐。而作为拖雷系宗王的旭烈兀及其后继者，又与尤赤系宗王为争夺太和岭（今高加索山）以南地区而发生军事冲突。1269年，钦察、察合台和窝阔台三系诸王会聚于塔剌思，议定察合台汗国向阿姆河以南发展。察合台汗八剌遣使者往当时居波斯境内的察合台后王捏苦迭而，希望他能指挥手下军民脱离伊利汗营垒。然事机败露，阿八哈以武力消灭了自己后方的异己势力。八剌于1270年率领大军渡阿姆河进入呼罗珊。伊利汗国守军向祸掇答而溃退。阿八哈倡议约和，许以割让伽色尼至申河之间地以换取八剌的军队撤出呼罗珊，但被拒绝。阿八哈遂引诱八剌主力进入也里城附近的设伏地区，将其击溃，战争以察合台汗国的惨败而告终[3]。此后八剌势衰，不久身亡，察合台汗国陷于混乱。阿八哈乘机出兵，攻入阿姆河以北地区和花剌子模，在大肆杀掠之后退回。

1282年，阿八哈死，弟帖古迭儿继立，称阿合马汗。阿八哈子阿鲁浑在权臣不花支持下起兵争位，于1284年推翻阿合马，夺取汗位，并奏报元廷。忽必烈"册封阿鲁浑继承其父为汗，封

---

1 《史集》，汉译本，第3卷，第103页。
2 《史集》，汉译本，第3卷，第136—137页。
3 详见《史集》，汉译本，第3卷，第72—128页。

赐不花以丞相的尊荣称号"，阿鲁浑遂依例举行了正式的即位典礼[1]。阿八哈、阿鲁浑父子时期，伊利汗国为夺取叙利亚之地，采取与基督教诸国结盟的政策，与拜占庭帝国联姻，并与罗马教廷及英、法等国建立友好关系。

1291年，阿鲁浑去世，其弟海合都即位，挥霍无度，国库空虚，遂仿效元朝钞法，发行纸币以解决财政危机，于都城桃里寺印发交钞，行用全国。并强行规定：凡拒绝用钞者、伪造交钞者、私用金银铸币贸易者，处以极刑[2]。钞法的推行造成了市场瘫痪，不久废止。1295年，海合都为权臣谋杀，诸王拜都被立为汗。阿鲁浑之子合赞遂起兵夺取汗位。合赞汗为了取得当地封建主及广大穆斯林的支持，宣布自己和伊利汗国的蒙古人都皈依伊斯兰教。他的即位和改信伊斯兰教，得到了当时的元朝皇帝成宗的承认。合赞汗改宗伊斯兰教，并没有影响伊利汗国与元朝的亲密关系，双方使节交往频繁，联系密切。

合赞汗在位期间大力进行改革，颁行新的土地、赋税、驿站、货币等制度，限制蒙古贵族和官吏对人民的横征暴敛，伊利汗国的农业、工商业得到发展，财政收入增加。他还鼓励发展科学文化，命丞相拉施都丁编纂了一部世界通史《史集》。1304年，合赞卒，弟合儿班答继立，号为完者都汗，迁都于新建的算端城（今伊朗阿塞拜疆苏丹尼耶）。当时元廷与察合台后王都哇和窝阔台后王察八儿达成和议，共同遣使伊利汗国诏告。这次蒙古诸汗国间的约和对当时的国际形势有很大的影响。伊利汗国曾与埃及马木鲁克王朝为争夺叙利亚发生多次战争，此时乘机要求欧洲诸王国与之联合，共同对付马木鲁克王朝。

1316年，完者都汗死，其子不赛因嗣位，还都桃里寺，继续与元廷保持着密切的关系。1324年，元朝泰定帝即位，遣使伊

---

1 《史集》，汉译本，第3卷，第194页。
2 见《史集》，汉译本，第3卷，第227页。

利汗国。同年不赛因遣使朝贺,并为其权臣出班请封。元廷"以出班为开府仪同三司、翊国公,给银印、金符"[1]。出班专权,与不赛因发生矛盾,以兵反叛,兵败被杀。经此内乱,伊利汗国削弱,各种矛盾激化。1335年不赛因死后,伊利汗国迅速瓦解,权臣、统将纷纷拥立傀儡汗,互相攻战。1355年,钦察汗国扎尼别汗攻入桃里寺,各地贵族纷纷自立,形成割据局面。1340年,据有报达城的蒙古贵族札剌亦儿氏哈散自立为汗。1358年,其子歪思汗攻占阿塞拜疆等地,移都桃里寺,史称札剌亦儿王朝,14世纪末为帖木儿所灭。

伊利汗国一直与元朝保持着密切的关系,使者往来频繁,中国-波斯文化交流得到空前发展。有不少精通汉地天文历数的学者随旭烈兀来到波斯,他们带去了各类书籍和丰富的中国文化知识。正是在这一时期,中国的医术大量地传入波斯,有不少中国医生在伊利汗廷服务,中国著名医学著作《脉经》也被译成波斯文。驿传制度在伊利汗国得到了普遍推行,设立专供担当军国重事的使臣乘驿往来,使臣需持有金印牌符方许乘驿[2]。"牌符"制度也从元朝传入伊利汗国,各级将领、地方官员和使臣被授予不同等级的牌符,作为其权力或身份的凭证。现代波斯文中的"牌子"(paiza)一词,就是伊利汗国时期由汉语传入的。与此同时,波斯、阿拉伯医学、天文学知识也通过伊利汗国传入中国,回回医学、回回星历是元代文化的重要组成部分。

五 窝阔台汗国、察合台汗国

(一) 窝阔台汗国

窝阔台汗国是由窝阔台的封地发展而来的。在成吉思汗分封

---

[1] 《元史》卷二九《泰定帝本纪一》。
[2] 见《史集》,汉译本,第3卷,第460—463页。

时，窝阔台同其兄朮赤和察合台一样，从父亲那里得到了一部分土地和军队，形成了自己的兀鲁思。窝阔台的始封地在霍博（今新疆和布克赛尔蒙古自治县）和叶密立（今新疆额敏县）一带。

成吉思汗死后，窝阔台继为大汗。其原有封地叶密立一带成为长子贵由的营地，次子阔端封于河西。窝阔台利用大汗的权力，把成吉思汗留给幼子拖雷的一部分军队划归阔端，引起了拖雷家族的不满。1241年，窝阔台死去，其子贵由继为大汗。贵由死后，大汗之位被拖雷之子蒙哥夺去。

蒙哥对反对他的窝阔台后王进行了严厉的镇压，对窝阔台家族的其他成员也多予迁谪，将窝阔台兀鲁思划分为若干小的封地：窝阔台次子阔端因与蒙哥友好得仍保持其河西封地，第六子合丹迁封于别失八里，第七子灭里迁封于也儿的石河（今额尔齐斯河）流域，第四子哈刺察儿之子脱脱迁据其祖父的始封地叶密立一带，第五子合失子海都迁于海押立（今哈萨克斯坦塔尔迪·库尔干以东），以贵由子禾忽据有窝阔台兀鲁思的大斡耳朵。

海都对窝阔台家族大权旁落非常不满，在忽必烈、阿里不哥的汗位之争中，海都支持阿里不哥。禾忽与背叛阿里不哥的察合台后王阿鲁忽结盟，结果被阿里不哥打垮。海都乘机取禾忽而代之，把窝阔台系宗王的力量网罗到自己手下。阿里不哥败后，海都拒不归附忽必烈，拥兵割据，对抗元朝。当时阿鲁忽控制了整个察合台汗国及原属大汗的中亚地区，忽必烈命其统治从按台山（今阿尔泰山）至阿姆河的兀鲁思和诸部[1]。察合台汗国势力的增强损害了窝阔台汗国和钦察汗国的利益。海都于是向阿鲁忽开战，在钦察汗别儿哥的支持下，与察合台汗国在中亚角逐。1265年，阿鲁忽死，海都乘机控制了包括察合台汗国大斡耳朵附近的阿力麻里在内的整个忽阐河以东草原。察合台后王八剌在忽必烈

---

[1]《史集》，汉译本，第2卷，第299页。

支持下夺取察合台汗权后，为夺回被海都侵占的这些地区，向海都开战。海都在钦察汗蒙哥帖木儿的援助下，在忽阐河流域击败八剌。八剌遂背弃了忽必烈令其与海都对抗的旨意，反与窝阔台汗国、钦察汗国结盟，共同反抗拖雷家族。由此确立了海都在西北叛王中的领导地位。

1271年，八剌死，海都乘机控制了察合台汗国，使其成为自己的附庸。随着势力的日渐增强，海都不断东进，与元朝进行了长达近半个世纪的战争，夺取了今天山以南大片土地，并数度侵入漠北，甚至攻取和林。与此同时，海都还北进钦察汗国的东部，通过对白帐汗国分裂势力的支持来控制这一地区。而在西方则与伊利汗国摩擦不断。1301年，海都在按台山帖坚古之地重创元朝军队，不久病重。海都死后，原追随他的察合台汗都哇"成了中亚蒙古诸王中最有势力的人物"[1]，他选立海都诸子中较为懦弱、易于控制的察八儿为窝阔台兀鲁思汗。窝阔台后裔为争夺汗位和权力发生矛盾和分裂，窝阔台汗国力量削弱，为都哇所控制。

1304年。都哇与察八儿、明里帖木儿等诸王协商，决定改变与元朝为敌的政策，向元廷"遣使请命罢兵，通一家之好"[2]，以承认元朝皇帝的宗主地位为条件，换取元廷对他们在西北地区立国的合法性的确认。元廷许和，长达40余年的西北诸王之乱结束。元朝虽然与窝阔台汗国实现了和平，但对察八儿仍存戒心，希望削弱窝阔台汗国。元廷采取扶持都哇的政策，怂恿都哇向察八儿掠地，并许诺都哇占有他从窝阔台汗国夺回的土地。都哇与元廷合作，一步一步地削弱窝阔台汗国。对窝阔台系诸王，或收其兵权，或迫使他们听命于己，以各种手段夺取了原先在海都控制下的大片土地和大批军队，使窝阔台汗国进一步削弱。同

---

1 刘迎胜：《察合台汗国史研究》，上海古籍出版社，2006年，第319页。
2 《元史》卷一二八《床兀儿传》。

时，驻扎漠北的元朝军队也越过按台山，大破察八儿军，从东方威胁窝阔台汗国的侧背。察八儿陷于两面受敌的境地，只得向都哇投降[1]。

察八儿投降都哇后，窝阔台汗国沦为都哇的附庸。1307 年，都哇在阿力麻里附近的忽牙思草原召集忽里台大会，宣布废黜察八儿，另立海都之子仰吉察儿为窝阔台兀鲁思傀儡汗。不久都哇去世，随后察合台汗国统治集团内部陷于混乱，激起了窝阔台系宗王复国的愿望。察八儿利用这个机会，纠集军队进攻位于忽牙思草原的察合台汗国大斡耳朵，为都哇子怯别所败。察八儿和仰吉察儿被迫东投元朝，途中仰吉察儿被毒杀，察八儿被元朝封为汝宁王。窝阔台汗国最终灭亡。

（二）察合台汗国

察合台汗国是由成吉思汗次子察合台的封地发展而来的。成吉思汗建国后即开始分封诸子、诸弟，据《元朝秘史》（第 242 节）记载，察合台分得八千户属民；而据《史集》记载，察合台得 4000 人，其中包括一个巴鲁剌思千户和一个宏吉剌忒千户[2]。察合台的始封地在今天山以北的草原地区。随着西辽的灭亡和西征的胜利，大蒙古国的版图迅速扩大。成吉思汗又为其年长的诸子在原有封地的基础上，指定了新的封地。据《世界征服者史》记载：察合台的封地从畏兀儿之边伸展到撒麻耳干和不花剌，他的居地在阿力麻里附近的忽牙思[3]，即畏兀儿以西经伊犁河流域一直延伸至河中的草原地区。察合台和他的继位人通过侵夺原由大汗管辖的土地和窝阔台汗国，逐渐控制了中亚的大部分地区，其统治范围东达今吐鲁番，西及阿姆河，北接花剌子模和塔尔巴

---

1 见《元史》卷二二《武宗纪一》、《元朝名臣事略》卷三《太师淇阳忠武王》。
2 见《史集》，汉译本，第 1 卷第 2 分册，第 376—377 页。但在同书汉译本第 2 卷，第 172 页中，拉施都丁又把这个宏吉剌忒千户称为札剌亦儿千户。
3 见《世界征服者史》，汉译本，上册，第 45 页；参见刘迎胜：《察合台汗国史研究》，第 65 页。

哈台山，南临印度。

成吉思汗西征回师后，察合台受命镇守西域[1]。由于察合台的封地与其所戍守之地互相邻接，在西域形成了自己的特殊势力。不过，察合台等诸王在西域的封地仅限于草原地带，而最为富庶的定居民族聚居的绿洲农耕城郭之地，按蒙古人古老的习惯，由成吉思汗氏族成员共同分享。在大蒙古国时期，西域的城郭地区由大汗直接派官员管理。至蒙哥汗时，又进一步设立别失八里等处行尚书省和阿姆河等处行尚书省，加强统一管理。

察合台的封地和属民都在中亚，他又以皇子的身份出镇西域，权重势大，然而中亚城郭之地的统治权却属于大汗，这样就必然产生他与大汗派驻中亚的大臣之间的矛盾。尽管汉文史料和《史集》都称颂察合台对窝阔台的畏服，但实际上，随着察合台坐镇西域日久，他在中亚的势力日益增长，兼并大汗在中亚的属地之心也滋长起来。据《史集》记载，在窝阔台时代，察合台擅自发出一道令旨，变动阿姆河以北地区几个州郡的长官，受命镇守其地的大臣牙剌瓦赤立即上报，窝阔台虽然降旨斥责了察合台的越轨行为，但事后又将一个州赐给了察合台[2]。这一事件说明，受封西域又出镇西域的察合台无权干预邻近的大汗辖地的政务，但同时也说明到窝阔台时期察合台汗已不安分于西域权力的分割，开始侵并大汗辖地。

在大蒙古国时代，察合台兀鲁思的汗位继承人都是由大汗指定的。察合台嫡长子抹土干深得成吉思汗的宠爱，不幸死于西征阵前。成吉思汗和窝阔台都曾确定抹土干之子合剌旭烈为察合台之位的继承人。1242年，察合台死去，合剌旭烈继立。1246年贵由即大汗位后，因与察合台第五子也速蒙哥关系密切，遂以"舍子传孙为非"，废合剌旭烈，另立也速蒙哥为汗，以扩大自己在

---

1 见王国维：《黑鞑事略笺证》，《王国维遗书》第13册。
2 见《史集》，汉译本，第2卷，第86—187页。

蒙古亲贵中的势力[1]。

贵由死后，拖雷家族在尤赤家族的支持下，与窝阔台家族展开汗位之争。在这场斗争中，合剌旭烈站在蒙哥一边，也速蒙哥则支持窝阔台家族。结果蒙哥夺取了大汗之位，也速蒙哥等支持窝阔台家族的察合台后裔宗王贵族受到了严厉的处置。合剌旭烈受命归国执掌兀鲁思，但在途中死去，蒙哥遂命合剌旭烈子木八剌沙即位。时木八剌沙尚未成年，由合剌旭烈之妃兀鲁忽乃监国。

1259年，蒙哥死，次年爆发了长达四年的忽必烈、阿里不哥汗位之争。双方都企图借助察合台汗国控制中亚地区。忽必烈遣察合台后裔阿必失哈赴察合台汗国夺权，但途中为阿里不哥的军队截获，送赴漠北处死。阿里不哥另遣察合台后王阿鲁忽归兀鲁思夺位，并负责为阿里不哥征集军队、筹集军饷。阿鲁忽至察合台兀鲁思成功地夺取了汗位。当时原大汗所置别失八里等处行尚书省官员及大汗在中亚的军队在忽必烈与阿里不哥之间无所适从，阿鲁忽遂乘机把他们收归己有，察合台汗国力量迅速壮大。后阿鲁忽因粮秣军资而与阿里不哥发生冲突，遂向忽必烈表示归顺。忽必烈即命他防守从按台山直到阿姆河的兀鲁思和诸部[2]，"但并不意味着他承认阿鲁忽有权占有原别十八里等处行尚书省所辖地区"[3]。后来忽必烈曾力图重新控制这些地区，与察合台后王和窝阔台后王展开了长期的斗争，但最终没有能恢复以前大汗在中亚的权威。

1265年，阿鲁忽死，木八剌沙未经朝廷许可重新登上汗位。忽必烈对此不满，另择在朝廷效命的另一位察合台后裔八剌为察合台兀鲁思之汗，遣其归国夺权，企图扶植一支抗衡海都等西北

---

1 见《世界征服者史》，汉译本，上册，第322页。
2 《史集》，汉译本，第2卷，第299页。
3 刘迎胜：《察合台汗国史研究》，第164页。

叛王的力量。八剌归国后，伪装拥护木八剌沙，暗中逐步夺取汗国兵权，然后把木八剌沙赶下台，自己登上汗位。八剌是由大汗指派的最后一位察合台兀鲁思汗，此后察合台汗国逐渐摆脱大汗控制，其新汗不再由大汗指定。

随着在察合台汗国统治的巩固和势力的迅速发展，八剌不再听命于忽必烈，开始排挤大汗在中亚的势力，占领了由大汗控制的斡端（今和田）之地。海都曾利用阿鲁忽死后木八剌沙新立之际，夺取了察合台汗国在忽阐河以东的大片草原。为夺回这片草原，八剌向海都开战，并将其击溃。海都在钦察汗蒙哥帖木儿的援助下，重新起兵打败了八剌，迫使八剌与之结盟。1269年，察合台汗国与钦察汗国和窝阔台汗国在忽阐河以东的塔剌思河流域召开忽里台大会，三方达成协议：承认元朝皇帝是大汗的继承人和黄金家族的总代表，但其直接统治地域仅限于东方；三方把朝廷排除在外，宣布自己是阿姆河以北地区（原由大汗掌管）的新主人，确定阿姆河以北地区赋税收入的三分之二归察合台汗国；大会奠定了三方合作对抗元朝和伊利汗国的基础，会议规定八剌要获得新的土地，只能越过阿姆河夺取伊利汗国的土地。次年，八剌在海都的支援下渡过阿姆河入侵伊利汗国，在也里城下被伊利汗阿八哈击败，被迫退回阿姆河以北地区。1271年，八剌死去，海都乘机控制了察合台汗国，指定势力较弱的察合台后裔聂古伯为汗。不久聂古伯死，另一察合台后王不花帖木儿被扶立为汗。在海都操纵下，察合台汗国沦为窝阔台汗国的附庸。

1282年，不花帖木儿死后，海都立八剌之子都哇为汗[1]。都哇是一个很有心计的人，追随海都，得到信任，在海都支持下得立为察合台汗。都哇在即位之前已经是察合台汗国内实力强大的诸王，即位后继续与海都结盟，共同反抗元朝，曾先后入侵处于

---

[1] 见贾玛尔·喀尔施：《苏拉赫词典补编》，华涛汉译，南京大学元史研究室编《元史及北方民族史研究集刊》第11辑，1987年。

元朝控制下的别失八里和火州，并与海都联合在漠北与元朝展开反复争夺。同时，都哇还与海都一起西攻伊利汗国，多次侵入呼罗珊和兴都库什山以南地区。1302年，海都死，都哇凭借强大的实力压制窝阔台汗国，扶立海都诸子中较弱的察八儿为汗。此时都哇成为中亚蒙古诸王中势力强大的人物，他审时度势，改变以前反抗大汗的立场，向朝廷表示臣服。元朝遂借机拉拢都哇，削弱窝阔台汗国势力，扩大察合台、窝阔台两汗国间的裂隙。1303年，都哇与察八儿等聚会，与会诸王达成共识：以前几十年间与朝廷"连年动兵相残杀，是自伤祖宗之业……不若遣使请命罢兵，通一家之好"[1]。次年西北诸王"遣使来朝"[2]，承认元廷的宗主地位；元廷与西北诸王约和，设驿路，开关塞。此后三方遣使伊利汗国、钦察汗国，使西北藩国之间皆约和罢兵。这次约和结束了察合台汗国与元朝之间的战火，但并没有能维持蒙古诸兀鲁思间的真正和平。不久以后，察合台汗国和窝阔台汗国就又为争夺土地和人员而开战。元朝支持察合台汗国，遣军攻击察八儿之侧背。察八儿大败，被迫投降都哇，其地大部分并入察合台汗国。

1306年，都哇死，其子宽阔继立，在位仅两年而亡。察合台汗国发生内乱，汗位为抹土干之子不里之孙塔里忽夺去，引起都哇诸子的反对。都哇之子怯别起兵袭杀塔里忽，并向元武宗海山奏报了推翻塔里忽的消息，得到朝廷的支持。当察合台汗国内乱之际，窝阔台后王察八儿也积极活动，图谋恢复窝阔台汗国，亦为怯别所挫败，被迫投降元朝。1309年夏，怯别召集忽里台大会，决定由当时远在伽色尼一带驻守的兄长也先不花即汗位。

窝阔台汗国灭亡后，其大部分领土并入察合台汗国，邻近也儿的石河的土地则为元朝占有。也先不花即位后同元朝守军谈

---

1 虞集：《句容郡王世绩碑》，《道园学古录》卷二三。
2 《元史》卷二一《成宗本纪》。

判，希望划定彼此在边境地带的草场，但未能达成协议，遂拘留元朝和伊利汗国的过往使臣，察合台汗国与元朝再度发生冲突。1314 年，也先不花侵入元朝属地，元守将率军突入察合台汗国境，伊利汗国军队也乘势渡过阿姆河深入察合台汗国。也先不花出动屯驻于阿姆河以北地区和忽阐河以东草原的全部精锐迎战，一举击败伊利汗国军，并攻入呼罗珊。次年，元军大败察合台汗国军，也先不花才不得不急招西征军东回。

1320 年，也先不花死，怯别继立，即着手修复与元廷的关系。也先不花曾扣留元廷出使伊利汗的使臣拜住，怯别将其释放，令归元转达罢兵的愿望[1]，双方终于恢复和平。怯别约死于 1327 年，此后其弟燕只吉台袭位，继续与元朝保持着密切的往来。燕只吉台在位仅三年。他死后，先后继立的是其弟笃来帖木儿、答儿麻失里。

答儿麻失里是察合台汗国第一个公开宣布摒弃佛教，接受并推广伊斯兰教的汗。他长期生活于察合台汗国的西部，改变察合台汗国之汗每年东巡的习惯。答儿麻失里的行为遭到了蒙古贵族中守旧势力的反对。他们指责答儿麻失里有违成吉思汗的札撒（法令），拥立答儿麻失里汗的堂兄弟不赞，起兵反叛，于 1334 年夺取了汗位，攻杀答儿麻失里。[2]

不赞夺取汗权后不久被杀，汗国陷于混乱与分裂状态。其兄弟敞失继立，不久死于与其兄弟也孙铁木儿之间的权力斗争。也孙铁木儿时国内政局混乱，其统治不久为察合台汗国内的窝阔台系诸王阿里所取代，随后复为都哇家族夺回，先后继立的都哇子孙有麻哈没的和合赞算端汗。

在诸王自相残杀争夺汗位的斗争中，非成吉思汗系统的异密和地方诸侯的势力发展了起来。1346 年，控制河中地区的巴鲁剌

1　见袁桷：《拜住元帅出使事实》，《清容居士集》卷三四。
2　《伊本·白图泰游记》，马金鹏汉译，宁夏人民出版社，1985 年，第 304—305 页。

思部贵族合札罕杀合赞算端汗,另立窝阔台系海都之子答失蛮为汗。其他部落的军事贵族不甘心听从巴鲁剌思家族的摆布,于是纷纷扶立成吉思汗的后裔为汗,与之对抗。从此,汗的权威消失,汗沦为异密贵族手中的工具,汗国陷于混乱、割据之中。

在蒙古各部军事贵族蜂起争权夺地的混战中,察合台汗国的东部也形成了一支堪与河中地区巴鲁剌思部异密家族匹敌的势力——朵豁剌惕部(Dughlat)异密家族。朵豁剌惕部异密播鲁只看到当时"汗位虚悬"、"群龙无首",于是"决定找到一位汗,并恢复国家秩序"。经过一番努力,异密播鲁只宣布找到了也先不花汗之子秃黑鲁帖木儿(Tughluk Timur),并于伊斯兰教历748年(1347—1348年)在阿克苏将其拥上汗位[1]。察合台汗国正式分裂为东西两大部分。秃黑鲁帖木儿汗及其继承者曾致力于恢复汗国的统一,几次出兵河中地区,并短时期达到过统一的目的,但终归于失败,只能保持其在东部的统治。人们习惯上把秃

---

[1] 见米儿咱·马黑麻·海答儿:《中亚蒙兀儿史——拉失德史》,新疆社会科学院民族研究所译,新疆人民出版社,1983年,第1编,第151—155页(以下简称《拉失德史》,汉译本)。关于秃黑鲁帖木儿的身世,《拉失德史》说他是也先不花之子、都哇汗之孙。巴托尔德对此提出质疑,认为早在秃黑鲁帖木儿出生前许多年也先不花很难说还活着〔巴托尔德:《中亚突厥史十二讲》,罗致平汉译,中国社会科学出版社,1984年,第212—213页〕。刘迎胜进一步考证为也先不花死于1320年以前,从而推断秃黑鲁帖木儿"决不可能是也先不花的儿子"(《元末的察合台汗国》,《西北民族研究》1986年第1期)。《贵显世系》则说秃黑鲁帖木儿为都哇汗之子叶迷里火者之子(第33页背面,见哈萨克斯坦科学院东方学研究所编《波斯语文献资料中的哈萨克斯坦史·贵显世系》影印版〔История Казахстанф в Персидских источниках, Му'изз ал-ансаб, Алматы, 2006〕)。但巴托尔德认为这也不可能成立,"很有可能,关于秃黑鲁帖木儿出身大汗的家族的故事是由都黑剌(朵豁剌惕)氏族的异密所创造出来的"(《中亚突厥史十二讲》,第213页)。魏良弢在《朵豁剌惕部异密家族的兴衰》(上)(《元史及北方民族史研究集刊》第12—13辑,1989—1990年)中就这一问题提出了不同的看法。该文据《贵显世系》和《帖木儿武功记》考证,认为:"我们尽管完全可以排除秃黑鲁帖木儿是也先不花儿子的可能性,但是在未发现新的相反的史料之前,还不能否定秃黑鲁帖木儿是察合台后裔中血统最尊贵的都哇汗的孙子,叶迷里火者的儿子。"

黑鲁帖木儿及其后裔统治下的地域称为"东察合台汗国"。西部河中地区,由巴鲁剌思部异密帖木儿及其后裔统治,史称"帖木儿帝国"或"帖木儿王朝"。

六 内讧与混战及其祸害

早在成吉思汗在世时,就因汗位继承问题在诸子间发生争执。按照传统,长子有优先的继承权,但察合台以尤赤的出身有问题表示不服,结果窝阔台被确定为汗位的继承人。1227 年,成吉思汗死,窝阔台被推举为大汗,但拖雷以"幼子守产",继承了成吉思汗自领的绝大多数蒙古军队和从克鲁伦河至按台山的"根本之地",在大蒙古中起着举足轻重的作用,无疑对大汗权力构成了威胁,也引发了这两系宗王的斗争。拖雷一死,窝阔台便利用大汗的权力夺取属于拖雷家族的军队,授予自己的儿子阔端,两系宗王的斗争公开化。

1241 年,窝阔台死,子贵由继立,遭到了尤赤家族的反对。尤赤系宗王拔都作为尤赤兀鲁思的继承者,与贵由素有矛盾[1],托词病足,拒赴议立贵由即位的忽里台大会和登基大典。时拔都为诸王之长,位高望重,成为贵由的心腹大患。贵由即位后欲消灭拔都的势力,出兵征讨。拔都得知信息,即整军迎战[2]。但贵由行至忽木升吉儿突然死去,一场大战才得以幸免。拔都作为诸

---

[1]《元朝秘史》记载了窝阔台时期拔都在西征途中与贵由的一次冲突:"巴秃(拔都)自乞察差使臣奏来说,'……因大军将回,各人分离,会诸王做筵席。于内我年长些,先吃了一二盏。不里、古余克(贵由)两个恼了,不曾筵会成,上马去了。不里说:"巴秃与我一般,如何先饮?他是有冉的妇,我脚后跟推倒踏他。"古余克说:"他是带弓箭的妇人,胸前教柴打他。"额勒只吉歹子合儿孙说:"他后头接与他个木尾子。"如此说了。为俺每征了这异种的百姓,恐事有合宜不合宜处,说间,被不里、古余兑两个一般说着,不商量散了'。"(第 275 节总译)

[2] 见《史集》,汉译本,第 2 卷,第 221 页。参看杨志玖:《定宗征拔都》,《中华文史论丛》第 2 辑,1979 年。

王以武力反抗大汗朝廷,开西北宗王对抗朝廷之先。此次拔都反抗贵由,不仅反映了他们两人之间矛盾的尖锐化,而且更重要的是反映了钦察汗国实力的增长逐渐削弱了大汗朝廷对中亚地区和钦察草原的控制,钦察汗国在西北诸藩中最先取得了半独立的地位,并敢于以武力与朝廷相抗衡。

贵由死后,以拔都为首的尤赤系诸王与拖雷家族结成联盟,召集忽里台大会推举蒙哥为大汗,并派遣其弟别儿哥率军护送蒙哥赴漠北登基。蒙哥在尤赤家族的支持下,击败窝阔台家族和察合台家族的反对,最终夺得了大汗之位。为报答拔都拥立之功,双方以塔剌思河为界分治大蒙古国。自蒙哥汗始,朝廷实际上就基本上不再干预钦察之地的事务,这就使得尤赤兀鲁思成为大蒙古国中第一块割据地盘。朝廷的势力不但退出了钦察之地,就是在中亚地区,蒙哥也实际上承认了拔都对其实际占领区的统治权。而对于政敌则实行了残酷的镇压,并将窝阔台兀鲁思分授窝阔台后人,以分而治之的手段削弱窝阔台汗国的势力。蒙哥的政变使成吉思汗黄金家族的裂痕扩大了。此后,各支宗王贵族都着意经营自己的兀鲁思。大蒙古国逐渐走向分裂。

1255年,拔都去世,其弟别儿哥继立。别儿哥时期,钦察汗国继续朝着地方化和独立化的方向发展,但在名义上钦察汗国仍然尊奉蒙古大汗为宗主。

1260年,蒙哥去世,爆发了忽必烈和阿里不哥的汗位之争。这不但极大地便利了西北宗藩特别是察合台兀鲁思势力的迅速扩张,而且也加剧了它们的分离倾向,使大蒙古国最终走向分裂。阿里不哥在委命阿鲁忽为察合台兀鲁思汗的同时,把统辖西至阿姆河东岸的西域绿洲城邦的权力授给了阿鲁忽。原来由大汗派驻该地区的官员和军队,现在也都改属阿鲁忽。不久,阿鲁忽投靠忽必烈,元朝又重申了阿鲁忽业已在手的上述既得权益。阿鲁忽在解除了阿里不哥的威胁后,即乘尤赤后王与旭烈兀之间发生战争的时机,出兵占领和劫掠属于尤赤后王的重镇讹打剌。接着,他又借大汗在不花剌括户的机会，残杀术赤后王在该城的五千属民，霸占了他们的财产和妻女[1]。术赤后王别儿哥遂支持窝阔台后王海都，以与阿鲁忽相抗。

海都是窝阔台第五子合失的儿子，蒙哥汗夺得汗位后将窝阔台封地分授给未参与反对蒙哥的窝阔台子孙们，海都也在这时候徙封海押立，开始暗地重集自己的兵力。中统（1260—1264年）末年，海都利用术赤后王与察合台兀鲁思之间的矛盾，依靠别儿哥的支持起而反抗阿鲁忽。忽必烈平定阿里不哥，巩固了大汗之位后，即有意收回对按台山以西的控制权。此时海都的势力发展起来，且与术赤后王结为联盟，乘阿鲁忽死去、新汗初立之际大败察合台汗国。忽必烈遂遣自己身边的察合台诸王八剌归国夺取察合台兀鲁思汗权，企望通过他加强大汗对西北政局的控制。同时遣使往钦察汗国，力图离间术赤后王与海都的关系。1266年夏，忽必烈又任命皇子那木罕为北平王，镇守漠北，增强对西北诸王的监视弹压，同时也为从蒙古高原出兵西北边地做好军事准备。与此同时，忽必烈再三要求海都入觐，海都虽然声明服从大汗，但一直托词不朝。双方由猜忌渐趋敌对。

1268年，海都军侵入岭北，遭到了驻扎在那里的元朝军队反击，"逆败之于北庭，又追至阿力麻里，则又远遁二千余里"[2]。察合台兀鲁思汗八剌深恐海都就此西渡忽阐河，遂出兵拦截，会战于忽阐河畔，大败海都。后海都在钦察汗国的援助下大败八剌，并迫其与之结盟。次年春，术赤兀鲁思、察合台兀鲁思和窝阔台兀鲁思三方会盟于塔剌思河，议定共同对抗拖雷系的元朝和伊利汗国。翌年春，八剌越过阿姆河西攻呼罗珊，在也里（今阿富汗赫拉特）附近为伊利汗阿八哈大败，仓皇败退河中地区，不久死去。海都乘机立察合台后王中势力较弱的聂古伯为

---

1 见巴托尔德：《蒙古入侵时期的突厥斯坦》，张锡彤、张广达汉译，上海古籍出版社，2007年，下册，第568—569页。
2 《元史》卷六三《西北地附录》。

汗，察合台兀鲁思沦为海都的附庸。海都由此对元朝的态度逐渐强硬起来，开始了与元朝在天山南北两路直接对峙和争夺的阶段。

1273年，镇守西北的元守将乘察合台汗聂古伯与海都不睦，发起进攻。聂古伯死，另一察合台后王不花帖木儿为海都立为汗，不久又死去。海都遂立八剌之子都哇为汗。都哇追随海都，对抗元朝。1275年，一支窝阔台汗国军沿塔里木沙碛南缘进至蒲昌海（即罗布诺尔，在今罗布泊西）一带，断了元朝通向巴达黑伤山地的驿路[1]。与此同时，都哇与其弟不思麻率兵围攻别失八里。不久，畏兀儿亦都护由别失八里南徙，移治于哈剌火州（在今新疆吐鲁番以东）。针对海都、都哇东进的形势，元廷一边遣使谕海都罢兵，一边增援驻于阿力麻里的元军。1276年，镇守西北的元军叛乱，推蒙哥子昔里吉为"大汗"，执北平王那木罕、安童等元朝守将送往尤赤后王忙哥帖木儿和窝阔台后王海都。海都乘机夺取阿力麻里。当年昔里吉率军东逾按台山，进入岭北地区，历时七年方平。

1278年以后，元朝不断向别失八里增兵，力图收复天山以南诸地。元朝在西北的军事行动，并没有获得很大的成果，反而屡屡引发海都为维护西北宗王的势力范围而起兵称乱。为削弱元廷对西北的军事压力，海都一再进攻岭北。对元朝来说，岭北是"祖宗根本之地"，保住岭北对保持号令诸藩兀鲁思的大汗地位至关紧要。为了集中力量确保岭北，元朝被迫收缩它在西北方向的战线，于1289年撤出斡端。1294年，忽必烈死，成宗即位，继承了忽必烈后期收缩西北防线、确保岭北安全的政策。成宗初年曾力图维持在畏兀儿地区与海都、都哇对峙的态势，但不久在都哇的进逼下，元军东退至今哈密一线。至此，元朝势力基本上退

---

[1] 至元十三年正月，元廷派往巴达黑伤采玉者"道经沙州，值火忽叛"，不克西行。见《元史》卷九《世祖本纪六》。

出中亚。

1301年,海都、都哇率部侵入岭北,结果为元军大败。海都不久死去,都哇扶立海都子察八儿为窝阔台兀鲁思汗。随后都哇向元朝请和,并在元廷支持下胁迫察八儿与元廷约和。1304年,察合台、窝阔台两兀鲁思与元朝约和。三方联合遣使到伊利汗、钦察汗处,翌年伊利汗完者都又与钦察汗脱脱达成和议。至此,蒙古诸兀鲁思之间达成约和,自忽必烈和阿里不哥之争以来燃烧了四十多年的西北地区战火终于基本平息了。

然而和平没有能维持下去。不久以后,察合台汗国和窝阔台汗国就又为争夺土地和人员而开战。元朝支持察合台汗国,遣军攻击察八儿之侧背。察八儿大败,被迫投降都哇,其地大部分并入察合台汗国。随后都哇死去,察合台汗国发生内乱。察八儿亦乘机图谋恢复窝阔台汗国,失败后被迫投降元朝。也先不花即位为察合台汗后,察合台汗国与元朝再度发生冲突。1314年,也先不花侵入元朝属地,元守将率军突入察合台汗国境。伊利汗国军队也乘势渡过阿姆河深入察合台汗国,也先不花击败伊利汗国军,并攻入呼罗珊。次年,元军大败察合台汗国军,也先不花才不得不急招西征军东回。1320年,也先不花死,怯别继立,即着手修复与元廷的关系,在元使臣拜住的积极努力下,双方终于恢复和平。

约于1327年怯别死后,察合台汗国继续与朝廷保持着密切的往来。然不久察合台汗国内乱,诸王纷争。在诸王们自相残杀争夺汗位的斗争中,非成吉思汗系统的异密和地方诸侯的势力发展起来,纷纷扶立成吉思汗的后裔为汗,割据称雄。从此,汗的权威消失,汗沦为异密贵族手中的工具,中亚陷于混乱、割据之中。

七 中亚蒙古部族的突厥化与伊斯兰化、察合台汗国的分裂

蒙古诸部初迁西域,沿袭蒙古游牧传统,不可避免地与西域

当地以伊斯兰文明为特点的突厥语民族在社会文化等诸多方面发生冲突。据志费尼记载,成吉思汗令"次子察合台掌札撒和法律,既管它的实施,又管对那些犯法者的惩处"[1]。察合台在西域穆斯林中强制推行蒙古习惯法,引起了人们的不满与反对。术扎尼说:"可恶的察合台是蒙古成吉思汗的次子,他是一个专横的人,残忍且凶暴无礼,又是一个干坏事的人……在整个[以他为首的]诸部中,甚至曾经不许可按伊斯兰教的训令去杀一只羊,这样所有的羊都搞得不洁。"[2] 志费尼也说,因为害怕察合台"的札撒和惩罚,他的臣民秩序井然……他制定了精密的札撒……人们不可以按照穆斯林的方式屠宰牲畜,不得白天入流水中沐浴等等。他把禁止按照合法方式杀羊的札撒颁发到各地,因而一度没有人公开在呼罗珊杀羊,穆斯林被迫吃腐肉"[3]。

迁入西域的蒙古诸部,虽然顽固地保留着蒙古传统习惯,但客观上还是无法避免发达的当地文化的影响,不自觉地开始了他们的突厥化和伊斯兰化的进程。这种影响是一个渐进的过程。15世纪前半期的阿拉伯作家乌马里('Omari)这样描述了蒙古人与突厥语民族钦察人相混合的过程:"……钦察人变成了他们(即蒙古人)的臣民。后来,他们(鞑靼人)与他们(钦察人)接近了,混合了,由于蒙古人(及鞑靼人)移住到钦察人的土地上,与他们通婚并留在他们的土地上生活,于是土地就征服了他们(鞑靼人)的自然的和种族的性质,他们全都变成了钦察人,好像他们(与钦察人)是一个氏族一样。"[4]

这种影响和变化在统治者阶层更为显著,因为他们比一般部

---

1 《世界征服者史》,汉译本,上册,第44页。
2 《捍卫者阶层》(又译《卫教者列传》,Tabakat-i-Nasiri, *A General History of the Muhammad Dynasties of Asia*, London, 1881),第1144—1146页;转引自刘迎胜:《西北民族史与察合台汗国史研究》,第87页。
3 《世界征服者史》,汉译本,上册,第321页。
4 转引自《蒙古社会制度史》,第197页。

众更多地接触到当地文化。在察合台亲信的大臣中就有一些穆斯林官员，"这些人是中亚土著，也是伊斯兰文化的代表，他们起着相当大的作用"[1]。在13世纪下半期，察合台汗国统治者木八剌沙（Mubārak Shāh）等即表现出对定居生活的明显倾向性，并皈依了伊斯兰教。据《史集》记载，察合台汗国"军队仍按旧习在地方上抢劫和为非作歹。因为木八剌沙是个伊斯兰教徒，所以他不允许欺凌臣民"[2]。木八剌沙（Mubārak Shāh）在波斯语中意为"吉祥之王"，其名称就反映出伊斯兰文化的影响。继木八剌沙之后，八剌（Boraq）也皈依了伊斯兰教。据宏达迷儿记述，"当他回到不花剌，他成了木速鲁蛮，并接受了黑牙思丁（Ghaiats-eddin）算端的教名"[3]。《突厥世系》也说：八剌"在即位两年之后信奉了伊斯兰教，并获得乞牙兀的称号"[4]。

至14世纪初，这种倾向更加强烈。察合台后王都哇（Doua）死后，子也先不花（Isan Buqa）在其弟怯别（Kebek）的支持下登上汗位。也先不花是维护蒙古习惯势力的代表，顽固地坚持着传统的游牧生活；而其弟怯别则表现出对定居生活的向往。1320年，也先不花卒，怯别继立[5]。在其统治时期，察合台汗国的统治中心逐渐西移河中。怯别在河中南部地区的那黑沙不附近为自己建造了一所宫殿，称为哈儿昔（Qarshī）。后来成为一座城镇，"这座城以哈儿昔闻名的理由是这样的：怯别汗在离那识波

1　刘迎胜：《西北民族史与察合台汗国史研究》，第94页。
2　《史集》，汉译本，第2卷，第179页。
3　宏达迷儿：《旅行者之友》，德弗雷麦里法文节译本《突厥斯坦和河中的蒙古汗史》(*Histoire des Khans Mongols du Turkistan et de la Transoxiane*, extradite du Habib Essiier de Khondémir, Traduite du Persan et accompagne de notes, par M. C. Defrémery, Paris, 1853)，第70页；转引自刘迎胜博士论文《察合台汗国史纲》，第23节注释6。
4　阿布尔-哈齐-把阿秃儿汗：《突厥世系》，罗贤佑译，中华书局，2005年，第145页。
5　关于怯别即位时间，学术界尚有争议，此据《中国大百科全书·元史》"察合台汗国条"，中国大百科全书出版社，1985年。

(Nasaf)或那黑沙不两个法拉散（farasang）之地建了宫殿，而蒙古人把宫殿这类（建筑物）是称为哈儿昔的"[1]。怯别的另一个重要举措是按照当地传统，铸造印有汗的名字的货币，这在西域蒙古统治者中是第一次。怯别还实行了统一集权的行政制度来代替地方自治制度。为了征税方便，怯别将其领地分为一些行政单位，称为土绵。怯别本人虽然并不是伊斯兰教徒，却受到了西域穆斯林史家的赞誉，被他同时代或以后的穆斯林史家加上了"公正的"('Adil)统治者的头衔。瓦撒夫把怯别称为"公正的诸王怯别"（Shāhzāda Kabak 'Adil）[2]，怯别死后不久访问河中的伊本·白图泰也说："（怯别）也是一位异教徒，但他执法公正，为受害人申冤，优待和敬重穆斯林。"[3] 当然，迁居河中和修建宫殿并不意味着放弃游牧传统，而且怯别本人也没有成为伊斯兰教徒。

在怯别之后，经过其弟燕只吉台和笃来帖木儿的短暂统治，怯别的另一个兄弟答儿麻失里（Tarmashirin）继承汗位（1331—1334年）。在他统治时期，西域蒙古诸部的突厥化与伊斯兰化进一步加强。他是西域蒙古诸汗中第一个公开宣布接受并推广伊斯兰教的。据乌马里记载，"当王位传至答儿麻失里时，他接受了伊斯兰教，并从上到下地在全国推而广之"[4]。《突厥世系》也说："答儿麻失里这位君主成了一个穆斯林，河中地区所有的兀鲁思都效仿他的榜样信奉了伊斯兰教。我们在上文中曾

---

1 哈沙尼：《完者都史》(Tāririkh-i Uljaytu, the History of Uljaytu, by Abu'l Qāsem ibn 'Alī ibn Mohammad al-Qāshānī, edited by Mahin Hambly, Tehran, 1969)，第150页；转引自刘迎胜博士论文《察合台汗国史纲》，第300页。
2 《瓦撒夫史》(Kitāb-i mustatāb Wassāf, Geschichte Wassaf's, Persian herausgegeben und deutsch übersetzt von Hammer-Purgstall, Bd. I, Wien, 1856)，第613页；转引自刘迎胜博士论文《察合台汗国史纲》，第338页。
3 《伊本·白图泰游记》，马金鹏汉译，第301页。
4 乌马里书，德译本，第119页；转引自刘迎胜博士论文《察合台汗国史纲》，第354页。

说过八剌汗信奉了伊斯兰教，但在他死后，所有那些在其统治期间成为穆斯林的人终于又恢复了原来的信仰，而所有那些随同答儿麻失里信奉了伊斯兰教的人对他们新的信仰却始终不渝。"[1] 这反映了答儿麻失里在蒙古诸部伊斯兰化进程中所起的推动作用，以及当时西域西部地区蒙古诸部突厥化伊斯兰化的程度。

蒙古诸部突厥化还反应在语言上。很难说居于河中的察合台后王还通晓蒙古语言。伊本·白图泰说，当他见到答儿麻失里汗时，后者是用突厥语向他问候；又说答儿麻失里用突厥语念赞词[2]。

与怯别一样，答儿麻失里也定居于河中地区。据伊本·白图泰说，按照成吉思汗札撒的规定，蒙古诸王大臣每年要聚会一次，以监督汗权，而答儿麻失里废弃了这一规定。另外，按照惯例，汗每年要到汗国东部地区去巡游，因为"王权的根源是在那里"，那里的阿力麻里城一直被认为是汗的牙帐所在，然而答儿麻失里却连续四年都滞留在靠近呼罗珊的河中农耕区。答儿麻失里的行为被认为有违札撒，遭到了蒙古贵族中守旧势力的反对；他们驻守在汗国东部草原地区，拥立答儿麻失里汗的侄子不赞（Buzun），起兵反叛，攻杀答儿麻失里[3]。答儿麻失里接受伊斯兰教，变革蒙古旧习，使汗国西部的蒙古部族进一步融入西域伊斯兰文化中，但遭受到了居于汗国东部草原地区的蒙古贵族的反对，结果兵败被杀。这说明西域蒙古诸部中的守旧势力还很强大，特别是在东部地区，有着广泛的社会基础。随着河中地区蒙古诸部突厥化进一步深入，察合台汗国西部和东部地区之间的差距进一步拉大了。这是汗国最后分裂为东西两部分的社会基础。

---

1 《突厥世系》，汉译本，第146页。
2 《伊本·白图泰游记》，马金鹏汉译，第302页。
3 《伊本·白图泰游记》，马金鹏汉译，第304—305页。

不赞夺取汗权后不久被杀，汗国陷于混乱与分裂状态。在诸王争夺汗位的混战中，非成吉思汗系的蒙古军事贵族势力日渐增强。1346年，控制河中的蒙古巴鲁剌思部（Barlas）贵族合札罕（Qazghan）杀死察合台汗合赞算端（Qazan Sultan Khan），另立窝阔台系海都之子答失蛮（Dashman）为汗。合札罕家族控制了汗国的西部，独断专行。这不可避免地引起了其他贵族的反对。各部贵族纷纷裂土割据，"在各个地方，各部落都拥立了他们自己的汗，这样就出现了众多的部落王"[1]。汗沦为异密贵族手中的工具，像走马灯似的一个个被扶上汗位，又一个个被废被杀，汗国陷于混乱、割据之中。

在蒙古各部军事贵族蜂起争权夺地的混战中，朵豁剌惕部（Dughlat）异密家族崛起于汗国东部地区。

朵豁剌惕部是一个蒙古部落。拉施都丁《史集》中多次提到了这一部落，把其列入尼伦蒙古十六部族中，说"他们是从屯必乃汗的第八个儿子不勒札儿分支出来的。当成吉思汗与泰亦赤兀惕部落作战时，此部落曾与成吉思汗结盟并参加了他的军队，但在那个时代和现在，都未闻他们的异密中有过享有威望的声誉的"[2]，"屯必乃汗是成吉思汗的四世祖……他有九个聪明、能干、勇敢的儿子，其中每一个都是现今有声望的分支和部落的始祖……第六子为合不勒汗，成吉思汗氏族起源于他。……第八子为不鲁勒札儿-朵豁剌因，整个朵豁剌惕部出自他的后裔"[3]。在成吉思汗与泰亦赤兀惕的答兰版朱思之役中，成吉思汗"十三古列延"的第九古列延列有"尼伦朵豁剌惕部"[4]。《元朝秘史》（第45—46节）记载："篾年土敦生子七人，一名合赤曲鲁克……一名纳臣把阿秃儿。……纳臣把阿秃儿生二子，一名兀鲁

---

1 《突厥世系》，汉译本，第148页。
2 《史集》，第1卷第1分册，第316页。
3 《史集》，汉译本，第1卷第2分册，第34—36页。
4 《史集》，汉译本，第1卷第2分册，第113页。

兀歹，一名忙忽台，就做兀鲁兀惕、忙忽惕二姓氏。纳臣把阿秃儿自娶的妇人，又生二子，一名失主兀歹，一名朵豁剌歹。"《圣武亲征录》记答兰版朱思之役，于成吉思汗"十三翼"中，第九翼亦有"朵忽兰"部[1]。王国维先生在《圣武亲征录校注》中指出，"此朵忽兰即〔《史集》中〕都黑拉特，洪侍郎谓即《秘史》纳臣之子朵豁剌歹之后"。韩儒林先生在《成吉思汗十三翼考》中直接利用波斯文《史集》，对这一问题做进一步考证，得出同样的结论[2]。法国学者伯希和在其法译本《圣武亲征录》的注释中也持相同看法，并指出 Doqulan（朵忽兰、朵豁剌因）是 Doqulat（朵豁剌歹、朵豁剌惕）的单数形式[3]。据上引《史集》的资料，朵豁剌惕的先祖不鲁勒札儿-朵豁剌因与成吉思汗的曾祖合不勒汗都是屯必乃汗之子，并且是一母所生；而据《元朝秘史》，朵豁剌歹之父纳臣把阿秃儿与成吉思汗六世祖合赤曲鲁克同为篾年土敦之子。尽管两种史料在朵豁剌惕部先世与成吉思汗氏族亲疏关系上存在着歧异，但是有一点是一致的，那就是不鲁勒札儿-朵豁剌因或朵豁剌歹与成吉思汗先祖同为阿阑豁阿的后裔，朵豁剌惕氏族（或部落）是尼伦蒙古人。

当成吉思汗与泰亦赤兀惕作战时，朵豁剌惕部是站在成吉思汗一边的。"从此它可能一直归属于成吉思汗"[4]，不过由于在蒙元时期"未闻他们的异密中有过享有威望的声誉的"，从现存的蒙元文献中看不到这个氏族在答兰版朱思之役后的活动。

有关这个氏族的最主要的史料是成书于 16 世纪的《拉失德史》（Tarikh-i Rashidi），该书作者米儿咱·马黑麻·海答儿

---

1 《圣武亲征录校注》，《王国维遗书》第 13 册。
2 见韩儒林：《穹庐集》，第 10—11 页。
3 见伯希和 Histoire des Campagnes de Gengis Khan, Cheng-wu Ts'in-Tcheng lou（《圣武亲征录》），Leiden, pp. 69-70, 1951。
4 魏良弢：《朵豁剌惕部异密家族的兴衰》（上），载《元史及北方民族史研究集刊》第 12—13 期，1989—1990 年。

(Mirza Muhammad Haidar，1499—1551年）即是一位出身于朵豁剌惕部的军事贵族。他在序言中写道："在蒙兀儿人[1]强盛时，英才辈出，其中有些人写了他们本民族的历史，可是，一百多年以来已没有人从事这样的事业……尤其是，自从蒙兀儿人改奉伊斯兰教以来，没有人写过关于他们的历史。……我在年轻时，曾潜心研究我的祖先的历史，那时某些蒙兀儿异密和贵族还活着（有的一百多岁，有的不到一百岁）。但是，我的父亲和叔伯从来没有想到要把自己从祖辈那里听来的和从其他可靠的资料方面获悉的诸汗事迹记录下来。现在，他们都早已作古了。〔因此〕祈真主庇佑，我打算把蒙兀儿人改奉伊斯兰教以来的情况记载下来……"[2] 这位作家以穆斯林的特有情感，记述了察合台汗国东部汗皈依伊斯兰教以后的历史；对他自己所出的朵豁剌惕部的记述也是从改奉伊斯兰教开始，只是在谈及其家族的特权或荣誉时才不得不提到它的先祖。

据《拉失德史》，成吉思汗曾赐给朵豁剌惕部异密乌儿秃布（Urtubu）七种特权：1. 可以用鼓；2. 可以用万户旗（土绵纛）；3. 他的两个侍从可以佩千户旗（和硕纛）；4. 他在汗的会议上可以佩带箭壶；5. 同汗狩猎有关的某些特权；6. 他是统辖所有蒙古人的异密，在敕令中他的名字之前要冠以"蒙古兀鲁思之萨尔达（Sirdar，意为首领）"；7. 在汗面前，其他异密的座位比他的座位离汗要远一弓的距离[3]。这一说法显然是不符合史实的。不但

---

[1] "蒙兀儿"是某些学者对波斯语 Moghul 一词的汉语音译，但 Moghul 是波斯等穆斯林作家对 Mongghol 一词的误读，我们在转译 Moghul 一词时则应按汉语对 Mongghol 的传统译名"蒙古"还原；且"蒙兀儿"一词在审音勘同上也是不能成立的（魏良弢：《叶尔羌汗国史纲》，黑龙江教育出版社，1994年，第2—3页。参见韩儒林《蒙古的名称》，原载中央大学《文史哲》季刊1943年第1卷1期，收入《穹庐集》；杨志玖：《关于元史研究中的几个问题》，载《历史教学》1985年第4期）。

[2] 《拉失德史》，汉译本，第2编，第1—2页。

[3] 《拉失德史》，汉译本，第1编，第228—229页。

现存蒙元时期的史料中看不到有关这位乌儿秃布的记载——《拉失德史》中的乌儿秃布是成吉思汗时期位极人臣的显赫人物，不可能不留下任何历史的陈迹——上引《史集》更明确说"在那个时代和现在，都未闻他们的异密中有过享有威望的声誉的"，而且《拉失德史》的上述说法也不符合蒙元时期的基本史实。很明显这是作者在为其先人和家族吹嘘。当然，我们也不能排除朵豁剌惕家族曾经得到过成吉思汗或其继承者的某些恩赏，但绝不可能如《拉失德史》所记的那样。

《拉失德史》说：成吉思汗"将所征服的国家分封给四个儿子"，其中"蒙兀儿斯坦、哈喇契丹、突厥斯坦和马维阑纳儿封给了察合台汗"；并"将军队和异密按同样的方式分配给四个儿子；这样，朵豁剌惕部就归于察合台治下，察合台将曼尕赖·苏雅地区交给朵豁剌惕部治理。曼尕赖·苏雅意为'向阳地'（Aftāb rui）。它的四周是察赤、察力失、伊塞克湖和撒里畏兀儿；哈实哈儿和于阗就在这四周的边界上"[1]。这一记载告诉我们两条信息：（一）成吉思汗分封时将朵豁剌惕部分给了察合台，它使我们明白了蒙古高原上的朵豁剌惕部是如何转到西域天山地区的。（二）朵豁剌惕部从察合台那里得到了位于天山以南地区的称为曼尕赖·苏雅的封地。对此，《拉失德史》进一步解释说："受封的朵豁剌惕人是异密·巴布达罕（Amir Babdaghan），这地区始终在他家族的手中世代相传，一直到米儿咱·阿巴乩乞儿时为止。"[2] 但它在另一处又说："当察合台汗分封自己的疆土时，便把曼尕赖·苏雅给了异密·播鲁只的祖父乌儿秃布。"[3] 二者并不一致。作者既没有对这一矛盾做出任何解释，也没有交代异密巴布达罕和乌儿秃布这两位朵豁剌惕部异密

---

1 《拉失德史》，汉译本，第 2 编，第 205—206 页。
2 《拉失德史》，汉译本，第 2 编，第 205—206 页。
3 《拉失德史》，汉译本，第 1 编，第 155 页。

的血缘关系。其实，察合台将曼尕赖·苏雅分封给朵豁剌惕部的说法是不符合史实的。如前文所述，察合台的份地只是从畏兀儿之边到阿姆河地区的草原地带，以南的绿洲农业区在相当长的时期是由元朝政府直接派员管理的。至察合台汗国八剌汗统治时期（1266—1271年）从元政府手中夺取了斡端（和田），但在八剌死后，"今塔里木盆地周围绿洲地带又回到元朝手中"[1]。八剌子都哇继为察合台汗国汗后，与窝阔台汗海都联合，继续抵抗元朝的统治，于13世纪末最终迫使元朝势力退出塔里木盆地。因此，察合台将曼尕赖·苏雅分封给朵豁剌惕部之说是不能成立的。可能的情况是，都哇以后，察合台汗国内讧不断，汗权旁落，异密弄权，朵豁剌惕部乘机而起，控制了塔里木盆地及其周边地区，成为察合台汗国东部最有势力的割据者。

当时朵豁剌惕部异密家族的代表人物是乌儿秃布的孙子异密播鲁只（Amir Bulaji）。马黑麻·海答儿写道："曼尕赖·苏雅是 Aftāb Ru 的同义语，意为'向阳地'。它的东境是苦先（Kusan）和特尔布古尔（Tarbugar，轮台）；西界桑母（Sam）、加思（Gaz）和解基什曼（Jakishman），这些地方位于费尔干纳的边界上；北面是伊塞克湖，南面是车尔成（Jorjan）和撒里畏兀儿（Sarigh-Uighur）。这片领土叫曼尕赖·苏雅，属于异密·播鲁只。这位异密执政期间，那里有许多大城镇。其中最重要的是哈实哈儿、于阗、鸭儿看、渴塞（Kasan）、西鞬（Akhsiket）、安集延、阿克苏、阿忒八失和苦先。在这些城镇中异密·播鲁只选定阿克苏为驻节之所……"[2] 当时他看到"汗位虚悬"，"群龙无首"，于是"决定找到一位汗，并恢复国家秩序"。经过一番努力，异密播鲁只宣布找到了也先不花汗之子秃黑鲁帖木儿（Tughluk Timur），并于伊斯兰教历748年（1347—1348年）在

---

[1] 刘迎胜：《西北民族史与察合台汗国史研究》，第161页。
[2] 《拉失德史》，汉译本，第1编，第155页。

阿克苏将其扶上汗位[1]。

扶立秃黑鲁帖木儿汗后,朵豁剌惕部异密家族的权势进一步膨胀。马黑麻·海答儿说:"当异密播鲁只从钦察地面把秃黑鲁帖木儿汗找回来,并将他拥上汗位,秃黑鲁帖木儿汗为了酬劳他,在上述七种特权之外,又增加另外两种,因此,异密播鲁只享受的特权共有九种。这两种新特权是第一,他有权不奏请汗而任免和硕的异密(即千夫长);第二,准许播鲁只及其后代犯九罪不鞫讯。"[2] 据《突厥世系》,播鲁只还得到了"异密中的异密"(emir-oul-oumera)的称号[3],显示出高于其他异密的政治地位。

秃黑鲁帖木儿当然也不甘于当傀儡。为了扩大汗的权力,他不得不寻求自己的支持者。伊斯兰教在当时已是一种相当强大的社会力量,特别是南部农耕地区,基本上是过去东部喀喇汗王朝的地域,这里居民多为伊斯兰教徒,其他地区伊斯兰教的势力也日渐增强,伊斯兰化已成为历史发展的必然。正是在这种历史背景下,秃黑鲁帖木儿于阿克苏遇到了一位伊斯兰教长老谢赫札马鲁丁(Shaikh Jamal al-Din)。当时秃黑鲁帖木儿在朵豁剌惕部异密家族挟持下,尚未正式登上汗位。不过他敏感地意识到,伊斯兰教是一支潜在的强大政治势力,如果自己皈依伊斯兰教并在汗国内推行,那么,不但可以得到在汗国内有着广泛影响、势力相当强大的伊斯兰宗教界的支持,而且能够争取到人民的拥护,从而利用这些力量逐步摆脱朵豁剌惕部贵族的控制,成为一个名副其实的察合台汗。出于这一政治需要,秃黑鲁帖木儿立即向谢赫

---

1 见《拉失德史》,汉译本,第1编,第151—155页。关于秃黑鲁帖木儿登上汗位的时间,据马黑麻·海答儿引《帖木儿武功记》(《拉失德史》,汉译本,第1编,第177页)资料推算,并参见刘迎胜《元末的察合台汗国》。
2 《拉失德史》,汉译本,第1编,第229页。
3 《突厥世系》,汉译本,第153页。

札马鲁丁做了信仰的表白,并允诺正式称汗后即宣布皈依伊斯兰教[1]。

谢赫札马鲁丁是"不花剌的火者哈非速丁(Khwaja Hafiz al-Din)[最末一位木吉台希德(Mujtahid)]的兄弟火者叔札乌丁(Khwaja Shuja al-Din)的后裔"[2]。蒙古军征服中亚后,叔札乌丁被带到哈剌和林,其后人几经辗转来到位于吐鲁番与和田之间的罗布怯台(Lob Katak)地方。但他们在这一地区的传教活动收效甚微。14世纪中叶,罗布怯台遭风沙侵袭,谢赫札马鲁丁被迫放弃了这一地区,在阿克苏遇到了寻求宗教势力支持的秃黑鲁帖木儿。然而札马鲁丁不久去世,引导秃黑鲁帖木儿汗皈依伊斯兰教的任务就由札马鲁丁之子大毛拉额什丁(Maulana Arshad al-Din)继为完成。

当秃黑鲁帖木儿宣布接受伊斯兰教并在汗国内推行时,操纵东察合台汗国的朵豁剌惕部贵族及时采取对策,宣布早已信仰伊斯兰教,只是由于害怕秃黑鲁帖木儿汗反对才没敢公开[3]。这样,朵豁剌惕部异密家族又成了在东察合台汗国蒙古王公贵族中最早信奉伊斯兰教的。为了争取到广大穆斯林的支持,牢固地控制住汗国大权,限制汗权的扩张,朵豁剌惕部贵族亦积极辅佐秃黑鲁帖木儿汗推行伊斯兰教。尽管如此,推行伊斯兰教的活动仍不可避免地遭到了一些部族的反对。据《拉失德史》记载,楚剌思部曾表示反对,后来经过激烈的较量,异教徒失败,"人们大声欢呼,当天就有十六万人剪掉长发皈依了伊斯兰教",从此"伊斯兰教在察合台汗国的这一整个地区传布开来"[4]。

额什丁的布教活动得到了出于政治需要的秃黑鲁帖木儿汗和汗国实权操纵者朵豁剌惕部贵族的支持,秃黑鲁帖木儿汗授予额

---

1 《拉失德史》,汉译本,第1编,第161—163页。
2 《拉失德史》,汉译本,第2编,第322页。
3 《拉失德史》,汉译本,第1编,第164—165页。
4 《拉失德史》,汉译本,第1编,第165页。

什丁世袭天山南路伊斯兰教长之特权；并在库车修建了额什丁亲自掌管的哈尼卡（hanika），作为其布教中心[1]。当然，一个处于傀儡地位的汗的旨令不可能产生多大的效果，额什丁成为真正的宗教领袖是得到了朵豁剌惕部异密等实权派的支持。后来由于汗权的巩固与提高，秃黑鲁帖木儿增强了对额什丁家族这一宗教力量的扶持力，使该家族的力量逐步遍布天山南路。宗教精神上的统一反过来促进了中央集权的加强。在这种相互促进中，额什丁家族逐步发展成为东察合台汗国内一支强大的宗教势力。它不但控制着人们的精神世界，而且直接参与汗国的军政活动。例如在15世纪初黑的儿火者对吐鲁番地区进行的"圣战"中，额什丁次子乌甫力帕提黑即为主要领导者并"殉教"于此[2]。该家族还利用宗教特权影响各地异密，干涉甚至左右地方事务。随着额什丁家族的日渐强大，这支由汗廷扶植起来的宗教势力逐步干预汗国事务，成为与朵豁剌惕部异密相匹敌的力量，它既是汗政权的有力支持者，又是汗政权的干涉者。

秃黑鲁帖木儿是一位有作为的统治者，利用各种矛盾不断增强汗的权威，稳固住了自己的统治地位。异密播鲁只的死去为秃黑鲁帖木儿控制汗国大权提供了良机。为了削弱朵豁剌惕部异密家族的势力，摆脱其对汗的控制，秃黑鲁帖木儿任命播鲁只年仅七岁的儿子忽歹达（Khudaidad）承袭父位。这自然遭到了朵豁剌惕部异密的反对。据《拉失德史》记载，异密播鲁只兄弟五人，即异密图列克、异密播鲁只、异密苦思丁、异密怯马鲁丁（Kamar al-Din）、异密沙黑倒剌；异密图列克死后，"兀鲁思别乞的职务给了异密播鲁只"[3]。现在异密播鲁只去世，尚存三弟，其中怯马鲁丁更是觊觎权位，他对秃黑鲁帖木儿汗的这一做法公开表示不满："我兄长的职位首先应该给我，因为他的儿子年方

---

1 刘志霄：《维吾尔族历史》，民族出版社，1985年，上编，第296页。
2 《有关加拉里丁布哈里等人的历史轶事》，《新疆宗教研究资料》第16辑。
3 《拉失德史》，汉译本，第1编，第200—201页。

七岁,不能胜任。"秃黑鲁帖木儿汗"毫不理会他的话,径自任命当时只有七岁的异密忽罗达承担此职",怯马鲁丁"非常不满,但也无计可施"。[1] 秃黑鲁帖木儿汗弃长立幼,成功地削弱了朵豁剌惕部异密家族对汗权的干预,成为察合台汗国东部地区名副其实的最高统治者。

秃黑鲁帖木儿汗在巩固了对汗国东部地区的统治之后,开始用兵河中地区,试图征服汗国西部,重新统一察合台汗国。当时河中地区诸侯割据,混战不休,为秃黑鲁帖木儿汗的统一提供了良机。1360年,秃黑鲁帖木儿汗亲率大军西征[2],河中地区诸侯群龙无首,根本不可能组织起有效的抵抗,或败或降,很快为西征军所制服。秃黑鲁帖木儿汗在各地置达鲁花赤,建立起自己的统治后东返。然不久由于驻守河中地区的将领内讧,当地巴鲁剌思部异密帖木儿(Amir Timur)起兵反抗。秃黑鲁帖木儿汗遂于1361年再次举兵西征河中地区,异密帖木儿归降,其他反抗者亦被击破。秃黑鲁帖木儿汗的统治基础在东部,因此他不敢久留西部,在完成对河中地区的征服后便匆匆东返,而留其子也里牙思火者(Ilyas Khwaja)镇守河中地区。然当其离开河中地区后,反抗再起,异密帖木儿的威势日益高涨。伊斯兰教历764年(1362—1363年)秃黑鲁帖木儿汗去世,也里牙思火者东返继位。此后也里牙思火者汗又率大军西征,结果屡战屡败,最后被迫退回东部地区。秃黑鲁帖木儿父子致力于恢复汗国的统一,几次出兵河中地区,并短时期达到过统一的目的,但终归于失败,其后继者只能保持在东部的统治。

---

1 《拉失德史》,汉译本,第1编,第201页。
2 《帖木儿武功记》,转引自《拉失德史》,汉译本,第1编,第166页。

察合台汗国统治者世系表
成吉思汗

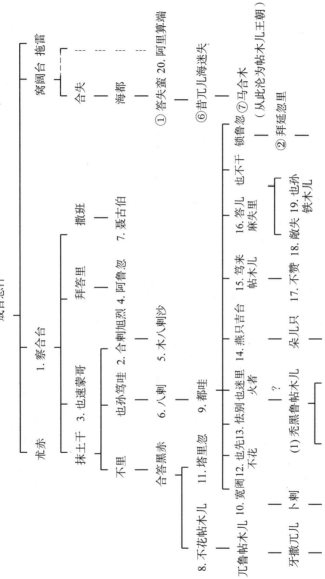

第十三章 蒙古进入中亚

373

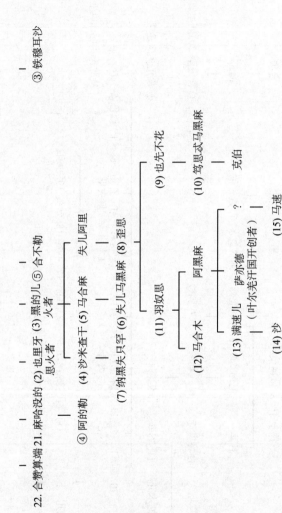

说明：
1. 本表包括了察合台汗国诸汗世系及东部（东察合台汗国）诸汗世系。东部诸汗世系不包括萨亦德亦创建的叶尔羌汗国诸汗世系，西部诸汗世系止于帖木儿帖木儿王朝建立。
2. 表中察合台汗国诸汗在位顺序用阿拉伯数字（如 1,2,3……）表示，西部诸汗在位顺序用阿拉伯数字汗在位顺序用加圈阿拉伯数字（如①，②，③……）表示，东部诸汗在位顺序用加括号的阿拉伯数字（如(1),(2),(3)……）表示。
3. 表中察合台汗国诸汗世系及西部诸汗世系主要参考《中国大百科全书·中国历史》"察合台汗国"条（刘迎胜撰）、《察合台汗国史研究》（上海古籍出版社，2006年）制成，东察合台汗国诸汗世系主要参考魏良弢《叶尔羌汗国史纲》黑龙江教育出版社，1994年）制成。

第十四章　帖木儿王朝时期中亚的复兴

一　帖木儿的崛起与帝国建成

乌兹别克斯坦共和国的政府和史学家认为帖木儿艾米尔（1336—1405年）是乌兹别克伟大的儿子和伟大国家的奠基人，并于1996年举行了隆重的庆典，出版了纪念专集《世界历史上的帖木儿艾米尔》[1]。该国国民教育部推荐的普通教育历史教科书（2001年版）说："帖木儿艾米尔是一位勇敢的人、有自制力的人，他具有清醒的判断力，在困难的局势下做出正确的决定。"他在短时间内把中亚从割据混战中解救出来，建成统一的国家。他采取了一系列政策和措施，使社会安定、经济发展、文化繁荣，成为当时世界的一流强国。他不仅是杰出的军事家、伟大的

1　S. Saidkasimov et al. and A. Iriskulov ed. et al., *Amir Temur in World History*, Tashkent, 1996, p.259.

统帅,而且是有远见的政治家、务实的国务活动家、文化艺术的保护者及其发展的推动者[1]。

(一) 帖木儿崛起

14世纪上半叶,统治中亚的察合台汗国在内争中衰落下去,非成吉思汗系军事贵族乘机崛起,割据称雄。1346年,控制河中地区的巴鲁剌思部(Barlas)贵族合札罕(Qazghan)杀死察合台汗合赞算端(Qazan Sultan Khan),另立窝阔台系海都之子答失蛮(Danishmand)为汗。汗的权威消失,汗沦为异密贵族手中的工具。操纵汗国东部的朵豁剌惕部(Dughlat)异密家族亦拥立察合台后王秃黑鲁帖木儿(Tughluk Timur)为汗。

合札罕家族控制了汗国的西部,独断专行,这不可避免地引起了其他贵族的不满。1359年,合札罕为反对者杀死,其子阿布都拉('Abd Allāh)继立,仍是威福自作。速勒都思部贵族拜延(Bian)与巴鲁剌思部贵族哈吉(Haji)遂起兵反对,杀死阿布都拉及其新立汗帖木儿沙(Timur Shah Khān)。然不久拜延征服河中地区后竟自称王,遭到各部贵族的反对。他们纷纷裂土割据,汗国西部陷于纷争混乱之中。帖木儿就在这场兼并混战中脱颖而出。

帖木儿1336年出生于撒马尔罕南面的渴石(今沙赫里夏勃兹Shahr-i-Sabz),属巴鲁剌思部氏族,其叔父是当时控制渴石等地的巴鲁剌思部异密哈吉。帖木儿碑铭说他与成吉思汗同族,其先祖为成吉思汗的从兄弟哈剌察儿,但也有史著说他出身寒卑[2]。关于其早年的情况,相关史书几乎只字未提[3]。克拉维约

---

1 А. Р. Мухамеджанов, История Узбекистана (IV-начало XVI вв), Рекомендовано Министерством народного образавания Республики Узбекистан (《乌兹别克斯坦历史 [4世纪—16世纪初]》), Ташкент, 2001.

2 布哇:《帖木儿帝国》,冯承钧汉译,商务印书馆"万有文库"本,1935年,第12—13页。

3 无论是由尼咱木丁·沙米(Nizam al-Din Shami)、撒剌甫丁·阿里·牙孜迪(Sharaf al-Din Ali Yazdi)分别撰写的同名史著《帖木儿武功记》(Zafar Name),还是盖耶速丁·阿里(Ghiyath al-Din Ali)撰写的《帖木儿印度征战记》(Journal of Timur's Campaign in India),对帖木儿早年的历史均未提及。

(Ruy Gonzalez Clavijo）曾于 1404 年奉西班牙卡斯提（Castile）国王之命出使帖木儿帝国，在撒马尔罕见到了帖木儿。据其记载，帖木儿之父虽然出自望族，但并不富有，早年"劫盗起家，部下有骑者五、六人"，后定居于渴石。帖木儿年轻时，"手下不过骑者四、五人，今日抢羊，明日劫牛。每次劫来之物，携回村中，烹羊宰牛，大举飨客，招致亲朋好友享用。凡有所得，莫不分与各伙伴。因此帖木儿之伙伴日益增多，不久即增至 300 余骑。帖木儿之部下日夜四出打劫，见物即劫。所得之物，大家平分。以此势力遍于各要道，或自往来客商上，强抽税捐"[1]。帖木儿后效力于合札罕后，被任命为千户长。在合札罕及其继承者阿布都拉相继覆亡后，诸部割据纷争，战乱不休。他乘乱收集散部，发展自己的势力。

秃黑鲁帖木儿在东部登上汗位后，利用各种矛盾巩固了汗权，统一了汗国东部地区，"在短短时间里就成了喀什噶尔、鸦儿看、阿剌塔和畏兀儿斯坦的统治者"[2]。西部河中地区出现混乱纷争的局面后，秃黑鲁帖木儿汗遂于 1360 年出兵西征，企图重新统一察合台汗国。面对强大的西征军，帖木儿的叔父、巴鲁剌思部异密哈吉不战而退。势单力薄的帖木儿审时度势，为使自己的领地渴石免遭破坏，遂向秃黑鲁帖木儿汗表示归顺，后者于是承认了帖木儿的势力，任命他为渴石等地的监治官。于是他在很短时间内聚集起一支强大的军队。不久秃黑鲁帖木儿汗返回汗国东部，其在河中地区的守将发生分裂，大部分从河中地区撤军，"回到秃黑鲁帖木儿汗驻地去了"，一部分投到帖木儿帐下[3]。异密

---

[1] 《克拉维约东使记》，杨兆钧汉译，商务印书馆，1985 年，第 119—120 页。
[2] 《突厥世系》，第 151 页；戴美桑法译本《阿不勒·哈齐·把阿秃儿汗的蒙古和鞑靼人史》（通译《突厥世系》）(Le Baren Desmaison, *Histoire des Mongols et des Tartares par Aboul Ghazi Bahadour Khan*)，第 166 页。
[3] 歇里甫丁：《帖木儿武功记》，转引自《拉失德史》，汉译本，第 1 编，第 168—170 页。

哈吉乘机从呼罗珊返回，打败帖木儿，迫使他交出渴石等地的统治权。次年，秃黑鲁帖木儿汗再起大军西征。河中地区反叛者为其威势所慑，纷纷表示归降。异密哈吉再次败逃呼罗珊，在那里为强盗所杀。秃黑鲁帖木儿汗对帖木儿表现出极大的热情，再次任命其为渴石等地的监治官[1]。次年，在完成了对汗国西部的统一后，秃黑鲁帖木儿以其子也里牙思火者留守河中地区，自己返回汗国东部。

不久，帖木儿即与也里牙思火者等河中地区守将发生分歧，遂投奔其妻兄异密忽辛（Emir Husayn）。忽辛是异密合札罕之孙、阿布都拉之子，原统治巴里黑、昆都士和喀布尔等阿富汗地区，其妹兀鲁歹·土尔坎-阿哈（Ulday Turkan-aga）为帖木儿之妻。异密忽辛在秃黑鲁帖木儿汗第二次对河中地区征伐中被击溃，此时亦处于流亡中。于是两人就联合起来，进行反抗东部汗的斗争。他们首先从巴里黑前往花剌子模，企图控制这个商路要地，结果不但未能成功，而且还险被追杀，几经苦战才摆脱了追兵。此后他们流亡于呼罗珊、阿富汗等地。其间在锡斯坦的一次战斗中，帖木儿被箭射穿右手和右脚，造成终身残疾。因此帖木儿又被称为"帖木儿兰"（Timur-Leng，跛子帖木儿），在欧洲著述中写作"Tamerlane"。

此后，帖木儿与忽辛返回阿富汗的昆都士附近，从当地部落中召集人马，重整旗鼓，然后又进入河中地区。东察合台守军企图在瓦赫什河的石桥附近阻止他们前进，经过激战，终为帖木儿用计攻破，守军大败而逃。经此一役，帖木儿声威大振，士气高昂，遂乘胜前进，收复渴石。然后帖木儿同忽辛会合，与也里牙思火者会战于渴石与撒马尔罕之间的卡巴·马坦（Kaba Matan）。帖木儿方面以少胜多，大败东察合台军。也里牙思火者九死一

---

[1] 歇里甫丁：《帖木儿武功记》，转引自《拉失德史》，汉译本，第1编，第171—172页。

生，仓皇逃往汗国东部。在石桥和卡巴·马坦两战之间，也里牙思火者已得知其父秃忽鲁帖木儿去世的消息，遂于此败军之际赶回伊犁继承汗位。帖木儿和忽辛穷追至忽毡以北，直抵塔什干。1363年，东察合台汗的军队被从河中地区赶了出去。

由于帖木儿和忽辛皆非出自成吉思汗黄金家族，在他们将东察合台汗的军队驱逐出河中地区等西部地区之后，这些地区的各部异密贵族并不愿意服从于他们，"所有各部落首领都自恃臣民部属众多，都希望保持独立而不愿受任何节制"[1]。在这种情况下，帖木儿和忽辛于1363年召集各部首领贵族举行忽里勒台大会，决定拥立察合台后人哈比勒·沙（Kābil Shāh Oghlān）为汗。此人为都哇汗之曾孙、燕只吉台之孙，当时正流浪街头。帖木儿与忽辛将其拥上汗位，以其名义统治汗国西部[2]。这不但可以控制各部异密贵族们，而且从理念上确立了西部地区政权合法性，从而也就使东察合台汗失去了进攻河中地区的合法性。

此后不久，也里牙思火者再次举兵西征，企图重新统一汗国西部。帖木儿与忽辛联军迎战。伊斯兰教历766年拉马丹月初一日（公元1365年5月22日），两军大战于锡尔河北岸塔什干附近。当时天降大雨，遍地泥泞，史称"泥泞之战"。由于帖木儿和忽辛发生分歧，不能相互配合，以及帖木儿方面部分将士临阵脱逃，结果河中地区联军大败。帖木儿和忽辛被迫退往渴石，从那里忽辛退向萨里·萨莱（昆都士之北），帖木儿试图再做抵抗，失败后被迫奔向巴里黑。也里牙思火者汗率军乘胜前进，围攻撒马尔罕。该城居民在伊斯兰宗教人士的鼓励下，进行了勇猛的抵抗，围攻部队又因流行病而被削弱。最后，也里牙思火者于1365年被迫退出河中地区，返回伊犁。此后秃黑鲁帖木儿的后

---

[1] 歇里甫」：《帖木儿武功记》，转引自《拉失德史》，汉译本，第1编，第188页。

[2] 歇里甫丁：《帖木儿武功记》，转引自《拉失德史》，汉译本，第1编，第188—189页。

继者们只能统治汗国东部，是为东察合台汗国。

在抵抗也里牙思火者的过程中，撒马尔罕居民自己掌控了这座城市，史称撒尔巴达尔（Sarbadār）[1]。在也里牙思火者率军撤退数月以后，帖木儿和忽辛率军前往撒马尔罕。他们骗取了撒尔巴达尔领袖们信任后，把他们残酷镇压下去，夺取了撒马尔罕。

至此，忽辛成了河中地区的最高统治者，驻于撒马尔罕。帖木儿屈居其下，驻于渴石和卡尔施（Karshi）。他们的联盟很快破裂并走向敌对。帖木儿为忽辛所迫，逃往呼罗珊，后又流亡到塔什干，与当时已归附了东察合台汗的忽辛旧部凯胡斯劳（Kaikhusru）结盟，并与东察合台汗国取得联系，密谋于此年春天引蒙古人进攻忽辛。忽辛被迫向帖木儿求和，希望与帖木儿共同阻止东察合台汗国劫掠河中地区。帖木儿接受了和议，乘机收复了自己的领地渴石。此后两人一直处于对立状态。忽辛阴谋策划对他的进攻。帖木儿争取到所有异密的支持，他们联合起来不宣而战，对忽辛发动突然攻击。当时忽辛正在巴里黑。帖木儿从渴石出发，南越阿姆河，攻入忽辛的领地巴克持里亚，于1370年4月进围巴里黑。驻于该城的忽辛见救援无望，只得向帖木儿投降。他请求去麦加朝觐，帖木儿表面假意允许，暗中却让人将其杀掉。

---

[1] 撒尔巴达尔起源于呼罗珊，成分复杂，其中有工匠、贫苦市民、农民和小地主，带有什叶派救世色彩。1337年，信仰什叶派的波斯人乘伊利汗国瓦解之际，在呼罗珊建立了一个以撒布扎瓦尔（Sabzavar）为中心的政权，被称为撒尔巴达尔，一直存在到1381年。15世纪历史学家哈非思·阿不鲁（Hafiz-i Abru）著有一本匿名著作《撒尔巴达尔历史》（History of Sarbadar），现已不存。按照他的说法，Sarbadār（波斯语意为"头戴绞索的人"）是反蒙古的群众运动自己采用的名字，他们随时准备为从暴政中解放而献身。撒尔巴达尔思想也在河中地区秘密传播。在这次撒马尔罕保卫战中，投身于抵抗也里牙思火者蒙古军斗争中的人也被称为撒尔巴达尔。随着东察合台军的退走，撒马尔罕城内各个不同社会集团之间的冲突加剧。撒尔巴达尔人代表了居民中比较民主的部分，他们的信念与呼罗珊的撒尔巴达尔人一样，即财产权平等，废除与伊斯兰教法不相吻合的税收。他们可能试图将自己的信念付诸实施。

消灭忽辛后,帖木儿成为中亚的最高统治者,以撒马尔罕为都城,在河中地区建立起稳固的统治。但是由于成吉思汗黄金家族的影响,非黄金家族成员不得为汗的观念在人们的心中已根深蒂固,他也不得不像他的前任一样,拥立成吉思汗的后裔锁咬儿哈的迷失(Soyurghatmish)为汗。后来帖木儿曾孙卜撒因·米儿咱描述了当时的形势:那时帖木儿"麾下将领并没有奉之以人君之礼"。"这些将领对他说:'请立能正名分而孚众望的汗。'异密·帖木儿就拥立锁咬儿哈的迷失汗。于是,诸将也都臣服。所有的敕令都以这位汗的名义颁发,但异密·帖木儿对他防范极严","汗的权力都只是徒拥虚名"[1]。帖木儿这时虽已成为河中地区的实际统治者,但也不得不对这一传统势力做出让步,拥戴一个黄金家族成员为名义上的汗。帖木儿又娶忽辛的遗孀、察合台后王合赞汗之女为妻,由此与成吉思汗黄金家族联系起来,故帖木儿又被称为曲列干(Gurkan~Kurkan)[2],明代汉文史籍称其为驸马帖木儿[3]。

(二)对外征服

帖木儿在统一了河中地区后,即开始大规模的对外征服与扩张。而当时的外部环境也为帖木儿的征服战争提供了有利时机:在西方,以前强大的波斯伊利汗国不复存在了;控制着西北方的

---

[1] 《拉失德史》,汉译本,第1编,第276页。
[2] 源于蒙古语 güregen,意为女婿。《元朝秘史》作"古列干",旁译"女婿"(155节)。《至元译语》"人事门"作"库里干",汉译"女婿";同书"君官门"作"库鲁干",汉译"驸马";《华夷译语》"人物门"作"古列根",汉译"婿"(贾敬颜、朱风合辑:《蒙古译语女真译语汇编》,天津古籍出版社,1990年,第2、14、43页)。《明实录》《明史》作"曲列干""曲烈干",如《明宣宗实录》卷八六宣德七年正月丁卯条载"撒马尔罕头目兀鲁伯曲列干",《明英宗实录》卷一三四正统十年十月癸卯条载"撒马尔罕地面王兀鲁伯曲烈干",《明史》卷三三二《撒马尔罕传》载"工兀鲁伯曲烈干"。元明时期,西域穆斯林文献中常以此号指称娶成吉思汗家族女子为妻的显贵,义同驸马。
[3] 如《明史》卷三三二《西域列传·撒马儿罕传》:"〔撒马尔罕〕元末为之王者,驸马帖木儿也。"

钦察汗国也处于衰落之中；东部察合台后王的统治也因内部斗争而处于风雨飘摇中；而在南方的印度，德里算端国也呈现衰退，无力抗衡来自北方河中地区的进攻。

1. 东征东察合台汗国

帖木儿首先将进攻的矛头指向东察合台汗国。秃黑鲁帖木儿汗及其继承者一直把河中地区等原察合台汗国的西部地区看成自己的世袭领地，并多次出兵征讨，图谋将其统一在自己的统治之下。这时东察合台汗也里牙思火者汗的统治并不稳固，原先慑于秃黑鲁帖木儿汗的权威而被迫屈服的哈马鲁丁乘机发动政变。马黑麻·海答儿这样写道："当秃黑鲁帖木儿汗逝世时，他就实行叛变。不过，《帖木儿武功记》却说他是在也里牙思火者汗逝世之后公开叛变的。不管情况怎样，看来，在秃黑鲁帖木儿汗逝世的时候，怯马鲁丁（哈马鲁丁）久怀心头的积恨乘此报复。（根据蒙兀儿人的传说）他在一天之内杀死了汗的十八个儿子，自僭汗号。"[1] 阿布尔·哈齐做了大致相同的记载，但明确指出哈马鲁丁杀害了也里牙思火者汗："脱古鲁克（秃黑鲁）-帖木儿汗死后，哈马鲁丁起而反叛，杀死了也里牙思-火者，脱古鲁克-帖木儿汗家族中大小共十八人在同一天被哈马鲁丁下令处死，他还命亲信四处搜寻这位君主的后裔，找到后即将他们处死，后来他宣布自已为汗，他的名字被刻在钱币上。"在呼土拜时哈马鲁丁被提名[2]。木阴也说哈马鲁丁杀死了也里牙思火者汗[3]。哈马鲁丁"僭称汗号"，取代察合台后王的"正统"统治，违背了当时根植人们心灵深处的传统政治观念，"遭到众异密的坚决反对"[4]；哈

---

1 《拉失德史》，汉译本，第1编，第201页。
2 《突厥世系》，汉译本，第153页。
3 Mu'in al-Din Natanzi, *Muntakhab al-Tawarikh-i Mu'ini*, extraits du *Muntakhab al-Tawarikh-i-Mu'ini*（《木因史》），ed. par J. Aubin, Tehran, 1957；转引自刘迎胜《元末的察合台汗国》。
4 《拉失德史》，汉译本，第1编，第202页。

马鲁丁"虽励精图治，但由于众异密和他对立，国内沦于纷争不已，混乱一团"[1]。

东察合台汗国的内乱为帖木儿的入侵提供了可乘之机。据《拉失德史》记载，哈马鲁丁篡位后，遭到众异密的反对，有的异密西投帖木儿。帖木儿遂乘机遣军东征，打到阿拉木图，然后议和班师。但"异密帖木儿不同意这个和约，于是便亲自率军侵入这个国家"[2]，在掳获了大批俘虏和战利品后西返撒马尔罕。1375年，帖木儿再次东征，从撒马尔罕出发，首抵赛兰，然后渡过塔拉斯河，横越托克玛克地区。哈马鲁丁不敌帖木儿军的进攻，遂退往伊犁。帖木儿军乘胜追击，对伊犁河上游进行了抢劫与蹂躏，俘获无算，其中包括哈马鲁丁的妻女。以后帖木儿又多次借机出兵东征。长期的、大规模的内外混战使整个东察合台汗国遭到非常严重的破坏。最后，哈马鲁丁在异密帖木儿的一次入侵中失踪，结束了他在东察合台汗国的统治[3]。

秃黑鲁帖木儿汗的子孙并未被哈马鲁丁完全剪除。哈马鲁丁的政变遭到了朵豁剌惕家族内部异密忽歹达一支的反对。忽歹达是在汗的支持下才得以继承父位成为兀鲁思别乞的，与哈马鲁丁在根本利益上是对立的。当哈马鲁丁发动政变时，秃黑鲁帖木儿汗的一个尚在襁褓中的儿子黑的儿火者（Khizir Khwaja）被异密忽歹达的母亲密儿·阿哈隐藏起来，"怯马鲁丁（哈马鲁丁）到处搜索这个孩子，但是忽歹达母子却顺利地隐藏着他，未被发现"[4]。哈马鲁丁"失踪"后，异密忽歹达即扶持黑的儿火者登

---

[1] 《拉失德史》，汉译本，第1编，第201页。
[2] 《拉失德史》，汉译本，第1编，第202页。
[3] 见《拉失德史》，汉译本，第1编，第222页。《明太祖实录》卷二一〇，洪武二十四年（1391年）七月癸丑条载："别失八里王黑的儿火者遣其千户哈马力丁、百户斡鲁撒拏等来朝，贡马十一匹、海青一。"此别失八里土黑的儿火者，即东察合台汗国黑的儿火者汗。据此，黑的儿火者汗至迟在1391年已登上汗位，那么哈马鲁丁之死当又在此之前。
[4] 《拉失德史》，汉译本，第1编，第201页。

上汗位，恢复了察合台后王对汗国的统治。黑的儿火者称汗不久，帖木儿即发兵东征，大败东察合台汗国军。帖木儿一路追击，抵裕勒都斯谷地，其前锋追至哈剌火州，使东察合台汗国社会经济受到很大破坏。为谋求和平，黑的儿火者汗不得不主动与帖木儿修好，并将汗宗室女塔瓦卡勒·哈尼木嫁给帖木儿[1]。

2. 征服花剌子模，击破钦察汗国

包括阿姆河下游和咸海边的阿姆河三角洲在内的花剌子模，在蒙古西征后，一直附属于钦察汗国，13世纪60年代察合台汗阿鲁忽从钦察汗别儿哥手中夺取该地区。但此后不久，花剌子模在钦察汗国和察合台汗国之间被瓜分，前者控制了锡尔河三角洲和玉龙杰赤，后者统治着花剌子模南部地区，包括柯提（阿布兹瓦力沙）和希瓦。1360年后不久，弘吉剌部首领胡赛因·苏非（Husayn Sufi）乘钦察汗国混乱之机在花剌子模建独立王国。后来他又利用河中地区发生的战争，从河中地区居民手中夺取柯提和希瓦。但是帖木儿成为河中地区统治者后，于1371年提出收回上述两地的要求，宣称拥有整个察合台兀鲁思，要求归还被夺占的地方。要求被拒绝之后，帖木儿遂于1372年出兵花剌子模。柯提被攻占，胡赛因·苏非不久死去；其弟玉素甫·苏非继位，向帖木儿求和，被迫让出希瓦。但在帖木儿离开花剌子模后，他又占领了柯提。1373年，帖木儿再次出兵花剌子模，花剌子模南部最终落入帖木儿手中。

这时期的钦察汗国正处于内乱割据状态。14世纪以后，属于尤赤兀鲁思左翼的白帐逐渐独立，钦察汗国分裂为东部的白帐和西部的青帐，原来统治整个钦察汗国的尤赤兀鲁思大营即金帐，至此仅统有青帐。14世纪中叶以后，钦察汗国陷于内乱，朝政为权臣马迈（Mamai）控制。东部的白帐在兀鲁思汗（Urus Khan）率领下乘机西进，企图将整个尤赤兀鲁思置于统治之下。兀鲁思

---

[1]《拉失德史》，汉译本，第1编，第224—225页。

汗的兄弟脱里火者[1]因反对西攻金帐而被杀,其子脱脱迷失（Toktamish）逃离白帐,于 1376 年投奔帖木儿。为了削弱钦察汗国的势力,也为了扩大自己在白帐的影响,帖木儿尽力支持脱脱迷失反对兀鲁思汗的战争,并在昔格纳黑击退了兀鲁思汗,后者不久死去。1377 年,脱脱迷失在帖木儿支持下夺取白帐的统治权。此时控制金帐的马迈正忙于镇压斡罗思的反抗。脱脱迷失遂乘机于 1378 年春率军西征金帐。1380 年,马迈刚刚在库里科沃平原被斡罗思击败,又遭到了脱脱迷失从南面发起的攻击,结果大败,逃往克里米亚后被当地人杀死。1381 年,脱脱迷失在驱逐马迈,控制了金帐之后,又乘胜重新征服了斡罗思各王公。

脱脱迷失在统一了尤赤兀鲁思之后,不再听命于帖木儿。1383 年,脱脱迷失在花剌子模用自己的名义铸币,公然挑战帖木儿对这一地区的征服。1386 年冬,脱脱迷失的军队进入阿塞拜疆,与在那里休整的帖木儿军发生冲突,结果以脱脱迷失的失败而告结束。1387 年,脱脱迷失入侵河中地区,与不再效忠帖木儿的花剌子模统治者联起手来。帖木儿于 1388 年攻占了花剌子模的都城乌尔根齐,推翻了这个苏非王朝。脱脱迷失不等与帖木儿接战就退回到白帐草原去了。帖木儿下令将乌尔根齐当地居民悉数迁往撒马尔罕,并在大肆抢掠之后将乌尔根齐城夷为平地。征服花剌子模之后,除七河地区和锡尔河下游外,整个中亚地区都处于帖木儿的统治之下。

1388 年底,脱脱迷失又率大军进攻河中。当时帖木儿正在波斯,闻讯后立即返回河中,于次年初将脱脱迷失赶到锡尔河以北。此后脱脱迷失仍不时攻掠河中,而当帖木儿来攻时即退回草原。于是帖木儿决定远征钦察草原,彻底消除来自脱脱迷失的威胁。1390 年冬,帖木儿率大军由撒马尔罕出发,渡过锡尔河,在

---

[1] 一说脱里火者系宗王忽都鲁火者之子。参见《金帐汗国兴衰史》,汉译本,第 268 页。

塔什干过冬后，于次年初向讹答剌进发。脱脱迷失汗遣使请和，遭到了帖木儿的断然拒绝，遂率部远遁。帖木儿率军经牙昔（今哈萨克斯坦突厥斯坦）北进草原，越过撒里黑兀辛河（今萨雷苏河），于4月末到达兀鲁黑塔格。帖木儿在此泐石纪功，铭文上部三行为阿拉伯文，下部八行为回鹘文；文中称帖木儿为土兰的算端，于伊斯兰教历793年（1391年）率大军20万经此追击脱脱迷失汗[1]。此后帖木儿大军继续在钦察草原上寻找脱脱迷失，最后西渡乌拉尔河，在今奥伦堡附近追上了脱脱迷失的主力。1391年6月9日，两军会战于昆都尔察河谷，结果脱脱迷失大败，仅偕少数侍从逃走。帖木儿大军携带大量俘虏返回。

然而不久脱脱迷失又恢复了在金帐汗国的权威，遂集结力量，于1394年秋从高加索方面向帖木儿的占领区发动进攻。帖木儿于1395年春命大军进军打耳班。脱脱迷失大败，率少数随从越过伏尔加河进入喀山地区躲避。帖木儿乘胜追击，在失去敌人踪迹后，遂纵军至顿河，继而向南，摧毁了当时的商业中心塔纳。接着帖木儿军向斡罗思发动进攻，于1395—1396年返回伏尔加河下游，焚毁了金帐汗国的两个经济中心阿斯特拉罕和别儿哥撒莱。1396年春，帖木儿经打耳班返回伊朗。帖木儿的这次进军不但沉重打击了脱脱迷失，而且严重破坏了塔纳、萨莱、阿斯特拉罕这些欧亚商路上的重要商业城镇，使国际商路阻绝。脱脱迷失和钦察汗国从此一蹶不振。此后脱脱迷失在与汗位挑战者的斗争中屡被打败，最终沦为流亡者，于1406或1407年死去。

3. 征服伊朗

14世纪中叶，伊利汗国分崩离析，形成了几个互不统属、彼此对立的政权，这为帖木儿向伊朗地区的扩张提供了有利条件。他首先将侵略的矛头指向了伊朗东部呼罗珊地区以哈烈（今

---

[1] 沙米：《帖木儿武功记》，第118页。此石碑于第二次世界大战期间在哈萨克斯坦中部阿尔腾·楚库山采矿场被发现，证实了沙米的记载。参见《金帐汗国兴衰史》，汉译本，第301—302页。

阿富汗赫拉特）为首都的库尔特（Kurt）王朝。这个王朝的创建者赡思丁·摩诃末（Shams al-Din Muhammad）出身于古尔（Ghur）王朝的一个异密家族。当成吉思汗西征时，该家族归降了蒙古军，被任命为当地的统治者。赡思丁·摩诃末继为该地统治者后，得到了蒙哥汗的支持，被任命为哈烈、巴里黑等地的统治者，统治范围大大扩大。旭烈兀西征波斯，赡思丁·摩诃末受命听其调遣，后成为伊利汗国的附属。1335年，伊利汗不赛因卒后，伊利汗国迅速瓦解，库尔特王朝独立。当帖木儿兴起时，库尔特王朝统治者为吉亚速丁·皮儿·阿力（Ghiyath al-Din Pir 'Ali）。1381年春帖木儿率军逼临哈烈城下。吉亚速丁·皮儿·阿力退入城堡，但由于得不到当地人民的支持，只好投降。帖木儿表面让其继续统治哈烈，但同时又强令其迁往撒马尔罕，要求随侍左右。帖木儿的征服遭到了当地人民的反抗。1382年，古尔人在哈烈人的帮助下，攻入哈烈城，驱逐了帖木儿任命的地方长官。帖木儿遂遣其第三子米兰沙（Miranshah）率军镇压，夺回了哈烈。事后帖木儿以吉亚速丁·皮儿·阿力及其一家有共谋之嫌，将其处死。库尔特王朝灭亡。

1381年，帖木儿征服哈烈后，率大军从哈烈向里海方向进发。以克拉特（Kelat）为中心的割据政权，其统治者阿里别克不战而降，归顺了帖木儿。帖木儿遂乘胜进攻以撒布扎瓦尔为首府的撒尔巴达尔政权，其统治者阿里·木阿牙的（'Ali Mu'ayyad）迫于压力，亦纳土请降。而统治玛赞德兰的异密瓦里也只进行了短暂的抵抗即被击溃。两年后，上述诸地反叛，帖木儿率军将其镇压，并乘胜吞并了坎大哈（Kandahar）等地。稍事休整后，帖木儿又于1384年率军攻陷玛赞德兰首府阿斯塔拉巴德，其首领异密瓦里逃往阿塞拜疆。

当时统治伊拉克和阿塞拜疆的是札剌亦儿王朝（Jalayirid）。该王朝是蒙古札剌亦儿部异密家族于1356年在伊利汗国的废墟上建立起来的，占有巴格达与帖必里思等地，其首领当时为算端阿合马（Sultan Ahmad）。帖木儿在攻占伊朗北部的玛赞德兰后，于1386年西进攻占阿塞拜疆，并由此攻入谷儿只（今译格鲁吉亚），都遭到了顽强抵抗。至1404年，谷儿只才被迫承认帖木儿的宗主权。早已丧国的亚美尼亚已经沦为札剌亦儿王朝的臣属，在突厥和库尔德游牧部落首领的统治下衰落了，帖木儿的入侵更使其雪上加霜。

1368年，帖木儿攻占阿塞拜疆南部的大不里士，该城一年前已经被脱脱迷失夷毁。札剌亦儿王朝占据了波斯伊拉克大部，包括哈马丹、孙丹尼牙（Sultaniyya）等城，还占据有库尔德斯坦、阿塞拜疆南部、亚美尼亚和阿拉伯伊拉克等地。其统治者算端阿合马逃离家园，任其败落。帖木儿的下一个吞并对象是穆札法尔王朝（Muzaffarids，1313—1393年）。1387年，帖木儿占领了它的首都伊斯法罕。在伊拉克南部与穆札法尔王朝的战争持续到1393年。1392年，帖木儿的马队已经征服了马赞达兰（Mazandaran）的赛亦德政权，这个政权是在14世纪40年代反抗蒙古人的起义中形成的，其社会架构和意识形态与撒尔巴达尔相同。

帖木儿于1393年完成了对伊朗的征服，并将它划分为两大统治区。其三子米兰沙统治伊朗西部，包括阿塞拜疆和亚美尼亚，以大不里士为都城；四子沙哈鲁的统治区为呼罗珊，以哈烈为都城。

4. 远征印度和西亚

帖木儿在击溃脱脱迷失和征服伊朗后，又挥师南征印度。14世纪末，一度强大的德里算端国已走向瓦解，各地王公纷纷独立割据。1398年9月，帖木儿亲自率军渡过印度河。他大军一路横扫，直指都城德里。在朱木那河岸的决定性战役（1398年12月17日）中，帖木儿下令处死所有俘虏，唯恐他们再次加入德里算端的阵营。有史料说被处死的达十万人。1399年元旦，征服者开始从德里撤退。他们进一步横扫劫掠了印度西北部诸省和城镇。

然而在进行印度征战时,帖木儿丢失了许多早先占领的城市,如巴格达和摩苏尔。1399年9月,他从撒马尔罕出发再次率队西征。他离开河中地区,经过伊朗北部,率大军越过外高加索,蹂躏阿塞拜疆、亚美尼亚、格鲁吉亚,指向叙利亚。当时叙利亚与埃及都在马木鲁克(Mamluk)的统治下。但叙利亚和埃及的马木鲁克统治者们相互争斗,两地的军队无法统一对敌,结果叙利亚的军队单独对抗帖木儿大军。阿勒颇一战叙利亚军队大败,阿勒颇被占领摧毁。帖木儿占领更多叙利亚城池后,于1401年1月开始围攻大马士革。由于没有得到马木鲁克苏丹(1399—1412年在位)的援救,大马士革终于被占领,并被付之一炬。帖木儿虽然没有久留,但叙利亚被摧毁,多年后才得以恢复。而马木鲁克苏丹和权贵们的争斗则拖垮了马木鲁克国家。1401年,帖木儿回师东返,进击札剌亦儿王朝都城巴格达,围攻了六个星期,并大肆劫掠。

从叙利亚向北,帖木儿率军进入小亚细亚,兵锋直指强大的奥斯曼帝国素丹拜牙即(Bayazid)。1402年7月20日决战中,奥斯曼军队中从早先征服吞并的小亚细亚异密国家征召的军队背叛投敌,致使奥斯曼军队失利溃败,拜牙即逃跑未果,与两个儿子一同被俘。1403年春,他听说帖木儿打算将他带往撒马尔罕,自杀身亡。至此,小亚细亚广大地区也成了帖木儿帝国的一部分。

在取得了一系列对外征服的胜利后,帖木儿晚年曾计划远征明朝。为此,他做了精心的准备。克拉维约说:"[帖木儿]即专心致力于中国风土、人情,以及地理、形势之考察,以及中国人口、财富、特点之研究。为搜集资料起见,特命鞑靼人赴中国首都居住六个月,从事调查。"[1] 据《帖木儿武功记》载,"当异密帖木儿在南北西三面开疆辟土,于愿已足的时候,曾准备远征东

---

1 《克拉维约东使记》,汉译本,第159页。

方各国，特别是要进攻东方最大的国家——契丹"。该书对于这次［计划中的］远征有一段冗长的描写，大意是说异密帖木儿征集了一支80万人的军队，并按伊剌克和鲁木（按即波斯和土耳其）军队的习惯供给他们足够七年应用的粮秣。由于契丹和马维阑纳儿（按即河中地区）之间这段地区耕地很少，人烟稀薄，所以他命令每个人除了本分的给养以外，另带两头乳牛和十头乳用山羊，并且告诉他们说："给养完的时候先挤奶，奶挤干了的时候再宰了吃肉。"[1]

做好这些准备后，帖木儿于伊斯兰教历807年主马达奥外鲁月（5月）23日（公元1404年11月27日）率军从撒马尔罕出发，挥师东进，并遣使东察合台汗国，令其为大军供应粮食。不料刚进军到讹答剌，帖木儿突患重病，于伊斯兰教历807年舍尔邦月（8月）18日（公元1405年2月18日）病死军中[2]。大军扶柩返回撒马尔罕，帖木儿东征明朝的计划遂终止。

帖木儿帝国是塞尔柱帝国之后在中亚立国的版图最大的国家。1405年帝国的疆域，东北在西部天山山脉、费尔干纳盆地、帕米尔高原一线与东察合台汗国为界；东南直至恒河上游，与德里算端国相邻；南至阿拉伯海、波斯湾，包括整个伊朗；西南跨过幼发拉底河，包括伊拉克大部和叙利亚的一部；西进入小亚细亚中部，与奥斯曼帝国相接；北在大高加索山脉、里海、咸海、锡尔河一线与金帐汗国为界。

（三）国家机器的建设和加强

帖木儿在统一国家和对外征服的过程中非常注重国家机器的建设和加强，首先是军队的建设和加强。军队仍然建立在游牧部族长期以来行之有效的兵民合一的基础上，以十进位建制组成：十户（айл）→百户（хошун）→千户（хазара）→万户（туман）；

---

1 《拉失德史》，汉译本，第1编，第225—226页。
2 布哇：《帖木儿帝国》，第58页。

部民根据国家的命令集结成军队，其军事长官的称号是十户长（айл баши）、百户长（хошун баши）、千户长（мирихазара）、万户长（туманага）。

帖木儿军队的核心力量是骑兵，他们来自游牧部落；步兵则来自定居民众。组成军队指挥中枢的由来自 12 个部落的 40 位异密（эмир）组成，这些部落均居住在帖木儿的领地上。他们分别是巴鲁剌思（барлас）、阿鲁浑（аргун）、札剌亦儿（джалаир）、突勒吉赤（тулкичи）、都勒带（дулдай）、蒙古（монгул）、速勒都思（сулдус）、突盖（тугай）、钦察（кипчак）、阿鲁剌惕（арлат）、塔塔儿（татар）、塔儿罕（тарханы）。帖木儿统治时期，共有 300 位忠诚的军官被授予异密的称号。其中一人被授予异密长（эмир ал-умара）职衔，四人被授予高级伯克（бегляр беги）职衔，其下的异密分为 12 个级别。所有异密都被授予与其级别一致的旗、鼓。

国家给军人以丰厚的待遇，一个普通战士的薪给相当于一匹马的价值，一个近卫军骑兵的薪给相当于 2—4 匹马的价值，一个十户长的薪给是一个普通战士的十倍，一个百户长的薪给是十户长的两倍，一个千户长的薪给是百户长的三倍。

军人都有明确的职责，作战勇敢和战胜者受到奖励，除物质奖励（主要是战利品的分配）外，更注重精神的奖励，异密可授予带有特别标志的旗、鼓和荣誉称号，以及参加国家会议的权利。

帖木儿注意用当时先进军事技术武装军队，培养和造就了一批专门人材，从事抛石机、槌城器、火箭、弩弓的制造和使用。军事长官们必须保障自己部队各种类型的武器装备。

帖木儿特别注重军人的日常习武练兵，进行基本战规、战术的训练，以保证作战中充分发挥战斗力。军事长官们努力使自己的部下养成勇敢无畏的战斗精神。

行军作战时的军队部署是，由最勇敢的富有的战士组成的侦察队走在前头；其后是警备队；再后是近卫军；最后是主力部队,通常由几个万户组成,分成中军、右翼、左翼三部;司令部置于近卫军与主力部队之间;周围是预备队。一个完整的作战军队由这样七部组成,各部都是根据总指挥的整体部署独立进行作战的,以充分发挥其主动性和灵活性。

通过上述一系列措施,帖木儿成功地创建起一支有强大战斗力的军队,在统一战争和扩张中发挥了巨大的作用。

为了巩固统一的国家,防止地方势力割据和反叛,帖木儿加强了中央集权,充实和完善国家行政机构。国家最高行政机关是维孜尔会议(халиса),由七位维孜尔[1]组成,其中一位为大维孜尔。他们分别主管国务、民政、收纳粮食、税赋、财政分配;负责军队的供应和装备,提供军事情报;主管商业、畜牧业及其税收、遗产;管理国库,监督国家机关的财政收支;监督外省和附属国事务;管理国家财产等。

维孜尔会议下设哈孜(qazi,宗教法官)、阿尔思伯克(arzbegi,受理平民和战士的申诉)、萨德尔·阿匝木(sadr a'zam,瓦各夫——宗教公益事业财产的总管理官员)、谢赫·伊斯兰(shaikh al-Islam,监督社会各阶层对伊斯兰法的遵行)、哈孜·胡斯匝木(qizi al-quzzam,民事大法官)、蒙什(munshi,负责国家货币资金投放、分配和核算)。

地方长官是阿奇木(hakim),下设行政办事部门。军队中设有军事法庭,负责处理军人违法乱纪。

帖木儿为了国家机器的有效运行,颁布了一系列法规,其汇集称为《帖木儿法典》。它用察合台文写成,但流传至今最早的抄本是17世纪的波斯译文。《法典》由两部分组成。第一部分是帖木儿的生平,着重阐述了他建设和管理军队、行政机构的基本观点和实践。第二部分是法规。帖木儿将官员和军人视为国家的

---

[1] Vezir,阿拉伯语,直译为"肩负重任者",是君主的顾问,意译为"宰相""首相"。阿拔斯王朝始采用波斯制度设立此职位。在喀喇汗王朝和塞尔柱王朝维孜尔是中央最高行政长官。

柱石，明确规定从君主到普通一兵的权利和义务。君主应选任出身高贵氏族的清廉、善良者为维孜尔。维孜尔在迪万伯克（divan-bigi）的领导下对国家臣民、军队、财政以及国家机器的运行全面负责。异密，同维孜尔一样，应选自出身高贵的氏族，具有敏锐的洞察力、勇敢、精明强干、谨慎、节俭等品质者任职。异密对自己的每一步行动必须事先考虑后果。《法典》明确规定，法律对所有人，不管是维孜尔、异密，还是普通臣民，都一视同仁。乌兹别克学者马赫穆德江诺夫说："帖木儿的《法典》是治理国家、军队、社会的法律之重要的汇编。显然，他以《法典》为依据建立起一个中央集权的封建强国。"然而，"帖木儿艾米尔去世前不久将整个国家领土分封给自己的子孙，这成为其后帖木儿帝国瓦解的原因"[1]。

二 帖木儿王朝与明朝的关系

明朝代元后，退踞塞外的蒙古统治者仍具有相当强大的实力，经常南下骚扰，成为明朝初期的最大威胁。对此，明朝政府一边不断兵伐漠北，从军事上给予打击；一边采取积极的外交政策，向各地派出使者，扩大明王朝在这些地区的影响。特别是对蒙古势力影响下的中亚地区，即汉文文献中的西域，更是积极争取，努力在这里树立起代元而成为"天下共主"的形象，以彻底消除故元的政治影响。而这一时期的帖木儿，已在河中地区建立起了稳固的统治，正雄心勃勃地向外拓展。在这种形势下，出于政治策略的考虑，同时也是由于经济交流的需要，帖木儿非常渴望与东方强大的明朝建立良好的关系。

据《明史》卷三三二《撒马尔罕传》载："洪武中，太祖欲

---

[1] 见《乌兹别克斯坦历史（4世纪—16世纪初）》，第199、194—195页；本节记述参照该书第六章《帖木儿艾米尔国家》。

通西域，屡遣使招谕，而遐方君长未有至者。二十年（1385年）九月，帖木儿首遣回回满剌哈非思等来朝，贡马十五、驼二。诏宴其使，赐白金十有八锭。自是频岁贡马驼……"关于帖木儿向明朝首次派出的这个使团，亦见于《明太祖实录》卷一八五"洪武二十年（1387）九月壬辰"条："撒马尔罕驸马帖木儿遣回回满剌哈非思等来朝，贡马十五匹、驼二只。诏赐白金一十八锭。"两条材料的内容基本相同。根据路途与时间推算，这批使者由西域出发的时间当在洪武十九年（1386年）中，当时帖木儿正忙于对波斯的征伐。在这样紧张的形势下向明朝政府派出的第一个使团，政治意图应该是很明确的，不应当理解为单纯的商业活动。

《金陵温氏家谱》[1] 丰富了有关这一使团的情况。温氏后人在家谱的《自序》中写道："予始祖尔里公，原籍撒马尔罕……洪武时遣充贡使，朝明天子于金陵。因识我祖天文秘奥，钦留在朝，佐理钦天监监副，赐宅聚宝门外雨花台侧。"谱牒正文又说："始祖温尔里公，明洪武二十一年（1388年）五月初二日奉本国使诣南晋谒朝陛，钦留在京，佐理诚意伯刘公钦天监左堂事务。"据此可知，温氏始祖温尔里，原是撒马尔罕人，于洪武二十一年作为朝贡使者被派遣来南京晋谒明洪武皇帝，因其精于天文、历法，被洪武皇帝留在南京朝廷中，任职于钦天监。而检《明实录》及其他有关资料，洪武二十一年（1388年）不见有帖木儿遣使使明的记录，帖木儿所遣来中国的第二批使团是在洪武二十二年。据《金陵温氏家谱》所录的《明太祖高皇帝御敕》："……洪武初，大将入胡都，得图籍，文皆可考，惟秘藏之书数十百

---

[1] 温氏后人私藏。该家谱撰于清顺治乙未年（1655年），后又于康熙丙午年（1666年）、乾隆己卯年（1759年）、咸丰庚申年（1860年）陆续增补。此谱系手抄本，不分卷。谱前录有《明太祖高皇帝御敕》，另有序言、自序、后记等。见冯锡时：《由〈金陵温氏家谱〉看明初帖木儿帝国与明的友好交往》，《民族研究》1990年第5期。

册，乃乾方先圣之书，我中国无解其文者。闻尔等道学本宗，深造其理，命释之。今释之数月，所译之理，知上下，察幽微，其测天之理，甚是精详于哉！乾方之书，乃秘书也，非尔等安能名于中国；尔等非书，安能名不朽之智人。特命马沙亦黑马哈麻为翰林院编修，温尔里为钦天监监副，子孙世守，汝其敬哉！"根据这段洪武皇帝的"御敕"，我们知道温尔里先是受命为明朝政府翻译、注释明兵从元大都中缴获的天文、历法类的书籍。数月后，深得皇帝的赏识，就被任命为明廷的钦天监监副，而且是"子孙世守"。很显然，上引资料中的"洪武二十一年五月初二日"，是温尔里被委以钦天监监副的时间，往前推"数月"，则正为洪武二十年（1387年）九月，也就是以满剌哈非思为首的帖木儿的第一个使团抵达南京的时间。

值得注意的是，这里又出现了一个名叫马沙亦黑马哈麻的。从这篇《御敕》中可以看出，这位马沙亦黑马哈麻是与温尔里一起的，他们一同受命译释天文、历法图籍，一同入仕明廷，被授予翰林院编修。据《明史》卷七三《职官二》，"翰林院……编修，正七品……"其职掌是"凡天文、地理、宗潢、礼乐、兵刑诸大政，及诏敕、书檄，批答王言，皆籍而记之，以备实录"。卷七四《职官三》："钦天监。监正一人，正五品；监副二人，正六品。""监正、副掌察天文、定历数、占候、推步之事。"这两个官职的品级都不能算低，且都是要具备相当高的科技水平和扎实的学问才能够胜任的。

这个使团成员中为明朝所留任的还不止上述二人。《金陵温氏家谱》中还有一篇序言，是一个名叫常清岳的于乾隆二十四年（1759年）在江西南康府同知任上所作，云："温氏先君，原系西域，当吾祖俱已相近。前明之初，温君之与吾祖偕来中国，迄今数百余载，有随宦居北京者，有仍住南都者，彼此代代音信接踵而至。盖其始祖系受其国主之命办礼而来，故其后代袭职入监，至今冠带不绝。"根据这篇序，这位常清岳的祖上也是与温尔里等一同受帖木儿之命出使明朝而又被明洪武皇帝所留在明朝者。成祖将京都北移北京后，他们的后人或随朝北迁，或仍留南京，彼此虽不再聚于一处，但相互的联系却没有断。

综上，有理由认为，首遣使团不是随便凑合起来的，它是一个相当正规的外交使团，其中包括精通天文、历法的学者，想来不是巧合，这也从一个侧面反映了帖木儿对发展与明朝关系的关切。另外，使团成员可以自由地去留，甚至被任命为相当高级的官员，正说明了当时双方关系是相当友好的。

对于帖木儿的遣使来朝，明朝政府做出了积极友好的反应。洪武二十一年（1388年），明军北征塞外，大败蒙古于捕鱼儿海（今贝加尔湖）。在大批的俘获人员中，"有称自撒马尔罕等处来贸易者凡数百人"，明朝政府遂"遣使送归本国"[1]。

此后几年，异密帖木儿与明朝之间一直保持着这种友好的关系。《明太祖实录》逐一简要地记录了这些活动。

洪武二十二年（1389年）八月乙未："撒马尔罕驸马帖木儿遣回回满剌哈非思等来朝，贡马二百五匹。诏赐白金四百两及文绮钞锭；从者俺都儿等八人白金七百两、文绮钞锭有差。"（卷一九七）

洪武二十三年（1390年）正月乙亥："撒马尔罕回回舍怯儿阿里义等以马六百七十匹抵凉州互市，守将以闻。诏送舍怯儿阿里义等至京，听自市鬻。"（卷一九九）

洪武二十三年（1390年）十一月癸丑："遣鞑靼亲王六十七户往居撒马尔罕之地，给钞为道里费，五口以上五十锭，三口、四口三十锭，一口、二口二十锭。"（卷二〇六）

洪武二十四年（1391年）八月己卯："撒马尔罕驸马帖木儿遣回回舍哈厘来朝，贡驼马方物。"（卷二一一）

洪武二十五年（1392年）三月壬午："撒马尔罕驸马帖木儿

---

[1]《明太祖实录》卷二一二，洪武二十四年（1391年）九月乙酉。

遣万户尼咎卜丁等来朝,贡马八十四匹、驼六只、青梭幅九匹、红绿撒哈剌二匹及镔铁刀剑、盔甲等物。诏赐使者白金、文绮有差。"(卷二一七)

洪武二十七年(1394年)九月,帖木儿又遣使来朝,而且还带来了一份表文。这份表文在《明太祖实录》和《明史》中保存了下来。《明太祖实录》卷二三四,洪武二十七年(1394年)九月丙午条载:"撒马尔罕驸马帖木儿遣酋长迭力必失等奉表来朝,贡马二百匹。表曰:'恭惟大明大皇帝受天明命,统一四海,仁德弘布,恩养庶类,万国欣仰。咸知上天欲平治天下,特命皇帝出膺运数,为亿兆之主,光明广大,昭若天镜,无有远近,咸照临之。臣帖木儿僻在万里之外,恭闻圣德宽大,超越万古,自古所无之福,皇帝皆有之,所未服之国皆服之,远方绝域昏暗之地皆清明之,老者无不安乐,少者无不长遂,善者无不蒙恩,恶者无不知惧。今又特蒙施恩远国,凡商贾之人来中国者,使观览都邑城池,富贵雄壮,如出昏暗之中忽睹天日。何幸如之。又承敕书恩抚劳问,使站斥相通,道路无壅。远国之人,咸得其济。钦仰圣心如照世之杯,使臣心中豁然光明。臣国中部落闻兹德音,惟知欢舞感戴。臣无以报恩德,惟仰天祝颂圣寿福禄如天地远大,永永无极。'照世杯者,其国旧传有杯光明洞彻,照之可知世事,故云。"

这条资料是讨论明初与异密帖木儿的关系者所反复引用的,但对它的看法却有着两种截然不同的观点。一种是肯定的观点,认为此表是可信的,但认为帖木儿"其对明之称藩,仅属仪式,绝无实际"[1]。另一种观点是否认这份表文系由帖木儿所作,认为乃是由中亚的商人为投洪武皇帝所好而伪造的[2]。据西班牙公

---

[1] 邵循正:《有明初叶与帖木儿帝国之关系》,清华大学《社会科学》第2卷第1期,1936年。

[2] 见 M. Rossabi, *China and Inner Asia: from 1368 to the present day* (《中国和中亚:从1368年到现在》), London, 1975, p. 27。

使克拉维约记述，1404年他在撒马尔罕遇到明朝使臣，了解到："中国皇帝遣使之意，为帖木儿占有中国土地多处，例应按年纳贡。近7年来，帖木儿迄未献，特来责问。帖木儿向中国使臣曰：'中国天子责问岁贡，理所当然，惟积欠7年之贡，一旦令全数补纳，事多困难。莫如容加筹措，再行奉纳朝廷。'"[1] 另一位在帖木儿身边服役多年的德国人细尔脱白格（Schiltberger）在其《游记》中亦写道："契丹国大汗遣使带马400匹，至帖木儿之廷，责取贡赋，盖帖木儿不入贡已五年矣。帖木儿引使者至其都，继乃遣之回国，告以归告契丹大汗帐：帖木儿自此不复称臣纳贡于大汗，不久彼将亲来见大汗，使之称臣纳贡于帖木儿也。"[2] 根据这两个与当时明朝无涉的西方旅行者的记录，可知在14世纪后期这段时间里，帖木儿应该是向明朝纳贡的。帖木儿非常善于外交，当其忙于征战之时，以虚的形式取得与明朝的友好交往，取得实际的利益，是可以理解的。

然而如上引资料所述，当帖木儿取得对西亚的胜利后，帝国巩固，其对明的态度也就发生了根本的变化。其实还在洪武二十八年（1395年），即帖木儿上表后次年，明太祖遣给事中傅安[3]等赍玺书币帛前往答礼，即为帖木儿扣留其地，直至帖木儿卒后方被放回。关于傅安被扣留在帖木儿帝国的情况，《明实录》《明史》记载过于简略，但在现存《明史》的稿本《明史稿》中保存着比较详细的记载。其列传卷二三《傅安传》载："（洪武）二十八年（1395年），帝欲远通西域，命安与给事中郭骥、御史姚臣、中官刘惟等赍玺书金币，率将士千五百人以行。安

---

1 《克拉维约东使记》，汉译本，第158页。
2 转引自《中西交通史料汇编》第二卷，第140节。
3 傅安，姓傅，名安，字志道。有些西方学者的著作，如布莱特施耐德《中世纪研究》（E. Bretschneider, *Mediaeval Researches from Eastern Asiatic Sources*, Vol. II, London, 1910, p. 260），将其名（安）和字（志道）连用，作 An Chi tao，往往引起误会。

等……所至宣天子威德,颁赐金币。其酋长多稽首,愿通贡。推(惟)撒马尔罕酋长骄倨不顺命。安等反复开谕,陈词慷慨,其酋终不听,遂羁使者。既而欲夸其国广大,道使者由小安西至讨落思,安又西至乙思不罕,又南至失剌思,还至黑鲁诸城,周行万数千余里,阅六年始返其国。安等始终不屈节。竟留不遣。至永乐五年(1407年),其酋长死,乃遣使臣虎歹达等送使者还。于是安等羁绝域十三年矣。"傅安在西域十余年,写下了许多关于西域见闻的诗作,后收集成册,题名为《西游胜览诗》[1],诗集前有明代诗人曾启[2]写的序言,其中谈到傅安出使西域被扣留的经历,与上引《明史稿》中的记载大致相同。

当时帖木儿帝国处于最强盛阶段,而明朝又恰遭逢"靖难之变",陷于内乱。帖木儿遂乘机中断了与明朝的贡使关系,并竟扣明使而不遣。在傅安之后,明朝遣往帖木儿帝国的几批使者亦被扣:"(洪武)二十八年遣给事中傅安、郭骥等携士卒千五百人往,为撒马儿罕所留……三十年又遣北平按察使陈德文等往,亦久不还。成祖践阼,遣官赍玺书彩币赐其王,犹不报命。永乐五年,安等还。德文遍历诸国,说其酋长入贡,皆以道远无至者,亦于是年始还。"[3] 西班牙使者克拉维约在撒马尔罕所遇明朝使者,当是他们[4]。

帖木儿征服西亚之后,即挥师东进,企图远侵明朝。永乐三

---

[1] 见沈德符《万历野获编》补遗卷四"奉使仗节"条。
[2] 传世作品有《曾状元集》一卷,收入《盛明百家诗》后编,明隆庆年间刊本。
[3] 《明史》卷三三二《哈烈传》。
[4] 《克拉维约东使记》的汉译者杨兆钧先生认为克拉维约所见到的中国使臣应当就是傅安、郭骥等人(《克拉维约东使记》,汉译本,第127、158页),但刘迎胜先生认为"至克拉维约出使撒马尔罕时,傅安留于彼已经多年,不可能知道建文帝末年的'靖难之役'诸事,所以克拉维约所见使臣不可能为傅安。……如从中国使臣称帖木儿七年未贡之辞推测,把这位使臣比定为洪武三十五年明成祖即位后所遣之使节更为合适"(刘迎胜:《白阿儿忻台及其出使——陈诚初使西域背景研究》,见《海路与陆路——中古时代东西交流研究》,北京大学出版社,2011年,第319页)。

年（1405年）初，明廷即得到有关情报，并做了相应的部署。《明太宗实录》卷三九，永乐三年（1405年）二月庚寅载："敕甘肃总兵官左都督宋晟曰，回回倒兀言撒马尔罕回回与别失八里沙米查干假道率兵东向。彼必未敢肆志如此，然边备常不可怠。昔唐太宗兵力方盛，而突厥径至渭桥。此可鉴也。宜练士马，谨斥堠，计粮储，予为之备。"帖木儿远征明朝的计划最后因其病亡而作罢。

随着异密帖木儿的去世，帖木儿朝与明朝的关系揭开了新的一页。明朝永乐皇帝派遣中使李达和吏部员外郎陈诚出使西域，于永乐十二年（1414年）正月十三日从肃州（今甘肃省酒泉市）出发，经东察合台汗国，至帖木儿王朝的撒马尔罕，又南渡阿姆河，同年闰九月十四日到达帖木儿王朝首都哈烈（Herat，今阿富汗赫拉特）。沙哈鲁（Shah Rukh）派遣使臣回聘，与李达、陈诚同行，于次年十月到达南京。其后，明朝再次派遣陈诚出使帖木儿王朝。陈诚将其第一次西域的经过和见闻，写成《西域行程记》和《西域番国志》，是研究中亚历史的珍贵资料。帖木儿的继承者注意改善与明朝的关系，两国互使不绝，关系得到进一步发展。

三 帖木儿治下的中亚社会

14世纪中期以来，中亚地区群雄割据，混战不停，生灵涂炭，社会经济文化遭到严重破坏。帖木儿兴起后，尽管一系列征战对各地破坏严重，但他恢复了社会秩序，将中亚和西亚的广大地区统一起来，社会相对安定，经济文化迅速恢复和发展。

帖木儿政权的主要支撑是河中地区尚武的游牧和半游牧的蒙古贵族，特别是帖木儿所在的巴鲁剌思氏族。这些蒙古部族被称为察合台人。据克拉维约记载，"察合台人，因帖木儿之扶植，遂在一般人民中，占有特殊的地位。可以随地牧放牛羊，到处可占地耕种，无分冬夏，随意迁徙各地，不受任何限制。此族人邀免各种赋税，但是有服军役的义务。他们大多数任职于帖木儿之侍卫军，负保卫他个人的安全、防御外方袭击的责任。此族人尚有一特色，即男子虽在服军役之际，仍可挈携家小，保有自己的牲畜，不离身边。遇有战事，则妇女儿童，追随大军之后而行。其族妇女往往将幼儿放在马驮内，而马驮则紧系在马鞍上。妇女乘马随大军之后，毫以为苦。骑坐自如，甚至有携儿同乘之时。贫苦之家，多搭乘骆驼，则不免受苦"[1]。虽然这些察合台人已经突厥化了，但蒙古传统的影响依然很大。帖木儿仍认为自己是蒙古传统的继承者。他不得不拥立一个成吉思汗的后裔为汗，并以自己与成吉思汗家族结为婚姻而得冠以曲烈干（驸马）称号为荣。

克拉维约记载，河中地区"仍保存着蒙古境内所通用的名称与语言，与阿姆河南岸所用者，迥乎不同。南岸所用为波斯语，而此处通用蒙古语；兼晓两种语言之人，为数极少。再者撒马尔罕境内流行之文字为蒙古文，亦为南岸之人所不识。因之帖木儿政府中，雇用若干深悉蒙古语之官吏书记，以处理政务"[2]。但我国学者王治来先生认为"这一叙述是不确切的"，"当时河中地区的居民，主要是突厥语族和古代遗留下来的伊朗语族。成吉思汗以后留在中亚的蒙古征服者，基本上已经突厥化，即使有保留了蒙古语的也不会很多。撒马尔罕等城的伊朗语族，不可能不懂波斯语文，又由于长期同突厥人生活在一起并受其统治，也是不可能不懂突厥语的"。因此，王先生推测说："克拉维约接触的可能主要是一些察合台人。察合台人使用的语言无疑是突厥语，所以这位使者是把突厥语误作为蒙古语了。"[3]

---

[1] 《克拉维约东使记》，汉译本，第110页。
[2] 《克拉维约东使记》，汉译本，第114页。
[3] 王治来：《中亚通史·古代卷》下册，新疆人民出版社，2004年，第305—306页。

帖木儿意识到为了扩大自己的社会基础，积极寻求当地土地贵族、城市上层和穆斯林宗教人士的支持。作为一个穆斯林，帖木儿特别尊敬所谓的赛亦德族（即所谓圣裔）。他选择被认为是先知后裔的赛亦德·巴拉喀（Sayyid Baraka）为自己的精神顾问。帖木儿将社会分为12个等级，赛亦德、谢赫、乌勒马等宗教领袖、学者被列为第一等级。每当攻陷一座城池，他总是禁止抢劫伊斯兰机构的财物，严厉处罚任何类似违纪行为。但是很难说帖木儿的宗教信仰是真正虔诚的，实际上他不过是把宗教作为达到某种政治目的的工具而已。

帖木儿政权实行封建的采邑制。帖木儿把自己征服的广大地区分别封给自己家族的成员、诸将领、异密和各地原来的统治者。各封建主世袭地占有自己的采邑，对人民征收赋税。尽管享有各种权利，采邑的受封者仍然只是国家保护下的土地所有者，土地最高所有者国家给予他们权利。除了这些封赠土地，国家和君主仍然掌控一些国有或王室所有的土地。

随着帖木儿的对外征服，大量财富，连同工匠、诗人和画家，被源源不断地运到撒马尔罕，使该城成为工艺制造、贸易、中世纪学术和文化的中心。河中地区的若干其他城市也开始建设。在战争中被帖木儿摧毁的一些城市也恢复起来。

撒马尔罕和河中地区的不少城市变成了主要的国际贸易中心，连接东西方的最重要贸易通道由此而过。

与城市的发展和经济的繁荣相适应的是文化艺术的灿烂辉煌。帖木儿在所征服的一切地方，总是把那些文人、学者、艺术家、工匠通通保护起来，并把他们送到撒马尔罕，利用他们来从事建筑艺术，开展学术活动。

据克拉维约记载，帖木儿在撒马尔罕的宫殿，皆富丽华美，讲究万分。"宫内之陈设布置，自极富丽。壁上悬名贵之地毯，宫内正面3间，皆为寝宫。有绣花之门帘悬于门口。门帘之高约一人身长，其宽有3人之臂长。宫内之床上，铺有绣花裀褥，帖木儿常宿于此间。宫内之四壁,悬以丝幔,颜色取玫瑰色。其上有锦绣及宝石珍珠之属。天花板上悬有绿涤带,微风入室,绿涤飘荡,使宫中增加无限美趣。寝宫之入门处,有上罩挂帘之屏障一座,其帘悬在一根缠有绿线之棍上。此宫之两厢,其陈设大致亦如此。地面上皆铺有薄席及地毡。寝宫之前,十字口上,放置金质长桌两张,桌为纯金所制,其长约5尺,宽约3尺。桌上陈列纯金酒壶7把。其中之两把,镶有珠宝,壶盖系红宝石所琢成。其旁有酒盏6只,其一之边缘处,镶有珠宝,并以颜色鲜艳而有两指宽之红宝石为里。"[1]

特别应该提到的是,帖木儿时期的建筑艺术受到中国的影响。帖木儿在撒马尔罕、大不里士二城招用不少中国陶工,所以受到中国艺术的影响很多,不仅在建筑物所用之砖上,而且植物球根状的圆顶也是仿效中国的[2]。这一时期的绘画艺术也受到中国的影响。由于受中国文化的影响,从1365年开始,出现了中国风格的绘画,称为中国-波斯画。

四 帖木儿帝国的瓦解与沙哈鲁时期的中亚

帖木儿临终前,曾指定其长子杰罕吉儿之子皮儿·马黑麻(Pir Muhammad)继承大位。但是帖木儿去世后,各地宗王并没有尊重他的遗愿。他们不但割据一方,拒绝接受帖木儿孙皮儿·马黑麻继位,而且还开始了争夺大位继承权——帝国最高权力的斗争。缺乏统一的经济基础、建立在帖木儿军事征服之上的帝国立即开始解体。

企图夺取帖木儿之位、占据首都撒马尔罕的,首先是帖木儿第三子米兰沙之子哈里勒(Khalil)。哈里勒在撒马尔罕的一些异

---

[1]《克拉维约东使记》,汉译本,第120页。
[2] 布哇:《帖木儿帝国》,第67页。

密和显贵支持下占据了这座城市。但并没有能建立起稳固的统治,金帐汗国南下占领花剌子模,甚至进击到巴里黑一带,威胁着哈里勒的地位。此外,他还面临其四叔沙哈鲁之子兀鲁伯(Ulugh Beg)的反对,后者与皮儿·马黑麻建立起反对哈里勒的同盟。虽然哈里勒在1406年2月的一次战役中击败了皮儿·马黑麻和兀鲁伯的联军,但他没有足够的军队进行更多的军事征服。同时他又触犯了帖木儿旧有异密们。一位叫虎歹达(Khudaydad)的异密发动政变,俘获哈里勒速檀,占领了撒马尔罕。这时统治呼罗珊的沙哈鲁向撒马尔罕进军。虎歹达带上哈里勒弃城而逃。1409年5月13日,沙哈鲁进入撒马尔罕,严厉处置了当地的异密们。沙哈鲁离开撒马尔罕前,任命其子兀鲁伯统治撒马尔罕,另一个儿子亦不剌忻(Ibrahim)统治巴里黑。尽管其他王公也从沙哈鲁那里得到河中地区的封地,但他们不甘心服从兀鲁伯,于1410年春发动反叛,并在撒马尔罕西击败兀鲁伯和他的统帅异密灭里·沙(Amir Malik Shah)。于是沙哈鲁再次返回河中地区,镇压了反叛。兀鲁伯从此事实上成为河中地区的统治者,但仍然要根据沙哈鲁的指令出兵参与征伐,并在铸币上和呼土拜中将沙哈鲁的名字与自己的名字放在一起。

1408年,统治伊朗西部和阿塞拜疆的米兰沙战死,其地陷于混乱。1410年,黑羊王朝(Kara Koyunlu)控制了阿塞拜疆、亚美尼亚和阿拉伯伊拉克。沙哈鲁则控制着呼罗珊、马赞达兰、锡斯坦和哈烈、坎大哈、喀布尔等地区,多次出兵攻击黑羊王朝,最终迫使黑羊王朝向他称臣。

这时期,游牧的月即别人兴起于分裂的金帐汗国,不断南下,袭击掠夺河中地区。与此同时,东察合台后王也试图控制费尔干纳地区和七河地区。

同时,沙哈鲁还致力于巩固内部统治。1414—1415年,沙哈鲁剥夺了自己的孙子伊思坎答儿(Iskandar)的采邑,包括伊斯法罕、哈马丹和法尔斯等地区。1446年,沙哈鲁对另一孙子速檀马黑麻（Muhammad，伯升豁儿［Baysunqur］之子）进行了惩罚性的征讨。

在沙哈鲁统治时期，其都城哈烈成为贸易、手工业和文化的中心。许多著名的诗人、画家、学者和历史学家都生活工作在那里。沙哈鲁的儿子伯升豁儿拥有维孜尔的职务，实际上成为其父的共同执政者。他鼓励和支持文化艺术事业，建造了图书馆，供学者、语言学家、书法家、细密画家、图书装订家等使用。沙哈鲁以哈烈为中心，统治着伊朗东部呼罗珊、中亚和阿富汗的广大地区，在明代中国文献中被称为哈烈国。

沙哈鲁统治时期被描绘为农民"无忧无虑"，国家"平静无事"，但事实并非如此，国家在辉煌的外表后面，已露出衰落迹象。到沙哈鲁统治末期，其政权呈现出分裂景象。

五　兀鲁伯治下中亚经济文化的复兴

兀鲁伯本名马黑麻·塔拉盖（Muhammad Taraghay），但他从小就被称为"兀鲁伯"（Ulugh Beg，意为"大王公"），并以此名传世。他和帖木儿一样，因为是成吉思汗的女婿而拥有"曲烈干"的称号。1409年其父沙哈鲁夺取撒马尔罕后，兀鲁伯即被任命为该地统治者。但沙哈鲁作为宗主，名字在当地的呼土拜中使用，也被铸在钱币上。兀鲁伯对最重要问题的处理须得到父亲的同意，然而兀鲁伯主要推行的政策是力争独立于哈烈。

兀鲁伯试图统一各自为政的帖木儿后王。他设计将帖木儿后王阿黑麻（Ahmad）驱逐出费尔干纳地区，后者被迫逃往喀什噶尔，试图在那里纠集力量。于是沙哈鲁将这位阿黑麻从喀什噶尔召到哈烈拘禁起来。兀鲁伯占领费尔干纳后，又乘胜东进，夺取了喀什噶尔。接着他又挥师北上，越过锡尔河向金帐汗国发动进攻，并试图通过干预金帐汗国月即别人的内讧。以保护自己的领土不受游牧部落的袭击。但事与愿违，在兀鲁伯支持下获得胜利的月即别首领马上就背叛了兀鲁伯,与其作对,并经常与兀鲁伯和沙哈鲁的敌对势力东察合台后王联合起来对抗兀鲁伯,其军队常常侵入帖木儿王朝边境。至15世纪中叶,月即别人已从帖木儿后王手中夺取了昔格纳黑、讹迹邗等地,并牢牢占据下来。

1447年沙哈鲁病逝,帖木儿王朝重又陷入内乱之中。两年后,兀鲁伯在权力斗争中被其子杀死,结束了他在河中地区40年的统治(1409—1449)。总的来说,兀鲁伯统治的40年是稳定的,有助于国家经济的增长和文化的发展。兀鲁伯采取措施发展国内外贸易,特别是与印度和明朝的贸易。他1428年进行的货币改革也起到促进国内贸易的作用。

在兀鲁伯时期,中亚文化得以持续发展和繁荣,突出地体现在建筑艺术、科学研究达到了很高的水平。当地的和帖木儿时期从各地征发来的成千上万能工巧匠,聚集在撒马尔罕、布哈拉等地设计建造了许多非常著名的建筑,包括大型的清真寺、宗教学校、花园、澡堂等。在兀鲁伯的一座花园里建有一个亭子,其矮墙下部用瓷砖砌成,故被称为"瓷厅"(chīnī khāna)。这些瓷砖都是从明朝运来的。同时,科学研究也很活跃,撒马尔罕成为当时科学研究的中心。兀鲁伯不但重视学术,而且自己投身于科学研究,是一位颇有成就的学者。兀鲁伯的科学活动主要表现在天文学方面。他指导建造了一座观天台,安装了一具半径达40米的巨型观象仪和其他天文仪器。喀孜札答·鲁米(Qadi-zade Rumi)、吉亚速丁·詹木希德(Ghiyath al-Din Jamshid)、木伊丁·卡山尼(Muʿin al-Din Kashani)和阿拉丁·阿布勒·哈三·阿拉·忽希奇(Ala al-Din Abu 'l-Hasan Ala Qushchi)等当时著名的天文学者汇聚于此,与兀鲁伯研讨学问。兀鲁伯及共助手们经过约30年的观测,于1447年编成《新曲烈干历数表》,后世通称为《兀鲁伯天文表》,其中包括太阳和行星的运行表和1018恒星的位置表。《兀鲁伯天文表》直至16世纪时仍为全世界所通用[1]。天文学界对兀鲁伯及其天文学成就给予了高度的评价:"兀鲁伯1420年在撒马尔罕建造的天文台是最后一个重要的伊斯兰天文台。有许多杰出的学者奉命设计和建造这个天文台,其巨大的遗址至今犹在。在这个天文台里编写的天文表是很有名的,特别是其星宿表曾被收入弗兰姆斯提德的《英国天文学史》(1725年)。1799年,高斯(Gauss)曾使用兀鲁伯天文表中的计时法。"[2]

兀鲁伯不仅研究天文学,而且也爱好数学,同时还是一个诗人。他重视科学,尊重学者,自萨曼王朝时代以来,中亚地区从未有过一个君主像兀鲁伯那样重视学术和保护知识分子。

六 卜撒因及其后裔统治下的中亚

1447年沙哈鲁去世后,其继承人兀鲁伯在权力斗争中虽然一度取胜,但并未能在哈烈站稳脚根,不得不返回撒马尔罕。同时,兀鲁伯与其子阿不都·拉提甫(Abd al-Latif)关系破裂。1449年秋,兀鲁伯在与阿不都·拉提甫的战争中战败后被杀。但是阿不都·拉提甫只统治了六个半月。

此后权力之争主要在沙哈鲁之子亦不剌忻之子阿不都剌(Abd Allah b. Ibrahim b. Shah Rukh)和米兰沙的儿子卜撒因(Abu Sa'id,1451—1469年在位)之间进行。在月即别领袖阿不海尔汗(Abu al-Khayr Khan)的支持下,卜撒因于1451年击败了阿不都剌,占领了撒马尔罕。卜撒因试图通过争取宗教阶层的支持而巩固自己的权力。在他的统治下,伊斯兰教势力的影响非常大,纳合什班底教派首领奥拜都拉·和卓·阿赫拉尔(Ubayd Allah Khoja Ahrar,1404—1490年)通过宗教干预政治,成为一

---

1 《巴布尔回忆录》,王治来汉译,商务印书馆,1997年,第76页。
2 纽格保尔:《古代数理天文学史》(O. Neugebauer, *A History of Ancient Mathematical Astronomy*, New York, Heidelberg, Berlin, 1975),第11页。

个强大的政治领袖。他积极参与政治斗争,在中亚政治势力角逐中发挥着重要作用。在卜撒因统治时期,伊斯兰教派势力得以进一步发展。

卜撒因企图恢复帖木儿帝国的昔日伟业,于1457年占领呼罗珊后,即以哈烈为自己的首都,将河中地区交给长子速檀阿黑麻(Sultan Ahmad)治理。卜撒因不是出自成吉思汗"黄金家族",但他却打破传统,自称汗号,并要求察合台后羽奴思汗向其称臣。卜撒因从而得以统治河中地区和呼罗珊及其周邻地区,但没能实现建立中央政权的目的。卜撒因在1469年初进击阿塞拜疆,但以兵败被俘身亡而告终。

卜撒因去世后,帖木儿政权分裂为两个部分:呼罗珊及其周邻地区与河中及其周邻地区。以哈烈为首府的呼罗珊帖木儿政权落入速檀忽辛·拜哈拉(Sultan Husayn Bayqara,1469—1506年在位)手中。他是帖木儿之子乌马儿谢赫(Umar Shaikh,1356—1395年在位)的曾孙,统治该地区前后长达近40年。河中地区名义上的统治者是速檀阿黑麻·米儿咱(Sultan Ahmad Mirza),但几乎每一个城市及其所在地区都有各自独立的统治者。塔什干及其周邻地区被东察合台后王所统治。各地统治者争战不断,河中地区处于割据混战之中。

在15世纪和16世纪初,帖木儿王朝中央权力日趋衰落,地方割据势力跋扈,内战频仍,终于导致月即别昔班尼(Muhammad Shaybani)对河中地区的征服。1500年昔班尼汗占领了撒马尔罕和布哈拉,1503年击败了卜撒因之孙、安集延和费尔干纳统治者巴布尔(Zahir al-Din Muhammad Babur)的抵抗,1504年占领了哈烈和巴里黑。帖木儿后王巴布尔南逃阿富汗,占领了昆都士和喀布尔。巴布尔曾试图收复撒马尔罕,但以失败告终。此后巴布尔征服北印度,建立起历史上著名的莫卧尔帝国。

中亚帖木儿王朝世系与在位年代 [1]

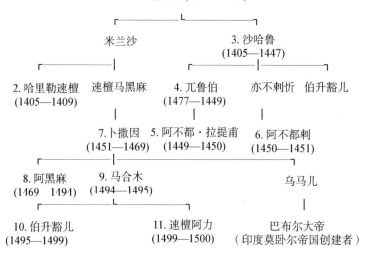

七 社会经济

(一)农业与土地所有制

在帖木儿王朝时期,农业状况比蒙古时期好得多。帖木儿的战争是掠夺性的,他消灭了大批的居民,特别是那些抵抗过他的城市和区域;但同时他又采取了某些措施,恢复蒙古人破坏了的水利设施和扩大国家某些区域的水浇地的面积。他的赋税政策也为农业的发展创造了相对有利的条件。帖木儿王朝(内战期间例外)基本上继续执行了国家创建者的这种政策。

帖木儿在木尔加布河谷地的木鹿绿洲组织了巨大的水利工程。他命令军事长官和高级官员从木尔加布河开渠引水。史料提到有 20 条这种水渠,其中许多水渠带有帖木儿时代的国事长官和高级官员的名字。以后,沙哈鲁采取措施,修复这里的名为苏

---

[1] 本表主要依据穆罕默德·江诺夫《乌兹别克斯坦历史(4 世纪—16 世纪初)》,第 190 页列表;并参照博斯沃思《伊斯兰王朝》,第 165 页列表编制。

丹-本德的拦河大坝并疏浚淤塞的水渠。木鹿绿洲颇大面积的土地是由苏丹-侯赛因的首倡而始有水利灌溉的。在国家的一些其他区域（例如，哈烈地区和撒马尔罕地区）也修建了水利工程。在帖木儿王朝时代鼓励私人在这方面的主动精神，给予开垦荒地的人以优待。

哈拉吉（харадж）是帖木儿王朝时期的基本土地税。它用两种办法征收：从收获量中分成实物，或者根据丈量的土地面积收取货币，基本上是征收实物，通常相当于耕地收获量的三分之一。在史料中见到这样一些例证，如一些官吏因舞弊或提高税额而被惩办，在个别情况下逼使他们退还多收农民的部分。个别区域在某些时候遇上某种庆典也免除哈拉吉。但是这些史料还记载，哈拉吉经常（特别是在内战时期）向居民一年征收几次，或者高出规定税额，并且在所有赋税之外还有完全任意的苛捐杂税。在这方面达乌拉特-沙的记述是有趣的：哈拉吉的货币税额不是根据收获量，而是根据丈量的土地面积。从这一记述可以看出，在兀鲁伯时代的税额比达乌拉特-沙做这一记述的时候（1487年）低。

除去基本租税之外，在15世纪还有许多附加的但是合法化的捐税，它们有的征收货币，有的征收实物。所有这些附加税都用作官吏的薪俸。有专门的果树税——"萨尔-达拉赫特（сар-дарахт）。

蒙古进入中亚后实行的人头税在15世纪还保留着，叫作"萨尔-绍马尔"（сар-шомар）。此外，定期征收"按户计征的"捐税，叫作"杜迪"（дуди）。邮驿徭役"乌拉格"（улаг，根据规定居民必须给急使提供马匹）和"比什卡什"（пишкаш，礼品和馈赠）捐是很沉重的负担。"比什卡什"没有具体条文规定，为贪污舞弊大开方便之门。帖木儿一般是禁止馈赠捐的。在战争时期向居民征收特别的附加税，但是官吏们有时在和平时期也征收这种附加税。

赋税的第三种形式——名为"贝尕尔"（бегар）的劳役赋税——在帖木儿王朝时期也广泛用于建筑以及修葺堡垒和城墙、开掘和疏浚水渠、坎儿井等。这是很沉重的徭役。

这些赋税对人民总的剥削量是很大的。但是帖木儿及他的一些后裔在自己的赋税政策方面力求保持明文规定的固定税额，有时甚至试图制止官吏的舞弊行为。即使这并没有为农业的发展创造足够的有利条件，也使农业避免了完全破产。

农村和城市居民采用各种形式抵抗当局的剥削，特别是在官吏贪污舞弊和非法征收捐税以及超定额课税的情况下。有时大批农民迁徙到其他区域，为了保持住课税对象，当局不得不取消超过定额的捐税。在史料中提到人民的公开反抗，他们在内战时期因无止境的附加税已达到破产的境况。例如，当苏丹-侯赛因征服呼罗珊并任命两个新官员向居民课征附加税时，赫拉特人民提出强烈的抗议，逼使苏丹-侯赛因取消了附加税，并停止这两个官员的职务。

还有一些在不同时期内取消赋税的情况。例如不止一次地取消作为军队薪饷的赋税，因为居民已达到贫困的极点，这不单是由于这种赋税，更重要的是由于官吏的贪污舞弊。为了恢复居民的支付能力，帖木儿做出临时的牺牲，甚至试图同官吏的专断做斗争。在史料中不仅提到停止他们的职务，甚至也有惩办他们的情况。

总之，赋税的压迫是沉重的。这种沉重性由于战争而加剧，有时是这种或那种赋税的多次课征，有时是增加新的赋税。官吏的贪污舞弊是经常性的灾难，他们为自己而超过定额课征赋税。然而总的说来，基本赋税的定额制、帖木儿及其某些后裔的试图保持住这些定额和为国库利益而制止官吏贪污舞弊，是相对有利的情况。

帖木儿王朝时期中亚的土地所有制，基本同于喀喇汗王朝时期，分为迪万土地（国家土地）、瓦各夫（瓦克甫）土地（宗教公益事业土地)、米尔克土地（私人土地）、公社土地。

农民米尔克土地的总额在15世纪前急剧地缩小了。正是这种不稳定的小农经济在蒙古时期首先破产。然而在15世纪这部分有相对特权的农民还存在着。他们向国家交纳的基本租税的数额是比较少的，但是他们自然没有被豁免其他的捐税。农民像从前一样，由分成制佃农和公社农民组成。达维道维奇根据16世纪的资料查明，公社或者其明确的残余存在的间接象征之一是村庄（карья，"卡尔亚"）土地的不可分割性。在这种情况下买卖或转交给瓦各夫的单独地段没有从总土地中分出来（因而不是写明地段的界限，而是写明整个土地的总界限），因此这里所说的在事实上是向村庄的整个土地分成租税。我们也可以指出15世纪存在着不分割出地段的类似例证。例如，根据1470年的瓦各夫文书，贾伊兹村（卡尔亚）被赏赐给瓦各夫，但从赐地中除却了三塔苏的不可分割土地。根据帖木儿时期的瓦各夫文书，撒马尔罕区域的里凡村"不可分割土地的三分之一"和尼塔村"不可分割土地的四分之一"被赏赐给瓦各夫。与此相反，在文书中也提到可分割的村的一半，这种可分割的土地的一半详细地写明了界限。在帖木儿时期的这同一份文书中，同公社土地占有制一起还提到其他类型：属于村庄所有的葡萄园——明确的村社的土地。

关于这一时期公社制的具体内容和实质目前还不知道。只有一点是明确的，即全体社员对公社的土地有共同的权利，因此在买卖、转交瓦各夫等情况下分出地段是不可能的。甚至对葡萄园的权利也是共同的。毫无疑问耕作是分开的，但不知道在社员间是否重新分配地段。这些土地"永久"属于公社，这是公社农民比佃农优越的地方。另一种情况是据上述例证推断，社员农民不仅向国家交纳租税，而且也要向瓦各夫机关，也就是向私人交纳租税。换句话说，在这一时期公社土地占有制已有不同的类型：对国家土地的占有制、对瓦各夫土地的占有制和对封建米尔克土地的占有制。因此不能这样认为，好像社员-农民只是劳动在国家土地上。

佃农是农民很大的组成部分。在一些瓦各夫文书中强调：租佃期限不能超过三年。必须更换地段的规定使农民处于很不利的境况。

在 15 世纪瓦各夫土地总额毫无疑问是增长了，特别是同前一时期相比较。帖木儿王朝大规模地修建建筑。中亚和伊朗的许多城市被用大量的不同用途的建筑物装饰起来：宗教学校、清真寺、陵墓和哈纳卡等。所有这些建筑物的开支都由瓦各夫财产供应。一些瓦各夫文书保存下来。它们记载了一些巨额的捐助。"穆塔瓦利亚"（мутавалия）管理瓦各夫财产。经常是瓦各夫提供者委任自己及其后裔为穆塔瓦利亚。以萨德尔为领导的专门机构对瓦各夫管理事务进行总的监督。萨德尔办公处从瓦各夫财产收取特别税，以作瓦各夫管理机构工作人员的薪俸。只有凭国王的专门命令，瓦各夫财产才能脱离开萨德尔办公处的监督并免除这种特别税。在其余的情况下萨德尔及其官吏都竭力从瓦各夫的收入中多捞一点，因此斗争经常很激烈。有些萨德尔因为贪污舞弊而被撤换。至于其余的赋税，他们向瓦各夫土地征收后交纳国库，但是国王有特别命令豁免其赋税的例外。在帖木儿王朝时期（特别是在帖木儿时期）这种豁免被广泛采用。

国家土地的总额最大，但只是租税的一部分交入中央政权的国库，因为在帖木儿王朝时期封建赐地制度很发达。15 世纪的莎余儿合勒（суюргал）不是由一个模型铸成的某种统一的赐地形式。在这一时期像从前一样，有各种形式的赐地，它们所有都称为"莎余儿合勒"。其最发达的形式之一是王朝成员的封地。他们在赐予他们的大城市和区域里实际上是完全独立自主的。一些大官有时也达到这种程度，区域和城市被赐给他们。有时它们也被这样称呼——"永久的"莎余儿合勒。但是强调指出如下情况是重要的：继承权并不是这种大莎余儿合勒本身必然的、不可分割的组成部分。当这些莎余儿合勒根据继承权转交时，中央政权都是办理单独的文书予以肯定。还有一些另外的限制。有时赐地领主要把自己区域的部分收入上交中央政权的国库。中央政权在某些情况下也限制行政司法豁免权，把自己的官吏派给赐地领主。有时这些莎余儿合勒被全部收回，或者缩小其规模。同时也发现一些相反的情况，当赐地领主在事实上变成好像是独立的国王时，中央政权也不总是有力量同他们斗争。因此，在15世纪甚至一些最大的莎余儿合勒在其权利上也不是同样的。同时还存在着一些较小的莎余儿合勒，对赐地领主的权利有更多的限制。在帖木儿王朝时期，特别是在帖木儿统治时期，军事长官（甚至不大的军官）在军事行动中表现突出或者引起注意，也会经常得到莎余儿合勒。这种莎余儿合勒有不同的规模：从一个大区域到一个小村庄。有时宗教界人士也会得到莎余儿合勒。一般说来，这一名词的意思是任何的赏赐，包括珍贵的赠品。

属于世俗封建主和宗教封建主的米尔克土地的总额是巨大的。史料提到许多人物占有土地很多，并且不断地扩大。这可以和卓阿赫拉尔的地产作为例证。在中亚各个区域有1 300块土地属于他。这里所说的不是小块的土地，而是整片的土地。和卓阿赫拉尔交给国家的"乌什尔"（意为"收获量十分之一的租税"，但这仅是名义，实际上租税额大大超过），仅撒马尔罕一个区域的土地就相当于8万撒马尔罕"巴特曼"粮食，按1巴特曼相当于20公斤计算，即1600吨。而这意味着，从这些土地交给和卓阿赫拉尔的租税的基本部分，按最低限额计算（当地租的全部基本部分为收获量的十分之三时），不少于这些土地收获量的十分之二时，即3 200吨谷物。和卓阿赫拉尔的管理人员有一次被召集来做决算，结果是多数人收了3万—4万巴特曼谷物，最少的也收了1万巴特曼谷物，果园和瓜地的现金收入未计算在内。不清楚这里所说的是哪种巴特曼。如果是撒马尔罕的巴特曼（相当于20公斤），那么每个管理人员收的谷物是从200吨到800吨不等。米尔克土地应向国家交纳部分租税。但在15世纪相当普遍地免除了世俗封建主和宗教封建主的米尔克土地应向中央政权国库交纳的这部分租税。这种免除以发给自由所有主（"塔尔罕"）文书予以确定。大封建主由于变成自由所有主，还获得了一些权利：他们及其后裔可豁免九次犯罪的惩罚；他们可以自由地晋见国王。但是另一种类型免除国家赋税的也称为自由所有主。有时曾经可以赐予整个城市或区域的居民为自由所有主。

虽然不知道完全的土地私有制形成过程在15世纪是以何种速度进行的，但是很明显，它在进行着。完全的土地私有制是这样一种米尔克土地，即它不应向国家交任何租税，全部地租都归封建主所有，但这不是根据赐予自由所有主的权利，而是根据完全的私有制权利。在下一个时期的史料中这种类型的土地以"米尔克·伊·胡尔·伊·胡利斯"的名称出现。这种类型土地的形成和补充的基本途径，是在私人所有者和国家之间按照租税的比例划分米尔克土地。例如，国家从米尔克土地上收取三分之二的租税，而私人收取三分之一的租税；那么在划分土地时，国家即得到三分之二的土地（于是这部分土地便变为国家土地的类型），而私有主得到三分之一的土地（于是这部分土地成为完全的私有财产）。已知15世纪末用类似方法划分水渠的文书中有完全变成封建主私有的水渠并且用非常准确的名词表示——"穆特拉克"，即"完全的"私有财产。

（二）商业

在15世纪经济生活中，最值得注意的现象是手工业和国内货币贸易发展到很高的水平。据古钱资料比较分析表明，正是在15世纪，特别是该世纪最后的四分之一时间和16世纪的最初四分之一时间，商品-货币关系得到了最大限度的发展。正是在这一时期，无论是商品生产的总额还是日用必需品生产所占的比重，都有较快的增长。正是在这一时期，把城市社会最广泛的阶层和部分农村（特别是靠近大城市的农村）居民吸引到商品-货币关系中来。在此前和此后（直到中亚并入俄国）的时期，商品生产、货币贸易和广大居民阶层被吸引入商品-货币关系的程度都没有达到这种深度[1]。

同这一事实直接关联的是手工业生产的专门化分工，这保证了劳动生产率增长和商品生产额扩大的可能性。

铜币保证了日用必需品范围里的货币贸易。最重要的是兀鲁伯在1428年进行的货币改革，其主要任务正是为日用必需品的小额零售贸易提供最有利的条件，对此最有利害关系的是普通市民和农村居民。改革的内容归结如下[2]：1428年禁止所有以前发行的低重量的铜币流通，它们可以在一段时间内被兑换成新的、更重些的钱币。这种新钱币于1428年在许多城市同时冲制：布哈拉、撒马尔罕、塔什干、沙赫鲁希叶、安集延、卡尔什和忒耳迷。在完成旧币兑换新币之后，除布哈拉外，其他所有的制币厂都关闭了——从此铜币的冲制集中在了布哈拉。布哈拉在许多年间（到兀鲁伯被杀害，甚至在他死后）一直发行着同一类型的铜币，钱币上的年代都没有更换：无论在哪一年冲制的钱币，在钱上总是显示同一个年代，即兀鲁伯颁布改革命令的那一年。改革后的布哈拉钱币保证了中亚的帖木儿王朝整个国家在同样基础上的贸易。在中亚的任何一个角落都可以用这种钱币买到商品。它们的不变形式保证了自己畅通无阻的流通，并排除了假冒和改铸。这样组织货币贸易，对封建主义来说是少有的和非典型的现象。这种改革很好地适应了国内贸易的客观需要。广泛生产普通消费者需要的商品，正需要调整好货币流通。兀鲁伯的改革完成了这件工作。改革的实行及其成功又为小额商品流通范围内的贸易进一步发展创造了有利的条件。

在这以后，特别是在15世纪的最后十年，铜币的全国流通

---

1 达维道维奇：《论中世纪中亚商品货币关系的极端发展时期》，载《亚非人民》1965年第6期，莫斯科。

2 达维道维奇：《评定兀鲁伯货币改革之资料》，收入《兀鲁伯时代》（论文集），塔什干，1965年。

已完全被破坏。封地领主都尽其所能地发行自己的钱币,并改铸铜币,耍尽各种花招以得到更多的收入。以希萨尔(现今塔吉克斯坦的吉萨尔)为中心的大封地领主胡斯拉乌-沙赫做了最无耻的勾当,以货币流通危机告终,在1501年胡斯拉乌-沙赫不得不进行改革。希萨尔区域采用统一的钱币,代替各种各样的、完全威信扫地的钱币,胡斯拉乌-沙赫再也不敢冒险对它们的流通进行任何变改。所有小城市的制币厂被关闭,此后只在希萨尔、忒耳迷和孔杜兹冲制钱币,并且这三个制币厂发行的钱币在整个封地都同样流通。为贸易便利,发行了三种面值的钱币。

国际贸易在15世纪有很大的发展。帖木儿王朝致力于发展和扩大同各国的贸易关系,帖木儿甚至给法王和英王写信,建议相互给予商人各种庇护。在这一时期的史料中关于派往各国的使团的记载非常多,使臣们从各个地方来到哈烈。在中亚和呼罗珊的市场上可以买到外国的各种商品。同样,当地商品也大量输往国外。国际贸易是某些类型的手工业发展和生产量扩大的刺激因素之一。它也使国内贸易活跃起来。

(三)手工业

商品-货币关系最大限度的发展正是在15世纪至16世纪初,这不是孤立的现象。它最鲜明、最突出地表明其在这一时期中亚中世纪城市生活中所占的地位,并且证明其在这一时期有很大的进展。在封建制度下作为反封建的一环的城市社会经济生活方面的全部矛盾,正是在15至16世纪显得特别尖锐。

一方面,可以明显地看出城市中下层居民的活跃。在蒙古时期采用的使手工业者降到农奴或奴隶地位的剥削形式,在15世纪已丧失意义,虽然还没有完全丧失。自由手工业者成为手工业的基本队伍,手工业者的基本组织形式是手工业行会。15世纪的行会组织是稳固的,它们的作用大有增长。行会在城市生活中占有比较重要的地位的外部标志之一是它们的组织参加了帖木儿和帖木儿后裔举行的庆祝活动。每个行会在这些庆祝活动中都是独立出现的。

对这一时期反映在文学和文化生活中的意识形态的研究,提供了更具体、更有说服力的材料。在 15 世纪下半叶,特别是在 15 世纪末至 16 世纪初,文化生活和创作的社会基础表现出无可置疑的扩大。城市中间阶层——城市手工业者和商人、官吏和宗教界中层人士——成为文化财富的需求者和创造者。在这一时期的诗选中,在瓦西费的回忆录中,提到大量的手工业者、商人和小职员出身的诗人:他们只有不多的人成为职业诗人,而多数人只是爱好文学,他们把自己的才能和空闲时间献给了文学。不仅诗人、音乐家、说俏皮话的艺人现在聚集在达官贵人的府内,而且文学讨论、诗歌朗诵、即席赛诗也在书铺、手工业者的作坊,甚至在广场上或者巴扎(集市)上举行。在哈烈和撒马尔罕是如此,在帖木儿国家的许多城市在某种程度上也是如此。城市意识形态,即城市中层居民的意识在文学中反映出来,甚至出现了"工匠诗作"。它的基本主题是手工业界的生活方式,而当时的语言为手工业界的词汇所丰富。城市意识形态及其反封建的世界观,在 15—16 世纪的先进文学倾向的优秀代表人物的创作中得到反映。

另一方面,15—16 世纪的城市仍然是封建城市,在这里手工业和商业纯粹封建的剥削形式占主要地位。对城市社会经济生活的这一方面,学者们已根据 16 世纪的材料做了较好的研究,而已知的 15 世纪的事实提供了完全相似的情况。在城市中我们也见到像农村那些类型的土地所有权。土地的基本部分或者是国家的,或者属于宗教封建主和世俗封建主(包括王朝成员)。在城市中属于直接生产者的土地总额,显然也像农村中那样是不大的。这就意味着,在城市中的直接生产者,如果他的店铺、作坊或住宅不是坐落在他私人所有的土地上,而是坐落在国家的、瓦各夫的或者封建米尔克的土地上,那么他就要为使用这块土地以某种形式向其所有者交纳地租。在这方面市民和农民是没有区别的。

史料表明，不仅土地，而且大批的商店也属于封建主。工商业兼并的过程，甚至住宅兼并的过程，都在紧张地进行。这就意味着，手工业者和小商贩不仅是土地的租佃者，而且甚至也经常成了作坊、店铺和住宅的租赁者，这加强了他们对封建主的依附。这种依附的严重性还由于在城市中土地和建筑物多样的结合而更加严重。例如，直接生产者可能租赁坐落在米尔克土地上的瓦各夫的店铺，或者是相反的情况。

另一些纯粹的封建剥削形式也没有根绝：手工业者中并不是只有同一种类型，除自由手工业者外，还存在着在不同程度上处于"超经济"依附的集团。帖木儿从其他国家掳来的那部分手工业者，实际上处于奴隶地位。关于某些武器工匠集团的依附形式的资料是更为重要的。据一道命令说，这种手工业者集团被赏赐给了武器局的长官，他应监督他们工作，国家官吏无权干预他的事务和向这些手工业者征收捐税。另一种依附形式是与为宫廷服务的某些手工业者集团有关。这些手工业者被统一组织到行会中，行会的会长由政府任命。会长组织生产，监察质量。但是产品不供应市场，而是直接交给国家主管部门。甚至那些为市场生产的自由行会组织的会长也不是选举产生，而是由政府任命的。

还有一个封建性质的很重要的标志：城市居民也交纳农村居民负担的某些税赋，例如人头税或者户赋。城市居民甚至没有免除劳役地租。

此外，当然还有商业和手工业的直接税。在15世纪这种从蒙古人那里继承下来的基本税叫作"塔姆尕"。根据间接资料推断，塔姆尕的税额是很大的。宗教封建主在这种税与伊斯兰教法典相矛盾的招牌下，激烈反对塔姆尕。事实上是出于纯属经济上的原因：这种税触及他们的利益——封建主阶级的利益。用纯粹的封建方式剥削城市、手工业和商业是符合封建主利益的，他们可从这种剥削方式得到好处，而用另外的剥削形式是不符合他们的利益的，将给他们带来害处。

帖木儿王朝或者大封地领主任命的总督治理着城市。城市一直是封建赐地的对象。

在15世纪最后的四分之一时间和16世纪最初的四分之一时间，尖锐起来的城市社会经济生活的基本矛盾可归结如下：一方面是城市的进步性发展、手工业劳动生产率的提高、商品生产量的空前增长、城市居民和部分农村居民最大限度的被吸引到商品-货币关系中、城市中间阶层的活跃与所有这一切引起的在文学领域里新现象的出现。另一方面是这样一些因素阻碍着城市的发展：对城市劳动居民的剥削程度很重，封建剥削形式占优势；农村的和城市的财产集中在这些或那些封建主手中；工商业建筑物也集中在这样一些宗教的和世俗的封建主手中，他们是城市和农村的土地所有者，即城市商业高利贷上层集团同土地贵族的结合（很少例外）；以封建形式管理城市。[1]

八　文化

（一）建筑

从15世纪保存到我们今天的许多宏伟建筑物，只是原来的一小部分。帖木儿及其后裔开展了巨大的建筑工程。大封建主也仿效他们。撒马尔罕和哈烈的建筑特别多。其他许多城市在15世纪也修建了民用的和祭祀用的漂亮建筑物。

从15世纪中亚的大量宫殿中保留下来的只有帖木儿修建的沙赫里夏勃兹的阿克-萨莱的正门。同代人的热烈称赞和详细描述，提供了关于建筑学家、建筑装饰家和园林家的艺术水平及其构思能力和发明能力的完整概念。帖木儿及其后裔、近臣们特别喜爱修建带有宫殿的城外林苑。林荫道交错的林苑以周密设计过的美丽如画的树木和花卉配套为特色，包括各种配置方式的水

---

1 本节记述参照加富罗夫：《塔吉克》第4编第5章第2节。

池、两旁种花的流水潺潺的沟渠。在林苑深处建有宫殿，它们被用当时所能达到的各种手法装饰得富丽堂皇。

　　文字史料中还提到民用建筑物。这种建筑物的巨大规模是值得注意的。例如上面已经说过，根据帖木儿的命令撒马尔罕的一条街被变成一个设备完善的巴扎。尽管工程还没有完毕，卡拉维豪就极其兴奋地描述着这条盖着带有采光天窗的拱顶的巴扎-大街。沙哈鲁在赫拉特也修建了类似的建筑。在这里两条交错的街道上密集地建筑起两层楼房的商店，街上盖着带有采光天窗的拱顶。在两条有顶盖的巴扎-大街交叉的地方建筑有一座"乔苏"——圆顶建筑物，交易所也在这里。

　　这一时期留存下来的宗教学校、清真寺和陵墓，提供了关于15世纪建筑技术、设计和装饰成就的完整概念。其最重要的成就，先是对圆顶的旧结构方法做了某些改进，后来广泛采用了新的结构方法。新结构方法的实质是，圆顶不是支撑在房屋的墙上，而是支撑在一种较大地缩短了直径的拱环和斗拱交错的组合上。这就意味着，圆顶可以覆盖更宽大的房屋。利用这种方法，圆顶不仅可以用于平方形的房屋，而且也可以用于矩形的房屋。

　　追求奢侈豪华的意向在建筑物的装饰上有鲜明的表现。装饰手法是多样化的和完善的，它们吸收了过去的成就，并用新的手法加以丰富。在15世纪广泛地采用了费工多、价值高、达到不能再更完美的程度的配套马赛克（镶嵌细工）。15世纪的马赛克的特色是植物图案和几何图案的精致、色彩选择的优雅（其中主要是蓝-白-天蓝色阶）、蓝釉非常之厚、在蓝釉的闪烁背景上艺术家的无穷想象力微妙地和饶有兴味地"描绘出"的花边。室内表面的装饰利用了"孔达尔"技术——黄金和某种颜色（经常是蓝色）的组合。贴金和颜色的关系是多样的，有的背景是贴金，而浅浮雕图案是彩色颜料，有的则相反。不论在哪种情况下其效果都令人惊叹，因此一些专家把这种装饰同织入金线的彩缎相比，这不是无缘由的。

大理石被广泛地采用，有的平面磨光，有的雕有图案和题词，有的被精细地镂金。

在这一简短的概述中不可能描述这一个世纪中所有的装饰手法。装饰艺术思想已发生变化，由14世纪末至15世纪初希望把精力全都吸引到墙壁装饰上，到其后经常地和广泛地利用垒砌手法，在墙上展开用釉砖砌成的朴素的花纹和题词。

1349—1404年建于撒马尔罕的比比-哈内姆清真寺，最能显示出追求规模宏巨的意向。从宏伟的正门进入由回廊围着的宽阔的庭院，回廊的拱券安置在400根大理石圆柱上。庭院的深处是清真寺主体建筑物的正门。很高的圆顶房屋，在其上的高大而匀称的鼓状部分上是装饰性的第二个圆顶。这座清真寺留存到现在的东西不多，但它富于幻想的废墟提供了关于自己当年富丽的完整概念。

从建筑学的观点看，15世纪的陵墓是多样的和有特色的。不大的但装饰特别富丽的沙-伊-津德（希林-比卡-阿卡和图曼阿卡）陵墓，鲁哈巴德、库特比-恰哈尔-杜胡姆陵墓，还有古尔-伊-艾米尔陵墓，都是帖木儿王朝时代的建筑物。古尔-伊-艾米尔（1403—1404年在位）陵墓建筑得特别好，这里埋葬着帖木儿本人及其后裔。其形式简洁明了：八面体的屋身、匀称的鼓形部分和用蓝釉砖砌成波纹的圆顶。有四个深龛的平方形大厅的内部装饰以其宏伟庄严令人惊叹。大理石、带绿色的缟玛瑙和贴金减低了声响，这加强了安谧、寂静和同外界隔绝的感觉。

兀鲁伯出色的建筑物之一是在撒马尔罕广场的宗教学校。矩形的庭院，有四个大门，四周是一排住人的两层楼房，每个角上有一座正方形的圆顶房屋；外面的每个角上各有一座匀称的宣礼塔，正面是宏伟的大门。现在四座"塔尔斯哈纳"（讲演厅）的圆顶已不存在。一座宣礼塔和住人楼房的第二层也已不存在。但是这所宗教学校现存样式仍以其出色的总体结构、合理的布局比例和华美、多样但又给人以恬静的感觉的装饰，让人们留下不可磨灭的印象。

在15世纪发展着一种复杂的、多室的新型陵墓建筑。这种类型的陵墓最好的典型之一是撒马尔罕附近的伊什拉特-哈纳。其有一些深龛的中央大厅呈十字形的平面。两侧是对称的其他房屋：一面是清真寺，另一面是三间的"米杨-萨莱"。一些不大的、办公用的两层楼也属于这一总体构成。新的圆顶结构方法在这一古建筑物中被较出色地和多方面地采用。新的"孔达尔"装饰技术在这一古建筑物中也被最充分地和极精巧地利用。内部装饰的朴素同内部陈设的完美相对照，有助于更好地从总体上领悟这座建筑物：在内部观察的情况下注意力不是被吸引到局部细节上，而是总体结构上，因此这座宏伟的建筑物看起来柔和而端庄。

其中独一无二的古建筑物是在丘潘-阿塔高地脚下的兀鲁伯撒马尔罕天文台。它保存下来的只是不大的一个圆顶和一堆瓦砾。但是由于考古学家的努力已弄清楼房底层的平面图。已查明这一建筑物是圆形的，高约30米，并用马赛克镶嵌，用马约里卡彩陶和大理石板做了装饰。此外，从文字史料中知道，天文台是三层楼房。天文台的主要仪器——二重六分仪——的残迹保留下来了。它被用于观测太阳、月球，可能还有其他的行星。六分仪的一端在11米深的凿开岩石的房底；而另一端没有保留下来，据计算是在30米的高处。六分仪是两个平行的拱形环。它们相当于圆周的六分之一，圆的半径为40多米。拱形环有与子午线一致的准确方向。它们用磨光的大理石砌成。光线通过两个小孔射入，光点投到六分仪的这两个拱形环上，在拱形环上标有度、分、秒。

在15世纪哈烈的建筑物中给人印象特别深刻的是由清真寺、宗教学校和陵墓组成的穆萨利亚建筑群总体。这一总体保留到现在的东西不多。很严整的三座宣礼塔和有特色的伽乌哈尔沙德陵墓，证明了这一建筑群总体当年的富丽堂皇。伽乌哈尔沙德陵墓是宗教学校的组成部分，它只占了这所学校角上的一间房屋。

（二）绘画

根据文字材料证明，宏伟的建筑物，特别是帖木儿及其后裔的宫殿，其墙壁上有整幅的绘画作为装饰。它们的主题是多样的：战斗和围攻城市，以及宴会、隆重的接见和单纯的日常生活场面。帖木儿特别鼓励在其宫殿的墙壁上绘制展现他的军事征伐和游宴的整个历史过程的绘画。

根据同代人的记述，帖木儿本人及子孙、近臣以至帖木儿王朝的皇后们的肖像是这些复杂的主题结构中必不可少的内容。在撒马尔罕的沙-伊-津德的某些陵墓中保存下来的断片，提供了关于这种大型绘画最一般的和近似的概念。这还只是风景画，绘有溪流、树木、灌木丛、花或者植物背景上的飞鹭。

15世纪献给了人类灿烂的手抄本。手抄本的一切——从纸张和装帧到精雅的书法和插画——都是最完美的艺术典型。一些优秀的书法家和插画画家在庞大的帖木儿帝国的许多城市生活和创作。任何一个城市没有不集聚着这样多的著名人物和有才能的人物，哈烈是这种艺术的中心。在15世纪上半叶的哈烈，兀鲁伯的兄弟拜松卡尔以庇护文学和艺术的财主、行家和鉴赏家闻名。前面已指出，他组织了书屋，它不仅是图书馆，而且是真正的创造性的作坊。在这里工作的是一些优秀人物：书籍插画画家、书法家、装帧匠人（仅书法家就有40人）。此外，在赫拉特还有宫廷图书馆——沙哈鲁的作坊，书法家和插画画家在这里也创作出一些很好的样型。在该世纪的下半叶阿利舍尔·纳瓦伊和苏丹-侯赛因·拜卡拉也是这种艺术的鉴赏家，他们庇护有才能的人，把他们吸引到宫廷中来。

东方书籍插画的特点（不论是装饰整本书还是个别书叶），是没有立体感和明暗面，没有透视和深度。离视者不同距离的各个客体依照垂直线安排：近的在下面，远的在上面，其远处客体的尺寸不是按比例缩小的。但是书籍插画的所有这些特点，不能理解为缺点，而正是这种造型艺术的特点。绘画的精微、色彩的丰富、用色彩和整个画面综合构成达到的洋溢的情绪，被认为是书籍插画画家们的成就。

在文字史料中提到15世纪的许多书籍插画画家的名字，他们在当时被认为是最好的艺术家。但是研究他们当中多数人的创作是很困难的，这是由于他们通常在自己的插画上不题名。

拜松卡尔的书屋校订和抄写了菲尔多西的《列王纪》。在1429或1430年的《列王纪》手抄本中有几位艺术家作的20幅插画。人们认为，这是书籍插画帖木儿王朝流派的早期发展阶段杰出的样型。图画的精细（甚至是典雅）、色彩的鲜明和综合构成的独特，甚至在"被认为是一定不移的规范化的"题材上，都表现出这些插画的特点。

在15世纪下半叶的一系列艺术家的创作中，哈烈流派达到鼎盛时期。在他们当中首屈一指的是贝赫扎德（生于1450至1460年间，死于1536或1537年）。当时卓越的艺术家米拉克·纳克什注意到这位有天赋的年幼孤儿。对米尔克·纳克什创作的研究还不够，因为只知道他题名的两幅书籍插画。阿利舍尔·纳瓦伊注意到贝赫扎德的成就，一直庇护着他，为他提供了进入当时最有文化和最有才能的社会界的机会。他们的讨论对贝赫扎德的美学思想的形成及其创作的发展起着最积极的作用。贝赫扎德早期创作的插画的特色是鲜明的反衬的色彩、动作特别多的构图、人物繁多、空隙填满。他给牙孜迪《帖木儿武功记》画的插画就是如此。这位艺术家注意的中心是战斗的动作和劳动的热情。描绘两军在平原上的会战完全不像1429或1430年《列王纪》手抄本类似主题的手法。这里不是两支等速接近的军队，而是交战的风暴，每个人物都有个性，战士的交叉和相遇是突然的、动作多样化。到15世纪末，在贝赫扎德的创作中有较多的沉思和抒情，他日益转向风景画。这种情绪体现在他为德赫列维的长诗《蕾莉和马杰农》而作的插画上。少年和不幸的爱情之主题在贝赫扎德的创作中得到最感人的最富有诗意的表现。贝赫扎德也是优秀的肖像画家。在他插画中的历史人物有时具有与贝赫扎德同代人的肖像类似的特征。例如他在一插画中把苏丹-侯赛因·拜卡拉的一些特征赋予马其顿亚历山大。他在这种体裁方面的优秀作品是苏丹-侯赛因和穆罕默德·昔班尼汗的一些单独肖像。

贝赫扎德是一个完整的艺术流派的创建者。他有许多学生。在贝赫扎德的同代人中最负盛名的是卡西姆·阿里。根据某些史料，他也是这位大画家的学生。同代人认为，他们两人的作品只有精明鉴赏家才能分辨出来。然而，毫无疑问属于他的插画却未流传下来。

15世纪末和16世纪初的哈烈画派，采用了原则上略有改变的构图手法（同15世纪上半叶相比）。同时，根据艺术研究者的意见，在这一流派书籍插画中有一种现实主义的倾向在发展着，追求个性化甚至人物的心理描写的意向在加强，风景画在复杂化。艺术家们的技艺达到了令人惊叹的高度完善。艺术家们——15世纪的书籍插画家们——的天才作品是东方文化艺术的最高峰之一。

(三) 学术和文学

帖木儿时代著名的学者之一是萨德丁·马苏德·伊本·奥玛尔·塔弗塔扎尼（1332—1389年），他多次参加帖木儿的宫廷学术辩论。他先后在季日杜万、贾姆、花剌子模、突厥斯坦、撒马尔罕、赫拉特和塞拉赫斯任教，一直到去世。他写了许多关于语法、神学、讲演术方面的学术著作，这些著作还在他活着的时候就已列为当时的教科书。

阿赫马德·伊本·穆罕默德·伊本·阿拉布沙（1392—1450年）是当时卓越的史学家。他生于大马士革，但从八岁起就住在撒马尔罕。他的基本作品是关于帖木儿时代的著作《帖木儿生平命运的奇迹》，在书中有对于帖木儿的大胆的否定的评述。

另一位史学家尼扎姆丁·沙米在1404年编成一部名为《帖

木儿武功记》的著作。撒剌甫丁·牙孜迪（死于1454年）在1425年也编写了一部关于帖木儿时代的著作《帖木儿武功记》。

在15世纪文学艺术得到进一步发展。在这一时期沙姆苏丁·穆罕默德·哈菲兹·设拉子（死于1389年）是公认的波斯和塔吉克诗歌的古典作家；卡马尔·胡江迪（死于约1400年）也创作于这一时期。他们的作品在颇大程度上反映了这一时期的进步思想。

哈菲兹早年丧父，他的母亲没有可能给儿子授教，便把他送到别人家里受教。但是哈菲兹很快就从那里出走，做了一位工匠的学徒，他曾有一段时间在宗教学校学习。以后，哈菲兹过着《古兰经》朗诵者的生活（"哈菲兹"一词原义是"背熟《古兰经》的人"），逐渐地充实了自己的知识。他很快就以诗人闻名。还在哈菲兹活着的时候，他的诗就在人民群众中广泛流传，后来他的一部分诗进入民间口头文学。现在哈菲兹的诗还在塔吉克斯坦、伊朗、阿富汗受到人们的喜爱，在这里人民诵读着他的原著。哈菲兹在波斯-塔吉克文学史上的作用特别巨大。他把新的内容加进抒情诗，使它达到完善的程度。哈菲兹的诗，除对爱情、美和哲学的沉思外，从本质上还有对社会不公正的抗议。在中世纪的条件下哈菲兹已上升到尊重人的个性的高度。他经常是由于防备，不肯把话讲清楚。他不愿同他周围的黑暗环境妥协，宁肯去做个四大皆空的放浪者。但是哈菲兹诗歌的基调绝不是放荡不羁的快活、为美而美、苏非派袖手旁观的神秘主义，而是对社会不公正的抗议、追求美好的愿望和对于美好的信仰。

哈菲兹抒情的特点是感情激越、精神振奋、鞭挞假道学和伪善。他无论在东方还是在西方都以伟大的抒情诗人闻名。下面是哈菲兹的一首充满大胆的暗示和寓意的诗歌：

不，我不是犬儒、穆赫塔西布[1]——这在真主看得清楚。
我不能够弃绝浓香的醇酒和美丽的少女。
如果我望着圣经祈祷，伪善就是我的名字。
正当玫瑰盛开，风儿就飞进花园里。
尊贵的太阳[2]的赠品，就像恩赐第纳尔，
但我拒绝接受，尽管衣服单薄而又破旧。
我破旧的外套，贵过苏丹所有的金线绣衣——
那么苍穹[3]为什么又送给我呢，反复无常的赌徒？
虽然我极端贫穷——但我燃烧着自己的烈火！
如果我的瞳孔射出反真主的目光，那就让我成为瞎子。
爱情是海底的珍珠，我深深潜入水底。
我将游往何处？我的海洋就在小酒馆里。
我最喜爱的人儿叫我跳进火里——
我于是忘记卡弗萨尔[4]。（我的命运就是如此甜蜜！）
现在我拥有宇宙各界中最大的幸福，
我还能迷恋未来的天堂？尽管它是先知允诺的。
我不太相信七重天上的赠礼——
我只向往美酒，直到进入坟墓。醇酒盛满的角杯，请高高举起！

哈菲兹的诗在他活着的时候就被视为"利桑-盖布"，即"隐秘人的话"，这里所指的是他的诗作的神秘内容。在哈菲兹死后宗教界的某些代表人物企图把他的诗歌解释成为特殊的宗教-神

---

1 "穆赫塔西布"——道德维护者。
2 暗示统治者。
3 暗示真主。
4 "卡弗萨尔"——天堂之泉。

秘作品[1]：他笔下的各种形象似乎都应理解为含有寓意，"心爱的"（"埃尔"）是真主的形象等等。

卡马尔·胡江迪在忽毡度过童年，求学于撒马尔罕，然后迁居大不里士，身处当地统治者的宫廷中。当金帐汗脱脱迷失占领大不里士时，卡马尔被俘并解往金帐汗国首都萨莱，长期关禁在那里。后来诗人又返回大不里士，约于1400年死在这里。

卡马尔·胡江迪是卓越的诗歌大师之一。他的诗以富于音乐性和便于歌唱为特色。在主题方面有一些同哈菲兹相类似。下面引用的这首诗很好地表达了诗人对祖国的怀念：

> 这嘈杂的大街我只觉得荒寂，
> 无缘无故我被困在这里。
> 我总在梦中吆说心爱的故乡，
> 我的祖国，母亲，请记住儿子失落异邦。
> 如果你没有看到自己头上是外国的天，
> 朋友，你永远不会理解我的悲痛辛酸。
> 听不懂的讲话……不理解的鸟语……
> 这里是异邦的人群，脚下是异邦的泥土。
> 我们不能怜悯异邦人的痛苦，
> 因为祖国的任何谷地都是他们的房屋。
> 我住在异邦，梦中总是吆说心爱的故乡，
> 啊，异邦，异邦，异邦，异邦，异邦！

在创作内容和体裁方面同哈菲兹和卡马尔·胡江迪很近似的是同代人纳西布·布哈拉伊（死于1378年）。

在兀鲁伯时期科学和文学都达到高度的繁荣。上面已讲过兀鲁伯在各方面的创造性活动。他在撒马尔罕聚集了天文学界和数

---

[1] 哈菲兹把《古兰经》的某些诗的内容加工为四行诗，在这方面可能起了作用。

学界的精英，从事科学研究，并取得了辉煌的成就。

兀鲁伯注重发展文学和艺术。在这一时期，撒马尔罕和赫拉特是东方的文化中心。赫拉特从沙哈鲁统治时期起就越来越重要，在15世纪下半叶苏丹-侯赛因·拜卡拉统治时期（1469—1506年）成为文化和科学中心。科学家们从河中地区和伊朗各地聚集到这里。这一时期医学、法学、伦理学以及文学和艺术都取得了长足的发展。

这一时期文学的主要代表作家是著名诗人和学者努尔丁·阿布杜·拉赫曼·贾米（1414—1492年）。贾米出生于内沙布尔附近的贾姆村，在赫拉特接受教育后便留在这里从事文学创作和科学研究。他曾多次游历撒马尔罕。

从贾米在1487年写的自传性的盖绥达[1]中可以得出结论：他精通诗学、语法、逻辑、希腊和东方哲学、自然科学、数学和天文学。他的《巴哈里斯坦》（《春园》）被认为是15世纪散文最好的样型。贾米在自己的作品中把所有的艺术体裁都精巧地提炼到完美的高度，从而对塔吉克文学以后的发展发生了特殊的影响。根据作品的数量，贾米在塔吉克中世纪文学史上占首要地位。诗选《思想之镜》的编著者希尔汗·鲁迪记载："贾米写了99部书，都受到伊朗、土兰和印度的人们的称赞。谁也不可能对这两点持异议。"

贾米的基本作品是他的七长诗《七宝座》（即大熊星座北斗七星）。贾米的许多作品充满人道主义的思想和对贵族统治集团专横的批评。但是贾米的创作是矛盾的，除去在当时说来是进步的思想外，在他的作品中还反映出苏非派宗教哲学思想。在七长诗中的一首题为《马其顿亚历山大的智慧之书》的诗中，贾米发展了法拉比和尼扎米的思想，对社会乌托邦做了阐述，他描绘出一个童话里才有的国家，在这里人人平等，没有穷人和富人，没

---

[1] Kasida，一种用于劝善或颂扬的阿拉伯诗体。

有压迫和贫困。

帖木儿王朝时期是察合台语文学形成时期。在这一时期乌兹别克文学和塔吉克文学相互影响,这种影响在以后的几个世纪不断加强。乌兹别克文学的天才作家米尔·阿利舍尔·纳瓦伊(1441—1501年)的活动正属于这一时期。纳瓦伊在1441年生于一个书香世家。他的亲人们是诗人、音乐家和书法家。从童年起他就酷爱诗歌,在15岁时他以诗人闻名。他用波斯话和古乌兹别克语写作诗歌。从侯赛因·拜卡拉登上帖木儿王朝的宝座(1469年)起,纳瓦伊成为国务活动家。他获得了"艾米尔"的爵号,并在国家机关担任很高的职务。他一生几乎全在赫拉特度过。1483—1485年阿利舍尔·纳瓦伊创作了《哈姆萨》——《五长诗》,即五首长诗的系列。这种系列来自12世纪的大诗人尼扎米的《五长诗》,许多诗人,包括贾米在内,都仿效创作了许多的类似诗系列。纳瓦伊在自己的系列里用许多章揭露了统治阶级对人民的暴虐和压迫、贪婪和追逐暴利。纳瓦伊在晚年写成长诗《鸟儿的谈话》、触及社会生活各方面的具有醒世内容的《心中的情人》以及许多其他的著作。

纳瓦伊同贾米的友谊对其的成长起了很大的作用,他认为自己是贾米的学生。当1493年贾米逝世时,纳瓦伊和他的朋友们穿丧服一整年。纳瓦伊写了《非常激动者的五长诗》并把贾米的一部著作译为察合台语,作为对朋友的永远纪念。阿利舍尔·纳瓦伊和阿布杜·拉赫曼·贾米的友谊是乌兹别克和塔吉克两个民族友谊的光辉象征,这种友谊起源于遥远的古代。

阿利舍尔·纳瓦伊是东方中世纪最伟大的诗人之一,同时又是大学者和思想家、音乐家和艺术家,以及政治活动家。他无限的才能使他与世界天才人物并列。他的创作很早就已成为全人类的财富。它对于突厥语文学的发展起了特别巨大的作用。16世纪阿塞拜疆大诗人富祖利、土库曼诗人安达利布、马赫图姆库利、毛拉涅佩斯等都受到纳瓦伊作品的鼓舞,并在多方面模仿他,纳瓦伊在土耳其诗人中也享有很高的声誉。

在这一时期的文学研究也获得很大的发展。出现了许多关于音韵、韵律、贯顶诗、诗谜（穆阿玛）等方面的著作。贾米写了《小诗谜》和《大诗谜》《论音韵》；卡马尔丁·侯赛因写了《论诗谜》；塞费写了《论韵律》。侯赛因·拜卡拉的内侍达乌拉赫-沙赫·撒马尔罕伊，经常同贾米及其朋友纳瓦伊交往，他在1486年编成了一部著名的诗选《塔兹基拉特-绍阿拉》（《诗人传记》）。在这部诗选中有关于一百多位诗人的信息。

从13世纪50年代起，尽管有不可忍受的压迫，但在保留下来的一些文化策源地中，文学创作开始有所回升，它逐渐导致有别于第一个时期（9—10世纪）的文学体裁的多样化和在第二个时期（12世纪至13世纪初）已形成的反对派——人道主义倾向的进一步发展。

传统的复兴引起对总括性"文学研究"著作的需求（像阿乌费和达乌拉特-沙赫等的诗选）。过分颂扬的手法被用到历史编纂的修辞性很强的散文中，用来誉扬帖木儿及其继承者，也被用到复兴起来的盖绥达诗中（胡斯拉乌·德赫列维等）。创作竞赛——诗歌对答（纳兹拉）获得新生，例如胡斯拉乌·德赫列维的《哈姆萨》、贾米的《七长诗》和纳瓦伊的《五长诗》。在苏非派的诗作中，传统的复兴导致"苏非派式"的诗歌产生：在形式上（词汇和形象）是苏非派的，而在内容上是多样化的。但是在15世纪的诗作中出现了模仿的成分，更多地注重形式而损害了内容。

文学艺术的发展不能不反映到与其邻近的其他艺术领域里。音乐和舞蹈获得广泛的传播，特别是在15世纪中期。在这一时期不只出现了音乐表演者，而且也出现了优秀的作曲家。创造出了一些严肃的音乐理论著作。阿布杜·拉赫曼·贾米的《论音乐》被认为是研究15世纪音乐最重要的史料之一。

在这一时期涌现了一系列伦理学方面的著作。贾拉尔丁·达瓦尼（1426—1502年）在1467年写成《贾拉尔伦理学》一书。侯赛因·瓦伊兹·卡希费（死于1504年）在1494年写了关于教育和伦理学问题的《穆赫辛伦理学（善人伦理学）》一书，献给王子穆赫辛。他重新改编了著名的《卡里来和笛木乃》一书。这部改作他称为《老人星的光辉》。

在历史编纂学方面的成就也是颇大的。哈菲兹-伊·阿布鲁（死于1430年）的《历史精华》创作于这一时期，该书阐述的历史至1427年为止。他的继承者阿布杜·拉匝克·撒马尔罕伊（死于1482年）写了《两幸福星座升起与两海汇合之地》。该书记述的历史事件从胡拉古伊德·卜撒因从诞生到执掌帖木儿帝国的这一时期，即从1304年至1469年。

在帖木儿王朝时期创作的最重要的历史著作是《清洁的花园》。该书作者穆罕默德·伊本·哈万德沙赫（死于1498年）出生于巴里黑，以米尔洪德这一名字闻名。他是赫拉特文化生活的积极参与者之一。这部著作由七册组成，记述了伊斯兰各国的历史，特别是伊朗和中亚的历史，极其详细地记述了帖木儿王朝时代，直到侯赛因·拜卡拉苏丹统治的结束。最后一编，即第七编，还没有完成，由编纂者的孙子洪德米尔补写。

地理著作有穆英丁·穆罕默德·伊斯费扎里在1491年编成的《根据哈烈城描绘的乐园》。该书不仅记述了哈烈城，而且也记述了苏丹侯赛因国家的所有区域。

第十五章 哈萨克汗国

一 哈萨克的兴起

15世纪上半叶，当钦察汗国在帖木儿王朝的打击下走向衰落之际，诸王昔班家族崛起于钦察草原东部。

昔班系朮赤第五子，曾随其兄拔都西征，立有战功。拔都西征后，于也里河（今伏尔加河）下游筑萨莱城，建钦察汗国；封其兄斡儿答于咸海以东的草原地区，南起锡尔河右岸，北至萨雷河流域及兀鲁塔山一带，是为白帐汗国。而其弟昔班的封地则位于斡儿答封地以北、南乌拉尔河以东和东南地区，其冬营地则在斡儿答封地的南端，"位于锡尔河畔及楚河、萨里-苏河两河河口的哈剌-衮木-阿哈衮木等地"[1]。14世纪下半叶，白帐汗国在兀鲁思汗（Urus Khan）领导下逐渐强大起来。1380年，白帐汗脱脱

---

[1]《突厥世系》，汉译本，第174页。

迷失在帖木儿的支持下征服钦察汗国，钦察汗之位转入白帐。与此同时，白帐诸部大部分西迁南俄草原，原斡儿答封地逐渐为昔班家族所占有。1428年，白帐汗八剌（Baraq）为手下异密杀害。昔班家族的阿不海尔乘机夺取白帐汗位，成为整个东部钦察草原的统治者。在14世纪中期，臣服于昔班家族成员的各部落均以月即别（Uzbek，今汉译为乌兹别克）为部名，因而阿不海尔所建立起来的这个游牧国家又称为月即别汗国，各部人民称为月即别人。

阿不海尔夺取白帐汗位时，帖木儿王朝已走向衰败。阿不海尔遂乘机南下，向河中地区扩展，不断侵入帖木儿后王领地。1430年至1431年，阿不海尔攻占花剌子模，并洗劫了玉龙杰赤。此后十多年中，他一直没有停止向河中地区的扩张。而河中地区的帖木儿后王交战各方又不断向他求援，使阿不海尔得以坐收渔利。1447年以前，他已控制了从昔格纳黑到乌兹根一带的锡尔河沿岸城市，并以昔格纳黑作为都城。1450—1451年，阿不海尔又利用支持帖木儿后王卜撒因夺取撒马尔罕、登上汗位之际，对河中地区进行了大肆掳掠。卜撒因得登大位，为表谢意，将已故帖木儿后王兀鲁伯之女嫁给阿不海尔。然而三年后，阿不海尔汗又为卜撒因的反对者提供帮助。阿不海尔利用帖木儿后王之间的纷争干涉河中地区事务，扩大月即别在中亚的势力。

当阿不海尔"君临整个钦察草原时，他企图把术赤系的一些速檀歼除掉，因为他发现这些人怀有异志"。为了打破游牧军事封建制所形成的诸部半独立状态，建立起带有中央集权性质的政治体制，阿不海尔开始削弱和消灭汗国内部的异己力量。前白帐汗八剌家族自然是他镇压与清洗的重点。1456年，八剌汗之子"克烈汗（Karay Khan）和札尼别汗（Jānī Beg Khan）察觉了阿不海儿汗的企图以后，就同其他术赤系的若干速檀一起逃亡到"

楚河和塔拉斯河流域，投奔东察合台汗国。[1]

这时的东察合台汗国正处于也先不花汗的统治之下。1432年东察合台汗歪思死后，汗位之争再起，大多数异密拥立歪思汗次子也先不花为汗，长子羽奴思被迫率少数拥护者投奔撒马尔罕的兀鲁伯，结果被兀鲁伯作为俘虏送给哈烈的沙哈鲁，但其得到沙哈鲁的优遇。此后羽奴思流浪于呼罗珊地区。15世纪中叶，帖木儿后王卜撒因取得河中地区之后，苦于东察合台汗国也先不花汗的进攻和骚扰，遂于伊斯兰教历860年（1455—1456年）派人将羽奴思汗从舍剌子找来[2]，"卜撒因就派羽奴思汗去抵抗也先不花汗，让他们兄弟交兵，从而使自己的国家稍获安宁"[3]。克烈汗与札尼别汗的到来，让也先不花汗看到了一支新的可以利用的力量，他企图利用他们来确保汗国西部的安全。也先不花以极为优渥的礼遇接待了两位汗王，并将汗国西境楚河和塔拉斯河流域的西部划给他们，"于是他们就太平安乐地住在那里"[4]，"他们由于首先同自己的人民大众分离了，并且在若干时期内过着贫困的流浪生活，所以就被称哈萨克人，〔从此以后〕人们就这样称呼他们"[5]。

阿不海尔汗企图阻止克烈汗和札尼别汗率领的部众分离出去，但实际上是不可能的。相反，频繁的战争使月即别汗国的社会经济遭受到严重的破坏，部众疲于战乱，人民生活每况愈下，阿不海尔汗统治下的人民成批地向东逃往楚河及塔拉斯河流域，依附于克烈汗和札尼别汗。1468年，阿不海尔汗率军向克烈汗与札尼别汗居住的七河流域发动进攻，但以阿不海尔的突然死亡而

---

1 《拉失德史》，汉译本，第2编，第172页。
2 《拉失德史》，汉译本，第1编，第278页。
3 《拉失德史》，汉译本，第1编，第273页。
4 《拉失德史》，汉译本，第1编，第273—274页。
5 《拉失德史》，汉译本，第2编，第172页。"哈萨克"系突厥语 Qazāq 一词的音译，该词在波斯语中作 Qazzāq，西语作 Kazak (Cossack)。

结束[1]。"阿不海儿汗一死，月即别的兀鲁思便陷于混乱状态，内讧不断。其中大部分人都到蒙兀儿斯坦依附克烈汗和札你别汗。他们的人数达到20万人，被称为月即别-哈萨克。"[2] 此时"哈萨克"一名虽已经出现，但其部众与月即别人并无明显的区分，人们将投奔克烈汗和札尼别汗的人称为"月即别-哈萨克"，"无论在人种方面或是在社会生活的特征方面，迁来忙卧勒斯坦（即东察合台汗国天山以北草原地区。——引者）的哈萨克人同那一部分仍然留在原地的月即别人都没有本质的区别"[3]。

二 哈萨克汗国的建立与发展

（一）哈萨克汗国的建立

哈萨克人利用阿不海尔汗突然去世的机会，向阿不海尔汗国发起反攻，一直打到锡尔河北岸。阿不海尔汗的儿子谢赫·海答儿及其他所有亲属均在战乱中遭到杀害，只有阿不海尔的孙子穆罕默德·昔班尼得以幸免。后来，他逐渐纠集起一支队伍，于15世纪末期开始参与河中帖木儿后王的争斗。

1488年之前，克烈汗、札尼别汗已先后去世。"在克烈汗死后，他的儿子巴兰都黑汗继承汗位。"[4] 在巴兰都黑汗统治时期，哈萨克势力不断增强，与月即别人争夺锡尔河沿岸地区的斗争也日益加剧。与此同时，月即别昔班尼汗在帖木儿后王的支持下重

---

1 《拉失德史》，汉译本，第1编，第274页；参见《哈萨克族简史》（新疆人民出版社，1987年，第146页）、《中亚文明史》（汉译本，第5卷，第56页）。但汉布里主编《中亚史纲要》（吴玉贵汉译，商务印书馆，1994年，第194页）则说阿不海尔是在这次战争中被克烈汗、札尼别汗所率哈萨克部众击破并被杀死。

2 《拉失德史》，汉译本，第1编，第273页。

3 П.П.伊凡诺夫：《中亚史纲（16世纪—19世纪中叶）》，莫斯科，东方文献出版社，1958年，第38页。

4 《拉失德史》，汉译本，第2编，第172页。

新占据了锡尔河中游沿岸的几座城镇,并以此为根据地向哈萨克汗国施加压力。巴兰都黑继位后,即统领一支千余人的精锐骑兵奔袭昔班尼汗居住的昔格纳黑城,欲擒昔班尼汗,但此次出征失利。昔班尼汗乘机挺进哈萨克领地,兵临锡尔河中游北岸。巴兰都黑率援兵击溃了昔班尼汗的军队,并乘势攻占了昔格纳黑城及其周围地区。此后,哈萨克人与月即别人争夺锡尔河中游沿岸城镇的斗争时断时续,互有胜负。

1487年东察合台汗羽奴思去世后,其长子马合木在塔什干继汗位。此后流浪于河中地区的昔班尼汗投靠马合木汗,后者遂将锡尔河北岸的土尔克斯坦封赏给了昔班尼汗。"为此,(哈萨克)克烈汗和札你别汗诸子与速檀·马哈木汗双方失和。……总之,速檀·马哈木汗同月即别-哈萨克人之间出于这一争执而发生了两场战争,汗全遭挫败。"[1] 哈萨克汗国在与东察合台汗国的关系破裂后,即与帖木儿后王的势力联合,向锡尔河中游沿岸昔班尼汗占据的各城镇发起攻击。哈萨克人首先攻破了锡尔河南岸的苏扎克,继而又攻占河北岸的赛兰,最后围攻讹答拉城。至15世纪末,哈萨克汗国已占有了讹答拉、土尔克斯坦、阿尔奎克、乌尔根奇(玉龙杰赤)、昔格纳黑、赛兰、苏扎克等城镇及土尔克斯坦北部地区。塔什干等城镇被东察合台汗国占有,昔班尼汗势力则迁往锡尔河南的河中地区,并于1500年击败帖木儿后王的军队,领有了河中地区,由此结束了与哈萨克人长达30年的争夺锡尔河流域及其北部东钦察草原的斗争。

随着月即别人的南撤,锡尔河以北草原留下了一个"真空"地带。这一地带很快被哈萨克人填充。那些没有随昔班尼汗南下的钦察、奈曼、肯格尔斯、克烈、阔尔剌吾惕诸部族等,都臣服于哈萨克汗王,成为哈萨克的一部分。"哈萨克部落迅速扩

---

[1] 《拉失德史》,汉译本,第1编,第334页。

张,遍及阿不海尔汗国的领土。从这时起,'哈萨克'与'乌兹别克'这两个词具有了新的含义,所谓'哈萨克'是指那些仍然留在锡尔河北部的部落,而'乌兹别克'则是指那些追随穆罕默德·昔班尼,在锡尔河南部建立了自己的政权的部落。"[1]

有关哈萨克汗国建立的时间,学术界看法不一。苏联早期有关史著多将哈萨克汗国建立的时间定为1456年克烈汗和札尼别汗率部东迁楚河、塔拉斯河流域之时[2],1957年出版的《哈萨克苏维埃社会主义共和国史》则笼统地称"哈萨克汗国建立于15世纪"[3],而1980年出版的《苏联百科词典》"哈萨克"条认为"15世纪末成立哈萨克汗国"[4]。哈萨克斯坦共和国独立后,有关哈萨克国家形成的问题成为哈萨克历史学界关注的热点问题之一,有些学者持1456年说,认为"1456年建立的哈萨克汗国是在哈萨克斯坦境内存在过的国家政权的延续",但"有关这一问题的研究并未能取得让学术界基本认同的共识"[5]。联合国教科文组织主持编写的《中亚文明史》第五卷(巴黎,2003年出版)中由哈萨克斯坦学者完成的"哈萨克"专章中则认为哈萨克"汗国的建立可以追溯至15世纪下半叶东钦察草原的游牧部落在克烈汗和札尼别汗率领下迁往楚河和塔剌斯河流域",而"哈萨克汗国的形成可能是在1470年前后"[6]。

---

1 加文·汉布里主编:《中亚史纲要》,第195页。
2 如1947年出版的潘克拉托娃主编《苏联上古中古史》中写道:"1456年,他们脱离月即伯人,组成一个独立的王国。"(汉译本,中华书局,1951年,第161页)1955年出版的《苏联通史》中称:"15世纪中叶,他们脱离乌兹别克人,而成立了独立的国家。"(莫斯科,1955年,第1卷,第139页)
3 《哈萨克苏维埃社会主义共和国史》,莫斯科,1957年,第1卷,第137页。
4 《苏联百科词典》,汉译本,中国大百科全书出版社,1986年,第496页。
5 巴哈提·依加汉:《独立哈萨克斯坦的历史学研究》,载《中国民族史研究动态·2005年卷》(中国社会科学院民族学与人类学研究所民族历史研究室编,2005年)。
6 History of Civilizations of Central Asia, vol. V, Paris, 2003, pp. 90-91;《中亚文明史》,汉译本,中国对外翻译出版公司,2006年,第5卷,第56页。

中国学者对这一问题的看法也不一致。《哈萨克族简史》认为:"1456年(明景泰七年),白帐汗国最后一个可汗巴拉克(八剌)之子克烈汗和贾尼别克汗顺应当时的历史潮流,率哈萨克各部落东迁楚河流域……建立了一个独立的汗国。"[1] 厉声先生认为:"哈萨克汗国的建立是一个历史的过程。1456年克烈汗与贾尼别克汗率部众脱离阿布勒海尔汗迁往楚河流域,可以看成汗国建立的基础,没有此次的分离,便没有日后的哈萨克汗国。但是此时克烈汗与贾尼别克汗仍是与阿布勒海尔汗并列的尤赤族系后裔——乌兹别克诸汗之一,迁往楚河流域,并没有改变这种状况,只是在经过长达二十多年的斗争,到了1468年两汗王粉碎了对手的进攻,击毙阿布勒海尔汗,进而1470年克烈汗亲统大军南下河中地区,彻底摧毁阿布勒海尔汗后裔的势力,接统整个锡尔河北部草原之后,哈萨克汗国的建立才有了实施的条件。1480年……克烈汗的儿子巴兰都黑成为统一哈萨克汗国的唯一汗王……可以看成哈萨克汗国的确立。"[2]

笔者同意哈萨克汗国的建立是一个历史的过程,但认为1456年克烈汗与札尼别汗率部东迁楚河流域是哈萨克汗国建立的开始;1470年粉碎阿不海尔汗的进攻并乘胜追击阿不海尔后裔,标志着哈萨克汗国的建立的完成;而巴兰都黑汗统治时期的活动则是哈萨克汗国的巩固和发展。

(二) 16世纪哈萨克汗国的发展

在巴兰都黑汗时期,哈萨克各部中最有势力的是札尼别汗之子哈斯木汗,"即使哈斯木汗僭号称汗以前,他的权力也是很大的,所以人们都不把巴兰都黑汗放在眼里"。哈斯木又娶了东察合台汗国羽奴思汗的女儿为妻,势力得到进一步增强,"并取得

---

[1] 《哈萨克族简史》编写组:《哈萨克族简史》,第144—145页。
[2] 见厉声:《哈萨克斯坦及其与中国新疆的关系(15世纪—20世纪中期)》,黑龙江教育出版社,2004年,第7—8页。

了整个统治权，巴兰都黑只是名义上的汗而已"。"尽管如此，他仍然不能容许巴兰都黑汗留在身边；因为如果留他在身边，他不可能适当地尊敬自己，而会反对自己；同时［他又感到］，如果他尊崇巴兰都黑汗，那么他表面上消极臣服，而内心里又刚愎自用，其间的矛盾颇难调和。"最后，哈斯木"放逐了巴兰都黑汗，后者逃到撒马儿罕，死于流亡中"。[1]

哈斯木汗统治伊始，占据河中地区的昔班尼汗即率部向哈萨克汗国发动进攻。据《拉失德史》记载，1509 年，昔班尼汗率部大举进攻哈萨克草原。这时巴兰都黑还是名义上的汗国，但是"全部朝政都操在哈斯木手中"。由于军队过于疲劳，进军途中昔班尼率主力驻扎于库克·卡沙那地区稍事休整，另派一支人马侵入哈萨克草原。这支月即别军听到哈斯木汗逼近的消息，惊慌失措，"于是就抛却一切掳获物，甚至连自己的东西也扔掉了，混乱一团地溃退到"昔班尼汗处；昔班尼汗也急令撤军，各路月即别人仓皇退往撒马尔罕，而昔班尼汗则一直退到呼罗珊[2]。次年，昔班尼汗在与波斯伊斯马因沙作战中丧生。

哈斯木汗在以后的十年中，在哈萨克草原的广阔地区建立了自己的统治。在当时，汗国的边界在南方延伸到锡尔河右岸；在东南方包括了七河地区的大部；在北方和东北方，汗国的疆域伸入兀鲁套山区和巴尔喀什湖地区，抵达卡尔卡拉林斯城。同时代的史学家马黑麻·海答儿在其史著《拉失德史》中这样评价说："哈斯木汗君临钦察草原，号令一切，权力非常大。以前的诸汗中，除了尤赤汗以外，任何人都不能和他相比。他的军队超过一百万。"[3] 哈斯木汗是哈萨克汗国初期很有作为的首领。他在位

---

1 《拉失德史》，汉译本，第 2 编，第 173 页。
2 见《拉失德史》，汉译本，第 2 编，第 112—113 页。但巴布尔认为哈斯木汗的军队只有 30 万（《巴布尔回忆录》，王治来汉译本，商务印书馆，1997 年，第 21 页）。
3 《拉失德史》，汉译本，第 2 编，第 173 页。

期间（1509—1518年），汗国的势力迅速扩展，国力日益昌盛，管理制度逐步完善。哈斯木汗制定了哈萨克汗国的第一部法典，即哈萨克历史上著名的《哈斯木汗法典》，它是以哈萨克习惯法为基础来制订的。

然而哈萨克汗国并没有建成为一个稳定的中央集权国家，这一点在哈斯木汗去世后马上显现出来。1518年哈斯木汗去世，其子谟麻失（Muhammad Husayn Mamash）继立，汗国陷入内讧的战乱之中。1523年，谟麻失在内乱中被杀，汗位落入哈斯木侄子塔喜儿（Tāhir）之手。据《拉失德史》记载，"塔喜儿汗为人粗鲁，十分残暴，因此他的四十万左右臣民，突然弃他而去"，众叛亲离的塔喜儿汗不得不逃往东察合台汗国境内的吉利吉思人那里寻求援助，结果在那里"终于穷困而死"[1]。

塔喜儿逃往吉利吉思人处后，聚集在楚河流域的哈萨克人尚有三万余众，他们于1533年推举塔喜儿的兄弟不剌失（Bulash）[2]为汗，意欲重振汗国。但此时不剌失汗已无力统一四分五裂的汗国，各大封建领主割据自立，战乱不断。

不剌失汗时期，哈萨克遭到了察合台后王建立的叶尔羌汗国政权拉失德汗的沉重打击。《拉失德史》说，拉失德汗"同旧日的宿敌月即别人-昔班部结成亲密的友谊，并竭力扑灭历来的盟友月即别-哈萨克人，拉失德汗把自己的亲姐妹嫁给这两（部落）的月即别人"[3]。伊斯兰教历944年初（公元1537年6月），拉失德汗遣使请河中地区昔班尼王朝奥贝都拉汗出兵，共同出击哈萨克。奥贝都拉汗如约于伊斯兰教历1月26日（1537年7月5日）

---

1 《拉失德史》，汉译本，第2编，第173页。

2 《拉失德史》，汉译本，第2编，第173页。英译本认为这一名字或许可以写作土剌失（Tulash），这显然是由于波斯文音点引起的混乱。而巴托尔德将这一名字写作Buydash（《巴托尔德文集》，第2卷，第1册，1963年，第94页）。

3 《拉失德史》，汉译本，第1编，第372页。

离开赛兰，前往哈萨克汗国，追击哈萨克人至伊塞克湖。奥贝都拉率领的乌兹别克军和拉失德汗率领的叶尔羌汗国军会师于桑塔什（San-Tash）地方，由叶尔羌汗国军队首先对哈萨克人发起攻击。哈萨克人支持不住，弃阵溃逃，马匹、辎重、财宝尽落敌手[1]。这次胜利是巨大的，正如《拉失德史》作者指出的那样：自羽奴思汗以来，哈萨克同东察合台汗国和叶尔羌汗国屡有战争，每次都是哈萨克获胜，"但是，拉失德汗却击败了他们，他们功绩的确非比寻常"[2]。这次战争对哈萨克的打击是灾难性的，哈萨克不剌失汗连同37位速檀丧命[3]，甚至给当时人这样的印象："最近四年这些（哈萨克）人已无影无踪了。[伊斯兰教历]930年（公元1523年）哈萨克人共有100万人；944年（1537年）世界上已没有这一大帮（哈萨克）人的踪迹了。"[4]

1538年，哈斯木汗之子阿克·纳扎尔（Ak Nazar）登上汗位。他在位期间（1538—1580年）是哈萨克汗国的重要发展时期。自克烈汗和札尼别汗以来，历来的哈萨克汗都起于哈萨克草原的东部地区，而阿克·纳扎尔的领地却在靠近里海的钦察草原。当东部地区的哈萨克人因叶尔羌汗国和昔班尼王朝的联合打击而遭受重创时，西部地区的哈萨克人由于距离较远而未受到影响。与西邻哈萨克相邻的诺盖人本为哈萨克的宿敌，但这时由于内讧，靠近阿克·纳扎尔领地的诺盖部落即向哈萨克人表示臣服，其领地归属了哈萨克汗国。这样，哈萨克汗国得到了迅速恢复和发展。

16世纪60年代，阿克·纳扎尔先与吉利吉思人结盟反对叶尔羌汗国。这时叶尔羌汗国正值察合台后阿不都哈林汗时期，国力相对强盛。据当地文献记载，阿不都哈林汗多次向哈萨克人和

---

1 见魏良弢：《叶尔羌汗国史纲》，第74页。
2 《拉失德史》，汉译本，第1编，第372页。
3 《中亚文明史》，汉译本，第5卷，第58页。
4 《拉失德史》，汉译本，第2编，第173页。

吉利吉恩人发动攻击,且每次都取得胜利[1]。在叶尔羌汗国的打击下,哈萨克人向西迁徙,离开了哈萨克草原的东部地区,大多集中于哈萨克草原中部。此时西伯利亚汗国兴起,向南扩展势力,进占哈萨克汗国的领地。阿克·纳扎尔遂率部北上拒敌。1568年,诺盖汗国由于内讧而更趋衰落,阿克·纳扎尔遂乘机出兵征服了诺盖人。次年诺盖汗国瓦解,其部落及领地均被阿克·纳扎尔兼并[2]。阿克·纳扎尔时期,不仅结束了汗国自塔喜尔汗、不剌失汗以来的分裂局面、而且又加强了与吉利吉思人的联盟,哈萨克汗国势力进一步增强。16世纪70年代末,河中地区乌兹别克人内讧,阿克·纳扎尔乘机介入,结果1580年在与乌兹别克的冲突中兵败身亡。

阿克·纳扎尔之死削弱了哈萨克汗国的势力。札尼别汗之孙希盖汗(Shighay Khan,1580—1582年在位)继立。但他年事已高,不久死去,汗位传给其子塔吾克勒(Tavakkul,1582—1598年在位)。塔吾克勒继位之初,哈萨克汗国面临严峻形势,不仅汗国内部动荡,而且外部又受到俄国东进扩张所带来的压力,同时在东方还有卫拉特蒙古准噶尔人的侵扰。塔吾克勒逐渐巩固了汗位,并积极致力于汗国的发展。在他统治时期,哈萨克汗国复又强大起来。

1586年,塔吾克勒获悉布哈拉汗国的阿不都拉汗进攻呼罗珊,遂与其兄弟额什木速檀(Ishm Sultan)一起率领哈萨克人南攻河中地区。当时阿不都拉汗的兄弟奥贝都拉奉命留守撒马尔罕,率军对哈萨克人进行反击。哈萨克大败,塔吾克勒率部向草原撤退。

1588年,在锡尔河上游发生了反对布哈拉阿不都拉汗的起义。塔什干、沙鹿海牙和忽毡诸地的人民宣布拥立一个名叫江·

---

1 魏良弢:《叶尔羌汗国史纲》,第94页。
2 见 *История КазахскойССР*(《哈萨克苏维埃社会主义共和国史》),т I. Алма-Ата,1979,стр. 174;《哈萨克族简史》,第157页。

阿里的哈萨克首领为汗。塔吾克勒乘机包围塔什干,并打败了阿不都拉汗派来镇压起义的乌兹别克人。但这时传来塔吾克勒的侄子乌拉兹·穆罕默德为俄国人俘获并被送往莫斯科的消息,塔吾克勒遂解围退兵。

塔吾克勒为了救其侄子,同时也为了争取俄国支持自己同布哈拉汗国做斗争,便于1594年派代表去莫斯科,表示愿意接受俄国的宗主地位,以此要求俄皇费多尔·伊凡诺维奇释放乌拉兹·穆罕默德,并要求俄国给自己供应武器。1595年,俄皇给塔吾克勒复信,要求他送其儿子胡赛因去俄国为人质,然后才能释放乌拉兹·穆罕默德,还要他迫使布哈拉的汗讲和并使西伯利亚的库程汗服从俄国。[1] 同时俄国还给塔吾克勒送去了一些火枪,但塔吾克勒汗并没有满足俄国的要求。

16世纪末,布哈拉汗国因统治集团内讧而陷入旷日持久的战争,哈萨克人乘机对河中地区发动进攻。1597年,塔吾克勒率领大军进攻塔什干,并在塔什干和撒马尔罕之间的地方打败布哈拉军队。阿不都拉汗召集军队向撒马尔罕前进,企图击退哈萨克人,却在那里患病死去。阿不都拉汗死后,布哈拉汗国一片混乱。塔吾克勒乘布哈拉汗国丧乱之机,于1598年率大军进攻河中地区,阿黑昔、安集延、塔什干、撒马尔罕诸城相继投降。塔吾克勒命其兄弟额什木率2万人镇守撒马尔罕,自己则率军8万往攻布哈拉。布哈拉守将皮儿·穆罕默德以15万人坚守十余天,在第12天时出击,将哈萨克人打败。塔吾克勒撤退,复又与额什木合军来攻。河中地区各地乌兹别克军来会,战于米安卡勒的乌宗·苏卡耳地方,战斗极为惨烈。塔吾克勒在战斗中受伤,哈萨克人不得不退出战斗,撤往塔什干。不久塔吾克勒因伤重死于该城,其兄弟额什木被推举为汗。布哈拉军乘机反攻,收复撒马

---

[1] 见列夫申:《吉尔吉斯-哈萨克各帐及各草原的述叙》,第3章,汉文摘译稿,新疆社会科学院历史研究所,1975年。

尔罕等地。此后,哈萨克人只长期占领着塔什干[1]。

(三)三玉兹的确立

在哈萨克民族形成的过程中,氏族和部落所占地域的边界日益明确和相对稳定下来,逐渐形成了三大群体,即三玉兹(yüz):大玉兹、中玉兹和小玉兹。哈萨克民族在统一的哈萨克汗统治之下,以七河为中心,在东南部、中北部和西部分别形成了三个半独立性的地区集团。

三玉兹是何时形成和如何形成的,目前尚不清楚。有关三玉兹起源的传说不一,且彼此之间存在着很大矛盾,各种文献资料提供的信息是间接的,并掺杂着后世建构的因素。关于玉兹一词,或以为来自阿拉伯语 juz',意思是"一部分""一个分支";或以为来自突厥语,意为一百(突厥语 yuz)。俄国文献中又将三玉兹称为三帐,即三个斡尔朵(орда, orda, horde)。在清代汉籍文献中,通常把哈萨克分为左、右、西或东、中、西三部,但清人的三部哈萨克与哈萨克的三玉兹不是对等的两组概念,不能做简单的比附[2]。

关于三玉兹形成的时间目前学界有多种讨论。一些学者认为"直至 16 世纪下半期以前,没有任何史料提到玉兹的存在"[3],但也有学者认为"16 世纪的东方编年史所记哈萨克史的史实表明,玉兹在较早的时期就已经存在"[4]。有些学者认为"哈萨克

---

1 见巴德利:《俄国·蒙古·中国》,汉译本,商务印书馆,1981 年,上卷,第 91 页,注 2。

2 如《清史稿》卷五二九《哈萨克》:"哈萨克之有三玉兹……东部者,左部也,曰鄂图玉兹,谓之伊克准。中部者,右部也,曰乌拉克玉兹,谓之多木达都准。西部最远,曰奇齐克玉兹,谓之巴罕准。左部之汗曰阿布赉,右部之汗曰脱卜柯依,西部之头人曰都尔逊。"这种比附是不准确的。关于清朝对哈萨克三部的认识,详见佐口透:《新疆民族史研究》,章莹译,新疆人民出版社,1993 年,第 308 页。

3 《哈萨克苏维埃社会主义共和国史》第 1 卷,第 109 页。

4 《中亚文明史》,汉译本,第 5 卷,第 56 页。

汗国的三个玉兹是古代的部落联盟形式同当时的行政管理地区相结合的一种管理制度"[1]，也有学者推测："哈萨克的三个玉兹最初可能只是行政管理上的划分。"[2] 还有学者认为"新生的哈萨克汗国一开始就缺乏统一的中央集权"，"国家的统一和发展在很大程度上是依靠某一个或某几个强大的部落联盟或集团及其首领的威势，这种建立在草原分散游牧经济基础之上的政权所共有的特点，正是哈萨克汗国内三玉兹形成的内在原因"[3]。苏联学者认为玉兹的建立是哈萨克汗国"封建社会所特有的政治解体过程"[4]。

七河、楚河流域是哈萨克民族最初形成的地区，拥有这一地区的哈萨克部族集团称为"大玉兹"，在俄国文献中被称为"古玉兹"或"大帐"。大玉兹的主要部族集团有乌孙（或玉孙，Uisun）、都拉特、札剌亦儿等。所谓"大"，是指其起源古老，含有先辈的意思，故又称作"古玉兹"。中玉兹分布在哈萨克斯坦中、北部，以托博尔、伊希姆两河上游，努腊河、土耳盖河、伊尔吉兹河、萨雷苏河流域为中心；在俄国文献中也被称为"中帐"。中玉兹的主要部族集团有阿尔根（Arghyn）、克普恰克（Kipchak）、乃蛮（Naiman）、克烈（Kerei）等。小玉兹居于哈萨克斯坦西部，即咸海西岸，锡尔河下游，乌拉尔、恩巴、伊尔吉兹诸河流域形成了小玉兹的领地；俄罗斯人称之为"小帐"。所谓"小"，是年轻的意思，表示其形成比大、中玉兹要晚。小帐的主要部族是阿里钦（Alchin）部，另外还有一些与大、中玉兹主要部族名称不同的一些部族。三个玉兹的哈萨克，基由于语言、文化、社会习俗、经济形态、历史等方面大致相同的诸多因

---

1 《哈萨克族简史》，第 161 页。
2 王治来：《中亚通史》近代卷，第 126 页。
3 厉声：《哈萨克斯坦及其与中国新疆的关系（15 世纪—20 世纪中期）》，第 45 页。
4 见王治来：《中亚近代史》，第 110 页。

素而形成了统一的哈萨克民族。

三 17—18世纪的哈萨克汗国及其与准噶尔的关系

（一）17世纪哈萨克汗国及其与卫拉特诸部的关系

17世纪在哈萨克诸玉兹之间还没有形成稳定的经济和政治联系，当时的哈萨克斯坦还是一个政治上四分五裂的地区。1598年额什木汗继位后，哈萨克与乌兹别克人的关系得以缓和。然而哈萨克汗国内部封建割据的局面严重地削弱了汗国的实力，一些强大的哈萨克速檀自行其是，处于独立或半独立状态。额什木汗英勇善战，号称"魁梧的额什木好汉"[1]，在哈萨克人中具有较高的威望。但他所能控制的主要是游牧于草原的哈萨克部众，那些占据锡尔河中上游沿岸城镇的哈萨克人封建主则往往独断专行，不服从汗的号令。其中代表人物为占据塔什干的吐尔逊·穆罕默德（Tursūn Muhammad）。他在乌兹别克统治者、布哈拉汗伊玛姆·库利的扶持下，在塔什干自称为独立于额什木汗的最高统治者，单独征收赋税[2]。

哈萨克的内部分裂割据为外敌的入侵提供了契机。1612年，布哈拉汗国伊玛姆·库里汗率军攻占了塔什干，留其子伊斯堪达尔守城。此后哈萨克人发动反抗乌兹别克人的斗争，击毙伊斯堪达尔，重占塔什干。次年伊玛姆·库里为报杀子之仇，率部前来镇压，在塔什干对哈萨克人大肆杀戮。哈萨克人损失惨重，但一直坚持对乌兹别克人的反抗，最终击败伊玛姆·库里汗，迫使后者同意仍将塔什干城及周围地区让予哈萨克人。

额什木汗同时将注意力转向东方察合台后王的叶尔羌汗国，利用后者内讧之机向东扩展势力。1627年，额什木汗又率军南

---

1 《苏联哈萨克加盟共和国百科全书》，第4卷，第201页；转引自《哈萨克族简史》，第160页。
2 《哈萨克族简史》，第160页。

下，消灭了割据塔什干的吐尔逊·穆罕默德汗的势力，使哈萨克汗国重新趋于统一。

额什木汗在位期间，修订了哈萨克汗国的法律制度，对已有的《哈斯木汗法典》进行增补，颁布了《额什木汗习惯法》。这是哈萨克历史上的第二部法典，对于当时哈萨克社会的稳定与发展发挥了重要作用。

额什木汗时期，东方的卫拉特蒙古日渐强大，对哈萨克构成威胁。15世纪中期，西蒙古卫拉特诸部即从东方攻入钦察草原，一举击溃了阿不海尔汗的军队，抢劫了锡尔河北岸的土尔克斯坦、沙鹿海牙、塔什干及赛兰等地。这大大削弱了阿不海尔汗的权威。此后卫拉特蒙古不断攻掠中亚，与哈萨克屡有战事。16世纪末至17世纪初，卫拉特蒙古受到喀尔喀蒙古的挤压，被迫向西发展，与哈萨克的冲突加剧。额什木汗继位后，汗国处于分裂割据之中，卫拉特蒙古不断攻入哈萨克草原，并在双方的冲突中占了上风。据文献记载，1616年，"访问卡尔梅克族（即卫拉特蒙古。——引者）的俄国托米尔科·彼得罗夫使节团要哈萨克斡尔朵和吉尔吉斯斡尔朵服从卡尔梅克"[1]；1617年，俄国使团在卫拉特蒙古准噶尔部巴图尔的帐中，看到哈萨克使者买回自己的俘虏[2]；1624年，卫拉特蒙古远征伊希姆河一带，获得哈萨克俘虏[3]。上述记录从一个侧面反映了哈萨克与卫拉特之间的冲突日益加剧。

17世纪前半叶，卫拉特蒙古准噶尔部首领哈喇忽剌（Kharakhula）逐渐强大，其子巴图尔珲台吉（Batur-Qongtaiji，1634—1653年在位）与父分立，并以额尔齐斯河东岸为据点，向西方哈萨克诸部多次发动战争。1635年，巴图尔珲台吉率军攻

---

[1] J. F. Baddeley, *Russia*, *Mongolia*, *China*（《俄国·蒙古·中国》），vol. 2, London, 1919, p. 37－38.
[2] 《俄国·蒙古·中国》，英文本，第2卷，第43页。
[3] 《俄罗斯与蒙古的关系》，G. F. 缪勒文书，第301页。

入哈萨克草原，额什木汗亲率大军迎战，结果大败，其子杨吉尔（Jahāngir）被俘。后杨吉尔乘机逃脱，返回哈萨克草原[1]。此时额什木年事已高，抗击卫拉特的斗争主要由杨吉尔来指挥。为了对付卫拉特人，哈萨克汗国与布哈拉汗国和解，同时与叶尔羌汗国协商建立反卫拉特人的联盟，并取得了吉尔吉斯人的支持。在杨吉尔的统领下，哈萨克汗国展开了对卫拉特蒙古的反抗斗争。1643年，巴图尔珲台吉组织了卫拉特诸部五万联军远征哈萨克草原[2]。杨吉尔率匆忙集结起来的一万名哈萨克部众迎敌，巧妙利用当地地形，智胜卫拉特人。随后哈萨克两万援军赶到，大败卫拉特军。巴图尔此次远征，与哈萨克互有胜负，而且卫拉特还迫使游牧于七河地区的哈萨克大帐表示臣服。但杨吉尔以少胜多，名声大振，被哈萨克人称为"巨人"[3]。1652年，卫拉特蒙古和硕特部鄂齐尔图台吉进攻阿拉套山附近的吉尔吉斯人，同时遣其子噶尔丹巴率军往攻哈萨克。杨吉尔率军迎战，失利阵亡。

　　杨吉尔去世后，哈萨克汗国内部封建割据复起，各大领主、速檀拥兵自重，哈萨克汗国又陷于分裂割据之中。1680年，杨吉尔子头克汗（Tauke Khan）继位。为了巩固和加强汗的中央集权，头克汗采取了一些新的措施，不断削弱速檀们的权力，同时扶持和依靠逐步掌握部落实权的比和一些英勇善战的军事首领。头克汗在对《哈斯木汗法典》和《额什木汗习惯法》修订、增补的基础上，颁布了著名的《七项法典》（又称《头克法典》）。头克汗通过修改法律来限制速檀们的权力："头克汗规定，只有可汗和比的始祖们有资格掌管司法大权。在附庸于可汗的会议上，比开始发挥重要的作用，他们被吸收参加处理汗国内外政治生活中若干重大问题的贵族代表大会，所有大封建主之间发生的大纠纷，在这些纠纷触及一些民族的切身利益时，只有在比的直接参

1　列夫申：《吉尔吉斯-哈萨克各帐及各草原的述叙》，第3章。
2　《蒙古民族通史》，内蒙古大学出版社，1993年，第4卷，第50页。
3　列夫申：《吉尔吉斯-哈萨克各帐及各草原的述叙》，第3章。

加下才能得到解决。比逐渐变成了地方全部权力的掌管者。"[1]在头克汗时期,比和军事首领形成了具有代表性的新的封建势力阶层,汗的权力在新的基础上得到加强。以比和军事首领为代表的新的封建阶层"只有在同旧的封建贵族的斗争中才能扩大影响,这就迫使他们寻求来自汗政权的同情和支持,渴望汗权的巩固和集中。这样,与 16 世纪哈斯木、阿克·纳扎尔和塔吾克勒汗时代相比,在头克汗统治下的哈萨克斯坦的统一是在较新的社会基础上实现的"[2]。至 18 世纪初,哈萨克汗国内部基本实现了统一,头克汗"任命三个人去分别管辖三个玉兹,即以图列管辖大玉兹,以卡兹别克管辖中玉兹,以艾佳克管辖小玉兹,头克汗本人驻在土尔克斯坦"[3]。

17 世纪以来,卫拉特蒙古发展壮大起来,其中尤以准噶尔部的发展为迅速。17 世纪 30 年代,巴图尔珲台吉继为准噶尔部长,与和硕特部长同为卫拉特联盟之主,初步形成了一个准噶尔政权实体。1670 年噶尔丹成为准噶尔部首领后,准噶尔部进一步强大,开始兼并他部。1678 年,噶尔丹统一卫拉特蒙古各部,建准噶尔汗国,并加紧对外扩张。他首先征服了天山以南的哈密、吐鲁番地区,接着又于 1680 年出兵叶尔羌,归并了察合台后王的叶尔羌汗国。于此同时又加紧向锡尔河方向扩张。关于噶尔丹向其以西地区扩张的情况,据《秦边纪略·噶尔旦传》所记,壬戌年即康熙二十一年(1682 年)噶尔丹入侵"回回国"失败,接着又入侵西部的"美人国",翌年再度攻打"回回国"[4]。此处的噶尔丹征讨的"回回国"当即指入侵中亚及哈萨克草原之事。

---

[1] 《哈萨克苏维埃社会主义共和国史》,第 1 卷,第 175—176 页。
[2] 《哈萨克苏维埃社会主义共和国史》,第 1 卷,第 111 页。
[3] 王治来:《中亚通史》近代卷,第 126 页。
[4] 《秦边纪略》卷六《嘎尔旦传》。

西边的美人国似为诺盖部族[1]。1682年以后，噶尔丹继续连年向西发动战争，进攻赛拉木城和哈萨克、吉尔吉斯族[2]，1684年占领了哈萨克族的商业基地赛拉木和塔什干两城[3]。哈萨克大玉兹特别是七河地区的哈萨克社会蒙受了噶尔丹征服战争的巨大灾难[4]。

1684—1686年间，噶尔丹准噶尔军队又攻入哈萨克草原东南部[5]。准噶尔对天山以南地区和哈萨克草原的战争是17世纪80年代中亚地区的重大事件。这在清朝文献中亦有所反映："噶尔丹并吞吐鲁番、叶尔钦、萨马尔汗、哈萨克等千余部落"[6]，"噶尔丹曾破回子中之萨马拉罕、布哈尔、哈萨克、布鲁特、叶尔钦、哈思哈尔、赛拉木、吐鲁番、哈密诸国，其所攻取降服者一千二百余城，乃习于战斗之国也"[7]。准噶尔不断向哈萨克等发动进攻，降服部众，甚至俘获了头克汗的儿子，并把后者拘禁了达赖喇嘛处。[8]

1697年噶尔丹在与清朝的战争中败亡后，策妄阿拉布坦（Cewang Arabtan）成为准噶尔汗国首领，亦谋求对外扩张，加强了对中亚地区的军事征服，首先是对其宿敌哈萨克的攻掠。1698—1699年，准噶尔两次攻入哈萨克汗国，侵掠了伊希姆河、

---

1 和田清：《明末清初蒙古族之西征》，载和田清《明代蒙古史论集》，商务印书馆，1984年，第698—699页。
2 А. 罗莫金、А. А. 孔德拉季耶夫：《试比较中国、浩罕和俄国有关吉尔吉斯人的史料》，《苏联东方学》1958年第4期，第128页。
3 《哈萨克苏维埃社会主义共和国史》，阿拉木图，1957年，第1卷，第233页。
4 列夫申：《吉尔吉斯-哈萨克各帐及各草原的述叙》，第3章。
5 见《哈萨克苏维埃社会主义共和国史》，第1卷，第233页；А. 罗莫金、А. А. 孔德拉季耶夫：《试比较中国、浩罕和俄国有关吉尔吉斯人的史料》，《苏联东方学》1958年第4期，第128—129页。
6 《清圣祖实录》卷一八三，康熙三十六年（1688年）四月甲寅。
7 《清圣祖实录》卷一八三，康熙三十六年（1688年）五月癸卯。
8 《亲征朔漠方略》卷四八；《清圣祖实录》卷一八八，康熙三十七年（1689年）四月癸亥。

楚河、塔拉斯河等地。1708年、1710年，准噶尔人不停地向哈萨克汗国发动大规模的征伐，迫使哈萨克三玉兹及各部首领不得不考虑加强联合，采取统一行动以抵抗准噶尔的入侵。但由于此时头克汗统领下的哈萨克汗国的统一是脆弱的，统治集团间很难协调一致，因而并没有能够有效地阻挡准噶尔的侵掠。

（二）18世纪哈萨克汗国分立与准噶尔的侵掠

1718年，头克汗去世，其子赛买克汗继立。但此时汗国内诸侯割据，赛买克汗徒具虚名，不能号令诸部，沦为中玉兹的汗王之一。当时统治大玉兹的是卓勒巴尔斯汗，统治中玉兹和小玉兹的分别是赛买克汗、库什克汗和阿不海尔汗。三玉兹中除实力较强的阿不海尔汗尚能勉强控制小玉兹的大部分外，大玉兹和中玉兹的汗无力统治下属各部落，各部落首领纷纷拥兵割据。此时的哈萨克汗国实际上已处于分裂之中。18世纪20年代初，小玉兹的阿不海尔汗被推举为汗国大汗，但是大玉兹和中玉兹的一些苏丹、比和头克汗的后裔都不承认他的大汗地位。汗国的分裂局面极大地削弱了哈萨克人与外族对抗的能力。

这时准噶尔汗国在策妄阿拉布坦的统治下达到鼎盛时期。策妄阿拉布坦加强了对哈萨克草原和中亚的军事扩张，"策妄阿喇布坦素行奸恶，故其附近哈萨克、布鲁特诸部皆相仇雠"[1]。俄罗斯炮兵大尉温科夫斯基曾于1722—1723年访问了准噶尔珲台吉策妄阿拉布坦，记录了当时准噶尔的一些情况："去年（按即1722年），珲台吉（按即策妄阿拉布坦）的儿子舒诺达巴被派去攻打哈萨克玉兹，现在已传来消息，他打败了哈萨克人，攻下三座城池，带回了1000户哈萨克人。这1000户人家不久便可来到这里，三座城市是塔什干、赛拉姆和哈拉穆鲁特。""珲台吉从其统治之初便同哈萨克玉兹不断打仗，哈萨克玉兹同卡拉卡尔帕克人并肩作战，而他，珲台吉，拥有近三万人同哈萨克玉兹作战，

---

[1]《平定准噶尔方略》前编卷一，康熙三十九年（1691年）七月乙未。

征服了许多哈萨克人。1723年对温科夫斯基大尉宣布,哈萨克玉兹的三座小城已归附他珲台吉的儿子舒诺达巴(舒诺达巴曾奉派率军去攻打哈萨克人)。三座小城的名字是塔什干、赛拉姆、哈拉穆鲁特。似乎有5 000家哈萨克人归附他舒诺达巴,其中有1 000家被带到珲台吉兀鲁思。""他(按即策妄阿拉布坦)同哈萨克玉兹开战。他珲台吉至今仍在同哈萨克人继续打这场战争,而哈萨克玉兹正同卡拉卡尔帕克人一起跟珲台吉作战。"[1] 温科夫斯基的见闻记录从一个侧面真实反映了当时准噶尔对哈萨克战事的频繁与规模。

18世纪20年代,准噶尔人对哈萨克草原的侵掠被哈萨克人称为"大灾难时期"。在准噶尔的突然袭击下,哈萨克人四散奔逃,许多哈萨克人家破人亡,妻离子散。许多老人和孩子在逃亡中饿死、冻死。没有逃走的哈萨克人只能暂时屈服于准噶尔的统治。大灾难时期给哈萨克民族社会带来了巨大的打击,特别是哈萨克大帐地区沦为准噶尔领地。在民族危亡之际,一些哈萨克部族首领挺身而出,组织哈萨克人和入侵的准噶尔军进行斗争。当时中玉兹的布肯拜(Bugenbay)号召部属抗击准噶尔入侵,在哈萨克人中得到广泛响应。他们聚集在布肯拜周围,向准噶尔人发起反攻,迫使入侵者后退。[2] 胜利鼓舞了哈萨克民族,哈萨克人重新组织起来,势力较强的小玉兹首领阿不海尔汗被选举为统率哈萨克军队的首领。三个玉兹并肩作战,共同抗敌,收复了被准噶尔夺走的地方。

1727年,策妄阿拉布坦卒,其子噶尔丹策零继立,继续推行对外扩张政策,继续入侵锡尔河流域、费尔干纳、巴达克山等地,对哈萨克草原发动大规模的掠夺战争。1729年,进攻哈萨克

---

[1] 伊·温科夫斯基著,尼·维谢洛夫斯基编:《十八世纪俄国炮兵大尉新疆见闻录》,宋嗣喜汉译,黑龙江教育出版社,1999年,第113—114、207—208、202页。

[2] 《哈萨克族简史》,第166—167页。

的准噶尔军在巴尔喀什湖南面遭遇到哈萨克人的反击而失败。随后，哈萨克人进一步加强了对准噶尔的反击。1731年，"哈萨克阿布尔海里汗发兵七万，令伊弟布尔海里统领，将吹、塔拉斯地方所居准噶尔一千户人畜俱已掳去，又将准噶尔在别处牧放之马掳去二三千匹"[1]。为此，准噶尔方面不得不加强防备："因有哈萨克人常来抢掠马畜、杀掳人众，是以噶尔丹策零亲统兵一万在游牧外相隔一日路程防守。"[2]

哈萨克抗击准噶尔的胜利极大地鼓舞和提高了哈萨克军队的士气，但是准噶尔人仍控制着一部分哈萨克草原（主要是邻近的大玉兹领地），哈萨克面临的威胁并未消除。而且汇集在一起的哈萨克军队并未真正实现统一，一些玉兹的汗或部落集团的首领各怀异志，貌合神离，哈萨克汗国分裂的迹象日益明显。名义上的哈萨克大汗阿不海尔汗已完全失去威望及对汗国的领导、驾驭能力，仅能控制小玉兹的一部分，小玉兹内许多部落根本不承认他的权力。而"在中玉兹里有两个汗和几个大苏丹"并存，"所有这些汗和苏丹相互敌视"[3]。哈萨克汗国实际上处于分裂中。为重新确立哈萨克汗国大汗的人选及讨论汗国的前途，以中玉兹和小玉兹首领为主的哈萨克汗及苏丹们举行会议，大玉兹有部分苏丹参加。企图继续担任大汗的阿不海尔汗在会议上破坏了各玉兹间的团结与联合，致使会议不欢而散。从此，中玉兹和小玉兹各自独立，互不联系，而大玉兹则处于准噶尔的统治之下。哈萨克汗国最终分裂为三个独立的玉兹。

关于18世纪30年代哈萨克与准噶尔在中亚的争夺，当时的俄国探查队奥伦堡探查长基芮洛夫说："准噶尔的统治者噶尔丹策零是土著民中的最强者，拥有火炮和8 000人的军队，与对属下无力的吉尔吉斯·哈萨克汗们不同，准噶尔的统治者对属下具

---

[1] 《清世宗实录》卷一〇七，雍正九年（1731年）六月乙卯。
[2] 《清世宗实录》卷一一二，雍正九年（1731年）十一月戊辰。
[3] 《哈萨克苏维埃社会主义共和国史》，第1卷，第152页。

有专制权。他们要求得到西伯利亚城市附近属于俄罗斯统治的不少地方,说那是他们的地方,但以前他们根本没有城市。而且,他们抢先强占了吉尔吉斯·哈萨克的上述地方,以及土尔克斯坦、塔什干、赛拉木各城,另一方面,他们还占领了汗的同族领地和达赖喇嘛的地方。他们还不满足于此,要求得到希瓦,现正与希瓦大战。希瓦人必须得到俄罗斯辖内的(伏尔加)卡尔梅克族的援助。"[1] 当时的俄国人一般称哈萨克为吉尔吉斯·哈萨克,称卫拉特蒙古为卡尔梅克,而伏尔加河畔的卡尔梅克即以土尔扈特为主的卫拉特蒙古。基芮洛夫的报告还介绍了哈萨克统治阶层的内部状况:"在这些帐中与其说是汗毋宁说是长老们掌握着权力,他们不希望自己的汗增加人口和财富……在这些帐协商的时候,他们以土尔克斯坦、赛拉木、塔什干为领地,还占有了锡尔河流域地区……但是他们之间发生了纷争,准噶尔卡尔梅克的珲台吉夺去了他们所有这些地方。为此所有吉尔吉斯·哈萨克团结一致的话,是可以征服卡尔梅克的。但是他们中如有一个汗出征,其余的汗则按兵不动。于是吉尔吉斯·哈萨克终于被卡尔梅克所支配。"[2]

18世纪30年代,准噶尔因与喀尔喀边界争执,引发了与清朝的军事冲突;经过反复谈判,双方达成协议,确定了彼此的边界。此后,准噶尔全力向西发展,加剧了与哈萨克的冲突。

1740年12月,噶尔丹策零之子喇嘛达尔札率领一支1.2万人的准噶尔军队自斋桑湖方面北上,迫近雅木什要塞,在额尔齐斯河右岸设冬营,于1741年1月通过雅木什要塞,沿额尔齐斯河进入哈萨克草原北部,向伊希姆河地区的哈萨克阿布赉苏丹和伊列克河上游的阿布勒班毕特汗发起进攻,并大肆掠夺。准噶尔

---

[1] 《哈萨克斯坦政治制度史料》,阿拉木图,1960年,第23—24页,1734年5月1日Ⅰ·基芮洛夫文书。

[2] 《16—18世纪哈萨克与俄国的关系》,第107—108页;《哈萨克斯坦政治制度史料》,第21—22页,1734年5月1日Ⅰ·基芮洛夫的奏文。

的另一将领赛普腾的军队逼近奥里要塞。据在阿布勒班毕特汗处的俄罗斯人 F. 奈德诺夫所见，准噶尔军俘虏中男女老少都有，还掠获了大量的家畜。残余的哈萨克人与阿布勒班毕特一同逃走。1741 年冬，在伊希姆河流域，赛普腾的军队与中帐哈萨克人发生了战斗，俘获了阿布赍苏丹等数名哈萨克首领。据说阿布赍苏丹被俘作为人质被扣留在准噶尔，直到 1743 年 8 月被释放回去[1]。准噶尔军队又掠夺于伊希姆河和托博尔河之间，对伊尔吉兹河地区的小玉兹予以打击，在获得了大量的家畜和 3 000 名俘虏等巨大战利品后返回。

1745 年噶尔丹策零病逝后，其次子策安多尔济那木札勒继立，遭到了其长子喇嘛达尔札的反对。后者于 1750 年击败前者而自立，但内讧并未结束，各派势力争斗不休，最后准噶尔部贵族达瓦齐夺得汗位。准噶尔汗国因统治集团的内讧而陷于动乱之中，大大削弱了准噶尔汗国的力量。强盛的准噶尔汗国在动乱之中迅速走向衰落。陷于内乱的准噶尔汗国与哈萨克的冲突仍然不断。1751 年，一支 3 万人的准噶尔军队攻入哈萨克，与阿布赍的中玉兹开战；哈萨克失利，部分哈萨人西迁。与此同时，阿布赍等哈萨克也介入准噶尔的内讧。1755 年，随着清朝对天山南北的统一，历经一个半世纪的准噶尔与哈萨克间的战争最终结束了。

四　哈萨克各部与清朝、俄罗斯的关系

（一）中玉兹、大玉兹归附清朝

清朝与哈萨克各部的直接接触始于 1755 年。是年春，清军乘准噶尔内乱，出兵伊犁，平定达瓦齐政权。此时清朝对哈萨克的政策是"于（平定准噶尔）大功告成后，若哈萨克人等投诚前

---

[1] 川上晴：《阿布赍势力的扩大——18 世纪哈萨克斯坦史一考察》，《待兼山论丛》，第 14 号，第 27—49 页。

来，将伊大头目酌量赴京入觐，赏给官爵，其所属之人，仍于原游牧处安插，不必迁移。倘竟不归诚，亦不必用兵攻取"[1]。即传谕哈萨克："尔哈萨克情愿归诚与否，听尔自为；惟须各守边界，不得妄行出境劫夺准噶尔人等。倘不谨遵谕旨，必发大兵征剿。"[2] 清朝在平定准噶尔政权后，为了确保边境安宁，即遣侍卫顺德讷、达永阿前往与准噶尔接邻的"左部哈萨克"，向其首领阿布赉宣示清廷旨意，令勿与准噶尔人民构衅。

当时清朝将阿布赉苏丹及其氏族统领下的哈萨克称为左部哈萨克，将以阿布勒班毕特汗及其子阿布勒比斯为首领、以塔什干为根据地的哈萨克称为右部哈萨克，将塔什干以西的其他集团称为西部哈萨克。由于西部哈萨克距清帝国边境遥远，且不直接接壤，故两者关系比较疏远。

阿布赉见到前来"宣示敕谕"的顺德讷，即表示："今准噶尔全部俱归附天朝，蒙皇上不弃荒裔，遣使晓谕，突出望外。今遣托克锡里、鄂图里、达湖等三人，赍捧奏章，同往入觐，并遣我弟岳勒博勒斯带领属人，通使军营大臣。"[3] 不料中途遇阿睦尔撒纳叛乱，入觐未能实现。阿布赉与阿睦尔撒纳原有旧谊，当阿睦尔撒纳叛乱之时，曾要求阿布赉遣兵相助。清廷为了孤立阿睦尔撒纳，一面派人迎击叛军，一面又遣使晓谕阿布赉等："尔所遣使臣额穆尔巴图鲁，来见定北将军时，已将尔恭顺之意奏闻，大皇帝甚为嘉悦。俟来使入觐后，正欲加恩，讵意阿睦尔撒纳潜谋叛逆，将来使遣回，且于入觐时中途逃窜……今已传知各路堵截追擒，自当弋获。如追捕甚急，窜入尔境内，果能即行擒送，大皇帝必重加恩赏。否则潜踪日久，为我师所觉，径入擒剿，恐尔境内人等不无惊扰。"[4] 不久清朝侦知阿布赉果未肯助

---

[1]《平定准噶尔方略》正编，卷八，乾隆二十年（1755年）二月癸酉。
[2]《平定准噶尔方略》正编，卷一一，乾隆二十年（1755年）五月辛巳。
[3]《平定准噶尔方略》正编，卷二四。
[4]《平定准噶尔方略》正编，卷一八，乾隆二十年（1755年）九月壬午。

阿睦尔撒纳，复遣顺德讷晓谕阿布赉，并带去了乾隆帝给阿布赉的一封信："谕哈萨克阿布赉曰，准噶尔数年来内乱频仍，各部惊扰，厄鲁特等流离困顿，并失生计。朕为天下共主，不忍坐视，爰申天讨，平定伊犁，令伊等共享升平之福。一切善后事宜，正待将次经理，以为久远计。不料逆贼阿睦尔撒纳，负恩背叛，肆行猖獗。今特命将军大臣等统领大兵兼程追捕，而准噶尔众台吉宰桑等，复纠集义旅，协力擒拿。现在阿睦尔撒纳势力穷蹙，弃众远扬，势必窜入尔哈萨克境内。此贼罪不容诛，无论逋逃何处，务期俘获正法，万无漏网之理。尔阿布赉恭顺天朝，从前遣使请安，具见诚悃，亦因逆贼中途阻止，未经入觐。至逆贼性情诡诈，尔等素所稔知，断无容留逆贼之理。设容留在彼，亦于尔部有损无益。尔部与准噶尔接壤，从前噶尔丹策零时，尔等尚受其节制，迩来遭准夷衰乱，始得逞志。现在西域诸部落俱入我版图，尔等果将逆贼隐匿容留，准噶尔部众无一人与阿逆同心，势必群起滋事，是尔因一人而受众人之敌也。况大兵业已压境，彼时陈师索取，尔部岂能晏然安处？事后追悔，即已无及。尔其熟计利害，一切俱遵朕谕旨，速行擒献，永受朕恩。钦哉毋忽。"[1] 然而阿布赉还是接纳并庇护了阿睦尔撒纳，于是清廷一边派兵追讨，一边又遣使送上给阿布赉的第二、三道谕旨。

随着清朝的进剿，阿睦尔撒纳败局已定，阿布赉审时度势，表示"情愿将哈萨克全部归顺，永为大皇帝臣仆"[2]。乾隆二十二年（1757年），阿布赉的使者亨集噶尔等一行抵承德，受到了清朝政府的隆重接待，并获得了丰厚赏赐。此外，又取得了于第二年在乌鲁木齐等地开辟"互市"的许诺。

阿布赉遣使的成功，对右部哈萨克封建主产生了巨大影响，后者也纷纷表示要向清廷输诚。乾隆二十三年（1758年），清将

---

[1]《平定准噶尔方略》正编，卷二五，乾隆二十一年（1756年）三月己巳。
[2]《平定准噶尔方略》正编，卷四一，乾隆二十二年（1757年）六月丙午。

军富德领兵追击准噶尔残部进入右部哈萨克境,获悉阿布勒比斯[1]属下巴图尔图里拜与塔什干乌兹别克人吐尔占争战,遣侍卫蒙固尔岱、赫善前往谕和。时阿布勒比斯等出城迎接,对蒙固尔岱等说:"我西哈萨克(按即右部)早已盼望归顺大皇帝,以享安居乐业。惟中间有准噶尔相隔,不能通达。今大皇帝兴兵定准噶尔,疆域安宁,东哈萨克之阿布赉已归服大皇帝,分享洪恩,获得安居。又闻布鲁特数部,亦相继归服,派遣子弟,前去朝见……为此,我哈萨克更加焦急……我等悉愿归顺大皇帝,成为大皇帝之构俗,永享安逸。"[2] 其后不久,即令图里拜子卓兰、辉格尔德族弟苏尔满进京朝见,表示"奋勉自效,永无二心,倍于左部"[3]。随后,其汗阿布勒班毕特也迅速向清廷遣使。

哈萨克左、右两部相继归款,使"西部哈萨克"受到影响。乾隆二十七年(1762年),其汗努喇利、巴图尔哈雅布也分别遣使奉贡,以求"得沾恩赏"[4]。诸部封建主纷至沓来,使哈萨克族与内地人民的政治、经济联系从此出现了一个延续近百年的繁荣局面。

(二)俄国对哈萨克的扩张与兼并

头克汗时期,俄国在向东方的扩张中即侵入哈萨克汗国境内,遭到了哈萨克诸部的抵抗。进入18世纪后,俄国在哈萨克草原继续进行扩张,以军事堡垒线包抄分割哈萨克草原。与此同时,在政治上尽可能利用各种条件,诱迫哈萨克人归顺、臣服俄国。随着准噶尔对哈萨克威胁的日益加剧及俄国诱迫政策的推行,头克汗调整了与俄国的关系。1717年,头克汗与包括小玉兹

---

1 阿布勒比斯,一称阿布里比斯,汉籍文献皆称其为"右部汗",其实不是汗,而是一个苏勒坦(速檀),"右部"实际的汗是他父亲阿布勒班毕特。
2 中国第一历史档案馆,满文《月折档》乾隆二十三年九月七日富德等奏。
3 《西域图志》卷四四《藩属一》。
4 《清高宗实录》卷六七五,乾隆二十七年(1762年)十一月丙子。关于努喇利汗等入贡时间,松筠《西陲总统事略》载在乾隆二十八年,误。

阿不海尔汗在内的部分哈萨克首领致书俄国政府，希望俄国能帮助哈萨克人抵抗准噶尔的进攻[1]。但其下属哈萨克人对俄国的反抗仍然此起彼伏，他们不断发起对俄国人的袭击。

头克汗去世后，哈萨克汗国陷入分裂割据状态，而准噶尔的入侵日益加剧，俄国遂利用哈萨克汗国的困境，进一步诱迫哈萨克人加入俄国国籍。同时利用哈萨克抗击准噶尔之机，加紧武力推进，加快蚕食哈萨克草原的步伐。18世纪20年代，哈萨克受准噶尔侵掠而处于"大灾难时期"，哈萨克汗国政治与社会遭受到深重的打击，又引起了汗家族内部的权力斗争，结果使不堪忍受准噶尔入侵与掠夺的哈萨克统治阶层采取与俄罗斯通好的政策。其为首者便是靠近俄国的哈萨克小玉兹阿不海尔部。

18世纪初，还在头克汗统治时期，阿不海尔汗就以哈萨克草原政治领袖的面貌出现于哈萨克汗国。他是哈萨克汗国奠基者克烈汗和札尼别汗兄弟素玉克的子孙，不是汗家族嫡裔，但在准噶尔连年入侵哈萨克草原之际，特别是战事激烈的18世纪20—30年代，他率部抵抗准噶尔入侵，提高了自己在汗国的地位与威望。他希望借助俄国的力量来抵抗准噶尔的侵掠，同时也企图仰赖俄国的保护而取得哈萨克草原领导人的地位。

1726年，俄国使者与小玉兹首领阿不海尔汗在卡拉卡尔帕克草原举行会晤。此后阿不海尔汗极力策动其部族臣服俄国，声称"除了自动地臣服于俄国之外，别无出路"，但"这一提议被拒绝了"，小玉兹的大多数统治者反对臣服俄国，但阿不海尔汗还是于1730年7月派遣使者往圣彼得堡，向俄国表示臣服[2]。据俄国文书记载，"小帐阿不海尔汗及其支配下的部民请求臣从俄国而呈给安娜·伊凡诺芙娜女皇的信函，于1730年9月8日受理"[3]。1731年2月，俄皇签署了致阿不海尔汗和"全体哈萨克

---

[1] 见《哈萨克苏维埃社会主义共和国史》，第1卷，第112页。
[2] 列夫申：《吉尔吉斯-哈萨克各帐及各草原的叙述》，第5章。
[3] 《16—18世纪哈萨克与俄国的关系》，第35页，第26号文书。

人"加入俄国国籍的证书[1]。同年4月,俄国特使携带这一证书前往哈萨克草原,要求哈萨克人向他们宣誓效忠。俄使的到来使阿不海尔的"种种野心和阴谋诡计暴露了出来",哈萨克为将要加入俄国国籍所激怒,爆发了反俄骚乱,并质问阿不海尔"没有征得人民的同意,有什么权力和外来势力来往,并且为他自己和各帐允诺服从他们"。[2] 但是阿不海尔仍然签署了关于小帐自愿并入俄国的合法法案。1731年12月,俄特使、阿不海尔汗及其他王公派使者往中玉兹汗赛买克汗处,诱使他承认臣属俄国。赛买克汗表示愿加入俄国,使者敦促赛买克向其宣誓效忠,并"盖了印"。但不久中玉兹爆发反投降运动,赛买克汗也加入进来并领导了这场反俄斗争。俄国也试图诱迫大玉兹加入俄国,但由于大玉兹距俄国遥远,又很容易受到来自准噶尔的压力,因此没能将其并入俄国[3]。

1736年,赛买克汗去世,中玉兹西部由阿布勒班毕特汗(头克汗次子)和阿布赉苏丹掌管。阿布赉是中玉兹著名的统治者,1750年后,阿布勒班毕特年迈,阿布赉成为中玉兹实际的统治者。为了缓和与俄国的关系,阿布赉也曾宣布"效忠"俄国。1755年,清朝统一准噶尔,阿布赉率部归附。1769年,阿布勒班毕特汗去世,清朝册封阿布赉为中玉兹汗。"从此以后,阿布赉就拒不承认俄国政府曾批准他享有的这个称号,也不承认对俄国政府的宣誓。"[4] 1781年,阿布赉汗卒,清朝复册封其子瓦里苏丹为汗。阿布赉汗去世后,中玉兹在大玉兹压迫和俄国当局的诱迫下,逐渐投向俄国,至19世纪初完全为俄国控制。

18世纪中期,大玉兹亦归附清朝。18世纪后半叶,乌兹别克人建立的浩罕汗国渐强,压迫大玉兹。19世纪初,大玉兹在浩罕

---

1 《16—18世纪哈萨克与俄国的关系》,第40—41页。
2 列夫申:《吉尔吉斯-哈萨克各帐及各草原的叙述》,第5章。
3 《中亚文明史》,第5卷,汉译本,第63页。
4 《哈萨克苏维埃社会主义共和国史》,第1卷,第265页。

哈萨克汗国统治者世系与在位年代

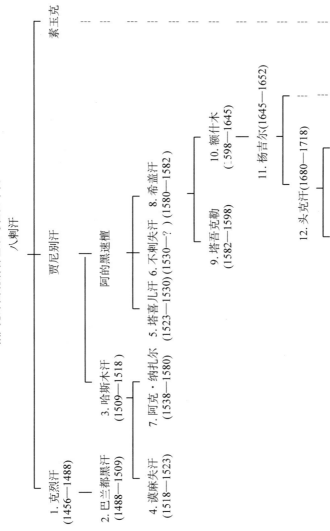

```
                                              努拉里汗
                                              (1748—?)
                         15. 阿不海尔
                         (1720—1748)
                              │
                             瓦里汗
                             (1781—1818)
              14. 阿布勒班毕特   阿布赉
              (1736—1769)  (1769—1781)
     13. 赛买克
     (1718—1736)
```

说明：世系表中"|"表示父子关系，"┆"表示中间有隔代。

的压制下解体，部分部众东迁清朝境内，部分投俄，其领地大部为浩罕兼并。1876年，俄灭浩罕，大玉兹领地亦为俄所占。

五　经济、社会、政治、文化

（一）经济生活

哈萨克汗国时期的经济主要是畜牧、半畜牧业，农业、狩猎也占有一定位置。

哈萨克人饲养的牲畜主要是绵羊、马匹、骆驼和牛。绵羊在哈萨克经济生活中占有重要地位，人们以绵羊的肉和奶为食，以其皮和羊毛制作衣、鞋、器皿和许多其他的日常生活用品。哈萨克草原上的绵羊品种优良，羊的个头大，毛长，羊尾大而多油。马在哈萨克社会生活中占有特别重要的地位。哈萨克人的谚语说，"马是哈萨克人的翅膀"[1]。马是哈萨克人的主要生产生活工具，并且在战争中发挥着重要作用。马肉、马奶也是哈萨克人的主要食品之一。16世纪史学家米儿咱·马黑麻·海答儿在《拉失德史》中记述了哈萨克汗国哈斯木汗对来访的东察合台后王说："我们都是沙漠中的人，这里既没有财富，也谈不到礼节。我们最值钱的财产就是马匹，最喜爱的食品是马肉，最喜欢的饮料是马奶，以及其他马奶产品。在我们国家里没有花园，也没有高楼大厦。赏心乐事主要就是看看自己的畜群。现在无以为乐，让我们去看看马群吧，这样可以在一起玩一玩。"又说："我们喜爱的饮品是马奶及其产品，而马湩又是马奶产品中最好喝的。"[2] 这段话为我们生动地呈现出那个时代哈萨克游牧社会的经济形态和文化特色，从一个侧面反映了马对哈萨克人的意义。

骆驼也是哈萨克族牧区重要的运输工具，特别是在转场搬迁

---

[1]《哈萨克族简史》，第195页。
[2]《拉失德史》，汉译本，第2编，第177页。

时，毡房和家具什物主要用骆驼驮运。而且骆驼适应环境能力很强，它在严冬可以骆驼刺充饥，平日行走戈壁沙漠，更非其他牲畜可以相比。此外，哈萨克人还饲养牛和山羊，其肉、乳可食；牛可役用其力，皮可制革、做靴子等，山羊毛可用于搓绳织袋。

哈萨克人的畜牧业生产以游牧为主。一般把牧场分为春、夏、秋、冬四类。有些地方春秋牧场在同一地点。夏牧场多为气候凉爽、水草并茂的地区，分布在高山、大河、湖泊周围地区，如天山、乌拉尔山、阿拉套山、伊犁河、咸海、里海等地。春牧场和秋牧场基本都在浅山及荒漠、半荒漠地区，放牧停留时间较短，一般仅两个月左右。冬牧场停留时间最长，往往长达半年，少的也要四个月以上。哈萨克斯坦最好的冬牧场是在西天山及锡尔河、额尔齐斯河、里海周围地区。一般说，一年根据四季牧场情况，大的转场有四次，小的转场更多。每个部落都有自己的四个牧场，别的部落不得侵占，转场时每个部落都各有自己的转场路线。冬夏牧场之间的距离很长，从一个牧场搬迁到另一牧场的路程相当遥远。在哈萨克汗国时期，小玉兹和中玉兹每次转场的搬迁路线为700—1000公里，小玉兹的冬牧场主要在里海周围地区，中玉兹的冬牧场在锡尔河下游及额尔齐斯河一带。大玉兹的搬迁路线为200—300公里，他们主要在楚河、塔拉斯河、伊犁河、巴尔喀什湖一带，冬夏牧场之间的距离稍短一些。

哈萨克人还从事狩猎业，但它仅是畜牧业的一项副业生产，在牧民的经济生活中所占比重不大。另外居住在河流和湖泊附近的哈萨克人还从事渔业，但为数极少。

七河至锡尔河下游地区，自古就有较发达的农业。哈萨克汗国时期，锡尔河、塔拉斯河和楚河流域的农业生产得到了进一步的发展。哈萨克汗国境内其他河流及湖泊周围的居民也有规模不等的农业生产。还有一些地区是以游牧为主，兼种一些农作物。农作物主要有大麦和小麦。

城市在哈萨克汗国社会生活中占有重要地位。通过与游牧民和半游牧民的交换,城镇和农业定居点及农业本身的发展得到了极大的补充。位于锡尔河畔的昔格纳黑一直保持着东钦察草原的经济和政治中心的地位。该城于16世纪后期为哈萨克人所据有,成为物品交换与贸易中心。哈萨克游牧民赶着他们的牲口,"肥壮的绵羊、马和骆驼",还有畜牧业产品(肉、皮、皮革、羊毛和毛制品)等产品来到昔格纳黑进行贸易[1]。哈萨克汗国时期的重要城市还有土尔克斯坦扫兰、讹答拉、赛拉木等。

(二)社会结构与政治组织

哈萨克汗国时期最基本的牧业生产单位和最基本的社会组织是阿吾勒。它主要是由血缘关系的纽带构成,但也包括一些由非血缘关系的成员。哈萨克的阿吾勒通常由五六户至十几户组成。每一个阿吾勒都有自己共同的居住地和游牧地。其经济基础是牧物公有、牲畜私有。每个阿吾勒都有专属于自己的名称,一般以阿吾勒头人的名字命名。阿吾勒的头人多由经验丰富的年长者担任。阿吾勒头人对于整个阿吾勒的生产和安全负有责任,对于阿吾勒各户的婚丧嫁娶也要积极组织并热心帮助。整个阿吾勒的人都必须遵从他的意见和安排。

若干个七辈以下的血缘关系较亲近的阿吾勒组成一个阿塔爱玛克。它不是生产单位,但彼此之间有一定的联系。同一个阿塔内的各个阿吾勒通常在相邻的地方游牧。阿塔的头人称阿克萨卡勒,一般由德高望重的老人担任,负责处理阿塔内部的大小事务,调解各阿吾勒之间的纠纷。13至15个阿塔组成一个乌露,即氏族。乌露(氏族)中的人都来自一个共同的祖先,乌露的名称一般来自该乌露祖先的名字。乌露有自己的游牧地。乌露内部禁止通婚,同一乌露的人有血族复仇等义务。由若干乌露组成一个阿洛斯,或称塔依帕,即部落。阿洛斯的头目称为"比"。比

---

[1] 见 Mihmān-nāma-yi Bukhārā(《布哈拉客人见闻录》), ed. by M. Sothudeh Tehran, 1976, pp. 199-201.

一般由选举产生，主要解决民刑案件和各种纠纷，协调各氏族之间的关系。若干阿洛斯组成一个兀鲁思。兀鲁思具有地缘的性质，某一地区的若干部落即成为一个兀鲁思。兀鲁思的头目称为速檀。兀鲁思组成玉兹（yüz），即地域性的部落联盟。哈萨克汗国时期分大、中、小三个玉兹。玉兹的首领称汗。三个玉兹构成哈萨克汗国，其最高统治者称可汗。

哈萨克人保留着自古相传的宗法氏族制。尽管随着社会的发展，其血缘关系已十分松弛，最基层的阿吾勒和阿塔爱玛克也有不少是不同血缘的人，但始终保持着氏族部落的组织纽带。

可汗是哈萨克汗国的最高统治者，各玉兹、各部落必须服从可汗的命令。同时可汗还是汗国的最高统帅，有权随时调集各玉兹、各部落的军队，并且直接掌握管理权和司法权，只有可汗有权审讯苏丹和氏族头人，制定汗国对外政策和处理与邻国发生的纠纷。三个玉兹的汗，一般都是可汗的宗亲，必须听命于可汗，按可汗的号令行事。实际上各玉兹的汗常自行其政，不受可汗的约束。苏丹是兀鲁思的最高统治者，一般由可汗之子或其宗亲充任。可汗、汗和苏丹大都为成吉思汗黄金家族的后裔，被称为"白骨头"，是贵族。而比、巴图鲁、部落头目，一般都来自平民，所以称为"黑骨头"。

比大都出自平民，是哈萨克族中的执法人员，负责处理民事、刑事案件。巴图鲁即英雄之意，是智勇兼备，为捍卫国土、抵御外敌入侵、保护本部落人们的生命财产功绩卓著，为人民所钦敬的英雄。部落头目是各部落的最高统治者，负责处理本部落内的大小事务，征收各种税务和举办各种活动，一般由选举产生。实际部落头目都由大牧主、大宗教头目或巴图鲁充任。

自15世纪哈萨克汗国建立起，由于始终存在封建宗法的世袭制度，即使统一时期，在哈萨克斯坦的土地上始终存在一些割据的封建政权。这种封建割据造成了社会生产力发展缓慢，商品货币关系以及作为贸易和手工业中心的城市不发达。频繁的封建战争，使国家经常处于分裂状态。尽管可汗在名义上是国家的最高统治者，实际上难于在全国行使号令。因而哈萨克汗国并未进入中央集权制的国家时期，从而没有发达的国家机关。

哈萨克汗国的社会组成是生产、军事合一的，平时生产，战时从征。哈萨克汗国不设常规军队，军事力量由卫队和部落兵组成。部落兵在内部或外部政治形势复杂的特别时期集合。部落兵的首领是苏丹、比、巴图鲁。由于部落兵组织一般是在自愿原则上建立的，军事民主制的原则仍在起着十分重要的作用。只要直接的军事威胁一消失，部落兵的成员便各自回家去从事他们的生产活动。平时，大多数部落酋长满足于为保障本身的安全和保卫畜群所必需的卫队，因而不需要设常规的军事机构。

(三) 文化

哈萨克以游牧业为主要的生产生活方式，因此其文化也与游牧生活密切相关，具有浓郁的草原游牧特色。

哈萨克牧民的住所是适于游牧、便于搬迁、拆建的毡房（yurt）。毡房有小大简奢之分，部落头人、王公贵族等富有之家往往拥有大而精致的自毡房、贫苦牧民居住的则是简陋、矮小的毡房。毡房上一般饰以美丽的图案。他们传统的家庭装饰是图案装饰。家庭所用物如陶器、武器和衣被都有装饰。所住毡房内的装饰是哈萨克民间装饰艺术的缩影。精巧的图案艺术和雕刻艺术，是哈萨克人民艺术的突出的体现。

在哈萨克汗国时期，哈萨克人民创造了丰富多彩的有关哲学、文学方面的重要著作。哈萨克人认为宇宙万物均有由土、水、火和空气等四元素构成，并认为乃物皆依赖光和暗而存在。伊斯兰教传入后，哈萨克哲学思想受其影响。随着生产力的发展和社会进步，哈萨克汗国涌现出了一批具有较大影响力的思想家和诗人，其中以15世纪哈萨克著名诗人、哲学家阿山·海戈最为著名。

在哈萨克汗国时期，文学丰富多彩，其中口头民间文学占有重要地位，内容包括有关宇宙起源的神话、重大历史事件、英雄人物的传说、山水和四畜的故事等。民间叙事长诗是哈萨克民间文学作品中最优秀的部分，内容包括有关英雄、爱情、历史的长诗，其中以英雄长诗最为突出。哈萨克汗国时期的书面文献中包含有不少历史题材的著作，较著名的有《成吉思汗传》《史话集》《克普恰克史》等。《成吉思汗传》主要记述尤赤家族的历史，同时还记述了许多民间传说。《史话集》叙述了11世纪至16世纪古代中亚的社会历史情况，具有重要的科学和文学价值。《克普恰克史》记述了15—18世纪哈萨克汗国的历史。

哈萨克先民曾长期信奉自然崇拜、祖先崇拜等原始宗教。哈萨克中国时期人们虽然普遍信奉了伊斯兰教，但伊斯兰教主要在城市和农业区定居的哈萨克人中产生了较大影响，其主要中心是土尔克斯坦等城市。商人对伊斯兰教在哈萨克人中间的传播起了重要作用。伊斯兰教在广大牧民中影响不大。哈萨克牧民的绝大多数人没有受到伊斯兰教义的影响，而是继续坚持伊斯兰教传入前的旧有信仰。在哈萨克汗国时期，伊斯兰教与哈萨克社会传统信仰相结合，游牧的哈萨克人宗教生活中继续保持自然崇拜、祖先崇拜，同时也吸收了伊斯兰教的某些习俗。

第十六章　卫拉特蒙古在中亚的活动及其影响

卫拉特蒙古先世的活动可以上溯至12—13世纪蒙古兴起时代。蒙元时代的斡亦剌（斡亦剌惕、猥剌、外剌、外剌歹、歪剌歹）、明代的瓦剌、清代以降的卫拉特，皆为蒙古语 Oyirad 之不同汉语音译[1]。清代文献又称其为"厄鲁特（额鲁特）"，即蒙古语 Ögeled 的汉语音译，它实际上只是卫拉特蒙古中的一个古老部落的名称[2]。此外，在穆斯林文献和西方的一些著作中又以

---

[1] 关于卫拉特（Oyirad）一词的词源，学术界看法不一，较通行的解释有两种：（一）由"卫拉"（oyira-，附近、邻近之意）加复数词缀"特"（-d）构成，意为"亲近者""同盟者"（P. Pallas, *Sammlungen Historischer Nachrichten uber die Monglischen*, Volkerschaften St. Peterburg, 1776 - 1801）；（二）由"卫"（oyi-，林木、森林）加"阿拉特"（arad，百姓）构成，意为"林木中百姓"（Д. Банзаров, *Чёрная Вера*, Санкт-Петербург, 1891）。学者大多认为后一种解释更接近事实。另外还有一些其他说法。

[2] 伯希和认为，在13到17世纪间卫拉特蒙古的构成发生过明显的变化，其中的厄鲁特（额鲁特）部发展成为"左翼"即准噶尔部的统治部落，当其居于统治地位时，人们以厄鲁特或准噶尔来指称全卫拉特蒙古（P. Pelliot, *Notes* （转下页）

"卡尔梅克"(Kalmyk)[1] 来指称卫拉特蒙古。

一 蒙元时期的斡亦剌部

蒙元时代的斡亦剌部是属于"林木中百姓"之列的部落。这些部落分布在蒙古高原北部和贝加尔湖东西的森林地带。据《元朝秘史》,1202 年斡亦剌部首领忽都合别乞参加乃蛮部不欲鲁罕反对王罕和铁木真的战争,兵败后率部奔向失思吉思之地,遁入森林之中[2]。根据研究,"失思吉思"(《元朝秘史》另一处作"失黑失惕")即今色楞格河北的小叶尼塞河上源锡什锡德河[3]。另据《史集》载:"这些斡亦剌部落的禹儿惕和驻地为八河。在古代,秃马惕部落住在这些河流的沿岸。诸河从这一地区流出,汇成一条称为谦河[4]的河,而后又流入昂可剌河。"[5] 在元代的地理概念中,谦河注入昂可剌河,元代的昂可剌河指今安加拉河及

(接上页)*Critiques d'Histoire Kalmouke*, Paris, 1960, p. 7; 伯希和:《卡尔梅克史评注》,耿昇译,中华书局,1994 年,第 26 页)。
1 又作 Qalmaq,汉语音译或作喀尔木克、喀耳木等。该词词源说法不一。学术界倾向于认为它是卫拉特蒙古的突厥语称谓,突厥语穆斯林称卫拉特人为"卡尔梅克",源于动词"卡尔马克"(kalmak,留下),意为"保留"为异教徒,以区别于皈依了伊斯兰教的东干人(动词 dönmek,意为"回归")(参见伯希和:《卡尔梅克史评注》,汉译本,第 18—19 页及相关注释;J. A. Boyle, 'Kalmuk', *Encyclopedia of Islam*, vol. 4, Leiden, 1997)。该词又有广、狭义之分:广义的"卡尔梅克"泛指所有卫拉特人,狭义的"卡尔梅克"则特指留居于伏尔加河下游的土尔扈特部余众。
2 《元朝秘史》,第 142—144 节。《圣武亲征录》(《元史》同)、《史集》皆录有此事,作 1202 年。
3 "失黑失惕"与"失思吉思"为同一地名的异写。伯希和认为"锡什锡德"(Shishkhid) 是"失黑失惕"(Shikhshid) 一词中间的两个辅音 (kh, sh) 换位所致。见伯希和:《卡尔梅克史评注》,汉译本,第 35—36 页,注释 25。
4 今叶尼塞河上游,即今叶尼塞河与安加拉河交汇处以上部分。
5 《史集》,汉译本,第 1 卷第 1 分册,第 192—193 页;同书波斯文集校本,第 1 卷第 1 分册,第 221 页。

其与今叶尼塞河汇合后注入北冰洋的河段[1]。八河位于谦河上源，与上述《秘史》所载"失思吉思"（失黑失惕）之地正相符合。1953年，在色楞格河上游支流木伦河北岸、锡什锡德河之南发现了蒙哥汗时期斡亦剌部所立《释迦院碑》，为斡亦剌驸马在自己的封地内兴建佛寺时所立[2]。根据以上分析，蒙元时代斡亦剌部中心居住地区大致在今库苏泊以西、色楞格河上游以北、叶尼塞河上游支流乌鲁克穆河以东[3]。

斡亦剌的居住地区，汉、唐时期为突厥诸部活动之地，有些学者因此即认为斡亦剌部为突厥语族部落。这种观点忽视了北方民族历史上多次发生的迁徙浪潮。兴起于大兴安岭东西的蒙古语族诸部室韦－达怛人何时开始西迁，史书上无明确的记载。它们出现在漠北的最早记录为8世纪初。据突厥文《毗伽可汗碑》，乌护曾与九姓达怛联合对突厥作战。这一时期由于突厥的压迫，大批铁勒人南徙入唐，所空之地，正为室韦－达怛的西迁提供了良好的机会。840年，回鹘汗国为黠戛斯所灭，回鹘人或西迁或南奔，而黠戛斯主力又很快退回剑水（《元史》作谦河，即今叶尼塞河上游）故乡，室韦－达怛又进一步乘机于9世纪下半叶迅速扩散于整个蒙古高原。大约就在此前后，蒙古语族部落进入了今色楞格河以北、贝加尔湖东西的森林地带。据《元朝秘史》，成吉思汗11世祖母阿兰豁阿之父为豁里秃马惕部那颜豁里剌儿台篾儿干，母为阔勒巴儿忽真地方贵族之女巴儿忽真豁阿，他们"听说不儿罕山的野牲很丰富，便迁来和不儿罕山的领主兀良哈歹部的不儿罕孛思合黑三哂赤伯颜相会合了"[4]。阿兰豁阿生活

---

[1] 《元史》卷六三《地理志五·西北地附录》："谦河……注于昂可剌河，北入于海。"参见《中国历史地图集》，中国地图出版社，1982年，第7册，第11—12页，"岭北行省"图幅。
[2] 胡斯振、恩和巴图：《元代外剌部释迦院的遗址》，《元史及北方民族史研究集刊》第3期。
[3] 参见陈得芝：《元外剌部〈释迦院碑〉札记》，《元史论丛》第3辑。
[4] 《元朝秘史》，第8—9节。

的时代当为10世纪中叶,那时在蒙古高原北部的森林地带巴儿忽真地方已为蒙古语族部落所居。《元史》载,当莫拿伦一家惨遭押剌伊而（札剌亦儿）人杀害时,其第七子纳真在八剌忽之地某一部民家为赘婿,故不及难。其后纳真将幸免于难的幼侄海都（莫拿伦长孙）带到八剌忽之地抚养。"海都稍长,纳真率八剌忽怯谷诸民,共立为君。海都既立,以兵攻押剌伊而,臣属之,形势浸大。列营帐于八剌合黑河上,跨河为梁,以便往来。由是四傍部落归之者渐众。"[1]《史集》对此事的记载略有不同。《史集》中纳真为莫拿伦丈夫土敦篾年的兄弟,海都为莫拿伦幼子。莫拿伦遇难时,纳真、海都二人俱入赘于怯谷部落。后来海都立营于巴儿忽真·脱窟木,纳真立营于斡难河下游之地。[2] 海都为成吉思汗六世祖,其生活时代大约在11世纪前期。这说明蒙古部不仅很早就与豁里秃马惕、八剌忽等"林木中百姓"有密切的通婚关系,而且还一度以八剌忽之地为根据地,似乎还与八剌忽的一些部落建立过某种联盟。另外,在色楞格河下游和勒拿河上游考古发现了大约11世纪中叶的代表典型蒙古游牧文化的古墓葬,证明至迟到此时,蒙古语族部落已分布在这一广大的森林地区[3]。斡亦剌部正生活在这一地区之中,与上述八剌忽诸部相邻而居,被统称为"林木中百姓"[4]。民族学资料也反映出斡亦剌、八剌忽诸部祖源相近。缪勒尔在《西伯利亚》中记录有18世纪布里雅特的民族传说:布里雅特和额鲁特为兄弟俩,两人为一匹

---

[1]《元史》卷一《太祖本纪》。

[2]《史集》,汉译本,第1卷第2分册,第19—20页。按:"怯谷",《史集》汉译本作"坚不兀惕",并下注明转写knbut或ksut。贝勒津刊本作КИВUT,他将该词校正为kiukit。但各种抄本中,第二间节均有U,故此词当校正为KIKUT,即《元史》之"怯谷",系八剌忽部中的一个氏族。见韩儒林主编:《元朝史》,上册,第26页,注释1。

[3] 库德里亚夫采夫等:《布里亚特蒙古史》,高文德汉译,中国社会科学院民族研究所,1978年,上册,第49页。

[4]《史集》,汉译本,第1卷第1分册,第192—201页。

公马争吵起来，布里雅特便携眷迁至贝加尔湖畔[1]。布里雅特（《元朝秘史》作"不里牙惕"）是八剌忽人的一支。这则人格化的故事反映了斡亦剌人和八剌忽人的亲缘关系。拉施都丁在《史集》中将斡亦剌部与札剌亦儿、塔塔儿等蒙古部族归为一类，并指出斡亦剌人的"语言为蒙古语"，但"同其他蒙古部落的语言稍有差异。例如其他（蒙古人）称刀子为"乞秃孩（kītūqa）"，但是他们称作"木答该（mudagha）"。与此类似的词汇有很多[2]。这种差别是蒙古语方言的不同[3]，不能因为这种方言间的差异就否定了它的蒙古语属性。拉施都丁关于斡亦剌族属的记录与汉文资料相一致。元人陶宗仪在《辍耕录》中明确地将斡亦剌（又作外剌、外剌歹）归入"蒙古七十二种"之列[4]。

斡亦剌首见于史载的活动是 1202 年参加反对铁木真的战争。12 世纪末，蒙古部的铁木真崛起于漠北，联合势力强大的克烈部王罕，先后击破篾儿乞、塔塔儿、泰赤乌等部，致使漠北诸部联合起来对付这股新兴而强大的势力。1202 年，乃蛮部的不欲鲁罕

---

1 转引自亦邻真：《中国北方民族与蒙古族族源》，《内蒙古大学学报》1979 年第 3—4 期。
2 《史集》，波斯文集校本，第 1 卷第 1 分册，第 222 页。据原文校勘注，kitūqa，H 本、Kh 本作 كيتوقا（kitūqā）。《元朝秘史》作"乞秃孩"，旁译"刀"（第 154 节）。《至元译语》"车器门"作"气都花"，汉译"小刀"；《续增华夷译语》"器用门"作"乞都阿"，汉译"刀"；《登坛必录》卷二二所载（蒙古）《译语》"铁器门"作"乞堵户"，汉译"刀子"；《卢龙塞略》卷二十，译部下卷所收蒙古语《戎具类第九》载"刀曰乞堵户"。关于 mudagha 一词的书写，原文校勘注未列出异写形式。俄译本转写为 мудага。伊朗校注本写法同集校本，但音点标识为 madagha。英译本转写亦为 madagha。贝勒津认为："在纯蒙古语中，我们见到有此词的另一种较硬的拼写法，作 хотуга 和 хотага，这就使我不禁要把各抄本均作 мудра 之词读作 худга。"汉译本译者解释说："波斯文 q 除较 m 多两个识点外，字形与 m 近似，m 疑为 q 脱落识点之讹形，然则原文当作 q（u）dgeh（忽答合）。"（汉译本，第 1 卷第 1 分册，第 193 页，注 /）该词在现代托忒蒙古语中读作 utagh（此蒙乌兰教授相告，特此致谢）。
3 参见亦邻真：《中国北方民族与蒙古族族源》。
4 《辍耕录》卷一"氏族"条。

联合斡亦剌、塔塔儿、篾儿乞、泰赤乌、朵鲁班、合塔斤诸部往征铁木真和王罕,结果为后者败于阔亦田之野(今哈拉哈河上源)。参加这次战役的斡亦剌人是以忽都合别乞为首领的一部,为不欲鲁罕联军主力之一,在战争中起着比较重要的作用。战败之后,忽都合别乞"为争夺林木向失思吉思地方奔去"[1]。此后,铁木真击破原来的合作者——克烈部王罕,锋芒直指西部按台山(今阿尔泰山)的乃蛮。1204年,在乃蛮太阳汗与铁木真的决战中,斡亦剌的忽都合别乞又率部站在乃蛮一边。铁木真擒杀太阳汗,大破乃蛮部,忽都合别乞率部逃回森林中去。1206年,铁木真统一蒙古高原,称成吉思汗,开始对外扩张。1208年,成吉思汗出兵征讨逃亡也儿的石河(今额尔齐斯河)畔的篾儿乞部首领脱脱,其前锋在进军途中与忽都合别乞所统之斡亦剌部相遭遇,该部无力抵抗,不战而降。蒙古军遂以忽都合别乞为向导,进至也儿的石河,讨灭脱脱。

以忽都合别乞为首领的斡亦剌部归降以后,积极参与成吉思汗的征伐。居"大泽"(今贝加尔湖)之西的秃马惕部先已降附。其后八邻部的豁儿赤那颜得成吉思汗准许,到秃马惕部挑选美女,激起该部反叛,拘捕豁儿赤[2]。斡亦剌部的忽都合别乞受命

---

[1]《元朝秘史》,第141—144节:鸡儿年(1201年)合塔斤、泰赤乌、塔塔儿、篾儿乞、斡亦剌、乃蛮诸部共举札木合为古儿汗,征伐铁木真和王罕,交战于阔亦田地方。据《史集》(汉译本,第1卷第2分册,第157—166页)、《圣武亲征录》和《元史》(卷一《太祖本纪》):1201年,诸部(无斡亦剌)共举札木合为古儿汗以伐铁木真、王罕,结果为后者所败。1202年,乃蛮部不欲鲁罕再纠集诸部往征铁木真和王罕,方有斡亦剌部参加。显然《秘史》将这两次战役混为一次了。另据《秘史》,在此役中,不欲鲁罕和忽都合别乞等为先锋,在战争中大施呼风唤雨的巫术。剥去传说的神话外衣,可以看出斡亦剌部在这次行动中扮演着相当重要的角色。

[2]《圣武亲征录》仅言秃马惕"既附而叛",未载降附年代。《史集》载:"他们(秃马惕人)的首领带都剌·莎合儿曾来到成吉思汗处,归附了[他]。当成吉思汗忙于征略乞台,在那里滞留了六、七年[后]回来时,他听说秃马惕[部]又起来作乱了。"(汉译本,第1卷第1分册,第200页)据此知秃马惕部的归附应在成吉思出征金国(1211年)之前,而秃马惕的反叛又当在成吉思返回漠北的那年(1217年)或在此前。

前往救援，亦被扣留。1217年，成吉思汗征金后返回漠北，先后两次遣军前往镇压，方将起义平定下来。为奖励忽都合别乞的救援之功，成吉思汗将秃马惕部的女首领孛脱灰答儿浑赐给忽都合别乞。为了镇压秃马惕人的起义，成吉思汗曾令与之相邻的吉利吉思部出兵，吉利吉思抗命不从，也发动了起义。1218年，成吉思汗遣尤赤率右翼军往讨吉利吉思等部。尤赤率军越赤薛良格（今色楞格河），由忽都合别乞引路，进至失黑失惕之地（今华克穆河上游），招降其他尚未归附的斡亦剌部落（万斡亦剌）。然后继续北上，降服不里牙惕、马儿浑、兀儿速惕、合卜合纳思、康合恩、秃巴思诸部（均在今叶尼塞河上游及其东部），遂涉谦河而上，攻入吉利吉思部的中心地区（今叶尼塞河与阿巴格河汇流处一带）。先锋不花追赶逃跑的吉利吉思至亦马儿河（今鄂毕河）还。于是谦河至亦马儿河间的"林木中百姓"各部也皆为尤赤所降服。

由于斡亦剌部的忽都合别乞不战而降，率先归附，而且在讨灭脱脱、平定秃马惕起义、征服"林木中百姓"中立有战功，成吉思汗特赐封赏，给予优厚的待遇：（一）将全部斡亦剌部落赐给忽都合别乞家族，划分为四个千户（属右翼军），分别由忽都合别乞诸子统领，忽都合别乞有任命千户长的权力；（二）成吉思汗将女扯扯干公主嫁其次子亦纳勒赤，使其与成吉思汗"黄金家族"结成姻亲关系。忽都合别乞也将女斡兀立海迷失嫁给拖雷子蒙哥。此后，两家族世联姻亲。拖雷女燕帖木儿公主嫁忽都合别乞孙巴儿思不花，而巴儿思不花驸马二子别乞里迷失和沙兰也皆为元室驸马。忽必烈孙女脱脱灰公主嫁斡亦剌部的秃满答儿，阿里不哥女那不干公主嫁脱栾赤驸马长子不花帖木儿之子出班[1]，旭烈兀女及孙女嫁不花帖木儿孙，贵由女亦嫁斡亦剌驸

---

[1] 出班，《史集·忽必烈汗纪》作 Chūb(a)n，《史集·部族志》"斡亦剌惕部落"条作 Jūn(a)n，贝勒津刊本作 Jūtn，当为波斯文 j 与 ch，n 与 b、t 识点错置所致。

马。在忽都合别乞家族方面,脱栾赤驸马三女分别嫁旭烈兀、阿里不哥和察合台孙哈剌旭烈兀,不花帖木儿二女(一说为不花帖木儿妹、脱栾赤驸马女)分别嫁旭烈兀和拔都次子脱欢。这种世联姻亲的关系使斡亦剌贵族享有"亲视诸王"的显赫地位,成为蒙古统治集团的重要成员。1236年,窝阔台将中原诸州民户分赐诸王、贵戚,斡亦剌贵族受延安府份地五户丝9 796户[1]。后斡亦剌贵族也不干驸马又被封为延安王[2]。这些说明斡亦剌部首领与诸王享有同等优厚的政治、经济待遇。

斡亦剌贵族积极参与蒙元帝国的军政活动,被"黄金家族"封官授爵,委以重任。忽都合别乞长子脱栾赤驸马次子八立托二子古鲁黑和辛、脱栾赤驸马第三子巴儿思不花二子沙兰和别乞里迷失,都一直臣事元世祖忽必烈。其中别乞里迷失多次参加元朝的征伐,屡立战功,官至中书右丞、同知枢密院事,其事迹多见于《元史》。诸王旭烈兀西征,有许多斡亦剌人参加,脱栾赤驸马长子不花帖木儿即在其列。他率斡亦剌军随旭烈兀及其后继者征战讨伐,在旭烈兀和阿八哈两汗时期颇有建树。《史集》载,"在伊朗和土兰[3],过去和现在都有很多斡亦剌部异密",其中有位异密阿尔浑阿合"一直升到执掌政权,成为伊朗之地的八思哈(bāsqāq)"[4]。在这一地区的斡亦剌人当不在少数。

---

1 《元史》卷九五《食货志》。
2 《元史》卷一〇九《诸公主表》。
3 指中亚。在古代伊朗文化中,土兰指阿姆河以北的中亚地区,它与伊朗隔阿姆河相对,是两个彼此相连而又对立的地区。
4 《史集》,波斯文集校本,第1卷第1分册,第230页。八思哈即突厥语basqaq,意为"镇守者",等同于蒙古语"达鲁花赤"。同书《札剌亦儿部》亦载:"由于他是一个机敏、能干、雄辩而又聪明的人,他的事业很快腾达起来,超过了同辈的地位。"(《史集》,波斯文集校本,第1卷第1分册,第139页;汉译本,第1卷第1分册,第153页)。成吉思汗西征后,蒙古对阿姆河以南伊朗之地设官镇守。阿儿浑曾出任八思哈,镇守一方。蒙哥即大汗位后,设阿姆河等处行尚书省,"以阿儿浑充阿母河等处行尚书省事"(《元史》卷三《宪宗本纪》)。

由于斡亦刺部地处叶尼塞河上游，东为拖雷封地，西南接窝阔台、察合台封地，西北与尤赤封地为邻，具有特别重要的战略地位，因而受到各宗王的重视和拉拢。此外，由于斡亦刺部首领与"黄金家族"的联姻遍于诸王，而同忽必烈家的婚姻相对较少，故与诸王的关系较与元中央政府密切，在蒙元宗室内战中，斡亦刺部往往站在反对元朝中央政权的宗王一边。在1260—1264年忽必烈与阿里不哥的汗位争夺战中，阿里不哥初战失利，逃至谦谦州（今叶尼塞河上游南）。这里正与斡亦刺部居地毗连。阿里不哥长妃亦勒赤海迷失为斡亦刺脱栾赤驸马之女，阿里不哥女那木干又嫁给了脱栾赤驸马孙出班，姻亲关系密切，斡亦刺首领自然拥戴阿里不哥。斡亦刺居地因僻在西北，战争中未受到影响，丁壮较其他千户为多，恰成为阿里不哥补充军队的主要来源。中统二年（1261年）秋，阿里不哥军力渐次恢复，便举兵南攻。十一月，双方会战于昔木土脑儿，结果阿里不哥军败。在这次具有决定意义的战役中，阿里不哥的主力为"外刺之军"[1]。

至元十三年（1276年）冬，诸王昔里吉发动叛乱，袭取谦谦州。次年春，叛乱漫延至怯绿连河，且波及漠南。忽必烈忙遣蒙汉大军迎击，直到至元十八年（1281年）方平定。在这场历时六年的"昔里吉之乱"中，斡亦刺部又站到了叛王方面[2]。而至元二十四年（1287年）乃颜之乱后，娶了忽必烈孙女的斡亦刺部贵族秃满答儿驸马与诸王哈鲁一道举兵反元，后亦为忽必烈镇压。

---

[1] 《元史》卷一二〇《尤赤台传》载中统二年（1261）忽必烈与阿里不哥昔木土脑儿之战："诸王合丹、驸马腊真与兀鲁、忙兀居右，诸王塔察儿及太丑台居左，合必赤将中军。兵始交，获其将合丹复斩之，外刺之军遂败衄。"《史集》对此战役亦有记载："他们（忽必烈军）击溃了阿里不哥的军队，杀死了许多斡亦刺部落人。"（汉译本，第2卷，第301页）可见阿里不哥的主力部队系斡亦刺部军。

[2] 《元史》卷一六六《王昔刺传》。

经过这几次变乱，斡亦剌部受到很大打击，与元廷的关系受到影响。尽管仍有一些斡亦剌贵族供职于元廷，但是以忽都合别乞家族为首的斡亦剌贵族在元朝统治集团中所处地位大大降低了。同时，元朝政府也加强了对包括斡亦剌封地在内的漠北广大地区的控制和管理。元武宗时期（1307—1311 年），设置岭北行省，总领漠北，节制诸王、贵戚，加强中央集权。处其管辖下的斡亦剌部的活动和发展受到了限制。

二 明代瓦剌的兴起与发展

元朝的腐朽统治导致了阶级矛盾和民族矛盾的极端尖锐化，最终于 14 世纪爆发了以红巾军为主力的农民大起义，并于 1368 年为新兴的明朝所推翻。以元顺帝妥欢帖木儿为首的蒙古贵族逃往塞外。在明朝军队的追击下，元顺帝先至上都（开平府，今内蒙古锡林郭勒盟多伦县），继迁应昌（今内蒙古克什克腾旗达来诺尔西南）。明洪武三年（1370 年）卒，其子爱猷识里达腊嗣位，明军乘机攻陷应昌，爱猷识里达腊败走和林。此后，明军北进受挫。洪武十一年（1378 年），爱猷识里达腊卒，弟脱古思帖木儿继位，称乌萨哈尔汗。洪武二十一年（1388 年），明军大败脱古思帖木儿于捕鱼儿海子（今贝加尔湖）。脱古思帖木儿仅以身免，西走土剌河。在斡亦剌部的支持下，阿里不哥后裔也速迭儿乘机杀脱古思帖木儿，自立为汗。"自脱古思帖木儿后，部帅纷拿，五传至坤帖木儿，咸被弑，不复知帝号。"[1]《明史》称其为鞑靼。

漠北陷入封建领主割据混战状态，地僻西北的斡亦剌部遂乘此崛起，以瓦剌之名见于明代文献。《明史》卷三二八《瓦剌传》说："瓦剌，蒙古部落也，在鞑靼西。元亡，其强臣猛可帖木儿

---

1 《明史》卷三二七《鞑靼传》。

据之。"一般认为这个猛可帖木儿即蒙文史料中的乌格齐哈什哈[1]。在他的统领下,瓦剌迅速发展、强大起来,摆脱了成吉思汗"黄金家族"的统治。《明太宗实录》卷六"建文二年(1400)二月癸丑"条载:"谍报胡寇将侵边,上遣书谕鞑靼可汗坤帖木儿,并谕瓦剌王猛哥帖木儿等,晓以祸福。"可见瓦剌已自为一部,不再受东蒙古——鞑靼可汗的控制。

据《蒙古源流》,建文元年(1399年),鞑靼可汗额勒伯克汗(脱古思帖木儿之子)为其丞相瓦剌部的忽兀海太尉(清译本作浩海达裕)所诱,杀弟哈尔古楚克洪台吉,霸占了弟妃鄂勒哲依图洪郭斡拜济。鄂勒哲依图洪郭斡拜济施计报复忽兀海太尉,骗额勒伯克汗将其杀死。真相大白后,汗为了弥补自己误杀之过,封忽兀海太尉之子巴图拉为丞相,嫁以公主,并任命为瓦剌之长。原瓦剌首领乌格齐哈什哈不服,遂起兵袭杀额勒伯克汗,收服了大部分蒙古部众。[2] 从此,瓦剌雄霸西北,与汗位所属的东蒙古——鞑靼相对抗。15世纪初,瓦剌的势力,东起杭爱岭的西麓,南至哈密之北的戈壁,西越金山(今阿尔泰山)至也儿的石河(今额尔齐斯河)上游,北到谦河(今叶尼塞河)上游。其经济形态也由蒙元时代的渔猎经济向半牧半猎、以牧为主的经济过渡。游牧经济的发展迫切需要与农耕地区进行贸易、交流。瓦剌一方面南下争夺东西商路的重要据点——哈密绿洲,一方面东进与东南部的鞑靼争夺和中原农耕区的贸易。游牧于大漠南北的

---

1 有些学者认为猛可帖木儿、乌格齐哈什哈和后来"篡立"的鬼力赤汗为同一人。参见杜荣坤、白翠琴:《瓦剌王猛可帖木儿杂考》,收入《西蒙古史研究》。
2 乌兰:《〈蒙古源流〉研究》"译文和注释",第五卷,辽宁民族出版社,2000年,第265—267页。《黄金史》对此事的记载略有不同:哈尔克都古楞洪台吉为额勒伯克汗之子。额勒伯克误杀浩海达裕后,所委派的瓦剌首领是后者的两个儿子——巴图拉和乌格齐哈什哈,后来二人将汗杀死。见朱风、贾敬颜译《汉译蒙古黄金史纲》,第51—52页;札奇斯钦:《蒙古黄金史纲译注》,第194—196页。

鞑靼横于瓦剌和中原农耕区之间，影响了瓦剌与中原地区的交流。同时，如果鞑靼进一步强大，从而西向控制哈密，"则为害边境，而西北诸国之使不敢南向"[1]，对瓦剌无疑又是极大的威胁。基于这种经济利害之上的政治霸权的争夺是双方彼此争战不休的根本原因。而明朝政府所采取的"使之人自为雄，各相为战"的政策[2]，又加剧了双方的争战。

乌格齐哈什哈（猛可帖木儿）起兵杀额勒伯克汗后不久，即从瓦剌的政治舞台上消失了。瓦剌遂"众分为三，其渠曰马合木，曰太平，曰把秃孛罗"[3]。在永乐元年（1403年）明成祖给瓦剌的诏谕中，瓦剌首领已非猛可帖木儿，而是上述三大领主[4]。瓦剌在他们的统领下，与鞑靼"篡立"的鬼力赤汗不断发生战争，互有胜负。不久，鞑靼阿鲁台太师崛起，废鬼力赤，拥立成吉思汗后裔本雅失里为汗，势力日渐强大。明廷为抑制鞑靼，便扶持瓦剌，封马合木为顺宁王、太平为贤义王、把秃孛罗为安乐王。永乐七年（1409年）六月，瓦剌袭破本雅失里，占据和林。次年，明成祖亲统50万大军，深入蒙古草原，大败本雅失里于斡难河畔，又东向破阿鲁台于兴安岭一带。鞑靼势力受到严重削弱。永乐十年（1412年），马合木杀本雅失里，立答里巴为汗[5]。阿鲁台亦立阿台为汗。翌年，阿鲁台在瓦剌的进逼下向明朝输诚。明朝政府为阻止瓦剌过分强大，转向扶持阿鲁台，封其为和宁王。永乐十二年（1414年），明成祖又率军亲征，于忽兰忽失温（今蒙古国乌兰巴托东）大败瓦剌三部。随后阿鲁台

---

1 《明太宗实录》卷一一三，永乐九年（1411年）二月甲辰。
2 《皇明经济文录》卷三三。
3 《明史》卷三二八《瓦剌传》。有些学者认为马合木即蒙文史料中的浩海达裕之子巴图拉。
4 《明太宗实录》卷一九：永乐元年（1403年）四月壬子，"遣镇抚答哈帖木儿等赍敕往瓦剌，谕房酋马合木、太平、把秃孛罗"。
5 《明史》卷三二七《鞑靼传》。答里巴，史载不一。有的学者认为即《蒙古源流》之德勒伯克汗。

于永乐十四年再次攻破瓦剌。明朝遂又转而支持处于劣势的瓦剌，使其与鞑靼相对抗。

瓦剌三部，以马合木部为最强。永乐十四年（1416年），马合木死。永乐十六年（1418年），其子脱欢嗣，袭父封爵。脱欢进一步发展自己的势力，并发动兼并战争。至宣德年间（1425—1435年），脱欢吞并太平和把秃孛罗二部，统一瓦剌[1]。同时，脱欢还不断地东进鞑靼，削弱阿鲁台的势力。宣德九年（1434年），脱欢袭杀阿鲁台于母纳山察罕脑剌一带（今内蒙古自治区五原县东），尽收其部众，使东西蒙古暂归统一。脱欢本欲自立为汗，但迫于当时蒙古根深蒂固的正统观念，只得拥立黄金家族的脱脱不花为可汗[2]，统阿鲁台旧部，居于东部阿鲁台故地（今克鲁伦河、呼伦贝尔草原一带）。脱欢自为丞相，居于漠北，掌握蒙古政治、经济实权。正统三年（1438年），脱欢与脱脱不花又一起攻杀原阿鲁台所立阿台可汗，占领亦集乃路（今内蒙古自治区额济纳旗一带），进扰甘凉。

正统四年（1439年），脱欢死，子也先继任父职。也先是一位具有雄才大略的政治家。他一方面通过军事、政治手腕削弱鞑靼各封建领主的势力，使皆俯首于己，得以独揽大权，"称太师淮王"，而"脱脱不花具空名"[3]；另一方面积极向四周发展，进行扩张战争。也先北服乞儿吉思，西攻东察合台汗国，中亚诸民族处其影响之下；南破哈密，慑服哈密忠顺王倒瓦答失里，控制东西交通的要道，并联沙州、罕东、赤斤蒙古诸卫，置甘肃行省，以撤明朝"西陲屏蔽"[4]；东攻兀良哈三卫，使"阴为之耳目"[5]，同时结好建州、海西女真，致使明初在东北所设蒙古、

---

1 叶向高：《四夷考》卷六，中华书局，1991年。
2 脱脱不花，或谓即《蒙古源流》之岱总汗。
3 《明史》卷三二八《瓦剌传》。
4 《明史》卷三三〇《西域传二》。
5 《明史》卷三二八《朵颜福余泰宁传》。

女真诸卫亦为也先控制。瓦剌势力达到鼎盛,"北漠东西万里,无敢与之抗者"[1],并从东、北、西三面对明朝形成包围之势。

随着瓦剌势力的日益强大,其畜牧业也得到进一步发展。这就需要扩大畜产品市场和交换各种生产、生活必需品,即需要扩大与中原农耕地区的经济贸易额。同时,军事实力的强大也使蒙古贵族阶级的经济、政治欲望膨胀。他们不但向中原地区索取更多的财物,甚至还谋"求大元一统天下"[2]。也先于正统十四年(1449年)七月挥戈南下,发动了大规模的对明朝的战争。明朝仓促应战。明英宗在宦官王振的怂恿下,亲率50万大军北上迎敌。师至大同,得悉各地明军败北的消息,遂退兵东归。八月,行至土木堡(今河北怀来东),为也先轻骑二万余所破,结果全军覆没,英宗被俘。十月,也先挟英宗攻破紫荆关,兵临北京城下。明兵部尚书于谦等率北京军民奋力反击,击退了瓦剌的多次进攻。也先见攻城不下,且损失惨重,又闻明辽东、宣府等地勤王之师将至,遂拥英宗引师北还。次年春夏,瓦剌又连续对明朝发动攻势,亦为明军所击退。鉴于屡次攻明受挫,且瓦剌统治集团内部矛盾重重,也先被迫同意议和,送还英宗。双方又恢复了正常的通贡互市关系。

蒙古可汗脱脱不花与太师也先之间素有矛盾。脱脱不花并不甘心做一个徒具虚名的傀儡可汗,一直在为恢复汗权与也先进行明争暗斗,并在东部巩固和发展自己的势力。而对早就觊觎汗位的也先来说,脱脱不花的存在无疑是他成为名副其实的全蒙古的统治者的重要障碍。随着也先政治、经济地位的提高和脱脱不花汗实力的扩充,双方矛盾日益尖锐,最终于景泰二年(1451年)冬爆发了战争。结果脱脱不花汗战败,逃往兀良哈部,次年初被杀。景泰四年(1453年),也先自立为可汗,称

---

1 《明英宗实录》卷一四九,正统十二年(1447年)正月庚辰。
2 《正统临戎录》,《明代蒙古汉籍史料汇编》第1辑,薄音湖、王雄编辑点校,内蒙古大学出版社,1993年。

"大元田盛(天圣)大可汗",建年号"添元","以其次子为太师"[1]。其势力东及女真、兀良哈,西达赤斤蒙古、哈密。瓦剌达到全盛时期。

三 瓦剌在中亚的活动

瓦剌在漠西崛起时,东察合台汗国亦处于强盛时期。黑的儿火者登上汗位后不久,就向明朝派出使臣,于洪武二十四年(1391年)到达南京,受到盛情接待和馈赠。明太祖派出使臣回访。从此东察合台汗国与明朝使臣往来不绝,保持着密切的政治、经济关系。黑的儿火者汗时期,汗国得到巩固和发展,并用武力兼并了吐鲁番地区,在这一地区推行伊斯兰教[2]。就在这一时期,东察合台汗国的疆域基本确定下来,它由三部分组成:(一)蒙古斯坦(Moghulistan),意为蒙古人的地方,东起阿尔泰山,西到塔拉斯河之东的沙漠,北界塔尔巴哈台山至巴尔喀什湖一线,南包天山山脉;(二)向阳地(Mangalai Suyah),它是朵豁剌惕部异密的世袭领地,包括天山南部的"六城"地区(喀什噶尔、英吉沙、叶尔羌、和田、阿克苏和乌什)和葱岭以西的费尔干纳地区,有时塔什干地区也包括在内;(三)畏兀儿地(Uighuristan),包括吐鲁番、焉耆两个地区,有时库车也在其内[3]。

永乐元年(1403年),黑的儿火者汗卒,子沙米查干继立,汗国得到继续发展。它一面与明朝保持着友好的贡使关系,一面对其近邻诸部采取了较为强硬的外交政策。《明太宗实录》卷六

---

[1] 《明史》卷三二八《瓦剌传》。
[2] 见《拉失德史》,汉译本,第1编,第225页;魏良弢:《关于明代火州的几个问题》。
[3] 这三部分及其四至,系据《拉失德史》的记述,并参考《拉失德史》的"英译本绪论"(《拉失德失》,汉译本,第1编,第59—65页)。

六"永乐五年（1407年）四月丁酉"条载："别失八里王沙米查干遣使脱亦不花等贡玉璞及方物，且言撒马儿罕本其先世故地，请以兵服之。"竟欲与西部强大的帖木儿王朝决一雌雄，其对外政策的积极与强硬由此可见一斑。其对瓦剌的企图南下与西进必然会做出强烈反应，则是可想而知的。不过翻检有关这一时期的文献，并没有见到瓦剌与东察合台汗国相冲突的明确记载。仅《明太宗实录》卷四一"永乐三年（1405年）四月庚辰"条载："遣使以彩币赐别失八里王沙米查干。时哈密忠顺王安克帖木儿为鬼力赤毒死，沙米查干率兵讨鬼力赤之罪。上闻而嘉之，故赐之，仍赐敕，令与嗣忠顺王脱脱敦睦。"按照霍渥斯（Howorth）与和田清的考证，鬼力赤即瓦剌首领[1]。这条材料说明了东察合台汗国对其东邻哈密的关注，对于任何企图控制这条交通要道的行为都是不能容忍的。同时，这一时期东察合台汗国与瓦剌接触记载的缺乏，也似乎说明15世纪初期的瓦剌还不够强大，在其东向与鞑靼斗争之时，还无力他顾，不敢贸然与强大的东察合台汗国发生冲突。

这种局面不久就有所改变。永乐五年（1407年），沙米查干卒，其弟马哈麻继立。接着便出现了关于瓦剌与东察合台汗国冲突的记载。《明太宗实录》卷一二三"永乐九年（1411）闰十二月己卯"条：遣给事中傅安等送别失八里使臣马哈麻等还。以瓦剌使者言别失八里马哈麻王将袭其部落，就命安等赍敕谕马哈麻曰："近瓦剌遣使言王欲袭其部落，信有之乎？抑瓦剌使者之言非耶？……"双方的冲突是非常明显而尖锐的，而且东察合台汗国一方似乎还占有明显的优势。但这也恰可说明此时的瓦剌已经相当强大，在东与鞑靼斗争的同时，对其西邻东察合台汗国也逐步强硬起来。

---

[1] 霍渥斯：《蒙古史》，第1卷，伦敦，1876年（H. H. Howorth, *History of the Mongols*, vol. 1, London, 1876），第357页。和田清：《明代蒙古史论集》，汉译本，商务印书馆，1984年，上册，第180—185页。

当瓦剌日益强大起来的时候，东察合台汗国却正逐步走向衰落。永乐十三年（1415）马哈麻汗卒后，其子失儿马黑麻继立，然不久被废黜。朵豁剌惕部异密家族的忽罗达操纵汗国权柄，另立沙米查干之子纳黑失只罕为汗。但失儿马黑麻被废后仍拥兵割据一方，自称汗号。纳黑失只罕在位仅三年，又为黑的儿火者汗之孙、失儿阿里之子歪思杀害。东察合台汗国陷入汗权争夺的内讧中，汗国的力量由此受到削弱，瓦剌乘机加紧向西发展，从东、北两个方向压迫东察合台汗国。由于汗位之争而处于混乱状态的东察合台汗国无力也无暇来反抗这种来自瓦剌方面的压力。据《明太宗实录》卷一九七"永乐十六年（1418）二月庚戌"条："别失八里头目速哥、克剌满剌等来朝贡方物，具言其王纳黑失只罕为从弟歪思弑杀而自立，徙其国西去，更号亦力把里。"亦力把里即今新疆伊宁一带。在瓦剌西进的强大压力下，刚刚"弑主自立"的歪思汗被迫迁都亦力把里。明代文献称之为"亦力把里国"。

也就在这一时期，瓦剌进入天山以北的东部地区，并对东察合台汗国不断发动侵略战争。这一情况在明代汉文文献中已有所反映。《明太宗实录》卷二四〇"永乐十九年（1421年）八月壬辰"条："太监海童、指挥白忠等还自瓦剌，言亦力把里王歪思与贤义王太平构兵，战互有胜负。"贤义王太平即明代前期瓦剌三部首领之一。与此同时，瓦剌还南进哈密，侵掠商路。《明太宗实录》卷二三八"永乐十九年六月庚戌"条说："哈密忠义王免力帖木儿言，瓦剌比遣人侵掠其境。遣使赍敕责贤义王太平等，令还所侵掠。"对于瓦剌对哈密的侵掠，这时的东察合台汗国也无力顾及了。非但如此，甚至东察合台汗国的东部要地吐鲁番也遭到了瓦剌的攻击。为了争夺和控制商路，歪思汗不得不予以反击。据《拉失德史》记载，歪思汗曾于吐鲁番附近同瓦剌打过仗。他每年都到吐鲁番、塔里木、罗布怯台等地狩猎；还在吐鲁番亲自浇灌土地，种植农作物，自给口粮。[1] 由于瓦剌势力的西进，东察合台汗国的重心转移到了衣烈河谷（今伊犁河谷）和天山以南地区。

瓦剌在从东部压迫东察合台汗国的同时，还由叶密立河（今额敏河）、库克恰腾吉思（今巴尔喀什湖）一线即在东察合台汗国北部边境向南发动进攻，侵扰七河地区，深入衣烈河（伊犁河）畔。《拉失德史》记载了歪思汗与瓦剌的两次战争，一次在明拉克（Minglaq），一次在蒙古斯坦的边境卡巴卡（Qabaq）[2]。按照伯希和的意见，Minglaq似为Ming-bulaq（明布拉克，意为"千泉"，在今吉尔吉斯斯坦共和国境内）之误，Qabaq即是称作Qabiqalar和Qabilqaqla的地方[3]。据《拉失德史》，歪思汗前后与瓦剌作战61次，仅有一次胜利，其余都遭失败，而且歪思汗本人至少有两次被俘[4]。

随着势力的增强及漠北霸权的确立，瓦剌加剧了朝西方的扩张，而这时的东察合台汗国则处于四分五裂的混乱状态。歪思汗时期，汗权曾一度得到加强。歪思汗不但消灭了割据的失儿马黑麻，同时还削弱了朵豁剌惕部异密家族等军事贵族的权力，权臣忽歹达被迫以朝觐名义离开汗国，最后死在麦地那。然在1432年歪思汗卒后，汗位之争再起。歪思汗少子也先不花得到大多数异密的支持，被拥立为汗，而长子羽奴思被逐出国。不久东察合台汗国统治集团内讧，羽奴思在撒马儿罕帖木儿后王卜撒因的支

---

1 见《拉失德史》，汉译本，第1编，第248—249页。书中言与歪思汗作战的瓦剌首领为"也先大石"（也先太师），但歪思汗与瓦剌著名首领也先太师并非同一时代。按伯希和的解释，这是由于也先太师在东察合台汗国与在蒙古高原一样著名，以致一个世纪以后，西域的穆斯林们"把涉及其前任和继承者们的事实也都统统归于他的名下了"（见伯希和：《卡尔梅克史评注》，耿昇汉译，中华书局，1994年，第82页）。
2 见《拉失德史》，汉译本，第1编，第246—247页。
3 见伯希和：《卡尔梅克史评注》，第81页，及注释12、13（第85页）。
4 见《拉失德史》，汉译本，第1编，第246—248页。

持下，占据东察合台汗国西部，亦自立为汗。也先不花只能控制汗国的东部地区。1462年，也先不花卒，子朵思忒阿黑麻继立，好战残暴，荒淫无度，死于伊斯兰教历873年（1468—1469年）。其幼子克伯速檀为部属挟持到吐鲁番为汗。羽奴思汗乘机占据阿克苏。这一时期朵豁剌惕部异密家族也再次发生分裂，阿巴·乩乞儿击败对手，控制了"向阳地"这份家族的世袭领地，并多次击退羽奴思汗的进攻，成为这一地区的独立君主。东察合台汗国实际分裂为三部分。

这一形势给瓦剌的西进提供了良好的时机。瓦剌在南攻明朝的同时，对东察合台汗国展开猛烈攻势，不断深入天山北部、七河地区。东察合台汗国汗权旁落，"诸异密结党相争"[1]，对瓦剌的进攻当然不可能进行有效的抵抗。《拉失德史》描述说："密儿·哈喀·巴儿的·别克吉黑住在伊塞克湖中一个叫作苦水的岛上，并在这里建筑了一座城堡，把自己的妻儿老小都搬到岛上去了，借以避免喀耳木人（Kalmuk）的攻击。……札剌思家族和八邻部落的异密则去投奔喀耳木领地的（酋长）也先大石之子阿马桑赤大石。"[2] 瓦剌牢固地占据天山以北东部地区，对东察合台汗国的衣烈河流域与伊塞克湖一带展开掠夺性的征伐，甚至还侵扰西部的河中地区农业区。景泰三年至六年（1452—1455年）间，瓦剌深入锡尔河谷，并击败了当地的月即别（乌兹别克）人[3]。伊斯兰教历873年（1468—1469年），在斗争中失利的也先之子阿马桑赤大石率部逃奔蒙古斯坦，进入衣烈河谷，"与羽奴思汗遭遇，并将他打败……有许多蒙兀儿异密被杀"[4]，迫使羽奴思汗逃往细浑河畔。直到伊斯兰教历877年（1472—1473年），这支瓦剌军方"返回故土"，"蒙兀儿斯坦成了无主之地，

---

1 见《拉失德史》，汉译本，第1编，第267页。
2 《拉失德史》，汉译本，第1编，第268—269页。
3 见霍渥斯：《蒙古史》，第2卷，第688页。
4 《拉失德史》，汉译本，第1编，第290页。

于是羽奴思汗就带着蒙兀儿部众回到了自己的故土"[1]。

瓦剌的全盛并没有维持多久。也先建立起来的庞大汗国，仅仅是一个松散的军事联合体，缺乏稳固的经济、政治基础。也先"僭夺汗位"，遭到了蒙古正统势力的顽强抵抗，而他的骄横专权又引起一些瓦剌封建领主的反对。另外，也先连年征战，对蒙古经济破坏严重，给广大蒙古人民带来了无尽的灾难，激起了人民的不满。景泰五年（1454年），瓦剌发生内讧，右翼封建领主阿剌知院等起兵攻讨也先，也先兵败被杀。随着也先的身亡，东西蒙古暂归统一的局面便告结束。不久，哈喇沁部领主孛来又起兵攻袭阿剌，后者兵败后为属下所杀。瓦剌在东蒙古的统治崩溃，东蒙古大权落入孛来和翁牛特部封建领主毛里孩之手。此后，各部封建领主拥兵自重，可汗沦为他们斗争的工具，蒙古高原又陷入封建割据之中。

也先死后，其妻及长子火儿忽答孙等"有人马一万，居于干赶河（今札布汗河）"[2]，其弟伯都王告示西投哈密，而大多数瓦剌部众则在也先次子阿失帖木儿[3]的统领下，仍游牧于漠北，势力依然很强大。瓦剌与鞑靼相抗衡于蒙古高原，时战时和。成化十四年（1478年），阿失帖木儿卒，克舍继立。克舍统治时期，瓦剌非但没有变弱，而且还联合鞑靼南攻明朝，东降兀良哈。成化年间（1465—1487年）蒙古地区的势力对比，正如明人郑晓所说："大抵瓦剌为强，小王子（即鞑靼）次之。"[4] 直至成化二十二年（1486年）克舍死后，瓦剌内讧，势力方衰。鞑

---

1 《拉失德史》，汉译本，第1编，第295页。
2 《明英宗实录》卷二五三，景泰六年（1455年）五月己酉。
3 阿失帖木儿，又作斡失帖木儿，《明史》卷三二八《瓦剌传》作也先孙，郑晓《皇明北虏考》作也先弟，叶向高《四夷考》和何乔远《名山藏·鞑靼传》作也先子。和田清认为此人即《西域同文志》所载准噶尔部始祖、也先次子额斯墨特达尔汉诺颜。参见和田清：《明代蒙古史论集》，汉译本，第289页，注释1。
4 郑晓：《皇明北虏考》，《明代蒙古汉籍史料汇编》第1辑。

靼达延汗乘机攻袭，迫使瓦剌主力西迁，以控奎河（今坤桂河）、扎卜罕河（今扎布汗河）流域为中心游牧于漠西，其范围东起杭爱山，南抵哈密北，西达也儿的石河，北至谦河上游。在此前后，东蒙古封建领主向南部及西南部的鄂尔多斯和青海迁徙。蒙古高原的政治生活中心也开始从土剌河、阿鲁浑河（今鄂尔浑河）、胪朐河（今克鲁伦河）一带移向漠南察哈尔地区，大汗牙帐也迁到了这里。东蒙古重心的南移，阻断了瓦剌与中原农耕区的联系。瓦剌既然无力东向冲破强大的东蒙古的阻碍，唯有改变方向，致力于向西部的发展。同时，为了取得与农耕区的贸易联系，瓦剌也逐渐向哈密一带移动。

在也先时期，哈密曾被瓦剌制伏。也先死后，瓦剌衰落，便失去了对哈密的控制，但仍有小列秃等部驻牧于哈密之北的北山（天山东端）一带。这时东察合台汗国中心地区之一的吐鲁番亦积极向东发展。成化年间（1465—1487年），吐鲁番统治者速檀阿力占据哈密，并进而东袭肃州，骚扰明边。由于此时瓦剌主力尚在漠北，驻牧哈密以北的瓦剌部众还无力与速檀阿力相对抗，甚至在东掠明边的行动上还与之配合。《明宪宗实录》卷一三七"成化十一年（1475）正月癸酉"条："土鲁番使臣赤儿米即等各奏，已得哈密城池及瓦剌奄檀王人马一万，又收捕曲先并亦思渴头目倒剌火只，讫朝廷遣使通道往来和好。"己卯条又说："兵部奏，甘肃地方诸夷杂处，反侧不常……近又传说瓦剌乱吉帖木儿拥众驻近哈密，傥与速檀阿力构结犯边，则恐寄住安插夷复为内应。"数年后，随着瓦剌的逐步西移，大批瓦剌部众游牧于哈密附近。除游牧北山的小列秃部外，尚有养罕王、阿沙太师、阿力古多王等部活动于此。瓦剌在这一地区的力量大大增强，并多次南下掳掠哈密[1]。而这时叶鲁番方面则由于速檀阿力的死去暂失

---

[1]《明宪宗实录》卷二八九，成化二十三年（1487年）四月甲戌；卷二九〇，五月丙寅。

其东进的锋芒。因此，一段时期内瓦剌的西移与东察合台汗国方面并无较大的冲突。

然而随着东察合台汗国阿黑麻汗的兴起，双方的矛盾激化了。15世纪70年代，东察合台汗国羽奴思汗由于向往定居生活，率部移居汗国西部达失干农业区。一些不习惯于定居生活的蒙古贵族遂拥羽奴思汗少子速檀阿黑麻逃回蒙古斯坦，继续过着传统的游牧生活。阿黑麻经过多年的经营，统一了蒙古斯坦各部，并于其父尚在世时即于汗国东部称汗。成化二十三年（1487年），羽奴思汗卒，长子马合木在达失干继汗位，统治汗国西部。而在此前后，阿黑麻汗兼并察力失（今焉耆）、吐鲁番地区，并定都吐鲁番，积极向外发展，从南边压迫瓦剌。据《拉失德史》，阿黑麻汗曾多次大败瓦剌："他（阿黑麻汗）几度用兵喀耳木，连战皆捷，斩获颇众。……喀耳木非常畏惧他，一直称他为阿剌札汗（Alacha Khan）。'阿剌札'这个字在蒙兀儿语中意即Kushanda（嗜杀者）。这就是把他称为'嗜杀之汗'。这个称号他无法摆脱，他自己的百姓也常常称他为阿剌札汗。现在，蒙兀儿人称他为速檀·阿黑麻汗，但是相邻的各民族都把他叫作'阿剌札'。"[1] 看来阿黑麻汗并没有能将瓦剌逐出蒙古斯坦东部地区，否则《拉失德史》的作者一定会大加褒扬的。

瓦剌与东察合台汗国相对抗，伺机不时向后者发动袭击。《明武宗实录》卷一八"正德九年（1514年）十一月丙子"条载："瓦剌达子侵哈密，土鲁番速檀满速儿等败之，斩首八级。"又，王琼《晋溪本兵敷奏》卷六《为哨探贼情事》正德十二年闰十二月初五日题"看得巡抚甘肃都御史李昆等奏称，选差通事马骥等探至哈密东北，遇见瓦剌达子他巴等说称：'我每去土鲁番抢了两遭，今年截路，把回子杀了三百多……'"但这时瓦剌终因实力较弱，在对抗中经常处于劣势，正如明廷所议："瓦剌屡

---

[1]《拉失德史》，汉译本，第1编，第338页。

为土番所侵,力未能制之。"[1] 嘉靖二十二年(1543年),满速儿汗卒[2],长子沙速檀"袭主本国"[3],而次子马黑麻速檀则占据哈密,与其相对抗。在斗争中处于劣势的马黑麻速檀"结婚瓦剌以为援"[4]。这时的瓦剌则处于一种诸部分散游牧的状态,封建领主"各统所部,不相属"[5]。在对待南邻东察合台汗国的进攻上也难以协调行动。故而东察合台汗国仍经常对其发动袭击,双方冲突不时发生。嘉靖四十四年(1565年),东察合台汗国沙汗进行了一次对瓦剌的侵掠,在带着虏获物返回的途中,遭瓦剌狙击,被杀身亡[6]。

瓦剌的西移除了因为受到东察合台汗国及其继承者叶尔羌汗国的遏制,还因为与哈萨克发生了冲突,而且似乎是哈萨克占据优势[7]。

16世纪中叶以后,瓦剌又遭受到了以俺答汗为代表的漠南蒙古的猛烈进攻。嘉靖三十一年(1552年),俺答汗率兵进攻瓦剌,于坤奎河、札布罕河一带击败瓦剌奈曼明安辉特,杀其诺颜玛尼明阿图,"占据四卫喇特"[8]。嘉靖四十一年(1562年),俺答从孙、鄂尔多斯的库图克图彻辰洪台吉又兵进瓦剌,大破土尔

---

[1] 《明武宗实录》卷一六四,正德十三年(1518年)七月丙午。
[2] 见魏良弢:《明代及清初土鲁番统治者世系——兼述东察合台汗国之变迁》,《历史研究》1986年第6期。
[3] 《明世宗实录》卷三〇七,嘉靖十五年(1536年)正月丙午。
[4] 《明世宗实录》卷三〇七,嘉靖十五年(1536年)正月丙午。
[5] 张穆:《蒙古游牧记》卷一四《厄鲁特蒙古新旧土尔扈特部总叙》,咸丰九年刻本。
[6] 《明世宗实录》卷五五六,嘉靖四十五年(1566年)三月壬寅;沙·马合木·本·法齐勒·楚剌思:《编年史》,阿基穆什金译注,莫斯科,1976年(Шах-Махмуд ибн Фазил Чурас, Хроника, Критический текст, пер., комм., иссл. и указ. О. Ф. Акимушкина Москва, 1976),第166—167页。
[7] 俄国中央国家古代文书档案库,吉尔吉斯-哈萨克卷宗,1595年,第1号,第2卷,第8张;1959年,第2号,第1卷,第8张。转引自兹拉特金:《准噶尔汗国史》,马曼丽汉译,商务印书馆,1980年,第114—115页。
[8] 乌兰:《〈蒙古源流〉研究》"译文和注释",第六卷,第364页。

扈特部于也儿的石河畔。万历二年（1574年），俺答汗的同族布延巴图尔洪台吉兄弟再次发动对瓦剌的进攻，于哈尔该（杭爱山以南）尽降辉特部[1]。漠南蒙古势力向西发展到巴里坤、杭爱山一带。

四 明清之际卫拉特蒙古的发展与迁徙

卫拉特蒙古经过长期的发展变化，到16世纪后半期逐步形成和硕特、准噶尔、杜尔伯特和土尔扈特四大部，"部自为长，号四卫拉特"[2]。封建领主"各统所部，不相属"[3]。诸部之间仅通过一个议事机构——"丘尔干"（cūlgān）或称作"呼拉尔"（khural）建立起松散了联盟，以此来协调各间的关系，加强内部统治，统一对外行动。"丘尔干"，即定期的各部封建领主的代表会议，设有"丘尔干·达尔加"（领导者、盟主）。这个盟主没有任何行政权，其职能仅在于倡议会议的召开，协调各部领主间的关系，使领主们在行动上相互配合。16世纪末期，担任"丘尔干·达尔加"的是和硕特部长拜巴噶斯汗[4]。明朝中叶也先死后，其所在家族绰罗斯势力逐步削弱，和硕特部继之而起。约在16世纪中期，拜巴噶斯"祖博贝密尔咱始称卫拉特汗，其父哈尼诺颜洪果尔继之"[5]，至迟至万历十五年（1587年），拜巴噶斯继祖、父之后成为和硕特部首领、卫拉特"丘尔干"的"达尔加"（盟主）[6]。

---

1 乌兰：《〈蒙古源流〉研究》"译文和注释"，第六卷，第367页。
2 祁韵士：《皇朝藩部要略》卷九《厄鲁特要略一》。
3 张穆：《蒙古游牧记》卷一四《厄鲁特蒙古新旧土尔扈特部总叙》。
4 见雷特金：《卫拉特历史资料》，转引自兹拉特金《准噶尔汗国史》，汉译本，第117页。
5 祁韵士：《皇朝藩部要略》卷九《厄鲁特要略一》。
6 见祁韵士：《皇朝藩部要略》卷九《厄鲁特要略一》；雷特金：《卫拉特历史资料》，转引自兹拉特金《准噶尔汗国史》，汉译本，第111、112页。

当时的卫拉特诸部中以和硕特部最为强大,万历十五年(1587年)卫拉特诸部对喀尔喀蒙古的联合反击战中所出兵力的多寡,在某种程度上可以说是各部实力的反映。在这次战争中,卫拉特联军共五万人,其中和硕特部三万,杜尔伯特八千,绰罗斯(准噶尔)六千,辉特四千,土尔扈特二千。在卫拉特诸部首领中,和硕特部的拜巴噶斯又是最为强大的,"他身边经常备有一支一万六千人的队伍,而且在卫拉特执政者中,他被认为是在宗教和管理方面最有影响和最有权威的人"[1]。

16世纪末17世纪初的四卫拉特,虽然在"丘尔干"的协调下得到一定的发展与壮大,并且在对外行动方面基本上做到联合出击、相互配合,但是喀尔喀蒙古的西进仍然是这一时期卫拉特的主要威胁。17世纪初,扎萨克图汗部赉瑚尔汗再次向卫拉特发动进攻[2],迫使卫拉特各部进一步向西和西北方向发展。同时,赉瑚尔汗堂弟硕垒乌巴什(俄文文献作"阿勒坦汗")亦加紧向卫拉特牧区扩张,从而占有吉尔吉斯湖、乌布萨湖、贝克木河及萨彦岭南北,逐渐形成和托辉特部(外文资料又作"阿勒坦部")。该部"为喀尔喀极边,西近厄鲁特,北近俄罗斯,俗喜斗。乌梁海复错处其间,捕貂射猎,依木而居,纳赋和托辉特,有事则籍以为兵,故和托辉特虽隶扎萨克图汗,实自为一部"[3]。硕垒乌巴什的扩张激化了其与卫拉特的矛盾,再加上俄国从中挑拨,致使卫拉特与和托辉特争战不休。

四卫拉特为喀尔喀所迫进一步西移后,各部游牧地大致分布如下:准噶尔部在额尔齐斯河上游至霍博克河、萨里山一带,和硕特部从额敏河两岸至乌鲁木齐地区,土尔扈特部在塔尔巴哈台及其以北地区,杜尔伯特游牧于额尔齐斯河两岸。以哈喇忽剌为

---

[1] 兹拉特金:《准噶尔汗国史》,汉译本,第118页。
[2] 帕拉斯:《内陆亚洲厄鲁特历史资料》,邵建东、刘迎胜汉译,云南人民出版社,2002年,第38页。
[3] 《外藩蒙古回部王公表传》卷六三《扎萨克多罗贝勒根敦列传》。

首的准噶尔部正与和托辉特部相邻。和托辉特的西进，准噶尔部首当其冲，因此，在卫拉特反对喀尔喀的斗争中，哈喇忽剌是最主要、最积极的力量。

据俄文文献，1608秋冬时节至翌年初，卫拉特与和托辉特部间展开了一场战争。战争的结果是卫拉特一方获得了胜利，"并且把阿勒坦皇帝（硕垒乌巴什珲台吉）远远逐出他以前曾经放牧的冬季游牧地区"[1]。由于材料的缺乏，无法得知战争爆发的具体原因和卫拉特诸部的参战情况。但此后的史料说明，哈喇忽剌对和托辉特的反抗是非常激烈的。逐渐强大起来的准噶尔部成为卫拉特各部中的主要抵抗力量。1619年硕垒乌巴什在给俄国沙皇米哈伊尔·费奥多罗维奇的信中，甚至希望能与托木斯克、托博尔斯克、塔拉的俄军一道"协同讨伐哈拉胡拉台吉及其臣民一伙匪贼"[2]。这条材料起码可以说明哈喇忽剌的力量已相当强大，对于其强邻和托辉特来说也是非常棘手的了。

不过这还不能说卫拉特诸部中只有准噶尔在抵抗东邻喀尔喀蒙古的压迫。恰恰相反，在一系列大规模的战争中卫拉特诸部都是积极的参加者。虽然不断迁移的游牧活动使诸部相距甚远，但一旦爆发对外战争，卫拉特各部便会克服内部的不和而一致对外，相互援助。

1620年，卫拉特与和托辉特之间再次爆发战争。哈喇忽剌率部对和托辉特部发动进攻，用四千人成功地袭击了硕垒乌巴什的兀鲁思，但在凯旋途中受到和托辉特部的夹攻，遭到惨败，哈喇忽剌仅携一子侥幸逃脱。硕垒乌巴什乘胜进军，并与哈萨克人联合，将参战的其他卫拉特部击溃。哈喇忽剌与其兄弟一道退却至鄂毕河、托木河之间游牧，而以杜尔伯特达赖台什、土尔扈特

---

[1] 苏联科学院远东研究所等编：《十七世纪俄中关系》第1号文件，汉译本，商务印书馆，1978年，第48页。

[2] 苏联科学院远东研究所等编：《十七世纪俄中关系》第25号文件，汉译本，第99页。

和鄂尔勒克台什为首的另一部分卫拉特人则被追赶到额尔齐斯河、伊施姆河之间的卡麦什洛夫河一带。[1] 翌年夏达赖台什、和鄂尔勒克台什等率部东返，出现于额尔齐斯河、鄂毕河间的盐湖附近游牧，随后又与哈喇忽剌及其部众会合于鄂毕河、托木河间，并于丘梅什河口筑堡守卫，以抵抗和托辉特部的进攻[2]。不过到第二年，即1622年，卫拉特人再次败北，包括额尔齐斯河的盐湖一带亦为和托辉特部占据[3]。1623年，游牧于伊施姆河一带的以达赖、和鄂尔勒克等人为首的各部集结于卡梅什洛夫河，将妻子畜产留在那里，然后东向与和托辉特部作战[4]。关于这次战争，俄国文献没有哈喇忽剌活动的记载，亦未记载战争的进展情况与结果。从以后发生的事件看，这场战争的双方都没有取得决定性的胜利，不过其结果有利于卫拉特一边。一方面，卫拉特离开战场，并且部分向更西方向迁徙[5]；另一方面，卫拉特俘获颇多，在1625年的卫拉特内乱爆发时，有许多和托辉特部俘虏逃跑，而且额尔齐斯河畔的亚梅什盐湖一带牧场也回到了卫拉特手中[6]。

卫拉特诸部这个松散的联盟体，其内部矛盾亦很尖锐。随着社会的发展，各种矛盾日益尖锐，各部之间、各部封建主之间斗争日益加剧起来。1625年，卫拉特和硕特部的秦台吉死去，其兄拜巴噶斯台吉与楚琥儿台吉之间为争夺秦台吉的遗产而发生冲突。准噶尔的哈喇忽剌、杜尔伯特的达赖台什调解无效，楚琥儿联合其他几位领主击败了拜巴噶斯，于是哈喇忽剌率兵一万，前

---

1 见《俄蒙关系史料（1607—1636）》第50、51、62号文件，第104、105、122、123页。
2 见《俄蒙关系史料》第55、56号文件，第111—113页。
3 见《俄蒙关系史料》第59号文件，第117页。
4 见《俄蒙关系史料》第63号文件，第122页。
5 见巴德利：《俄国·蒙古·中国》，汉译本，下卷，第1册，第1074页。
6 见《俄蒙关系史料》第70号文件，第137页。

来营救拜巴噶斯,击溃楚琥儿方面的进攻,才未致酿成大战[1]。在抵御外侮和调解、制止内部纠纷的过程中,哈喇忽剌的威望、实力与日俱增。他采用各种方式,利用内争外患的机会,剥夺、压迫较小的卫拉特领主,成为四卫拉特的实际盟主。当一些领主企图反抗哈喇忽剌时,比较强大的杜尔伯特领主达赖台什也只能无可奈何地劝阻说:"一岁的骆驼崽不能驮起成熟的大骆驼的重荷。"[2]

16世纪中期以来,畜牧业的进一步发展造成卫拉特各部的牧场不足,而东蒙古的西进,特别是和托辉特部向西北地区的扩张,占据大量卫拉特原游牧地,就更加剧了这一矛盾。16世纪末17世纪初,卫拉特的土尔扈特、杜尔伯特等部沿额尔齐斯河逐步向西北方向转移。而17世纪初期对喀尔喀蒙古战争的失败,更促使卫拉特越过伊施姆河向更西方向发展,不断向在额济勒河(伏尔加河)与厄姆巴河之间的广阔草原上游牧的诺盖人发动进攻。与此同时,他们也向南攻掠了花剌子模。[3] 在这一时期卫拉特诸部也与哈萨克人不断发生武装冲突,互有胜负。

牧场的不足及东邻喀尔喀蒙古的进逼所造成的外部压力引起卫拉特蒙古部分领主率部西移,而准噶尔部的崛起、卫拉特诸部间的争斗,特别是1625年的大动乱对这一迁徙起了加速作用。和鄂尔勒克率领土尔扈特的主要部众,以及杜尔伯特、和硕特的部分,共约五万帐,加快了西移的步伐,奔向那茫茫无垠的额济勒河下游草原。早在他率部离开联盟前的1618年,他便派出"忠实可靠的人去看黑海沿岸"和伏尔加河下游一带,做了实地

---

1 见《俄蒙关系史料》第70号文件,第134—141页。
2 加班沙拉勃:《关于卫拉特人的故事》,第22页,转引自兹拉特金《准噶尔汗国史》,汉译本,第128页。
3 见《突厥世系》,汉译本,第262页;戴美桑法译本,第296页;巴托尔德:《中亚史研究四种》,莱顿版,1956年,第1卷,第160页。

调查,"确实弄清那里的领土未被任何人占领之后"[1],才率领部众向西迁徙。在土尔扈特迁来之前,这片草原上活动着的是诺盖汗国的游牧民。诺盖汗国是14世纪末15世纪初从金帐汗国分裂出来的一个游牧汗国,自16世纪末以来的几十年间的不断内讧和自然灾害的侵袭,使汗国日趋衰落。他们"常常离开伏尔加河中下游一带的惯常游牧区,不顾俄国当局的反对,迁往亚速夫草原,甚至希瓦草原,使人、畜都受到了损失"[2]。诺盖人的势力衰落及其迁徙,给土尔扈特人西迁以有利时机。卫拉特蒙古向诺盖人发动了几次突袭,迫使后者退到了额济勒河彼岸。1628年,和鄂尔勒克率部越过雅依克河(今乌拉河),几乎就没有遇到诺盖人的抵抗,于1630年前后顺利地到达了额济勒河下游各支流沿岸。

17世纪前半期,中国正处于一个大变革、大动荡时期。明王朝的统治日益腐朽,处于风雨飘摇之中。万历四十四年(1616年),女真后金政权兴起于我国东北地区,与明廷相抗衡。邻近明朝与女真的漠南蒙古成为两方争夺的对象。在明政府的支持下,蒙古大汗察哈尔林丹汗起而抗金。1632年,后金攻袭察哈尔部,林丹汗不敌西走,1634年病死于赴青海途中的大草滩。崇祯九年(1636年),漠南蒙古16部49个封建领主承认后金统治者皇太极为可汗,并上"博克达彻辰汗"尊号。同年皇太极在盛京(今辽宁省沈阳市)即帝位,改国号为"清",并逐渐与喀尔喀、卫拉特各部建立联系。也是在这一年,卫拉特和硕特部顾实汗遣使通贡,于次年抵达盛京,为卫拉特通贡清廷之始[3]。自此,卫拉特各部对清的表文贡使络绎不绝。1644年,明王朝在以李自

---

[1] 帕里莫夫:《留居俄国境内时期的卡尔梅克史纲》,阿斯特拉罕版,1922年,第7页。
[2] 兹拉特金:《准噶尔汗国史》,汉译本,第131—132页。
[3] 《清太宗实录》卷三九,崇德二年(1637年)十月丙午;《皇朝藩部要略》卷九《厄鲁特要略一》。

成、张献忠为首的农民起义军的打击下灭亡,清军乘机入关,定都北京,开始了清王朝二百六十多年的统治。

这时北亚的国际形势也动荡不安,弱小的森林、草原游牧民族正遭受着俄国的侵略。16世纪下半叶,俄国越过乌拉尔山,东侵西伯利亚汗国(失必儿汗国)。1581年,俄国击破西伯利亚汗国,库楚姆汗率残部南逃。1586年,俄国建立秋明要塞。这是在乌拉尔以东的第一个殖民据点。次年,又建托博尔斯克,作为俄国西伯利亚总督的驻地。俄国由此继续东进,深入额尔齐斯河流域,于1594年筑塔拉城堡,1604年筑托木斯克,将侵略的魔爪伸向我国卫拉特、喀尔喀各部。

在这种错综复杂的内外形势下,准噶尔部在我国西北地区崛起了。准噶尔部领主为15世纪中期称霸蒙古高原的瓦剌首领、绰罗斯家族的也先之后。据载也先为元臣孛罕六世孙[1],"有子二,长博罗哈勒,为杜尔伯特祖;次额斯墨特达尔汉诺颜,为准噶尔祖"[2]。自额斯墨特达尔汉诺颜"越六传,有呼图该图哈喇忽勒者,号多克辛诺颜"[3]。哈喇忽勒,文献又作哈喇忽剌,传说他因曾杀死过一种名叫哈喇忽剌的凶猛野兽而得此名[4]。

16世纪末17世纪初,准噶尔部在卫拉特四部中尚不够强大,还只好奉哈布图合撒儿的后裔和硕特部长为盟主。不过在这外战频仍、内讧不休的时代,各部的发展是极不平衡的,其中以哈喇忽剌为首的准噶尔部发展最快。这位出身于绰罗斯家族的哈喇忽剌"希望恢复绰罗斯家族以前的权势,并成为卫拉特的盟主。他靠损害许多弱小领主的利益,拼命扩大自己的力量,一面像'秃尾灰狼黎明时侵袭绵羊'一样侵犯小领主,一面又像'饿

---

1 见《蒙古源流》卷九;《皇朝藩部要略》卷九《厄鲁特要略一》。
2 《皇朝藩部要略》卷九《厄鲁特要略一》。
3 《外藩蒙古回部王公表传》卷七七《阿喇布坦列传》。
4 帕拉斯:《内陆亚洲厄鲁特历史资料》,第37页。

鹫'一样观察强大部主的动静"[1]。在哈喇忽剌的领导下，准噶尔部迅速发展壮大，积极参与卫拉特反抗喀尔喀的战争和卫拉特诸部间的斗争，越来越表现为一支不可忽视的力量。至17世纪20—30年代，准噶尔部实力已超乎诸部之上。1634年哈喇忽剌卒后，其子和多和沁继立，"由达赖喇嘛授予他浑台吉称号及额尔德尼巴图尔的名字"[2]，标志着准噶尔部的首领已成为卫拉特的实际盟主。

17世纪30年代，喀尔喀蒙古和托辉特部已经衰落，再无力推行其以前的西进拓域政策，这便使喀尔喀、卫拉特间渐趋和平状态。同时，藏传佛教黄教派为了扩张自己的势力，拉拢卫拉特、喀尔喀蒙古王公，也尽力协调他们之间的关系。黄教的重要人物东阔尔呼图克图的使者喇嘛达音墨尔根为此多次往返于卫拉特、喀尔喀之间。在黄教的协调下，卫拉特、喀尔喀间持续半个多世纪的战争终于结束。东西蒙古的和解，对卫拉特各部的发展，特别是对准噶尔部势力的强大，有着重要的意义。

在与较为强大的东邻修好的同时，巴图尔珲台吉对其西部的哈萨克等部采取积极的攻势，于1634—1635年间击败哈萨克著名苏丹杨吉尔汗。此后哈萨克不断发动进攻，试图报复。1643年，巴图尔珲台吉联合和硕特部鄂齐尔图车臣汗与阿巴赖台吉等，集中兵力一万五千余人进攻杨吉尔。由于遭到杨吉尔的伏兵包抄，巴图尔珲台吉的这次大规模的远征受到了重大损失，不过仍取得了这次战争的基本胜利。此次战役后，以准噶尔部为主的卫拉特盟军在与哈萨克的争战中，一直占据优势。此外，巴图尔珲台吉还派遣密使到叶尼塞河流域的吉尔吉斯人中活动，于崇祯九年（1636年）以和平的方式取得对吉尔吉斯人的统辖[3]。此

---

[1]《阿斯特拉罕省报》，1861年第8期，转引自兹拉特金《准噶尔汗国史》，汉译本，第119—120页。

[2] 帕拉斯：《内陆亚洲厄鲁特历史资料》，第40页。

[3] 见巴德利：《俄国·蒙古·中国》，汉译本，下卷，第1册，第1098页。

时，天山南部内讧不止的叶尔羌汗国非但再无力北扰，而且对立的双方还不断向卫拉特王公求援，后者遂乘机南下大肆掳掠。在巴图尔珲台吉时期，卫拉特一改过去为周边相逼的被动形势，取得了相当巩固的外部政治地位，掌握了对外关系的主动权。

　　17世纪上半期，由于卫拉特、喀尔喀的自身发展，内部阶级矛盾日益尖锐化，农奴、牧民反抗封建领主的斗争更加激烈，同时各部封建领主之间为争夺日益紧张的牧场与财富，矛盾激化，争斗不休，游牧封建秩序受到威胁。而当时国内清朝兴起，漠南蒙古归附清廷，国外强敌俄罗斯压境，步步南侵，又给卫拉特、喀尔喀蒙古造成极大的外部压力。为了维护封建领主统治，为了适应新的国内国际形势，共同有效地对付外来压力，1640年秋，在准噶尔首领巴图尔珲台吉的倡议与努力下，卫拉特、喀尔喀各部首领在塔尔巴哈台（今新疆塔城）举行会议[1]。这次会议是除漠南蒙古之外的全蒙古的大会，共有三个呼图克图（一说四个）和27个封建领主（一说26个）出席。远徙额济勒河畔的土尔扈特部首领和鄂尔勒克亦率子书库尔岱青等赶来参加。经过巴图尔珲台吉和扎萨克图汗的共同努力，大会组成了新的更广泛的联盟，并制定了著名的"察津·必扯克"（法规），即通常所称的《1640年蒙古-卫拉特法典》。由于该法典基本法则在卫拉特一直保持到18世纪中期，对卫拉特社会生活各方面都有着极为深远

---

[1] 关于这次会议召开的地点，史籍无明确的记载。《咱雅班第达传》载：咱雅班第达"兔年（1639年）秋到达鄂齐尔图台吉的营地年塔尔巴哈台的哈尔巴噶地方……七旗蒙古的扎萨克图汗派使者乌拉布格钦前去邀请咱雅班第达。龙年（1640年）过去了，蛇年（1641年）来临，（蛇年）春，由土木尔乔尔古上行。从扎萨克图汗处应邀到土谢图汗处，又从土谢图汗处应邀到玛哈萨嘛谛车臣汗处……"（见《中国边疆史地资料丛刊·蒙古卷·清代蒙古高僧传译辑》，第5—6页）中国学者一般根据这条资料，再结合其他佐证，认为是在塔尔巴哈台处（参见罗致平、白翠琴：《试论卫拉特法典》，卢明辉等编《蒙古史研究论文集》，中国社会科学出版社，1984年），而前苏联学者符拉基米尔佐夫据此及《卫拉特法典》前文，认为是在扎萨克图汗处召开（《蒙古社会制度史》，汉译本）。

的影响，且最早的抄本又是发现于伏尔加河下游的土尔扈特部中，所以一般又将此法典称为"卫拉特法典"或"厄鲁特法典"。这次会议的召开与《卫拉特法典》的制定，除提高黄教的神权地位，巩固封建统治秩序外，还缓和了卫拉特各部的矛盾，进一步调解了卫拉特与喀尔喀的关系，蒙古族各部组成了暂时的同盟，增强了抵御外敌入侵的能力。同时，这一切也都进一步提高了巴图尔珲台吉与准噶尔部的地位。

在这次会议之后，巴图尔珲台吉又致力于改善与卫拉特其他各部的关系。在此之前，他即作为和硕特顾实汗的同盟者进兵青海，并娶顾实汗女为妻[1]。此次会议之后，巴图尔珲台吉又将女儿嫁给仍留在原牧地的和硕特部首领鄂齐尔图车臣汗。和硕特部由于被认为是蒙古黄金家族合撒儿的后裔，此时准噶尔部虽然为卫拉特诸部中最强大的，但原盟主拜巴噶斯之子鄂齐尔图仍据有极高的地位。《咱雅班第达传》在谈到卫拉特、喀尔喀盟会一事时说："蒙古扎萨克图汗、卫拉特两台吉为首参加。"[2] 这里的"卫拉特两台吉"即巴图尔珲台吉与鄂齐尔图台吉。此外，巴图尔珲台吉还多次遣使劝说土尔扈特部返回，又娶和鄂尔勒克子勒克女为妻，并将女儿嫁给和鄂尔勒克之孙朋楚克。这些都进一步改善、加强了两部的政治、经济联系。巴图尔珲台吉还注意同杜尔伯特部领主的关系。1646年，他击溃了妄图吞并杜尔伯特的和硕特部领主昆都仑乌巴什的军事进攻，进一步加强了准噶尔与杜尔伯特部的联系。

卫拉特、喀尔喀会盟及卫拉特内部关系的改善，使战乱大大减少，出现了相对安定的局面。这为经济的发展、人口的繁衍提供了良好的条件。除传统的游牧经济外，巴图尔珲台吉还注意发

---

[1] 杨和瑨：《青海史》，第33页。也有学者认为顾实汗女嫁给了巴图尔珲台吉之子为妻，见东嘎·洛桑赤列：《论西藏政教合一制度》，陈庆英译，《西藏民族学院学报》1981年第4期。
[2] 《咱雅班第达传》，《清代蒙古高僧传译辑》，第6页。

展农业和手工业。他在肥沃的霍博克河谷的和布克赛尔修建了一座石城,作为居民点,人们从事养殖业、手工业,于城镇周围种植农作物。从事农业、手工业生产的主要是从天山南路迁徙或俘获的农民,被称作塔兰奇人。同时,这里也成为集市贸易的场所,来往贸易的多是河中地区或天山南路叶尔羌汗国的商人。

巴图尔珲台吉时期的准噶尔部已发展成为卫拉特诸部中最为强大的封建领主集团,雄踞诸部之上,特别是由于土尔扈特西迁、和硕特部部分东徙,准噶尔部更得以称霸于天山以北、额尔齐斯河与巴尔喀什湖以南、塔拉斯河以东、阿尔泰山以西的广阔草原,为准噶尔汗国的形成奠定了基础。

五 准噶尔汗国的强盛及其对中亚的影响

1653年,巴图尔珲台吉卒,其第四子僧格继为准噶尔部长。遂引起其他儿子的不满,结果准噶尔部分裂为两个对立的集团:一个以僧格及其叔父楚琥尔乌巴什(Chokor Obashi)为首,另一个以僧格同父异母兄车臣(Chechen)和卓特巴巴图尔(Jodba Baghatur)为首。最后,僧格在和硕特部鄂齐尔图台吉的支持下取得胜利,确定了其在准噶尔的统治地位。

僧格即位以来,准噶尔内部一直未能真正稳定下来。军事上的胜利暂时确立了僧格的统治地位[1],但是僧格并未能建立起自己的牢固统治。准噶尔统治集团内部的矛盾并未得到解决,潜在的危机没有消除。车臣台吉、卓特巴巴图尔等反对派领主虽暂表臣服,但仍拥有强大的实力,随时都准备伺机反抗。终于在

---

[1] 据俄文资料记载,僧格于康熙四年(1665年)对前来的俄国人说,"继我父珲台吉去世之后,目前由我僧格掌管全部兀鲁思"(俄国中央国家古代文书档案库,西伯利亚衙门卷宗,第623卷,第94、95张,转引自兹拉特金《准噶尔汗国史》,汉译本,第215页;巴德利:《俄国·蒙古·中国》,汉译本,第1213页)。

1670年，僧格为卓特巴巴图尔杀死[1]。平息不久的内讧再次爆发，噶尔丹遂乘机攫取了准噶尔最高统治者的宝座。

噶尔丹为僧格同母弟、巴图尔珲台吉第六子，生于1644年[2]。早年被送往西藏，"投达赖喇嘛，习沙门法"，由达赖喇嘛授予"呼图克图"尊号。他深得达赖喇嘛器重，并与日后握有西藏政治实权的第巴桑结嘉措过从甚密。僧格被杀的消息传到西藏后，达赖喇嘛即"遣噶尔丹归统其众"[3]。在西藏僧俗上层的支持下，噶尔丹以替僧格复仇为名，展开夺权斗争。他首先取得僧格旧部的拥戴，又设法争取到叔父楚琥尔乌巴什和僧格旧日的盟友和硕特部鄂齐尔图车臣汗的支持，在阿尔泰山地区击破车臣与卓特巴巴图尔的联军。车臣兵败被杀，卓特巴巴图尔亦率部逃往青海。

然而噶尔丹的雄心并不止于此。在他据有准噶尔统治权后，即采取先近后远的"近攻计"战略方针[4]。噶尔丹进攻的矛头首先指向准噶尔部另一强大的封建领主、不久前协助他击败政敌的叔父楚琥尔乌巴什。1673年，他向楚琥尔乌巴什发动进攻。但他初战不利，不得不转向鄂齐尔图车臣汗求救，得其庇护。经过三年的恢复与发展，噶尔丹重振军旅，于1676年再次进攻楚琥尔乌巴什，终获胜利。噶尔丹击破了准噶尔部强劲的封建领主，加

---

[1] 俄国中央国家古代文书档案库，西伯利亚衙门卷宗，第623、350页，转引自兹拉特金《准噶尔汗国史》，汉译本，第229页；帕拉斯：《内陆亚洲厄鲁特历史资料》，第41页。

[2] 《西域图志》卷四八《杂录二》："噶尔丹，巴图尔珲台吉第六子。"关于噶尔丹的生卒及排行，参见羽田明：《〈噶尔丹传〉杂考》（载《石滨先生古稀纪念东洋学论丛》1958年版，《蒙古史研究参究参考资料》新编第5辑）、《噶尔丹传考证》（载《东方学会创立十五周年东方学论集》，1962年版）。

[3] 《亲征平定朔漠方略》卷一，康熙十六年（1677年）六月丁未。

[4] 梁份《秦边纪略》卷六《嘎尔旦传》载："是时诸夏有滇黔变，秦蜀间蜂起；嘎尔旦谋所向。达赖剌嘛使高僧语之曰：'非时！非时！不可为。'嘎尔旦乃止。其谋臣曰：'立国有根本，攻取有先后，不可紊也……'嘎尔旦善其言，乃为近攻计。"

强了对准噶尔部的集权统治，为其进一步兼并与扩张扫除了障碍。

在当时天山以北地区卫拉特诸部其他封建领主中，以和硕特部的鄂齐尔图车臣汗最为强大。在击破楚琥尔乌巴什之后的次年，即1677年，噶尔丹即袭击和硕特部，"戕鄂齐尔图，破其部"。鄂齐尔图侄、孙率残部逃往西套一带，而鄂齐尔图妻——出自土尔扈特部的多尔济拉不丹则逃往伏尔加河畔，投奔土尔扈特部阿玉奇汗。噶尔丹扫平天山以北的草原游牧区，"胁诸卫拉特奉其令"[1]。1679年，噶尔丹"乃请命达赖喇嘛，始行卜失兔汗（博硕克图汗）"[2]。噶尔丹在统一了天山以北地区后，又将矛头指向天山以南地区，于1680年南越天山，兼并了统治天山以南地区的叶尔羌汗国，将塔里木盆地及东部的吐鲁番、哈密地区纳入准噶尔汗国的统治之下。

噶尔丹在兼并卫拉特诸部、南并天山以南诸回部后，即向西扩张。据《秦边纪略》记载，"东方既臣，乃西击回回，下数十城"，其时在壬戌年即康熙二十一年（1682年）。当地居民"初迎降，雪夜袭击之，杀伤至十余万，马匹器械，失亡无算"。噶尔丹"丧师返国，未尝挫锐气，益征兵训练如初"，"闻极西有人，而形如犬，能日驰数百里，其妇女绝美好"，乃驱兵侵掠，并"使人谓回回曰：'汝不来降，则自今以往，岁用兵，夏蹂汝耕，秋烧汝稼，今我年未四十，迨至于发白齿落而后止。'城中人咸闻股慄，门尝昼闭"。噶尔丹遂于"明年大破之，回回悉降，不敢复叛"[3]。按照和田清的考订，这里的"回回国"并非布哈拉或撒马尔罕，而应是指其以北处于哈萨克统治下的昔格纳黑（Signak）、撒别阑（Sabran）、土尔克斯坦（Turkestan）等锡尔

1　祁韵士：《皇朝藩部要略》卷九《厄鲁特要略一》。
2　梁份：《秦边纪略》卷六《噶尔旦传》。
3　梁份：《秦边纪略》卷六《噶尔旦传》。

河流域农耕区[1]。

1682年以后,噶尔丹连年西进,进攻赛拉木城和哈萨克、吉尔吉斯,夺取了赛拉木、塔什干等城,并攻入哈萨克草原东南部。当时哈萨克诸部处于头克汗的统治之下。他是统一的哈萨克最后的君主,多次被准噶尔击败,"噶尔丹擒哈萨克头克汗之子,以畀达赖喇嘛"[2]。

噶尔丹在归并天山南路,征服哈萨克、吉尔吉斯等西北诸部后,即东向觊觎漠北。当时漠北喀尔喀蒙古分属扎萨克国汗、土谢图汗和车臣汗,内部矛盾不断,为噶尔丹提供了可乘之机。噶尔丹遂于1688年亲率三万大军,东逾杭爱山,发动了对漠北喀尔喀蒙古的战争。喀尔喀仓促迎战,不敌军溃,遂举部内迁。噶尔丹骤得漠北草原,骄横不可一世,竟紧追不放,不顾清朝的警告,侵入漠南,直接与清朝政府发生军事冲突,遂发展成为一场与清政府之间的大规模战争。1690年,噶尔丹被清军大败于乌兰布通(今内蒙古自治区克什克腾旗境内),失却了攻击的锐气。但噶尔丹并不甘心失败,退往漠北喀尔喀故地,图谋再举。清康熙皇帝于是御驾亲征,发兵之路进讨。1696年,噶尔丹于昭莫多(今蒙古乌兰巴托南宗莫德)为清军击溃,根本上丧失了抵抗力量。此后,噶尔丹率残部流窜于塔米尔河流域一带,"困穷已极,糇粮庐帐皆无,四向已无去路"[3],最终于1697年病死于阿察阿穆塔台地方[4]。

噶尔丹败亡后,策妄阿拉布坦成为准噶尔汗国首领。策妄阿拉布坦,僧格之子,1665年生[5],其父被害时,尚在幼年,后噶

---

1 和田清:《明末清初蒙古族之西征》,载和田清《明代蒙古史论集》,第698—699页。
2 《清圣祖实录》卷一八八,康熙三十七年(1698年)四月癸亥。
3 《亲征平定朔漠方略》卷三〇,康熙三十五年(1696年)九月庚午。
4 见《准噶尔史略》,人民出版社,1985年,第119页。
5 见《准噶尔史略》,第121页。

尔丹收僧格旧部,继掌准噶尔部,策妄阿拉布坦与其弟索诺木阿拉布坦(Sonom Arabtan)、丹津鄂木布(Danjin Ombu)皆附牧于噶尔丹。1679年,噶尔丹称博硕克图汗,夺策妄阿拉布坦未婚妻,双方矛盾逐渐加剧。1688年噶尔丹东进喀尔喀时,策妄阿拉布坦兄弟俱已成年,成为噶尔丹汗位的潜在威胁。噶尔丹为巩固其统治,遂毒杀索诺木阿拉布坦,并图谋诛杀策妄阿拉布坦。是年冬,策妄阿拉布坦即同僧格旧属七人,率五千部众逃往额琳哈必尔噶(今新疆维吾尔自治区沙湾市境内),公开与噶尔丹分裂。后者遣兵二千追击,被策妄阿拉布坦歼灭于乌兰乌苏(今新疆维吾尔自治区沙湾市东乌兰乌苏镇)。随后,策妄阿拉布坦又徙牧于噶尔丹的原冬营地博尔塔拉,并以此为根据地,召集准噶尔散亡部众,扩充实力,与噶尔丹相对抗。

在与噶尔丹的斗争中,策妄阿拉布坦还得到清朝政权的支持与保护。正与噶尔丹处于战争状态的清政府,当然欢迎准噶尔汗国后方的反噶尔丹势力的兴起,而羽翼未丰、在斗争中处于劣势的策妄阿拉布坦更渴望得到清廷直接的或间接的支持。清廷与策妄阿拉布坦的联合与夹击,加速了噶尔丹的败亡,同时也为策妄阿拉布坦的发展壮大提供了良机。

1697年噶尔丹病卒后,策妄阿拉布坦迅速扩充自己的实力,攫取了准噶尔国的最高领导权。不过,他仍然对支持他取得胜利的清廷表示"恭顺"。这不但可继续以强大的清朝政权为靠山,巩固其在准噶尔汗国的统治,而且与清朝保持相对和平、友好的关系,亦有利于经济、文化的交流,对准噶尔汗国的恢复与发展有着重要意义。

在巩固了内部统治后,策妄阿拉布坦亦谋求对外扩张。由于向东对蒙古高原的侵略被清朝所阻,策妄阿拉布坦及其后继者加强了对中亚地区的军事征服,首先是对其宿敌哈萨克的攻掠。1698年,策妄阿拉布坦向清廷报告:"臣之与哈萨克构兵,非得已也。昔噶尔丹擒哈萨克头克汗之子,以畀达赖喇嘛。故头克使人乞臣关说,求还其子,与彼完聚。臣乃使人于达赖喇嘛,索得头克之子,拨五百人护送归之;头克反尽杀臣五百人。后又杀臣属下吴尔赫德巴图尔台吉,掠取其人民。续又掠我吴梁海百余户人。臣妻父阿毓奇,以其女归臣,使妻兄三济札布送臣之妻,彼又要战于路。去岁秋,臣商人自鄂罗斯归,彼又掠之。哈萨克屡来犯臣,有如许过恶,臣是以兴兵而往。恐圣上谓臣喜事好兵,故陈此自白。"[1] 由于准噶尔不断侵掠,"策妄阿喇布坦素行奸恶,故其附近哈萨克、布鲁特诸部皆相仇雠"[2]。1714年,准噶尔牧地"雪深三尺余",策妄阿拉布坦"所居伊犁等处牲畜尽毙",为了掠夺家畜而向费尔干纳周围的吉尔吉斯人发动了进攻,"其子往攻安集延地方之布鲁特,被杀者五百人,还又多病死"[3]。

俄国炮兵大尉温科夫斯基曾于1722—1724年出使准噶尔汗国,其日记中记录了他在准噶尔汗国逗留期间的见闻。他在日记中写道:"(1722年)珲台吉的儿子舒诺达巴被派去攻打哈萨克玉兹,现在已传来消息,他打败了哈萨克人,攻下3座城池,带回1000户哈萨克人。这1000户人家不久便可来到这里,3座城池是塔什干、赛拉姆和哈拉穆鲁特。"[4] 关于策妄阿拉布坦珲台吉时期准噶尔对哈萨克的战争,温科夫斯基又说:"珲台吉从其统治之初便同哈萨克玉兹不断打仗,哈萨克玉兹同卡拉卡尔帕克人并肩作战,而他,珲台吉,拥有近三万人同哈萨克玉兹作战,征服了许多哈萨克人。"[5] 策妄阿拉布坦"还侵占了在图斯库勒湖附近游牧并同哈萨克玉兹毗邻的布鲁特人。这些人大约有五千帐,而他们的军队可集中起三千名左右精兵。后来他同哈萨克玉兹开战。他珲台吉至今仍在同哈萨克人继续打这场战争,而哈萨

---

[1] 《清圣祖实录》卷一八八,康熙三十七年(1698年)四月癸亥。
[2] 《平定准噶尔方略》前编卷一,康熙三十九年(1700年)七月乙未。
[3] 《平定准噶尔方略》前编卷二,康熙五十四年(1/15年)五月壬子。
[4] 伊·温科夫斯基著,尼·维谢洛夫斯基编:《十八世纪俄国炮兵大尉新疆见闻录》,宋嗣喜汉译,黑龙江教育出版社,1999年,第113—114页。
[5] 《十八世纪俄国炮兵大尉新疆见闻录》,汉译本,第207—208页。

克玉兹正同卡拉卡尔帕克人一起跟珲台吉作战"[1]。"珲台吉治下有不同的民族：他的名叫准噶尔（或左翼）的本民族、吉尔吉斯人、乌梁海人、帖良古惕人、明加特人、卡尤特人、和硕特人、叶尔羌布哈拉人（指住在城里者，其头面人物在他珲台吉身边游牧）、在图斯库勒湖附近游牧的布鲁特人、既向皇帝陛下又向珲台吉缴纳实物税的巴拉宾人。珲台吉的领地北与俄国为邻，东与中国人接壤，南与唐古特人毗连，西与哈萨克玉兹相接。"[2]

准噶尔军攻入锡尔河中下游地区，占领了塔什干城，迫使大批哈萨克人涌向撒马尔罕、布哈拉、希瓦及咸海沿岸地区。18世纪20年代准噶尔对哈萨克草原的侵掠被哈萨克族称为"大灾难时期"，给哈萨克民族社会带来了沉重的打击，哈萨克大帐地区为准噶尔占领。结果给头克汗以后的哈萨克汗国政治与社会造成了极为深刻的影响。

1727年策妄阿拉布坦卒后，准噶尔汗国在其子噶尔丹策零的统治下，继续稳定地发展，国力强盛。噶尔丹策零沿袭其父的政策，上台后即着手对哈萨克草原发动大规模的掠夺战争，继续进攻锡尔河流域、费尔干纳、巴达克山等地。准噶尔的扩张、侵掠遭到了哈萨克的抵抗与反击。噶尔丹策零异母弟罗卜藏舒努娶哈萨克首领阿布尔海里汗女，并居住在哈萨克，他于1731年"正月间遣使到噶尔丹策零处，争论其父所遗产业。又因噶尔丹策零杀其母并其同胞之妹与弟，仇怨甚深，欲发兵相战。二月间，哈萨克阿布尔海里汗发兵七万，令伊弟布尔海里统领，将吹塔拉斯地方所居准噶尔一千户人畜俱已掳去，又将准噶尔在别处牧放之马掳去二三千匹"[3]。同年十一月清朝又得到报告："噶尔丹策零现在夸额尔齐斯游牧。因有哈萨克之人常来抢掠马畜，杀掳人众，是以噶尔丹

---

1 《十八世纪俄国炮兵大尉新疆见闻录》，汉译本，第202页。
2 《十八世纪俄国炮兵大尉新疆见闻录》，汉译本，第208页。
3 《清世宗实录》卷一〇七，雍正九年（1731年）六月乙卯。

策零亲统兵一万在游牧外相隔一日路程防守。"1

有关18世纪30年代准噶尔与哈萨克等中亚民族的冲突,当时俄国探查队奥伦堡探查长基芮洛夫的报告书(1734年5月1日)这样描述说:"准噶尔的统治者噶尔丹策零是土著民中的最强者,拥有火炮和8000人的军队,与对属下无力的吉尔吉斯-哈萨克汗们不同,准噶尔的统治者对属下具有专制权。他们要求得到西伯利亚城市附近属于俄罗斯统治的不少地方,说那是他们的地方,但以前他们根本没有城市。而且,他们抢先强占了吉尔吉斯-哈萨克的上述地方,以及土尔克斯坦、塔什干、赛拉木各城;另一方面,他们还占领了汗的同族领地和达赖喇嘛的地方。他们还不满足于此,要求得到希瓦,现正与希瓦大战。"2 面对准噶尔的侵掠,哈萨克统治集团却不能团结一致来进行有效的抵抗。对此,基芮洛夫说:在哈萨克诸帐中"与其说是汗毋宁说是长老们掌握着权力,他们不希望自己的汗增加人口和财富……在这些帐协商的时候,他们以土尔克斯坦、赛拉木、塔什干为领地,还占领了锡尔河流域地区……但是他们之间发生了纷争,准噶尔卡尔梅克的珲台吉夺去了他们所有这些地方。为此所有吉尔吉斯-哈萨克团结一致的话,是可以征服卡尔梅克的。但是他们中如有一个汗出征,其余的汗则按兵不动。于是吉尔吉斯-哈萨克终于被卡尔梅克所支配"3。

哈萨克统治集团内部的分裂和统治集团之间的权力斗争为准噶尔的入侵提供了良机。1740年,噶尔丹策零开始了对哈萨克草原中部的大规模入侵,一支约1.2万人的准噶尔军自斋桑湖方向北上,于1741年1月通过雅木什要塞,深入哈萨克草原北部,

---

1 《清世宗实录》卷一一二,雍正九年(1731年)十一月戊辰。
2 《哈萨克斯坦政治制度史料》,阿拉木图,1960年,第23—24页。
3 《16—18世纪哈萨克与俄国之关系》,阿拉木图,1961年,第107—108页,第59号文书;《哈萨克斯坦政治制度史料》,阿拉木图,1960年,第21—22页,1734年5月1日Ⅰ·基芮洛夫的奏文。

向伊希姆河地区的哈萨克阿布赉苏丹和伊列克河上游的阿布勒班毕特汗发起进攻,并大肆掠夺。1741年冬,在伊希姆河流域,这支准噶尔军队与中帐哈萨克族发生了战斗,以阿布赉苏丹为首的数名哈萨克贵族被俘后送往准噶尔,直到1743年才获释。准噶尔的另一支军队侵掠哈萨克草原南部,于1742年占领了塔什干和土尔克斯坦。

在噶尔丹策零时代,准噶尔势力还积极向巴达克山地区发展。巴达克山"旧部长玛扎尔伯克之子密尔杂尼巴特曾为鄂苏伯克部落所掳。玛扎尔伯克以产宝石之地及马匹什物献噶尔丹策零,请得宰桑哈柳兵万人往鄂苏伯克部落,虽取回密尔杂尼巴特,而准噶尔人等乘便抢掠昆都斯、达勒罕、安第占,俘获甚多"。准噶尔以此为机,不仅掠夺安第占、达勒罕和昆都斯,而且向巴达克山"部落索取贡赋,不与,又遣和托罗等六千人来攻,玛扎尔伯克始服"。后"部长密尔杂尼巴特与噶尔丹策零和好,曾向彼乞师二万,往攻昆都斯、达勒罕、安第占之地,诸鄂苏伯克游牧俱附"[1]。

1745年,噶尔丹策零病逝,准噶尔汗国由此陷入内乱,其对外扩张和侵掠也随之停止了。

六 准噶尔汗国的败亡与清朝统一西域

噶尔丹策零卒后,次子策妄多尔济那木札勒(Cewang Dorji Namjal)在权贵衮布(Gumbu)、达什达瓦(Dashi Dwa)等拥戴下,于1746年初继承父位,成为准噶尔汗国最高统治者。但他昏庸荒淫,不理政务,且又生性多疑,措施残酷,滥杀无辜,激起属下的强烈不满。其兄喇嘛达尔札(Lamadarja)本来就对他继位不服,又得到越来越多的支持,成为策妄多尔济那木札勒的

---

[1]《平定准噶尔方略》续编卷二,乾隆二十五年(1760年)四月壬寅。

最大威胁。1750年,策妄多尔济那木札勒企图除掉这个竞争对手,结果反为对方所败,后被剜去双目,囚禁于阿克苏。喇嘛达尔札遂成为准噶尔汗国之长。

然而,斗争并没有就此结束。新立为君的喇嘛达尔札系庶出,这就遭到了势强权重的大小策零敦多布后人的反对。这个反对派以小策零敦多布之子达什达瓦和辉特部台吉阿睦尔撒纳(Amursana)为中坚,打算另立噶尔丹策零幼子策妄达什(Cewang Dashi)为长。喇嘛达尔札先发制人,杀死策妄达什和达什达瓦,并猜疑大策零敦多布之孙、拥众于塔尔巴哈台一带的达瓦齐。达瓦齐在阿睦尔撒纳怂恿与配合下,遂举兵反,于1753年1月1日突入伊犁,杀喇嘛达尔札,登上准噶尔汗国最高统治者的宝座。

达瓦齐上台后,即将原所领塔尔巴哈台牧地尽赐阿睦尔撒纳,以酬其功。但野心勃勃的阿睦尔撒纳并不以此为足,同年他向达瓦齐提出分割准噶尔汗国的要求,遭拒绝后遂向达瓦齐发动进攻。天山北路的战火再燃。

准噶尔汗国连年的内乱与构兵,给卫拉特各部人民带来了深重的灾难,各部人民及一些在斗争中失势的封建领主纷纷东迁,归附强盛而安定的清王朝。还在乾隆十五年(1750年),准噶尔军事贵族达什达瓦在内讧中兵败被囚后,部属遭到分割与赏赐给胜利者的厄运,其部下宰桑萨喇尔(Salar)不堪其辱,遂于同年九月率部众千余户内附清朝,受到清政府的欢迎与重视,"命安插于察哈尔,寻授萨喇尔为散秩大臣"[1]。达瓦齐凭武力夺取准噶尔汗国最高领导权后,对其政敌大肆攻掠,迫使杜尔伯特部台吉车凌(Chering)、车凌乌巴什(Chering Obaishi)、车凌蒙克(Chering Mongqe)毅然率属部万余人,于乾隆十八年(1753年)十月内附清朝。清高宗对此极为重视,做了妥善的安置,并于翌

---

[1]《清高宗实录》卷三七三,乾隆十五年(1750年)九月壬戌。

年在承德避暑山庄召见三车凌,设宴于万树园。卫拉特诸部部众的内附不但说明了准噶尔汗国统治者已陷于众叛亲离的危局,而且也反映了各部人民对战乱的厌倦与对安定和平的渴望。

处于全盛时期的清王朝也一直在密切注视着准噶尔事态的发展变化,寻求解决困扰清廷近一个世纪的西北边疆问题的时机。随着准噶尔汗国内乱的愈演愈烈,特别是在三车凌归附之后,清王朝认为彻底解决准噶尔问题、统一西域的时机已经来临。乾隆皇帝明确指示:准噶尔"数年以来,内乱相寻,又与哈萨克为难,此正可乘之机。若失此不图,再阅数年,伊事势稍定,必将故智复萌,然后仓猝备御,其劳费必且更倍于今。况伊之宗族车凌、车凌乌巴什等,率众投诚,至万有余人,亦当思所以安插之。朕意机不可失,明岁拟欲两路进兵,直抵伊犁,即将车凌等分驻游牧,众建以分其势。此从前数十年未了之局,朕再四思维,有不得不办之势"[1]。清廷准备利用准噶尔汗国内相攻伐、众叛亲离的大好时机,于次年出兵伊犁,最终完成"从前数十年未了"的统一西北的大业。

正当清朝政府为此战略筹划、准备之时,与达瓦齐角逐兵败、走投无路的阿睦尔撒纳,又于同年(1754年)七月归降清朝,企图借清朝之力实现自己消灭政敌、攫取准噶尔汗国最高领导权的梦想。他多次乞请清廷从速出兵消灭达瓦齐政权,并主动表示愿为清军先锋。阿睦尔撒纳的降清无疑使清政府加速了实施其战略计划的步伐。

乾隆二十年(1755年)二月,清朝师出两路,远征达瓦齐:以班第为定北将军,阿睦尔撒纳为定边左副将军,出北路;以永常为定西将军,萨喇尔为定边右副将军,出西路。两路各拥众二万五千,马七万匹。北路军出乌里雅苏台,西路军出巴里坤,相约会师于博罗塔拉河。"两副将军皆准夷渠帅,建其旧纛先进,

---

[1] 《清高宗实录》卷四六四,乾隆十九年(1754年)五月壬午。

各部落望风崩角"[1]，纷纷归附。五月，两路军会师于博罗塔拉。达瓦齐势穷力竭，遂率亲近护卫退居伊犁西南之格登山（在今新疆维吾尔自治区昭苏县境内），复被清军围攻。五月底，达瓦齐率残余二千余人突破重围，南逾奎鲁克岭，奔阿克苏方向。在此之前抱着观望态度的乌什阿奇木霍集斯伯克，已接到清定北将军班第协助擒拿达瓦齐的命令，现又见大势已去，遂诱擒达瓦齐解送清营，达瓦齐政权瓦解。

阿睦尔撒纳降清，原是企图利用清朝威力达到他取达瓦齐而代之的目的。然而清廷在消灭达瓦齐政权后，即依"众建以分其势"的既定方针，"将四卫拉特分封四汗"[2]，阿睦尔撒纳仅得为四汗之一的辉特汗，政治图谋落空。他于是趁清朝在天山之北尚未完全站稳之际，招纳降人，阴结同党，抢占地盘，扩充实力，在当年八月便公开叛清。当时清军因粮草短缺，大部业已撤回，清军遂失去对巴里坤以西广大天山北路的控制，但是阿睦尔撒纳亦不能号令诸部，天山北路遂再度陷于动乱之中。阿睦尔撒纳叛乱后，清廷立即重封卫拉特四部，争取卫拉特四部领主、部众的归服与支持。与此同时，清政府也积极筹划再征伊犁，平定叛乱。乾隆二十一年（1756年）二月，清军再次两路西征，直指伊犁。新封卫拉特四部台吉、宰桑从军助战，而胁从叛乱的各部领主也相继迎降。清军以摧枯拉朽之势，于三月挺进伊犁。阿睦尔撒纳无力抵抗，仓皇逃遁。经过清军一年有余的追击、围剿，阿睦尔撒纳走投无路，于乾隆二十二年（1757年）夏窜逃哈萨克，继由那里北逃，投奔沙俄，于九月患天花而亡。至此，准噶尔被完全平定。

清朝企图利用天山南路和卓势力招附回部，然而事与愿违，和卓兄弟利用清朝在政治和军事上的支持，占据天山南路后，即

---

1 魏源：《圣武记》卷四《乾隆荡平准部记》，中华书局，1984年。
2 《清高宗实录》卷四九一，乾隆二十年（1755年）六月甲子。

杀害清使，举起反清自立的旗号。面对突变，清朝一面积极准备出兵平定，一面又寄希望于"晓谕招抚"，企图"不劳师旅"即能解决大小和卓问题。在这种努力失败后，才最终不得不以武力解决，于乾隆二十三年（1758年）出兵天山南路。次年叛乱被平定，大小和卓就戮，清朝完成了对西域的统一。

清朝在统一准噶尔的进程中，明确宣布"准噶尔荡平，凡有旧游牧，皆我版图"[1]，将包括天山南北、阿尔泰山东西，一直到帕米尔高原和巴尔喀什湖以东以南的广大西域地区置于清朝的有效统辖之下。清朝对北部和西部边疆民族地区实行的是不同于内地行省制的藩部管理模式。清朝所谓藩部，在地域范围上指内外蒙古、新疆和西藏[2]，是相对于清朝直省统治的内地和东北而言的。藩部与内地同属清朝版图，只是在管理模式上有所不同。清朝本着"因俗而治"的原则，对各藩部原有社会组织、职官制度加以改造、利用，将其纳入清朝行政体制中，并于中央设立与六部平行的理藩院来管理藩部事务。同时清廷又派出将军、都统、大臣等驻扎边疆地区，代表朝廷处理有关军政大事；藩部受驻防将军、大臣的节制，保证了清朝的有效统治。清朝在统一西域的进程中，开始将扎萨克旗制推行到天山南北。乾隆十九年（1754年），阿睦尔撒纳率部降清，被封亲王，部属亦编扎萨克旗安置。次年清军兵进伊犁，平达瓦齐政权。出兵前清廷已确定了"众建以分其势"的统治方针，平定后即"按其四部分封四汗"[3]，分别管理，推行扎萨克旗制。后阿睦尔撒纳叛清，清廷在进行军事平叛的同时，即重封四部汗王及扎萨克，坚持实行扎

---

1 《平定准噶尔方略》续编卷四，乾隆二十五年（1760年）六月辛酉。
2 关于清朝治下的藩部概念，清文献《皇朝藩部要略》做了清晰而完备的表述。清人继承了传统的大一统思想，在其话语体系中，往往将周边向清朝表示臣属的国家甚至远方仅与清朝有朝贡关系的国家也称为藩、外藩、藩属，但在现实政治中对版图之内的藩部与境外的藩属有严格的界定和本质的区别。
3 《清高宗实录》卷五二七，乾隆二十一年（1756年）十一月庚申。

萨克旗制。平定准噶尔后，以前迁往伏尔加河流域游牧的卫拉特土尔扈特部在其首领渥巴锡率领下东归。清朝对此非常重视，礼遇有加，封渥巴锡为汗，其余王公贵族封郡王、贝勒、贝子等爵，并对其部属编旗设盟，纳入藩部管理体系。对于天山以南的回部，清朝最初同样实行的是扎萨克旗制，先后在哈密、吐鲁番地区设立盟旗。后来随着大小和卓的叛乱以及对回部社会了解的深入，清朝改变了这一政策。清朝统一回部后，本着"因俗而治"的原则，在这些地区沿用了旧有的伯克官职，并做了一定程度的改革，制定了一整套比较完整的伯克制度，使各级伯克纳入清朝官员系统。

为加强对西北边疆的统治，清朝在伊犁设立总统伊犁等处将军（简称伊犁将军），统辖包括天山南北及巴尔喀什湖以东以南直到帕米尔的广大西域地区[1]。清朝明确规定，"伊犁为新疆汇总之区，既经设立将军，凡乌鲁木齐、巴里坤所有满洲、索伦、察哈尔、绿旗官兵，皆听将军总统调遣。至回部与伊犁相通，自叶尔羌、喀什噶尔以至哈密等处，驻扎官兵亦归将军兼管。其地方事务有各处驻扎大臣仍照旧例办理。再，叶尔羌、喀什噶尔等回城，皆在边陲，如有应调伊犁官兵之处，亦准各处大臣咨商将军，就近调拨"[2]。伊犁将军为当时新疆最高军事长官，兼管行政，统治天山南北。伊犁将军下设立各级军政机构，在伊犁将军的节制下，听从中央政府的统一管理，对西北边疆的军政事务进行有效的管理。伊犁将军的设立及各级军政机构的建立，巩固了清朝统一西北的成果，维护了西北边疆的统一，促进了边疆秩序的稳定，有利于边疆的开发建设。

在清朝统一天山南北的进程中，西北沿边的哈萨克、布鲁

---

1 北部以阿尔泰山、萨彦岭为中心，包括斋桑泊周围地区、额尔齐斯河两岸等今新疆北部、蒙古国西部以及俄罗斯和哈萨克斯坦的部分地区，由乌里雅苏台定边左副将军（简称乌里雅苏台将军）管辖。
2 《平定准噶尔方略》续编卷十九，乾隆二十七年（1762年）十月壬子。

特、浩罕、八达克山、爱乌罕等部相继遣使入贡,向清朝表示臣属。清朝"俱照外藩属国之例"[1],"不过羁縻服属,如安南、琉球、暹罗诸国,俾通天朝声教而已,并非欲郡县其地,张官置吏,亦非如喀尔喀之分旗编设佐领"[2],"但能约束所部,永守边界,不生事端"[3],即不予干涉。

---

1 《清高宗实录》卷七二二,乾隆二十九年(1764年)十一月戊申。
2 《清高宗实录》卷五四三,乾隆二十二年(1757年)七月丁未。
3 《清高宗实录》卷五五五,乾隆二十三年(1758年)正月丙辰。

第十七章　昔班尼王朝、布哈拉汗国、布哈拉艾米尔国、希瓦汗国、浩罕汗国

一　昔班尼王朝

昔班尼王朝（Shaybanids，1500—1598 年）因其创建者穆罕默德·昔班尼（1451—1510 年）而得名。他是阿不海尔汗之孙、沙布答赫速檀之子。他的穆斯林教名是穆罕默德，而世俗名字为昔班尼（Shaybani）。"昔班尼"一名，据王治来先生考证，盖取自其祖先尤赤之子昔班。据说其祖父阿不海尔汗给他取的名字本是"沙·巴赫特"（Shāh Bakht），意为"幸福的王子"，在波斯文中讹作 Shaibek，《明实录》译作沙亦乩[1]。昔班尼出身成吉思汗"黄金家族"，祖父阿不海尔汗于 15 世纪上半叶在西伯利亚和锡尔河之间夺取了游牧汗国——白帐汗国的政权，因其所统治的

---

[1] 参见《中亚史纲》，湖南教育出版社，1986 年，第 619 页，注释 1。

部落均自称月即别（乌兹别克之元代译名），所以又称月即别汗国。阿不海尔汗于1468年死后，这个汗国随即瓦解。昔班尼开始了流亡生活。他曾到过阿斯特拉罕，后回到钦察草原，团结月即别各部落，想重建祖业，求援于帖木儿王朝，后依附东察合台汗国马合木汗。他利用两者之间的矛盾壮大自己，扩大领域。15世纪晚期，帖木儿王朝内讧日益加剧，昔班尼汗率领乌兹别克游牧民于1499年进入河中地区[1]。

1500年，昔班尼汗首先围攻中亚帖木儿王朝的首都撒马尔罕。布哈拉出兵为撒马尔罕解围，昔班尼撒围迎击，并围攻布哈拉，三天后布哈拉的贵族和宗教界上层把城献给了他。这时撒马尔罕城里的统治集团还忙于内争：一派支持现任王朝首领速檀阿里；另一派则主张召巴布尔（Zahir al-Din Muhammad Babur, 1483—1530年）替代。巴布尔也是帖木儿的后裔，米兰沙系子孙。其父乌买尔谢赫-米儿咱是费尔干纳统治者，母亲是达失干（塔什干）统治者优素甫汗的女儿。1494年父亲去世后，他被宣布为费尔干纳统治者。撒马尔罕宗教界的上层人物散布失败情绪，于是速檀阿里决定先走一步，将城献给了昔班尼汗。

但是昔班尼汗的胜利并不巩固，本地的部分贵族还是希望保持帖木儿王朝的统治。昔班尼汗的大营扎在郊区，于是他们秘密与巴布尔联系。巴布尔便带领军队占领了撒马尔罕，宣布为国王，其他城市响应。1501年，双方在泽拉夫珊河会战，巴布尔失败，退出河中地区，以后向印度发展，创建了莫卧尔帝国（The Mughal Empire, 1526—1858年）。而昔班尼汗定都撒马尔罕，1503年击败东察合台汗国的军队，占领塔什干地区。此后南下，他占领了希萨尔和昆都士及阿姆河南的一些地区。1505年，昔班尼汗攻陷花剌子模的首府乌尔根奇（玉龙杰赤）；1506年，占领

---

1 关于昔班尼与钦察草原哈萨克诸汗王的斗争，本书第十三章的第一、二节已记述。

阿姆河南的巴里黑；1507年，攻下赫拉特。但不久昔班尼王朝与伊朗萨非王朝发生矛盾，1510年昔班尼汗与伊斯梅尔一世会战于木鹿（谋夫），战败阵亡；其叔父虎赤浑赤汗登上撒马尔罕的汗位（1510—1530年）。

帖木儿王朝的后裔利用昔班尼汗的战败身亡，出兵占领了费尔干纳地区。在喀布尔的巴布尔也出兵，越过昆都士，到达希萨尔（喜撒儿），在瓦赫什河上的决战中取得胜利。河中地区的昔班尼王朝撤出撒马尔罕、布哈拉、卡尔希等大城。轻易的胜利冲昏了巴布尔的头脑，全军花天酒地，需要大量钱财补给，破坏了与居民的关系，失去了社会基础。巴布尔占领河中地区不到半年，1512年春，昔班尼王朝速檀奥贝都拉便开始了争夺河中地区的新进军，他英勇善战，打败了多倍于自己的敌军，巴布尔逃往希萨尔。这年秋，巴布尔在伊朗萨非王朝的支援下又再次进入河中地区，其屠杀和掠夺，加上教派的偏见，激起河中人民的厌恶并团结在昔班尼王朝周围。巴布尔的军队很快就被赶出河中地区。

昔班尼王朝还保留着浓重的氏族残余及其思想意识，难以形成中央集权，成为内讧争权的传统依据。1530年，虎赤浑赤汗去世后，其子阿布萨亦德继位，三年后（1533年）为奥贝都拉取代。奥贝都拉汗1539年去世后，内讧和混战成为经常的现象。大封地领主之间发生战争，一些较小的封地领主也加入进来，目的都是想夺得更多的权力、更大的封地。这类内讧和混战之严重，甚至连王朝的王位继承问题也达不成协议。在这场长期混战中阿布都拉二世崭露头角，于1557年占领了布哈拉，于1560年宣布自己的父亲为国王，定都布哈拉。因此，有的学者将昔班尼王朝国家称为布哈拉汗国。

阿布都拉汗二世以惊人的毅力、明确的目的和无比的残忍开始整顿这混乱的秩序，首先是"收集封地"。他于1573年占领巴里黑，1574年占领希萨尔，1578年占领撒马尔罕，1582年占领塔什干。1583年，父亲去世，他宣布为国王，打破了蒙古的传统——"长者为汗"。他继续征伐，要恢复昔班尼汗当年的版图，于1584年征服巴达克山，1588年征服赫拉特，其后又征服了呼罗珊的一些城镇。对花剌子模经过三次讨伐，于1595年征服。但是这时哈萨克已兴起，于1595年打败了昔班尼王朝的北部驻防军，不久其独生子阿布都拉穆明又谋反，1598年阿布都拉汗二世在内忧外患中去世。其子阿布都拉穆明继位，旋即被杀。皮尔·穆罕默德二世（阿布都拉汗二世之堂兄弟）登上王位，但在内讧中又被杀，他成为昔班尼王朝的最后一位汗。1599年，来自阿斯特拉罕的札尼王朝（又译作赞尼王朝）在布哈拉开始统治，史称布哈拉汗国。

　　昔班尼王朝的初期，其开创者昔班尼汗清楚地知道只有军事上的成功是不够的，他一方面毫不留情地消灭和追捕帖木儿王朝有影响的后裔，另一方面又竭力把有影响的世俗封建主和宗教上层人士吸引到自己方面来。他本人及其心腹们都明白，必须让广大居民都觉得：这只是改朝换代，但秩序依旧，特别是封建的所有制及其生产关系。昔班尼汗特别关注乌兹别克游牧贵族的利益，加速他们的封建化，他们靠没收帖木儿王朝及其拥护者的土地暴富起来。随着时间的推移，乌兹别克贵族对城市生活逐渐熟悉，对商业和手工业也发生了兴趣。1507年，昔班尼汗颁布货币改革令，发行在全国范围内的统一货币，规定了银币和铜币的重量、大小、样式及它们之间的比值，取代了帖木儿王朝后期混乱的货币，有力地促进了商业和手工业的复苏。这种货币改革引起很大的政治共鸣，有利于新旧王朝的对比：新王朝不是使广大居民失去了好处，而是得到了好处，扩大了帖木儿王朝的社会基础。但是昔班尼汗到底来自还保留着浓重的氏族残余及其思想意识的游牧部族，很难摆脱其传统的影响，他在王朝建立初期就把全国划分为许多领地分封给自己的亲族，这为他去世后连绵不断的王朝内讧和领主混战埋下了种子。

昔班尼王朝的晚期，阿布都拉汗二世削平封建领主、加强中央集权、制止内乱，在一定程度上为经济生活的正常化创造了条件。在民间传说中，有许多建设与他的名字联系在一起：既有水利工程、桥梁，也有道路、商队旅店、商场。在中亚境内长达50年不断的内战给商业和货币流通造成极其不利的环境。一些人把银币埋藏起来，一些人把银币输往国外，造成白银不足，造币含银量降低，出现了货币流通危机。阿布都拉汗二世亲自到造币厂监督其质量，并在"收集封地"的过程中封闭了地方领主的造币厂，由布哈拉统一造币，在全国流通，同时把官方与市场的白银价格调整一致，从而止住了白银流失。改革的成功不仅促进了商业的复苏，而且也增加了国库的收入：制币的直接收入和商业税收。

但是总的说来，昔班尼王朝在中亚发展史上是处于封建社会的晚期，尽管乌兹别克人建立的这个王朝出现了一些优秀的军事家和政治家，但难以回转历史的总趋势——封建社会不以人的意志为转移地走着下坡路，在这个王朝存在的百年间内讧和混战至少占去了三分之二的年份，人们惶惶不可终日，怎能安下心来从事社会经济文化的建设！

昔班尼王朝世系与在位年代[1]

阿不海尔汗（白帐汗国）
├── 沙布答赫速檀
│   ├── 1. 穆罕默德·昔班尼汗（1500—1510）
│   └── 马赫穆德
│   └── 4. 奥贝都拉汗去世（1533—1539）
└── 2. 虎赤浑赤汗（1510—1530）
    ├── 3. 阿布萨亦德汗（1530—1533）
    └── 5. 阿布都拉汗一世（1539—1540）

---

[1] 本表主要依据诺尔库洛夫、朱拉耶夫：《乌兹别克斯坦历史（16世纪—19世纪前半叶）》［Н. Норкулов, У. Джураев, История Узбекистана (ⅩⅥ—первая половина ⅩⅨ в)］，塔什干，2001年，第39页列表。

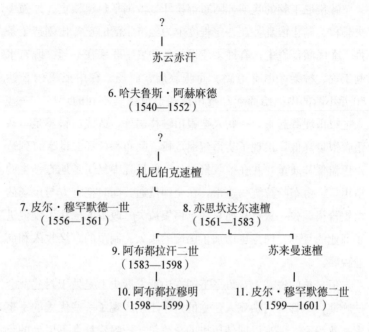

二 布哈拉汗国

布哈拉汗国的第一个国王是札尼·穆罕默德速檀,因此史家又称布哈拉汗国为札尼王朝(Janids,又译作赞尼王朝、贾尼王朝,1599—1756年)。札尼是成吉思汗的后裔、阿斯特拉罕汗国的速檀[1],因此布哈拉汗国又称为阿斯特拉罕王朝。当金帐汗国瓦解后,后王统治着阿斯特拉罕汗国。1554年,俄国占领阿斯特拉罕时,札尼速檀逃亡到昔班尼王朝。他以黄金家族的高贵身份,娶了阿布都拉汗二世的妹妹。1598年,阿布都拉汗二世去世,伊朗的萨非王朝乘机出兵,夺取了包括赫拉特在内的呼罗珊大部分地区。哈萨克也出兵占领了包括北方重镇达失干(塔什

---

[1] Sultan,或汉语音译为算端、苏丹,在这一时期的中亚地区其意为"王子"。

干）在内的许多城市。王朝内部王位不稳，国王一再被杀。在这种国家极端危急的局势下，1599 年，札尼速檀被乌兹别克贵族拥上汗位，成为中亚一个新王朝的第一代君主。这个王朝自 1599 年开始，到 1756 年灭亡，首都是布哈拉，故史称这一王朝为布哈拉汗国。

札尼王朝的第一位国王是谁，现在有两种说法。根据文字史料，札尼伯克速檀把王位让予自己的长子丁·穆罕默德速檀。但是后者死于前往布哈拉的途中。于是札尼伯克的次子巴基·穆罕默德速檀被宣布为国王。因而在一些科学文献中确定札尼王朝的第一个国王是巴基·穆罕默德，如 1966 年出版的《乌兹别克苏维埃社会主义共和国史》等。但是古钱资料却提出了相反的证明：札尼伯克速檀在布哈拉、撒马尔罕和塔什干用自己名字冲制了许多钱币[1]。因而，加富罗夫得出结论："事实上或者名义上的第一个国王是札尼·穆罕默德（札尼伯克）。"[2]

札尼王朝初期唯一的成功是收复巴里黑，至于制止内争和对游牧部落的斗争都没有取得重大成果。

1611 年，伊玛目·库利汗（1611—1642 年在位）从自己的叔父瓦利·穆罕默德汗手中夺取了王位。后者虽然得到伊朗萨非王朝的支持，但是仍然被击溃，并被处死。伊玛目·库利汗扩大了国家的疆界，他从哈萨克人手中夺回塔什干。他同游牧部落的斗争取得了成功。

伊玛目·库利汗暂时控制住了封建内讧的发展。同时代的史学家虽然夸大了在伊玛目·库利汗时期国内出现的升平景象，但是在他们的过誉中也含有一些真实性，特别是他的长期统治同其前后相比。史籍提到在伊玛目·库利汗时期的一些水利建设。

他的弟弟纳迪尔·穆罕默德汗统治时间不长。显然，他的政

---

[1] 见达维道维奇：《17—18 世纪中亚钱币史》，杜尚别，1964 年，第 12—14、243—244 页。

[2] 加富罗夫：《塔吉克》，第 561 页。

策触犯了封建贵族的利益，因而他们施展阴谋把他的儿子阿布都拉·阿兹斯汗（1645—1680年在位）扶上王位。纳迪尔·穆罕默德本人被迫只做巴里黑的统治者，但其地位仍不稳固。纳迪尔·穆罕默德的其余儿子也卷入争夺政权和封地的斗争，他们有的站在父方，有的站在兄方。纳迪尔·穆罕默德向印度莫卧尔王朝的国王沙赫·杰汗求援。后者派出自己的两个儿子率领大批军队，赶跑纳迪尔·穆罕默德，蹂躏了这一地区两年，居民遭难、逃散，发生了饥荒。征服者与终于到达这里的阿布都拉·阿兹斯之间展开战争。这次战争以后者的胜利而结束，但居民的境况已达到极端困苦。随后札尼王朝的父子、兄弟在这里又反复争夺，使巴里黑及其周围更加凋敝。

希瓦汗国利用札尼王朝内乱，多次发动掠夺性的侵袭，使河中地区的许多地方凋敝。他们甚至到达布哈拉，有一次已经占领了该城的一部分，只是由于所有市民积极抵抗才被迫撤退。

札尼王朝的巴里黑统治者苏布汗·库利汗利用这种混乱，夺取了政权（1680—1702年在位）。起初希瓦汗国对其继续侵掠，一度占领撒马尔罕，城市贵族承认了希瓦汗为君主。苏布汗·库利汗明白，如果不在撒马尔罕委任自己的总督，那么希瓦人的侵袭就不会停止。苏布汗·库利汗通过地方贵族施加影响，终于使希瓦承认了他的统治。

王朝内争，使乌兹别克部落首领的势力得到增强。苏布汗·库利汗本人在许多情况下也提拔了他们当中的一些人。例如，当他的儿子企图在巴里黑独立，根据他的命令被处死后，苏布汗·库利汗委任一位部落艾米尔为该区域的统治者。这一区域长期以来被认为是王位继承者的封地。

在苏布汗·库利汗时期卡塔干部落的阿塔利克[1]马赫穆德比

---

[1] 阿塔利克（atalik），突厥语，直译为"接替父位者"，布哈拉汗国的第十五品阶，即最高的官衔。它是汗以下的第一位，实际上起着首相的作用。

的地位特别高。苏布汗·库利汗在同希瓦汗斗争时不止一次向他求援,并委派他平定巴里黑地区艾米尔们的叛乱,然后任命他为巴里黑和巴达克山的总督。但巴达克山是亚尔-伯克手中的独立领地,经过战争才承认自己是布哈拉汗国的附庸,实际上亚尔-伯克仍然是巴达克山不受限制的统治者,完全独立自主地统治着它。

苏布汗·库利汗没有能够消除地方封建主的对抗。对不驯服的封建主进行战争需要大量的资财,因而苏布汗·库利汗向居民预征七年的赋税,这是加在人民身上极其不堪的沉重负担,加上官吏的贪污舞弊,使广大人民倾家荡产。

奥拜都拉汗二世的短期统治(1702—1711年),以中央政权和封建主之间特别紧张的斗争而闻名。奥拜都拉汗二世是札尼王朝最后一位试图限制封建主专断和加强中央政权的国王。苏布汗·库利汗留给奥拜都拉汗二世的情势是艰难的。艾米尔们——乌兹别克部落首领们——觉得自己是完全独立的。通常他们是城市和地区的行政长官,而这些城市和地区是他们部落的食邑。他们也购买土地,从而成为最大的土地所有者、完全的主人。他们当中许多人依靠自己部落的实力,完全不尊重中央政权。他们之间相互敌对,形成集团,有时公开拒绝承认布哈拉汗的政权。奥拜都拉汗二世既没有资财,又没有足够的军队可以独立地同这些封建主的分立主义进行斗争。他不得不依靠艾米尔们互相牵制,在这种情况下并不总是能够实现自己的决策。他所依靠的艾米尔经常在各种借口下拒绝出征。布哈拉汗不止一次地遭到失败。有时在征伐中部分艾米尔带领自己的军队径直开走,甚至转到敌人方面。奥拜都拉汗二世的处境是很复杂的,他不得不随机应变,玩弄各种手段。他力求使艾米尔们相互削弱。同时,他采取了一整套措施,旨在一方面巩固自己的经济基础,另一方面在经济上和政治上削弱艾米尔。例如,当布哈拉军队在征伐途中,奥拜都拉汗二世发布了专门的命令:不准践踏居民的稼禾,不准给居民造成任何损害。在一个村庄扎营后，奥拜都拉汗二世交付了军队践踏稼禾的赔偿钱。在这里可以看出把平民吸引到自己方面来的明显意图。

奥拜都拉汗二世扩大国库收入其实就是取消"免税"，即取消米尔克土地的租税豁免权。这是一项大胆的冒险措施，因为它触犯了封建主阶级——他所依靠的那个集团的利益。大概他是有选择地这样做。众所周知，他取消了中亚最大的宗教封建主朱伊巴尔伊谢赫的租税豁免权。

奥拜都拉汗二世也采取了一些发展国际贸易的措施。这在某种程度上触犯了当地商人的利益。布哈拉商人成批购买外国商品，通常是卖光以后再付款。这对外来商人是很不利的。此外，根据伊斯兰教法，卖出的商品三年内可以退回。在奥拜都拉汗二世时期对于这些问题的处理都接受了外国商人的意见。这扩大了外国商品的输入，从而相应地增加了国库收入。

奥拜都拉汗二世进行了货币改革。1708年，对国库中现有的钱币重新冲制：把每一枚钱币做成四枚，因此新币含银约9%，然后宣布，今后新币（含银9%）和旧币（含银35%）的购买力相同。结果，在布哈拉贸易停止了，商人和手工业者关闭了自己的铺店和作坊。城市平民陷于可怕的境地：市场上买不到任何东西。这加剧了普遍的不满。市民们，主要是贫民，呼喊着、威胁着涌向汗的官邸。人民起义最后被镇压下去，但奥拜都拉汗二世也不得不妥协，旧币同新币的比值不是一比一，而是一比二。换句话说，乌贝达拉赫汗的国库财库不是扩大了三倍，而是只扩大了一倍。改革没有带来预期的收入，而引起了乌贝达拉赫汗过去的同盟者起来反对他。在1711年的一次阴谋中奥拜都拉汗二世被杀，他的国库和全部财产被抢劫。

在札尼王朝阿布勒法伊兹汗统治时期（1711—1747年），中央政权完全失去作用，因而汗国分解成为一些独立的区域，在部落贵族的控制之下。最有势力的部落是忙兀（мангыт）与弘吉剌

（кунграт）。国家大权几乎完全转到阿塔利克穆罕默德·哈基姆比手里，他得到忙兀部落贵族的支持。后来贵族对阿塔利克的无限权力不满，穆罕默德·哈基姆比被流放到卡尔希，阿布勒法伊兹汗依然无权。忙兀部首领穆罕默德·拉希木比拥有军队，阿布勒法伊兹汗被迫封他为大维孜尔；但是汗于1747年仍被杀害，其子阿布都勒穆明被穆罕默德·拉希木比宣布为汗，并将女儿嫁于他。次年穆罕默德·拉希木比又杀害了这位汗。于是穆罕默德·拉希木比便将阿布都勒穆明汗的儿子奥拜都拉三世扶上汗位，作为傀儡；剪除异己，杀戮一切反对者，于1756年宣布为汗，结束了札尼王朝。

在统治集团内部的这种"总打架"的时代，中亚各族人民虽然身遭艰难困苦的考验，但是仍在创造着自己的文明[1]。

建筑和艺术。17—18世纪的经济和社会生活的特点明显地反映到建筑上。乌兹别克部落的封建主、艾米尔们的影响、权力和财产都有所增长。城市和整个区域有时在他们手中。他们把钱用于建筑，指望以此使自己的名字增光和永垂不朽。

亚兰格图什比在撒马尔罕广场展开巨大的建筑工程，建起了一直保存到今天的建筑。在兀鲁伯宗教学校的对面，根据他的命令建筑师阿布杜·贾巴尔建筑了一所新的宗教学校。在这所宗教学校正门的山墙上画着扑向扁角鹿的猛兽，由此得名为希尔达尔（"有猛狮的"）宗教学校。希尔达尔宗教学校的正门模仿兀鲁伯宗教学校的正面：中间是大门，在两边角上是匀称的清真高塔，大门与高塔之间是两个建筑在大讲堂（达尔斯·哈纳）上的起楞的圆顶。在设计细节和装饰上有许多独出心裁、独具特色的地方。

晚些时候，亚兰格图什比从广场的第三面开始修建第三座建

---

1 以下关于布哈拉汗国的文化部分是依据加富罗夫《塔吉克》第574—578页的资料编写的。

筑物，它的装饰镀金是如此之多，以致获得提拉·卡里之名。它既是宗教学校又是清真寺：庭院的三面是胡吉拉（学生单间宿舍），另一面是清真寺（中央圆顶房屋与两条有许多圆柱的回廊）。

最终在撒马尔罕形成了一个一面敞开、三面各有一座门面装饰得富丽辉煌的建筑物的广场。

17世纪布哈拉也修建了一个建筑群。建筑群中最重要的部分是一个巨大的哈乌兹（水池），这一建筑由此得名为拉布-伊-哈乌兹。这一建筑群中最早的建筑物建于16世纪——这就是库克尔塔什宗教学校。在17世纪，当时最著名的官员之一纳迪尔-迪万-贝季命令修建哈乌兹、宗教学校和小哈纳卡。这个建筑群不像撒马尔罕广场建筑总体那样和谐与均衡。它的外形是这样的：16世纪的宗教学校宏伟的正面对着广场，另一面是不大的纳迪尔-迪万-贝季宗教学校，再一面是拉布-伊-哈乌兹，在哈乌兹的后面是小哈纳卡。宗教学校与带哈纳卡的哈乌兹相互之间不够均衡，同16世纪的宗教学校也很不协调。总体既不匀称，在结构上也不平衡，建筑师在这里没有表现出任何的审美力和才能。

布哈拉在17世纪建成的另一建筑群则更大而有趣。这是两所相对着的宗教学校：一所是15世纪的兀鲁伯宗教学校，另一所是阿布杜·阿兹斯汗宗教学校。它们有许多共同点，但也有更多的不同点。兀鲁伯宗教学校的正面配置和谐，装饰沉静、优雅、朴素。阿布杜·阿兹斯汗宗教学校正面配置不和谐，正门过于拉长，正面的两侧则相反地又重又大，装饰特别豪华，有些地方甚至过分奇巧。

如果说17世纪是中亚建筑发展的一个阶段，则首先要提及的正是装饰物。17世纪的建筑装饰师们发展了前两个世纪的传统，取得了一定的创造性成就，泥雕取得的成就特别出色。布哈拉阿布杜·阿兹斯汗宗教学校的钟乳形石膏装饰物，以其复杂、精细和轻巧令人惊叹，广泛采用马约里卡彩陶和带有金属饰件的马赛克。它的花纹复杂而奥妙，但色调比15—16世纪粗俗得多：黄色和绿色的大量使用使它们过于花哨。

有中亚当地艺术家细密画插图装饰的17世纪的手写本流传下来的数量不多。但是根据这不多的样型也可以看出，16世纪的书籍细密画中亚流派的传统在17世纪得到充分的继承和发展。撒剌甫丁·牙孜迪《帖木儿武功记》的插画特别出色。1628年撒马尔罕的手抄本有12幅插画。画家在插画的战斗场面中以惊人的艺术能力安置了大量的人物。例如，在描写帖木儿围攻赫拉特的插画中有22个人物和18匹战马。在另一幅帖木儿征伐金帐汗脱脱迷失的插画中有20个人在战斗。在帖木儿宴会的画面上人物也不少：有高级官员和侍卫、乐师、歌手、朗诵者、斟酒人，场面很生动。

画像艺术在18世纪也没有凋落。1642年创作的富于表情的伊玛目·库利汗画像可以作为例证。

以后的局势无论如何也不可能促进建筑和艺术的发展。18世纪上半叶是经济崩溃、希瓦人侵袭、游牧部落和外国军队入侵的时期。居民逃散，使布哈拉和撒马尔罕这样一些文化中心荒芜。这种动荡和艰难的时代未留下任何重要的建筑艺术遗迹，这是很自然的。

文学、史学和医学。在札尼王朝时期形成了两个文学中心——布哈拉和巴里黑，当时艾米尔继承者的官邸在这两个城市。在这一时期塔吉克文学比16世纪有显著的发展。但是在苏布汗·库利汗时期制度严厉，使某些宫廷诗人不得不离开自己的祖国而移居印度。

宫廷文学和官方苏非派文学在这一时期处于衰落状态，但在精神上比较接近人民的诗歌却在城市手工业界中发展起来。这可以费特拉特·扎尔杜兹·撒马尔罕伊、奥比德·莫姆塔和特别杰出的诗人米罗比德·塞伊多·纳萨费为代表。

费特拉特·扎尔杜兹·撒马尔罕伊1657年生于撒马尔罕的

绣金工匠街坊区，他本人也掌握这种艺术。1685 年，他到布哈拉进了宗教学校。这位诗人生活艰难。他因缺钱不得不出卖自己的房屋，富有的买主欺骗他。诗人用讽刺诗报复了他。诗人死于 18 世纪初。从诗选中可以看出，费特拉特无论在诗歌方面还是在散文方面都是一位大师。他留给我们的遗产是长诗《托利布与马特鲁布》、一首讽刺诗和几首嘎泽拉抒情诗。

塞伊多·纳萨费（死于 1707 年至 1711 年之间）是这一时期最伟大的诗人。他是阿布杜·阿兹斯、苏布汗·库利汗和奥拜都拉汗二世的同代人，目睹了在残酷的封建压迫下劳动人民的灾难。

塞伊多在创作的初期阶段，显然极力想为自己找一个庇护人，他同统治集团的上层人物交往，因而在他们的影响下写了一些献给阿布杜·阿兹斯和苏布汗·库利汗的颂诗。但当他亲眼看到宫廷里是什么样子后，便坚决与它断绝了往来：

> 最好不要再到富人的街上去，
> 因为我的每个脚印都涌出血泉。

塞伊多热爱自己的人民。他不仅用文学的形式，而且亲自保护向他求援的不幸的和遭难的人们。

> 到处看见不幸的人，我都把他们爱抚，
> 这草原上的骆驼刺啊，将是我篮里第一朵鲜花。

塞伊多不是把颂诗献给王公和达官贵人，而是献给贫民、工匠和农民，他很好地描述了这些居民阶层的生活。他献给烤馕师傅和艺术家等的颂诗就是如此。《春天的主题》在塞伊多的作品中占据中心地位。在这部作品中他借野兽描绘出封建主不同阶层代表人物的形象，并表明好像它们脚下的蚂蚁一样的劳动人民，只要联合起来就更有力量，可以战胜猛狮。

塞伊多在一系列的诗中揭露了在苏布汗·库利汗时期人民群众的极其贫困的状况，统治者财富猛增，人民则日加贫困和破产。他写道：

> 天空像驼背老人的体躯，
> 世界像被抢光的村墟，
> 因为世界上的人只知道相互吮血，
> 苍穹像被吸干的石榴皮，
> 命运从水溪带走水和绿，
> 花园的土地像打碎的陶器。
> 富人自己穿着花一般的衣服，
> 像抽丝作茧自缚的蚕儿。

塞伊多·纳萨费是汗国第一个公开保护劳动人民和尖锐批判封建制度的诗人。他作为劳动人民阶层特别是手工业者的思想和愿望的表达者——有才能的诗人出现。这些阶层在他的创作中占主要地位。他在世界观上与自己的同代人相比远远走在前面。他宣称劳动人民比其他社会阶层优秀。大胆地说，劳动人民的力量团结起来，就可以严厉地批评行政长官，告发他们的无知和残暴。

塞伊多在继承自己前辈的优良传统的同时，在诗歌选题和形式方面提供了许多新的东西。在嘎泽拉中他以批评统治者的题材同传统相对立，描写了国家完全破坏的状况。他也扩大了颂诗的选题（歌颂手工业者）。他的《春天的主题》被认为开创了醒世诗的新形式。在16世纪以后的文学时期，"沙赫罗舒特"体裁在塞伊多的创作中得到新发展。这位诗人也更新了各种艺术手法，提出独出心裁的变体和比喻，引用民间口头创作、谚语和俗语。

苏非思想对塞伊多的创作产生了某种影响，在他的诗中也可以明显地看出复杂的"印度风格"的影响,但是诗人对这种风格的利用带有创新的性质。

在过去大部分诗人都力求保持住古典文学语言的形式,认为它不可触动。在16世纪初的政治事件,即伊朗从河中地区独立出去之后,保持语言的统一已失去意义。塞伊多理解到这一点,因而大胆地打破旧传统,在诗作中加进了在本族口语中普遍使用的词汇。他作品中的语言已很接近今天的塔吉克文学语言。

17世纪也有自己的历史学家。穆罕默德·伊本·瓦利是17世纪最卓越的编年史作家之一。他的著作《高尚贤人的秘密海洋》是一部独特的百科全书,由四卷组成,它的历史部分从成吉思汗到札尼王朝。

在这一时期写成的最后一部重要著作是《塞伊德·拉基姆史》,这部书虽然没有按顺序描写历史事件,但是它保存着从帖木儿时代到18世纪的许多著名人物、各种建筑物、文学著作的材料。

在这一时期有价值的史料包括穆罕默德·阿明·亚拉克奇的《史海》。该书作者从很古的历史故事写起,直到17世纪中期,详细地叙述了阿斯塔拉罕王朝的情况。

穆罕默德·尤苏甫·穆什的《穆基姆汗史》,主要是写的1704年前的札尼王朝的历史。

最后,穆罕默德·阿明-伊·布哈拉伊的《奥拜都拉之书》,是这一时期有价值的史料,它完全记述奥拜都拉汗二世时期札尼王朝的情况,包括1702年至1711年的事件。

苏布汗·库里汗统治时期(1680—1702年)是布哈拉汗国史上比较强盛的时期。即使如此,他也不得不同不断入侵的希瓦人作战,同时还要和反叛的艾米尔们进行长期的斗争。在从政之余,苏布汗·库里汗喜欢钻研医学,他在阿维森纳等人医书的基础上编写出中亚第一部突厥语医书。

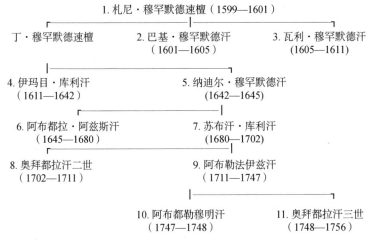

札尼王朝世系与在位年代[1]

三　布哈拉艾米尔国

穆罕默德·拉希木比于1756年宣布自己为布哈拉汗，但是他并非出身于蒙古黄金家族，他出身的忙兀部只是组成乌兹别克的92个部落之一。所以，他的继承者遵循传统仍自称艾米尔，国家称布哈拉艾米尔国。因为这个国家的创建者和继承者是忙兀人，所以又称忙兀王朝。布哈拉艾米尔国时期，是中亚四分五裂，内忧外患加深，最终并于俄国的时代。

穆罕默德·拉希木登上汗位后，力求加强中央集权，消除国家的分裂割据状态，但是收效甚微，于1758年去世。他的堂叔阿塔利克·达尼亚勒比宣布札尼王朝遗族、阿布勒法伊兹汗之孙阿布勒哈孜为汗，自称"艾米尔之艾米尔"。他极力加强军队作为自己统治的支柱；分封忙兀部的伯克们，并扩大了税额。然而领地的所有者们仍然不服从中央，自行其是，相互攻掠，战乱不断。

---

[1] 本表主要依据诺尔库洛夫、朱拉耶夫：《乌兹别克斯坦历史（16世纪—19世纪前半叶）》，第56页列表。

1785年，达尼亚勒艾米尔去世，其子沙木拉德（Shahmurad）继位。他在继位之前是一位德尔维希[1]，自食其力，曾在巴扎[2]上当搬运工，后来当了铁匠，打刀卖刀。他了解民间疾苦，成为人民喜爱的人，称他为麻素木（ma'sum，意为无罪者）。

沙木拉德在统治时期（1785—1800年）进行了改革：废除了一些苛捐杂税；给军队规定薪饷，战利品的五分之一上缴国库；处死了贪污受贿的布哈拉最高法官；执行伊斯兰教法；修筑了一些灌溉工程；修复了被战争毁坏的城市建筑，特别是受毁最重的撒马尔罕，并新建了宗教学校；冲制纯正的钱币，使货币正常流通，促进了商业、手工业的复苏。他本人依然过着简朴的平民生活，终年只穿一件衬衣和一件长袍，缠一条6米的头巾。沙木拉德所做的这一切在一定程度上缓和了国内尖锐的局势，但是也遇到腐败势力的反抗，而且愈来愈烈。1800年，沙木拉德被杀。经过一场争夺，其子海达尔最终成了布哈拉汗国的统治者。

在海达尔统治时期（1800—1826年），国内政局回到割据混战状态，每3—6个月就有一次冲突；对外也时有战争，不乏外敌入侵。战争加剧了已赤贫的人民的困苦，不断起而反抗，震撼全国的大起义有1800年爆发的卡尔希起义和卡塔库尔干起义；1821年在米安卡勒（Мианкал）爆发的契丹-钦察半游牧民起义，直到1825年海达尔艾米尔做出妥协，起义才平息。

海达尔之子纳斯鲁拉（Nasrulla）消灭了所有王权觊觎者，于1826年登上宝座。他建立了一支职业军队，试图依靠这支军队建立一个大帝国。1839年，布哈拉侵占费尔干纳谷地，一度将浩罕变为自己的藩属。1842年，布哈拉军再度侵入浩罕，处死浩罕马达里汗，占领浩罕汗国的首都，但不久即被逐出。1843年4月，纳斯鲁拉率10万大军进攻希瓦，遭到惨败。又与伊朗进行

---

[1] darwish，伊斯兰教的苦修教士。
[2] bazaar，中亚当代语言，意为集市。

战争，掳来 4 万人在布哈拉为奴。但是他在国内始终未能制服各大领地的伯克们，即使离首都布哈拉并不远的沙赫里萨布兹领地，他也是用 30 年时间才制服了其异密。穆札法尔于 1860 年继承王位，国内局势不可扭转，继续恶化。

正当布哈拉汗国战乱不已的时候，俄国沙皇开始了全面征服中亚的军事行动。1866 年，俄军渡过锡尔河作战，4 万布哈拉军队被 3600 名俄军击溃，死伤惨重，艾米尔穆札法尔逃跑。俄军乘胜攻战忽毡。1867 年 7 月，俄国成立突厥斯坦总督府，首府设在塔什干。1868 年 5 月 1 日，俄军进攻撒马尔罕，次日，撒马尔罕投降。6 月，俄国突厥斯坦总督考夫曼将军强迫布哈拉汗国签订条约。穆札法尔艾米尔在条约上签字，布哈拉汗国沦为俄国的保护国。俄国在征服希瓦汗国后，于 1873 年 9 月逼迫布哈拉签订补充条约，布哈拉汗国已完全丧失主权，俄国怕引起国际干预，才只在名义上把布哈拉汗国保留下来。1920 年 9 月，当地红军推翻忙兀王朝，名义上的布哈拉汗国也终止了。

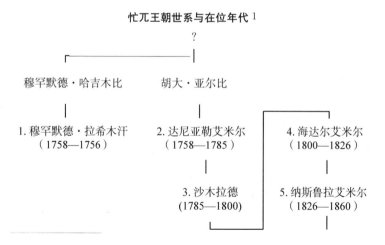

忙兀王朝世系与在位年代 [1]

----
[1] 本表主要依据诺尔库洛夫、朱拉耶夫：《乌兹别克斯坦历史（16 世纪—19 世纪前半叶）》，第 81 页列表；拉西莫夫：《乌兹别克斯坦历史（19 世纪后半叶—20 世纪初）》（Ж. Рахимов, История Узбекистана (вторая половина X IX — начало X X века)），第 1 章的资料，塔什干，2001 年。

6. 穆札法尔丁艾米尔
(1860—1885)

7. 阿布都拉哈德汗艾米尔
（1885—1910）

8. 萨亦德·阿里木汗
（1910—1920）

四　希瓦汗国

　　1505年昔班尼汗攻陷乌尔根奇（玉龙杰赤）后，花剌子模降服，进入昔班尼王朝的版图。1510年，昔班尼汗与伊朗萨非王朝（Safavids）会战于木鹿（谋夫），战败身亡。萨非王朝遂兼并花剌子模。由于花剌子模信奉伊斯兰教的逊尼派，而萨非王朝则信奉什叶派，戴红头巾，人称"克孜勒巴希"（qizil bash，突厥语意为"红头"），这在思想上引起当地居民的反感。乌尔根奇的宗教领袖组织居民秘密迎来了黄金家族的成员——昔班尼汗后裔伊勒巴斯（Elbars，汉语音译或为"伊尔巴尔斯"），于1511年立之为汗。在他领导之下花剌子模从信奉什叶派的伊朗萨非王朝统治之下解放出来，他及其子孙们获得了哈齐[1]的称号。他统治时期首都由瓦孜尔（Vazir）迁到乌尔根奇，后因阿姆河改道，于17世纪初迁都希瓦（Khiva），史称这一政权为希瓦汗国。

　　在伊勒巴斯汗统治时期，钦察草原的游牧民大量移入花剌子模，这加强了希瓦汗国的社会基础。在伊朗沙伊斯梅尔一世去世后，伊勒巴斯汗运用这支社会力量开始了对外扩张，汗国的疆域西到里海，北有咸海区域，南界阿塔拉克河（今伊朗境内）。然

---

[1] ghazi，阿拉伯语，意为为信仰而战的奋斗者。

而16世纪的希瓦汗国并不是一个中央集权的政体，而是一个氏族-部落制度有着巨大影响的国家。统治部落的首领被宣布为汗，整个汗国分成许多领地，被分赐予汗的家族成员和其他部落的首领。这些领地的统治者并不愿服从中央政权，这必然导致割据和内乱。

汗国的居民，依照民族、语言、文化分为三个群体：（一）花剌子模人的后裔，他们在历史上曾同化过一些不同的部族；（二）土库曼人诸部落；（三）从钦察草原迁入的诸部落。乌兹别克诸部落的首领逐渐成为其领地独立自主的统治者，并对汗国的政治和社会起决定性影响。

16世纪下半叶，希瓦汗国发生了社会经济危机，主要是阿姆河改道所引起的。从1573年起阿姆河不再流入里海，在此后的15年间集中流向咸海。因此，原河道两岸缺水变为荒原，居民被迫流徙。布哈拉汗国于1593年和1598两次掠夺性的入侵，使希瓦汗国统治者一再失国。国内的政治割据和苛捐杂税，使人民更加困苦。所有这些都直接加深了社会经济危机，并使之持续。

历史进入17世纪，希瓦汗国的局势并未好转，其政治割据更加严重，部落首领在汗国社会政治生活中影响更加强大。伯克和比在形式上依旧是汗的臣属，但实际上他们不仅在自己领地内是绝对权威，而且干预中央朝政，包括汗的废立。阿拉伯·穆罕默德汗在位20年（1602—1621年）有两件事值得一说：（一）由于阿姆河改道，他由玉龙杰赤迁都希瓦。（二）驻防俄国边境的亚伊克河（乌拉尔河的旧称）流域的哥萨克，在阿塔满[1]涅柴的指挥下对玉龙杰赤进行了掠夺性的袭击，掳走1000名青年男女，在其返回途中，汗率军赶上，打败了他们。此后，阿塔满沙迈也率领自己的哥萨克兵袭击玉龙杰赤，同样遭到失败，本人做了汗

---

[1] атаман，俄国沙皇政府指派或选任的哥萨克人的村长或哥萨克军的长官。

的俘虏。

1616年，阿拉伯·穆罕默德汗的两个儿子哈巴希速檀和伊勒巴斯速檀，在奈曼部落和回纥部落首领的支持下起兵反叛父亲。汗对这两个儿子做出让步，增加了他们的封地。但是1621年他们又举兵反叛，打败了父亲与其他两个兄弟阿斯范迪亚速檀和阿布尔哈齐速檀的军队，并将父亲俘虏，弄瞎，不久杀害。于是哈巴希速檀和伊勒巴斯速檀一起登上汗位。阿布尔哈齐速檀逃到布哈拉汗国，阿斯范迪亚速檀在国内隐藏起来。后来哈巴希速檀和伊勒巴斯速檀得知阿斯范迪亚速檀尚在国内，遂决定让他去朝圣。阿斯范迪亚速檀出境后没去麦加，在伊朗便停下了。他得到沙阿拔斯一世的支持，杀回希瓦，夺取了汗位（1623—1642年）。阿布尔哈齐速檀随后也回到希瓦，阿斯范迪亚汗封他做玉龙杰赤的统治者。不久兄弟之间便发生矛盾，阿布尔哈齐速檀出走国外，历尽险厄，于1642年阿斯范迪亚汗去世后他才取得汗位。但是，希瓦汗国统治集团的内讧和混战仍然连绵不断，其原因首先是当时的中亚社会已进入封建制的晚期，各种社会矛盾都显露出来，必须进行根本性的改革才能消除。其次，这个王朝带有浓厚的氏族残余，王朝所有成员把汗国视为人人有份的财产，这种传统观念体现在分封制上。封地的争夺导致了内讧和混战，"长者为汗"的氏族传统又导致了汗位的不稳定。加上宗教势力特别是上层代表，积极参与政治，干预世俗生活，与游牧贵族相勾结，使统治集团的斗争更加复杂化。阿斯范迪亚在位期间在土库曼部落贵族的支持下反对和屠杀乌兹别克人，导致汗国内乌兹别克人大规模迁往他处。1644年，阿布尔哈齐继汗位，为了报复，又大量屠杀土库曼人，致使土库曼人大规模迁徙。阿布尔哈齐汗（1643—1663年在位）作为汗，在当时的局势下不可能有什么实际作为，但他写下了两部历史著作《突厥世系》和《土库曼世系》，为后人留下了珍贵的文化遗产。

1687年，阿努什汗去世，伊勒巴斯汗开创的王朝汗统中断，汗国大权完全落在部落贵族的手中。他们经常从草原上找来所谓成吉思汗的后代作为傀儡，扶上汗位，并随意废立。当时布哈拉史学家阿布·克里姆称之为"汗的游戏"[1]。但是即便处于这种政治环境，希瓦汗国人民爱国的传统仍然不减，于1717年打败了俄皇彼得一世派出的远征军。

1740年，伊朗纳迪尔沙入侵希瓦，希瓦人进行了顽强的抵抗，希瓦汗伊勒巴斯和一些乌兹别克贵族被杀。伊朗退走后，汗国政治仍然混乱，乌兹别克显贵部落弘吉剌部落的比执掌实权。穆罕默德·阿明掌权时期（1755—1771年），兴修水利，发展农业，保持国家的相对稳定。其孙子艾勒塔札尔（或译伊尔土泽尔）掌权后，最终废除傀儡汗，于1804年自立为汗，开创了一个新的王朝，史称"弘吉剌王朝"，在名义上一直存在到当地苏维埃政权建立为止。

弘吉剌王朝穆罕默德·拉希木汗（汉语音译又作热依木汗）（1806—1825年在位），在政治上加强汗权，削弱部落贵族势力；在经济上兴修水利，发展农业；在文化上采用察合台文；对外扩张，降服汗国之北部和东部的游牧人，对土库曼、哈萨克、布哈拉和伊朗采取主动战略。其后继位者继续执行他的内外政策，国力渐强，引起中亚邻国及俄国的注意。

1869年，俄国在里海东岸的红水湾（克拉斯诺沃茨克）建立要塞，希瓦汗国处于俄属高加索、奥伦堡和突厥斯坦三面包围之中。1873年春，俄军兵分三路进攻希瓦，5月底，攻入希瓦城，希瓦汗投降。1873年8月12日，俄国将军考夫曼同希瓦汗国穆罕默德·拉希木汗签订了《俄国希瓦和约》。从此希瓦汗国沦为俄国的附庸。俄国怕引起其他列强干预，特别是英国的干预，才允许希瓦汗国仅在名义上保存下来，直至"十月革命"后于1920年废止。

---

1 见《巴托尔德文集》，第2卷，第1册，第274页。

希瓦汗国尽管长期经受着严重的天灾人祸：阿姆河改道、经济危机、政治割据、社会动乱和周边强国的不断入侵掳掠，但是坚强的各部族人民依然勤奋地建设着自己的国家，至今我们还可以看到他们辉煌的业绩——希瓦城和新玉龙杰赤城。

希瓦城是希瓦汗国最大的城市，从17世纪初至1920年是汗国的首都。在古代它名为Hiywak，处于东西商路上，在萨珊王朝时期即已知名。16世纪70年代阿姆河改道，当时的首都玉龙杰赤的生活条件日趋恶化。17世纪初，阿拉伯·穆罕默德汗迁都希瓦，开始了大规模的建设。17世纪中期，伊朗纳迪尔沙入侵，希瓦遭到毁坏。弘吉剌王朝穆罕默德·阿明统治时期（1770—1790年）重建希瓦。阿拉库里汗统治时期（1825—1842年）修建了城墙，周长6 250米。从18世纪末直到20世纪建造成了今天希瓦城的基本面貌。希瓦城的建筑布局的总体结构是统一、完整的。该城的内堡面积26公顷，周长2 200米，内有汗宫、汗墓、清真寺、宗教学校，内堡有交叉的两条街，对外城开有四门。外城是商业区，是手工业者和商人的店铺。保存下来的著名建筑物有16世纪建造的阿拉乌丁陵墓和阿拉库里汗（1825—1842年在位）统治时期建造的塔什哈乌里汗宫（有163室），还有一些清真寺、宗教学校、苦行者修室。希瓦是世界名城，联合国教科文组织于1997年为它举行了盛大的建城2 500年庆典。

现今的玉龙杰赤（现今汉语音译为"乌尔根奇"），为阿布尔哈齐汗统治时期（1643—1663年）所建筑，称新玉龙杰赤，而原玉龙杰赤则称为库尼亚·玉龙杰赤（Куня-Ургенч，位于今土库曼斯坦境内）。希瓦汗国新建的玉龙杰赤经过几个世纪的发展，现在已成为乌兹别克斯坦的中心城市之一——花剌子模省的首府。

希瓦汗国昔班尼王朝统治者在位年代 [1]

1. 伊勒巴斯（Элбарсхан），1511—1516
2. 苏菲叶汗（Суфияхан），1516—1522
3. 布札克汗（Бужакхан），1522—1526
4. 阿瓦尼希汗（Аванешхан），1526—1538
5. 阿里汗（Алихан），1538—1547
6. 阿卡绍汗（Акашойхан），1547—1556
7. 尤努斯汗（Юнусхан），1556—1557
8. 都斯特（Дустхан），1557—1558
9. 哈吉·穆罕默德汗，通称哈吉木汗（Ходжи Мухаммадхан，Хаджимхан），1559—1602
10. 阿拉伯·穆罕默德汗（Араб-Мухаммадхан），1602—1621
11. 哈巴希速檀与伊勒巴斯速檀（Хабаш-султан и Элбарс-султан），1621—1623
12. 阿斯范迪亚汗（Асфандиярхан），1623—1642
13. 阿布尔哈齐汗（Абулгазихан），1643—1663
14. 阿努什汗（Анушахан），1663—1687
15. 胡大道特汗（Худайдодхан），1687—1688
16. 月即别汗（Узбекхан），1688—1690
17. 尤赤速檀（Джучи-султан），1694—1697
18. 瓦力汗（Валихан），1697—1699
19. 沙尼亚孜汗（Шахниязхан），1699—1702
20. 绍巴特汗（Шохбахтхан），1702—1703
21. 萨亦德·阿里汗（Саид Алихан），1703—1705
22. 穆萨汗（Мусахан），1705—1706
23. 叶德噶尔汗（Ядгархан），1706—1713
24. 舍尔哈齐汗（Шергазихан），1714—1728
25. 伊勒巴斯汗二世（Элбарсхан Ⅱ），1728—1740
26. 塔希尔汗（Тахирхан），1740
27. 努拉里汗（Нуралихан），1740—1742
28. 阿布尔哈齐汗二世（Абулгазихан Ⅱ），1742—1746
29. 盖亦布汗（Гайибхан），1746—1756
30. 帖木儿哈齐汗（Темургазихан），1757—1764
31. 胡大道特汗二世（Худайдодхан Ⅱ），1764—1765
32. 努拉里汗二世（Нуралихан Ⅱ），1768
33. 札罕吉尔汗（Джахангирхан），1769
34. 布拉凯汗（Булакайхан），1770
35. 沙哈齐汗（Шахгазихан），1776—1777
36. 阿布尔哈齐汗三世（Абулгазихан Ⅲ）1777

---

[1] 本表主要依据诺尔库洛夫、朱拉耶夫：《乌兹别克斯坦历史（16 世纪—19 世纪前半叶）》，第 94—95 页列表。

希瓦汗国弘吉剌王朝统治者在位年代[1]

1. 穆罕默德·阿明（Мухаммад-Амин），1770—1790
2. 阿瓦孜·穆罕默德（Аваз Мухаммад），1790—1804
3. 艾勒塔札尔汗（Элтузархан），1804—1806
4. 穆罕默德·拉希木汗一世（Мухаммад РахимханⅠ），1806—1825
5. 阿拉库里汗（Аллакулихан），1825—1842
6. 拉希木库里汗（Рахимкулихан），1842—1845
7. 穆罕默德·阿明汗（Мухаммад Аминхан），1845—1855
8. 阿布都拉汗（Абдуллахан），1855—1856
9. 忽惕鲁黑·穆拉特汗（Кутлуг-Мурадхан），1856—1864
10. 萨亦德·穆罕默德汗（Саид Мухаммадхан），1864—1910
11. 穆罕默德·拉希木汗二世（Мухаммад РахимханⅡ），1910—1918
12. 阿斯范底叶汗（Асфандиярхан），1918—1920
13. 萨亦德·阿里汗（Саид Абдуллахан），

五　浩罕汗国

浩罕汗国是乌兹别克的明格（Ming）部所创建的。关于明格部的起源，潘志平先生对中外史籍做了详细的考证，其结论是"明格部出自拔都的钦察系，原在里海附近活动，后为'游牧月即别'的一支，16世纪随昔班尼汗来到中亚并遍及中亚各地"[2]。布哈拉汗国长期内乱，中央对边远地区失去控制，16世纪初住在费尔干纳地区的明格部首领沙鲁赫（Shahrukh）乘机发展自己的势力，创建明格政权。这一政权建都于浩罕，故史称"浩罕汗国"；又因其统治地域为费尔干纳，又称为"费尔干纳汗国"。这一政权存在了一个半世纪，亡于俄国。

根据穆斯林史书《东方全史》和《沙鲁赫史》记载，沙鲁赫于伊斯兰教历1121年（公元1709或1710年）登上汗位，在位12年。据学者考证，这"汗"是后人追赠的。当时他只称比（伯克），按照传统只有阿夫拉西阿卜的后裔和成吉思汗的"黄金

---

[1] 本表主要依据诺尔库洛夫、朱拉耶夫：《乌兹别克斯坦历史（16世纪—19世纪前半叶）》，第102页列表。

[2] 潘志平：《中亚浩罕国与清代新疆》，中国社会科学出版社，1991年，第29页。

家族"才有资格称汗。后来浩罕汗国的宫廷文人编造了一个"黄金摇篮"故事:当年巴布尔大帝去喀布尔的途中将新生的婴儿放在金摇篮里,就离开了。费尔干纳部落长老发现了他,将他抚养成人,娶妻生子,一代一代接下来,沙鲁赫是他直系第十代孙,沙鲁赫既然是"黄金家族"的成员,沙鲁赫的子孙自然就有资格称汗了。沙鲁赫的孙子额尔德尼汗(Erdana-Khan)在位时(1751—1752年、1753—1763年)正式称汗。

沙鲁赫登位后即命长子阿卜都尔热依木(Abd al-Raym)在蒙古进入中亚时遭到毁坏的浩罕修筑城堡,次子阿卜都尔噶里木(Abd al-Kerim)统治时又对城堡扩建,于1540年从忽毡(Khojand)迁都浩罕(Khokand)。

额尔德尼比统治时期,统一了费尔干纳地区。纳尔巴图(汉语音译又作纳禄博图)统治时期(1763—1798年)继续对外扩张,他于同塔什干统治者玉努斯和卓的交战中死去。其子爱里木即位后(1798—1810年)平息了境内骚乱,称汗,铸币,并与宗教势力展开了积极的斗争。他公开反对伊禅派,严厉镇压宗教人士,强迫哈兰达儿[1]为国家放牧骆驼。其兄弟爱玛尔汗(1810—1822年在位)继续这一政策,最终将费尔干纳最大的和卓马苏木罕逐出国境,使和卓的威望在中亚大大下降。汗权在费尔干纳确立了自己的绝对统治。

浩罕的统治者积极对外扩张,爱里木汗实行全民总动员制度,遭到人民的反对。爱玛尔汗改为"三分之一归属汗"的兵役制度(即每三个男子抽一人当兵)。浩罕汗国与布哈拉争夺战略要地乌拉提尤别,经过15次争夺占领了乌拉提尤别。爱里木汗于1809年占领塔什干,开辟了进入哈萨克草原的道路。爱玛尔汗的军队于1814年攻占突厥斯坦城,1817年在锡尔河下游修筑阿克·美切克城堡。19世纪20年代,浩罕兴建了阿吾里也阿

---

[1] qalandar,伊斯兰教游方教士。

塔（今塔拉斯）。爱玛尔的长子迈买底里汗（又汉语音译为"穆罕默德·阿里汗"）统治时期（1822—1842年），同布哈拉军展开多次激烈争夺，巩固了以前的领土，平定了内部贵族的叛乱，浩罕汗国达到了鼎盛。汗国的疆域，以费尔干纳盆地为中心，西至锡尔河中下游，以河与布哈拉艾米尔国为界；北越天山，进入七河地区；东到帕米尔，与中国接壤；南至外阿赖山。

浩罕汗国的统治者对内实行了一系列有利于经济发展的措施。他们发展农业，兴修水利，吸引游牧民进行贸易。商业贸易很繁荣，在其社会经济中占有重要地位。汗国境内塔什干是中亚重要的贸易中心。其他的城市浩罕、安集延、纳曼干和马尔吉兰也是手工业中心，商业活跃，贸易发达。浩罕的商人足迹遍布中亚各地、俄罗斯、西伯利亚、中国的新疆等地。

但是，汗国的经济基础仍然是农业，土地被视为主要的财富。同中亚其他国家一样，浩罕汗国的土地所有制有三种：国有（амляк）、私有（мульк）、瓦各夫（вакуф，宗教公益财产）。但是浩罕汗国的汗及其亲族所占的份额特别大，全国土地的一半归其所有，而且剩下的土地，除瓦各夫土地外，也被认为是国家的。农民耕种的汗或私人的土地，被称为亚里木奇（яримч：词干ярим，意为"一半"；词尾ч，意为"者"），因为他们要把收获量的一半缴租。而汗及其亲族不缴纳国税，教会、高官和持有免税诏令的人家也免税，国家土地税几乎全由农民负担，困苦不堪，造成汗国的整个社会经济基础不稳。

浩罕汗国在希尔阿里统治时期（1842—1844年），国内乌兹别克和吉尔吉斯贵族之间的斗争激化。1845年，年幼的胡达雅尔继位，但实权却控制在乌兹别克钦察部贵族手中，引起更大的内争，汗位不稳，到汗国灭亡的22年间七易汗位。混战使人民流离失所，混战中横遭屠杀，造成整个汗国社会动荡。

浩罕汗国东与中国接壤,在额尔德尼时期就与清朝发生了外交关系。当时,清已统一新疆,恐大、小和卓之后裔逃亡浩罕,特派侍卫达克塔纳等人"传檄额尔德尼伯克、玛尔噶朗、安集延、纳木干城,并布鲁特之额德格讷等部落"。1759年底,浩罕额尔德尼派遣第一个使团到达北京,受到清政府的礼遇。此后,双方确立了藩属关系。在额尔德尼及其继任纳尔巴图和爱里木统治时期,通过喀什噶尔遣使入贡,并随同回部年班进京朝觐。浩罕听命于清驻喀什噶尔、叶尔羌大臣。清政府自1760年始在南疆浩罕商人中设商目(或译作呼岱达)协助阿奇木伯克管理浩罕商人的活动。随着浩罕国的强大和扩张,浩罕逐渐由清朝的藩部变成了边患,它庇护从新疆逃出来的和卓后裔,并支持其复辟活动。由浩罕统治者支持甚至直接参加的活动,从19世纪20年代始先后有张格尔、和卓玉素普、七和卓、铁完库里和卓、玉散霍卓依善、倭里罕和卓的入侵和骚乱,造成新疆的震荡。19世纪60年代俄国已大兵压境,浩罕汗国面临严重危险,但其统治者仍命令浩罕军官阿古柏入侵新疆。阿古柏的入侵也得到了俄、英两国的支持,盘踞新疆部分地区多年,于1877年被清军消灭。

俄国在攻取了浩罕汗国的一些城镇后,把战略进攻方向转向布哈拉汗国和希瓦汗国,浩罕汗国得以苟延。胡达雅尔汗对外投靠俄国,对内依旧专制腐败,横征暴敛,引起了人民的普遍不满和反抗。1875年,地方首领、部落贵族与胡达雅尔汗的长子纳斯鲁丁起事,纳斯鲁丁被推为汗,对俄国宣布圣战,胡达雅尔汗逃往塔什干寻求保护。这年8月,俄国将军考夫曼率军占领浩罕城,纳斯鲁丁投降。考夫曼与纳斯鲁丁在玛尔吉兰签订了《浩罕俄国条约》,浩罕承认为俄国的附庸,割地,赔款。但不久,纳曼干又发生了新的起义,1875年底,俄军镇压了起义,1876年1月攻占安集延。2月,俄军再次进入浩罕城,浩罕汗国灭亡。3月,俄国宣布浩罕汗国领地为俄国之费尔干纳省。

浩罕汗国统治者世系与在位年代[1]

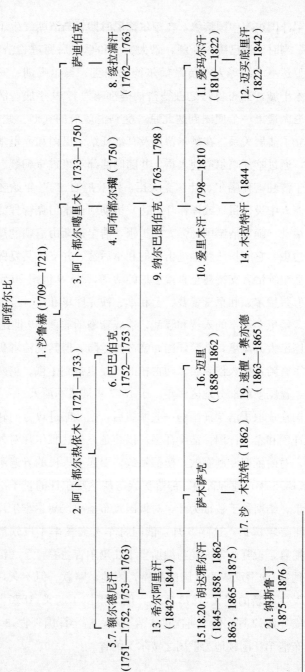

[1] 本表主要依据潘志平：《中亚浩罕汗国与清代新疆》附录一《浩罕汗谱系表》，并参照诺尔库洛夫、朱拉耶夫《乌兹别克斯坦历史（16世纪—19世纪前半叶）》第130页列表，对潘《表》略有修订。

第十八章　中亚各民族的形成

从上古中亚境内就开始了民族形成的进程，出现了一些单独的部族，如粟特人、花剌子模人、费尔干纳人、吐火罗人、帕提亚人（安息人）等。它们当中每一个部族都有自己的文化。但不能夸大这种局部-民族文化的独特性，这正像它们的统一性程度一样，因为每种文化的独特性都是由次文化的复合物组成的。这些部族的语言，除帕提亚人的属于西伊朗语外，其他都属于东伊朗语。部族实体由定居部落和游牧部落组成。这些游牧部落在公元前几乎只是东伊朗语的部落，主要是塞人的部落。从公元前的最后几个世纪至公元开始，除伊朗语言的一些部落外，另一些语言的部落，主要是突厥语言的部落也开始进入中亚，其大量移入是在突厥汗国时期，从6—8世纪起突厥人在中亚民族历史上开始起着重要的作用。

民族构成体的界限绝对不是不可越过的，民族的扩散经常地、不断地进行着。这一过程不仅在文化上相同的实体间进行，而且也在不同文化的实体间，如在定居实体和游牧实体之间进行。游牧部落的定居、过渡到农业、加入到居住在乡村和城市的居民中，这一过程在中亚境内几千年间都在进行着。不同语言的部族-民族实体在地域接近的情况下有着非常密切的文化经济联系和部族-民族支系间的往来。这导致部分的或者完全的双语出现，以至于自己母语逐渐消失。不同部族-民族实体在这一过程中相互吸取文化和经济因素，并对整个文化-经济进行总体整合和创建。对中亚的这种相互关系的结构和变体，语言学家和民族学家做了详细的研究。因此我们可以看到这样一些典型，如像使用塔吉克语的哈尔杜里人采用了乌兹别克游牧人的生活方式和文化习惯，相反在库利里布的一些地区原初的突厥语游牧部落"突厥人"在近代完全转入农业劳动并采用了塔吉克语。有的两种语言并用，例如在丘斯特和布哈拉的塔吉克人中普遍流行的。自然也出现了通婚、居民血统的混合——关于这一方面有直接文字史料证明。

中亚居民的人种基本成分是中亚河中地区人种，又称帕米尔-费尔干纳人种。这是欧罗巴人种的一个种型。苏联人种学家奥沙宁和亚尔霍，对它做了区分、记述和分析。这一人种类型的特征如下：面部不扁平，略向前突出，胡须很多；颧骨不发达；面部不宽，也不长；鼻子高度中等，直鼻梁（帕米尔人是纯粹的"鹰钩"鼻子）；黑眼睛，有颇多混血；黑头发；颅骨，从上面看是圆的，因此得名"圆头"；中等身材（166—167厘米）。

塔吉克人（最纯的人种是山地和帕米尔附近的塔吉克人）和乌兹别克人属于中亚河中地区人种。但是乌兹别克人有相当的蒙古人种成分的混杂。

关于这一人种的起源有几种假说。一说它起源于较古的散布在中亚的一些欧罗巴人种的类型的混合体；另说它起源于欧罗巴人种的一种类型的变形——大约在公元第一千年开始。一些人种学家正在深入地研究这一问题。

在公元第一千年中期突厥部落以及同他们一起的蒙古人种类

型的部落移入加强。但是在初期阶段河中地区种族的蒙古化远远落后于其语言的突厥化的进程。在以后的历史阶段,中亚河中地区人种继续发展,因此到现在已有很大改变,因其分移到不同的地区而有所区别,受到古老变形的各种经历和组合的过程、混杂与隔离现象的影响。

在阿拉伯进入之前,东伊朗语言,如粟特语、费尔干纳语、花剌子模语、嚈哒语在中亚流行。属于西伊朗语言的帕提亚语在公元5—6世纪之前从南土库曼和呼罗珊地域上已完全消失[1]。随着摩尼教在中亚的流传,特别是阿拉伯进入中亚后,在阿拔斯王朝时期,伊朗文化对中亚的影响再度加强,西伊朗语的法尔西方言在中亚盛行,成为以后定型的塔吉克语之基础。另一方面,从西突厥汗国建立起,突厥语族各语支的语言在中亚日益流行,随着突厥化的进程,逐渐成为中亚居民的主要语言。

一 塔吉克

塔吉克是中亚最古老的民族,它源于雅利安人各部。9世纪末至10世纪末河中地区和呼罗珊地区统一于萨曼王朝治下之时期,塔吉克民族完成了其形成过程。在国家独立的新条件下,许多文化传统复兴,创造了新的文化财富。

在阿拉伯深入中亚之前,由于中亚一些地区和国家构成体之间经济文化联系的加强和在封建关系发展的条件下城市生活的发展,一些部族主要是定居部族统一和融合的趋势已明显形成。

语言是民族形成的主要条件,也是与其他民族相区别的重要标志。现代塔吉克语属于西伊朗语。一些语言学家认为,法尔西的西南方言是它的基础。这种方言当它在北部和东北部流行的过程中吸收了西北部的语言,特别是帕提亚语的很多成分,所以在

---

1 详见加富罗夫:《塔吉克》,第371—373页。

这种方言里交织着西伊朗方言的特征。在木鹿发现的波斯（中古波斯语）铭文，属于7—8世纪之交。在此前这里已使用法尔西语，直至742年在呼罗珊仍使用波斯文字（大概是在巴列维字母表的基础上）[1]。根据当时文人的著作可以推断，在8世纪前叶法尔西语已在巴里黑流行。7—8世纪这种语言在今天的东北伊朗、北阿富汗和中亚南部流行，其中包括南塔吉克斯坦，其地位已相当稳固。除去上面所说的资料外，慧超关于特殊的"吐火罗"语的记载、塔巴里嘲笑吐火罗斯坦居民模仿阿拉伯人的讽刺诗、古代地名的材料也证明了这一点。8—10世纪文人的作品说明，塔吉克语已在呼罗珊地区，特别是巴里黑流行。加富罗夫认为，完全有可能，正是在阿拉伯进入前这种语言的许多重要特征已形成了。政治上的原因、宗教上的原因、对地方文化的迫害——所有这一切成为粟特、花剌子模和其他东伊朗语发展的不利条件。在这同时有着数量庞大的居民集团，其中包括讲"扎巴尼-法尔西"语的居民集团的迁徙[2]。

法尔西语从木鹿、巴里黑和呼罗珊的其他行政、经济和文化中心扩展到河中地区，逐渐地排挤中亚当地的东伊朗语言——粟特方言和吐火罗（巴克特里亚）方言。学术界还没有研究清楚这一过程及其所经历的具体历史条件。可能法尔西语早在阿拉伯征服前的几个世纪就同摩尼教一起渗入中亚。中亚一些大的中心，如撒马尔罕，在6—7世纪已有一些规模较大的摩尼教团体。有根据认为，在这些团体中也像吐鲁番的摩尼教团体一样，使用法尔西语。阿拉伯的征服使得河中地区并入哈里发国家，河中地区同哈里发国家其他区域联系的加强、伊斯兰教的传播——所有这些事件对法尔西语在河中地区的传播进程应该也起了很大的

---

[1] 从742年起，阿拉伯语和文字成为呼罗珊的，以后也成为在行政上属于呼罗珊总督的河中地区的行政机关使用的语言和文字。

[2] 见《塔吉克》第4编第2章之《塔吉克民族形成过程的完成》节，本节参照其研究成果。

作用。

在阿拉伯哈里发国家用于侵占河中地区的军队中，有相当数量的非阿拉伯人。这就是所谓的"马瓦尔"（mawar），即被阿拉伯征服并接受了伊斯兰教的各民族的代表和某些处于被保护地位的阿拉伯部落的代表。在征服河中地区的呼罗珊总督的军队中，这种马瓦尔人数量是相当大的，他们主要是呼罗珊人。这些讲法尔西语的、皈依了伊斯兰教的马瓦尔人，成为征服河中地区和在被征服地区传播伊斯兰教的积极参加者，同时也是语言的传播者。保存下来的"哈底斯"（Hadith，伊斯兰教之"圣训"）证明：法尔西语是那一时代并且也是较晚一个时期的穆斯林重要的宣教书之一。我们从纳尔沙希（Harshakhi，10 世纪人）的话中知道：在 713 年建成的布哈拉清真寺中《古兰经》是用法尔西语诵读的。有一位穆斯林传教士拒绝在撒马尔罕宣传伊斯兰教，理由是他的法尔西语不熟练。

自然，无论在伊斯兰教的传播中，还是在法尔西语的传播中，经济动机都起着很大的作用。新入教的人可以免除交纳某些专门的赋税，河中地区同呼罗珊和伊朗其他区域已加强的政治、文化和经济联系促使粟特城市工商业居民去掌握法尔西语。

河中地区粟特语居民转为操法尔西语是一个很长的过程。根据 630 年经过中亚的中国朝圣者玄奘的见闻录，从楚河谷地至渴石（撒马尔罕以南，现今的沙赫里萨布兹）的整个地域都属于窣利（粟特）。这一地域居民的语言和文字相应地都是窣利语文。看来，在 7 世纪初粟特语不仅在粟特本土（泽拉夫珊河流域及其邻近地区、卡什卡河绿洲等），而且在七河地区——粟特积极殖民的区域也广泛流行。对穆格山粟特文书档案的研究证明，德维什提奇和其他粟特封建主的所有内部书信往来都是用粟特语。关于用粟特语书写信，纳尔沙希记载了一件属于阿拉伯征服布哈拉时期的有趣事实。征服者强迫布哈拉人到一座清真寺（713 年建成）里祈祷。但是因为布哈拉人（或者一部分布哈拉人）在当时既不懂阿拉伯语，也不懂波斯语，于是在祈祷者后面站着一个专人，当需要跪下或者做其他的某种宗教礼节时，便用粟特语给他们悄悄提示。看来，只是在9—10世纪河中地区大城市（撒马尔罕、布哈拉）居民的主要部分才转用法尔西语。"扎巴尔-法尔西"首先在城市流行，然后才在乡村地区传播，10—11世纪在乡村地区还有一些人群使用粟特语或花剌子模语。

9—10世纪塔吉克语写成的文学作品得到广泛的发展。口语是文学语言的基础。塔吉克文学语言在形成中，用这种语言写成了塔吉克-波斯文学的优秀代表作品。文学语言的形成是一个民族语言形成的重要标志。语言学家认为，作为现代塔吉克语有别于现代波斯语的某些最重要的特点在10—11世纪已经初步形成。

总之，9—10世纪前，在中亚河中地区和呼罗珊正在形成一个很大的民族-文化共同体，几乎包括整个塔希尔王朝、萨法尔王朝，特别是萨曼王朝的国家。这一共同体在10—11世纪之交或者11世纪前叶取得了自己的民族名称。贝哈基记载，伊斯兰教历435年（1043—1044年）苏丹的一个亲信说："我们，塔吉克……"[1] 在此前，即在10世纪，"塔吉"（tazi）这一专门名词也曾表示阿拉伯人。贝哈基还记载，丹德纳坎会战（1040年）后的一次战斗，印度人、阿拉伯人和库尔德人逃跑了，而塔吉克战士坚定地同敌人战斗[2]。因此，在11世纪前叶"塔吉克"（tajik）这一专门名词已成为在河中地区和呼罗珊地区已形成的民族的"自称"。民族自称的出现并固定为自己的民族名称，也是一个民族形成的标志。

"塔吉克"（tajik）一词来自taj，意为"王冠"。多数学者认为，塔吉克这一族名来自阿拉伯的Tay部落的名称。随着阿拉伯人的迁徙和扩张，在这一部落周围的部落也采用其名称，而邻国

---

[1] 贝哈基：《马斯乌德史》，俄译本，莫斯科，1969年，第725页。
[2] 贝哈基：《马斯乌德史》，俄译本，第758—759页。

也用这一名称称呼整个阿拉伯人,在传播中又因发音规律的不同,而变为 Taz→Taj→Tazik→Tajik,远传中国,称阿拉伯为"大食"。在阿拉伯征服中亚和中亚伊斯兰化的过程中,在帕提亚语和粟特语中"塔吉克"一词被用来称呼讲伊朗语的定居穆斯林[1]。

虽然塔吉克民族的形成在9—10世纪已经完成,但是在以后的几个世纪中还变化着。一方面,塔吉克民族进一步凝聚,其精神文化和物质文化的共同体日益巩固。但是另一方面,突厥语部族进入中亚,并在政治、经济生活中越来越起着决定性的作用,他们与讲伊朗语居民的关系日趋紧密,使河中地区及其毗连地区,特别是城市居民逐渐突厥化。但是在河中地区的东部及呼罗珊地区依然保持着塔吉克民族共同体。帖木儿王朝以后,中亚分裂成几个汗国,塔吉克民族虽分处于它们境内,但由于民族共同体已形成,仍然保持着同一的文化,终于在苏维埃时期再以一个统一的民族出现,建成共和国。

二 乌兹别克

关于乌兹别克民族的起源和形成是一个有争议的问题,大致有两种观点。一种是传统的:乌兹别克民族的历史开始于15—16世纪,即在中亚出现名为"乌兹别克"的征服者部落之时,也就是说开始于乌兹别克人进入中亚建立的昔班尼王朝。另一种是新的观点,为苏联学者雅库博夫斯基在1941年首先提出。他认为,乌兹别克征服者融和在河中地区的当地居民中:"……乌兹别克游牧部落,如果不是在现今乌兹别克斯坦的全部领域上,那无论如何也是在它的很大部分领域上,正遇上操突厥语的居民,即在这里长期过着文明生活的并且同其他更古老的、从远

---

[1] 参见《巴托尔德文集》,第2卷,第2册,第455—456页。

古时候就生活在这里的民族的融合过程中形成的突厥和突厥化的居民。乌兹别克游牧部落只是作为最后的组成部分加入了突厥语居民，并把自己的名字转与他们。"[1]

其后，加富罗夫在1949年发挥了这一观点：

从6世纪开始了日趋加强的突厥语部落和部族向中亚境内的渗入。这一过程伴随着这些部落和部族同中亚古老居民的接近。在中亚各部族人民反对外来侵略者的斗争中突厥人和粟特游牧部落财产少的阶层过渡到定居和农业。突厥部族同粟特人和花剌子模人以及塞克-马萨盖特部落的混合和交织日益加强，并且在这样形成的民族中突厥语占优势。乌兹别克民族也是在这一基础上形成的，因此它也像中亚其他民族一样，吸收了中亚古老居民的文化遗产。11世纪之前乌兹别克民族形成的这一过程已达到高强度，从中亚的北部日益扩展到南部，特别是在喀喇汗国家的创建中和城市文化的发展中都有反映。

土库曼民族以及中亚其他的所谓突厥语民族的加速形成也属于这一时期。正是在这一时期用来表示中亚居民两个基本民族成分特征的"突厥与塔吉克"这一用语得到广泛使用。

如上所指出，在萨曼王朝时期在中亚定居地区已发现有颇大数量的突厥语居民。史料指出，在费尔干纳、花剌子模、察赤、吐火罗及其他定居农业地区有大量的突厥语居民。但是喀喇汗王朝情况发生了变化。由于突厥语游牧部落的定居和当地塔吉克居民的突厥化，突厥语各族在中亚的民族成分比例上开始占有优势。

在统治阶级中突厥部落贵族同古老的封建贵族接近，共

---

[1] 雅库博夫斯基：《关于乌兹别克民族起源问题》，塔什干，1941年，第3页。

同加紧剥削劳动人民。同时下层的劳动人民也在共同反抗这种剥削的斗争中，日益加强着塔吉克劳动人民和突厥语各民族，特别是乌兹别克人和塔吉克人之间密切的友谊关系。在以后几个世纪的所有人民起义中，在反对外来侵略者的英勇斗争中，我们看到中亚所有苏联各民族，特别是两个近邻民族塔吉克人和乌兹别克人的许多先辈。在研究这些民族为文化宝库做出的独特贡献时，我们同时要查明他们的相互联系和相互影响。[1]

这一观点是把乌兹别克民族的形成定在 11 世纪，即喀喇汗王朝时期（840—1212 年）。这一观点在苏联于 1967 年出版的《乌兹别克苏维埃社会主义共和国史》中明确地表现出来。根据这一观点，乌兹别克民族不仅是中亚历史最近四个世纪而且是上古时期历史的创造者。

突厥语言渗入中亚境内是同蒙古草原的游牧部落迁徙联系在一起的，迁徙开始于大约公元之始，并且延续下来，在以后许多世纪中时而减弱，时而加强。这些部落（其中包括突厥语各部落）中的某一部分在自己侵袭和迁徙过程中留在了中亚境内。中亚的突厥语居民从 6 世纪下半叶开始增多，当时突厥可汗的部队在粉碎嚈哒之后，夺取了中亚河中地区的政权。从此以后突厥语部落在中亚（特别是北部和东北部区域）的民族和语言的起源过程中起着越来越明显的作用。别林施坦认为，费尔干纳地区这种过程开始于 7 世纪前叶，达维道维奇和李特文斯基认为时间还要早一些（6—7 世纪）[2]。慧超记载，在阿姆河中上游地区有突厥居民，时为 726—727 年。

中亚东部区域（特别是七河地区）和天山东部地区很早以前

---

[1] 加富罗夫：《塔吉克民族简史》，1949 年，第 223—224 页。
[2] 在古语言学上最古的突厥字碑铭——北费尔干纳的和一些中亚境内的突厥碑铭——属于 6 世纪下半叶至 7 世纪初。

就有大量的粟特移民区,这里的粟特语逐渐地被突厥语所替代。

突厥语居民移入中亚在10世纪增加较多,突厥人在萨曼国家的行政机关和军队中都占有重要职位,直至建立起伽色尼王朝。在10世纪末至11世纪初出现了突厥语部族进入中亚的大浪潮,其中有突厥-塞尔柱人、土库曼人、古斯人、回鹘人。后者粉碎萨曼王朝后,建立了包括河中地区、七河地区、中部天山南的庞大国家。这个在历史文献中以喀喇汗王朝知名的国家在中亚历史上起了重要作用。回鹘人、葛逻禄人、处月人、样磨人、阿尔浑人等都进入喀喇汗国家的版图。

语言学论定喀喇汗国家突厥居民的语言为葛逻禄-维吾尔语。它在语音、词态、词汇、语法上有一系列特点,这在喀喇汗王朝的学者玉素甫·哈斯·哈吉甫的《福乐智慧》、马合木·喀什噶里的《突厥语大词典》中鲜明地表现出来。喀喇汗王朝时代的突厥语部落无论同当地粟特人及其他继续讲东伊朗语的部落,还是同讲塔吉克语的各部落,都有密切的相互关系。《突厥语大词典》记载,七河地区的城市居民,特别是巴拉沙衮的居民,"采用突厥人的衣着和习惯",他们既讲粟特话,也讲突厥话,没有人只讲粟特话。怛逻斯和白水城的居民也是如此。由此可见,在11世纪下半叶七河地区的粟特人已经用双语,并且逐渐地融合在突厥语民族中。

12世纪花剌子模有两个主要民族:塔吉克人(在此前塔吉克语在很大程度上替代了花剌子模语)和突厥人,两种语言并行;但是在13、14世纪以后花剌子模语已完全被突厥语方言所替代,于是过去的伊朗语(花剌子模语)居民彻底转变为讲突厥话。突厥方言——乌兹别克语和土库曼语吸收了一定数量的古花剌子模语词汇。

文字史料的研究表明,11—12世纪突厥语居民在中亚已占相当大的比例,特别是在东北部区域,他们在这里占有优势。在中亚的文化生活中,甚至在城市居民的文化中,有可以明显看到的突厥人的贡献及其影响的特点（例如陶器上的绘画等）。蒙古时期之后中亚发展起来的一种察合台语——古乌兹别克语，是在葛逻禄-维吾尔语的语言基础上形成的，这种古乌兹别克语同自己的先驱语言有密切的关系。

《乌兹别克苏维埃社会主义共和国史》强调指出："在11—12世纪，后来称为乌兹别克的突厥民族基本上形成。"[1] 这里强调了"基本上"，因为乌兹别克民族像塔吉克民族一样，其形成有一个漫长的过程。部落间的差别还是很明显的，新来者的突厥人同在语言上突厥化的定居居民还有重大的区别，古乌兹别克语正在形成中。

蒙古征服又使中亚的民族区域发生了巨大的变化。大量的蒙古游牧人的迁徙是非常重要的因素。他们进入中亚后，在不长的时间里语言上便已突厥化。外来者发生的是突厥化，而不是塔吉克化，这是由于在生活方式上蒙古人和突厥人都是游牧民族，因而很自然，蒙古人同突厥人的交往就更为密切些。

在14—16世纪，古乌兹别克语，包括其文学语言，达到了高度完善的程度。这一时期在费尔干纳、河中和花剌子模形成了三种基本方言——葛逻禄-维吾尔方言、维吾尔-乌古斯方言、钦察方言。河中地区居民活的突厥语是文学语言的基础，其特点除去非常重要的伊朗语成分外，是东突厥语和西突厥语成分的聚积。在文学语言中伊朗词汇和阿拉伯语很多（经常占词汇构成的40%—50%），使用的结构不也是突厥话所完全固有的。许多诗人能用突厥语和法尔西语写诗，例如鲁特费、纳瓦伊等，纳瓦伊是乌兹别兑文学的奠基人，同代人称他为"两种语言的掌握者"。

14—15世纪定居农业居民和城市居民大规模突厥化，特别是在花剌子模、七河地区、塔什干绿洲和费尔干纳。这些定居居民经常被称为"萨尔特人（sart）"。从《巴布尔回忆录》中可以

---

[1]《乌兹别克苏维埃社会主义共和国史》，塔什干，1967年，第1卷，第380页。

看出，这一名称既用于突厥语定居居民，也用于塔吉克语定居居民。由此可见，他们之间没有多大的差别。

乌兹别克民族是在突厥语部族进入中亚后，在融合定居的伊朗语居民的基础上形成的。同时新的突厥语部族以及蒙古部族又多次加入进这个民族集合体，因此在人种成分上是很复杂的。在中亚北部的三大突厥语民族——乌兹别克、哈萨克和吉尔吉斯，后两个民族在体型上是蒙古人种，吉尔吉斯人比哈萨克人更接近蒙古人种型，而乌兹别克人是欧罗巴人种。在人类学上乌兹别克人属于塔吉克人所属的那个种——欧罗巴人种中亚河中地区短头种。塔吉克人和乌兹别克人在体型上的差别是后者的蒙古人种成分更多些。但是正如人类学家们所着重指出的，"当地古代欧罗巴人种的种型是乌兹别克人种类型的基础，只是有一些蒙古人种的特征混合到其中"。这是奥沙宁、亚尔霍、金兹堡的观点[1]。乌兹别克游牧部落的人种类型，有的比定居乌兹别克人的蒙古人种特征更多些，这可以洛凯人作为例证。同时乌兹别克-葛逻禄人则完全失去任何明显的蒙古人种的特征，融入在当地居民群众中，同塔吉克人没有任何区别。这样，从明显的蒙古人种特征的成分到完全没有区别于塔吉克人的，乌兹别克民族的人种变化很大。为了对比应指出，除去帕米尔塔吉克人完全没有蒙古人种的成分外，其余所有的塔吉克人也都有这种成分。这种成分在费尔干纳、南塔吉克斯坦和东南的塔吉克人中最大，在布哈拉、撒马尔罕和泽拉夫珊河上游的塔吉克人中则较少。

总之，人类学材料表明，乌兹别克民族的基本核心是中亚当地欧罗巴人种的居民，他们由于同进入中亚的突厥部族和蒙古部族相融合，在人种上有某种程度的蒙古化。以民族史的观点来说，乌兹别克民族构成的基本成分是中亚自古以来的居民。他们部分突厥化在中世纪早期就已开始，以后越来越加快；并且在语

---

1 见加富罗夫：《塔吉克》，第548页。

言上的突厥化进程要比在生物上的蒙古人种化进程快得多、广泛得多。在这两种进程中,一批又一批的新居民集团和居民阶层被吸引进来。在同欧罗巴人种的伊朗-塔吉克语的民族构成体密切的相互影响下联结成的更紧密的集团的蒙古化和突厥化的部族和民族,在各种不同的程度上发生了复杂的变形。这种相互影响在民族形成方面使各种不同方向的进程错综复杂地交织在一起。逆突厥化情况的凝聚,使总的图画更为复杂化。

"乌兹别克"(Uzbek,元代汉译为"月即别"或"月祖伯")这一族名,是来自金帐汗国月即别汗(1312—1340年在位)的名字。月即别汗统治时期金帐汗国强盛,所以被称为乌兹别克汗国,其臣民被称为乌兹别克人,以后金帐汗国的部民也自称乌兹别克。15世纪末,昔班尼汗率领乌兹别克游牧民进入中亚,建立起乌兹别克王朝——昔班尼王朝,当地已基本突厥化的居民与乌兹别克人融合,并接受了乌兹别克这一名称,作为新的民族共同体的族名[1]。

乌兹别克民族形成之后的民族发展沿着几个方向进行。随着地域单位和地域联系的形成,部落性质的迁移和社会结构逐渐消失。但这一过程甚至在近代也未全部完成,在某些地区还保存部落和氏族划分。这一过程在那些由游牧过渡到半游牧,特别是过渡到定居经济和定居生活方式的地区进行得比较激烈。同在广大范围内当地塔吉克语居民的突厥化——通过各种形式的双语(从部分的到全部的)——同时并行的是个别乌兹别克人群的塔吉克化。所有这些复杂的、成分不一的和相互矛盾的趋势,造成乌兹别克民族文化多元而同一,充满勃勃生机。

---

[1] 关于"乌兹别克"作为族名的起源,上述观点是当前学术界的主流观点,但是也有多种不同的观点,并且都有一定的史料可征,因此这是一个有待深入探讨的问题,详见乌兹别克斯坦共和国科学院历史研究所主编的《乌兹别克斯坦史》第3卷之专论《"乌兹别克"族名的起源与实质》(第37—45页)。

三 土库曼

土库曼（turkman）一词出现于突厥汗国亡后，意为"像突厥的人"，是中亚操伊朗语的定居者对中亚北部操突厥语各游牧部族的指称。10世纪末则主要是指称乌古斯（ughuz，又作 ghuz，汉译为古斯）部族。学者们普遍认为，乌古斯部在其迁徙过程中不断吸收其他部族成员，形成土库曼民族。根据苏联学者的观点，土库曼民族形成于14—15世纪，其主要标志是土库曼语已形成，它与其他突厥民族的语言有鲜明的区别[1]，但是在苏联时期编成的《土库曼苏维埃社会主义共和国百科手册》却认为，16世纪前后，是土库曼民族形成的重要时期。土库曼人由于长期迁徙，人种成分复杂，近代土库曼在人种学上为欧罗巴人种和蒙古人种的混合型，语言为阿尔泰语系突厥语族土库曼语，土库曼语因部落众多而又长期存在原有多种方言。

乌古斯最初见于突厥碑文，称为"托库兹·乌古斯"，汉语通译为"九姓乌古斯"，是突厥汗国内的一个部落联盟。乌古斯部后西迁，于10世纪在锡尔河下游及咸海以北地区建立了乌古斯叶护国，势力远及乌拉尔河和伏尔加河地区，钦察草原也入其范围，都于养吉干（意为新城），毡的是其重镇。10世纪下半叶乌古斯驻毡的军事领袖塞尔柱反叛叶护，皈依伊斯兰教，率部南迁。11世纪中叶钦察人兴起，灭乌古斯叶护国。乌古斯人分两支外迁，一支西去南俄草原，一支追随塞尔柱家族南下呼罗珊。

塞尔柱帝国是土库曼人历史上辉煌的一页。1040年，塞尔柱之孙托黑鲁尔伯克占领呼罗珊，进而征服伊朗全境，于1055年进入巴格达，阿拔斯王朝哈里发感谢他解除了什叶派布韦希王朝对自己的控制，封他为苏丹（sultan，汉语音译或作算端、速檀

---

1 见《世界民族与宗教百科全书》之"土库曼"词条，莫斯科，1998年。

等)、"东方和西方之王"。1071年,塞尔柱苏丹阿尔普·阿尔斯兰大败拜占庭,俘虏其皇帝罗曼努斯四世,小亚细亚进入塞尔柱帝国版图。马立克沙统治时期(1072—1092年)塞尔柱帝国达到鼎盛,其宰相尼扎姆·穆尔克写了《治国策》,为政治学留下了重要论著,是研究中亚历史的宝贵资料。马立克沙去世后,诸子互争,帝国分裂,三子桑贾尔成为各割据政权的宗主——帝国的苏丹。他在位期间(1118—1157年),以呼罗珊为基地,向北向东扩张,臣服了喀喇汗王朝和伽色尼王朝,但在1141年的卡特万会战中败于西辽王朝菊儿汗耶律大石,从此塞尔柱王朝的势力退出河中地区。在桑贾尔去世后,王朝内讧不断,不久塞尔柱王朝便结束了在呼罗珊地区的统治。此后,土库曼人先后在花剌子模沙、蒙古汗、帖木儿王朝的统治下过着艰辛的生活,但仍不断地融合进入其生活圈的其他部族的成员。

1405年帖木儿死后,帖木儿王朝忙于内争,土库曼人的经济在这一时期得到了相当的发展。里海东岸的一些土库曼部落完成了由游牧向定居畜牧业和绿洲农业的转变。以木鹿为中心的木尔加布河、捷詹河、阿姆河等灌溉农业区再度繁荣起来。16世纪初,乌兹别克游牧贵族南下建立了希瓦汗国。从此土库曼人分别落在希瓦汗国、布哈拉汗国和伊朗萨非王朝的统治之下。

从16世纪20年代起,土库曼斯坦的大部分为希瓦汗国所控制,土库曼人起义反抗乌兹别克贵族的统治。镇压起义后,乌兹别克统治者向土库曼"反叛者"处以极重的"赔款",后来把这种"赔款"转变成了长年的税金和实物税。土库曼人还要服兵役,土库曼骑兵是希瓦汗国军队的一支重要力量。

土库曼斯坦的西部处在希瓦汗国和伊朗萨非王朝两个政权势力范围之间。土库曼人经常遭受毁灭性的掠夺。萨非王朝曾经一次征收过相当于三年的土地税。1550年,土库曼奥赫鲁部在阿巴·谢尔达尔领导下起义反对萨非王朝的统治和压迫,虽曾取得胜利,但在阿巴·谢尔达尔死后,于1565年恢复了伊朗沙的统治。

从16世纪末开始，土库曼斯坦北部的一些土库曼部落向南部迁徙。由于经济的衰退和统治者的压榨，大规模的迁徙持续了两个世纪，这对土库曼族形成和发展有重要影响。经过这次大迁徙，土库曼各部才基本定居在现今活动的土地——土库曼斯坦的土地上。土库曼作为一个民族共同体，从此才具备了共同的地域这一条件。

在这一漫长的迁徙过程中，迁入的土库曼诸部与土著的土库曼部族和非土库曼的部落逐渐融合，形成现代的土库曼民族。更多的土库曼人开始定居，从事农业和家庭畜牧业生产。土库曼的经济在迁徙后得到了发展，人口大幅度增加。到19世纪前叶，土库曼人约有20万帐，百万人之多。

关于土库曼的社会结构，许涛先生做了深入的研究和全面的概括，转述如下：

16—18世纪的土库曼人仍然生活在封建宗法制和血亲氏族制相结合的氏族部落社会里，但封建关系也逐渐在发展。土库曼汗王、诸部伯克、酋长和族长等拥有大量的牧场、水源、土地和牲畜。在希瓦汗国和布哈拉汗国统治的土库曼地区形成了一个特殊军事贵族阶层。这些土库曼出身的职业军人一般都在统治国政权中任职，并充当其在土库曼的军事代理人。这些军事贵族不仅拥有显赫的权势，而且也拥有大量的财富和份地（"阿特雷克"）。牧民和农民作为氏族部落的普通成员，担负着畜牧、农耕和手工业作坊的基本劳动。各部落的统治上层则通过贡赋、租税等形式占有他们的劳动。在土库曼社会的最下层是在与外族战争中俘虏的异族农奴。

土库曼还在一定程度上保留着氏族民主制度，军事和政治大事都由部落大会和部落联盟大会商讨解决。汗王、部族的首领都由大会选举产生。这时的土库曼诸部虽然已经开始信奉伊斯兰教，但在其社会生活的重大事件中，宗教领袖的影响并不强烈。各部的实权始终掌握在汗王、酋长、族长等各级军事首领手中。这一时期，土库曼人一直没有组成自己的国家。而土库曼斯坦周边的国家希瓦、布哈拉、伊朗都曾部分地控制过土库曼地区，尤其是希瓦汗国一度控制了土库曼斯坦的大片领土，但其对土库曼人的控制却始终是有限的。大多数土库曼部落总是处于一种独立或半独立的状态。这种情况一直持续到19世纪中叶才开始发生变化[1]。

从19世纪初起，沙皇俄国开始向土库曼斯坦渗透。1803年，沙皇政府宣布，曼基什拉克的土库曼人将得到俄国军队的庇护。曼基什拉克地区许多接连里海、俄罗斯、其他国家的要冲地带逐渐被俄国控制。

1873年，俄国在兼并希瓦之后，次年开始向土库曼捷开人聚居的阿喀尔地区进犯，遭到有力的反击。1880年底，俄国再次组织兵力向阿喀尔地区进攻，1881年1月，攻陷了格奥克-捷别城之后，俄军乘势攻入阿喀尔绿洲土库曼人的中心城市阿什哈巴德。

沙皇俄国用武力占领了土库曼人的家园——土库曼斯坦，直到苏维埃时代，1924年土库曼人才创建了自己的国家——土库曼苏维埃社会主义共和国，并加入苏联。

四　哈萨克

关于哈萨克民族形成的年代，在中国学术界大致有两说——13世纪初说[2]和16世纪初说[3]。在哈萨克斯坦国家独立后，其学术界初持15—16世纪说[4]，后改为14—15世纪说[5]。至于哈

---

1 见马大正、冯锡时主编：《中亚五国史纲》，第174—175页。
2 《哈萨克族简史》，第140页。
3 马大正、冯锡时主编：《中亚五国史纲》，第77页。
4 哈萨克斯坦共和国科学院历史和民族研究所、考古研究所主持，科兹巴耶夫主编：《哈萨克斯坦历史概要》，阿拉木图，1993年，第131页。
5 哈萨克斯坦共和国科学院历史和民族研究所、考古研究所主持，科兹巴耶夫主编：《哈萨克斯坦史》（五卷本），阿拉木图，1997年，第2卷，第295页。

萨克的民族起源,各家都溯至上古,并叙述了哈萨克民族形成的漫长过程。

"哈萨克"系突厥语 Qazāq 一词的音译,该词在波斯语中作 Qazzāq,西方语言作 Kazak(又 Cossack),俄语为 казах。"哈萨克"一词始见于公元 10 世纪,成书于该世纪晚期的波斯文《世界境域志》,记载有突厥语各部落及中亚穆斯林地区的情况,提到阿兰国(奄蔡)中有 Kasak[1]。菲尔多西的《列王纪》中,亦将咸海北部和西部的游牧民族称为哈萨克,并指出:"咸海北部居住的哈萨克人建有哈萨克汗国,他们是强悍的民族。"同期的一些阿拉伯史籍中,也提到过哈萨克一词[2]。苏联学者认为:"哈萨克族名称在 6 世纪的高加索突厥部落中开始作为族名出现,10 世纪到 11 世纪哈萨克这一名称在突厥部落中广泛流传,克普恰克人(钦察人——引者)和诺盖人(那海人——引者)中即有哈萨克人。"[3]《哈萨克族简史》据此认为:"哈萨克这一名称早在 10 世纪以前便出现,10 世纪后流传很广,而所谓 15 世纪才出现'哈萨克'这一名称的说法是没有根据的。"[4]

在更早的时代,汉文史籍中就出现了读音相似的族称。公元 7 世纪成书的《北史·铁勒传》中,记载铁勒部中的一个部落名为"或萨"。在此后不同的汉文史籍中,如《隋书》《旧唐书》《新唐书》《资治通鉴》及一些文人笔记中,均有"可萨"的记载。可萨又有"曷截""曷""葛萨那""曷娑那""曷萨""阿萨"等不同汉语音译。据中外学者的研究结果,公元 7 世纪初在南俄草原出现了一个可萨汗国,初建都于北高加索里海西岸的谢缅杰

---

1 《世界境域志》,王治来、周锡娟由英文译本汉译,第 48 章,新疆社会科学院中亚研究所打印本。
2 Z. W. 吐戛尼:《土耳其通史》,伊斯坦布尔,1981 年,第 1 卷,序言,第 469 页。
3 特勤霍加·坚诺扎库夫:《哈萨克一词的来源》,《星》第 3 期,阿拉木图,1983 年。
4 《哈萨克族简史》,第 8 页。

尔，后迁至阿得水（伏尔加河）河口阿得。汉文史籍记载可萨为突厥人，称为"突厥可萨部"。一些学者认为："曷萨（可萨）同西突厥汗庭仅有疏远的隶属关系，后来索性全然脱离汗庭独立。"[1] 一些学者认为："缀合这些零散于西方古代文献的记述，可以看出，可萨来自东方，很可能是公元5世纪自蒙古草原西迁到南俄草原的铁勒部落。当然，到了可萨汗国时期，初来的那部分可萨人已经融合进当地其他种类的居民之中了。"[2]

上述中外有关哈萨克、可萨的记载大致相符合，可以认为，哈萨克族名与可萨名称之间是有联系的。但是，15世纪后建立的哈萨克汗国与古代可萨汗国之间、近代哈萨克民族与古代可萨人之间是否一致，或者说是否有直接的承袭关系，还需要做进一步的探讨。

有关哈萨克名称的含意，中外史学界已有相当多的研究成果。19世纪中期成书的《吉尔吉斯-哈萨克各帐及各草原的述叙》中收集了七种18世纪流行于哈萨克人中有关他们本民族名称的传说，摘要如下：

1. 在部族发生争执时，一位年轻的妻子所生的儿子们偕同33名流放者共40人，躲避到草原，经过繁衍形成了一个部落，被称为"吉尔吉-哈萨克"，即40个哈萨克。

2. 部族在迁徙途中，有33人寻找走失的马群而远离同伴，于是在伊施姆河畔定居，得名哈萨克人。

3. 部族脱离诺盖人归属吉尔吉斯可汗，于是得到"吉尔吉斯-哈萨克人"的称号，意即吉尔吉斯可汗的战士或勇士。

4. 由于内讧，部族与鞑靼蒙古人等脱离，由一名叫阿拉什的统一了这部分出走的人们，后形成三个玉兹。

5. 乌鲁斯可汗背离了诺盖可汗，征服了突厥和蒙古人的几

---

[1] 《哈萨克族简史》，第8页。
[2] 杨圣敏：《突厥回纥史中的几个问题》，载《西域研究》1993年第3期。

个分支,占领了至今属于他们后裔的所有领土。

6. 自称哈萨克人是到处游牧并驻扎在伏尔加河流域的诺盖人后裔,其祖先有三个兄弟,后逃往吉尔吉斯草原,分为三个玉兹。

7. 小帐居马开依部首领与成吉思汗不和,分离以后来到中帐占有的地方,并入吉尔吉斯-哈萨克。

A. D. 列夫申认为:哈萨克"是由许多不同的部落合并而成的,从不同部族出生的个人对自己的渊源有不同的看法是很自然的"[1]。

贾合甫·米尔扎汗在《哈萨克族》一书中记录了另外两个不同的传说:

1. 在远古的时候,有一位名叫卡勒恰哈德尔的年轻首领,在一次战争中失利,部众散离,卡勒恰哈德尔身负重伤,只身一人倒在荒无人烟的戈壁中,被一只白天鹅所救。后卡勒恰哈德尔与变成美女的白天鹅成婚,生一子取名"Kazak"(哈萨克),意即白天鹅,哈萨克族由此繁衍[2]。

2. 克孜勒阿尔斯坦汗遗弃了一位全身雀斑的男孩,后被人收养成人,称为阿拉什(哈萨克语,意为"花斑")。阿拉什率领300个骑士自由自在地生活,并时常攻打邻近部落,使他们臣服,于是人们便称之为"哈萨克",其意义是"勇敢的自由人""自由自在的人"[3]。

值得注意的是上述各种哈萨克人关于本民族族名来源的古老传说,都与"移居""迁徙""脱离"等活动有不同程度的关系。而16世纪中期成书的《拉失德史》则记载:"在阿不海儿汗死后,月即别(即乌兹别克)诸部之间发生了纷争,许多能走的人都逃到克烈汗和扎你贝(贾尼别克)汗那里以求自保。因此,

---

[1] 列夫申:《吉尔吉斯-哈萨克各帐及各草原的述叙》,第2章。
[2] 贾合甫·米尔扎汗:《哈萨克族》,汉译本,第14页。
[3] 《哈萨克族》,汉译本,第15页。

（两位汗）强大起来，他们由于首先同自己的人民大众分离了，并且在若干时期内过着贫困的流浪生活，所以就被称为哈萨克人。"[1]

虽然哈萨克是在哈萨克汗国形成后由境内的各部族逐渐融合发展而成的，是一个晚近形成的民族，但构成该民族的部族却有着悠久的历史，可以追溯到很久远的年代。其中主要有塞种、匈奴、乌孙[2]、康居（康里）、阿兰（奄蔡）、克烈、乃蛮、钦察、咄陆（杜拉特）、突骑施（撒里乌孙）、葛逻禄、札剌亦儿、弘吉剌惕、阿尔根、阿里钦等[3]。

塞种人为哈萨克族的族源之一。据汉文史籍记载，塞种人原名"允戎"，世居敦煌，后被月氏排挤而西迁，游牧于天山以北，包括阿尔泰到巴尔喀什湖以东和以南的广大地区。"塞种"一词，首见于《汉书·西域传》。塞种当是指塞人的种族而言，《汉书》还提到"塞王""塞地"。"塞王"指塞人的首领，"塞地"指塞人居住的地方。哈萨克族中包含古塞种人的成分是无可置疑的。组成哈萨克的克普恰克、阿尔浑及其他部落中都有"支尔塞克""别斯塞克""波尔塞克"和"卡尔塞克"等氏族部落。

哈萨克的族源可上溯古代。在哈萨克民族成分中，有不少为匈奴人的后裔。匈奴是古代北方最早建立国家的游牧部族之一。它兴起于公元前3世纪，衰落于公元1世纪。匈奴冒顿单于时，征服了邻近许多部族，控地东尽辽河，西至葱岭。今哈萨克族居住的大部分地区都在匈奴的控制之下。据《汉书·西域传》载，公元前71年，乌孙与汉朝联合攻击匈奴，乌孙俘获匈奴4万人，

---

1 《拉失德史》，汉译本，第2编，第172页。
2 关于哈萨克民族内的乌孙部落与汉代乌孙之间的关系，有一些学者持有不同的观点。他们对汉代乌孙是否延续到了15—16世纪存有疑问，进而认为哈萨克族内的乌孙部落与蒙古成吉思汗时期的"许慎部落"有直接的继承关系。见佐口透：《新疆民族史研究》，汉译本，新疆人民出版社，1993年，第319、329页。
3 《哈萨克族》，汉译本，第16页。

这4万人后来无疑为乌孙部族所融合。多数学者认为乌孙是哈萨克族的主要族源。匈奴自分裂为南北两部分之后，南匈奴附汉，北匈奴西迁。北匈奴在西迁途中，其中有一些部落停留在乌孙故地。如《魏书》和《北史》中之《西域传》记载，在龟兹北面的悦般国为匈奴北单于部落所建，曾发展为占地数千里、拥有20余万人口的部族，后来这些匈奴后裔大多融合到古代哈萨克族中。有的学者认为哈萨克族大玉兹中的阿勒班部落就是古代悦般。另据《北史·西域传》"悦般国"条载："其人清洁于胡。……一日三澡漱，然后饮食。""澡"是用水洗手，"漱"是漱口，在今伊犁哈萨克克宰部落中，在吃饭前都必须洗手漱口，然后进餐，这也许是古代悦般人遗留下来的一种习俗。此外，从匈奴故地出土的毡制品和刺绣画来看，都与哈萨克族极为相似。

乌孙是中国西北部的一个古老的部族，原在敦煌附近游牧，后西迁至伊犁河以南，活动中心位于今伊塞克湖附近，都于赤谷城（今吉尔吉斯斯坦伊塞克湖东南），公元前2世纪崛起，势力迅速发展，最盛时期拥有12万户63万人口，胜兵18.88万人，是当时西域首屈一指的大国。公元前16年，乌孙国内讧，自此衰落。东汉至北魏年间，乌孙国南迁至葱岭。辽朝时，于乌孙地置乌孙国王府。其后，乌孙因解体，渐与邻近部族相融合，但乌孙部落却长期保留并不断繁衍。13至14世纪，乌孙部落主要散居在七河与锡尔河流域。

在哈萨克民族的构成中，乌孙部落又称为"玉逊"部落，是哈萨克族里最大的部落，而且有两种含义。它既是大玉兹一个主要部落的名称，同时在广义上又是居住于七河流域和哈萨克草原南部大玉兹诸部落的总称。另据哈萨克族谱系所述，哈萨克族中的阿勒班、苏万、札剌亦尔等部落也是从乌孙部落分离出来的。19世纪俄国学者阿利斯托夫在研究了哈萨克大玉兹的民间系谱后推断，大玉兹是近代哈萨克族人的祖先。哈萨克中玉兹阿布赉汗的后裔瓦里罕诺夫则认为，乌孙是整个大玉兹的祖先[1]。由此可见，乌孙部落在近代哈萨克民族的构成中占有十分突出的地位。

康居是古代游牧于乌孙以西、中亚锡尔河中下游北岸的一个古老部族。汉初受制于匈奴和月氏，后渐强盛，成为中亚大国，有12万户60万人口，胜兵12万。辽、宋、金、元时期，中亚的康里、杭里、抗里、航里、康邻等突厥部落皆为康居后裔。13至14世纪，操突厥语的康里部落主要分布在金帐汗国的钦察草原及后来的白帐汗国境内，这一时期的西西伯利亚地区、伏尔加河与乌拉尔河之间里海北岸及中亚七河地区都分布有康里部落，他们大多同哈萨克部族相融合，在近代哈萨克民族构成中占有重要的地位。

奄蔡国是汉代分布在今中亚咸海周围的一个部族。势力强盛之时，有控弦者10余万人，臣属于康居。在史籍中，奄蔡又称为"阿兰"或"阿兰聊"[2]。至魏晋，奄蔡独立。魏晋以后，史籍专门记载甚少[3]。13—14世纪，奄蔡人主要以阿里欣部落的名称游牧于伏尔加河与乌拉尔河之间的钦察草原。阿里欣是组成哈萨克族小玉兹的主体部落[4]，也是近代哈萨克民族构成的重要成分之一。

从公元6世纪中期至14世纪，影响中亚北部草原地区的先后主要是突厥语诸部族和蒙古诸部族。所以，突厥人和蒙古人在近代哈萨克族的民族构成中具有更直接的意义，一些突厥人和蒙古人的部落直接成为近代哈萨克民族的组成部分。由于年代较为久远，古代突厥部落或分化融合，或名称发生音变，其部落名称

---

1 但同时瓦里汗诺夫又认为大玉兹是古代蒙古 Uisun 的后裔。见《瓦里汗诺夫文集》，阿拉木图，1961年，第1卷，第107—111页。
2 也有学者认为奄蔡与阿兰是同居一地血缘关系十分密切的两个部落的名称。
3 部分学者认为奄蔡在唐代称为"可萨"。
4 《哈萨克族简史》，第70页。

能保留在近代哈萨克民族中的毕竟很有限。而年代较近的蒙古人所属部落的名称保留在近代哈萨克民族中的相对较多一些。参与近代哈萨克民族构成的蒙古人主要是在成吉思汗长子朮赤西征后建立的蒙古金帐汗国游牧部落。成吉思汗分给朮赤的蒙古四千户的后裔构成了金帐汗国蒙古军队的骨干。他们主要由三个部落组成：散只兀（撒勒只兀惕）部、勤乞惕（轻吉惕）部、许兀慎部。此外，还有讫牙惕、弘吉剌惕、忙兀（忙忽惕）及按赤塔塔儿（又称阿勒赤塔塔儿，为塔塔儿六部之一）等部[1]。到14世纪前半叶，这些蒙古部落已使用突厥语。14世纪后半叶，分布于中亚北部草原的蒙古人部落主要有克烈部、乃蛮部、篾儿乞惕部、弘吉剌惕部、札剌亦儿部、钦察（克普恰克）部等。其中有一些并非是真正的蒙古人，而是被成吉思汗及其后裔征服的非蒙古人部落，如克烈部、乃蛮部、篾儿乞惕部即为古突厥部落[2]，而钦察（克普恰克）部落中的古代部族融合成分则更为复杂。上述蒙古部落都程度不同地参与了近代哈萨克民族的构成，并在近代哈萨克民族中保留了部落名称。

中亚北部草原地区在历史上一直是古代游牧民族频繁迁徙与不断相互融合的地区，以上所述乌孙、康居、奄蔡及突厥语诸部族、蒙古诸部族与近代哈萨克民族之间的关系，只能表明他们在近代哈萨克民族的构成中占有一定的成分，或有某种融合关系，而并非全部的继承。因为这些部族或民族同时也在不同程度上是中亚及其周围其他民族的构成部分。例如，康居在东汉以后开始向河中地区发展，进而由游牧向农业定居转化，至唐代形成以撒马尔罕为中心的康国。此后其更多的成分参与了河中地区农业区的民族融合与民族构成。再如葛逻禄曾是喀喇汗国的主要部族之

---

1 《金帐汗国兴衰史》，汉译本，第81页。
2 关于克烈部落的族属，学者意见不一，或主突厥说，或主蒙古说。见《中国大百科全书·元史》，第52页。

一，在近代乌兹别克民族的构成中占有重要的地位[1]，而构成近代哈萨克民族的葛逻禄部落主要是至元代仍留驻在巴尔喀什湖游牧的那一部分葛逻禄人。

13世纪蒙古人进入南俄草原后建立的钦察汗国，虽然占有自额尔齐斯河至多瑙河的大片领地，但其以游牧经济为主的生产方式决定了汗国只能是一系列封建牧主的联盟。此外，蒙古语、突厥语为同一语系，两者有诸多共性，相互融合的进程很快，并在较晚一些时候形成了一个新的融合种族"南西伯利亚蒙古人种类型"[2]。从民族特征上讲，南西伯利亚蒙古人更多地承袭了突厥民族的语言习俗，这可以看成中亚及南俄草原的第二次民族融合高潮，近代哈萨克民族正是在这次民族融合的基础上形成的。

15世纪上半叶，在阿不海尔汗国及其西部的诺盖汗国、北部的西伯利亚汗国、东南部的东察合台汗国等地区分布有各种不同的部族或部落，游牧经济使这些部族或部落不但很分散，而且相互混杂，一个部族或部落大多同时分布在几个汗国之内。居住在阿不海尔汗国境内的有克普恰克（钦察）、葛逻禄、乌孙、乃蛮、弘吉剌惕等部族；分布在诺盖汗国境内的有弘吉剌惕、乃蛮、阿尔根（阿尔浑）、康居、阿里钦、克普恰克、肯格艾斯、葛逻禄、阿拉什、塔马特等部族或部落；分布在西伯利亚汗国境内及其附近地区的有克普恰克、康居、葛逻禄、阿尔根（阿尔浑）、乃蛮、克烈等部族或部落；分布在东察合台汗国境内的有杜拉特（咄陆）、康里（别克其克）、葛逻禄、克烈、阿尔根吾特、阔尔剌吾惕、巴鲁剌斯、楚剌斯、阔什契、昆契、卡列乌契、波勒戞契等部族。[3] 上述分布各地区的游牧部族或部落在近代哈萨克民族的形成过程中都起过重要的作用，并成为近代哈萨

---

1 沙尼亚佐夫：《葛逻禄在乌兹别克族源中的作用》，薜宗止译、王嘉琳校，载《中亚研究资料》1985年增刊《中亚民族历史译丛》，第60—67页。
2 《哈萨克苏维埃共和国通史》，阿拉木图，1957年，第1卷，第137页。
3 《哈萨克族简史》，第141—142页。

克民族的组成部分。

1456年,月即别(乌兹别克)克烈汗与贾尼别克汗率众东迁进入楚河流域后不久,哈萨克在中亚草原作为一个强大部族的名称出现。但此时的哈萨克人与历史上的可萨除名称上相同之外,已被赋予了全新的概念。如同历史上对可萨人的称呼一样,这时人们称之为哈萨克,仍然是古突厥语"脱离""迁徙"之意。同时,又将其与乌兹别克合称为"月即别-哈萨克"人,即要表明他们是从乌兹别克(月即别)人中"脱离"出的部分。正如史载:"(两位汗)强大起来了。他们由于首先同自己的人民大众分离了,并且在若干时期内过着贫困的流浪生活,所以就被称为哈萨克人,(从此以后)人们就这样称呼他们。"[1] 这一时期的哈萨克人,只是对西迁而独立于乌兹别克人的克烈汗与贾尼别克汗部众的一般称呼。

如同哈萨克汗国的建立一样,近代哈萨克民族的形成也是一个历史过程。15世纪中期克烈汗与贾尼别克汗的西迁,可以看成近代哈萨克民族形成的开始。哈萨克汗国的建立所形成的统一政体,"促使哈萨克民族形成过程的完成"[2]。随着哈萨克实体的形成,种族与政治的集合名称乌兹别克在含义上发生了变化。逐步完善的这一实体在史书中最初是以乌兹别克-哈萨克被提及,以后又称为哈萨克人。哈萨克成了一个民族名称,专指居住于哈萨克斯坦的民族。1500年,乌兹别克昔班尼汗大举南下河中地区,先后攻占布哈拉、撒马尔罕;1503年,攻占费尔干纳;1504年,占有安集延;次年,又攻占花剌子模,进而完全占有了锡尔河与

---

[1]《拉失德史》,汉译本,第2编,第172页。同样,俄国捷列克河、顿河与库班河流域的哥萨克人的名称也源于突厥语,意指"自由人""冒险者"等,这是15至17世纪对从俄国中部地区流亡到边疆的部分农奴或城市贫民的称呼。俄国和苏联学者认为,哥萨克一词是从哈萨克一词而来的,两者为同一发音,"由于中国人把开头的К读成软音",哥萨克一词在中国就变成了哈萨克(潘克拉托娃主编:《苏联上古中古史》,汉译本,中华书局,1950年,第161页)。

[2]《哈萨克苏维埃社会主义共和国史》,第1卷,第162页。

阿姆河之间整个中亚河中地区。此次乌兹别克人南下后，遂留居河中地区绿洲农业区。哈萨克人迅速填补了锡尔河以北及钦察草原地带，回到了最初被迫迁出的领地。乌兹别克人和哈萨克人由此形成了两种不同的生产方式与生活方式。苏联学者认为："到16世纪初时，乌兹别克人和哈萨克人在经济生活方面，已经有所不同。乌兹别克人业已过渡到定居和从事农业，而哈萨克人则仍然是游牧的畜牧者。"[1] 由于经济生活的一致及政治的统一，锡尔河以北及钦察草原地带的哈萨克各部落很快与未随昔班尼汗南下的乌兹别克人各部落相互融合为一个统一的联合体，进而使乌兹别克人与哈萨克人的概念有了更清晰的界限："哈萨克"成为七河流域和钦察草原诸部落的总名称，而"乌兹别克"则成为随穆罕默德·昔班尼进入河中地区之后的诸部落的总名称。[2] 至此，一个新的近代哈萨克民族最终形成确立。

哈萨克民族的形成，并没有一个由小到大、由低级到高级的缓慢的发展过程，而是在15世纪上半叶金帐汗国解体以后，在中亚各民族相互融合的第二次高潮中，在部落群体分化和重新组合的特定的形势下，仅经数十年的相互交往即迅速融合而成一个新的民族。这个民族形成的过程，是在哈萨克汗的主导下众多部落的重新联合。

五　吉尔吉斯

吉尔吉斯是一个古老的部族，但是其成为近代民族却比较晚。它最早见于《史记》记载，游牧于现今叶尼塞河上游地区的鬲昆，于公元前3世纪末曾被匈奴征服。南北朝时期又见于汉文史书记载，仍游牧于叶尼塞河上游一带。6世纪中叶，突厥汗国

1　转引自王治来：《中亚近代史》，兰州大学出版社，1989年，第20页。
2　见《苏联哈萨克加盟共和国百科全书》，第8卷，第664页；转引自《哈萨克族简史》，第150页。

兴起，吉尔吉斯（黠戛斯）成为其臣民。630 年，东突厥汗国亡，薛延陀汗国建立，吉尔吉斯为其属部。646 年，薛延陀汗国亡，漠北诸部归附唐朝，唐朝在吉尔吉斯地区设立坚昆都督府，以其首领为左屯卫大将军、坚昆都督，多次遣使入贡。744 年，回鹘汗国用武力兼并了吉尔吉斯。840 年，吉尔吉斯摧毁了回鹘汗国，回鹘部众四散逃亡。从此吉尔吉斯进入蒙古草原并向外扩展。《新唐书·回鹘传下》记载，吉尔吉斯汗国的疆域范围"东至骨利干（在贝加尔湖附近），南吐蕃（当时其势力已扩张至天山一带），西南葛逻禄（当时分布在楚河、塔拉斯河至新疆阿克苏一带）"，拥众数十万，胜兵八万，雄长漠北。此后，吉尔吉斯屡遣使唐朝。847 年，唐宣宗封其可汗为"英武诚明可汗"。10 世纪初，契丹的势力开始兴起，吉尔吉斯退出蒙古草原，成为辽朝属国。在西辽王朝时期，吉尔吉斯的活动地区仍然主要是叶尼塞河上游地区。

1206 年，蒙古国建立，据《元史·西北地附录》记载，吉尔吉斯（吉利吉思）主要活动地区仍为叶尼塞河上游。1206 年，成吉思汗将沿额尔齐斯河一带的"林木中百姓"（其中包括吉利吉思）封给了豁儿赤。1217 年，成吉思汗派尤赤征服吉尔吉斯，派贾塔剌浑率炮军驻其地。1225 年，成吉思汗分封，吉尔吉斯游牧地成为幼子拖雷的封地。1270 年，元世祖设吉利吉思等五部断事官，此后直至元末，吉利吉思地区一直归元朝政府统辖。

元朝灭亡后，瓦剌人的势力迅速强盛起来，其势力伸展至蒙古草原、阿勒泰山以南地区。1439 年，瓦剌部首领也先即位后，对吉尔吉斯人发动了一次大规模进攻，吉尔吉斯人遭受沉重打击。也先统治时期（1439—1454 年），一部分吉尔吉斯人被迫从叶尼塞河上游逐渐向西南迁移，进入楚河和塔拉斯河流域。史诗《玛纳斯》中"伟大的进军"就是描写吉尔吉斯人被也先从阿尔泰山驱赶到楚河和塔拉斯河流域的情景。巴托尔德也认为，1420—1470 年间，瓦剌人曾对东察合台汗国发动过进攻，很可能一部分吉尔吉斯部落参加了瓦剌人的远征军,在瓦剌人退出后,吉尔吉斯人就留在了西部天山地区[1]。从 16 世纪起,史籍中对于中亚天山地区的吉尔吉斯人已有日益明确的记载,米尔咱·海答儿在其《拉失德史》中记载,1504 年东察合台汗国阿黑麻汗死去,他的一个儿子哈利勒速檀逃到了天山吉尔吉斯人处,并做了吉尔吉斯人的首领。

16 世纪末,喀尔喀蒙古扎萨克图汗的属部和托辉特部硕垒乌巴什洪台吉兴起,势力扩张至叶尼塞河的吉尔吉斯人地区。17 世纪的前 30 年,叶尼塞吉尔吉斯人臣属于和托辉特蒙古部,当时吉尔吉斯人分为四个国家构成体:图瓦国、叶泽尔国、阿勒蒂尔国和阿勒蒂萨尔国。17 世纪 40 年代,巴图尔珲台吉成为准噶尔蒙古部的首领,在他统治时期,准噶尔部势力日益强大,叶尼塞河流域的吉尔吉斯人归属了准噶尔部。16 世纪末,俄国沙皇伊凡四世开始向东扩张,至卫拉特蒙古和吉尔吉斯地区,修建城堡,并向吉尔吉斯人强行征税,遭到吉尔吉斯人民的坚决反抗。准噶尔部首领巴图尔珲台吉在位时期,吉尔吉斯人归附准噶尔部。1640 年,巴图尔珲台吉向俄国当局表示"吉尔吉斯人是他的属民","仍要向他们收自己的税"。巴图尔珲台吉死后,僧格即位,僧格为了抵御俄国对叶尼塞地区的入侵,在吉尔吉斯地区驻扎了一支四五千人的部队,由其叔父丹津和堂弟巴阿哈指挥。1667 年,僧格派军队包围了克拉斯诺亚尔斯克城堡,要求俄国人"把所有吉尔吉斯人交还我们"。此后,在准噶尔蒙古噶尔丹统治时期(1617—1697 年)和策妄阿拉布坦统治时期(1698—1727 年),卫拉特蒙古与吉尔吉斯人常常联合起来,反抗俄国的入侵。在 17 世纪末噶尔丹统治时期,就有大批叶尼塞吉尔吉斯人随噶尔丹来到了天山地区。至 18 世纪初,策妄阿拉布坦为避免吉尔吉斯人民与沙俄发生冲突,乃派出一支 2 500 人的军队,

---

[1] 《巴托尔德文集》,第 1 卷,第 474 页。

强迫属于他管辖的吉尔吉斯人从叶尼塞河上游河谷地区西迁到伊塞克湖附近[1]。这是吉尔吉斯人历史上规模最大的一次迁徙。吉尔吉斯人新的活动地区,在准噶尔汗国亡后,分处于清朝和浩罕汗国的领土,但是吉尔吉斯部族仍在一定程度上保持着独立性,并时常反抗浩罕统治者和清朝的边疆大吏。

吉尔吉斯的民族形成是一个漫长的过程。苏联学者认为,其最后的完成在15世纪至16世纪,在这一时期,散布于中亚、天山地区的吉尔吉斯人在逐渐融合了中亚地区的一些突厥部落和蒙古部落之后,不论在语言、地域,还是在风俗习惯、心理素质等方面,逐渐形成了一个新的民族共同体——近代吉尔吉斯民族[2]。吉尔吉斯共和国国家科学院与吉尔吉斯-俄罗斯斯拉夫大学主编的于2000年出版的高等学校教科书《吉尔吉斯人与吉尔吉斯斯坦史》(增订版)继续持这一基本观点:"所有进入新的行政-军事体系的部落,都用共同族名'吉尔吉斯'自称。在天山地区的这一重大事件发生于15世纪末至16世纪初。我们可以说,从此时吉尔吉斯民族在天山地区形成。"[3] 孟楠先生不同意这种观点,指出:"将吉尔吉斯民族共同体的形成确定在15—16世纪是不妥当的。因为在这一时期,虽然中亚天山地区已散布有不少吉尔吉斯部落,但当时吉尔吉斯人的主体部分仍然分布在叶尼塞河流域。直到17世纪末、18世纪初,叶尼塞河流域大部分吉尔吉斯人迁徙到中亚天山地区,与此前已到达这里的吉尔吉斯人汇合,才逐渐形成了今天的吉尔吉斯民族。因此,我们认为,15—16世纪是吉尔吉斯民族共同体形成的最初阶段,18世纪初叶以后,即叶尼塞吉尔吉斯人主体西迁之后,吉尔吉斯民族共同体才最终形成。"[4]

---

1 兹拉特金:《准噶尔汗国史》,汉译本,第189—190、218—219页。
2 《吉尔吉斯苏维埃社会主义共和国史》,伏龙芝,1984年,第1卷,第440页。
3 详见该书第4章第27节《吉尔吉斯民族在天山地区的形成》。
4 马大正、冯锡时主编:《中亚五国史纲》,第149页。

吉尔吉斯民族的人种成分是复杂的，这与其民族形成的过程有密切关系。根据汉文史籍记载，吉尔吉斯的先民应是欧罗巴人种，但是被匈奴征服后即开始与蒙古人种混合[1]，但也加入了欧罗巴人种——乌孙人。其后又被突厥征服，开始突厥化。840年，吉尔吉斯取代回鹘，统治漠北，作为统治部族又融进了更多的突厥语各部族的成分。以后退回叶尼塞河上游故地，至蒙古兴起后，吉尔吉斯人又被卷进历史的急流，随同草原上的统治部族转战各地，散居天山西部地区。17世纪末至18世纪初，在叶尼塞河上游的吉尔吉斯人又被迫迁入天山西部地区，再次与散居此地已经突厥化的契丹人、蒙古人及一些在山地的突厥语游牧部落融合，因而在人种成分上已基本蒙古化，故近代吉尔吉斯人属于蒙古人种南西伯利亚型，语言上属于阿尔泰语系突厥语族东匈语支。吉尔吉斯语不同于维吾尔语、乌兹别克语和哈萨克语，后三者属于西匈语支，这与其民族成分和历史过程直接关联。吉尔吉斯的文学语言也达到了很高的水平，长诗《玛纳斯》是其代表，它丰富了世界文化宝库。

由于历史的原因，即沙皇俄国征服中亚，随之划界，吉尔吉斯民族成为跨境民族。我国汉语文献把在境外的Qirghiz族译为"吉尔吉斯"，而把境内的Qirghiz族译作"柯尔克孜"——后一汉译为新疆省政府于民国24年（1935年）明令公布。Qirghiz是民族自称，并为其他民族所接受，在汉文史籍中，先后音译为"鬲昆""隔昆""坚昆""结骨""契骨""黠戛斯""黠戛司""纥里迄斯""吉利吉思"或"乞儿吉斯"等。Qrighiz含义有五说，均与美丽的神话或传说有关：（一）意为"山里人"；（二）意为"住在山中大河旁的人"；（三）意为"四十部落"；（四）意为"山里的游牧人"；（五）意为"四十个姑娘"。归结一下，可以看

---

[1] 《新唐书》卷二一七下《黠戛斯传》载："人皆长大，赤发、析面、绿瞳，以黑发为不详。黑瞳者，必曰〔李〕陵苗裔也。"

出其中三说都与"山中人"有关系,清代人把吉尔吉斯人称为"布鲁特",源于托忒语(西蒙古语),其意也是"高山居民"。但是"四十姑娘"说更优美动人,不仅在文化人类学和语言学上成立,而且在《玛纳斯》中也记录在案。吉尔吉斯是一个充满浪漫精神的民族、勤劳勇敢的民族,虽然饱尝艰辛,仍然载歌载舞,朝气蓬勃。

史料与文献目录

（一）
司马迁：《史记》，中华书局点校本。
班固：《汉书》，中华书局点校本。
范晔：《后汉书》，中华书局点校本。
陈寿：《三国志》，中华书局校点本。
魏收：《魏书》，中华书局点校本。
魏征等：《隋书》，中华书局点校本。
令狐德棻等：《周书》，中华书局点校本
李延寿：《北史》，中华书局点校本。
刘昫等：《旧唐书》，中华书局点校本。
欧阳修、宋祁：《新唐书》，中华书局点校本。
薛居正等：《旧五代史》，中华书局点校本。
欧阳修：《新五代史》，中华书局点校本。
脱脱等：《辽史》，中华书局点校本。
脱脱等：《金史》，中华书局点校本。
脱脱等：《宋史》，中华书局点校本。
宋濂等：《元史》，中华书局点校本。
张廷玉等：《明史》，中华书局点校本。
赵尔巽、柯劭忞等：《清史稿》，中华书局点校本。
司马光：《资治通鉴》，中华书局点校本。
杜佑：《通典》，中华书局点校本。

季羡林:《大唐西域记校注》,中华书局,1985年。
《宋会要辑稿》,中华书局影印本。
叶隆礼:《契丹国志》,贾敬颜、林荣贵点校,上海古籍出版社,1985年。
洪皓:《松漠纪闻》,古今逸史本、学津讨原本。
杨衒之:《洛阳伽蓝记》,范祥雍校注,上海古籍出版社,1982年。
玄奘、辩机:《大唐西域记》,季羡林等校注,中华书局,1985年。
《慧超往五天竺国传笺释》,藤田丰八笺释,排印本,南京大学图书馆藏。
《杜环经行记》,《王国维遗书》第13册《古行记四种校录》,上海古籍出版社影印商务印书馆1940年本,1983年。
《王延德使高昌记》,《王国维遗书》第13册《古行记四种校录》,上海古籍出版社影印商务印书馆1940年本,1983年。
《刘祁北使记》,《王国维遗书》第13册《古行记四种校录》,上海古籍出版社影印商务印书馆1940年本,1983年。
《刘郁西使记》,《王国维遗书》第13册《古行记四种校录》,上海古籍出版社影印商务印书馆1940年本,1983年。
王国维:《黑鞑事略笺证》,《王国维遗书》第13册《古行记校录》,上海古籍出版社影印商务印书馆1940年本,1983年。
王国维:《圣武亲征录校注》,《王国维遗书》第13册,上海古籍出版社影印商务印书馆1940年本,1983年。
《元朝秘史》,四部丛刊三编本。
《元典章》,台北故宫博物院影印元刻本。
虞集:《道园学古录》,四部丛刊本。
袁桷:《清容居士集》,四部丛刊本。
欧阳玄:《圭斋文集》,四部丛刊本。
段成式:《酉阳杂俎》,方南生点校,中华书局,1981年。
李志常:《长春真人西游记》,王国维校注本,收入《王国维遗书》第13册,上海古籍出版社影印商务印书馆1940年本,1983年。
耶律楚材:《西游录》,向达校注,陈得芝、张广达补注,中华书局,1981年。
耶律楚材:《湛然居士文集》,谢方点校,中华书局,1986年。
《明实录》,台湾历史语言研究所校印本。
陈诚、李暹:《西域行程记》《西域番国志》,收入《国立北平馆善本丛书》第一集,1936年。
王琼:《晋溪本兵敷奏》,明嘉靖二十三年刻本。
石茂华:《毅庵总督陕西奏议》,明万历刊本。

杨一清：《关中奏议》，清嘉庆五华书院刊本。
许进：《平番始末》，金声玉振本。
马文升：《兴复哈密记》，金声玉振本。
严从简：《殊域周咨录》，故宫博物院图书馆刊本。
《大明会典》，明万历刻本。
《大明一统志》，明天顺刻本。
陈子龙等：《皇明经世文编》，中华书局影印本。
方表辑：《皇明经济文录》，明嘉靖刊本。
沈德符：《万历野获编》，中华书局，1958年。
《清实录》，中华书局影印本。
《康熙朝汉文朱批奏折汇编》，中国第一历史档案馆编，档案出版社，1984—1985年。
《康熙朝满文朱批奏折全译》，中国第一历史档案馆编，中国社会科学出版社，1996年。
《雍正朝汉文朱批奏折汇编》，中国第一历史档案馆编，江苏古籍出版社，1989—1991年。
《雍正朝满文朱批奏折全译》，中国第一历史档案馆编，黄山书社，1998年。
《亲征平定朔漠方略》，武英殿刻本。
《平定准噶尔方略》，全国图书馆文献缩微复制中心本。
《平定回疆剿擒逆裔方略》，道光武英殿刻本。
《平定陕甘新疆回匪方略》，光绪二十二年。
《西域同文志》，台湾影印四库全书本。
《皇舆西域图志》，台湾影印四库全书本。
《西域图志校注》，钟兴麒、王豪、韩慧校注，新疆人民出版社，2002年。
《钦定回疆则例》，道光二十二年刻本。
《外藩蒙古回部王公表传》，《国朝耆献类征初编》卷首。
那彦成：《那文毅公奏议》，道光十四年刻本。
左宗棠：《左文襄公奏稿》，光绪壬寅石印本。
吴丰培辑：《松筠新疆奏稿》，《中央民族学院中国民族史地资料丛刊》之二十一。
吴丰培辑：《布彦泰叶尔羌奏稿》，《中央民族学院中国民族史地资料丛刊》之二十二。
吴丰培辑：《奕山新疆奏稿》，《中央民族学院中国民族史地资料丛刊》之二十三。
吴丰培辑：《萨迎阿新疆奏稿》，《中央民族学院中国民族史地资料丛刊》

之二十四。

《乾嘉道三朝哈萨克史料》,《中央民族学院中国民族史地资料丛刊》之二十五。

璧昌:《叶尔羌守城纪略》,《中央民族学院中国民族史地资料丛刊》之二十七。

长庚:《乌鲁木齐守城纪略》,《中央民族学院中国民族史地资料丛刊》之二十八。

阮明道汉文笺注,刘景宪满文译注:《西域地理图说注》,延边大学出版社,1992年。

梁份:《秦边纪略》,青海人民出版社,1987年。

椿园七十一:《西域闻见录》,乾隆四十二年刻本。

松筠等:《西陲总统事略》,中国书店影印,1958年。

祁韵士:《西陲要略》,筠渌山房刊本。

永贵撰,苏尔德补:《新疆回疆记》,边疆丛书续编本。

和宁:《回疆通志》,旧抄嘉庆九年刻本。

袁大化:《新疆图志》,1923年东方学会据宣统元年本校正增补排印本。

徐松:《西域水道记》,朱玉麒整理,中华书局,2005年。

张穆:《蒙古游牧记》,咸丰九年刻本。

魏源:《圣武记》,中华书局点校本。

杨圣敏校注:《〈资治通鉴〉突厥回纥史料校注》,天津古籍出版社,1992年。

陈高华:《元代维吾尔、哈剌鲁资料辑录》,新疆人民出版社,1986年。

陈高华:《明代哈密吐鲁番资料汇编》,新疆人民出版社,1984年。

羽田明辑:《明代西域史料——〈明实录〉抄》,京都,1974年。

《清代新疆稀见史料汇辑》,中国边疆史地资料丛刊。

《清实录新疆资料辑录》,新疆民族研究所。

冯家昇、程溯洛、穆广文编著:《维吾尔族史料简编》(上下册),民族出版社,1981年。

庄吉发译注:《准噶尔史料初编》,台北《文史哲》出版社,1976年。

(二)

《希罗多德历史》,王以铸汉译,商务印书馆,1997年。

阿里安:《亚历山大远征记》,李活据 E. 伊利夫·罗布逊英译本汉译,商务印书馆,1979年。

麻赫默德·喀什噶里:《突厥语大词典》(1—3册),校仲彝等汉译,民族出版社,2002年。

玉素甫·哈斯·哈吉甫:《福乐智慧》,耿世民、魏萃一汉节译,新疆人民出版社,1979年。

优素甫·哈斯·哈吉甫:《福乐智慧》,郝关中、张宏超、刘宾汉译,民族出版社,1986年。

阿合买提:《真理的入门》,魏萃一汉节译,新疆人民出版社,1981年。

《世界境域志》,王治来、周锡娟汉译,新疆社会科学院中亚研究所打印本,1983年。

扎马勒·哈儿昔:《苏拉赫词典补篇》,华涛汉译,《元史及北方民族史研究集刊》第11辑,1987年。

志费尼:《世界征服者史》,何高济汉译,翁独健校订,内蒙古人民出版社,1980年。

拉施特:《史集》,第1卷(第1—2分册)、第2卷,余大钧、周建奇译;第3卷,余大钧译,商务印书馆,1983—1986年版。

道森编:《出使蒙古记》,吕浦汉译,周良霄注,中国社会科学出版社,1983年。

《柏朗嘉宾蒙古行纪 鲁布鲁克东行记》,耿昇、何高济汉译,中华书局,1985年。

《伊本·白图泰游记》,马金鹏汉译,宁夏人民出版社,1985年。

伊本·胡尔达兹比赫:《道里邦国志》,宋岘汉译,中华书局,1991年。

《沙哈鲁遣使中国记》,何高济汉译,中华书局,1981年。

米儿咱·马黑麻·海答儿著:《中亚蒙兀儿史——拉失德史》,新疆社科院民族研究所汉译,王治来校注,新疆人民出版社,1983年。

《巴布尔回忆录》,王治来汉译,商务印书馆,1997年。

《克拉维约东使记》,杨兆钧汉译,商务印书馆,1985年。

阿布尔-哈齐-把阿秃儿汗:《突厥世系》,罗贤佑汉译,中华书局,2005年。

乌兰:《〈蒙古源流〉研究》,辽宁民族出版社,2000年。

喇德纳巴德喇:《咱雅班第达传》,成崇德汉译,《中国边疆史地资料丛刊·蒙古卷·清代蒙古高僧传译辑》,全国图书馆文献缩微复制中心。

伊·温科夫斯基著,尼·维谢洛夫斯基编:《十八世纪俄国炮兵大尉新疆见闻录》,宋嗣喜汉译,黑龙江教育出版社,1999年。

沙畹编注:《西突厥史料》,冯承钧汉译,商务印书馆,1932年;中华书局,2004年。

哈密顿:《五代回鹘史料》,耿昇、穆根来汉译,新疆人民出版社,1982年。

费琅编:《阿拉伯波斯突厥人东方文献辑注》(上下册),耿昇、穆根来汉译,中华书局,1989、2001年。

P. S. 帕拉斯:《内陆亚洲厄鲁特历史资料》,邵建东、刘迎胜汉译,云南人民出版社,2002年。

张星烺编注:《中西交通史料汇编》,辅仁大学,1930年;朱杰勒校订,中华书局,1978年。

(三)

周一良、吴于廑主编:《世界通史》,人民出版社,1962年。

北京大学编:《简明世界史》,人民出版社,1978年。

范文澜、蔡美彪等:《中国通史》(1—10册),人民出版社,1978—1992年。

白寿彝总主编:《中国通史》,上海人民出版社,1999年。

张维华主编:《中国古代对外关系史》,高等教育出版社,1993年。

王钟翰主编:《中国民族史》,中国社会科学出版社,1994年。

余太山主编:《西域通史》,中州古籍出版社,1996年;"中国边疆通史丛书"版,2002年。

余太山主编:《西域文化史》,中国友谊出版公司,1996年。

王治来:《中亚史纲》,湖南教育出版社,1986年。

王治来:《中亚近代史》,兰州大学出版社,1989年。

王治来:《中亚通史》(古代卷、近代卷),新疆人民出版社,2004年。

赵常庆主编:《中亚五国概论》,经济日报出版社,1999年。

马大正、冯锡时主编:《中亚五国史纲》,新疆人民出版社,2000年。

曾问吾:《中国经营西域史》,商务印书馆,1936年。

新疆社会科学院民族研究所:《新疆简史》第一册,新疆人民出版社,1980年。

纳忠:《阿拉伯通史》,商务印书馆,1997—1999年。

林幹:《匈奴通史》,人民出版社,1986年。

林幹:《突厥史》,内蒙古人民出版社,1988年。

薛宗正:《突厥史》,中国社会科学出版社,1992年。

林恩显:《突厥研究》,台湾商务印书馆,1988年。

王国维:《九姓回鹘可汗碑跋》,《王国维遗书》第3册,上海古籍出版社影印商务印书馆1940年本,1983年。

王国维:《西辽都城虎思斡耳朵考》,《王国维遗书》第2册,上海古籍出版社影印商务印书馆1940年本,1983年。

陈垣:《元西域人华化考》,收入《励耘书屋丛刻》上册,北京师范大学出版社,1982年;上海古籍出版社,2000年。

韩儒林:《穹庐集》,上海人民出版社,1982年。

韩儒林主编:《元朝史》,人民出版社,1986年。

乌云毕力格等:《蒙古民族通史》,内蒙古大学出版社,1993年。

邵循正：《有明初叶与帖木儿帝国之关系》，清华大学《社会科学》第 2 卷第 1 期，1936 年。

杨志玖：《定宗征拔都》，《中华文史论丛》第 2 辑，1979 年。

唐长孺：《耶律大石年谱》，载《国学论衡》第 1 卷第 7—8 期，1936 年。

马长寿：《突厥人与突厥汗国》，上海人民出版社，1957 年。

耿世民：《新疆文史论集》，中央民族大学出版社，2001 年。

张广达：《西域史地丛稿初编》，上海古籍出版社，1995 年。

张广达、荣新江：《于阗史丛考》，上海书店出版社，1993 年。

亦邻真：《中国北方民族与蒙古族族源》，《内蒙古大学学报》1979 年第 3—4 期。

陈得芝：《耶律大石北行史地杂考》，载《历史地理》第 2 辑，1982 年。

陈得芝：《元外剌部〈释迦院碑〉札记》，载《元史论丛》第 3 辑，1986 年。

王国维：《书虞道园高昌王世勋碑后》，《王国维遗书》第 3 册，上海古籍出版社影印商务印书馆 1940 年本，1983 年。

黄时鉴：《东西交流史论稿》，上海古籍出版社，1998 年。

黄时鉴：《黄时鉴文集》（三卷本），中西书局，2011 年。

冯锡时：《由〈金陵温氏家谱〉看明初帖木儿帝国与明的友好交往》，《民族研究》1990 年第 5 期。

乌铁库尔：《漫谈古代维吾尔文学》，校仲彝汉译，载《新疆史学》1980 年第 1 期。

王明哲、王炳华：《乌孙研究》，新疆人民出版社，1983 年。

刘志霄：《维吾尔族历史》上编，民族出版社，1985 年。

《哈萨克族简史》编写组：《哈萨克族简史》，新疆人民出版社，1987 年。

贾合甫·米尔扎汗：《哈萨克族》，纳比坚·穆哈穆德罕、何星亮汉译，民族出版社，1989 年。

贾合甫·米尔扎汗：《哈萨克族历史与民俗》，夏里甫罕·阿布达里汉译，新疆人民出版社，1999 年。

《柯尔克孜族简史》编写组：《柯尔克孜族简史》，新疆人民出版社，1985 年。

《卫拉特蒙古简史》编写组：《卫拉特蒙古简史》（上下册），新疆人民出版社，1992—1996 年。

《准噶尔史略》编写组：《准噶尔史略》，人民出版社，1985 年。

杜荣坤、白翠琴：《西蒙古史研究》，新疆人民出版社，1986 年。

金宜久主编：《伊斯兰教》，宗教文化出版社，1997 年。

郝时远、阮西湖主编：《苏联民族危机与联盟解体》，四川民族出版社，1993 年。

郝时远、朱伦、陈建樾、王建娥：《族际政治与现代民族国家》，社会科学文献出版社，2004年。

徐文堪：《吐火罗人起源研究》，昆仑出版社，2005年。

余太山：《嚈哒史研究》，齐鲁书社，1986年。

余太山：《塞种史研究》，中国社会科学出版社，1992年。

余太山：《古族新考》，中华书局，2000年。

余太山：《两汉魏晋南北朝正史西域传研究》，中华书局，2003年。

余太山：《两汉魏晋南北朝正史西域传要注》，中华书局，2005年。

林悟殊：《摩尼教及其东渐》，中华书局，1987年。

吴玉贵：《突厥汗国与隋唐关系史研究》，中国社会科学出版社，1998年。

芮传明：《古突厥碑铭研究》，上海古籍出版社，1998年。

牛汝极：《阿尔泰文明与人文西域》，新疆大学出版社，2003年。

杨圣敏：《突厥回纥史中的几个问题》，载《西域研究》1993年第3期。

姚大力：《屈出律败亡地点考》，载《元史及北方民族史研究集刊》第5期，1981年。

姚大力博士学位论文：《论蒙古游牧国家的政治制度》，南京大学，1986年。

姚大力：《千秋兴亡——元朝》，长春出版社，2000年。

姚大力：《蒙元制度与政治文化》，北京大学出版社，2011年。

刘迎胜：《察合台汗国史纲》，博士学位论文，南京大学，1984年。

刘迎胜：《西北民族史与察合台汗国史研究》，南京大学出版社，1994年。

刘迎胜：《察合台汗国史研究》，上海古籍出版社，2006年。

刘迎胜：《白阿儿忻台及其出使——陈诚初使西域背景研究》，《海路与陆路——中古时代东西交流研究》，北京大学出版社，2011年。

华涛：《西域历史研究（八至十世纪）》，上海古籍出版社，2000年。

华涛：《喀喇汗王朝祖先传说的历史解读》，载《历史研究》2005年第6期。

田卫疆：《丝绸之路与东察合台汗国史研究》，新疆人民出版社，1999年。

张文德：《明与帖木儿王朝关系史研究》，中华书局，2006年。

潘志平：《中亚浩罕国与清代新疆》，中国社会科学出版社，1991年。

厉声：《哈萨克斯坦及其与中国新疆的关系（15世纪—20世纪中期）》，黑龙江教育出版社，2004年。

孟楠：《俄国统治中亚政策研究》，新疆大学出版社，2000年。

魏良弢：《喀喇汗王朝史稿》，新疆人民出版社，1986年。

魏良弢：《西辽史纲》，人民出版社，1991年。

魏良弢：《叶尔羌汗国史纲》（修订本），黑龙江教育出版社，1998年。

魏良弢：《高车和高车国》，载《西北史地》1987年第1期。

魏良弢：《朵豁剌惕部异密家族的兴衰》（上），《元史及北方民族史研究集刊》第12—13辑，1989—1990年。

魏良弢：《中国历史·喀喇汗王朝史　西辽史》，人民出版社，2010年。

刘正寅、魏良弢：《西域和卓家族研究》，中国社会科学出版社，1998年。

刘正寅：《喀什噶尔和卓家族世系》，《元史及北方民族史研究集刊》第12—13期，1989—1990年。

刘正寅：《明代瓦剌与东察合台汗国的关系》，《蒙古史研究》第4辑，1993年。

刘正寅：《准噶尔汗国末年和卓家族的活动与西域形势的演变》，《民族研究》1996年第5期。

刘正寅：《准噶尔汗国时期的建筑、绘画、书法及书籍艺术》，《卫拉特研究》2005年第1期。

刘正寅：《清朝治理西域的历史经验——从平定准噶尔到新疆建省》，《大观》2011年第1辑。

刘正寅：《波斯文〈史集·部族志·斡亦剌传〉译注》，《中国边疆民族研究》第5辑，2011年。

《中国大百科全书》，中国大百科全书出版社。

谭其骧主编：《中国历史地图集》，中国地图出版社。

总参谋部测绘局编制：《世界地图集》，星球地图出版社，2004年。

中华人民共和国民政部编：《中华人民共和国行政区划简册（2003年）》，中国地图出版社，2003年。

陈永龄主编：《民族词典》，上海辞书出版社，1987年。

高文德主编：《中国少数民族史大辞典》，吉林教育出版社，1995年。

任继愈主编：《宗教辞典》，上海辞书出版社，1981年。

刘迎胜：《〈回回馆杂志〉与〈回回馆译语〉研究》，中国人民大学出版社，2008年。

贾敬颜、朱风合辑：《蒙古译语女真译语汇编》，天津古籍出版社，1990年。

冯承钧：《西域地名》，陆峻岭增补，中华书局，1980年。

陆峻岭、林幹编：《中国历代各族纪年表》，内蒙古人民出版社，1980年。

（四）

《马克思恩格斯全集》，第28卷，人民出版社，1973年。

《斯大林选集》，上卷，人民出版社，1979年。

联合国教科文组织主持编撰：《中亚文明史》，第1—5卷分别由芮传明、徐文堪、芮传明、马小鹤、刘迎胜、华涛、蓝琪汉译，余太山审订，中国对外翻译出版公司，2002—2006年。

加文·汉布里主编：《中亚史纲要》，吴玉贵汉译，商务印书馆，1994年。

阿里·玛扎海里：《丝绸之路——中国-波斯文化交流史》，耿昇汉译，中华书局，1994年。

羽田亨：《西域文化史》，耿世民汉译，新疆人民出版社，1981年。

松田寿男：《古代天山历史地理学研究》，陈俊谋汉译，中央民族学院出版社，1987年。

萨义德：《东方学》，王宇根汉译，生活·读书·新知三联书店，1999年。

A. 施普林青著：《中亚和中央亚细亚在各种语言中的表示》，载《东方民族和国家》第18卷，科学出版社，1976年，莫斯科；秦卫星汉译，魏良弢校，载《新疆大学学报》1984年第4期。

麦高文：《中亚古国史》，章巽汉译，中华书局，1958、2004年。

希提：《阿拉伯通史》，马坚汉译，商务印书馆，1995年。

艾哈迈德·爱敏：《阿拉伯-伊斯兰文化史》第1—6册，纳忠、朱凯、史希同、向培科、赵军利汉译，纳忠审校，商务印书馆，1982—1999年。

阿宝斯·艾克巴尔·奥希梯扬尼：《伊朗通史》（上下册），叶奕良汉译，经济日报出版社，1997年。

爱德华·吉本：《罗马帝国衰亡史》（D. M. Low节编本），黄宜思、黄雨石汉译，上、下册，商务印书馆，2002年。

伯希和：《卡尔梅克史评注》，耿昇汉译，中华书局，1994年。

伯希和：《吐火罗语与库车语》，见伯希和、烈维《吐火罗语考》，冯承钧译，中华书局，1957年。

谢弗：《唐代的外来文明》（原书名为《撒马尔罕的金桃——唐朝的舶来品研究》），吴玉贵汉译，中国社会科学出版社，1995年。

巴托尔德：《中亚突厥史十二讲》，罗致平汉译，中国社会科学出版社，1984年。

巴托尔德：《蒙古入侵时期的突厥斯坦》，张锡彤、张广达汉译，上海古籍出版社，2007年。

布莱资须纳德（布莱特施奈德尔）：《西辽史》，梁园东汉译注，商务印书馆20世纪30年代出版；中华书局1955年再版，译者增加"新版前言"和附录。

安部健夫:《西回鹘国史的研究》,宋肃瀛、刘美崧、徐伯夫汉译,新疆人民出版社,1985年。

《多桑蒙古史》,冯承钧译,商务印书馆,1936年;中华书局,1962年新版;上海书店出版社,2001年。

格列科夫、雅库博夫斯基:《金帐汗国兴衰史》,余大钧汉译,张沪华校,商务印书馆,1985年。

符拉基米尔佐夫:《蒙古社会制度史》,刘荣焌译,中国社会科学出版社,1980年。

卡皮查:《再论成吉思汗在历史上的作用》(1988年),魏良弢汉译,《民族译丛》1989年第6期。

库德里亚夫采夫等:《布里亚特蒙古史》,高文德汉译,中国社会科学院民族研究所社会历史室,1978年。

和田清:《明代蒙古史论集》(上下册),潘世宪汉译,商务印书馆,1984年。

布哇:《帖木儿帝国》,冯承钧译,商务印书馆"万有文库"本。

兹拉特金:《准噶尔汗国史》,马曼丽汉译,商务印书馆,1980年。

宫胁淳子:《最后的游牧帝国——准噶尔部的兴亡》,晓克汉译,内蒙古人民出版社,2005年。

佐口透:《18—19世纪新疆社会史研究》,凌颂纯汉译,新疆人民出版社,1983年。

佐口透:《新疆民族史研究》,章莹汉译,新疆人民出版社,1993年。

萨帕尔穆拉特·土库曼巴什:《鲁赫纳玛》(意为"精神述说"),李京洲等汉译,土库曼斯坦国家出版局,阿什哈巴德,2003年。

列夫申:《吉尔吉斯-哈萨克各帐及各草原的述叙》,汉文摘译稿,新疆社会科学院历史研究所,1975年。

(五)

Qutadghu Bilik (《福乐智慧》),维吾尔文版新疆社会科学院民族文学研究所编,民族出版社,1984年。

Türki tillar diwani (《突厥语词典》),维吾尔文版译审小组译审,新疆人民出版社,1980—1984。

Mahmud al-Kāšgarī, *Diwan Luγāt at-Turk* (《突厥语大词典》), Compendium of the Turkic Dialects, transl. by Robert Dankoff, Harvard University Press, 1982.

Yusuf Khass Hajib, *Wisdom of Royal Glory* (*Kutadgu Bilig*)(《福乐智慧》), translated with an introduction and notes by Robert Dankoff, Chicago and London, 1983, 1990.

Abu ᶜAmr Minhadj al-Din ᶜUthman b. Siradj al-Din Muhammad al-Djuzdjani, *Tabakat-i-Nasiri*（《卫教者列传》：*A General History of the Muhammadan Dynasties of Asia, including Hindustan, from A. H. 194（810 A. D.）to A. H. 658（1260 A. D.）and the Irruption of the Infidel Mughals into Islam*, transl. from Original Persian Manuscripts by H. G. Raverty, Vol. Ⅰ-Ⅱ, London, 1881, Index, Calcutta, 1897.

Histoire des Campagnes de Gengis Khan, Cheng-wu Ts'in-Tcheng lou（《圣武亲征录》）, P. Pelliot et Hambis, Leiden, 1951.

Marco Polo, *the Description of the World*（《马可波罗游记》）, tr. by A. C. Moule & P. Pelliot, London, 1938.

Рашид-ад-дин, *Сборник Летописей*, перев. с персидского, Москва-Ленинград, т. Ⅰ, кн. 1-2, 1952; т. Ⅱ, 1960; т. Ⅲ, 1946.（《史集》俄译本）

Рашид-ад-дин, *Джами' ам-Таварих*, Т. 1. ч. 1, Критический текст А. А. Ромаскевича, А. А. Хетагурова, А. А. Али Заде, Москва, 1965.（《史集》第1卷第1分册波斯文集校本）

Rashīd al-Dīn Fazl Allāh, *Jāmi' al-Tawārīkh*, ed. by Bahman Karīmī, Tehrān, 1338/1959.（《史集》伊朗卡利米波斯文本）

Rashīd al-Dīn Fazl Allāh, *Jāmi' al-Tawārīkh*, be taṣḥīḥ va taḥshiya-i Muhammad Rawshan va Muṣṭafā Mūsavī, Tehrān, 1373/1994.（《史集》伊朗若山、穆萨维校注波斯文本）

Rashiduddin Fazlullah, *JAMI 'U' T-TAWARIKH: Compendium of Chronicles, A History of the Mongols*, translated and annotated by W. M. Thackston, published at Harvard University, 1998.（《史集·蒙古史》英文译注本）

Mu'in al-Din Natanzi, *Muntakhab al-Tawarikh-i Mu'ini*, extraits du *Muntakhab al-Tawarikh-i Mu'ini*（anonyme d'Iskandar）（通译《木阴史》）, ed. par J. Aubin, Tehran, 1957.

Abu'l-Ghasim Qashani, *Tarikh-i Uljaytu*（《完者都史》）, ed. by M. Hambly, Tehran, 1969.

Tarikh-i Kashghar（察合台文抄本）, 节译见 В. Бартольд, 'Отчет о командировке в Туркестан', Сочинениа, т·Ⅷ, Москва, 1973。

V. Minorsky, *Sharaf al-Zaman Tahri Marazi on China, the Turks and India*（《马卫集论中国、突厥和印度》）, London, 1942.

Nizam al-Din Shami, *Zafar-nama*（《帖木儿武功记》）, tome I, ed. by Filix Tauer, Praha, 1937.

Histoire de conquetes de Tamerlan institulee, Zafar-nama par Nizamuddin Shami（尼札木丁·沙米《帖木儿武功记》），tome II, edition critique par Filix Tauer, Praha, 1956.

Sharaf al-Din ᶜAli Yazdi, *Zafar Nama*（撒剌甫丁·阿里·牙孜迪《帖木儿武功记》），ed. by A. Urunbaev, Tashkent, 1972.

Shah Mahmud ibn mirza Fazil Churas, *Anis al-Talibin*（《寻求真理者之友》，波斯文抄本，牛津大学图书馆，编号 No. 45）.

Muhammad ᶜAvaz, *Ziya' al-Qulub*（《心灵之光》，波斯文抄本，俄罗斯科学院东方学研究所圣彼得堡分所，编号 A1615）.

Maulana Shah Muhammad ibn Maulana Khisam al-Din, *Jalis al-Mushtakin*（《渴求真理者之谈伴》，波斯文抄本，俄罗斯科学院东方学研究所圣彼得堡分所，编号 A232）.

Fazl Allah b. Ruzbihan Khonji, *Mihmān-nāma-yi Bukhārā*（《布哈拉客人见闻录》），ed. by M. Sothudeh, Tehran, 1976.

Histoire des Mongols et des Tatares par Aboul-Ghazi Behadour Khan（阿布尔·哈齐《突厥世系》），publiee, traduite et annatee par Le Baron Demaisons, St. Petersbourg, Imprimerie de l'Academie Imperiale des Sciences, 1874.

A History of the Moghuls of Central Asia, being the *Tarikh-i-Rashidi* of Mirza Muhammad Haidar Dughlat, with Commentary, notes and map by N. Elias, trans. by E. D. Ross, London, 1898.（《中亚蒙古史——拉失德史》，罗斯、伊莱阿斯英译本）

Mirza Haydar Dughlat, *Tarikh-i-Rashidi*, *A History of the Khans of Moghulisatn*, Persian Text edited by W. M. Thackston, Harvard University, 1996.（《拉失德史——莫卧勒斯坦诸汗史》，波斯文整理、英译并注，萨克斯顿）

Tazkira-i ᶜAzizan（《和卓传》，察合台文手稿影印本），收入苗普生主编《中国西北文献丛书二编·西北少数民族文字文献》第二卷，甘肃省古籍文献整理编译中心编。

The History of the Khojas of Eastern Turkistan（通译《和卓传》），summarised from the *Tazkira-i-Khwajagan* of Muhammad Sadiq Kashghari, by the late R. B. Shaw, edited with introduction and notes by N. Elias, published as Supplement to the Journal of the Asiatic Society of Bengal, Vol. LXVI, Part I, 1897

T. D. Forsyth, *Report of a Mission to Yarkund in 1873*（《1873年出使叶尔羌的报告》），Calcutta, 1875.

E. Bretschneider, *Mediaeval Researches from Eastern Asiatic Sources*

（《中世纪研究》），Vol. Ⅰ-Ⅱ. London, 1888.

J. Marquart, Uber das Volkstum der komanen（《库曼人》），W. Bang und Marqurt, Ostturkische Dialekt sludien（《东突厥方言研究》），Berlin, 1914.

H. Yule, Cathay and the Way Thither（《中国及通往之路》，或译作《古代中国闻见录》），Vol. Ⅰ-Ⅳ, London, 1913-1916.

K. A. Wittfogel and Feng Chia-Sheng, History of Chinese Society, Liao (907-1125)（《中国社会史——辽》），Philadelphia-New York, 1949.

C. W. Hostler, The Turks of Central Asia（《中亚突厥》），London, 1993.

O. Pritsak, Karachanidsche Streltfragen（《喀喇汗王朝的若干问题》），Oriens, vol. 3, Nr. 2, 1950, 10.

O. Pritsak, Von den Karluk in den Karachanlden（《从葛逻禄到喀喇汗王朝》），Zeitschrift der Deutschen Morgenländischen Gesellschaft, Bd. 101, 195.

O. Pritsak, Die Karachaniden（《喀喇汗王朝》），Der Islam, Bd. XXXI, No. 1, Berlin, 1953.

Aurel M. Stein, Ancient Khotan（《古代和田》），Detailed Report of Archaeological Explorations in Chinese Turkestan, 2 vols., Clarendon Press, Oxford, 1907.

E. G. Pulleyblank, A Sogdian Colony in Inner Mongolia（《粟特在内蒙古的殖民》），T'oung Pao（《通报》），41, London, 1952.

J. F. Baddeley, Russia, Mongolia, China（《俄国·蒙古·中国》），vol. 1-2, London, 1919.

Central Asia: 130 Years of Russian Dominance（《俄国统治中亚130年》），edited by E. Allworth, Durham and London, 1994.

H. H. Howorth, History of the Mongols, from the 9th to 19th Century（《9至19世纪蒙古史》），Leiden, 1880.

V. V. Barthold, Turkestan down to the Mongol Invasion（巴托尔德《蒙古入侵时期的突厥斯坦》），London, 1970.

Barthold, Four Studies on the History of Central Asia（巴托尔德《中亚史研究四种》），vol. I, II, Leiden, 1956-1963.

J. F. Fletcher, China and Central Asia, 1368-1884（《中国和中亚：1368—1884》），in J. K. Fairbank ed., The Chinese World Order（载费正清编《中国的世界秩序》），Cambridge, Mass, 1968.

M. Rossabi, China and Inner Asia: from 1368 to the Present Day（《中国和中亚：从1368年到现在》），London, 1975.

E. D. Ross & F. H. Skrine, *The Heart of Asia: a History of Russian Turkestan and the Central Asia Khanates from the Earliest Times*, London, 1899. (《亚洲的心脏》)

P. Pelliot, *Notes Critiques d'Histoire Kalmouke*, Paris, 1960. (伯希和《卡尔梅克史评注》)

P. Pelliot, *Notes on Marco Polo* (《马可波罗注》), Paris, 1973.

D. Sinor ed., *Cambridge History of Inner Asia* (《剑桥内亚史》), London, 1980.

S. Saidkasimov et al. and A. Iriskulov ed. et al., *Amir Temur in World History* (《世界历史上的帖木儿艾米尔》), Tashkent, 1996.

O. Neugebauer, *A History of Ancient Mathematical Astronomy* (《古代数理天文学史》), New York, Heidelberg, Berlin, 1975.

J. A. Millward, *Eurasian Crossroads: a History of Xingjiang* (《欧亚十字路口：新疆史》), New York, 2007.

The Encyclopedia of Islam (《伊斯兰百科全书》), Leiden, 1976.

C. E. Bosworth, *The Islamic Dynasties* (《伊斯兰王朝》), Edinburgh, 1980 (revised).

UNESCO, *History of Civilizations of Central Asia* (《中亚文明史》), Vol. I-V, 1992–2003.

（六）

Низам ал Мульк, *Сиасет намэ* (《治国策》), *Книга о правлении визара. XI столетия Низам ал-Мумка*, Пер. Б. Н. Заходера, М., 1949.

Ибн ал-Асир, *Ал-Камил фи-т-Та'рих. Полный свод истории* (《全史》), Пер., прим. и коммент. П. Г. Булгакова и Ш. С. Камолиддина, Ташкент, 2006.

Абу-л-Фазл Вайхаки, *История Мас'уда* (《马斯乌德史》), перевод с персидского и комментарий А. К. Арендса. М., 1969.

История Казахстанф в Персидских источниках, Му'изз ал-ансаб, Алматы, 2006. (《波斯语文献资料中的哈萨克斯坦史·贵显世系（影印）》)

Шафар адДин Али Йазди, *Зафар-наме. Книга побед АмираТемура* (《艾米尔帖木儿胜利之书》，通译作《帖木儿武功记》), Пер А Ахмудова, Ташкент, 2008.

Мирза Мухаммад Хайдар, *Тарих-и Рашиди* (《拉失德史》), перевод с персидского А. Урунбаева и так далее, Ташкент, 1996.

Шах-махмуд ибн Мирза Фазил Чурас, *Хроника*（《楚剌思编年史》），
Критический текст, перевод, комментарии, исследование и указатели,
О. Ф. Акимушкина. Москва, 1976.

Фазлаллах ибн Рузбихан Исфахани, *Михман наме йи Бухара*（Записки
бухарского гостя）（《布哈拉客人见闻录》），Перевод Р. П.
Джалиловой, Москва, 1976.

Юстин, *Эпитома сочинения Помпея Трога*（尤斯廷摘录《波姆佩·特
罗格文集》），1954，Пер. А. А. Деконского и М. Н. Рижсгого,
Вестник дресней истории, 1954,2—4 и 1955,1, Москва.

Институт востоковедения АН СССР и Институт истории АН КиргССР,
Материалы по истории киргизов и Киргизии（《吉尔吉斯人和吉尔吉
斯地区历史资料》），выпуск 1, М., 1973.

Материалы по истории туркмен и Туркмении（《土库曼人和土库曼地区
历史资料》），т. I, Ⅶ-ⅩⅤ вв, Арабские и персидские источники под
ред. С. Л. Волина, А. А. Ромаскевича и А. Ю. Якубовского, М.-
Л., 1939.

Институт истории и этнологии АН КазахскойССР, *Материалы по
истории казахских ханств XV - XVIII веков*（《15—18 世纪哈萨克汗
国史料》），Алмаата, 1969.

Ч. Ч. Валиханов, *Собрание сочинений*（《瓦里汗诺夫文集》），Алма-
Ата, 1961 - 1985.

В. В. Бартольд, *Сочинения*（《巴托尔德文集》），М., 1963 - 1974.

Ю. Н. Рерих, *История Средней Азии в трех томах*（三卷本《中亚
史》），Москва, 2007.

История Казахской ССР（《哈萨克苏维埃社会主义共和国史》），Алма-
Ата, 1979.

М. Д. Шаймерденнова, *История Казахстана*（《哈萨克斯坦史》），
Учебное пособие, Алматы, 1999.

Институт истории и этнологии, Институт археологии НАН Казахстана,
История Казахстана с древнейших времен до наших дней（очерк）（《哈
萨克斯坦历史概要》），Алматы, 1993.

Институт истории и этнологии, Институт археологии НАН Казахстана,
История Казахстана（с древнейших времен до наших дней）（五卷本
《哈萨克斯坦史》），в пяти томах, Алматы, 1996 -

М. Х. Абусеитова, С. Г. Кляшторный и т. д., *История Казахстана и
Центральной Азии*（《哈萨克斯坦与中亚史》），Алмлты, 2001.

История Киргизии（《吉尔吉斯地区史》），т. I, Фрунзе, 1956.

История Киргизии（《吉尔吉斯地区史》），т. Ⅰ，Фрунзе，1962.

История Кирзизской ССР（《吉尔吉斯苏维埃社会主义共和国史》），Фрунзе，1984.

Национальная академия наук Кыргызской республики и Кыргызско-российский славянский университет, *История Кыргызов и Кыргызиистана*（《吉尔吉斯人与吉尔吉斯斯坦史》），Учебник для вузов, Бишкек, 2000.

Б. Г. Гафуров, *Таджики*（《塔吉克》），древнейшая, древняя и средневековая история, М., 1972.

Б. Г. Гафуров, *История таджикского народа*（《塔吉克民族史》），М., 1949.

История таджикского народа（《塔吉克民族史》），М., 1964.

История Узбекской ССР（《乌兹别克苏维埃社会主共和国史》），т. Ⅰ，Ташкент, 1967.

Институт истории АН Республики Узбекистан, *История Узбекистана*（《乌兹别克斯坦史》），т. Ⅲ，Ташкент, 1993.

А. Р. Мухамеджанов, *История Узбекистана*（Ⅳ-*начало* ⅩⅥ*вв*）［《乌兹别克斯坦历史（4世纪—16世纪初）》］, Учебник. Рекомендовано Министерством народного образавания Республики Убекистан, Ташкент, 2001.

У. Джураев, *История Узбекистана*（ⅩⅥ-*первая половина* ⅩⅨ*в*）［《乌兹别克斯坦历史（16世纪—19世纪前半叶）》］, Учебник. Рекомендовано Министерством народного образавания Республики Убекистан, Ташкент, 2001.

Ж. Рахимов, *История Узбекистана*（*вторая половина* ⅩⅨ-*начало* Ⅹ *века*）［《乌兹别克斯坦历史（19世纪后半叶—20世纪初）》］, Учебник. Рекомендовано Министерством народного образавания Республики Убекистан, Ташкент, 2001.

Киргизия при караханидах（《喀喇汗王朝治下的吉尔吉斯地区》），Фрунзе, 1983.

Е. А. Давидович, *умизматические материалы для хронологии и генеалогии Среднеазиатских караханидов*（《关于中亚喀喇汗王朝年代和世系的古钱资料》），*Нумизматическийсборник*, вып. 2, М., 1957.

Е. А. Давидович, *Канибадамский клад караханидских Монет*（《卡尼巴达姆的喀喇汗王朝钱币窖藏》），*Советская археология*, No. 1, 1961.

Е. А. Давидович, *История монетного дела СреднейАзии* ⅩⅦ-ⅩⅧ

вв(《17—18 世纪中亚钱币史》),Душанбе, 1964.

Е. А. Давидович, *О времени максимального развитии товарно-денежных отношений в средневековой Средней Азии*(《论中世纪中亚商品货币关系的极端发展时期》), Народы Азии и Африки, No. 5, 1965.

Е. А. Давидович, *Материалы для характеристики денежной реформы Улугбека*(《评定兀鲁伯货币改革之资料》), Из стории эпохи Улугбека, Сб, статей, Ташкент, 1965.

Е. А. Давидович, *О двух караханидских кагантах*(《两个喀喇汗国》), Народы Азии и Африки, No. 1, 1968.

Б. Д. Кочнев, *Новые данные по генеалогии и хронологии Карананидов*(《喀喇汗王朝世系和年表的新资料》), Фольклор, литература и история Востока, Материалы Всесоюзной Ⅲ тюркологической конференции, 1984.(《东方民俗、文艺和历史,第 3 届全苏突厥学代表会议资料》, 塔什干, 1984 年, 魏良弢译为汉文刊于《中亚研究》1988 年 1—2 合期)

Б. Д. Кочнев, *Нумизматическая история Караханидского каганта*(991—1209 гг.)(《喀喇汗国钱币史》), ч. 1, М., 2006.

В. Л. Лившиц, *Надписи на фресках из Афрасиаба*(《阿弗拉西亚卜壁画题记》), Тезисы докладов сессии посвященной истории живописи страны Азии, Л., 1965.

А. П. Окадников, *Палеолит и мезолит Средней Азии*(《中亚旧石器和中石器时代》), Средняя Азия в эпоху камня и бронзы, М.-Л., 1966.

А. А. Абдуразаков и М. К. Камбаров, *Реставрация настенны хросписей Афрасиаба*(《阿弗拉西亚卜壁画复原》), АН УзССР Ин-т археологии (乌兹别克苏维埃社会主义共和国科学院考古研究所), 1975.

О. Д. Чехович, *Вакуфний документ времени Тимура из коллекции Самаркандского музея*(《撒马尔罕博物馆藏帖木儿时期的一份瓦各夫文书》), Эпиграфика Востока, вып. Ⅳ, 1951.

О. Д. Чехович, *Из источников по истории Самарканда* ⅩⅤ в(《15 世纪撒马尔罕历史资料》), Из истории эпохи Улугбека, Сборник статей, Ташкент, 1965.

Л. Н. Гумилев, *Хунну. Хунны в Китае*(《匈奴 匈奴在中国》), Москва, 2004.

Л. Н. Гумилев, *Дрвние тюрки*(《古代突厥》), М., 1993.

А. Ю. Якубовский, *Феодальное общество Средней Азии и его торговля с Восточной Европой в* Ⅹ-ⅩⅤ вв(《10—15 世纪中亚封建社会及其与东欧贸易》), Материалы по истории Узбекской, Таджикской и

Туркменской ССР, т. I, 1932.

А. Ю. Якубовский, *К вопросу об этногенезе узбекского народа*（《关于乌兹别克民族起源问题》），Ташкент, 1941.

Амир Темур в мировой истории（《世界历史上的帖木儿艾米尔》），Ташкент, 1996.

А. Ю. Якубовский, *Вопросы периодизации истории Средней Азии в средние века*（《中世纪中亚历史分期问题》），*Краткие сообщения Института истории материальной культуры АН СССР*, вып. 28, 1949.

Главное управление геодезии и картографии МВД СССР, *Атлас истории средних веков*（《中世纪历史地图集》），М., 1958.

Народы и религии мира. энциклопедия（《世界民族与宗教百科全书》），М., 1998.

（七）

松田寿男、森鹿三：《アジア・史地・》（《亚洲历史地图》），平凡社,1966年。

陈舜臣：《中国の・史》（《中国历史》），第9卷,平凡社,1982年；第15卷,1983年。

羽田亨：《羽田博士史学论文集》，上卷，同朋舍,1975年。

和田清：《・・史研究》，东洋文库,1959年。

川上晴：《阿布・・力的・大——18世・哈・克斯坦史考察》，载《待兼山论丛》第14号。

岛田襄平：《アルト・サールの和卓と汗》（《天山南路的和卓与汗》），《东洋学报》第34卷1—4号,1952年。

羽田明：《中央アジアト史研究》（《中央亚细亚史研究》），临川书店,1982年。

间野英二、中见立夫、堀直、小松久男：《内・アジア》（《内陆亚细亚》），朝日新闻社,1992年。

索引
（主要人名、地名、部族名、王朝名、宗教名）

阿拔斯王朝，108，144，160，163，167－177，179－181，183，185，187，241，275，276，290，295，326，327，392，568，579

阿不海尔，440－443，445，454，458－462，466－468，536，590

阿尔普特勤，274，275

阿尔泰山（金山），33，34，45，67，69，74，78，80，88，106，211，321，346，472，493，498，502，521，522，533，534，593

阿富汗，4，6，7，29，30，37，38，85，88，90，100，107，130，132－135，185，198，273，280，284，357，378，386，400，407，431，569

阿赫马德·玉克乃克，244

阿即思，256，287，295，296，298－300

阿拉伯，23，60－63，65，78，83，87，101，107，108，110，111，115－118，121，123，129，130，137，138，140－144，146－163，167－181，183，185，189，191，200，202－204，210，217，224，232，240，241，246，274，277，278，282，302，

326，336，341，345，360，386，388，390，392，404，406，434，451，555－557，559，560，568－572，576，583，602，603，607

阿力麻里，272，319，330－332，346，348，357，358，363

阿姆河（乌许水、乌浒水），10，12，13，23，34，45，47，50，70，83，85，88－90，100，107，111，130－132，147－151，169，197，202，211，214，216，255，256，263，264，270，274－276，281，286，290，291，295－297，301，302，309，322，326－328，331－335，338，341－343，346，348－351，353，356，357，359，368，380，384，400，401，412，413，495，537，555，556，559，574，580，591

阿睦尔撒纳，464，465，530－534

阿契明王朝，6，9，10，13－18，21，23，26，132

阿史那贺鲁，105，106

安息（阿尔萨克王朝）29，30，44，49，53，60，61，228，566

巴基斯坦，4，6，37，88

巴克特里亚人，6，7

巴里黑，85，88，136，157，158，169，180，187，188，190，197，201，263，264，270，274，301，309，322，378－380，387，406，413，437，538，542－544，548，569

巴鲁剌思，348，353－355，364，372，376，377，391，400

巴米扬，38，41，100，107，133，284，286，287

拔都，324－326，333，335－337，339，340，355，356，439，495，561，604

白水城，87，154，209，575

拜火教，14，16－18，37，41，47，49－51，53，54，58，60，61，63，96，97，115，129，130，146，155，168，183

贝都因人，140，141

比鲁尼，58，90，128，129，160，177，277－279

波斯，4，6，8－17，22－24，

26，46－48，50，55，59－63，67，70，82－86，88，90，106，107，110，113，121，129，137，138，153，172，173，183，200，202，272，291，293，295，302，323，326－328，333，341－343，345，354，361，365，366，380，381，385，387，388，390，392，394，401，404，405，431，432，435，441，446，447，474，489，492，494，495，536，569，571，583，602，606，607，609，610，612

波斯帝国，6，10，13－15，22，23，48，80

卜撒因，381，410－412，437，440，441，505

布哈拉，7，83，100，111，112，117，118，122－126，128－130，137，138，148－152，155，159，167，169，170，179，189－192，195－198，202－204，209－211，214，215，218，219，230，241，255，262，264，265，274，275，290，298，301－303，309，321，331，332，409，412，420，421，434，450，451，454，455，473，474，480，523，527，536－540，542－545，547－549，551－554，558，562，563，567，570，571，577，582，591，610，613

布哈拉艾米尔国，552，563

布哈拉汗国，449，450，454，455，536，538，539，541－544，546，551，553，554，556，557，561，564，580，581

察合台汗国，324，333，334，337－339，343，345－348，350－355，357，359－363，366，368－372，376，377，380，382－384，390，400，409，441，443，445，447，448，500，502－506，508－510，537，590，593，594，605，606

成吉思汗，131，210，217，261，265，266，307－310，314－324，326，328－332，334－336，341，342，345，346，348，349，353－356，359，360，363－367，376，379，381，387，401，408，

476－478，487，490，491，493－495，498，499，541，551，558，561，585，586，589，593，608

怛逻斯，108，109，114，167，208，209，219，220，225，266，304，575

大流士一世，6－8，13，14，18

大宛，33，34，41，43－45，107，114－116

大夏，8，27，29，34，35，132

朵豁剌惕，354，364－372，376，383，502，504－506，606

讹答剌，306，308，309，320－322，386，390，474

俄罗斯（斡罗思），102，293，323－326，335，336，340，385，386，403，453，455，459，461－463，467，512，519，528，534，563，582，595，610

额什木汗，453－455，474，480，483，484

菲尔多西，62，201－203，279，429，583

佛教，28，30，31，37－41，47，54，56，96，97，101，129，130，132，155，180，233，259，267，319，353，518

伽色尼王朝（哥疾宁王朝），187，198，202，203，211，230，273－276，278，280－285，290，291，295－297，575，580

噶尔丹，456－458，460－463，465，522－530，594

高昌回鹘王国，207，211，247，248，250－252，256，259，261，265，307，317

葛逻禄，78，206，207，213，216－218，252，253，255，257，262，265，275，300，317－319，321，575－577，586，589，590，593，611

古尔王朝，263，264，273，282－287，296，301，302

贵霜王朝，29，34，35，37，38，40

哈菲兹，68，431－434，437

哈剌契丹，248，260，271

哈萨克，3，42，43，87，154，208，209，304，306，335，338，346，354，386，439，441－468，471－487，510，

513，515，518，523－529，531，532，534，535，537，539，541，542，558，562，577，582－592，596，601，604，605，608，612－614，616

哈萨克汗国，439，442－449，452－456，458－462，466，467，471－477，479－482，484－487，527，583，584，586，591，613

哈斯木汗，445－448，454，480－485

汉朝，29，33，34，41－43，45，586

浩罕汗国，468，536，553，561－564，595

合赞汗，344，381

呼罗珊，29，58，60，83，88，108，147－149，151，155－157，159，162，163，167－171，173，181，185，187－191，196－198，215，216，255，256，263，264，274－278，280，281，286，290，292，294－296，298，299，301，302，306，309，322，323，341，343，352，353，357，359，360，363，378，380，386，388，406，408，411－413，415，421，441，449，539，541，568－572，579，580

花剌子模，6，10，14，15，26，38，50，58，60，112，113，137，149，151，177，179，193，204，211，217，219，220，248，252，256，262－266，276－278，286，287，295－310，320－323，326，330，332－335，341，343，348，378，384，385，406，431，440，515，537，539，555，559，568，569，571，573，575，576，580，591

花剌子模人，6，7，16，129，152，175，203，323，331，336，556，566，573

花剌子模王朝，163，273，295，297，298，310

回纥（回鹘），57，76，79，99，106，123，206，207，220，232，233，242，246，251，256，261，272，299，314，316，317，321，386，490，557，575，584，593，596，601－603，605，608

吉尔吉斯（黠戛思、黠戛斯、吉利吉思），4，85，87，99，102，206，207，210，242，250，255，256，258，259，271，272，298，299，302，307，314，330，447，449，450，455－457，461，462，480，490，494，505，510，512，518，524，526－528，563，577，584，585，587，592－597，608，613，614

迦腻色迦，35－37，40

贾米，434－437

金朝，247，250，251，254，261－263，314－316，324

居鲁士二世，6，9－13

卡特万，216，255，256，263，295，298，299，580

喀喇汗王朝，71，195，197，198，203，206－220，224－232，240，241，244－248，250－256，258，262，264，265，273，275，276，281，287，290－292，295，299，300，303，304，307，318，369，392，416，573－575，580，605，606，611，614，615

康居，29，34，36，41－45，107，113，586，588－590

康里，213，252，253，256，263，318，321，335，586，588，590

可敦城，249－251，269

鲁达基，200，201，203

马尔吉安人，6，7，14

马合木·喀什噶里，241，242，244，575

马立克，149，196，198，210，214，215，274，282，283，285，286，292－295，298，580

马其顿亚历山大，17，21，28，30，44，265，430，435

马兹达克教，57－59，130，168，169，173

蒙古，5，31，33，42，45，47，67，69－72，74，75，77，80，86，91，97，98，102，123，124，163，177，187，206，207，213，224，228，261，265－267，274，298，302，307－311，313－337，339，341，342，344－349，352－357，359－367，370，377，380，381，384，387，388，391，393，396，400－404，407，414－416，

422，424，451，454，455，457，488－493，495，497－503，505－522，524，525，533，534，536，539，552，562，567，568，574，576－580，584，586，588－590，593－597，600－611

米底王国，9

明朝，201，389，390，393－396，398－400，497，499－502，506，507，511，516

摩诃末，219，220，264－266，302－309，320－323，387

摩尼教，18，37，41，51，53－57，60，96，97，128，130，155，259，568，569，605

木杆可汗，70，71，74，80，82，88

木鹿，147，148，150，155，162，163，168－170，183，189，197，278，281，290，291，295，296，299，301，309，322，414，538，555，569，580

穆罕默德·伊本·穆萨·花拉子密，175

纳瓦伊，429，430，435－437，576

尼扎姆·穆尔克，214，258，292－294，296，580

帕提亚人，6，7，14，28，62，566

帕提亚王国，49

庞特勤，207

钦察汗国，326，334，335，337－341，345－347，351，352，356，357，381，384－386，439，440，590

清朝，458，463－465，468，519，524，525，528－535，564，595，606

屈出律，217，219，220，259，266－268，306，307，318－321，605

屈底波，108，149－154，159

撒马尔罕，7，24，25，78，100，107，109－111，113，115，117－120，122－128，130，137，148，149，151－155，157，159，167，170，179，188，189，194，196，214－216，218－220，224，226，230，254－256，259，262，270，303，304，306，307，309，322，332，376－381，383，385，387，389，390，393，394，396－401，

403－407，409－412，414，416，419，420，422，425－428，431，433，434，436，437，440，441，446，449－451，480，523，527，537，538，542，543，546－548，553，554，569－571，577，589，591，607，615

萨法尔王朝，184－188，190，191，276，571

萨曼王朝，123，179，187－203，208－211，230，258，274－278，287，290，410，568，571，573，575

萨珊王朝，17－19，29，37，45－51，53，57，60－64，70，79，82－85，88，121，122，131，146，147，168，172，203，559

塞布克特勤，273，275

塞尔柱王朝，163，214－216，230，256，258，260，263，265，273，282，284－287，290－292，294－299，392，580

塞人（徐西亚、斯基泰），6－8，10，11，13，14，16，24，25，27，29，34，42，44，566，586

桑贾尔，215，216，219，255，256，265，282，283，285，294－296，298，299，306，580

沙哈鲁，388，400，405－411，414，425，429，434，441，602

室点密，79，80，82，83，85，88

朮赤，317，319，321，322，324，330，333－340，343，346，350，355－358，384，385，409，439，440，445，446，487，494，496，536，560，589，593

苏联，11，30，80，87，123，201，271，329，444，452，453，457，478，513，519，567，572，574，579，582，583，591，592，595，604

粟特，6，7，10，14，15，23－25，29，34，38，43，45，50，57，60，78，82，84，95，100，101，110－112，115，117－130，137，138，149－158，169，170，179，203，218，568－573，575，611

粟特人，6，7，24，78，84，

85，103，109，119－124，
126，128－130，138，148，
150－152，156，159，167，
203，566，573，575

塔巴里，58，83，148，149，
152，154，158，168，173，
200，569

塔吉克，3，4，6，13，14，
24－26，28，30，41，43，
44，53，58，59，61，83，
84，90，100，107，110，
111，115，117，118，121，
124，129，130，137，141，
148，149，151－154，157，
158，160，168，182，183，
185－190，194，200－205，
210，231，276－278，280，
281，290，307，309，331，
407，421，424，431，432，
434－436，542，546，548，
551，567－569，571－578，
614

塔希尔王朝，180－185，
189，571

唐朝，76－78，90，103－110，
113，114，119，127，131，
132，167，206，207，220，
257，593，607

帖木儿，210，317，337，338，
340，341，345，347，351，
353－355，358，362，368－
372，375－412，414－418，
421－423，425，427，428，
430，431，436，437，440－
443，494，495，497－499，
503－505，507，508，537，
548，551，560，580，604，
608－610，612，613，615，
616

帖木儿王朝，355，375，393，
400，413－418，421，424，
427－429，435，437，439，
440，503，537－539，572，
580，605

头克汗，456，458，459，462，
466－468，481，484，485，
524，526，527

突厥，15，42，47，48，65，
67－80，82－102，104－
108，110，113－117，122，
123，130－132，134，135，
137，138，146，147，149－
154，156－159，171，172，
177，179，193，195－197，
202，207，209，210，212，
224，232，240－244，246，
251，252，255，274，275，
287，291，298，302，306，

311，316，321，323，335，
336，342，354，357，359 -
364，367，369，377，382，
386，388，400，401，403，
404，431，436，439，441，
451，489，490，495，515，
543，551，554，555，557，
558，562，566 - 568，572 -
579，583，584，588 - 591，
595，596，601 - 605，607 -
611，615，616

突厥汗国，47，48，67，69 -
72，74 - 77，79，80，82，
83，85，86，88 - 91，93，
96，97，101，104 - 106，
113，114，123，132，153，
287，566，568，579，592，
593，604

土库曼，4，7，29，83，102，
107，133，147，207，209，
213，218，242，296，335，
436，556 - 559，568，573，
575，579 - 582，608，613

吐谷浑，86，104，105

吐火罗，34，43，45，47，50，
78，82，85，90，100，107，
113，124，130 - 132，136，
147，149，158，173，187，
295，296，313，566，569，

573，605，607

拖雷，317，321，322，330，
331，333，336 - 338，341，
343，346，347，350，355 -
357，494，496，593

卫拉特（瓦剌、斡亦剌），
453 - 455，457，488 - 521，
523，530 - 532，534，593，
594，604，606

窝阔台，317，321，322，324，
326，330 - 338，341，343 -
350，352 - 359，364，368，
376，495，496

窝阔台汗国，334，338，345 -
348，351，352，356，358，
359

斡难河（鄂嫩河），314，330，
491，499

乌孙，33，34，41，42，44，
71，82，86，94，207，452，
586 - 590，596，604

乌兹别克（月即别），4，7，
24，25，44，87，111，114，
116，130，232，256，301，
304，331，339，340，375，
393，406，409，411，413，
435，436，440 - 449，451，
453，454，457，468，506，
537，539，540，542 - 544，

546，552，554，556－561，563，567，572－578，580，585，590－592，596，614－616

伍麦叶王朝，108，144，149，154，156，157，160－163，167，169，171，174，180

兀鲁伯，381，406，408－411，415，420，421，427，429，434，440，441，546，547，615

西吉斯坦，255

西辽王朝，195，213，215－219，247，248，252，254，256－260，262－273，295，299－304，306，307，316，318，580，593

西夏，211，220，247，250，262，315－317，323，324

希腊，6，7，9，13，18，21－30，34，36－38，40，42，61－63，130，159，173－175，177，204，247，291，336，434

希瓦（乞瓦），325，384，461，516，527，528，543，544，548，551，553，555－559，582

希瓦汗国，536，543，554－561，564，580－582

昔班尼王朝，447，536，538－541，555，560，572，578

锡尔河（忽章河），7，13，24，25，29，34，42，43，82，85，100，107，108，111，114，167，177，198，209，211，212，225，256，287，300，304－306，309，321，322，335，379，384，385，390，409，439，440，442－446，450，453，454，457，460－462，472－474，506，523，527，528，536，554，562，563，579，587，588，591，592

匈奴，31－35，41－43，45，68，69，71，72，91，94，98，102，313，586－588，592，596，603，615

旭烈兀，163，326－328，334，337，341－343，345，356，387，494，495

玄奘，88，92，96，97，110－112，114，119，130－134，136，137，570，599

雅利安人，3－7，9，38，61，210，568

奄蔡，41－43，583，586，

588，589

耶律楚材，224，256，261，272，331，332，599

耶律大石，213，216，248-253，255-259，261，263，267-270，272，295，299，318，580，604

也先，94，339，352-354，359，361，368，441，500，501，505-508，511，517，593

嚈哒，35，45-48，50，51，59，70，82-85，90，146，147，568，574，605

伊本·阿西尔，210，212，256，259，298，307

伊本·西那（伊本·西纳、阿维森纳）160，178，203-205，278，279，551

伊利汗国，328，334，337，338，341-345，347，351-353，357，359，380，381，386，387

伊斯兰教，60，97，140-144，146，155，156，158，159，161，162，174，176，177，183，184，188，193，197，204，208-210，212-215，218，230-233，237，238，242，246，255，256，259，263，264，267，272，277，279，287，293，295，298-300，302，319，323，326，327，337，339，344，353，354，360-363，366，368-372，379，380，386，390，407，411，424，441，447，448，487，489，502，506，545，553，555，561，562，569-571，579，581，604

伊斯梅尔，189-191，193，194，211，214，275，538，555

印度，4-6，18，23，26，27，29，30，36-40，46，47，53，62，63，67，96，112，129，130，173，174，176，228，271，274-276，278-282，285，286，310，323，326，328，341，342，349，376，382，388，389，402-404，407-409，435，537，543，548，551，571，609

于都斤山（乌德犍山、郁督军山、杭爱山），70，74，82，92，95，206，508，511，524

玉里犍（玉龙杰赤、兀笼格赤、

乌尔根齐），259，301，309，322，324，332，384，385，403，440，443，537，555－557，559

玉素甫·哈斯·哈吉甫，213，232，233，237，575，601

元朝，308，314－317，320，324，329－332，334，335，338，339，341－348，351－353，355－359，364，365，368，381，489－493，495－497，593，599，603，605

中亚，3－8，10－18，21，23－28，30，31，34－38，40－43，45，47，48，50－54，57－60，62－65，67，69，70，78－80，82－85，89，96，97，99－101，103，108－110，112，114，116，120，121，123，125，128－130，137－141，147－149，154－160，167－171，177－181，184，185，189，190，193，200，206，210，213－215，217，225，230，241，242，246，248，251，254，258－261，267，268，270－275，277，279，281，286，287，290－298，301，308，310，311，313，317，318，320，321，323，324，329，331－334，340，346－352，354，356，359，361，370，375，376，381，385，390，393，397，400，401，404，405，408，410，412，413，415－417，419－422，425，437，440，442，444，448，452，454，456－459，466，468，480，487，488，495，500，502，515，521，525，528，536，537，540－542，545－548，551－554，557，558，561－563，566－580，582，583，588－592，594－596，602，603，605，607，610－616

朱外尼，300，304，305，318

准噶尔，449，453，457－468，480，485，488，507，511－515，517－534，594，600，601，604，606，608

准噶尔汗国，457－459，463，510－512，515，516，518，521－527，529－531，595，606，608